행동경제학

MISBEHAVING

MISBEHAVING

행동경제학
마음과 행동을 바꾸는 선택 설계의 힘

리처드 탈러 지음
박세연 옮김

|

Revised Edition

|

웅진 지식하우스

리처드 탈러는 천재다! 행동경제학 분야를 개척한 이 창조적인 천재는 노련한 이야기꾼이자 아주 재미있는 사람이다. 그의 모든 재능과 유머가 이 책에 고스란히 담겨 있다.

대니얼 카너먼_ 노벨경제학상 수상자, 『생각에 관한 생각』 저자

현대 경제학에서 가장 중요한 통찰과 관련된, 숨겨진 이야기들을 생생하게 들려준다. 내가 이 시대의 학자 한 사람과 엘리베이터에 갇혀야 한다면 단연코 리처드 탈러를 택할 것이다.

말콤 글래드웰_ 『아웃라이어』 저자

이 책은 고전으로 남을 것이다. 경제학적 사고의 역사 속에서 위대한 인물로 자리잡은 탈러는 전례를 찾아보기 힘든 인물이다. 그의 놀라운 혜안은 모두 실질적인 관찰에서 비롯된 것이다.

캐스 선스타인_ 『넛지』 공동 저자

리처드 탈러는 행동경제학의 창시자일 뿐 아니라 대단한 이야기꾼이자 재미있는 관찰자다. 한 분야의 개척자가, 경제학자들이 인간의 진짜 두뇌를 인정하도록 만드는 싸움에 관한 이야기를 들려준다. 우리는 그저 자리에 앉아 멋진 와인을 음미하면서 귀를 기울이기만 하면 된다.

칩 히스_ 스탠퍼드대학교 경영대학원 교수, 『스틱!』 저자

리처드 탈러는 최근 30년 동안 경제학 분야에서 일어난 가장 중요한 혁명의 한복판에 있던 인물이다. 이 매혹적인 책에서 그는 행동경제학을 뒷받침하는 증거를 제시하며 왜 그토록 거센 저항에 직면해야 했는지 설명한다. 이 책을 읽어보길 권한다. 새로운 경제학에 대해 이보다 더 훌륭한 지침서는 없을 것이다.

로버트 실러_ 노벨경제학상 수상자, 『비이성적 과열』 저자

1년의 연구 시간을 베풀어준 빅터 훅스에게,
그리고 나의 기이한 아이디어를 믿어준
에릭 워너와 러셀 세이지 재단에 이 책을 바칩니다.
또 남들보다 먼저 이 책에 관심을 기울여준
콜린 캐머러와 조지 로웬스타인에게도 감사를 표합니다.

행동경제학과 넛지를 이해하는
가장 효과적인 방법에 대해

2008년에 나는 캐스 선스타인^{Cass Sunstein}과 함께 쓴 『넛지^{Nudge}』를 발표해 많은 사랑을 받았다. 그런데 그 원고는 세상의 빛을 보기까지 여러 출판사에서 숱하게 외면받았다. 사실 거기에는 충분히 납득할 만한 이유가 있었다. 첫째, 그 원고에서 선스타인과 나는 애매모호하고 모순적으로 느껴지기까지 하는, 우리가 '자유주의적 개입주의^{libertarian paternalism}'라는 이름을 단 철학을 소개했다. 거기에 '선택 설계^{choice architecture}'라는 또 하나의 생소한 개념까지 추가했다. 그렇듯 이상한 용어를 조합한 데다 당시에는 거의 알려지지 않은 새로운 방법론까지 얹어놓았다. 그리고 마지막으로 그 모든 도구를 활용해 퇴직연금에서 환경보호에 이르기까지 여러 공공 정책의 문제점에 대한 다양한 해결책을 제시했다. 그런 이유로 출판사들은 기껏해야 우리 가족이나 친구들 말고는 아무도 그런 책을 거들떠보

8

지 않으리라 생각했을 것이다.

그럼에도 우리는 현실적으로 실현 가능한 아이디어라 믿었기에 계속 출판사를 찾아다녔다. 그리고 마침내 미국의 한 대학 출판사를 만나게 되었다. 이어 한국에서도 한 출판사가 우리 책에 관심을 갖고 있다는 소식을 들었다. 그 소식을 들었을 때 우리는 굉장히 흥분했다. 우리 책이 한국에서도 팔린다면 더없이 기쁜 일이었다. 적어도 몇몇 사람에게라도 우리 메시지를 전할 수 있을 테니 말이다. 예상과 기대를 뛰어넘어, 이후 전 세계 독자들이 『넛지』를 읽기 시작했을 때 우리가 얼마나 놀랐을지 쉽게 짐작할 수 있을 것이다.

그로부터 8년이 지난 지금, '넛지'라는 말은 정책 결정에 대한 특정한 접근 방식을 의미하는 세계적인 용어로 자리 잡았다. 행동경제학behavioral economics 원리를 활용하면 누군가에게 지시하지 않고서도 사람들이 더 나은 결정을 내리도록 얼마든지 도움을 줄 수 있다. 더 놀라운 사실은 이제 각국 정부도 넛지에 관심을 기울이기 시작했다는 점이다.

가장 먼저 오바마 전 대통령은 선스타인을 자신의 '규제 차르regulation czar'로 임명했다(공식 명칭은 정보규제국 국장). 그곳에서 선스타인은 행동경제학을 바탕으로 정부의 업무 효율성과 영향력을 높이는 일을 담당했다. 영국에서는 데이비드 캐머런이 총리로 선출되자마자 행동 연구 팀Behavioral Insights Team이라는 소규모 정부 기구를 신설했다. 이들에게 주어진 임무는 행동주의 과학 연구에서 이끌어낸 아이디어를 가다듬고 시험하는 일이었다. 그 기구가 설립된 이후 나는 이들에게 자문을 하는 영광을 누리고 있다. 세계은행의 보고에 따르면 전 세계적으로 이 같은 조직이 적어도 50곳 정도 있다고 한다(백악관의 정보규제국을 포함해). 게다가 놀랍고도 기쁜 사실은 이들 조직 대부분이 '넛지 부서'라는 애칭으로 불린다는 것이다. 우리가 책을 쓰고 출판사를 찾아 돌아다닐 때만 해도 정말 상상조차 할 수 없던 상황이다.

더더욱 놀라운 점은 『넛지』가 가장 많이 팔린 나라가 다름 아닌 한국이라는 사실이다. 최근 집계에 따르면 한국 시장에서 40만 부 이상이 팔려나갔다. 사실 우리는 한국 독자들과 넛지가 어떤 관계인지 알지 못한다. 다만 한국인들의 안목이 상당히 뛰어나다고 생각할 따름이다. 이 지면을 빌려 한국 독자들에게 감사드린다!

이제 나는 또 다른 책으로 돌아왔다. 이번에는 선스타인의 도움 없이 혼자 집필했다. 이미 많은 한국 독자가 『넛지』를 읽었기에 이 책이 전작과 어떻게 다른지 잠시 설명하는 것도 의미가 있을 듯하다. 먼저 책 제목에 대해 설명해야겠다. 『넛지』에서 언급한 것처럼 일반 경제학 이론은 사람들이 대단히 이성적이고 감정과는 거리가 먼 존재라고 가정한다. 그래서 복잡한 계산도 척척 해내고 자기통제와 관련된 문제로 고민하지 않는다. 우리는 그러한 가상의 존재를 '이콘Econ'이라 부른다. 이콘과 비교할 때, 현실 속 인간은 종종 잘못된 행동을 저지른다.

사람들은 어떤 직업을 선택할지, 누구와 결혼할지, 토요일 밤에 얼마나 술을 마실지, 헬스클럽에 얼마나 자주 갈지 등등과 관련해 어리석은 결정을 내린다. 이 책은 사람들이 흔히 저지르는 잘못된 행동에 대해 설명한다. 인간이 실수를 저지르는 다양한 방식을 심도 있게 살펴보고, 그를 통해 행동경제학이라는 분야를 좀 더 온전하게 소개한다.

또 제목(이 책의 원제는 'Misbehaving'이다)에는 두 번째 의미가 담겨 있다. 대학원 시절부터 나는 잘못된 행동을 보여주는 증거를 동료 경제학자들에게 제시하곤 했다. 그리고 그 과정에서 똑똑한 경제학자들이 저지르는 잘못된 행동에 대해서도 여지없이 지적했다. 그러나 다른 사람들의 전문 분야를 조롱 대상으로 삼는 것은 앞으로 나아가기 위한 좋은 방법이 아니기에 다소 조심했다는 사실을 덧붙인다. 사실 나는 나 자신의 이야기를 하는 것을 대단히 힘들어했다. 특히 잘못된 행동에 대해서는 더욱 그랬다. 그러나 행동경제학이 올린 다양한 성과를 독자들에게 소개하기에 가장 좋은 방법이 무엇일까 고심했고, 결국 학문적 회고록 차원에서 내 이야기를 쓰는 것이 가장 효과적이라는 결론을 내렸다. 1970년대부터 오늘날까지 행동경제학과 함께한 나의 자전적 이야기를 끝까지 따라간다면 독자 여러분은 행동경제학이 무엇인지, 어떤 관점으로 자신과 타인의 선택을 조율할지, 그리고 어떻게 넛지를 활용할지에 대해 온전히 이해하고 체험할 수 있을 것이다.

단, 오해는 하지 않기를 바란다. 분명히 밝히건대 이 책은 자서전이 아니다. 나의 어린 시절이나 가족 이야기는 조금도 언급하지 않았다. 대신 나의 눈으로 바라본, 행동경제학이라는 학문의 탄생에 얽힌 이야기를 담았다. 그런 이유로 여러분은 아마 이 책을 논문이나 교과서가 아니라, 재미있는 이야기책으로 읽을 수 있을 것이다. 실제로 이 책은 그런 이야기를 모은 책이다.

그리고 이 책이 경제학을 다룬 진지한 책이지만, 독자들에게 재미와 즐거움을 전달하고자 노력했음을 밝힌다. 특히 내가 마음에 들어 하는 부분은, 시카고대학교 부스 경영대학원^{Booth School of}

Business의 동료 교수들이 새로 지은 건물에서 사무실을 선택하는 장면이다. 얼핏 재미없게 여겨질 수 있지만 한번 들여다보자. 경영대학원 교수들은 어떤 동료가 자신보다 조금 더 넓은 사무실을 배정받았다는 사실을 알았을 때 잘못된 행동을 저질렀다. 경제학 교수들조차, 그리고 나 또한 어리석은 행동을 저지를 수밖에 없었다.

내 경험에 따르면 한국인은 아주 올바르게 행동하는 사람들이지만, 그럼에도 나는 한국 독자들이 이번 이야기를 흥미롭게 읽어주길 바란다. 다시 한번 내 책을 선택해준 한국 독자들에게 깊은 감사를 표한다.

부디 즐거운 경험이 되기를!

리처드 탈러

정치, 경제, 좀 더 보편적으로 말해서
모든 사회과학을 떠받치고 있는 학문은 명백하게도 심리학이다.
심리학 원리에서 사회과학의 법칙을 이끌어낼 날이
언젠가 찾아올 것이다.[1]

— **빌프레도 파레토** Vilfredo Pareto, **1906** —

차례

II. 심리 계좌: 우리는 돈을 어떻게 바라보는가

III. 자기통제: 현재와 미래 사이의 선택

쉬어 가기

IV. 무엇이 거래를 공정하게 보이도록 만들까

V. 경제학과 심리학이 만날 때

VI. 금융 시장과 행동 편향 효과

VII. 인간만큼 흥미로운 존재는 없다

VIII. 행동경제학, 세상을 바꾸다

시간을 거슬러,
행동경제학을 탐험하기에 앞서

본격적인 논의를 시작하기에 앞서 나의 친구이자 스승인 아모스 트버스키Amos Tversky와 대니얼 카너먼Daniel Kahneman에 관한 이야기를 소개할까 한다(이 책에서 아모스 트버스키는 아모스, 대니얼 카너먼은 대니라는 이름으로 혼용해 부른다). 여러분은 이 이야기에서 이 책의 주제에 관한 힌트를 얻을 수 있을 것이다.

아모스 트버스키를 위하여

종종 열쇠를 어디다 두었는지 잊어버리곤 하는 우리에게도 결코 잊을 수 없는 순간이 있다. 여러분이 나 정도 나이라면, 케네디 대통령이 암살당한 날이 바로 그런 순간일 것이다(그때 대학 신입생이던 나는 학교 운동장에서 농구를 하고 있었다). 또 이 책을 읽을 수 있을 정도의 나이라면, 2001년 9월 11일 역시 그런 순간일 것이다(당시 잠에서 막 깨어난 나는 라디오를 들으면서 대체 무슨 일이 벌어진 건지 어리둥절해했다).

또 결혼식을 올리던 날이라든가 홀인원을 한 순간 등 잊지 못할 개인적인 찰나가 많을 것이다. 나에겐 대니의 전화를 받은 때가 바로 그런 순간이었다. 물론 그 전에도 자주 대화를 했고 수도 없이 전화로 잡담을 나누었지만, 그 순간만큼은 지금도 생생하게 기억난다. 1996년 초 어느 날, 대니는 전화기 너머로 내게 아모스가 말기 암 선고를 받았고 앞으로 6개월밖에 살지 못할 것이라는 이야기를 전했다. 충격을 받은 나는 마음을 추스르기 위해 아내에게 전화기를 넘겼다. 가까운 친구가 곧 세상을 떠난다니 충격이 너무도 컸다. 게다가 59세의 나이로 세상을 떠나기에 아모스는 너무나도 아까운 사람이었다. 글과 말이 언제나 정확하고 완벽하며 책상에는 항상 패드와 연필을 가지런히 놓아두던 그는 그렇게 떠나서는 안 될 사람이었다.

연구실에 나오기 힘든 날이 올 때까지 아모스는 자신의 상태를 사람들에게 알리지 않았다. 그저 가까운 친구 2명을 포함해 단 몇 명과만 상황을 공유했다. 그 몇몇에 포함된 이들은 배우자를 제외하고 어느 누구에게도 그의 이야기를 하지 않기로 약속했고, 그 때문에 5개월 동안 입을 다문 채 서로 위안을 나눌 수밖에 없었다.

아모스는 자신에게 남겨진 몇 달간을 그저 죽어가는 환자로 살아가기를 원치 않았고, 그래서 자신의 상태를 숨기려 했다. 그때 아모스와 대니는 한 권의 책을 기획하고 있었다. 그들이 개척한 심리학의 한 분야인 '판단 및 의사 결정'에 관한 연구를 중심으로, 자신과 다른 학자들의 논문을 한 권의 책으로 엮고자 했다. 그들은 이 책의 제목을 '선택, 가치, 프레임Choices, Values, and Frames'2)이라 지었다.

다음으로 아모스는 자신이 가장 사랑하는 일, 즉 연구를 하고, 가족과 함께하고, 농구 경기를 관람하며 시간을 보내길 원했다. 그리고 슬픔을 표하는 방문객이 아니라 '연구하는' 방문객만 허락했다. 그래서 나는 그가 세상을 뜨기 6주 전에야 함께 연구한 논문이 완성되었다는 뻔한 핑계로 그를 만나볼 수 있었다. 우리는 잠시 논문에 대한 이야기를 나누고 나서 함께 NBA 플레이오프 경기를 시청했다.

아모스는 삶의 거의 모든 면에서 현명했고, 인생의 마지막 순간을 준비할 때도 마찬가지였다.[1] 그는 스탠퍼드의 전문의들과 상담한 후, 고통만 가중시키고 기껏해야 몇 주밖에 생명을 연장하지 못하는 의미 없는 치료를 받으며 마지막 몇 달을 보내는 것은 좋은 선택이 아니라고 판단했다. 그때도 그의 번득이는 위트는 여전했다. 아모스는 종양학자에게 암은 제로섬 게임이 아니라고 말했다.

"종양에 나쁘다고 해서 반드시 제게 좋은 것은 아니죠."

그러던 어느 날, 나는 그에게 전화로 안부를 물었고, 그는 내게 이렇게 말했다.

"보다시피 좋아. 독감에 걸리면 죽을 것 같잖아. 하지만 정말로 죽게 되면 대부분의 시간이 그저 즐겁다네."

결국 아모스는 6월에 세상을 떠났고, 그가 가족과 함께 살던 캘

---

1   아모스가 살아 있을 당시 심리학자들 사이에서는 IQ 테스트에 관련된 농담이 유행했다. 아모스가 자신보다 더 똑똑하다는 사실을 일찍 깨달을수록 IQ가 높은 사람이라는 것이다.

리포니아 팰로앨토에서 장례식을 치렀다. 아모스의 아들 오렌은 짧은 애도사를 통해 그가 세상을 뜨기 며칠 전 자신에게 쓴 편지를 읽어주었다.

> 며칠 동안 우리는 잠시나마 추억을 되살리기 위해 서로 옛날이야기와 일화를 함께 나누었구나. 유대 속담 중에 이런 말이 있지.
> "역사와 지혜는 강의나 역사책이 아니라 일화나 웃긴 이야기, 재치 있는 농담을 통해 한 세대에서 다음 세대로 넘어간다."

장례식이 끝나고 아모스 가족의 집에서 조촐한 모임을 열었다. 일요일 오후였는데, 몇몇은 그 와중에도 다 끝나가는 NBA 경기를 보기 위해 TV가 있는 방으로 갔다. 겸연쩍어하는 우리를 보고 아모스의 아들 탈이 이렇게 말했다.

"아버지가 살아 계셨다면 틀림없이 장례식을 녹화하고 대신 경기를 보셨을 거예요."

1977년 아모스를 처음 만난 때부터, 나는 내 모든 논문을 비공식적으로 검증했다. 그리고 항상 이렇게 자문했다.

"아모스라면 이 논문을 인정할까?"

나중에 다시 소개할 내 친구 에릭 존슨Eric Johnson은, 우리가 함께 쓴 논문이 학술지에 채택되고 최종적으로 출판되기까지 3년이 걸렸다는 사실을 증언해줄 인물이다. 당시 에릭은 물론, 편집자와 심사위원 모두 그 논문에 만족해했지만 아모스는 한 부분을 지적했고, 결국 나는 그의 이의 제기를 받아들이기로 했다. 나는 그 문제에 계속 매달렸는데, 그동안 가엾은 에릭은 자신의 이력서에 그 논문을 포함시키지 못한 채 대학의 결정을 기다려야만 했다. 그래도 다행스럽게 에릭에게는 다른 논문이 많았고, 내가 머뭇거리는 와중에도 종신 재직권을 보장받을 수 있었다. 그리고 나서 얼마 뒤, 나는 아모스의 승인까지 얻어냈다.

이 책은 여러분이 예상하듯 경제학 교수가 쓴 그렇고 그런 책이 아니다. 논문도 아니고 논쟁을 위한 책도 아니다. 물론 연구에 관한 논의를 다루었지만 그와 함께 다양한 일화와 (아마도) 웃긴 이야기, 특이한 농담이 가득하다.

"역사와 지혜는 강의나 역사책이 아니라 일화나 웃긴 이야기, 재치 있는 농담을 통해 한 세대에서 다음 세대로 넘어간다."

아모스가 아들에게 남긴 글을 다시 한번 곱씹어보게 된다.

적어도 제게는 흥미진진한 주제입니다

2001년 초, 나는 버클리에 있는 대니의 집을 방문했다. 늘 그랬듯 우리는 거실에 앉아 이런저런 잡담을 나누었다. 그런데 갑자기 대니가《뉴욕 타임스》에서 나의 연구에 관한 기사[3]를 쓰고 있던 로저 로웬스타인Roger Lowenstein이라는 기자가 집에 찾아오기로 한 약속을 깜빡했다고 했다. 여러 권의 책을 냈고, 특히 『천재들의 실패When Genius Failed』[4]로 잘 알려진 유명 작가이기도 한 로웬스타인은 대니와 만나 이야기를 나누고 싶어 했다. 그런데 상황이 좀 애매했다. 잠깐 자리를 비워줘야 할까, 아니면 그들의 대화에 끼어야 할까? 대니는 이렇게 말했다.

"그냥 있어. 재미있을 거야."

인터뷰가 시작되었다. 오랜 친구가 들려주는 나에 대한 이야기는 그리 흥미진진한 주제도 아니거니와, 나에 대한 친구의 칭찬을 듣는 것 역시 겸연쩍은 일이었다. 그래서 나는 읽을거리를 집어 들고 거기에 시선을 옮겼다. 그런데 잠시 후 대니는 이렇게 말했다.

"탈러를 특별한 사람으로 만들어주는 최고의 장점은, 그가 게으르다는 사실입니다."

응? 뭐라고? 물론 틀린 말은 아니지만, 게으름이 가장 큰 장점이라고 생각한다니. 나는 고개를 저으며 손사래를 쳤지만, 대니는 아랑곳하지 않고 나의 탁월한 나태함에 대해 칭찬을 이어나갔다. 대니가 말하길 나는 매우 게으른데도 어떻게든 일을 하려 하지 않는 성향을 떨쳐버릴 만큼 흥미진진한 주제만 골라서 연구한다는 것이었다. 나의 게으름을 자산으로 바라봐준 사람은 대니뿐이었다.

맞는 말이다. 이 책을 읽기 전, 여러분은 이 책의 저자가 검증된 게으름뱅이라는 사실을 염두에 두길 바란다. 대니가 지적했듯 이 책의 장점은 내가 오직 흥미진진한 주제만 다룬다는 사실이다. 적어도 내게는 말이다.

I

행동경제학,
긴 여정의 시작

1

상상 속 인간에서 출발한
현대 경제학
— 우리 모두는 '이콘'이 아니다

　　　　강단에 선 지 얼마 되지 않아, 나는 본의 아니게 미시경제학 수업을 듣는 학생들의 원성을 사고 말았다. 강의 내용과는 아무 상관 없는 이유 때문이었다. 문제는 중간고사 이후에 불거졌다.

　나는 중간고사를 통해 학생들을 세 부류로 구분하고자 했다. 문제를 잘 해결하는 우수 집단, 기본적인 개념을 잘 이해하는 중간 집단, 그리고 수업 내용을 잘 따라오지 못하는 하위 집단. 이렇게 하기 위해 나는 최고 수준의 학생들만 풀 수 있는 문제를 냈다. 이 말은 곧 시험이 무척 어려웠다는 뜻이다. 어쨌든 나는 그 시험을 통해 소기의 목적을 달성했지만(점수 분포가 폭넓게 나타났다), 시험 점수를 발표하는 순간 학생들 사이에서는 뜻하지 않은 소동이 일었다. 그들의 주된 불만은 평균 점수가 100점 만점에 겨우 72점밖에 되지 않는다는 것이었다.

그런데 학생들의 반응에서 이상한 점은, 평균 점수와 학생들이 실제로 받는 학점과는 아무런 상관이 없다는 것이다. 대학 측은 평균 학점이 B, 혹은 B+인 성적 곡선에 따르면서 몇몇 학생에게만 C 이하의 학점을 주도록 규정했다. 여하튼 나는 낮은 평균 점수가 학생들에게 혼란을 줄 수도 있음을 예상했기에 학생들이 받은 점수를 실제 학점으로 환산하는 방식도 공지했다. 즉 80점 이상에게는 A나 A-를, 65점 이상에게는 B, 50점 이하에게는 C 이하의 학점을 줄 것이라 알려주었다.

학점의 최종 분포가 일반적인 경우와 결코 다르지 않았음에도 나의 해명은 학생들의 혼란을 가라앉히지 못했다. 학생들은 중간고사 점수는 물론, 나의 해명도 받아들이지 않았다. 당시 고용 안정을 걱정해야 하는 젊은 교수로서 나는 뭔가 조치를 취해야겠다고 생각했다. 하지만 그렇다고 해서 시험을 무작정 쉽게 낼 수는 없는 노릇이었다. 그럼 어떻게 해야 할까?

결국 나는 한 가지 묘안을 냈다. 다음 시험에서 만점을 100점에서 137점으로 높인 것이다. 난도를 좀 더 높여 정답률이 70퍼센트에 불과했지만, 평균 점수는 기분 좋게 96점으로 나왔다. 학생들은 환호했다. 물론 실제 학점에는 아무런 영향을 미치지 않았지만, 그럼에도 학생들 모두 만족해했다.

그 후 나는 이 과목을 강의할 때마다 만점을 137점으로 잡았다. 내가 이 점수를 만점으로 정한 데는 두 가지 이유가 있다. 첫째, 평균 점수를 90점대로 유지하면서 일부 학생에게 100점 이상의 점수를 줌으로써 열광적인 반응을 이끌어낼 수 있다. 둘째, 137점을 기준으로 자신의 점수가 어느 정도인지 머릿속으로 가늠하기란 쉽지 않은 일이다. 그래서 학생들 대부분 자신이 받은 점수를 애써 백분율로 환산하려 하지 않았다. 그래도 학생들을 속이고 있다는 오해를 사지 않기 위해 나는 그다음 학기부터 강의 안내서에 굵은 글씨로 다음과 같은 공지를 실었다.

"시험은 100점이 아니라 137점을 만점으로 한다. 이 기준은 이번 과목에서 여러분이 받을 학점에 아무런 영향을 미치지 않지만, 그래도 기분은 좋을 것이다."

실제로 이렇게 만점 기준을 변경하고 난 후로 나는 학생들에게 시험이 어렵다는 불평을 단 한 번도 듣지 않았다. 그러나 경제학자의 시선에서 볼 때 나의 학생들은 '잘못된 행동misbehave'을 했다. 다시 말해 학생들의 행동이 경제학 이론의 핵심을 이루는 이상적인 행동 모형과 조화를 이루지 않은 것이다. 경제학자 입장에서 본다면, 100점 만점에 72점을 받았을 때보다 137점 만점에 96점(70퍼센트)을 받았을 때 더 기뻐할 이유는 하나도 없다. 그럼에도 학생들은 기뻐했다. 하지만 이 사실을 알게 된 덕분에 나는 내가 원하는 방식대로 시험문제를 출제하면서도 학생들의 원성을 듣지 않게 되었다.

대학원에 진학한 이후 40년 동안, 나는 경제학 모형의 가상적인 존재와는 동떨어진 방식으로 살아가는 다양한 사람들의 이야기에 매력을 느껴왔다. 그런 사람들에게 문제가 있다는 뜻은 아니다. 우리는 모두 그저 똑같은 인간, 즉 호모사피엔스다. 여기에서 문제는 경제학자들이 활용하는 모형, 즉 호모사피엔스가 아니라 '호모이코노미쿠스homo economicus', 내가 종종 줄여서 말하는 '이콘'이라는 가상적 존재를 가정하는 모형이다.

이콘이 사는 가상 세계와 비교할 때, 인간은 많은 잘못된 행동을 저지른다. 이는 곧 경제학 이론이 학생들을 기분 나쁘게 하는 것보다 훨씬 더 심각한 결과를 초래할 수 있는, 부적절한 예측을 내놓을 수 있다는 뜻이다. 실제로 어떤 경제학자도 2007~2008년 금융 위기가 올 것이라 예상하지 못했다.[2] 더 심각한 문제는 많은 이들이 금융 위기와 그에 따른 후폭풍이 결코 일어날 리 없는 일이라 생각했다는 것이다.

아이러니하게도 인간 행동에 대한 이런 잘못된 생각에 기반을 둔 형식적인 모형이, 경제학이 여러 사회과학 중 가장 강력한 학문이 되도록 한 요소였다. 그 강력함은 두 가지 특성에서 비롯된다. 첫 번째는 명백한 사실로, 사회과학자 중 경제학자들이 공공 정책을 결정하는 과정에서 가장 강력한 영향력을 행사한다는 점이다. 사실 경제학자들은 정책 자문에서 실질적인 독점권을 갖고 있다. 최근까지만 하더라도 다른 분야의 사회과학자들은 정책 관련 회의 석상에 초대조차 받지 못했고, 설령 초대를 받았다 하더라도 가족 회의에 참석한 아이들 정도로밖에 대우받지 못했다.

두 번째 특성은, 경제학은 학문적인 차원에서도 가장 견고한 분야로 인정받는다는 사실이다. 경제학의 견고함은 거의 모든 다른 학문이 파생된 핵심적인 통합 이론을 보유한다는 사실에 기반한다. '경제학 이론'이라고 하면 사람들은 그 의미를 이해한다. 다른 어떤 사회과학에서도 그런 유사한 기반을 발견할 수 없다. 다른 사회과학 분야의 이론은 특정 환경하에서 일어나는 현상만 설명하기 위한

---

2   주택 가격의 비정상적 상승률에 대해 경고한 경제학자로 나의 동료 행동경제학자인 로버트 실러Robert Shiller를 꼽을 수 있다.

것이다. 사실 경제학자들은 그들의 학문을 종종 물리학에 비유하곤 한다. 이는 물리학처럼 경제학 역시 몇몇 핵심적인 가정을 기반으로 구축되어 있다는 뜻이다.

경제학 이론에서 핵심적인 가정은 사람들이 최적화optimizing 작업을 거쳐 선택한다는 것이다. 한 가구는 그들이 구매 가능한 모든 제품과 서비스 중 최고의 조합을 선택한다. 또 이론의 선택 기반을 이루는 믿음은 편향되어 있지 않다. 다시 말해 경제학자들이 말하는 '합리적 기대rational expectation'에 따라 선택한다. 막 창업한 사람들이 성공 가능성을 75퍼센트로 예상한다면, 그 수치는 실제로 성공을 거둔 기업들의 확률을 정확하게 반영하는 것이다. 이론은 결코 지나치게 낙관적이지 않다.

제한된 예산 내에서 최적의 조합을 선택한다는 '제약적 최적화constrained optimization'의 가정은 경제학 이론의 또 다른 핵심적인 가정, 즉 '균형equilibrium'이라는 개념과 결합된다. 가격이 자유롭게 변동되는 경쟁 시장에서 재화의 가격은 수요와 공급이 균형을 이루는 지점을 따라 오르내린다. 간단히 말해 '경제학=최적화+균형'이다. 이 방정식은 다른 사회과학 분야가 따라올 수 없는 강력한 조합이다.

그런데 한 가지 문제가 있다. 바로 경제학 이론이 기반으로 삼은 가정이 완벽하지 않다는 사실이다. 첫째, 일반적인 사람들이 직면하는 최적화 문제는 종종 해결하기 쉽지 않거나 엄두조차 내기 힘들다. 예를 들어 그리 크지 않은 식료품점에 들어설 때, 우리는 예산 내에서 구매 가능한 수백만 가지 제품 조합에 직면한다. 이런 상황에서 과연 최고의 조합을 선택할 수 있을까? 게다가 우리에게는 식료품점에서 물건을 사는 경우보다 훨씬 더 힘든 상황이 적지 않게 주어진다. 직장이나 대출 상품, 배우자를 선택할 때가 그렇다. 하지만 이런 상황에서 이루어진 선택이 실패로 이어지고 마는 확률을 감안할 때, 모든 사람이 최적화를 통해 선택한다는 주장을 끝까지 고수하기는 쉽지 않을 것이다.

둘째, 사람들이 결정을 내릴 때 기반으로 삼는 믿음은 사실 편향되어 있다. 경제학자의 사전에 지나친 낙관주의라는 말은 없지만, 인간의 본성은 그런 특성을 분명하게 드러낸다. 실제로 심리학자들은 인간의 다양한 편향을 밝혀내고 있다.

셋째, 137점의 사례가 보여주듯, 최적화 모형은 많은 요소를 빠뜨리고 있다. 이콘의 세상에서는 그런 다양한 요소를 별로 중요하게 다루지 않았다. 이콘이라면 아마 쇼핑을 하는 일요일에 배고픔을 느꼈다고 해서 화요일 저녁에나 먹을 수 있는 음식을 미리 잔뜩 사두지는 않을 것이다. 일요일에 느끼는 공복감은 화요일 식사량과 아무 상관이 없다. 그리고 이콘이라면 돈을 이미 지불했다거나 음식물을 남기지 않겠다는 이유로 일요일에 잔뜩 사둔 음식을 화요일 저녁에 모두 먹어버리지는 않을 것이다.

이콘의 시선으로 볼 때 예전의 소비와 현재의 식사량은 아무 관련이 없다. 또 이콘은 결혼기념일이나 생일에 선물을 기대하지 않을 것이다. 날짜가 무슨 상관이란 말인가? 사실 이콘은 선물이라는 것에 난처해한다. 이콘에 최고의 선물은 현금이다. 현금을 받을 때 우리는 가장 최적화된 방식으로 구매할 수 있다. 하지만 여러분이 경제학자와 결혼한 게 아니라면, 결혼기념일에 현금 선물은 결코 좋은 선택이 아닐 것이다. 그리고 좀 더 고민해본다면, 경제학자와 결혼했다 하더라도 현금은 결코 바람직한 선물이라고는 할 수 없을 것이다.

여러분과 나는 우리가 이콘의 세상에 살고 있지 않다는 걸 잘 알고 있다. 우리는 인간의 세상에 살고 있다. 그리고 경제학자 역시 인간이기 때문에 그들 또한 자신이 이콘의 세상에 살고 있는 게 아니라는 사실을 잘 안다. 현대 경제학의 아버지 애덤 스미스Adam Smith 도 이 점을 분명하게 인식하고 있었다. 스미스는 자신의 대표작『국부론The Wealth of Nations』을 쓰기 전에, 경제학 논문에는 좀처럼 등장하지 않는 용어인 인간의 '열정'5)을 주제로 책을 집필하기도 했다. 이콘에게는 뜨거운 열정이 없다. 그들은 최적의 선택만 추구하는 냉혈한이다. 영화 〈스타 트렉〉에 등장한 미스터 스폭이 그런 존재다.

그럼에도 이콘으로 이루어진 세상을 전제로 하는 경제학적 행동 모형은 큰 성공을 거두었고, 오늘날 우리 사회는 경제학자에게 가장 영향력 있는 지위를 부여했다. 그리고 그간 제기된 비판에 대해 경제학자는 어설픈 변명과 미심쩍은 해명으로 얼버무린다. 하지만 조금씩 존재감을 키워가고 있는 여러 연구 성과가 그런 비판에 대해 하나씩 해답을 내놓고 있다.

물론 시험 성적에 대한 이야기는 쉽게 무시할 수 있을 것이다. 그러나 퇴직연금이나 대출 상품, 주식 투자 같은 중요한 영역에서 사람들이 어리석은 선택을 하고 있음을 보여주는 사례를 무시하기는 어렵다. 또 실질적 악재가 없는 상황에서 전 세계적으로 주식시장이 20퍼센트 이상 급락한 1987년 10월 19일을 시작으로 지금까지 우리가 줄곧 목격해온 상승과 거품, 붕괴로 이루어진 일련의 사태를 무시하기란 불가능한 일일 것이다. 그 후 기술 시장의 거품과 붕괴, 이어진 주택 시장의 상승과 거품은 결국 글로벌 금융 위기를 촉발했다.

이제 변명은 그만할 때가 왔다. 지금 우리에게 필요한 것은 인간의 존재와 진실을 그대로 받아들이는 경제학적 연구에 대한 활발한 접근이다. 다행스러운 소식은 경제와 시장이 돌아가는 방식에 대해 우리가 지금까지 알던 모든 이야기를 포기할 필요는 없다는 것이다. 즉 이콘의 존재를 가정으로 삼는 모든 이론을 폐기할 필요는 없다. 그런 이론들은 보다 현실적인 모형을 위한 출발점으로서 가치가 있다. 해결해야 할 문제가 간단하거나, 경제 주체가 고도로 전문화된 효과적인 기술을 갖춘 특정 상황에서 이론을 기반으로 한 경제 모형은 실제 세상에서 일어나는 현상에 대한 개략적인 설명을 들려줄 수 있다. 물론 앞으로 살펴보겠지만 이는 일반적인 상황이라기보다 예외적인 상황에 가깝다.

경제학자들이 하는 일 중 많은 부분은 시장이 돌아가는 방식에 관련된 데이터를 수집하고 분석하는 것이다. 이런 작업은 전반적으로 상당한 신중함과 통계적 전문성을 바탕으로 이루어진다. 더 중요한 사실은, 이런 연구 중 대부분은 사람들이 최적화를 통해 선택한다는 가정에 의존하지 않는다는 것이다. 지난 25년 동안 등장한 두 가지 연구 방식은 경제학자가 세상을 탐험하는 지평을 크게 넓혔다.

그중 첫 번째는 무작위 대조 실험으로 의학 등 다른 과학 분야에서는 이미 오래전부터 사용되어왔다. 그 전형적인 연구 방식은 특정 환자들에게 어떤 '치료'를 제공했을 때 벌어지는 현상을 조사하는 것이다. 두 번째 접근 방식은 자연스럽게 벌어지는 실험 상황(가령 일부만 특정 프로그램에 등록하고 나머지는 하지 않는 경우), 혹은 고의적으로 특정 상황을 설계하지 않았더라도 처리의 영향을 확인할 수 있는 효과적인 계량경제학적 기술을 활용하는 것이다.

이런 새로운 연구 방식은 우리 사회에 대단히 중요하고 다양하고 폭넓은 질문에 대한 연구로 이어졌다. 그 대상에는 교육 시간 확대, 소규모 학급 및 실력 있는 교사의 수업, 경영 컨설팅 서비스, 구직 지원, 금고형, 하위 빈곤 지역으로의 이사, 의료보험 제도를 근간으로 하는 건강보험 서비스 등이 포함되어 있다. 이런 연구는 최적화 모형에 의존하지 않아도 세상에 대해 많은 것을 알아낼 수 있음을 보여준다. 일부 사례는 그런 모형을 검증하고 인간의 실질적 반응과 조화를 이루는지 확인하는 데 필요한 객관적 증거를 제시한다.

경제학 이론 중 많은 부분에서 관찰 대상이 전문가가 아니라 하더라도, 모든 주체가 최적화를 추구한다는 가정은 핵심이 아니다. 예를 들어 많은 농부가 시장 상황에 따라 신속하게 행동을 바꾸지 않는다 하더라도, 비료 가격이 떨어지면 더 많은 비료를 사용할 것이라는 예상은 충분히 타당하다. 그것은 모호하기 때문이다. 우리가 예측할 수 있는 것은 오직 효과의 방향뿐이다. 이는 사과가 나뭇가지에서 분리될 때 하늘 위로 올라가는 것이 아니라 아래로 떨어질 것이라는 예측과 비슷하다. 그런 예측은 대부분의 경우 옳지만, 그렇다고 해서 그것만으로 중력의 법칙을 입증할 수 있는 것은 아니다.

경제학적으로 복잡한 모든 주체를 기반으로 구체적인 예측을 내놓을 때 경제학자는 문제에 휘말린다. 농부의 사례로 돌아가보자. 과학자들은 농부들이 예전보다 더 많이, 또는 더 적게 비료를 사용함으로써 수확을 늘릴 수 있다는 것을 알고 있다. 그리고 모든 사람이 그와 같은 유용한 정보를 알고 있을 때 올바른 행동을 한다고 가정한다면, 최고의 정책적 처방은 사람들이 그런 정보에 자유롭게 접근하도록 만드는 것이다. 유용한 정보를 공지하고 농부들이 쉽게 접근할 수 있도록 만들고 난 뒤, 나머지는 시장의 마법에 맡겨야 한다.

하지만 모든 농부가 이콘은 아니므로 이는 그다지 좋은 처방은 아니다. 물론 다국적 식품 기업은 최근에 발표한 연구 성과를 신속하게 받아들일 것이다. 그러나 인도나 아프리카 농부들[6]도 과연 그렇게 할까?

마찬가지로 모든 사람이 이콘처럼 은퇴에 대비해 저축을 충분히 하고 있을 거라 믿는다면, 우리는 사람들이 더 많이 저축하도록(연금 프로그램 등을 통해) 도움을 줄 이유가 없다고 결론 내릴 것이며, 실제로 그렇게 된다면 많은 국민의 삶을 더 행복하게 해줄 기회를 포기하는 것이다. 그리고 중앙은행이 금융 시장의 거품이란 이론적으로 존재할 수 없다고 믿는다면, 앨런 그린스펀Alan Greenspan 스스로 잘못을 인정한 것처럼 치명적인 실수를 저지를 것이다.

물론 상상 속 이콘의 행동을 설명하는 추상적인 모형 개발을 굳이 중단할 필요는 없다. 우리가 정말 중단해야 할 것은, 그런 모형이 인간의 행동을 정확하게 설명해주는 것이라 가정하고, 그런 결함 있는 분석을 바탕으로 정책을 결정하는 일이다. 여기에서 우리는 '별로 중요하지 않은 요인supposedly irrelevant factor', 즉 내가 줄여서 SIF라고 부르는 것에 관심을 기울여야 할 것이다.

삶에서 중요하고 심각한 문제는 물론 아침 메뉴처럼 사소한 문제까지, 사람들의 생각을 바꾸기란 결코 쉽지 않다. 많은 경제학자는 인간 행동에 관한 좀 더 정확한 설명을 바탕으로 이론을 수립하라는 요구를 오랫동안 끈질기게 외면해왔다. 그러나 최근 위험을 기꺼이 무릅쓰고 전통 경제학의 방식에서 과감하게 벗어나고자 하는 창조적인 젊은 경제학자들이 등장했고, 풍요로운 경제학 이론을 향한 꿈이 점차 현실화되고 있다. 오늘날 이런 노력을 추구하는 분야는 '행동경제학'이라 불린다. 행동경제학은 전통 경제학과 완전히 다른 학문이 아니다. 여전히 경제학 범주에 속하며, 다만 심리학을 포함한 다양한 사회과학을 폭넓게 받아들인다.

경제학 이론에 '인간'이라는 요소를 추가해야 하는 중요한 이유는, 이런 이론을 기반으로 내놓는 예측의 정확성을 높이기 위해서다. 그리고 인간을 조합에 포함시킴으로써 또 다른 이익도 얻을 수 있다. 그것은 행동경제학이 전통 경제학보다 훨씬 더 흥미진진하다는 사실이다. 행동경제학은 실로 유쾌한 과학이다. 행동경제학은 지금도 성장하고 있는 경제학의 한 분야이며, 현재 전 세계 유수 대학에서 이 분야에 몸담은 학자들을 만나볼 수 있다. 최근에는 행동경제학자와 행동과학자가 정책 수립 과정에 일반적으로 참여하고 있기도 하다. 2010년에 영국 정부는 행동 연구 팀이라는 조직을 설립했으며, 세계적으로 많은 정부가 다양한 사회과학적 성과를 정책 수립 과정에 반영하기 위해 특별 기구를 설립하는 흐름에 동참하고 있다.

기업 역시 이런 움직임에 보조를 맞추고 있으며, 인간 행동에 대한 깊이 있는 이해는 재무제표와 경영을 이해하는 것만큼 성공적인 비즈니스 운영에 필수 요소라는 사실을 점차 깨달아가고 있다. 결국 기업을 운영하는 것도 인간이고, 직원과 소비자 모두 인간인 것이다.

이 책에는 이런 상황이 어떻게 전개되고 있는지에 대해 (적어도) 내가 목격한 것을 담았다. 물론 내가 그 모든 연구를 직접 추진한 것은 아니지만(여러분도 아시다시피 나는 아주 게으른 사람이다), 이런 움직임이 시작될 무렵부터 참여해왔고, 이 분야를 창조하는 과정에서 특정 역할을 맡았다.

앞으로 많은 이야기가 등장할 텐데, 여기에서 나의 중요한 목표는 그 모든 일이 일어나는 방식에 대한 이야기를 들려주고 그 과정에서 우리가 배운 것을 설명하는 것이다. 당연하게도 그동안 경제학의 보편적인 연구 방식을 고집하던 전통주의자들과 많은 논쟁을 벌였다. 그런 논쟁이 항상 즐거웠던 건 아니다. 하지만 힘든 여행처럼 세월이 지난 지금은 소중한 추억으로 남았으며, 그런 논쟁의 필연성은 이 분야의 기반을 더욱 튼튼하게 다져주었다. 다른 모든 이야기와 마찬가지로 우리의 이야기 역시 한 가지 아이디어와 더불어 다른 이야기로 자연스럽게 넘어가는 직선적 행보를 따르지 않는다. 많은 아이디어가 서로 다른 시간에, 서로 다른 속도로 확산되었다. 그렇기 때문에 이 책은 연대와 주제에 따라 전개되는 구조를 띤다.

간략하게 한번 살펴보자. 이 책의 시작은 내가 공부하던 모형에 잘 들어맞지 않는 예외적인 행동 사례를 수집하던 시절로 거슬러 올라간다. 1부에서는 처음 몇 년 동안에 집중해, 이런 분야의 가치에 의문을 품은 많은 사람이 직면했던 다양한 도전 과제를 설명한다. 그다음으로 나의 연구 인생에서 첫 15년 동안 집중한 여러 주제, 즉 심리 계좌mental accounting, 자기통제, 공정함, 금융으로 시선을 돌렸다. 그동안 나와 나의 동료들이 얻은 깨달음을 자세하게 설명함으로써 여러분이 인간이라는 존재를 더 잘 이해하는 데 도움을 주고자 한다.

나아가 사람들이 현재 상태를 유지하기 위해 많은 노력을 기울이는 경우 그들의 사고방식을 바꾸는 법에 대한 실질적인 교훈도 얻을 수 있을 것이다. 그러고 나서 뉴욕시 택시 운전사들의 행동부터 내셔널 풋볼 리그의 드래프트 제도, 거액의 상금이 걸린 게임 프로그램에 참여한 사람들의 행동에 이르기까지 최근 연구 사례를 살펴볼 것이다. 그런 다음 마지막으로 흥미로운 도전과 기회가 있는 영국의 총리 관저로 가볼 것이다.

자, 그럼 지금부터 행동경제학이 발아한 그 반가운 시작점으로 거슬러 올라가려 한다. 본격적으로 이야기를 시작하기에 앞서 중요한 조언을 하나 한다면, 더 이상 재미가 느껴지지 않을 때 이 책을 덮으라는 것이다. 그렇게 하지 않는다면 그 역시 '잘못된 행동'일 것이다.

2

가질 때의 기쁨과
잃을 때의 고통,
무엇이 더 클까?
— 소유 효과의 비밀

뉴욕 북부에 있는 로체스터대학교의 경제학과 대학원에서 연구하던 시절, 나는 경제학 이론에 대해 다소 삐딱한 생각을 갖고 있었다. 경제학 과목이 다루는 내용에 많은 의혹을 느꼈지만 사실 그게 경제학 이론에 결함이 있어서인지, 아니면 내 이해력이 부족해서인지 정확히 알 수 없었다. 나는 우등생은 아니었다. 앞서 소개한 로저 로웬스타인 기자가 쓴 《뉴욕 타임스》 기사에서 내 논문 지도 교수이던 셔윈 로젠Sherwin Rosen은 대학원 시절에 거둔 내 성과에 대해 이렇게 평가했다.

"그에게 많은 걸 기대하지는 않았죠."

내 논문은 다소 자극적인 주제처럼 들릴 수 있는 '생명의 가치'를 다룬 것이었지만, 접근 방식만큼은 일반적이었다. 경제학자 토머스 셸링Thomas Schelling은 『우리가 구하는 생명이 우리 자신의 것일지도 모른다 The Life You Save May Be Your Own』라는 저서를 통해 개념적인 차원에서 이 주제에 접근하는 올바른 방식을 보여주었다. 그 이후 나의 관심사는 지금 우리가 행동경제학이라고 부르는 분야에 대한 초창기 옹호자이자 지대한 공로자인 셸링의 관심사와 계속 교차했다. 셸링의 글 중 유명한 사례를 하나 살펴보자.

> 여섯 살짜리 갈색 머리 소녀[7]의 생명을 크리스마스까지 연장하기 위해 수천 달러가 소요되는 수술이 필요하다고 치자. 아이를 위해 많은 소액 기부금이 우체국으로 집중될 것으로 예상되었다. 하지만 매사추세츠 지역의 병원 시설 재정이 매출세 부족으로 계속 악화되면서 예방 가능한 질병으로 인한 사망을 막지 못하게 되었다고 해서 눈물을 흘리거나 지갑을 여는 사람은 그리 많지 않을 것이다.

셸링은 일그러진 미소에 장난기 가득한 눈망울로 말하듯 글을 쓴다. 그는 여러분의 마음을 좀 불편하게 만들 심산이다.[3] 여기에서 아픈 소녀의 이야기는 핵심을 생생하게 포착해낸다. 병원은 셸링이 말한 '통계적 생명 statistical life'을 가리키며, 반대로 소녀는 '확인된 생명 identified life'을 상징한다. 매몰된 광부를 대상으로 한 긴박한 구조 작업처럼 우리는 때로 확인된 생명이 위험에 처한 사례를 접하곤 한다. 셸링이 언급한 것처럼 사람들은 돈이 부족하다는 이유만으로 확인된 생명을 저버리지 않는다. 그러나 모기장이나 백신, 깨끗한

---

3   셸링의 전형적인 사고 실험 : 건강에 상당한 도움을 주지만 대단히 고통스러운 치료법이 있다고 해보자. 그런데 그 치료법을 적용하기 전에 고통을 없애주지는 않지만 고통의 기억은 말끔히 없애주는 약을 먹을 수 있다고 한다. 여러분이라면 그 치료법을 선택하겠는가?

식수가 없다는 이유로 지금도 '확인되지 않은' 수천 명이 매일 죽어 가고 있다.

아픈 소녀의 경우와 달리 일반적으로 공공 정책은 추상적인 차원에서 결정된다. 여기에서는 감성적 요소가 영향을 발휘할 여지가 없다. 가령 새로운 고속도로를 건설할 때 안전 관련 전문가들이 중앙분리대 폭을 90센티미터 정도 더 넓히면 4,200만 달러의 추가 비용이 필요하지만, 향후 30년간 매년 1.4건의 치명적인 사고를 예방할 수 있다고 설명했다고 하자. 그렇다면 우리는 이 방안을 선택해야 할까?

물론 우리는 미래의 희생자들을 알지 못한다. 그들은 '다만' 통계적 생명이다. 하지만 중앙분리대의 폭을 넓히기 위해 우리는 연장된 생명에게, 혹은 좀 더 현실적으로 말해 추가 비용을 투자함으로써 '살릴 수 있는' 생명에게 할당할 가치가 필요하다. 이콘이 살아가는 세상은 20명의 통계적 생명 대신, 1명의 확인된 생명을 살리기 위해 더 많은 돈을 투자하지는 않을 것이다.

또 셸링이 소개한 것처럼 당연하게도 우리는 고속도로 이용객들이 (그들의 친구와 가족까지 포함해서) 좀 더 안전한 여행을 하기 위해 얼마나 많은 돈을 지불할 의향이 있는지 물어봐야 할 것이다. 셸링은 이 질문을 구체적으로 제시했지만, 아직 아무도 이에 대한 대답을 내놓지 못했다.

이 문제를 해결하기 위해서는 돈과 죽음의 위험 사이 교환이 수반되는 선택 상황이 필요하다. 그런 상황에서 우리는 안전을 위해 돈을 지불하고자 하는 사람들의 의지를 확인할 수 있을 것이다. 그런데 그런 상황을 어디에서 찾을 수 있을까?

셸링의 제자인 경제학자 리처드 젝하우저Richard Zeckhauser는 러시안룰렛에서 이 문제를 해결하기 위한 접근 방식을 발견했다고 말했다. 에이든이라는 사람이 1,000발 중 4발이 실제로 발사되는 권총을 갖고 러시안룰렛 게임을 한다고 해보자. 에이든은 단 한 번 방아쇠를 당겨야 한다(다행히도 그 권총은 단발식이다). 여기에서 에이든은 총알 한 발을 제거하는 데 얼마나 많은 돈을 지불할 의향이 있을까?[4] 물론 젝하우저가 제시한 러시안룰렛 사례가 이 문제를 좀 더 우아하게 보이도록 만들어주기는 하지만, 그 질문에 대한 대답을 내놓는 데는 도움이 되지 않는다. 피실험자로 하여금 자신의 머리에 장전된 총을 겨누도록 하는 실험으로는 실질적인 데이터를 얻을 수 없다.

이런 문제를 곰곰이 생각하는 동안 한 가지 아이디어가 떠올랐다. 탄광이나 벌목, 고층 건물 창문 닦기 같은 다소 위험한 직업군에서 농사나 소매업, 저층 건물 창문 닦기 같은 비교적 안전한 직업군에 이르기까지, 다양한 직종의 사망률에 관련한 데이터를 구할 수 있다면 어떨까?

이콘의 세상이라면 위험한 직업군은 근로자에게 더 많은 보수를 제공해야 할 것이다. 그렇지 않다면 아무도 위험한 일을 하려고 들지 않을 것이기 때문이다. 실제로 업무에 따른 위험을 무릅쓰는 대

---

4   젝하우저가 주목한 질문은 이런 것이었다. 에이든의 지불 의사는 권총에 들어 있는 총알 수에 달린 것일까? 만약 총알이 가득 차 있다면, 에이든은 갖고 있는 (그리고 빌릴 수 있는) 모든 돈을 동원해 단 한 발이라도 더 줄여야 할 것이다. 반면 단 두 발만 장전된 경우라면? 두 발 중 한 발을 줄이기 위해 그는 얼마를 더 지불할 것인가? 그리고 두 번째 총알까지 제거한다면 그는 첫 번째 총알보다 얼마나 더, 혹은 덜 지불할 것인가?

가로 (해당 업무의 모든 다른 특성들에 대해서와 마찬가지로) 근로자에게 추가 보상을 해야 할 것이다. 이런 차원에서 다양한 직업의 보수에 관련된 데이터를 구할 수 있다면, 러시안룰렛 같은 것을 시키지 않고도 셸링의 분석이 말해주는 수치를 측정할 수 있을 것이다. 하지만 열심히 검색했음에도 직업별 사망률 관련 자료를 찾을 수 없었다.

그때 우리 아버지가 구세주로 나타나셨다. 아버지는 보험회사에서 위험 관리에 관련된 통계 업무를 담당하고 계셨다. 나는 아버지께 직업에 따른 사망률 데이터를 구할 수 있는지 여쭤보았다. 그리고 얼마 지나지 않아 아버지는 내가 그토록 원하던 데이터가 담긴, 미국보험통계학회Society of Actuaries에서 출간한 얇은 빨간색 양장본 책자를 가져다주셨다. 덕분에 나는 직업별 사망률 데이터를 이미 확보하고 있던 직업별 임금 데이터와 조합해, 사람들이 위험한 직업을 받아들이기 위해 얼마나 많은 보상을 요구하는지 측정할 수 있었다.

아이디어를 떠올리고 데이터를 구하는 일은 출발점에 불과하고, 이보다 더 중요한 일은 통계적 작업을 정확하게 수행하는 것이다. 이를 위해 나는 이번 논문 작업에서 지도를 맡아줄 분을 경제학과에서 찾아보기로 했다. 결국 내가 선택한 사람은 앞에서 언급했던 전도유망한 경제학자 셔원 로젠이었다. 함께 연구한 적은 없지만 내 논문 주제는 그가 추진하던 이론적인 연구와 관련이 있었고, 그는 자문을 흔쾌히 허락했다.

우리 두 사람은 자연스럽게 「생명 구조의 가치The Value of Saving a Life」[8]라는 내 논문을 바탕으로 하여 새롭게 공동 논문을 쓰기로 했다. 이 논문에서 우리가 제시한 수치는 지금도 정부의 비용 편익 분석에 활용된다. 구조한 생명에 대한 현재 측정치는 약 700만 달러에 달한다. 논문을 쓰기 위해 연구하는 동안 돈과 죽음의 위험 사이의 교환과 관련해 사람들의 태도를 파악하기 위한 또 다른 방법으로 가설적인 질문을 던져보면 흥미롭겠다는 생각이 들었다. 나는 '지불 의지willingness to pay'와 '수용 의지willingness to accept' 차원에서 두 가지 질문을 만들었다. 첫 번째 질문은 이런 것이다.

"내년에 죽을 가능성을 0.1퍼센트 낮출 수 있다면, 여러분은 얼마나 많은 돈을 지불할 의향이 있습니까?"

두 번째 질문은 이렇다.

"내년에 죽을 확률이 0.1퍼센트 높아진다면, 여러분은 얼마나 많은 돈을 요구할 것입니까?"

그 확률 정도를 가늠하기 위해 말해두자면, 일반적인 50세 미국인이 매년 죽을 확률은 약 0.4퍼센트라고 한다. 나는 강의 시간에 학생들에게 주로 다음과 같은 질문을 던지고, 각각의 질문에 대해 대답하도록 한다.

A

이 강의를 들으면 치명적인 희귀병에 노출될 위험이 있다. 그 병에 걸리면 여러분은 다음 주에 아무런 고통 없이 즉각 죽음을 맞을 것이다. 여러분이 이 병에 걸릴 확률은 0.1퍼센트다. 그런데 우리에겐 이 병에 걸리지 않게 해줄 단 한 알의 약이 있다. 나는 그 약을 여러분 중 최고 입찰자에게 팔 생각이다. 이 약을 먹으면 그 병으로 죽을 위험은 완전히 사라진다. 그렇다면 이 약을 얻기 위해 여러분은 얼마까지 지불할 의향이 있는가? 돈이 부족한 사람을 위해 30년 무이자 대출이 가능하다.

B

대학병원 연구원들이 현재 그 희귀병에 대한 치료법을 개발하고 있다. 이를 위해 그들은 그 병에 걸릴 확률이 0.1퍼센트인 어떤 방에 들어갈 자원자를 모집하고 있다. 이 경우 어떤 약도 소용이 없다. 그렇다면 여러분은 그 임상 실험에 참여하는 대가로 최소한 얼마를 요구할 생각인가?

이 두 가지 질문에 사람들이 제시할 대답과 관련해 경제학 이론은 매우 분명한 예측을 내놓을 것이다. 그것은 두 가지 경우에 대한 대답이 거의 동일하게 나타난다는 것이다. 이에 따르면 일반적인 50세 미국인이 이 질문에 답하는 경우 돈과 죽음의 위험 사이의 교환은, 사망률을 0.005에서 0.004로 낮출 때(질문 A)와 0.004에서 0.005로 높일 때(질문 B) 모두 비슷하게 나타나야 한다. 이 질문들에 대한 실제 응답자의 대답은 대단히 다양했지만, 거기에서 한 가지 분명한 패턴을 확인할 수 있었다. 그것은 두 질문에 대한 대답이 전혀 달랐다는 것이다. 가령 학생들의 일반적인 대답은 이런 식이었다. 질문 A에는 최대한 2,000달러까지 지불할 의향이 있지만, 질문 B에는 적어도 50만 달러 이상을 받아야 한다고 답했다. 게다가 많은 응답자가 질문 B에 아무리 돈을 많이 줘도 그런 실험에는 절대 참여하지 않을 것이라 답했다.

두 질문에 대한 대답이 동일해야 한다고 주장하는 것은 비단 경제학 이론만이 아니다. 논리적 일관성 역시 동일한 결론을 요구한다. 예를 들어 1년 안에 사망할 가능성이 0.4퍼센트인 일반적인 50세 미국인이 질문 A에서는 최대 2,000달러, 그리고 질문 B에는 최소 50만 달러라고 답했다고 해보자. 질문 A에서 2,000달러 이상은 지불할 의사가 없다는 점에서 사망률이 0.4퍼센트에서 0.5퍼센트로 증가한 것은 그의 상황을 단지 2,000달러만큼 나쁘게 만든 것에 불과하다. 반면 질문 B에서 그는 최소 50만 달러는 받아야 한다고 요구했다. 그렇다면 사망률 0.4퍼센트와 0.5퍼센트의 차이는 최대 2,000달러도, 최소 50만 달러도 아닌 것이다!

그러나 모든 사람이 그 진실을 분명히 이해하는 것은 아니다. 실제로 이러한 설명을 들려주었을 때 많은 사람이 받아들이지 않았다. 아마 여러분도 그렇게 생각할지 모른다. 하지만 우리는 논리적 일관성의 요구를 외면할 수는 없다.[5] 경제학자들에게 이런 현상은 지극히 당황스럽고 터무니없는 것이었다. 나는 그 결과를 로젠에게도 보여주었는데, 그는 시간 낭비는 그만하고 다시 논문에 집중하라고 조언했다. 그러나 나는 이미 푹 빠져 있었다. 대체 무슨 일이 벌어진 것일까? 물론 자신의 생명을 위험으로 내모는 시나리오는 보편적인 상황과는 거리가 멀지만, 나는 이와 비슷한 사례를 곳곳에서 발견할 수 있었다.

한 가지 사례는 경제학과 학과장이자 와인 수집가 리처드 로젯 Richard Rosett에게서 발견했다. 그는 오래전에 10달러짜리 와인을 사서 지하실에 보관해두었는데, 지금은 100달러가 넘는다고 했다. 실제로 와인 상인 우디는 로젯의 와인을 시가대로 매입하겠다고 했

---

5 기술적인 차원에서 그 대답은 경제학자들이 '소득 효과income effect' 혹은 '자산 효과wealth effect'라 부르는 개념과 다른 것일 수 있다. 아무것도 하지 않으면 질병에 노출되지 않는다는 점에서 질문 B의 상황보다 질문 A의 상황이 더 나쁜 것일 수 있다. 그러나 그것만으로는 내가 관찰한 정도의 차이를 설명해주지 못한다. 또 질문 A에서 사람들에게 5만 달러를 지급한다는 가설을 제시한 다른 연구들 역시 그 불균형을 없애지 못했다.

다. 로젯은 기념일에 그 와인을 꺼내 마신다. 그런데 그런 와인을 100달러나 주고 사지는 않을 것이라고 말했다. 하지만 그건 앞뒤가 맞지 않는 생각이다. 100달러에 팔 수 있는 와인을 마신다면, 와인을 마시는 행위는 100달러에 해당하는 가치가 있다. 그런데 왜 그는 와인을 그 가격에 구입할 생각이 없단 말인가? 왜 100달러짜리 와인을 사지 않을 것이란 말인가? 경제학자로서 로젯은 그런 자신의 태도가 비합리적이라고 생각하지만 사실 그도 별도리가 없다.[6]

이들 사례 모두에는 경제학자들이 말하는 기회비용opportunity cost이 따른다. 기회비용이란 어떤 것을 선택하기 위해 포기해야 하는 것을 말한다. 오늘 내가 집에서 미식축구 경기를 보면서 쉬는 것을 포기하고 하이킹을 간다면, 하이킹에 대한 기회비용은 TV 중계를 통해 얻을 수 있는 즐거움의 상실이다. 100달러짜리 와인을 마신다면 이에 따른 기회비용은 우디가 로젯에게 지불하고자 하는 금액이다. 로젯이 마시는 와인이 오랫동안 소장한 것이든, 새로 산 것이든 기회비용은 동일하다.

그러나 로젯의 태도에서 드러나듯 경제학자조차 기회비용을 주머니에서 빠져나가는 돈과 동일시하는 데 어려움을 겪는다. 판매할 기회를 포기하는 것은 지갑에서 실제로 돈이 빠져나가는 것만큼 가슴 아프지 않은 것이다. 현금을 실제로 지불하는 것에 비해 기회비용은 막연하고 추상적인 개념이다.

---

6   로젯은 자신의 그런 태도에 별로 개의치 않는 듯했다. 이후에 한 논문에서 나는 로젯을 R씨로 묘사해서 그의 일화를 소개했다. 논문이 출간되었을 때 나는 로젯에게 책 한 권을 보냈고 그의 반응은 이랬다. "영광이군요."

내 친구 톰 러셀Tom Russell 역시 또 다른 흥미로운 사례를 보여주었다. 신용카드가 널리 사용되기 시작할 무렵 카드사들은 현금과 신용카드 결제에 따라 소비자에게 가격을 차등 적용할 수 있는지를 놓고 유통업체와 법적 분쟁을 벌였다. 카드 사용에 따른 수수료를 부담해야 하기 때문에 일부 유통업체, 특히 주유소는 신용카드 사용자에게 더 높은 가격을 요구하려 했다. 물론 카드사는 이에 반발했다. 그들은 소비자가 신용카드를 무료로 사용하고 있다고 생각하길 원했다. 이 문제가 규제 과정을 거치는 가운데 카드사는 로비를 통해 위험을 분산시키고자 했고, 초점을 실체에서 형식으로 옮겼다. 그들은 매장에서 신용카드 고객과 현금 고객에게 각각 다른 요금을 요구한다면, 더 높은 신용카드 가격이 '정가'가 되고 현금 고객은 '할인'을 받는 것이라고 설명했다. 그 반대는 현금 가격을 정가로 삼고, 신용카드 고객에게 '추가 요금'을 지불하도록 하는 방식이 될 것이다.

물론 이콘에게 그 두 가지 방법은 동일하다. 신용카드 가격이 1.03달러이고 현금가가 1달러일 때, 3센트 차이를 할인이라고 부르든, 추가 요금이라고 부르든 그것은 중요하지 않다. 그럼에도 카드사는 분명하게 할인이라 부르는 것을 더 선호했다. 이후 오랜 세월이 흘러 대니와 아모스는 그 차이를 '프레이밍framing'이라는 개념으로 정의했지만, 마케터들은 개념 이전의 프레이밍의 중요성을 이미 본능적으로 잘 이해하고 있었다. 추가 요금을 부담하는 것은 주머니에서 실제로 돈이 빠져나가는 것이지만, 할인을 받지 못하는 것은 '단순한' 기회비용일 뿐이다.

우리가 소유한 물건은 자산의 일부라는 점에서 나는 이런 현상을 '소유 효과$^{endowment\ effect}$'로 설명한다. 그리고 나는 사람들이 자기 자산의 일부가 될 수 있는 것, 즉 가질 수 있지만 아직 소유하지는 않은 것보다 이미 자기 자산의 일부가 된 것을 더욱 가치 있게 평가한다는 사실을 보여주는 사례와 마주했다.

소유 효과는 특별 음악회나 스포츠 경기에 관심이 높은 사람의 행동에 직접적인 영향을 미친다. 실제로 티켓은 종종 원래 가격보다 더 비싸게 팔린다. 일찍 줄을 서서, 또는 인터넷에 재빨리 접속해 운 좋게 티켓을 거머쥔 사람들은 결정의 순간을 맞게 된다. 그 음악회나 경기를 보러 갈 것인가, 아니면 티켓을 팔 것인가? 전 세계적으로 Stubhub.com처럼 티켓을 쉽게 사고팔 수 있는 합법적인 창구가 존재하기 때문에 귀한 티켓을 손에 넣은 사람들은 운 좋게 얻은 기회를 현금화하기 위해 매표소 주변을 어슬렁거리거나 돌아다닐 필요가 없다.

경제학자들을 제외하고, 이런 결정에 대해 논리적으로 접근하는 사람들은 거의 없다.[9] 이와 관련해 우리는 경제학자 딘 칼란$^{Dean\ Karlan}$에게서 좋은 사례를 발견할 수 있었다. 칼란이 MBA 학생으로 시카고에 있던 시절은 마이클 조던이 농구 황제로 군림하던 시대이기도 했다. 조던이 이끄는 시카고 불스는 그가 소속되어 있던 기간에 무려 여섯 번이나 우승컵을 거머쥐었다. 문제의 그해, 시카고 불스는 워싱턴 위저즈와 플레이오프 1차전을 벌이고 있었다. 많은 사람이 불스의 승리를 낙관했지만, 팬들은 이후 플레이오프 경기 입장료가 훨씬 더 높을 것임을 잘 알았기 때문에 1차전 티켓의 인기 역시 꽤 높았다.

당시 칼란에게는 위저즈에서 일하는 대학 동료가 있었고, 그에게서 티켓 2장을 얻을 수 있었다. 또 그에게는 신학대학원에 다니는 친구가 있었는데, 그 역시 마찬가지로 위저즈와의 인맥을 통해 티켓 2장을 공짜로 얻었다. 칼란의 장기적 재정 전망은 더 좋았지만(일반적으로 MBA 졸업생은 신학대학원 졸업생보다 수입이 더 좋다)[7] 어쨌든 당시 칼란과 그 친구 둘 다 대학원에 다니느라 어느 정도 경제적 어려움을 겪고 있었다.

칼란과 친구는 그 티켓을 팔 것인지, 아니면 경기를 보러 갈 것인지를 어렵지 않게 결정했다. 신학대학원생은 다른 사람과 함께 경기를 보러 갔다. 반대로 칼란은 돈벌이 기회를 잡기 위해 농구를 사랑하는 교수들을 부지런히 물색했다. 칼란과 친구는 모두 상대의 행동이 어리석은 짓이라 생각했다. 칼란은 그 친구가 스스로 경기를 보러 갈 여유가 된다고 생각했다는 것을 이해할 수 없었다. 반면 친구는 그 티켓이 공짜라는 사실을 칼란이 왜 모르는지 이해할 수 없었다.

이것이 바로 소유 효과다. 나는 소유 효과가 실제로 존재한다는 것을 알았지만, 이를 통해 무엇을 할 수 있는지는 알지 못했다.

---

[7] 물론 아주 아주 장기적으로 본다면 신학대학원생은 그 불균형을 만회할 수 있을 것이다.

3

"버락 오바마?
나는 당선될 줄
알았다니까!"

— 사후 판단 편향

구매가와 판매가의 불일치는 내 머리를 어지럽혔다. 그렇다면 경제학자들이 말하는 합리적 선택 모형에 어긋나는 인간의 행동 사례에는 어떤 것이 더 있을까? 이 질문에 관심을 가지면서 아주 많은 실제 사례를 접한 나는 그것들을 연구실 칠판에 하나씩 적어나갔다. 다음은 내 친구들에게서 발견한 사례다.

제프리와 나는 버펄로에서 열리는 프로 농구 경기 무료 티켓을 얻었다. 그 경기장은 우리가 사는 로체스터에서 차로 보통 1시간 30분 정도 걸리는 곳에 위치한다. 그런데 경기 당일 거대한 눈보라가 몰아쳤고, 결국 우리는 경기를 포기하기로 했다. 하지만 제프리는 만일 우리가 그 (비싼) 티켓을 돈 주고 샀더라면, 눈보라를 뚫고 어떻게든 경기를 보러 갔을 것이라 말했다.

스탠리는 주말마다 잔디를 깎고 나서 항상 건초염에 시달린다. 나는 그에게 그냥 아이들에게 돈을 주고 시키라고 했다. 하지만 스탠리는 잔디 깎는 일에 10달러를 낭비할 생각은 없다고 했다. 나는 그에게 그럼 20달러를 받고 이웃집 잔디를 깎아줄 생각이 있는지 물었고, 그는 절대 그러지 않을 것이라 답했다.

리니아는 어떤 매장에서 시계 기능이 있는 라디오를 찾고 있었다. 그러다 마침내 마음에 드는 제품을 찾았는데, 가격도 45달러로 적당했다. 그런데 그녀가 그 라디오를 집어 들자 매장 직원이 10분 정도 떨어진 다른 매장에서 개업 기념으로 대대적인 할인 행사를 하고 있으며, 거기에서 같은 제품을 35달러에 살 수 있다고 알려주었다. 리니아는 차를 몰고 거기로 가야 할까? 또 다른 날 리니아는 매장에서 TV를 둘러보다 역시 괜찮은 가격인 495달러짜리 제품을 발견했다. 그런데 점원은 다시 한번 그녀에게 10분 거리에 있는 다른 매장에서 동일한 제품을 485달러에 판매한다고 알려주었다. 리니아는 또다시 차를 몰고 거기로 가야 할까? 같은 질문이지만, 대답은 다를 것이다.

리는 아내에게 크리스마스 선물로 값비싼 캐시미어 스웨터를 받았다. 나중에 리는 매장에서 똑같은 스웨터를 보았고, 그냥 기분 좋게 입기에는 가격이 지나치게 비싸다는 사실을 알게 되었다. 그럼에도 그는 아내의 선물에 무척 만족했다. 리와 아내는 항상 공동으로 자금을 관리하고 있으며, 두 사람 모두 다른 주머니는 없다.

친구 몇 명이 저녁을 먹으러 우리 집에 왔다. 우리는 함께 술을 마시면서 오븐에서 요리가 완성되기만을 기다렸다. 그동안 나는 요깃거리로 캐슈너트를 큰 그릇에 담아 왔다. 우리는 5분 만에 절반을 먹어치웠고, 자칫 입맛을 잃을 수도 있었다. 그래서 나는 캐슈너트 그릇을 부엌으로 치워버렸다. 그러자 모든 이들이 흡족해했다.

앞의 사례 모두 경제학 이론과 모순되는 행동을 보여준다. 먼저 제프리는 "매몰 비용sunk costs, 즉 이미 지불된 비용을 무시하라"는 경제학자의 원칙을 외면했다. 티켓에 지불한 비용이 그 경기를 보러 갈지 여부에 영향을 미쳐서는 안 된다. 스탠리는 사고파는 가격이 서로 비슷해야 한다는 원칙을 어겼다. 리니아가 라디오를 구매하는 과정에서 10달러를 아끼기 위해 10분을 투자했는데, TV를 살 때 그렇게 하지 않았다면 그녀는 동일한 시간에 동일한 가치를 부여하지 않은 것이다. 리는 스웨터 가격이 터무니없이 비싸다는 사실을 알고 있음에도 아내가 결정을 내렸다는 이유만으로 가족의 공동 자원을 사치품에 지불한 것에 만족했다. 그리고 내가 캐슈너트 그릇을 치워버린 것은 친구들의 선택권을 제한한 것이다. 이콘이라면 좁은 선택권보다 넓은 선택권을 선호했을 것이다.

상당히 오랜 시간에 걸쳐 이 목록을 살펴보면서 새로운 항목을 계속 추가하기는 했지만, 정작 그걸 갖고 무엇을 할 수 있을지는 몰랐다. '사람들이 하는 멍청한 짓'은 학술 논문으로서는 그리 만족스러운 주제라고 할 수 없었다. 그러던 어느 날, 내게 기회가 찾아왔다. 1976년 여름, 셔윈 로젠과 나는 캘리포니아 몬터레이 인근에서 열린 콘퍼런스에 참석하게 되었다. 거기서 우리는 생명의 가치에 관한 논의를 나누었다. 그 콘퍼런스가 특별했던 이유는 거기에 참석한 2명의 심리학자, 바루크 피시호프Baruch Fischhoff와 폴 슬로빅Paul Slovic 때문이었다. 두 사람은 사람들이 의사 결정을 내리는 방식에 대해 연구하고 있었다. 그건 마치 새로운 종을 발견하는 일과 같았다.

콘퍼런스를 마치고 공항으로 가는 길에 피시호프가 내 차에 동승했다. 내가 운전을 하는 동안, 피시호프는 이스라엘 히브리대학교에서 심리학으로 박사과정을 마친 이야기를 들려주었다. 거기서 그는 내가 모르는 두 사람과 함께 연구하고 있다고 했는데, 그들은 다름 아닌 카너먼과 트버스키였다. 피시호프는 또한 '사후 판단 편향hindsight bias'[10]을 주제로 한 자신의 유명한 논문에 대해서도 이야기했다. 사후 판단 편향이란 사건이 일어나고 나서야 그것이 필연적인 결론은 아니었다 하더라도 결과가 그렇게 될 것임을 알고 있었다고 생각하는 경향을 말한다. 실제로 잘 알려지지 않은 아프리카계 상원의원인 버락 오바마가 민주당 대통령 후보 경선에서 큰 지지를 얻고 있던 힐러리 클린턴을 물리쳤을 때, 많은 사람이 그렇게 될 줄 알았다고 말했다. 하지만 사실 그들은 그렇지 않았다. 잘못 기억하고 있는 것이다.

나는 사후 판단 편향이라는 개념이 대단히 흥미로우며, 경영에서 매우 중요한 요소라는 사실을 확인하게 되었다. CEO가 직면하는 가장 힘든 문제는 예상 수익이 충분히 높을 때 위험해 보이는 프로젝트에 과감하게 뛰어들어야 한다는 확신을 관리자들에게 심어주는 것이다. 당연하게도 조직 관리자들은 당시의 결정이 아무리 합리적이었더라도 결과가 좋지 않을 때 그 프로젝트를 추진한 사람이 비난받게 된다는 사실을 염려한다.

CEO로 하여금 실패의 원인이 무엇이든 간에 예측할 수 있어야 한다고 생각하도록 만든다는 점에서 사후 판단 편향은 문제를 더욱 악화시킨다. 물론 사후에 판단을 내릴 수 있는 유리한 고지에서 사람들은 실패한 프로젝트가 위험을 무릅쓸 만한 가치가 없다는 것을 쉽게 알 수 있다. 이런 편향을 더욱 치명적인 것으로 만드는 요인은, 우리 모두 다른 사람에게서는 그런 편향을 쉽게 인식하지만 자기 자신에 대해서는 그러지 못한다는 것이다.

피시호프는 내게 자신과 함께하는 연구원들의 논문을 한번 읽어보라고 조언했다. 나는 다음 날 로체스터에 있는 내 연구실로 돌아와 곧장 도서관으로 향했다. 경제학 코너에서 한참 헤매고 나서야 도서관 한편을 차지하고 있던 새로운 영역을 발견했다. 나는 가장 먼저 《사이언스Science》에 실린 두 사람의 논문 「불확실한 상황에서의 판단: 휴리스틱과 편향Judgment Under Uncertainty: Heuristics and Biases」[11]의 요약본으로 시작했다. 그땐 휴리스틱이라는 말조차 몰랐지만, 곧 그것이 경험 법칙을 가리키는 멋진 용어라는 것을 알게 되었다. 그들의 논문을 읽는 동안 나는 마치 경기 막바지를 향해 달려갈 때처럼 심장이 두근대는 걸 느꼈다. 그 논문을 처음부터 끝까지 읽는 데는 30분밖에 걸리지 않았지만, 그 짧은 시간 동안 내 인생은 완전히 달라졌다.

그들의 논문은 단순하면서도 우아했다. 인간에게 주어진 시간과 지적 능력은 다분히 제한적이다. 그래서 사람들은 단순한 경험 법칙, 즉 휴리스틱heuristics을 기반으로 의사 결정을 내린다. 한 가지 사례로 '가용성availability'이라는 개념을 들 수 있다. 예를 들어 여러분은 '드루브Dhruv'가 일반적인 이름이라고 생각하는가? 전 세계 대부분의 사람들은 아마도 그렇지 않다고 대답할 것이다. 하지만 인도에서는 드루브가 흔하디흔한 이름이며, 인도의 인구가 아주 많다는 점에서 본다면 세계적으로도 어느 정도 일반적인 이름이라 할 수 있을 것이다.

어떤 사건이 얼마나 자주 일어나는지 판단하기 위해 일반적으로 우리는 그런 유형의 사건을 얼마나 자주 떠올리는지 스스로에게 묻는 경향이 있다. 이는 훌륭한 경험 법칙이며, 공동체 속에서 이름이 드루브인 사람을 만난 경험을 얼마나 쉽게 떠올릴 수 있는지는 실질적인 횟수에 대한 타당한 실마리를 제공한다. 하지만 우리가 사례를 떠올릴 수 있는 용이성이 실제 횟수와 별로 상관이 없을 때(드루브의 경우처럼) 그 경험 법칙은 제대로 기능하지 않는다.

이런 생각은 읽는 내내 나를 전율하게 만든 그들 논문의 핵심 주제, 즉 휴리스틱의 활용은 사람들이 '예측 가능한 실수predictable error'를 저지르게 만든다는 사실을 잘 말해준다. 이 논문의 제목이 '휴리스틱과 편향'인 이유다. 이 예측 가능한 편향이라는 개념은 이후 나의 학문적 진화의 발판이 되었다.

카너먼과 트버스키보다 앞선 선구자는 허버트 사이먼Herbert Simon이라는 인물로, 그는 연구 경력 대부분을 카네기멜론대학교에서 보낸 박식한 학자다. 사이먼은 경제학, 정치학, 인공지능, 조직 이론 등 사회과학의 거의 모든 분야에서 이름을 날렸지만, 이 책과 관련해 가장 중요한 사실은 이후 그가 카너먼과 트버스키가 이어받은 '제한된 합리성bounded rationality'을 주제로 논문을 썼다는 것이다. 여기서 제한된 합리성이란 인간에게는 복잡한 문제를 해결할 수 있는 인지능력이 부족하다는 것이며, 이는 분명한 사실이다. 물론 사이먼은 노벨경제학상을 수상했지만, 애석하게도 나는 그가 실제로 경제학 분야에 큰 영향을 미치지는 못했다고 본다.[8] 동시에 제한된 합리성을 '사실이지만 별로 중요하지 않은' 개념으로 쉽게 치부해 버릴 수 있다는 점에서 나는 많은 경제학자가 사이먼을 무시했다고 생각한다.

경제학자들은 그들의 모형이 정확하지 않으며, 그리고 그런 모형이 내놓은 예측에 결함이 있다는 사실을 별로 대수롭지 않게 여긴다. 경제학자들이 활용하는 통계적 모형 속에서 그들은 소위 '오류error'라는 요소를 그 방정식에 추가함으로써 문제를 해결하고자 했다. 예를 들어 부모의 키를 바탕으로 자녀 키를 예측한다고 해보자. 키가 큰 부모 밑에서 태어난 자녀 역시 키가 큰 경향이 있다는 점에서 이 모형은 제대로 작동한다고 할 수 있지만, 그렇다 하더라도 완벽하게 예측하지는 못할 것이다.

바로 여기에서 오류라는 요소가 등장한다. 하지만 그런 오류가 무작위로 발생한다면(다시 말해 그 모형이 내놓은 예측이 동일한 횟수로 높거나 낮다면) 아무 문제가 없다. 오류끼리 상쇄되기 때문이다. 바로 이런 사실은 제한된 합리성에 따른 오류는 얼마든 무시해도 좋다는 주장을 정당화하기 위해 경제학자들이 내세우는 근거다. 다시 완전한 합리성 모형으로 돌아갈 수 있는 것이다.

그러나 카너먼과 트버스키는 이런 오류가 무작위로 발생하는 것은 아니라고 외치는 거대한 붉은 깃발을 휘날리고 있었다. 가령 미

---

8   노벨 경제학상은 다른 노벨상과 함께 시상되지만, 사실 알프레드 노벨의 유언에 포함되었던 원래의 시상 항목은 아니었다. 노벨 경제학상의 원래 이름은 '알프레드 노벨을 기리기 위한 스웨덴 은행 경제학상Sveriges Riksbank Prize in Economic Sciences in Memory of Alfred Nobel'이다. 역대 노벨 경제학상 수상자들의 목록은 다음 사이트에서 확인할 수 있다. http://www.nobelprize.org/nobel_prizes/economic-sciences/laureates

국에서 벌어지고 있는 총기 사망 사건에서 살인과 자살 중 어느 쪽의 비중이 더 높을까? 대부분 살인이라고 답한다. 하지만 실제로는 자살에 의한 총기 사망 사건이 살인의 경우보다 2배나 더 많이[12] 발생한다.[9] 이것이 바로 '예측 가능한' 실수다. 많은 사람을 대상으로 그 질문을 던진다 하더라도 그 오류는 상쇄되어 사라지지 않는다. 당시만 하더라도 나는 이 개념의 의미를 완전히 이해하지는 못했지만, 카너먼과 트버스키의 번득이는 통찰력 덕분에 오랫동안 씨름하던 과제에서 한 걸음 나아갈 수 있었다. 나의 목록에 들어 있던 항목 모두 체계적인 편향의 사례였던 것이다.

목록상의 항목은 또 다른 주요한 특성을 보이고 있다. 모든 경우에, 경제학 이론은 일부 핵심 요소(캐슈너트가 든 그릇이나 농구 경기 티켓에 지불한 금액 등)가 의사 결정에 영향을 미쳐서는 절대 안 된다는 대단히 구체적인 예측을 내놓았다. 그런 요소는 별로 중요하지 않은 요인, 즉 SIF인 것이다. 하지만 행동경제학 분야에서 이후 이루어진 많은 연구 성과는 종종 트버스키와 카너먼이 1974년 논문에서 제시한 '체계적 편향systematic bias'이라는 개념을 바탕으로, 일부 SIF는 행동 예측에서 대단히 중요한 역할을 한다는 사실을 보여주었다.[10] 이제 내 목록은 칠판에 적을 수 있는 정도를 훌쩍 넘어섰다.

9 　실제로 집 안에 권총을 두는 것만으로도 가족 구성원의 자살 위험성을 높인다고 한다.

10 　두 사람의 논문에서 이름 순서가 무엇을 의미하는지 궁금해하는 독자를 위해 설명하자면, 아모스와 대니는 일찍이 그들이 동등한 협력자라는 사실을 암시하는 미묘한 방식으로 매번 이름의 순서를 바꾸는 특별한 전략을 취했다. 경제학에서는 알파벳순으로 이름을 나열하는 것이 일반적이지만, 심리학에서 이름 순서는 기여의 중요성을 의미한다. 두 사람은 그들만의 해결책을 통해 논문마다 누가 더 많이 기여했는지 결정해야 하는 숙제에서 벗어날 수 있었다. 그런 결정은 자칫 골치 아픈 문제로 이어질 수 있기 때문이다(28장 참조).

그날 나는 몇 시간 동안이나 카너먼과 트버스키가 공동으로 집필한 모든 자료를 흥분된 마음으로 읽었고, 도서관 문을 나서는 순간 내 머리는 빠른 속도로 돌아가기 시작했다.

4

불확실성하에서 인간은 어떻게 결정하는가
─ 전망 이론과 운명의 그래프

그렇게 도서관에서 하루를 보낸 후 나는 피시호프에게 감사 전화를 했다. 그는 내게 카너먼과 트버스키가 내 전문 분야인 의사 결정에 관한 새로운 프로젝트를 추진하고 있다고 알려주었다. 그리고 와튼 스쿨의 하워드 컨로이더Howard Kunreuther 교수에게 아마도 그 자료의 복사본이 있을 거라고 했다. 나는 즉각 하워드에게 전화를 걸어 물었고, 그는 논문의 초고를 갖고 있으며 한 부를 보내주겠다고 했다.

'가치 이론Value Theory'이라는 제목의 원고 복사본을 받아보니 여백에 하워드가 마구 써놓은 논평이 가득했다. 이 자료는 다름 아닌 2002년에 카너먼에게 노벨상을 안겨준 그 유명한 논문의 초기 버전이었다(그때까지 살아 있었다면 트버스키도 공동 수상했을 것이다). 나중에 두 저자는 논문 제목을 '전망 이론Prospect Theory'13)으로 수정했다.[11]

이 논문은 휴리스틱과 편향에 대한 연구보다 오히려 내 목록과 더 밀접한 관련이 있었다. 가장 먼저 두 가지가 내 눈을 사로잡았다. 그것은 구성 원리^{organizing principle}와 단순해 보이는 그래프 하나였다.

| 규범적 이론과 기술적 이론에 대하여 |

카너먼과 트버스키가 말하는 구성 원리란 두 가지 형태의 서로 다른 이론, 즉 규범적^{normative} 이론과 기술적^{descriptive} 이론을 가리킨다. 규범적 이론은 어떤 주제에 대한 올바른 사고방식을 말한다. 여기에서 '올바른^{right}'이라는 표현은 도덕적 차원에서 바람직하다는 의미가 아니라 경제학적 사고방식의 정수라 할 수 있는, 그리고 때로 합리적 선택 이론이라고도 불리는 최적화 모형이 제시하는 것처럼 '논리적으로 일관적'이라는 뜻이다. 내가 이 책에서 쓰는 '규범적'이라는 표현은 모두 이런 의미를 담고 있다. 예를 들어 피타고라스 정리는 직각 삼각형에서 두 변의 길이를 알고 있을 때 나머지 한 변의 길이를 구하는 방법에 대한 규범적 이론이다. 다른 공식으로는 그 답을 구할 수 없다.

여러분이 훌륭하고 직관적인 피타고라스적 사상가인지 확인해 보는 방법이 있다. 각각 길이가 1마일인 두 철로가 일직선으로 연

---

11   나는 대니에게 제목을 바꾼 이유를 물었다. 그의 대답은 이랬다. "'가치 이론'이라는 표현은 오해를 불러일으킬 소지가 있어서 완전히 무의미한 표현으로 결정했지. 하지만 운이 좋아서 언젠가 우리의 이론이 널리 알려진다면 의미 있는 제목이 될 거야."

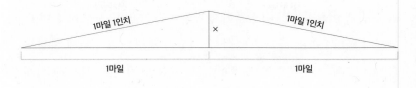

[그림 1] 높이 ×를 구하시오(실제 비례와는 무관함).

1마일 1인치　　×　　1마일 1인치

1마일　　1마일

결되어 있다([그림 1]). 두 철로의 반대편 끝점은 땅에 단단히 고정되어 있지만 서로 마주 보는 끝점은 그렇지 않다. 그런데 날씨가 더워지면서 철로가 각각 1인치 늘어난다. 두 끝 지점이 땅에 고정되어 있기 때문에 두 철로는 마치 도개교처럼 솟아오른다. 게다가 철로는 아주 단단해서 솟아오르면서도 원래의 직선 형태를 그대로 유지한다(이는 문제를 단순화하기 위함이니 비현실적이라는 비판은 접어두자). 여기서 다음과 같은 문제를 생각해볼 수 있다.

한쪽 철로를 보자. 그러면 밑변이 1마일, 사변이 1마일 1인치인 직각삼각형을 확인할 수 있다. 그렇다면 그 삼각형의 높이는 얼마일까? 다시 말해 그 철로는 지면에서 최대 얼마나 높이 솟아 있는가?

여러분에게 루트 기능이 있는 계산기가 있고 1마일은 5,280피트, 1피트는 12인치라는 사실을 알고 있다면 이 문제를 풀 수 있다. 하지만 여기에서는 직관적으로 대답해보자. 높이는 대략 얼마나 될까? 사람들 대부분 철로가 1인치 늘어났으므로 그와 비슷한 정도로, 혹은 2인치나 3인치 정도 될 것이라고 대답한다.

그러나 이 문제의 정답은 29.7피트다! 그렇게 높다고? 사람들이 이 문제를 해결하는 방식에 관련된 이론을 수립한다고 해보자. 합리적 선택 이론가라면 사람들이 정답을 내놓으리라 가정할 것이며, 그래서 피타고라스 정리를 규범적, 기술적 모형으로 사용해 사람들이 30피트에 가까운 대답을 하리라고 예측할 것이다. 하지만 실제로 그 예측은 완전히 빗나가고 말았다. 사람들이 내놓은 대답의 평균은 2인치 정도에 불과했다.

이런 사실은 전통적인 경제학에 따른 문제점, 그리고 전망 이론이 제시하는 개념적 해결책의 핵심을 보여준다. 당시의 경제학 이론은 물론이고 오늘날 대부분의 경제학자 역시 규범적 목적과 기술적 목적을 위해 오직 한 가지 이론만 활용한다. 기업에 대한 경제학 이론을 떠올려보자. 최적화를 기본적인 개념으로 삼는 모형 중 하나인 이 이론은 기업이 이윤(혹은 기업 가치)을 극대화하는 방향으로 움직인다고 규정하며, 더 나아가 이를 위해 기업이 어떻게 해야 하는지까지 설명하고 있다.

예를 들어 기업은 한계 비용이 한계 수입과 일치하는 지점에서 가격을 설정해야 한다. 경제학자들이 말하는 '한계marginal'란 증가분을 가리키는데, 그렇다면 이 이론은 마지막 제품의 생산 비용이 그에 따른 추가 수입과 정확하게 동일한 지점에 이를 때까지 생산해야 한다는 의미를 담고 있다.

이와 비슷한 차원에서 경제학자 개리 베커Gary Becker가 처음으로 내놓은 '인적 자본 형성Human Capital Formation' 이론[14]은 사람들이 얼마나 많은 돈과 시간을 투자할지, 향후 경력을 통해 얼마나 많은 돈을 벌어들일 수 있을지(그리고 얼마나 더 즐거운 삶을 누릴 수 있을지) 정확하게 예측함으로써 자신이 받을 특정한 형태의 교육을 선택한다고 가정한다. 하지만 현실적으로 그처럼 신중한 분석을 통해 진학을 결정하는 학생은 거의 없다. 실제로 많은 학생이 어떻게 인생을 살아가야 할지 치밀한 분석을 하지 않고, 그저 제일 괜찮아 보이는 전공을 선택한다.

이와 달리 전망 이론은 인간 행동에 대한 단 하나의 이론이 규범적이고 기술적일 수 있다고 주장하는 전통적인 사고방식에서 벗어나고자 한다. 구체적으로 말해 두 사람의 논문은 불확실성하에서의 의사 결정에 관한 이론을 주제로 삼는다. 그 이론의 밑바탕에 깔린 초기 아이디어들은 1738년 다니엘 베르누이[Daniel Bernoulli15]까지 거슬러 올라간다. 베르누이는 거의 모든 학문을 공부했으며, 특히 수학과 물리학에서 이루어진 그의 연구는 자신의 사촌 니콜라스가 제기한 상트페테르부르크의 역설[St. Petersburg paradox]을 해결하기 위한 것이었다[12] (두 사람은 천재 집안의 후손이었다).

베르누이는 실질적으로 위험 회피라는 개념을 처음으로 제시한 인물이다. 그는 이 개념을 설명하는 과정에서 사람들의 행복(또는 경

---

12 상트페테르부르크의 역설은 이런 것이다. 동전을 던져 앞면이 나올 때까지 게임을 진행한다. 첫 번째에 앞면이 나왔다면 2달러, 두 번째에는 4달러를 받을 수 있다. 이렇게 매번 금액이 2배가 되는 식으로 게임은 계속된다. 여기에서 기댓값은 '1/2×$2+1/4×$4+1/8×$8…'로 계산할 수 있으며, 그 값은 무한대에 달한다. 그렇다면 마땅히 엄청난 판돈을 걸고 이 게임에 참여해야 하지 않겠는가? 이에 대해 베르누이가 내놓은 대답은 부의 증가에 대해 사람들이 느끼는 가치는 점점 줄어든다는 것이며, 이는 곧 위험 회피를 의미한다. 더 단순한 대답으로는 세상에 존재하는 부는 한정되어 있으며, 그렇기 때문에 인간은 충분히 많이 이겼을 때 상대의 지급 능력을 걱정해야 한다는 것이다. 가령 연속해서 40번 이겼다면, 우리가 받을 금액은 1조 달러가 넘는다. 하지만 은행이 파산할 것을 걱정해야 한다면, 그 내기의 가치는 40달러도 되지 않을 것이다.

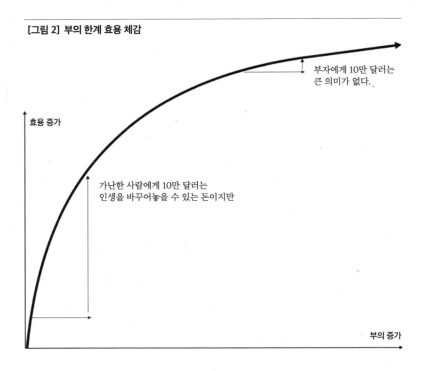

[그림 2] 부의 한계 효용 체감

효용 증가

부자에게 10만 달러는
큰 의미가 없다.

가난한 사람에게 10만 달러는
인생을 바꾸어놓을 수 있는 돈이지만

부의 증가

제학자들이 흔히 말하는 효용)은 돈이 많아질수록 증가하지만, 그 증가율은 점점 감소한다고 가정했다. 이런 현상은 '민감도 체감diminishing sensitivity 원리'라고도 불린다. 돈이 점차 많아진다면 증가한 부의 양, 가령 10만 달러의 증가분의 영향력은 점점 떨어진다. 가난한 농부에게 10만 달러는 인생을 바꾸어놓을 만한 횡재다. 하지만 빌 게이츠에게 10만 달러는 별 의미가 없다.

[그림 2]는 바로 이런 개념을 그래프로 보여준다. 처음 1,000달러를 받았을 때의 효용이 두 번째로 받은 1,000달러의 효용보다 높고, 두 번째가 세 번째보다 더 높다. 계속해서 이런 식으로 이어진다는 점에서 이런 형태의 효용 곡선은 위험 회피 성향을 보여준다.

이 말은 자신에게 10만 달러가 있고, 확실하게 얻을 수 있는 1,000 달러와 50퍼센트 확률로 얻을 수 있는 2,000달러 중 선택해야 할 때 여러분은 확실한 쪽을 택할 것이라는 의미다. 내기에 이겼을 때 받을 수 있는 두 번째 1,000달러의 가치는 첫 번째 1,000달러의 가치보다 낮기 때문에 2,000달러를 얻기 위해 첫 번째 1,000달러를 날릴 위험을 감수하지 않는 것이다.

위험한 상황에서 의사 결정을 내리는 방법에 대한 공식적인 이론(기대 효용 이론expected utility theory)은 1944년 수학자 존 폰 노이만John von Neumann과 경제학자 오스카르 모르겐슈테른Oskar Morgenstern의 발표로 알려졌다. 20세기 위대한 수학자 중 한 사람인 노이만은 프린스턴대학 고등학술연구원Institute of Advanced Study에서 알베르트 아인슈타인과 같은 시대에 활동한 학자로 제2차 세계대전을 거치면서 실용적인 문제에 관심을 집중했다. 그 결과 600쪽이 넘는 「게임 이론과 경제 행동The Theory of Games and Economic Behavior」[16]이 탄생했는데, 여기에서 그는 기대 효용 이론에 대한 논의를 부수적 차원에서 다루었다.

그 이론을 개발하는 과정에서 노이만과 모르겐슈테른은 먼저 합리적 선택에 대한 몇 가지 원리를 하나씩 나열했다. 그리고 다음으로 그런 원리에 따르고자 하는 사람들의 행동을 이끌어냈다. 여기에서 원리란 B보다 A를 더 좋아하고 C보다 B를 좋아한다면, 당연히 C보다 A를 더 좋아한다는 것을 의미하는, 이른바 이행성transitivity 같은 매우 자명한 개념이다. 노이만과 모르겐슈테른은 이런 원리를 충족시키길 원한다면(그리고 그렇게 한다면), 그들의 이론에 따라서 의사 결정을 내려야 함을 입증했다. 이런 주장은 전적으로 타당하다.

가령 대출을 갈아타거나 새로운 사업에 투자하는 등 중요한 결정을 내려야 한다면, 나는 피타고라스 정리를 사용해 삼각형을 이루는 철로의 높이를 계산한 것처럼 기대 효용 이론을 바탕으로 결정을 내리려 할 것이다. 기대 효용 이론은 올바른 의사 결정을 내리기 위한 방식인 것이다.

반면 카너먼과 트버스키는 합리적 선택을 위한 유용한 지침을 제공하는 것이 아니라, 현실에서 사람들이 내리는 실질적인 결정을 정확하게 예측하기 위한 대안으로 전망 이론을 제시했다. 전망 이론은 인간의 행동에 대한 이론이다. 그들의 이론은 우리가 앞으로 거쳐야 할 논리적 단계로 보였지만, 사실 경제학자들은 이를 진정으로 받아들이지는 않았다. 사이먼은 '제한적 합리성'이라는 개념을 제시했으나, 제한적으로 합리적인 사람들이 완전히 합리적인 사람들과 어떻게 다른지에 대해서는 충분한 설명을 내놓지 못했다.

또 몇몇 개척자 역시 분명한 기준을 보여주지 못했다. 예를 들어 저명한 (그리고 대부분의 경우에서 지극히 전통적인 입장을 취한) 프린스턴 경제학자 윌리엄 보멀William Baumol은 기업의 전통적(규범적) 이론에 대한 대안을 내놓았다.[17] 그는 기업이 최소한의 수익을 유지하는 선에서 매출 같은 사업 규모를 극대화한다고 가정했다.

나는 매출의 극대화가 많은 기업에 대한 훌륭한 기술적 모형이 될 수 있다고 생각한다. CEO 연봉이 기업의 이익만큼이나 비즈니스 규모에 이상하리만치 크게 좌우된다는 점에서 CEO가 확장 전략을 추구하는 것은 현명한 선택일 수 있다. 하지만 정말 상황이 그렇다면 이는 기업이 가치를 극대화한다는 이론을 위반하는 셈이다.

예전에 전망 이론을 개략적으로 살펴보는 동안 내 눈을 가장 먼저 사로잡은 것은 이런 선언이었다.

"인간의 행동을 정확하게 묘사할 수 있는 기술적인 경제학 모형을 구축하라."

| 가치함수에 관한 충격적인 그래프 |

카너먼과 트버스키의 논문에서 시선을 사로잡은 또 다른 하나는 '가치 함수value function'를 보여주는 그래프였다. 이 역시 경제학적 사고에서 중요한 이론적 혁신이었으며, 새로운 이론을 창조한 실질적 원동력이었다. 베르누이 이후 많은 경제학 모형은 [그림 2]에서 살펴본 것처럼 사람들이 경험하는 '부의 한계 효용 체감'을 기본적인 가정으로 삼았다. 부의 효용에 대한 이런 모형은 인간의 기본적 심리를 정확하게 포착하고 있다. 하지만 더 정확한 설명을 제시하는 모형을 개발하기 위해 카너먼과 트버스키는 초점을 부의 '수준level'에서 부의 '변화change'로 옮겨야 한다고 생각했다. 이는 약간의 개선처럼 보이지만, 수준의 반대편에 서 있는 변화로 초점을 전환한다는 것은 혁신적인 아이디어였다. 두 사람이 말한 가치 함수는 [그림 3]에 잘 드러나 있다.

인간은 변화 과정에서 삶을 경험하게 된다는 차원에서 카너먼과 트버스키는 그런 과정에 주목했다. 예를 들어 여러분이 지금 실내 온도를 적정하게 유지하도록 하는 공기 순환 시스템을 갖춘 건물에서 일하고 있다고 가정해보자. 이제 여러분은 사무실을 나와 회의실로 이동한다. 그런데 회의실로 들어선 순간, 여러분은 회의실 온

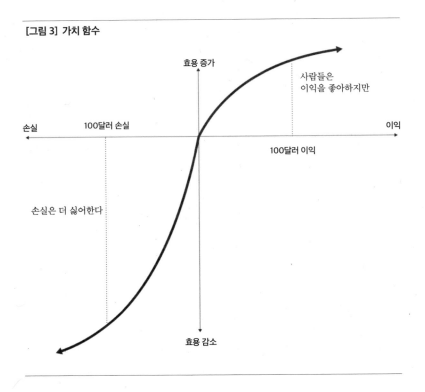

[그림 3] 가치 함수

효용 증가

사람들은
이익을 좋아하지만

손실　　100달러 손실　　　　　　　　　　　　　　　　이익

100달러 이익

손실은 더 싫어한다

효용 감소

도에 어떤 반응을 보일까? 회의실 온도가 사무실이나 복도와 똑같다면 아무런 느낌도 받지 못할 것이다. 그러나 다른 곳보다 훨씬 더 덥거나 춥다면 즉각 그 차이를 인식하게 된다. 그러다 시간이 흘러 그 온도에 익숙해지면 다시 아무런 느낌을 받지 않을 것이다.

　금융 문제도 마찬가지다. 제인이라는 사람이 1년에 8만 달러를 번다고 해보자. 그런데 연말에 기대하지 않았던 보너스가 5,000달러나 나왔다. 제인의 반응은 어떨까? 자신이 평생 벌 수 있는 돈과 비교해 별로 의미 없는 금액이라 치부할까? 아니다. 제인은 아마 이렇게 생각할 것이다.

'와우, 여유 자금이 5,000달러나 생겼어!'

사람들은 수준이 아니라 변화의 차원에서 삶을 경험한다. 그 변화는 현재 상태, 혹은 기대했던 것으로부터의 변화일 수 있으며, 어떤 형태든 모든 변화는 우리를 더 행복하거나 불행하게 만든다. 이는 실로 놀라운 통찰력이다.

그 그래프는 내게 실로 큰 충격을 주었다. 나는 즉각 내 목록을 적어놓은 칠판 옆에 그래프를 그대로 그려보았다. 다시 한번 [그림 3]을 들여다보자. 이 S자 곡선에는 인간의 본성에 대한 대단히 중요한 지혜가 담겨 있다. 곡선의 우측은 민감성 체감을 드러내는 부의 효용 곡선과 같은 형태를 취하고 있다. 동시에 좌측 곡선 역시 민감성 체감을 동일하게 드러낸다는 사실에 주목하자. 즉 10달러 손실과 20달러 손실의 차이는 1,300달러 손실과 1,310달러 손실의 차이보다 훨씬 더 크다는 말이다. 부의 효용 곡선상 특정 지점에서 왼쪽으로 이동할수록 효용은 더 크게 떨어지고, 이는 각각의 손실이 점점 더 고통스럽게 느껴진다는 의미다(부의 증가에 점점 둔감해진다는 말은 부의 감소에 점점 민감해진다는 뜻이다). 이런 점에서 이 효용 곡선은 전통적인 모형과는 다르다.

우리가 현재 상태에서 변화해 민감성 체감을 경험하게 된다는 사실은, 베버-페흐너 법칙Weber-Fechner law이라 알려진 인간의 또 다른 기본적인 특질(심리학의 초기 발견 중 하나)을 잘 보여준다. 베버-페흐너 법칙은 어떤 변수의 변화에 대한 '최소 식별 차이just noticeable difference'는 그 변수의 크기에 비례함을 의미한다. 예를 들어 체중이 30그램 늘었을 때는 그 차이를 쉽게 인식하지 못한다. 하지만 채소를 살 때 30그램은 대단히 중요한 차이로 다가온다. 심리학자들은 최소 식별 차이를 줄여서 'JND'라고 부르곤 한다. 여러분이 심리학 자들에게 강한 이미지를 심어주고 싶다면, 칵테일파티에서 그 용어를 한번 꺼내보라("추가적인 투자로는 JND를 느낄 수가 없어서 이번에 새 차를 사면서 아예 고가 사운드 시스템으로 넘어왔죠" 하는 식으로 말이다).

미국 국영 라디오 방송의 장수 프로그램인 〈카톡Car Talk〉의 다음 에피소드에서 우리는 베버-페흐너 법칙의 기본 개념을 얼마나 제대로 이해하고 있는지 확인해볼 수 있다. 이 프로그램의 진행은 MIT 출신 형제 톰 매글리오지Tom Magliozzi와 레이 매글리오지Ray Magliozzi가 맡았는데, 여기에서 두 사람은 전화로 자동차에 대한 질문을 받는다. 이들의 프로그램은 지나치게 유쾌했고 두 진행자는 미친 듯이 웃어댔다. 그들은 자기 자신이 한 농담에 웃음을 멈추질 못했다.[13] 한번은 이런 전화가 걸려왔다.

"갑자기 자동차 전조등 2개가 동시에 나가버렸어요. 카센터로 찾아가니 전구 2개만 갈면 된다더군요. 어떻게 그런 일이 일어날 수 있죠? 전구 2개가 동시에 나간다는 건 너무 기막힌 우연 아닌가요?"

톰은 곧바로 이렇게 대답했다.

"아, 이게 바로 그 유명한 베버-페흐너 법칙이로군요!"

사실 톰은 판단 및 의사 결정 분야에서 명성이 자자했던 맥스 베이저먼Max Bazerman의 지도 아래 심리학과 마케팅 박사 학위를 받은 인물이었다. 그런데 베버-페흐너 법칙은 그 애청자의 질문과 도대

---

13 톰은 2014년에 세상을 떠났지만, 그 프로그램은 재방송으로 이어지고 있으며 두 형제의 웃음 소리는 지금도 그치지 않고 있다.

체 어떤 관련이 있으며, 톰은 왜 그런 대답을 한 것일까?

그의 대답은 사실 두 전구가 동시에 나간 것이 아니었다는 말이다. 특히 밤에도 웬만큼 환한 도시에 살고 있다면, 전조등 하나가 나가도 운전자들은 이를 쉽게 알아차리지 못한다. 즉 2개의 전조등에서 하나의 전조등으로의 변화가 항상 인식할 수 있는 차이를 만들어내는 것은 아니다. 반면 하나의 전조등에서 0개의 전조등으로의 변화는 분명하게 알아차릴 수 있는 차이를 만들어낸다.

이런 사실은 나의 목록 중 한 가지 사례 또한 설명해준다. 495달러짜리 TV를 살 때보다 45달러짜리 라디오를 살 때 사람들은 10달러를 아끼기 위해 더욱 기꺼이 10분을 투자하려 한다. TV를 살 때 절약할 수 있는 10달러는 JND가 되지 못하는 것이다. 사람들이 이익과 손실 모두에서 민감성 체증을 경험한다는 사실은 또 다른 중요한 의미를 내포한다. 그것은 사람들이 이익에서는 위험 회피적이지만, 손실에서는 위험 선호적이라는 사실이다. 이런 현상은 두 피실험자 집단을 대상으로 실시한 다음 실험에서 쉽게 확인할 수 있다(피실험자들이 전통적인 가정에 따라 부의 수준을 기준으로 의사 결정을 내린다고 한다면, 두 문제는 모두 같은 것이다. 하지만 두 문제에서 A 항목에 대한 대답이 서로 다르게 나왔다는 사실에 주목하자). 괄호 안 수치는 피실험자들이 실제로 선택한 비중을 말한다.

문제 1

지금보다 300달러가 더 있다고 해보자. 여러분에게 다음 두 가지 선택권이 주어진다.

A. 확실하게 100달러를 얻는다. (72퍼센트)

B. 50퍼센트의 확률로 200달러를 얻거나, 50퍼센트의 확률로 하나도 얻지 못한다. (28퍼센트)

문제 2

지금보다 500달러가 더 있다고 해보자. 여러분에게 다음 두 가지 선택권이 주어진다.

A. 확실하게 100달러를 잃는다. (36퍼센트)

B. 50퍼센트의 확률로 200달러를 잃거나, 50퍼센트의 확률로 하나도 잃지 않는다. (64퍼센트)

사람들이 손실의 측면에서 위험 선호적이라는 근거는, 이익의 측면에서 위험 회피적이라는 근거와 논리적인 맥락에서 동일하다. 문제 2의 경우 두 번째 100달러를 잃는 고통은 첫 번째 100달러를 잃는 고통보다 약하고, 그렇기 때문에 피실험자들은 손실이 전혀 없는 가능성을 잡기 위해 많은 것을 잃어버릴 위험을 기꺼이 무릅쓴다. [그림 3]에서 확인할 수 있는 세 번째 특질, 즉 위험 회피 성향 때문에 그들은 특히 어떻게든 손실을 제거하고자 한다.

좌측 곡선과 우측 곡선이 만나는 원점을 중심으로 그림을 살펴보자. 여기에서 이익 곡선보다 손실 곡선이 더 가파른 형태를 취한다는 사실에 주목하자. 즉 손실 곡선은 이익 곡선의 상승보다 훨씬 더 급격하게 하강한다. 간단하게 말해 손실은 이익이 여러분을 기쁘게 하는 것보다 2배나 더 슬프게 만든다. 나는 가치 곡선이 드러내는 이런 특질에 감명받았다. 이는 곧 소유 효과를 의미한다. 내가 로젯 교수에게 와인 한 병을 빼앗는다면, 그는 다른 와인 한 병을 얻었을 때 느꼈을 기쁨보다 2배 더 슬퍼했을 것이다. 그래서 그는 지하실에 보관해둔 와인과 시장가격이 동일한 와인을 절대 사지 않을 것이라 말한 것이다. 이익이 가져다주는 기쁨보다 손실이 가져다주는 슬픔이 더 큰 현상을 '손실 회피loss aversion'라고 부른다. 그리고 이런 개념은 어느덧 행동경제학자의 무기고에서 가장 강력한 도구로 자리 잡았다.

이처럼 우리는 삶을 변화 과정에서 경험하고, 이익과 손실에 대해 민감성 체감을 느끼며, 이익에 따른 기쁨보다 손실에 대해 더 큰 슬픔을 느낀다. 하나의 그래프에 이처럼 많은 통찰이 담겨 있는 것이다. 그러나 이후 나의 경력에서 대부분의 시간을 이 그래프와 함께하게 될 줄은 미처 알지 못했다.

5

이론이 아닌,
살아 있는 인간에
주목하다
— 새로운 모험의 시작

1977년 여름을 스탠퍼드대학교에서 보낼 생각이었던 셔윈 로젠 교수는 삶의 가치에 대한 연구를 그곳에서 함께 해보지 않겠느냐고 내게 제안해왔다. 그해 봄에 대니와 아모스 역시 스탠퍼드에서 연구를 진행할 예정이라는 소식을 들은 터였다. 두 사람에게 많은 영감을 얻은 나는 그들이 도착할 9월 전에 스탠퍼드를 떠나야 한다는 사실을 견딜 수 없었다. 결국 나는 봄방학 때 캘리포니아로 가서 여름에 지낼 만한 집을 알아보았고, 가을 학기까지 거기서 머무를 방법도 궁리해보았다. 나는 우상이 되어버린 낯선 이들과 함께 시간을 보낼 수 있기를 바랐다.

나는 행동주의를 주제로 한 첫 논문의 초안을 아모스에게 보냈는데, 그 논문에 붙인 제목은 '소비자 선택: 경제학자들의 행동 이론Consumer Choice : A Theory of Economists' Behavior'[18]이었다. 거기서 나는 오직 경제학자만 이콘처럼 행동한다는 주장을 넌지시 내비쳤다. 아모스는 우리가 서로 비슷한 방식으로 생각하고 있다고 말하는, 친절하면서도 짤막한 답변을 보내왔다. 하지만 그뿐이었다. 당시는 이메일이 없던 시절이라 장거리로 메시지를 주고받기가 대단히 어려웠다.

나는 스탠퍼드대학교에 객원교수 자리가 있는지 알아보고 대학 측에 사정도 했지만, 이틀이 지나도록 아무 답변도 들을 수 없었다. 그 때문에 로젠과 내가 연구를 하고 있던 미국경제연구소National Bureau of Economic Research, NBER 소장이자 전설적인 보건경제학자 빅터 훅스Victor Fuchs와 면담을 갖기 전만 하더라도, 거의 체념했다. 나는 훅스에게 내 목록과 휴리스틱 및 편향, 전망 이론, 그리고 조만간 스탠퍼드로 강림할 이스라엘의 두 거장에 대한 이야기를 들려주었다. 내 이야기에 흥미를 가졌던 건지, 아니면 그저 내가 불쌍해 보였던 건지 모르겠지만, 훅스는 가을 학기 동안의 연구비 지원을 승낙했다. 결국 나는 7월에 스탠퍼드에 도착했고, 당시 내가 품고 있던 획기적인 아이디어에 대해 훅스와 함께 논의했다. 그리고 급여 기간을 여름까지 연장해주겠다는 약속도 받아냈다.

6월에는 가족이 스탠퍼드로 휴가차 여행을 와 함께 국립공원을 돌아보았다. 여행길에서 나는 심리학과 경제학을 통합하는 방식을 여유롭게 생각해볼 수 있었다. 어떤 문제든 깊이 들여다보았다. 예를 들어 오늘 300마일을 차로 운전해야 한다고 해보자. 어느 정도 속도로 달려야 할까? 시속 60마일이 아니라 70마일로 달린다면, 목적지에 43분 더 빨리 도착할 수 있는데, 이는 교통 딱지를 떼일 만한 가치가 있는 것이다. 그러나 목적지까지 30분밖에 남지 않았다면 속도를 높여도 4.3분밖에 절약할 수 없다. 그건 모험을 걸 만한 가치가 없는 일이다. 그렇다면 목적지에 가까워지면서 점차 속도를 늦추는 게 좋을까? 그럴 수는 없다. 내일 차로 돌아와야 하기 때문이다. 결국 여행 전반에 걸쳐 일관된 기준을 세울 수 없단 말인가? 음, 이 문제도 내 목록에 집어넣어야겠군.[14]

여행 마지막에 우리 가족은 오리건주 유진에 들렀다. 거기서 내가 처음으로 이런 아이디어에 관심을 갖도록 해준 심리학자들인 바루크 피시호프와 폴 슬로빅을 만났다. 가족이 도심을 관광하는 동안 피시호프와 슬로빅, 그리고 그들과 함께 연구하던 사라 리흐텐슈타인Sarah Lichtenstein과 많은 이야기를 나눴다. 이들 연구소를 찾은 또 다른 심리학자가 있었다. 피시호프와 마찬가지로 대학원에서 카너먼과 트버스키와 함께 공부한 마야 바힐렐Maya Bar-Hillel이라는 인물이었다. 이들은 모두 나중에 나의 비공식적인 심리학 스승이 되어준 사람들이다.

여름이 끝나갈 무렵, 대니와 아모스를 비롯해 심리학자들이 대거 도착했다. 아모스와 그의 아내 바바라는 스탠퍼드대 심리학과를 방문했다. 대니와 나중에 그의 아내가 된 뛰어난 심리학자 앤 트레이스먼Anne Treisman은 언덕 위에 자리 잡은 NBER의 행동과학고등연구센터Center for Advanced Study in the Behavioral Sciences로 향했다. 훅스는 아모스와 대니, 나를 위해 처음으로 점심 식사 자리를 마련했다. 그때 기억이 자세하게 떠오르지는 않지만 나는 평소답지 않게 무척 긴장

---

14   질문에 대한 대답: 전체 구간에서 똑같은 속도로 달린다. 모든 다른 변수가 동일할 때 딱지를 뗴일 위험은 운전을 하는 시간에 비례한다.

했던 것 같다. 그저 수다쟁이 훅스가 우리 대화를 계속 이끌어주기만을 바라고 있었다.

중요한 사실은 그 자리 이후 나는 언덕을 올라가다가 아무렇지 않게 대니의 연구실에 들를 수 있게 되었다는 것이다(아모스의 연구실은 캠퍼스 안에 있었고, 거기까지는 꽤 멀었다). 당시 대니와 아모스는 논문 제목을 '전망 이론'으로 수정하고 이를 마무리하는 중이었고, 두 사람이 대화를 나누는 동안 나는 그 주변을 어슬렁대곤 했다. 연구소 내부 통화 시스템이 그리 좋지 않아 대니가 연구실에 있는지 전화를 걸어 확인하는 것보다 그냥 언덕을 올라가 들르는 편이 더 수월했다.

이따금 대니의 연구실을 방문할 때면 두 사람은 종종 「전망 이론」을 마무리 짓기 위해 애쓰고 있었다. 논문을 완성하기 위해 대니가 키보드 앞에 앉은 채 두 사람은 문장마다 이야기를 주고받았고, 실제로 단어마다 논쟁을 벌였다. 그들의 대화는 히브리어와 영어의 기묘한 조합으로 이루어졌다. 두 사람은 하나의 언어로 대화를 주고받다가 아무런 예고 없이 갑자기 다른 언어로 넘어갔다. 영어로의 전환은 주로 '손실 회피' 같은 전문 용어를 사용해야 할 때, 굳이 히브리어로 번역하는 수고를 덜기 위해 이루어졌다. 하지만 나는 그들이 왜 두 언어 사이를 오가면서 논쟁을 하는지 이렇다 할 이유를 발견하지는 못했다. 히브리어를 할 줄 알았다면 아마도 도움이 되었을 것이다.

그들의 논문이 발표되기까지 이후 몇 달이 더 걸렸다. 대부분의 학자들은 전체 연구 과정에서 처음에 아이디어를 떠올리는 단계가 제일 즐거운 기간이며, 실제로 연구를 수행하는 기간도 마찬가지로 흥미진진하다고 말한다. 그러나 직접 논문을 쓰고 이를 발표하는 과정은 다르다. 논문을 쓰는 일이 지루한 이유는 너무 많은 출처를 밝혀야 하기 때문이다. 그럼에도 많은 이들은 그 지루한 작업을 명예의 상징으로 여긴다. 세련되게 글을 쓴다는 것은 스스로 그 연구를 진지하게 생각하지 않으며, 독자 역시 그럴 필요가 없다는 것을 의미한다[15]. 두 사람의 「전망 이론」 논문은 결코 읽기 쉬운 글은 아니지만, 끊임없는 교정 작업과 트버스키의 영원한 목표인 '정확하게 전달하기' 덕분에 수정처럼 투명하다.

얼마 지나지 않아 대니와 나는 연구소 주변을 걸어 다니며 대화하는 시간을 즐기게 되었다. 우리는 서로의 분야에 대해 똑같이 무지하면서도 궁금해했고, 대화를 통해 많은 것을 배울 수 있었다. 우리가 나눈 이야기 중에는 다른 분야에서 활동하는 학자들의 사고방식을 이해하고 그들에게 자신의 연구 성과를 설명하기 위한 방법도 포함되어 있었다.

그 대표적인 사례로 가설적 질문을 활용하는 방법도 있다. 당시 대니와 아모스의 연구는 모두 간단한 시나리오를 활용하고 있었다. 가령 "당신은 지금 400달러를 얻었다. 다음으로 확실하게 200달러를 잃는 경우, 그리고 도박을 해서 50퍼센트 확률로 400달러를 잃거나 50퍼센트 확률로 한 푼도 잃지 않는 경우 중 한 가지를 선택해야 한다. 어느 쪽을 선택하겠는가(이런 상황에서 대부분의 사람들은 도박을 선택한다)?"

---

15   물론 이런 일반화에는 예외가 존재한다. 그 시대에 활동했던 명필로 조지 스티글러George Stigler와 톰 셸링Tom Schelling이 떠오른다.

카너먼이 자신의 책『생각에 관한 생각Thinking, Fast and Slow』[19])을 통해 유쾌한 방식으로 설명했던 것처럼 두 사람은 스스로 이런 사고 실험에 도전했고, 그들이 한 가지 대답에 동의한 경우 다른 사람들도 같은 방식으로 대답할 것이라고 잠정적으로 가정했다. 그런 다음 주로 학생으로 이루어진 피실험자들을 대상으로 질문을 던짐으로써 그들의 가정을 검증했다.

경제학자들은 가설적 질문에 대한 대답이나 일반적인 설문 조사 방식을 크게 신뢰하지 않는다. 그리고 사람들이 스스로 밝힌 의사와는 반대로 행동하는 현상에 더 많은 관심을 기울인다. 대니와 아모스 역시 그들이 만났던 회의적인 경제학자들이 제기한 반론을 익히 잘 알고 있었지만, 사실 그들에게는 선택의 여지가 없었다.「전망 이론」의 핵심은, 사람들이 이익의 차원과 손실의 차원에서 서로 다른 반응을 보인다는 것이다. 그러나 피실험자들이 실제로 그들의 자산을 잃게 만드는 실험에 참가하도록 하는 일은 불가능에 가깝다. 비록 피실험자들 스스로 그런 실험에 기꺼이 참여하겠다는 의지를 밝힌다 하더라도, 인간을 대상으로 삼는 실험의 도덕성에 주목하는 대학의 윤리위원회가 이를 승인할 리 만무했다.

「전망 이론」의 실제 출판본에는 방법론에 관한 대니와 아모스의 다음과 같은 변론이 담겨 있다.

"자연스럽게도 가설적 선택 방식은 엄청나게 많은 이론적 질문을 분석할 수 있다는 점에서 가장 간편한 방법으로 떠오르고 있다. 이 방법을 활용하기 위해 우리는 사람들이 실제 선택 상황에서 자신의 행동 방식을 잘 알고 있으며, 피실험자들이 그들의 진정한 취향을 숨겨야 할 아무런 이유도 없다는 점을 가정으로 삼고 있다."

본질적으로 피실험자들이 현실에서 자신이 내릴 예측을 상당히 정확하게 예측할 수 있고, 그리고 그들이 보여준 선택들이 기대 효용 이론과 일치하지 않는다면, 우리는 적어도 그 이론이 정말로 인간의 행동을 충분히 효과적으로 설명하고 있는지 의심해볼 수 있다는 말이다.

그들의 이런 변론은 학술지 편집자를 분명히 만족시켰다. 하지만 경제학자들에게는 오랫동안 골칫거리로 남았다. 개인 투자자에서 게임 프로그램 참가자에 이르기까지, 실제 선택을 확인할 수 있는 다양한 고위험 환경에서 사람들의 행동을 대단히 효과적으로 설명할 수 있다는 사실이 드러나면서 전망 이론은 점차 널리 인정받았다. 그러나 나는 대니와 아모스가 이 논문을 통해 경제학자들에게 심리학적 통찰력을 가져다주었을지언정, 어떤 경제학자도 두 사람의 이론을 완전히 받아들였다고는 생각하지 않는다. 가설적 질문의 가치를 인정하지 않았던 경제학자들은 대니와 아모스가 포착한 미묘한 행동의 차이를 인식할 수 없었다.

나는 사람들에게 질문을 던지고 그 대답을 진지하게 받아들임으로써 사람들이 자유롭게 생각하도록 만들 수 있음을 깨달았다. 그때까지만 하더라도 내 목록상의 항목은 단지 사고 실험에 불과했다. 나는 독자들이 내 가설적 사례 중 하나를 보고, 그들 자신의 직관을 점검함으로써 그런 행동이 실제로 존재한다는 사실에 동의할 것이라고 확신했다(물론 그건 순진한 생각이었다). 하지만 비록 두 사람의 방식을 신뢰할 만한 것으로 인정하지 않는다 하더라도 한 가지 분명한 건 직관에 의존하는 내 방식보다는 더 낫다는 사실이었다.

몇 년 후 나는 이런 연구 방식에 대해 두 대가에게 직접 훌륭한 교훈을 얻을 수 있었다. 그들은 내 목록 중 시계 기능이 있는 라디오와 TV의 쇼핑 사례를 선택해 이를 재킷과 계산기 사례로 대체했고, 그 질문을 사람들에게 던졌다. 두 가지 괄호는 동일한 질문에서 서로 다른 조건에 해당한다.

> 여러분은 지금 재킷을 (125달러)[15달러]에, 그리고 계산기를 (15달러)[125달러]에 구매하려고 한다. 그런데 계산기를 파는 점원이 차로 20분 거리에 있는 다른 매장에서 똑같은 계산기를 (10달러)[120달러]에 판매한다는 소식을 알려준다. 여러분이라면 다른 매장으로 차를 몰고 가겠는가?

예상대로 실험에 참여한 사람들은 값싼 제품을 구매하는 경우에 5달러를 아끼기 위해 차를 몰고 가겠다고 답했다. 이 데이터는 나의 예측을 뒷받침했다. 아주 자주는 아니었지만, 나는 이 방법을 활용했다. 그러나 14장에서 언급하겠지만, 7년 뒤 대니와 나는 공정함의 개념에 대한 연구에서 가설적 질문에 대한 대답에 거의 전적으로 의존하게 되었다. 그와 함께 언덕 주변을 산책하지 않을 때면 나는 종종 NBER에 홀로 앉아 뭔가를 골똘히 생각하곤 했다. 빅터 훅스는 내게 주기적으로 연구의 진척 상황을 물어보면서 죄책감을 자극하는 유대인 엄마 역할을 했다. 어느 순간 나는 패러독스에 직면했다. 분명 거대한 아이디어를 갖고 있다고 확신했지만, 연구 과정은 여러 작은 단계로 이루어져 있었다. 그리고 나는 어떤 단계가 그 거대한 아이디어를 이끌어줄지 알지 못했다. 거대한 아이디어에는 문제가 없었지만, 고용 상태를 유지하기 위해서는 논문을 발표해야 했다.

지금에 와서 돌이켜보건대, 내겐 과학 저술가 스티브 존슨Steven Johnson이 말했던 '느린 예감slow hunch'20)이란 게 있던 것 같다. 느린 예감은 모든 진실이 명명백백 드러나는 유레카의 순간과는 다르다. 다만 뭔가 흥미로운 일이 벌어지고 있다는 막연한 느낌, 소중한 진실이 조만간 드러날 것이라는 직감에 가깝다. 하지만 느린 예감의 문제는 혹시 막다른 골목으로 끝나는 것은 아닌지 미리 확인할 방법이 없다는 것이다. 당시 나는 내가 어디에 서 있는지, 어디로 가고 있는지, 그리고 무엇을 발견했는지 전혀 모른 채 그저 새로운 세상의 해안에 거의 이르렀다는 느낌만 갖고 있었다.

대니와 아모스는 계속 실험을 이어가고 있었고, 당연히 나도 실험에 집중해야 한다고 생각했다. 그래서 당시 실험경제학이라는 새로운 분야의 개척자라 할 수 있는 캘리포니아공과대학교의 찰리 플롯Charlie Plott과 애리조나대학교에 있던 버넌 스미스Vernon Smith에게 연락을 취해보았다. 전통적으로 경제학자들은 가설을 검증하기 위해 역사적인 데이터를 사용한다. 스미스와 플롯은 실험실 환경에서 경제학적 아이디어를 검증할 수 있다는 믿음을 실천하고 전파하는 사람들이었다. 나는 먼저 애리조나 투손으로 가서 스미스를 만나보았다.

그때만 하더라도 스미스의 연구 주제는 내가 예상했던 것과는 전혀 달랐다. 오래전 그가 대니와 함께 노벨경제학상을 공동으로 수상했을 무렵, 나는 한 인터뷰에서 두 사람의 연구 주제가 지닌 차이점에 대해 설명한 적이 있다. 스미스는 경제학 이론이 얼마나 잘 작동하는지 보여주는 것이었고, 대니는 그 반대를 보여주는 것이었다는 말을 했다.[16]

내가 방문했을 무렵 스미스는 자신이 언급한 '유도 가치induced value' 방법론을 옹호하고 있었다. 실제로 재화를 교환하거나 도박을 하도록 하는 것이 아니라, 토큰token 시장을 마련해놓고 모든 피실험자에게 각각 토큰을 지급하면서 서로 다른 가치를 알려준다.[21] 가령 당신은 자신이 받은 토큰이 4달러의 가치가 있다고 생각하는 반면, 나는 8달러의 가치가 있다고 생각할 수 있다. 그리고 실험 마지막에 모든 피실험자는 자신이 지닌 토큰의 가치만큼 돈을 받을 수 있다. 이런 방식의 실험을 통해 스미스는 수요와 공급 분석 같은 경제학적 원리를 검증하고자 했다.

그러나 나는 그런 방식이 약간 마음에 걸렸다. 예를 들어 매장에서 가서 49달러짜리 재킷을 살 때, 그 제품을 사기 위해 얼마까지 지불할 의사가 있는지 물어보는 곳은 없다. 우리는 스스로 결정을 내려야 하고, 그 기준은 그 제품의 소비자 가격이 얼마인지, 이번 달에 옷을 구입하는 데 총 얼마를 썼는지, 얼마 전에 세금 환급을 받았는지 같은 다양한 사건에 달려 있다. 그리고 16장에서 살펴보겠지만, 나는 이후 오랜 세월이 흘러 스미스의 토큰을 머그잔으로 대체하는 방식으로 나의 의심을 확인해보았다.

나중에 나는 디즈니랜드로 가족 여행을 떠나는 길에 성지순례하는 마음으로 캘리포니아공과대학교에 들러 역시 같은 분야를 개척하던(스미스와 함께 노벨상을 충분히 공동 수상할 수 있었던) 찰리 플롯을

---

16 노벨상 위원회가 인용한 스미스의 초기 연구를 언급한 것이다. 이후 그의 연구는 자산 가격 거품을 객관적으로 측정하는 일련의 실험을 포함해 보다 급진적인 영역으로 나아갔다 (Smith, Suchanek, and Gerry, 1998).

만났다. 캘리포니아공과대학교라는 환경 때문인지 플롯은 자신의 연구 주제를 풍동wind tunnel(공기 흐름의 영향을 시험하기 위한 터널형 장비—옮긴이)에 빗대어 설명하기를 즐겼다. 그는 실험실 환경에서 기본적인 경제학 원리가 제대로 기능하고 있음을 입증하는 것이 아니라, 시장의 법칙이 바뀔 때 무슨 일이 벌어지는지에 더 많은 관심을 기울였다. '수다스럽다'는 표현이 참 잘 어울리는 플롯은 나를 따뜻하고 친근하게 맞아주었다.

스미스와 플롯은 내게 대단히 친절하고 인상적이었지만, 나는 내가 실험적인 경제학자라는 인식을 심어주고 싶지는 않았다. 다만 나는 '행동'을 연구하고 싶었고, 내가 활용할 수 있는 다양한 기술을 적극적으로 받아들이고자 했다. 실험을 통해 사람들의 행동을 가장 잘 관찰할 수 있다는 생각이 들었을 때는 실험에 집중했고, 때로는 많은 사람을 대상으로 설문 조사를 했다. 동시에 자연스러운 환경에서 사람들의 행동을 관찰하려고도 했다. 사람들의 행동 방식을 확인할 수만 있다면 무엇이든 좋았다.

—

스탠퍼드에 머무르는 동안 나는 이 새로운 모험에 '내 모든 것'을 바치기로 결심했다. 전통 경제학의 방법론에 깊이 뿌리내리고 있던 원로 교수들의 지적 성향을 감안할 때, 로체스터대학교는 나의 도전을 위한 이상적인 환경은 아니었다. 나는 또 다른 곳을 모색해야 했다.[17] 대학교 채용 면접 과정에서 지원자는 자신이 쓴 논문을 교수진 앞에서 발표해야 하고, 바로 이 과정에서 합격 여부가 결정된다. 로젠과 함께 지은 나의 논문 「생명의 가치」는 이미 널리 알려졌고, 그 주제와 관련된 몇 가지 다른 논문을 추가한다면 아마도 그 과정을 무난하게 통과할 수 있었을 것이다.

하지만 당시 나는 다소 도발적인 주제까지 허용해주는 환경을 원했기 때문에 자기통제와 캐슈너트에 대한 논문을 제출했다. 그런 논문들을 보고서도 나를 받아줄 대학이라면, 적어도 앞으로 다가올 것에 대해 개방적인 곳일 거라 생각했다. 다행스럽게도 나는 코넬대학교와 듀크대학교가 보낸 합격 통지를 받았고, 결국 코넬대학교로 결정했다. 이제 나는 로체스터를 떠나 남쪽으로 140킬로미터 떨어진 동네에 자리 잡아야 했다.

---

17   학계 사람들은 내가 로체스터에서 경제학을 전공하고 나서 어떻게 그 학교 비즈니스 스쿨에서 자리를 잡을 수 있었는지 궁금해한다. 일반적으로 대학들은 모교 졸업생을 고용하지 않는다. 긴 이야기를 짧게 줄이자면, 대학원 시절에 나는 비즈니스 스쿨에서 강의를 했고 나의 첫 번째 취업이 마지막 순간에 실패로 돌아갔을 때, 비즈니스 스쿨 학장이던 빌 메클링Bill Meckling은 내게 임시방편으로 1년짜리 강의 자리를 제안했는데, 결국 나는 거기서 몇 년 더 머무르게 되었다.

6

전통 경제학자의
네 가지 무기에
대한 반박
— 최적화 모양과 현실의 괴리

스탠퍼드대학교에 머물던 중 나는 코넬대학교의 제안을 받아들였고 1978년 8월부터 새로운 일상이 시작되었다. 거기서 나는 두 가지 차원에서 연구를 추진하고자 했다. 첫째, 내가 제시한 새로운 접근 방식에서 배울 수 있는 것들을 보여줄 만한 연구가 필요했다. 그리고 마찬가지로 중요한 둘째, 논문을 발표할 때마다 매번 들어야 했던 특정한 형태의 비판에 대해 설득력 있는 답을 내놓아야 했다. 경제학자들은 모두 나름대로 원칙을 지니고 있었고, 조직 내에서 자신만의 입지를 구축하기 위해 오랜 세월을 투자할 필요가 없는 한 변화에 저항하려 했다. 오래전 어떤 콘퍼런스에서 최근 연구에 대해 발표를 하게 되었을 때, 나는 그 사실을 절실히 깨달았다. 발표가 끝나고 이어진 질의응답 시간에 한 유명한 경제학자가 이렇게 물었다.

"당신의 이야기를 진지하게 받아들인다면 앞으로 전 뭘 해야 할까요? 제가 알고 있는 것이라고는 최적화 문제를 해결하는 것뿐입니다."

그의 지적은 만일 내 말이 옳다면, 그래서 최적화 모형이 인간의 실제 행동을 제대로 설명하지 못한다면, 그가 가진 도구는 완전히 쓸모없어질 것이라는 뜻이다. 그의 반응은 대단히 직접적이었다. 그리고 거기에 참석했던 사람들의 보편적인 태도 역시 내가 무슨 실수를 저지르고 있는지, 어떤 중요한 요소를 간과하고 있는지 집어내는 것이었다.

나는 곧 또 다른 목록을 작성했다. 경제학자들이 내 목록상의 항목을 쉽게 무시할 수 있는 이유를 나열했다. 나는 내 연구 성과에 대해 사람들에게 이야기할 때마다 중세의 곤틀릿medieval gauntlet(두 줄로 늘어선 병사들 사이를 지나가면서 양쪽에서 매질을 당하는 형벌—옮긴이)을 당하는 듯한 느낌을 받았다. 그래서 동료들끼리 그런 형태의 집중적인 비난과 공격을 곤틀릿이라 불렀다.

여기에서는 당시 내가 치밀하게 준비한 방어 전술 중 중요한 몇 가지만 소개하고자 한다. 아직까지 몇몇 사람은 이를 놓고 논쟁을 벌인다. 이와 관련된 이야기는 나중에 계속 등장할 것이다.

| 인간은 '마치 ~처럼' 행동하는가 |

여러 가지 반박 중 가장 대표적인 것은 두 단어로 이루어져 있다. 그것은 '마치 ~처럼as if'이라는 것이다. 간단히 말해 이 주장은 경제학자들이 해결할 수 있다고 생각하는 복잡한 문제를 현실적으로 해결할 수 없는 상황에서도, 사람들은 마치 그 문제를 해결할 수 있는 듯 행동한다는 것이다. '마치 ~처럼'이라는 비판을 이해하기 위해 경제학 역사를 잠깐 돌아보도록 하자.

경제학이라는 학문은 제2차 세계대전 이후 급격한 변화를 겪는다. 케네스 애로Kenneth Arrow와 존 힉스John Hicks, 폴 새뮤얼슨Paul Samuelson을 필두로 하는 경제학자 집단은 경제 이론을 수학적으로 엄밀하게 다듬는 방향으로 나아갔다. 경제학의 두 가지 핵심 개념, 즉 행위자는 최적화를 추구하고 시장은 안정적 균형에 도달한다는 개념은 그대로 남아 있었다. 하지만 경제학자들은 시장이 균형점에 도달하게 되는 조건을 결정하기 위한 기술과 최적의 문제 해결책을 밝혀내기 위한 기술을 계속 발전시켜갔다.

하나의 사례는 이른바 '기업 이론theory of the firm'이라는 것이다. 간단하게 설명해서 기업은 언제나 이익(혹은 주식 가치)을 극대화하려 한다는 말이다. 현대 이론가들이 그 이론의 의미를 정확하게 설명하기 위해 노력하는 가운데, 일부 경제학자는 현실에서 경영자는 절대 그런 식으로 움직이지 않는다는 사실을 근거로 제시하며 반박했다.

한 가지 단순한 사례로 '한계 분석marginal analysis'이라는 개념이 있다. 4장에서 살펴본 것처럼 이익의 극대화를 추구하는 기업은 한계 비용이 한계 수입과 일치하는 지점에서 가격과 생산량을 결정한다. 우리는 이런 분석을 근로자를 고용하는 문제에도 똑같이 적용할 수 있다. 즉 마지막으로 고용한 근로자에 소요되는 비용이 그 근로자가 거둬들이는 수입의 증가와 동일해지는 시점까지 근로자를 고용해야 한다는 말이다. 이는 다분히 중립적인 설명처럼 들리지만, 1940년대 말 '현실 세상'의 경영자가 실제로 이렇게 행동하는지[22)]를 놓고《미국경제학회지Americal Economic Review》에서 격렬한 논쟁이 벌어졌다.

이 논쟁은 프린스턴의 용감한 경제학과 부교수 리처드 레스터 Richard Lester에게서 비롯되었다. 레스터는 과감하게도 제조업 사장들에게 직접 편지를 써서 얼마나 많은 근로자를 고용하고, 그들이 얼마나 많은 수익을 창출하는지, 어떻게 결정하고 확인하는지 설명해 달라고 요청했다. 그러나 '한계와 일치하는' 지점에서 결정을 내린다고 답한 이는 아무도 없었다. 무엇보다 경영자는 제품 가격의 변동이 미치는 영향, 근로자 임금의 변동 가능성에 대해 깊이 생각하지 않았다.

이론과 달리 경영자들은 임금의 변화가 고용이나 성과에 많은 영향을 미칠 것으로 보지 않았다. 다만 그들은 제품을 최대한 많이 팔기 위해 노력하고, 수요에 따라 노동력을 늘리거나 축소한다고 대답했다. 레스터는 다음과 같은 과감한 발언으로 논문을 마무리 지었다.

"이 논문은 전통적 한계 이론, 그 이론의 기본적인 가정의 타당성에 대해 중대한 의문을 던지고 있다."[23)]

한계 이론을 지지했던 경제학 집단의 대표적인 인물로 프리츠 매클럽Fritz Machlup을 꼽을 수 있다. 그는 버펄로대학교에 있다가 개인적으로 논의를 계속 이끌어가기 위해 프린스턴에 있던 레스터와 합류한 것으로 보인다. 경제학자들은 사람들이 그들이 하고 있다고 '말하는' 것에 실제로는 관심을 기울이지 않는다는 사실을 근거로,

매클럽은 레스터의 조사 데이터를 무시했다. 그의 주장에 따르면 그 이론은 기업이 한계 비용과 한계 수입을 구체적으로 계산하도록 요구하지는 않지만, 그럼에도 기업의 행동은 이론이 내놓은 예측에 대략적으로 접근하게 된다. 매클럽은 왕복 2차선 도로에서 언제 트럭을 추월할 것인지 결정하는 운전자의 경우를 비유로 들었다. 운전자는 실제로 아무런 계산을 하지 않지만 어쨌든 그 트럭을 추월할 것이다. 그는 경영자 역시 같은 방식으로 의사 결정을 내리는 것이라고 주장했다.

"다만 상황에 대한 자신의 인식이나 '느낌'에 의존한다. … (그리고) 더 많은 근로자를 고용하는 것이 이익이 될지 막연하고 대략적인 차원에서 '그저 알고 있을 따름'이다."[24]

매클럽은 레스터의 데이터에 대단히 회의적이었다. 하지만 스스로는 어떤 데이터도 내놓지 않았다. 당시 유명세를 키워가던 경제학자 밀턴 프리드먼Milton Friedman은 이런 논의의 국면에서 그 모습을 드러냈다. '실증경제학의 방법론The Methodology of Positive Economics'이라는 제목의 영향력 있는 글에서 프리드먼은 가정을 기반으로 이론을 평가하는 것은 어리석은 일이라고 했다. 중요한 것은 이론이 제시하는 예측의 정확성이다(프리드먼은 제목에서 '실증적인positive'이라는 표현을 사용하고 있는데, 이는 우리가 여기에서 사용하는 '규범적normative'의 반대말인 '기술적인descriptive'이라는 표현에 해당한다). 그 개념을 명확히 하기 위해 프리드먼은 매클럽의 사례에서 운전자 대신 당구 선수를 그 자리에 앉혀 설명한다.[25]

당구 선수가 최적의 궤적을 알려주는 복잡한 수학 공식을 알고 있다고 가정하자.

그는 눈으로 각도를 측정하면서 공 위치를 정확하게 설명하며, 공식을 통해 순식간에 계산해서 그에 따라 공이 굴러가게 하는 것처럼 경기를 펼친다. 이 가설을 바탕으로 정확한 예측을 제시할 수 있다. 이 가설에 대한 우리의 확신은, 실력이 뛰어난 당구 선수들이 이런 방식으로 공을 칠 수 있다거나 친다는 믿음에 기반하는 것은 아니다. 대신 어떤 방식으로 본질적으로 동일한 결과에 도달할 수 없다면, 그들은 절대 프로 선수가 아니라는 믿음에서 비롯되는 것이다.

프리드먼은 똑똑한 논쟁가였고, 그의 주장은 아주 타당해 보인다. 당시 많은 경제학자는 문제가 해결되었다고 믿었다. 미국경제학회는 오랫동안 지속된 논쟁을 중단했고, 경제학자들은 그들의 가정이 '현실적인' 것인지에 대한 걱정을 떨쳐버리고 다시 그들의 모형으로 되돌아갔다. 그 이론을 옹호하는 사람들 스스로는 어떠한 데이터도 제시하지 않았음에도 훌륭한 이론은 설문 조사 데이터를 갖고 반박할 수 없는 것으로 보였다. 내가 일탈적인 생각을 했을 무렵, 이런 상황은 30년 넘게 이어지고 있었다. '마치 ~처럼'이라는 주문은 일반적인 이론적 예측에 어긋나는 실험 결과를 무시하는 오늘날의 경제학 워크숍에서도 여전히 들려온다.

다행스럽게도 대니와 아모스는 '마치 ~처럼' 질문에 대한 대답을 내놓았다. 전망 이론은 물론, 휴리스틱과 편향을 주제로 한두 사람의 연구는 사람들이 합리적인 경제학 모형에 따라 선택하는 것'처럼' 행동하지 않는다는 사실을 확실히 보여주었다. 이들이 실행한 실험에 참가한 사람들이 다른 누군가에게 영향을 받아 어떤 것을 선택했을 때(다시 말해 모든 점에서 더 나은 것을 선택하지 못했을 때), 그들이 올바른 판단을 내리는 것'처럼' 행동했다고 말할 수 없다.

게다가 와인 사례에서 로젯의 태도 역시 합리적인 것이었다고 볼 수 없다.

프리드먼에 대한 존경을 표하는 차원에서 나는 행동경제학에 대한 첫 논문에 '소비자 선택의 실증적 이론에 대해Toward a Positive Theory of Consumer Choice'라는 제목을 붙였다. 이 논문의 마지막 부분에서 나는 절대 그냥 지나칠 수 없는 '마치 ~처럼' 질문을 다룬다. 나 또한 당구 이야기로 논문을 시작했다. 그 논의의 핵심은, 경제학은 비단 전문가만 위한 것이 아니라 모든 사람을 위한 이론이 되어야 한다는 것이다. 프로 당구 선수는 마치 관련된 모든 기하학과 물리학 지식을 아는 것처럼 경기에 임하지만, 바에서 재미로 치는 일반인들은 제일 치기 쉬운 공을 노리는 데다 종종 실수를 범한다. 그런 일반인들이 쇼핑을 하고, 은퇴에 대비해 저축을 하고, 일자리를 찾고, 저녁을 요리하는 방법에 관련된 유용한 이론을 개발하고자 한다면, 그들이 마치 전문가처럼 행동할 것이라는 가정은 치워두는 게 좋을 것이다.

우리는 체스 챔피언들처럼 게임하지 않고 워런 버핏처럼 투자하지 않으며, 〈아이언 셰프Iron Chef〉(미국의 유명 요리 대결 프로그램—옮긴이)에 출연하는 요리사들처럼 요리하지도 않는다. 우리는 아마도 워런 버핏처럼 요리를 할 것이다(그는 패스트푸드 데어리 퀸을 사랑한다). 그러나 그런 나의 시도는 '마치 ~처럼'을 내세운 비판에 대한 충분한 반박이 되지 못했다. 논쟁에서 이기기 위해서는 경제학자들을 설득할 만큼 강력한 경험적 증거가 다수 필요했다.

오늘날에 이르기까지 경제학 집단 내에서 '조사 증거survey evidence'라는 말이 등장할 때, 대부분 그 앞에는 '단지mere('냉소sneer'와 운을 이

94

루는)'라는 표현이 필수 형용사처럼 따라붙는다. 그런 경멸적인 태도는 비과학적인 자세다. 유권자를 대상으로 투표를 할 것인지, 한다면 누구에게 할 것인지 묻는 설문 조사에서 얻은 데이터는 네이트 실버^{Nate Silver} 같은 노련한 통계학자의 섬세한 손을 거치면 선거 결과에 대해 놀라우리만치 정확한 예측을 내놓기도 한다. 이런 설문 조사에 반대하는 입장과 관련해 가장 웃긴 것은, 다수의 중요한 거시경제학 변수를 설문 조사에서 얻는다는 사실이다.

예를 들어 매월 발표하는 최근 '고용' 데이터에 미국 언론은 종종 지나친 관심을 보인다. 그 수치를 놓고 어떻게 해석해야 할지 고민하는 심각한 표정의 경제학자들도 마찬가지다. 그런데 이 수치는 어디에서 비롯되었을까? 다름 아닌 통계청에서 실시하는 설문 조사에서 나온다. 거시경제학 모형의 주요 변수인 실업률 또한 사람들에게 구직 활동에 관한 질문을 던지는 설문 조사에서 얻는다. 그럼에도 이렇게 공표된 실업률 데이터를 활용하는 것은 거시경제학에서 부정한 짓으로 취급당한다. 경제학자들은 과학자가 아닌 다른 누군가가 자료를 수집하는 한, 설문 조사 결과를 거들떠보지도 않을 것이다.

그러나 1980년의 설문 조사는 '마치 ~처럼'의 반론을 극복하지 못했다. 사람들이 현실적인 선택 상황에서 잘못된 행동을 한다는 사실을 입증하는 타당한 데이터가 필요했다.

| 인간의 동기와 선호 역전 현상 |

경제학자들은 동기라는 요소를 크게 신뢰한다. 그들의 주장에 따르면 위험도가 높아질 때 더 치열하게 생각하고, 도움을 구하고, 문제 해결에 필요한 행동을 취해야 할 더욱 강력한 동기가 주어진다. 대니와 아모스의 실험은 일반적으로 위험과는 별 상관이 없는데, 이는 곧 경제학자들 입장에서는 쉽게 무시할 수 있다는 의미다. 게다가 동기라는 요소를 실제로 실험실 환경에 도입한다 하더라도 일반적으로 그 위험 수준은 겨우 몇 달러 정도에 불과할 것이다.

실제로 위험이 커질 때 사람들이 더 올바르게 행동한다는 말을 심심찮게 들을 수 있다. 경제학 이론과 실천 중 그 어느 것도 경제학을 오로지 위험도 높은 상황에만 적용해야 한다고 말하지 않았음에도, 아무런 근거 없는 이 주장은 사람들에게 여전히 강력한 신뢰를 얻고 있다. 하지만 우리는 자동차뿐 아니라 팝콘을 구매할 때도 경제학 이론을 적용할 수 있어야 한다.

캘리포니아공과대학교의 경제학자이자 실험경제학 분야에서 나의 스승인 데이비드 그레더David Grether와 찰리 플롯은 이런 공격에 대항할 수 있는 초기 증거를 제시했다. 그레더와 플롯 두 사람은 나의 심리학 스승인 사라 리흐텐슈타인과 폴 슬로빅이 했던 연구를 접했다. 리흐텐슈타인과 슬로빅은 경제학자들을 당황하게 만들 '선호 역전preference reversal'[26]이라는 현상을 발견했다. 이는 간단히 말해 피실험자가 B보다 A를 선호한다고 말하고, 그리고 동시에 A보다 B를 선호한다고 말하도록 유도할 수 있다는 것이다.

이런 발견은 공식적인 경제학 이론의 핵심적인 논리 기반, 즉 사람들은 모두 '분명한 선호'를 지니고 있으며, 우리는 자신이 무엇을 좋아하는지 잘 안다는 믿음을 완전히 뒤집어놓았다. 경제학자들은 여러분이 부드러운 매트리스보다 딱딱한 매트리스를 더 좋아하는지, 혹은 그 반대인지에 대해서는 전혀 신경 쓰지 않는다. 하지만 부드러운 매트리스보다 딱딱한 것을 더 좋아하면서도 '동시에' 딱딱한 매트리스보다 부드러운 것을 더 좋아한다고 말할 때 그들은 참지 못한다. 그럴 수는 없다. 만약 분명한 선호의 가정을 폐기해야 한다면, 경제학 이론서는 첫 장에서 더 이상 나아가지 못할 것이다. 일관된 선호가 없다는 것은 곧 최적화할 대상이 하나도 없다는 뜻이기 때문이다.

리흐텐슈타인과 슬로빅은 실험에 참가한 사람들에게 두 가지 선택을 제시해 선호 역전을 이끌어내는 데 성공했다. 여기에서 피실험자들은 상대적으로 확실한 경우(97퍼센트의 확률로 10달러 받기), 그리고 좀 더 위험한 경우(37퍼센트의 확률로 30달러 받기) 중 하나를 선택한다. 두 사람은 전자의 경우를 확률probability이 높다는 의미에서 'p' 선택, 그리고 후자를 더 많은 돈을 딸 수 있다는 의미에서 '$' 선택이라 불렀다.

먼저 두 사람은 피실험자들에게 어느 경우를 더 선호하는지 묻는다. 사람들은 대부분 확실한 이익을 좋아하기 때문에 p를 선택했다. 즉 피실험자들은 $보다 p를 선호한다. 그리고 다음으로 두 사람은 p를 선호하는 피실험자들에게 이렇게 물었다.

"여러분이 p 선택권을 갖고 있다고 합시다. 그 선택권을 판다고 했을 때 여러분이 받길 원하는 최저 금액은 얼마입니까?"

이어 $ 선택에 대해서도 같은 질문을 던졌다. 그런데 이상하게도 대다수는 p보다 $를 포기하는 대가로 더 많은 돈을 요구했다. 이 말은 그들이 $ 선택을 더 선호한다는 뜻이다. 그렇다면 피실험자들은 $보다 p를 선호한다고 말해놓고, 동시에 p보다 $를 선호하는 것이다. 이는 신성모독이다!

그레더와 플롯은 어떤 이유로 이처럼 아이러니한 결과가 나왔는지 알고 싶어 했다. 여기에서 그들이 세운 주요 가설은 동기였다.[18] 이들은 사람들이 현실에서 선택을 할 때 이런 현상은 나타나지 않을 것이라 예상했다. 그래서 실제 돈으로 실험을 진행했다. 하지만 놀랍게도 선호 역전 현상은 더 자주, 더 뚜렷하게 나타났다. 위험의 증가가 문제를 더욱 심각하게 만든 것이다.[27)]

이것만으로 동기에 대한 반론을 모두 잠재운 것은 아니다. 그렇다 하더라도 행동 연구와 관련해 경제학자들이 고민하던 문제를 돈이 모두 해결해줄 것이라는 주장을 반박하기 위해 인용할 수 있는 논문이 적어도 하나는 등장한 셈이다. 그리고 앞으로 확인하게 되겠지만, 실험적 증거의 타당성에 대한 논의에서 이는 하나의 주제로 계속 등장한다.

---

18 리흐텐슈타인과 슬로빅이 라스베이거스에 있는 카지노에서 실제 돈을 갖고 그들의 연구를 되풀이했음에도 그들은 이 가설을 선호했다. 이런 증거에 대한 그들의 무시는 그들의 또 다른 가설로 설명할 수 있을 것이다. 그들은 또 실험 과정에서 사람을 속이는 방법을 잘 아는 심리학자들이 실험을 추진한다는 점에서 기대에 어긋나는 결과를 쉽게 얻을 가능성도 분명히 고려했다. 당연하게도 이 가설은 그들의 논문을 접한 모든 심리학자의 인정을 받지는 못했다.

| 학습을 위해 반드시 필요한 2가지 |

대니와 아모스가 진행한 실험의 스타일은 종종 '일회성' 게임에 불과하다는 비판을 받았다. 경제학자들은 '현실 세상'에서 살아가는 사람들에게는 학습할 기회가 있다고 말한다. 충분히 타당한 이야기다. 우리는 훌륭한 운전자로 태어나는 것이 아니며 안전하게 운전하는 법을 배워나간다. 똑똑한 심리학자가 실험 환경에서 사람들이 실수를 저지르도록 유도하는 질문을 개발했다고 해서 사람들이 현실 세상에서도 같은 실수를 반드시 저지를 것이라 단정 지을수는 없다(일반적으로 실험실은 비현실적인 공간으로 간주된다). 사람들은 외부 세상에서 오랜 시간에 걸쳐 스스로 의사 결정을 내리는 과제를 연습하고, 그런 연습 덕분에 실험실에서 관찰되는 실수를 저지르지 않을 수 있다.

하지만 이런 학습에 대한 주장에 따른 문제는 모든 사람이 빌 머레이가 출연한 영화 〈사랑의 블랙홀Groundhog Day〉 속 세상에서 살고 있다는 가정이다. 여기에서 머레이가 연기한 필 코너스라는 인물은 매일 똑같은 하루를 반복적으로 살아간다. 그리고 자신에게 무슨 일이 벌어지고 있는지 깨달았을 때, 그는 한 번에 하나씩 변화를 주고 무슨 일이 벌어지는지 확인함으로써 점차 학습해나간다. 그러나 현실 속 삶은 감사하게도 그렇게 돌아가지 않는다. 그렇기 때문에 학습은 쉽지 않은 일이다.

심리학자들은 경험에서 배우기 위해서는 두 가지 요소가 필요하다고 말한다. 그 두 가지란 충분한 연습과 즉각적인 피드백이다. 가령 자전거나 운전을 배울 때처럼 이런 조건들이 모두 충족될 때, 우리는 과정 전반에 걸쳐 사고를 겪으며 학습하게 된다. 하지만 삶에서 일어나는 다양한 문제는 우리에게 이런 기회를 제공하지 않으며, 바로 이 사실에 주목할 필요가 있다. 학습에 대한 주장과 동기에 대한 주장은 일면 상호 모순적이다. 나는 이런 생각을 영국의 게임 이론가 켄 빈모어Ken Binmore와 함께한 공개 토론에서 최초로 떠올렸다.

대학원생들을 위해 마련한 콘퍼런스에서 빈모어와 나는 하루에 한 번 강의를 했다. 나는 행동경제학의 새로운 발견을 주제로 강의했고, 빈모어는 자신의 강의 주제가 이와 직접적인 관련은 없었지만 강의를 시작하면서 내가 전날 제기한 문제에 대답하는 시간을 마련했다. 내가 첫 번째 강의를 하고 나자 빈모어는 '저위험' 비평에 대해 이야기했다. 그는 자신이 슈퍼마켓을 운영한다면 내게 자문을 구할 것이라고 했다. 내 연구 주제 중 하나인 저렴한 구매에 대한 부분이 도움이 되리라는 것이 이유였다. 하지만 자동차 대리점을 운영한다면 내 연구는 별로 도움이 되지 않을 것이다. 고위험 상황에서 사람들은 정신을 차리고 일을 처리하기 때문이다.

다음 날 나는 그를 존경하는 의미에서 '빈모어 연속체Binmore continuum'라는 개념을 내놓았다. 나는 칠판에 구매 횟수를 기준으로 왼쪽에서 오른쪽으로 제품 목록을 나열했다. 맨 왼쪽 카페테리아 점심(매일)에서 시작해 빵과 우유(일주일에 두 번), 스웨터, 자동차, 주택, 직장, 배우자(대부분은 기껏해야 평생 2~3회에 불과한) 순으로 써나갔다. 이 순서를 눈여겨보자. 사소한 일을 선택할 때 우리는 충분한 연습을 통해 올바로 처리하는 방법을 배울 수 있다. 하지만 주택이나 대출, 직장을 선택할 때는 충분한 연습이나 학습 기회를 가질 수 없다. 그리고 퇴직연금을 선택하는 경우 다시 태어나지 않는 이상 우리에게 주어진 기회는 단 한 번뿐이다. 그래서 빈모어는 거꾸로 이렇게 말했다.

"학습을 하기 위해서는 충분한 연습이 필요하다. 따라서 우리는 위험도가 높은 일보다 위험도가 낮은 일을 더 올바로 처리할 수 있다."

이 말은 곧 비평가들이 어떤 주장을 적용할지 선택해야 한다는 뜻이다. 학습이 중요한 요소라고 선택했다면, 고위험 상황에서 의사 결정의 질은 더욱 떨어질 수밖에 없을 것이다.

| 보이지 않는 속임수 |

집중적인 비판에서 가장 중요한 주장은 시장과 관련되어 있다. 아모스가 이 주장에 맞닥뜨린 순간을 나는 생생히 기억한다. 내가 강의하던 로체스터 비즈니스 스쿨의 대표적인 지성인인 마이클 젠슨Michael Jensen이 주최한 콘퍼런스의 저녁 모임 때였다. 당시 젠슨은 합리적 선택 모형과 금융 시장의 효율성을 열렬히 신봉했다(이후 그는 다양한 측면에서 기존 노선을 변경했다). 내 생각에 젠슨은 대니와 아모스를 둘러싸고 벌어지고 있던 논쟁의 흐름을 확인한 뒤, 그 모임을 착각에 빠진 두 심리학자를 올바른 길로 인도할 기회쯤으로 여겼던 것 같다.

대화를 주고받는 동안 아모스는 젠슨에게 그의 아내의 의사 결정 능력을 평가해달라고 부탁했다. 그러자 젠슨은 고급 자동차를 사고 나서 흠집이 날까 봐 몰고 나가지 못한 일화를 포함해 자신의 아내가 저지른 어처구니없는 경제적 실수에 관한 우스갯소리로 청중을 즐겁게 해주었다. 다음으로 아모스가 학생들의 경우에 대해 묻자, 젠슨은 자신의 학생들이 보여준 어리석은 실수 사례를 술술 읊어대면서 그들이 가장 기본적인 경제학 개념조차 이해하지 못한다고 불만을 토로했다. 와인까지 마시면서 젠슨의 이야기는 점점 더 고조되어갔다. 그런데 다음 순간, 아모스의 질문이 핵심을 찔렀다.

"마이클, 당신은 주변 사람들이 아주 간단한 경제적 판단조차 제대로 내리지 못한다고 생각하면서, 당신의 이론에서는 모든 경제 주체가 천재라고 가정하고 있어요. 어찌 된 영문인가요?"

그러자 젠슨은 침착하게 대답했다.

"아모스, 잘 모르고 있군요."

그러고는 아마 밀턴 프리드먼이 한 연설을 시작했을 것이다. 사실 그런 주장을 프리드먼의 저작에서는 발견하지 못했지만, 로체스터에 머무를 당시 사람들은 이를 엉클 밀티Uncle Miltie(밀턴 프리드먼의 애칭)의 생각으로 여겼다. 젠슨의 연설은 이렇게 흘러가고 있었다.

"가령 여러분의 실험 속 피실험자처럼 사람들은 어리석은 행동을 하고, 이들은 경쟁 시장에서 상호작용을 하고, 다음으로…"[28]

나는 이런 주장을 '보이지 않는 속임수invisible handwave'라 부른다. 그 이유는 그 주장에 대해 이야기를 늘어놓는 동안 아무도 자신의 양손을 가만히 내버려두지 못했고, 과대평가되어 있으면서 신비에 싸인 애덤 스미스의 작품 『보이지 않는 손』[29]을 떠올리게 하기 때문이다. 그 애매모호한 주장의 핵심은, 시장이야말로 종종 실수를 저지르는 사람들을 어떻게든 훈련시킬 수 있다는 것이다. 그러나 시장이 그런 사람들을 합리적인 행위자로 바꿔놓는다고[30] 주장할 논리적 근거가 없기 때문에 속임수는 필연적인 것이다.

예를 들어 '매몰 비용'에 신경 쓰는 경우에 대해 생각해보자. 여러분은 저녁을 엄청나게 배불리 먹고 나서도 디저트까지 챙겨 먹는다. 그건 디저트를 포함한 식사비를 모두 지불했기 때문이다. 이제 무슨 일이 일어날까? 이런 실수를 종종 저지른다면 아마 조금은 살이 찔 것이다. 그러나 다른 문제는 없을 것이다.

다음으로 '손실 회피' 때문에 어려움을 겪는 경우는 어떤가? 이로 인해 치명적인 문제가 발생할까? 그렇지는 않을 것이다. 새로운 사업을 시작하려 한다고 해보자. 현실적으로 신생 기업 중 대다수가 실패하지만, 여러분은 지금 자신감이 가득해 성공 가능성을 90퍼센트로 낙관하고 있다. 물론 극단적인 낙관주의에도 운이 좋아 큰 성공을 거둘 수 있다. 혹은 간신히 먹고살 정도일 수도 있다. 아니면 아예 포기하고 다른 사업을 시작해야 할 수도 있다. 그렇다면 시장이 아무리 냉혹한 훈련소라 하더라도, 그런 사실이 여러분을 합리적인 사람으로 바꿔주지는 않는다는 말이다. 아주 드문 경우를 제외하고 합리적 행동 모형에 따라 판단하지 않았다고 해서 반드시 치명적인 문제가 발생하는 것은 아니다.[31]

보이지 않는 속임수는 위험 수위가 높고 선택하기 까다로울 때 사람들이 전문가의 도움을 구하려 한다는 주장에 때로는 부합한다. 하지만 이런 주장의 문제점은, 이해가 충돌하지 않는 진정한 전문가를 발견하기 힘들다는 것이다. 퇴직연금을 위한 포트폴리오를 선택할 때를 가정해보자. 평소 꼼꼼하거나 치밀하지 않은 사람이 금융 자문이나 대출 중개인, 혹은 부동산 중개인을 구할 때 꼼꼼하게 알아볼 것이라고 생각할 수는 없다. 대중을 현혹하거나 폰지 사기를 쳐서 큰돈을 번 사람들은 많지만 "그건 사지 마세요"라고 조언함으로써 부자가 된 사람은 없다.

이런 주장의 또 다른 형태는, 경쟁이라는 요소가 기업을 이윤 극대화를 추구하는 행위자로 가차 없이 몰아가고 있다는 것이다. 하지만 기업을 운영하는 주체는 스스로를 학생과 구분하지 못하는 이들을 포함한 현실 속 인간이다. 물론 일리가 있기는 하지만 내 생각에는 이런 주장이 지나치게 과대평가되어 있다. 나는 평론가들이 GM을 효과적으로 운영되는 조직이라고 칭찬했다는 이야기를 지금껏 한 번도 들어보지 못했다. 실제로 수십 년 동안 GM은 부실 관리 기업으로 비틀거리곤 했다. 그럼에도 대부분의 기간에 GM은 세계 최대 자동차 기업의 자리를 지켜왔다. 물론 2009년에는 글로벌 금융 위기의 여파로 세계 자동차 시장에서 사라질 위기도 있었다. 그럼에도 미국 정부의 도움으로 토요타에는 살짝 뒤처지지만 폭스바겐에는 앞서는, 세계에서 두 번째로 큰 자동차 기업으로 살아남았다. 경쟁이라는 요인은 매우 더디게 힘을 발휘하는 듯하다.

젠슨에 대해 좀 더 공정하게 이야기하기 위해 언급하자면 우리는 그의 주장에서 보다 일관된 형태를 발견할 수 있다. 가령 시장이 사람들을 합리적인 존재로 몰아가는 것이 아니라, 그 구성원이 모두 인간임에도 시장가격은 합리적인 방식으로 결정된다는 주장이다. 이런 주장은 명백히 타당하고 설득력 있어 보인다. 그러나 여기에도 문제가 있다. 이 주장이 어떻게, 왜 잘못된 것인지에 대해서는 6부에서 자세히 살펴볼 것이다.

행동경제학이 성공을 거두자면 이런 질문에 대한 해답을 내놓아야 한다. 그리고 실제로 일부 영역에서는 그렇게 하고 있다. 그러나 지금으로서는 간단명료한 결론 대신 위험 수위가 높은 시장, 특히 보이지 않는 속임수가 가장 강력한 힘을 발휘할 것으로 보는 금융 시장에서 서로 영향을 끼치는 실제 사람들에 대한 연구 성과를 제시하는 것이 최선이다.

—

1978년 가을, 나는 곤틀릿에 대한 생각을 떨쳐버리지 못한 채 뉴욕주 이타카 시골에 위치한 코넬대학교로 갔다. 겨울이 길고 눈이 많이 오는 작은 마을 이타카에서는 별달리 할 수 있는 일이 없었다. 그만큼 연구하기에 딱 좋은 곳이었다. 캘리포니아에 있는 동안 나는 2개의 논문을 마무리했다. 하나는 내 목록을 자세히 설명하는 것이었고, 다른 하나는 「자기통제에 관한 경제 이론An Economic Theory of Self-Control」[32]이라는 것이었다.

논문을 쓰는 것은 쉬운 일이지만 논문을 발표하는 것은 다른 이야기다. 앞서 소개한 내 첫 번째 논문 「소비자 선택의 실증적 이론에 대해」는 주요 학술지 6~7곳에서 퇴짜를 맞았고, 그때마다 나는 좌절을 겪어야 했다. 지금에서야 하는 이야기지만 사실 나는 크게 놀라지 않았다. 그 논문에는 많은 아이디어가 담겨 있었으나 이를 뒷받침할 만한 객관적인 증거는 부족했기 때문이다. 각각의 학술지에서 거절당할 때마다 다음번 교정 작업에 반영해야 할 냉정한 평가를 담은 보고서를 받아보았다.

여전히 나아질 기미는 보이지 않았다. 앞으로 나아가야 한다는 것 외에 특별한 이유는 없었지만, 언젠가는 그 논문을 꼭 발표하겠다고 다짐했다. 그리고 다행스럽게도 개방적인 성향의 두 경제학자가 '경제 행동과 조직Journal of Economic Behavior and Organization'이라는 제목으로 새로운 학술지 간행을 준비하고 있다는 소식이 들려왔다. 아마도 많은 학자의 글을 기다리고 있을 것이란 생각에, 나는 그들에게 내 논문을 보냈다. 그리고 그들이 펴낸 첫 호에 논문이 게재되었다. 비록 생소한 학술지이기는 했지만, 어쨌든 나는 나의 첫 번째 행동경제학 논문을 발표했다.

학교에 계속 머무르고 코넬 같은 연구 중심 대학에서 종신 재직권을 얻었다면, 아마도 유명 학술지에 정기적으로 논문을 게재할 수 있었을 것이다. 내 연구 목록 중 가장 중요한 두 가지 아이디어를 품고 캘리포니아에서 돌아왔다. 그 첫 번째는 저축과 지출, 이제는 '심리 계좌'라는 개념으로 알려진 가정경제와 관련된 행동 심리를 이해하는 것이었다. 두 번째는 자아 통제라는 주제로, 쉽게 말하면 현재와 미래 사이의 선택에 대한 문제다. 이 두 아이디어는 2부와 3부에서 다루기로 한다.

II

심리 계좌:
우리는 돈을 어떻게 바라보는가

캘리포니아에서 함께한 이후에도 대니와 아모스는 계속 같이 연구를 했고, 나는 콘퍼런스 자리에서 이따금 두 사람을 만날 뿐이었다. 그들은 「전망 이론」의 후속 논문을 준비했고, 나는 소비자 선택에 대한 연구를 계속했다. 그럼에도 두 사람과 내가 대부분의 시간에 각각 공통적으로 생각하는 주제가 있었다. 간단하게 말하면 이런 것이다.

"사람들은 돈을 어떻게 바라보는가?"

예전에 나는 그 개념을 '심리학적 계좌psychological accounting'라고 불렀지만, 나중에 두 사람은 이 주제를 다룬 논문에서 이를 '심리 계좌mental accounting'33)로 바꾸었고, 나도 이를 따랐다. 그 후 나는 계속 심리 계좌의 개념에 대해 연구하고, 글을 쓰고, 이야기를 나누었다. 그뿐 아니라 지금도 여전히 이 개념이 흥미롭고 통찰력 넘친다고 생각한다. 나는 심리 계좌라는 렌즈를 통해 세상을 더 정확하게 바라보고 있다.

다음 몇 장에서 이런 심리 계좌에 대한 기본적인 개념을 집중적으로 살펴볼 테지만, 사실 이 개념은 책 전반에 골고루 스며들어 있다. 심리 계좌라는 아이디어는 전염성이 대단히 강하다. 조만간 여러분도 엉겁결에 이렇게 말할지 모른다.

"음, 그건 심리 계좌 문제군."

7

정직한 가격 정책은
왜 실패했을까

— 할인 쿠폰과 거래 효용

내 친구 마야 바힐렐은 더블 침대용 커버를 찾고 있었다. 그녀는 매장에서 마음에 드는 물건을 발견했는데, 마침 세일 중이었다. 정상가는 킹 사이즈가 300달러였고, 퀸 사이즈는 250달러, 더블은 200달러였다. 그런데 이번 주만 사이즈에 관계없이 모두 150달러에 판매한다고 했다. 마야는 유혹을 참지 못하고 그만 킹 사이즈 커버를 사버리고 말았다.

심리 계좌에 대한 논의를 시작하기에 앞서 소비자에 관련된 기본적인 경제 이론을 살펴보자. 경제와 관련된 모든 의사 결정은 기회비용이라는 렌즈를 통해 이루어진다는 소유 효과의 개념을 다시한번 떠올려보자. 저녁을 먹고 영화를 보는 데 쓰는 비용은 금전적 지출로만 설명할 수 없다. 그 비용은 돈과 시간의 선택과도 관련되어 있다. 여러분은 이미 기회비용의 개념을 잘 이해하고 있을 것이다. 여러분이 경기 티켓을 한 장 갖고 있고 이를 1,000달러에 팔 수 있다면, 그 티켓을 구하기 위해 얼마를 지불했는지는 중요하지 않다. 그 경기를 보러 가는 비용은 곧 여러분이 1,000달러로 할 수 있는 일이다. 경기 관람이 1,000달러로 할 수 있는 최고의 선택이라면, 여러분은 당연히 그 경기를 보러 가야 할 것이다.

그런데 그 경기를 보러 가는 것이 10달러짜리 영화를 100편 보는 것보다 더 나을까? 낡은 옷장을 바꾸는 것보다 더 나을까? 힘든 날에 대비해, 혹은 더 좋은 날을 위해 저축을 하는 것보다 더 나을까? 이런 식의 분석은 비단 돈과 관련된 의사 결정에만 국한되지 않는다. 오후에 소설을 읽으며 시간을 보낸다면, 그 기회비용은 그 시간 동안 여러분이 할 수 있는 모든 일에 해당된다.

이 같은 사고방식은 소비자 선택에 대한 올바르고 타당한 규범적 이론이다. 이는 이론의 접근 방식이며, 원칙적으로 우리는 대부분의 시간에 이런 방식으로 무언가를 선택하도록 노력해야 한다. 하지만 모든 것을 이런 식으로 결정하려 한다면, 여러분의 머리는 폭발해버리고 말 것이다. 1,000달러를 갖고 할 수 있는 일은 무수히 많으며, 그중 무엇이 나를 가장 행복하게 만들어줄지 어떻게 알 수 있단 말인가? 그러니까 문제는 이런 접근 방식이 우리가 감당하기에 너무 버겁다는 것이다. 일반적인 소비자가 이런 식으로 생각하리라는 것은 지극히 비현실적인 기대다.

이런 방식으로, 혹은 이와 유사한 방식으로 생각하고 결정하는 사람은 없다. 많은 사람이 1,000달러짜리 티켓을 들고 고려할 수 있는 상황은 기껏해야 몇 가지일 것이다. 그 경기를 그냥 TV로 시청할 수도 있고, 아니면 프로비던스에 사는 딸을 방문할 수도 있다.

이 몇 가지 중 어떤 게 가장 좋을까, 하는 정도 수준으로 고민할 뿐 1,000달러를 갖고 할 수 있는 모든 일 중 최고의 것을 선택하려는 접근 방식은 우리가 감당할 만한 과제가 아니다. 흉내조차 내기 힘들다.[19]

그렇다면 사람들은 어떻게 선택을 할까? 나는 소비자 의사 결정에 관련된 이런 측면을 어떤 방식으로 연구해야 할지 감을 잡지 못했다. 그래서 실제 사람들의 행동을 통해 무엇을 배울 수 있는지 확인하기 위해 한 학생을 고용해 인근 지역 가족들과 면담을 나누도록 했다. 예산이 빠듯할 때 지출 결정의 중요성이 더 높아진다는 점에서 나는 저소득층 가구에 주목했다.

면담을 하는 동안 참여자들이 그들이 원하는 주제에 대해 이야기할 수 있도록 충분한 시간을 주었다(참여자들에게 정해진 보수를 지급했지만, 일부는 몇 시간 동안이나 이야기하기도 했다). 내가 목표로 삼은 응답자는 가족의 돈을 관리하는 사람이었다. 부부의 경우 주로 아내가 그 역할을 맡았다. 면담의 목적은 논문을 쓰기 위한 데이터를 수집하는 것이 아니었다. 나는 다만 사람들이 가정의 재정 관리에 어떤 생각을 갖고 있는지 알고 싶었다. 애덤 스미스는 제조 공장이 어

---

19 놀랍게도 기회비용에 대한 이런 사고방식에 가장 근접한 집단은 가난한 사람들일 것이다. 2014년 출간된 『결핍의 경제학Scarcity』에서 센딜 멀레이너선Sendhil Mullainathan과 엘다 샤퍼 Eldar Shafir는 이런 점에서 기회비용의 중요성이 높아지기 때문에 부자보다 가난한 사람이 이콘과 더욱 흡사하게 행동한다고 설명한다. 즉 갑자기 생긴 100달러를 갖고 밀린 공과금을 납부할 수 있고, 너무 작아져버린 자녀의 신발을 바꾸어줄 수 있다면 기회비용은 대단히 중요한 요소가 된다. 하지만 이런 기회비용에 대한 끝없는 고민은 오히려 피해를 가져다주기도 한다. 집세를 내기 위해 어디에서 돈을 마련할지 계속 고민한다면, 다른 일을 처리하기 힘들어질 수 있다. 이는 소액 대출을 받거나 상환을 연기하는 등 가난한 사람들이 종종 내리는 좋지 않은 결정의 부분적 원인으로 작용할 수도 있다.

떻게 돌아가는지 파악하기 위해 핀을 만드는 공장을 방문했다. 그 면담은 내게 핀 공장과 같은 것이었다. 면담을 통해 나는 좀 더 현실적인 시선으로 세상을 바라볼 수 있게 되었고, 이후 심리 계좌와 관련해 글을 쓰는 데도 많은 도움을 얻었다.

내가 주목한 첫 번째 질문은 목록을 작성한 후 계속 고민해온 것이었다.

"비용은 언제 손실되는가?"

전망 이론에 대한 '발견'은 오랫동안 내 머릿속에 머물러 있던 이 질문에 대한 관심을 다시 한번 불타오르게 만들었다. 여기에서 잠시 가치함수가 손실 회피를 잘 드러낸다는 사실을 떠올려보자. 가치함수 곡선은 원점에서 시작해 올라갈 때보다 내려갈 때 더 가파르다. 손실에 대한 아픔은 이익에 대한 기쁨보다 2배나 더 크다. 이런 사실은 우리에게 다음과 같은 질문을 던진다. 5달러를 내고 샌드위치를 살 때 5달러를 잃어버렸다는 느낌을 받는가? 일상적인 거래의 경우 그렇게 느끼지 않는다.

한편 그런 식으로 생각하면 기분이 우울해진다. 손실의 영향력은 이익의 영향력보다 2배나 더 강력하다고 생각한다면, 5달러 두 장을 내고 10달러를 얻었다고 해도 손실로 느껴질 것이다. 어쩌면 5달러짜리 1장이 준 '상실'의 아픔이 10달러짜리를 취득하면서 느낀 기쁨보다 더 클지도 모른다. 그렇다면 여러분이 구매할 때 어떤 상황이 벌어질 것인가? 그리고 내 친구 마야는 자기 침대에 맞지도 않는 거대한 커버를 구입했을 때 어떤 생각을 했을까?

결국 나는 '취득 효용acquisition utility'과 '거래 효용transaction utility'으로 이루어진 해결책에 도달했다. 여기에서 취득 효용이란 일반적인 경제 이론을 기반으로 삼는 경제학자들이 말하는 '소비자 잉여consumer surplus'와 동일한 개념이다. 이름에서 추측할 수 있듯 취득 효용이란 우리가 얻은 물건의 효용에서 포기해야 하는 기회비용을 뺀 나머지를 의미한다. 이콘에게 취득 효용은 이야기의 마지막이다. 소비자가 어떤 제품의 가치를 시장가치보다 더 높이 평가할 때, 제품을 더 많이 구매할수록 더 많은 취득 효용을 얻을 수 있다. 가령 목이 엄청나게 마를 때 1달러짜리 생수병에서 대단히 높은 취득 효용을 얻을 수 있다. 집에 더블 침대가 있는 이콘의 경우 사방으로 2피트나 남는 커버보다는 딱 맞는 커버의 효용 가치가 더 높을 것이다.

그러나 한편으로 인간은 구매의 또 다른 측면, 즉 거래 자체도 중요하게 여긴다. 바로 여기에서 거래 효용의 개념이 등장한다. 거래 효용은 특정 제품을 사기 위해 실제로 지불해야 하는 가격과 일반적으로 구매자가 지불하고자 하는 가격인 준거 가격reference price의 차이를 의미한다. 여러분이 지금 경기장에서 관람하고 있는데, 점심으로 즐겨 먹는 것과 똑같은 샌드위치를 사려고 한다. 그런데 가격이 무려 3배다. 여러분은 그 샌드위치를 좋아하긴 하지만 그 거래는 끔찍하다. 이는 부정적인 거래 효용, 즉 '바가지rip-off'에 해당한다. 반면 작은 사이즈와 가격이 동일한 마야의 초대형 커버처럼 실제로 지불해야 할 가격이 준거 가격보다 낮은 경우 그 거래는 긍정적인 거래 효용, 즉 '할인bargain'에 해당된다.

다음 사례에서 거래 효용의 개념을 좀 더 분명하게 확인할 수 있다. 평범한 수준으로 맥주를 마시는 사람이라는 사실이 확인된, 경영자 MBA 과정을 밟는 학생들을 두 그룹으로 나눈 뒤 다음 두 가지 시나리오 중 하나를 물었다. 두 가지 형태의 괄호는 각각의 시나리오에 해당된다.

어느 무더운 여름날, 여러분은 해변에 누워 있다. 지금 이 순간 여러분이 가장 원하는 것은 시원한 얼음물이다. 여러분의 머릿속엔 여기에서 차가운 맥주를 맛볼 수 있다면 얼마나 좋을까, 하는 생각뿐이다. 그때 옆자리 친구가 일어나더니 그 주변에서 유일하게 맥주를 팔고 있는 (리조트 안에 있는 고급 바)[간이매점]에 전화를 걸어 맥주를 배달해달라고 주문한다. 그러고는 맥주 가격이 좀 비싼데 얼마까지 지불할 용의가 있는지 여러분에게 묻는다. 친구는 맥주가 여러분이 말한 가격 이하라면 주문할 것이며, 그것보다 높으면 취소하겠다고 한다. 여러분은 친구를 신뢰하며, (바텐더)[매점 주인]와 협상할 가능성은 없다. 여러분이라면 얼마를 부르겠는가?

경제학자들이 제기할 것으로 예상되는 반론에 대응하기 위해 미리 잘 조율된 이 사례에서 우리는 여러 사항에 주의를 기울여야 한다. 중요한 사실은 두 가지 시나리오상에서 소비 행위는 정확하게 동일하다는 것이다. 여러분은 해변에서 자신이 좋아하는 맥주 한 병을 마실 수 있다. 하지만 맥주를 판매하는 곳에 직접 들어가보는 것도 아니고, 그 매장의 분위기를 느끼는 것도 아니다. 게다가 판매자와 가격을 협상할 여지가 없기 때문에 여러분의 진정한 취향을 숨길 이유도 없다. 그러므로 전문 용어로 유인 합치incentive compatible 상황에 해당된다. 이런 조건을 염두에 두고 이 설문 조사의 결론으로 들어가보자. 사람들은 간이매점보다 리조트의 고급 바에서 파는 맥주에 더 높은 비용을 지불하겠다고 한 것으로 나타났다. 인플레이션을 고려했을 때, 두 시나리오의 중간값[20]은 각각 7.25달러와 4.1달러다.

이런 결과는 똑같은 맥주를 똑같은 장소에서 마시더라도, 사람들은 그것을 어디서 샀느냐에 따라 서로 다른 가격을 지불하고자 함을 보여준다. 그렇다면 사람들은 왜 판매 장소에 신경 쓸까? 한 가지 이유는 기대 때문이다. 부분적으로 비용이 훨씬 더 높을 것이라 생각하기 때문에 사람들은 리조트의 고급 바에서 파는 맥주의 가격이 더 비쌀 것으로 기대한다. 리조트에서 파는 맥주 한 병에 7달러를 지불하는 것은 그리 유쾌한 경험은 아니지만, 그래도 충분히 예상했던 바다. 그러나 간이매점에서 7달러를 요구한다면 틀림없이 화가 날 것이다. 이것이 바로 거래 효용의 핵심이다.

이콘은 거래 효용을 경험하지 않는다. 그들에게 구매 위치는 또 하나의 SIF, 즉 별로 중요하지 않은 요소다. 물론 이콘은 할인 행사에 영향을 받는다. 맥주를 10센트에 판매한다면, 이콘 역시 그 거래에서 만족감을 느낄 것이다. 하지만 그런 만족감은 전적으로 취득 효용에 따른 것이다. 거래 효용에서 만족(불만)을 느끼려면, 그 거래 자체에서 기쁨(슬픔)을 느껴야 한다. 거래 효용은 긍정적이거나 부정적인 형태로 나타날 수 있다, 즉 좋은 거래 혹은 끔찍한 사기로 드러날 수 있기 때문에 실제로 행복을 높일 수 있는 구매를 단념하게 만들 수도 있고 돈을 낭비하도록 유도할 수도 있다.

해변의 맥주 사례는 사람들이 가치 있는 구매를 포기하도록 설

---

20   중간값은 중앙에 위치한 값을 뜻하는 통계 용어다. 모든 가격을 높은 순으로 배열했을 때 중앙에 위치하는 값을 말한다.

득할 수 있음을 보여준다. 가령 데니스가 매점에서 파는 맥주에는 4 달러까지, 리조트에서 파는 맥주에는 7달러까지 지불할 의향이 있다고 하자. 그런데 친구 톰이 맥주를 매점에서 5달러에 샀으면서 리조트에서 샀다고 거짓말을 한다면, 데니스는 좋은 거래라고 생각하며 기분 좋게 맥주를 마실 것이다. 그러나 그런 거짓말을 하지 않았다면, 데니스는 그 거래에 만족하지 못했을 것이다. 여기에서 데니스가 만족감을 느끼지 못한 단 하나의 이유는 바가지에 대한 혐오다.

적어도 편안한 삶을 사는 사람들의 경우 부정적인 거래 효용은 평생 행복한 기억으로 남을, 그리고 이를 위해 초과 지불한 금액에 대한 기억은 금방 사라지게 할 소중한 경험을 거부하도록 만들 수 있다. 그리고 반대로 긍정적인 거래 효용은 모든 사람이 별로 가치가 없는 제품을 기꺼이 구매하도록 만들 수 있다. 사람들은 대부분 단지 거래 자체가 너무 좋다는 이유만으로 별로 사용하지 않으면서도 '반드시 사야 하는' 물건을 창고에 고이 모셔둔다. 여러분의 창고나 다락방에도 분명히 마야의 침대 커버 같은 물건이 잠자고 있을 것이다.

소비자가 이런 방식으로 생각한다는 사실을 잘 이해하는 판매자는 인식된 준거 가격을 적극적으로 이용해 '거래'에 대한 환상을 만들어낸다. 오랫동안 애용된 한 가지 도구는 대부분 아무런 근거 없는 '희망 소비자 가격suggested retail price'이라는 것이다. 실제로 희망 소비자 가격은 오해를 불러일으키는 '준거 가격'으로 기능한다. 미국의 경우 카펫이나 매트리스 같은 제품은 언제나 세일 중이고, 일부 매장에서는 남성 정장 역시 항상 할인 판매를 한다.

이런 방식으로 판매하는 제품에는 두 가지 공통점이 있다. 구매가 비교적 드물게 이루어지고, 품질을 평가하기가 쉽지 않다는 것이다. 구매 횟수가 적기 때문에 소비자는 항상 세일이 진행 중이라는 사실을 바로 눈치채지 못한다. 매트리스를 사기 위해 매장을 둘러볼 때 사람들 대부분 마침 이번 주에 세일 행사를 한다는 소식에 깜짝 놀라곤 한다. 그리고 매트리스처럼 품질을 평가하기 쉽지 않은 제품인 경우 희망 소비자 가격은 두 가지 기능을 한다. 가격만큼 품질이 우수하다는 (그래서 취득 효용이 높을 것이라는) 사실을 보여주고, 동시에 '세일 중'이기 때문에 거래 효용 역시 높다는 점을 넌지시 전해준다.

소비자는 종종 거래 효용이 주는 쾌감에 중독되곤 한다. 할인 행사를 자주 하는 것으로 유명한 매장이 소비자가 앞으로 그런 행사를 기대하지 않도록 유도하려 든다면, 심각한 어려움에 직면할 것이다. 많은 기업은 오랜 시간에 걸쳐 '매일 염가'라는 말로 소비자를 유혹하려 했지만, 이런 시도는 전반적으로 성공을 거두지 못했다.[21] '대박 행사'에서 잡은 횡재는 구매할 때마다 얻을 수 있는 잘 드러나지 않는 소소한 절약보다 훨씬 더 기분 좋은 일이다.

메이시스 백화점[34]과 JC 페니는 소비자가 잦은 세일 행사에 대한 중독에서 벗어나도록 하려고 했으나 성공하지 못한 미국의 대표적 유통업체다. 2006~2007년에 걸친 이미지 변신 기간 동안, 메이

---

21   연구 결과를 보면 미국 슈퍼마켓들은 월마트가 안방 시장으로 뛰어들었을 때 모두 큰 어려움을 겪기는 했지만, 그래도 매일 특가 전략보다는 프로모션 전략(가령 잦은 세일 행사)을 채택한 곳들이 매출과 장기적인 생존에서 훨씬 더 좋은 성과를 올렸음을 알 수 있다(Ellickson, Misra, and Nair, 2012).

시스 백화점 경영진은 가격 할인 수단인 쿠폰에 주목했고 그 사용량을 줄이고자 했다. 쿠폰 남용 때문에 그들의 브랜드가 JC 페니나 콜스Kohl's 등 최고급이 아닌 브랜드의 이미지와 비슷해지고 있다고 생각한 메이시스 경영진은 쿠폰 제도를 중대한 위협으로 인식했다. 미국 전역에 걸쳐 다른 많은 백화점 체인을 합병하고 메이시스 백화점이라는 이름으로 새롭게 브랜딩했다. 그런 다음 2007년 봄 쿠폰 발매량을 전년도 같은 기간에 비해 30퍼센트나 줄였다.

하지만 이 방법은 소비자에게 잘 먹혀들지 않았다. 매출이 급격하게 떨어진 것이다. 결국 메이시스는 그해 휴가철에 쿠폰 발매량을 기존 수준으로 되돌려놓겠다고 약속했다. JC 페니 역시 매일 염가 전략으로 선회하면서 2012년 짧은 기간 동안 쿠폰 사용을 가급적 줄이고자 했다. 정상가로 판매된 매출 비중이 전체 중 1퍼센트가 채 되지 않는다는 사실에 주목한 CEO 론 존슨Ron Johnson은 놀랍게도 솔직한 공식 발표를 통해[35] 그가 언급했던 '거짓 가격fake prices'(애매모호한 희망 소비자 가격)을 없애고 좀 더 투명한 가격 제도를 실시하겠다고 선언했다. 쿠폰을 통한 기존 매출 방식을 포기하는 동시에 '~.99달러'로 끝나는 가격 체계를 폐지하고 가장 가까운 달러로 새롭게 가격을 표기했다. JC 페니 측은 이 모든 변화에도 소비자가 지불하는 최종 가격은 결국 이전과 동일하다고 설명했다.[36]

문제는 이런 새로운 시스템 아래에서는 소비자가 더 많이 지불하게 되는 것이 아니라 할지라도 많은 거래 효용을 잃는다는 것이다. 게다가 10달러가 아니라 9.99달러처럼 특정 단위 '이하로' 물건을 살 수 있는 작은 즐거움도 잃어버렸다. 결국 실험은 실패로 끝났다. 2012년 정책 변화에 따른 효과가 나타나기 시작하면서 JC 페니의 매출과 주가는 모두 곤두박질쳤다. 1년 뒤 존슨은 쫓겨났고, 쿠폰은 다시 JC 페니 고객들의 품으로 돌아왔다.[37] 소비자는 거래 효용이 가져다주는 즐거움의 원천인 희망 소비자 가격이 가짜였다는 이야기를 듣고 싶지 않았을 것이다.

이제 날카로운 독자(그리고 구매자)는 궁금해질 것이다. 그렇다면 월마트와 코스트코는 어떻게 된 걸까? 이런 대형 할인 매장은 더 높은 원래 가격에 대한 구체적인 언급 없이, 매일 시행하는 염가 전략을 기반으로 해 성공을 거두고 있다. 하지만 그렇다고 해서 그들이 거래 효용을 없애버린 것은 아니다. 오히려 그 반대다. 그들은 소비자에게 쇼핑이라는 행위 자체가 할인 품목을 사냥하는 파티라고 설득하고, 그런 이미지를 강화해가고 있다.

이런 염가 전략 외에도 월마트는 최저가가 아닐 경우 환불을 보장하는 '세이빙 캐처Savings Catcher'[38]라는 앱을 제공함으로써 소비자가 영수증을 갖고 직접 가격을 비교할 수 있도록 하는 또 다른 형태의 최저가 전략을 실시하고 있다. 만약 메이시스 백화점과 JC 페니가 그들의 고객에게 가치 있는 쇼핑 경험을 제공하고 있다는 거짓 선전을 중단한다면, 소비자에게 실질적인 거래 효용을 제공하는 진정한 염가 유통업체와 경쟁할 수 없을 것이다.

소비자가 할인 행사에 관심을 보이는 것은 당연한 일이다. 그들에겐 아무런 잘못이 없다. 쇼핑에서 절약한 돈으로 또 다른 쇼핑을 할 수 있지만, 할인 기회를 놓치기에 너무 아깝다는 이유만으로 덜컥 제품을 구매하는 것은 바람직하지 않다. 모든 소비자가 좋은 거래에 관심을 보인다는 사실은 기업에 대단히 중요하다. 세일 행사든 진정한 염가 판매든 좋은 거래는 소비자를 유혹한다. 최저가로 이름을 날리는 코스트코 매장 주차장은 언제나 고가의 자동차로 넘쳐난다. 부유한 사람들 역시 거래 효용에서 짜릿한 쾌감을 느끼는 것이다.

8

새 구두에
뒤꿈치가 까여도
벗을 수 없는 이유
— 무시하기 어려운 매몰 비용

    빈스는 일주일에 한 번 사용할 수 있는 실내 테니스 클럽에 1,000달러의 회비를 내고 가입했다. 그러나 두 달 후 테니스 엘보 증상이 나타나 테니스를 하기가 점점 더 고통스러워졌다. 그래도 회비가 아까워 석 달 동안이나 고통을 참으며 운동을 계속했다. 그러다 결국 도저히 참을 수 없는 지경에 이르러서야 그만두었다. 돈을 지불하고 되돌려 받지 못할 때 그 돈은 매몰된다. 즉 사라져버린다. '이미 엎질러진 물' 또는 '지나간 일은 지나간 일일 뿐'이라는 말은 이런 매몰 비용을 무시하라는 경제학자들의 조언의 다른 표현이다. 그러나 폭풍우를 뚫고 경기를 보러 가는 내 목록상의 사례, 빈스의 테니스 엘보 사례가 말해주는 것처럼 사실 그것은 정말로 따르기 힘든 조언이다.

    만약 한 친구가 빈스에게 (공짜로) 다른 클럽에서 테니스를 치자고 초대했다면, 빈스는 분명 팔꿈치 통증 때문에 거절했을 것이다. 경제학 용어로 말하면 테니스의 효용 가치가 부정적인 경우다. 그러나 빈스는 1,000달러의 회비가 아까워 테니스를 계속했고, 이 때문에 그의 증상은 악화되었다. 대체 그는 왜 그랬을까? 8장에서는 이 질문에 대한 답을 찾아보고자 한다.

오랜 기간 나는 사람들이 매몰 비용에 대한 집착을 버리지 못하는 수십 가지 사례를 수집했다. 그중 하나가 학교에 입고 갈 옷을 놓고 여섯 살 난 딸 신디와 신경전을 벌인 내 친구 조이스의 사례다. 신디는 치마는 싫고 바지만 입겠다고 고집했다. 반면 조이스는 학년 초에 장만해둔 드레스 세 벌을 꼭 입어야 한다고 강요했다. 조이스는 매일 "엄마가 널 위해 저 옷들을 사놓았으니 꼭 입어야 해!"라며 잔소리를 했고, 신디는 저 드레스를 입느니 차라리 학교에 안 가겠다고 버텼다. 조이스는 딸이 돈이 나무에서 그냥 열리는 줄 알고 있다며 푸념을 늘어놓았다.

두 사람 사이에서 중재자가 되기로 한 나는 조이스에게 경제 논리에 대해 설명했다.

"드레스에 쓴 돈은 이미 사라져버렸고, 그 옷을 입는다고 해서 돈이 되돌아오는 것은 아니다. 신디는 바지를 고집하지만 돈을 주고 바지를 사야 하는 게 아니라면, 그 드레스를 입어야 한다는 엄마의 주장이 가족의 경제 상황에 도움이 되는 것은 아니다."

그러나 조이스는 내 이야기를 듣고 흥분했다. 딸과 말다툼을 하기는 싫지만 드레스 세 벌을 그냥 '낭비'해야 한다는 생각에 죄책감이 든다고 했다. 매몰 비용을 무시하는 것은 전적으로 합리적인 태도이며, 반드시 그렇게 해야 한다는 경제학자들의 조언이야말로 조이스에게 꼭 필요한 것이었다.

마야 바힐렐은 이런 나를 세상에서 유일한 '임상경제학자'라고 부른다(침대 커버를 산 이후 그녀는 내 첫 번째 고객이 되었다). 내가 그런 호칭을 얻을 자격이 있는지 잘 모르겠지만, 분명한 사실은 사람들이 그런 생각으로 어려움을 겪고 있음을 인식하는 경제학자는 나 말고도 많다는 것이다. 실제로 이런 오류는 대단히 보편적으로 발견되는 것이어서 이를 일컫는 공식적인 용어(매몰 비용 오류sunk cost fallacy)도 있으며, 경제학 입문서에서도 종종 그 개념을 다룬다. 하지만 이론적으로 그 개념을 이해하더라도 많은 사람이 매몰 비용을 무시하라는 조언을 따르기가 현실적으로 대단히 힘들다는 사실을 잘 알고 있다.

폭풍우를 뚫고 경기를 보러 가거나, 고통을 참아가며 테니스를 치는 것은 이콘이라면 절대 저지르지 않을 실수다. 당연하게도 그들은 매몰 비용을 중요하지 않은 요소로 취급한다. 매몰 비용은 오랫동안 SIF로 남아 있었다. 그러나 이 문제는 저녁을 먹거나 콘서트를 보러 가는 것에만 국한되지 않는다. 아직도 많은 사람은 미국이 그만두기에는 너무 많은 투자를 했기 때문에 베트남전에서 쉽게 빠져나올 수 없었던 것이라고 생각한다. 조직 행동 전문가 배리 스토Barry Staw는 그가 말한 '몰입 강화escalation of commitment'를 주제로 논문을 발표했으며, 포크 가수 피트 시거가 불렀던 반전 노래의 제목을 따서[22] 그 제목을 'Knee-Deep in the Big Muddy'라 붙였다.[39] 중요하지 않은 요소가 얼마든지 아주 중요한 게 될 수 있는 것이다.

매몰 비용이 중요한 이유는 무엇일까? 그리고 사람들은 왜 경기나 콘서트를 보러 가거나, 아무런 성과 없는 전쟁을 계속하는 것처럼 일련의 행동을 지속하는 것이 가치 있는 일이라 생각하는 걸까? 앞에서 살펴본 것처럼 거래 효용(혹은 비효용)이 발생하지 않는 가격 으로 제품을 구입할 때, 사람들은 그 가격을 손실이라고 생각하지 않는다. 돈은 이미 지불했고 그 제품에서 취득 효용의 기쁨을 얻을 수 있다. 이미 지불한 비용은 이후에 얻을 이익에 의해 상쇄될 것이 다. 하지만 티켓을 사놓고 경기를 보러 가지 못했을 경우 어떤 일이 벌어질까?

100달러짜리 티켓을 사고 그 콘서트에 가지 못한다면 100달러 를 잃은 것 같은 기분이 들 것이다. 회계적인 비유를 계속하자면 티 켓을 사고도 사용하지 못했다면, 자신의 머릿속에 들어 있는 장부 에 '손실'이라고 기입해야 할 것이다. 콘서트장에 가야만 손실 없이 그 계정을 청산할 수 있다.

이와 마찬가지로 이미 지불한 대상을 더 많이 사용할수록 우리 는 그 거래에 대해 좋은 느낌을 갖는다. 사고 실험 한 가지를 살펴 보자. 여러분은 지금 세일 중인 구두를 한 켤레 구매하려고 한다. 할인해도 비싸기는 하지만 거래 효용을 포기하기가 너무 아깝다. 하루는 그 구두를 신고 자랑스럽게 출근했는데, 점심때 보니 발뒤 꿈치가 까져 있었다. 결국 치료를 받고 나서 저녁에 다시 도전하지 만 통증은 여전하다. 여기에서 두 가지 질문이 있다. 그 구두가 계 속 불편하다고 할 때 여러분은 마지막으로 포기할 때까지 몇 번이 나 도전해볼 것인가? 그리고 결국 포기한 뒤에 구두를 쓰레기통에

---

22 그 노래 제목은 'Waist Deep in the Big Muddy'다. 노랫말은 무릎에서 시작해서 허리, 목으 로 올라가면서 상승의 개념을 생생하게 묘사한다.

버리거나 자선단체에 기부하기 전까지 얼마나 오랫동안 신발장에 보관할 생각인가? 여러분의 생각이 대부분의 사람들과 비슷하다면, 이 질문들에 대한 대답은 여러분이 신발에 지불한 금액에 달려 있을 것이다. 비싸면 비쌀수록 여러분은 포기하기까지 더 오랜 시간 고통을 견딜 것이며, 신발장에 더 오래 보관할 것이다.

헬스클럽에서도 똑같은 현상을 목격할 수 있다. 회원권을 결제해놓고 나가지 못할 때, 우리는 그 비용을 손실로 처리해야 할 것이다. 실제로 어떤 사람들은 운동에서 자기통제 문제를 해결하기 위해서 회원권을 끊기도 한다. 헬스장에 나가지 못해 회비를 낭비하고 있다는 사실에 언짢은 기분이 든다면[40] 그 회비는 스스로 나태함을 이겨내도록 두 가지 차원에서 도움을 줄 수 있다. 하나는 회비 생각이 계속 떠오른다는 것이고, 다른 하나는 헬스장에 가더라도 즉각적인 금전적 지출이 발생하지 않는다는 것이다.

마케팅 전문가 존 거빌John Gourville과 딜립 소먼Dilip Soman은 이런 사실을 입증하기 위해 헬스클럽을 무대로 멋진 실험을 했다. 그 헬스클럽은 회원들에게 1년에 2회 회비를 청구한다. 거빌과 소먼은 회비를 낸 다음 달에 출석이 갑자기 크게 늘었다가, 다음 회비를 낼 때까지 서서히 줄어든다는 사실을 발견했다. 두 사람은 이런 현상을 '지불 비용 감소payment depreciation'라고 불렀다.[41] 이는 매몰 비용의 효과가 서서히 옅어진다는 사실을 의미한다.

오하이오주립대학교의 심리학자 할 아크스Hal Arkes 역시 대학원생 캐서린 블러머Catherine Blumer와 함께했던 훌륭한 실험을 통해 이와 비슷한 결과를 확인했다. 두 사람은 캠퍼스 내 공연업체에서 판매하는 시즌 티켓을 사기 위해 줄을 섰던 학생들을 대상으로, 기존 구매 가격에서 무작위로 적거나 많은 할인을 받도록 했다. 이 실험의 설계에서 중요한 특징은 학생들은 원래 정상 가격으로 구매할 것으로 생각했고, 그랬기 때문에 두 사람은 할인을 받은 학생들 역시 정상 가격을 지불한 학생들과 똑같이 그 티켓의 가치를 평가하리라고 가정할 수 있었다는 것이다.

실험 결과, 아크스와 블러머는 매몰 비용이 중요하게 작용하기는 했지만 그 기간이 한 학기에 불과했다는 사실을 발견했다. 정상가를 지불한 학생들은 가을 학기에 더 많은 공연을 보러 갔지만, 이듬해 봄이 되자 참석 횟수는 세 그룹 모두에 걸쳐 동일하게 나타났다. 학생들이 돈의 가치를 느낄 만큼 공연을 본 게 아니라면, 그들은 원래 구매가를 완전히 잊어버린 것이다. 즉 매몰 비용은 일정 기간 중요한 요소로 작용하기는 하지만, 결국 기억에서 완전히 사라질 수 있다는 말이다.[42]

—

어떤 상황에서는 매몰 비용과 기회비용이 얽혀서 나타나기도 한다. 나는 심리학자 엘다 샤퍼와 함께 이런 상황을 연구할 기회가 있었다. 나는 샤퍼가 1988~1989년에 스탠퍼드대학교에서 아모스와 함께 박사 후 과정을 밟을 때 만났다. 경제학자들과 장기간 협력하기 위해 필요한 충분한 인내심을 발휘한 몇 안 되는 심리학자 중 하나였던 샤퍼는 특히 행동경제학 분야에 중대한 공헌을 했다.

이 프로젝트는 우리가 우연히 공항에서 똑같은 항공편을 예약했다는 사실을 알게 된 순간부터 시작되었다. 그때 나는 좌석 등급을 무료로 업그레이드할 수 있는 쿠폰을 2장 갖고 있었다. 당시만 하더라도 비행기를 자주 이용하는 승객들은 이런 쿠폰을 받을 수 있었는데, 35달러를 내고 쿠폰을 살 수도 있었다. 그 공항에서 우연히 샤퍼와 마주쳤을 때, 1장은 이미 내 좌석을 업그레이드하기 위해 사용한 터였다. 그래서 나머지 1장을 써서 나란히 앉자고 제안했다. 확인해보니 업그레이드가 가능하다고 해서 샤퍼에게 그 쿠폰을 선물로 주겠다고 했다.

하지만 샤퍼는 거절했고, 자신이 비용을 부담하겠다며 쿠폰 가격을 물었다. 나는 쿠폰 가격이 상황에 따라 다르다고 했다. 어떨 때는 공짜고 또 어떨 때는 35달러였다. 그러자 그는 내게 그 쿠폰이 어떤 종류의 쿠폰이냐고 물었다. 나는 이렇게 대답했다.

"그게 무슨 차이가 있죠? 이제 쿠폰을 다 썼고 몇 장을 더 살 거예요. 그러니 이게 어떤 종류의 쿠폰인지는 중요하지 않아요."

그러자 그는 다시 이렇게 말했다.

"그럴 순 없죠! 공짜라면 그냥 받겠지만 35달러짜리라면 그 돈을 드릴게요."

집으로 돌아오는 비행기 안에서 우리는 계속 그 이야기를 나누었고, 그때 벌인 논쟁은 결국 흥미로운 논문으로 이어졌다.

한 가지 질문을 던져보자. 지난 구매의 기억은 얼마나 오래갈까? 이 논문은 업그레이드 쿠폰 사건과 고급 와인을 많이 갖고 있으며, 100달러에 그 와인을 사지도 팔지도 않을 내 목록 속 로젯 교수에게 영감을 얻었다. 우리는 아주 자연스럽게 '유동 자산Liquid Assets'이라는 와인 경매 가격에 관한 뉴스레터를 받아보는 가입자들을 대상으로 연구를 시작하기로 했다. 프린스턴의 경제학자이자 와인 마니아 올레이 애셴펠터^{Orley Ashenfelter}가 그 뉴스레터를 쓰고 있었고,[23] 그 가입자들은 대부분 열렬한 와인 애호가이자 소비자였다. 그래서 그들 모두는 빈티지 와인이 활발하게 거래되는 경매 시장이 존재했다는(그리고 여전히 존재하고 있다는) 사실을 잘 알고 있었다. 올레이는 뉴스레터에 우리가 설문 조사를 할 수 있도록 허락해주었다.[43] 그 대신 우리는 뉴스레터 가입자들과 설문 조사 결과를 공유할 것을 약속했다. 우리는 이렇게 물었다.

여러분은 선물 시장에서 한 병에 20달러의 조건으로 고급 보르도 와인을 한 상자(12병) 구입했습니다. 현재 그 와인은 경매 시장에서 75달러 정도에 팔리고 있습니다. 이제 여러분은 그중 한 병을 꺼내 마실 예정입니다. 다음 보기 중 와인 한 병을 마실 때 여러분이 받을 느낌을 가장 잘 설명하는 것은 무엇입니까?

(괄호 안 수치는 해당 항목을 선택한 응답자의 비중이다)

a. 0달러, 이미 돈을 지불했다. (30퍼센트)

b. 20달러, 내가 구입한 가격. (18퍼센트)

c. 20달러, 더하기 이자. (7퍼센트)

d. 75달러, 팔았을 때 받을 수 있는 금액. (20퍼센트)

e -55달러, 75달러짜리 와인을 20달러에 마시기 때문에 마실 때마다 그만큼 돈을 버는 것이다. (25퍼센트)

---

23 애셴펠터는 그가 미국경제학회 편집자로 있던 기간을 포함해 오래전부터 나의 든든한 지지자이자 잘못된 행동을 탐구하는 동반자였다. 그럼에도 지금까지 올레이는 내가 하고 있는 연구를 대단히 익살맞게 '와코노믹스wackonomics'라는 용어로 부른다.

사실 e는 아무도 선택하지 않을 것이라 생각하고 그냥 재미로 집어넣은 것이다. 우리는 고급 와인을 마시는 것을 돈을 절약하는 행동으로 생각할 만큼 심리 계좌를 철저하게 사용하는 사람이 정말 있을까 궁금했다. 하지만 의외로 많은 사람이 e를 진지하게 선택했고, 전체 응답자 중 절반 이상이 와인을 마시는 것을 공짜거나, 돈을 아끼는 행동이라 답했다. 물론 경제학 이론이 제시하는 정답은 d다. 와인을 마시는 데 따른 기회비용은 이를 판매할 때 받을 수 있는 가격이기 때문이다. 이론이라면 모두 d를 골랐을 것이며, 실제로 설문 조사에 응한 많은 경제학자들은 이 답을 선택했다. 사실 응답자 대부분이 경제학자였다. 설문 조사를 익명의 방식으로 실시하지 않았기 때문에 나는 그 사실을 쉽게 알 수 있었다. 우리는 설문에 응한 사람들을 대상으로 추첨해서 보르도 와인을 선물로 줄 것이라고 했고, 여기에 응모하기 위해 응답자들은 자신의 이름과 주소를 함께 적어내야 했다.[24]

이 질문을 살짝만 수정하면, 대부분의 사람들이 경제학자처럼 대답하도록 만들 수 있다. 이제는 와인을 마시는 것이 아니라, 실수로 떨어뜨려 와인 병이 깨졌을 때 어떤 느낌이 들지 물어보는 것이다. 이런 경우 대다수의 응답자는 팔아서 받을 수 있는 금액인 75달러를 잃은 듯한 느낌이 든다고 대답했다.

24　이 실험에 대한 재미있는 일화가 하나 더 있다. 추첨을 통해 75달러짜리 와인을 선물하는 방법으로 우리는 상대적으로 부유한 응답자 집단에서 178건의 답변을 받을 수 있었다. 즉 설문 조사 1건에 42센트밖에 들지 않았다는 말이다. 게다가 응답자들은 스스로 우편 요금까지 지불했다. 사람들이 어떤 행동을 하도록 유도하고자 할 때, 경품은 대단히 효과적인 동기부여 수단이 될 수 있다.

설문지 회신 주소지는 별다를 것 없이 평범했기 때문에 응답자들은 샤퍼와 내가 이 설문 조사에 관련되었을 거라고 생각하지는 못했을 것이다. 그리고 그중 많은 사람이 자발적으로 그들 자신의 대답에 대해 설명을 늘어놓았다. 한 퇴역 엔지니어는 이렇게 썼다.

"감정을 배제한다면, 의사 결정에서 중요한 것은 대체 원가replacement cost라는 사실을 이해할 수 있다. 그렇다 하더라도 1989년, 1990년 선물 가격이 올라서 그중 절반을 팔고 나머지를 기쁜 마음으로 공짜로 마실 수 있다면 더없이 좋을 것이다."

그가 무슨 이야기를 하는지 짐작하겠는가? 와인 값이 2배로 오르면 절반을 팔고 나머지를 '공짜로' 마실 수 있다는 말이다. 기발하다! 그렇게 생각한다면, 그가 마시는 와인은 그에게 상당한 거래 효용을 제공한다.

다음으로 또 하나의 설명은 시카고대학교의 유명한 회계학 교수 로먼 웨일Roman Weil에게서 들을 수 있었다. 같은 학교 동료로 함께 친분을 쌓았던 웨일은 내가 알고 있는 사람 중 가장 이콘에 가까운 인물이다.

"정답이 없어요. 내가 생각하는 손실은 75달러에서 와인 판매에 들어가는 거래 비용(15달러 정도)을 제한 금액이 되겠군요. 그렇다면 와인 한 병에 60달러 정도 손실이 발생하는 셈이고요. 나는 평생 재고에서 와인을 충분히 갖고 있기 때문에 순 실현 가능 가치net realizable value는 정확합니다. 평생 재고가 충분치 않다면, 대체 원가 75달러에 수수료, 그리고 배송비까지 하면 약 90달러가 되는군요. 또 이득에 대한 과세도 고려하지 않았네요. 여기선 면세 자본 이득이 있죠. 세율을 40퍼센트로 적용하면…."

다시 설문 결과로 돌아가서, 절반 이상의 응답자가 75달러짜리 와인을 마시는 것이 아무런 비용도 들지 않거나, 돈을 절약하는 것이라고 답했다. 이런 사실은 또 다른 질문을 제기한다. 와인을 마실 때 공짜라고 생각한다면, 와인을 살 때는 어떻게 느낄까? 그다음 해에 우리는 새로운 설문지를 들고 올레이의 가입자들을 다시 찾았다. 그리고 이번에는 이렇게 물었다.

여러분은 선물 시장에서 보르도 와인 한 상자를 400달러에 샀다. 그 와인의 소매가는 출하될 시점에 한 상자에 500달러 정도일 것이다. 10년 동안 그 와인을 마실 생각은 없다. 그렇다면 와인을 구매한 시점에서 여러분의 느낌을 가장 정확하게 묘사하는 것은 무엇인가? 각각의 항목에서 해당하는 번호에 동그라미를 쳐 보자.

(a) 주말여행 동안 400달러를 쓴 경우처럼 400달러를 소비했다는 느낌이 든다.

1 ······· 2 ······ 3 ······ 4 ······ 5

완전히 그렇다　　　　　　　전혀 그렇지 않다　　　평균 3.31

(b) 앞으로 오랫동안 와인을 즐기기 위해 400달러를 투자한 느낌이다.

1 ······· 2 ······ 3 ······ 4 ······ 5

완전히 그렇다　　　　　　　전혀 그렇지 않다　　　평균 1.94

(c) 선물 가격과 와인 출시 가격의 차이에 해당하는 100달러를 절약한 느낌이다.

1 ······· 2 ······ 3 ······ 4 ······ 5

완전히 그렇다　　　　　　　전혀 그렇지 않다　　　평균 2.88

10년 동안 보관해둘 와인을 구매한 경우에 대해 가장 많이 동의한 대답은 소비를 일종의 투자라고 생각한다는 것이다. 두 번째로 많은 것은 돈을 절약했다는 것이다. 그리고 지출이라는 생각은 제일 적었다. 경제 이론은 우리에게 무엇이 정답이라고 말해주지는 않지만, 이 결과를 이전의 결과와 종합했을 때 사람들의 생각에 일관성이 없음을 확인할 수 있다. 와인을 구매하는 것이 '투자'이며 나중에 와인을 꺼내 마실 때 그게 공짜거나 심지어 절약이라는 것은 분명 올바른 생각이 아니다. 비싼 와인을 마시는 습관을 오래 유지하려면, 분명하게도 어떤 시점에서 지출이 이루어져야 한다.

이런 생각과 관련해 샤퍼와 나는 함께 논문을 발표했고, 우리의 발견은 그 제목에 잘 담겨 있다.

'지금 투자하고, 나중에 마시고, 지출은 없다Invest Now, Drink Later, Spend Never.'

이런 사고방식은 와인을 즐기는 과정에서 지출을 제거한다는 점에서 와인업체에는 대단히 좋은 소식이며, 활용하기 좋은 속임수다. 휴가 기간에 시설을 공동으로 사용하는 제도 역시 이런 생각을 비슷하게 활용한 것이다. 가령 1만 달러의 돈을 '투자'하면 영원토록, 혹은 적어도 그 시설이 무너지거나 기업이 파산할 때까지 일주일간 무료로 해당 시설을 이용할 수 있다. 여기에서 심리 계좌는 이런 식으로 작동한다. 초기 불입액은 투자(소비가 아니라)이며, 연간 '유지비'를 내는 것은 귀찮긴 하지만 앞으로 그 시설에서 보내는 휴가는 모두 '공짜'다. 그런 투자가 회원 가구에 유리한 것인지는 부분적으로 그 가구가 휴가에 돈을 지출하는 비용이 얼마나 부담스러운 것인지에 달려 있다. 그러나 우리는 여기에서 그런 투자의 실체를 바라보아야 한다. 그것은 휴가 비용을 숨기기 위한 한 가지 방법에 불과하다.

앞 장에서 언급한 할인 유통업체 코스트코 또한 이런 형태의 전략을 활용한다. 코스트코에서 쇼핑하기 위해서 소비자는 '회원'이 되어야 하는데, 그러기 위해서는 현재 가구당 매년 55달러를 내야 한다. 코스트코 회원들은 연회비를 일종의 '투자'라 생각하며, 한 해 동안 그들이 하는 모든 구매에 걸쳐 그 비용을 할당하려고 하지는 않는 듯 보인다. 대신 이는 매몰 비용처럼 기능하면서 코스트코에서 쇼핑해야 할 또 다른 이유가 된다. 마찬가지로 아마존의 '프라임 회원'이 되기 위해서 소비자는 1년에 99달러를 내야 하고, 프라임 회원이 되면 무료 배송 서비스를 누릴 수 있다. 다시 한번, 그 회원들은 멤버십 비용을 그들의 구매 비용에 '포함'되지 않는 투자로 바라본다.

—

두 가지를 고백할 시간이 왔다. 대부분의 경우 나는 이콘의 사고방식을 지지하지만, 사실 심리 계좌와 관련해서는 지극히 인간적인 면모를 드러낸다. 일반적으로 나는 매몰 비용에 거의 신경 쓰지 않는데, 특히 매몰 비용이 그 특성상 전적으로 금전적인 것일 때 더욱 그렇다. 하지만 많은 이들과 마찬가지로 어떤 연구 프로젝트에 많은 노력을 쏟아붓고 나면, 포기하는 것이 가장 현명한 선택일 때조차 좀처럼 쉽게 손을 놓지 못한다. 예를 들어 이 책의 초고를 쓰기 위한 내 전략은 특정한 문구나 단락의 완벽성에 신경 쓰지 않고 계속해서 글을 써나가는 것이었다.

이런 전략으로 초고를 완성하기는 했지만, 그건 너무 긴 과정이었다. 그중에서 많은 부분을 삭제해야 했고, 어떤 부분을 들어내야 할지에 대해 초고를 읽은 동료나 편집자의 조언에도 신경 써야 했다. 아주 많은 사람이 언급했던, 특히 윌리엄 폴크너William Faulkner가 강조한 조언은 "작가는 사랑하는 자식을 떠나보낼 줄 알아야 한다"44)는 것이었다. 그토록 많은 사람들이 이 말을 언급했다는 것은 작가들이 그만큼 지키기 어려운 것이라는 증거일 것이다.

교정 단계로 접어들면서 나는 초고에서 무참하게 들어내야 했던 '삭제된 부분'을 모아두기로 했다. 내 계획은 이 책의 웹사이트에 화려하면서도 장황한 내 소중한 이야기들을 올려두는 것이었다. 그 분량이 얼마나 될지 알 수 없었지만 그 계획의 장점은 별로 중요하지 않은 일이라는 것이다. 컴퓨터에 '삭제된 부분'이라는 이름의 폴더로 그런 글들을 저장한다는 것만으로도 사랑하는 자식을 떠나보내는 고통을, 그리고 마치 내 발에 맞지 않는 값비싼 신발을 신고 있는 것 같은 고통을 완화할 수 있었다. 더 중요한 교훈은 일단 행동 문제를 이해하면, 그에 대한 행동 해결책을 떠올릴 수 있다는 것이다. 심리 계좌는 항상 바보들의 놀이인 것만은 아니다.

다음으로 두 번째 고백은 와인에 대한 것이다. 지금쯤 여러분도 눈치챘겠지만 이는 내 약점 중 한 가지다. 나는 기회비용 개념을 완전히 이해하지만, 그럼에도 우리 설문 조사에 응답한 사람들이 명백하게 보여준 것과 똑같은 사고방식의 희생자로 종종 전락하고 만다. 몇 년 동안 어렵게 아껴둔 빈티지 와인을 꺼냈을 때, 나는 그걸 경매 시장에 팔았을 때 얻을 수 있는 돈 따위는 생각하지 않는다. 그게 얼마인지 알고 싶지도 않다. 결국 로젯 교수와 다를 바 없다. 30년 묵은 와인을 돈 주고 살 생각은 전혀 없지만, 특별한 날에 종종 기쁜 마음으로 와인을 한 병씩 꺼내 마시고 있다. 그러니 부디 나를 인간으로 봐주길 바란다.

9

돈에는 꼬리표가
붙어 있지 않다
— 예산과 심리 계좌

가정에서 어떻게 재정을 관리하는지 알아보기 위해 나눈 면담에서 우리는 많은 가구, 그리고 특히 예산이 빠듯한 가구가 구체적인 예산 규칙을 활용한다는 사실을 발견했다. 대부분의 거래가 현금으로 이루어지던 시절에(신용카드는 1970년대 후반에야 모습을 드러냈다) 많은 가구가 봉투 시스템을 활용했다. 집세, 식료품 구입비, 그리고 각종 요금을 납부할 돈을 각각의 봉투(혹은 유리병)에 넣어서 관리하는 방식이었다. 대부분의 경우 이런 방식은 부모에게 배운 것이었다.

기업 역시 비슷한 방식으로 돈을 관리한다. 각 부서는 전체 예산을 할당받고, 그 범위 안에서 세부 예산을 편성한다. 그런데 이런 예산 편성 방식은 경제학의 또 하나의 첫 번째 원칙을 위반하는 것이다. 그것은 돈은 '대체 가능한' 수단이라는 것으로, 이는 돈에는 사용 범위를 제한하는 꼬리표 같은 것이 붙지 않는다는 것이다. 경제학 원칙 대부분이 그러하듯, 이 원칙 또한 강력한 논리에 근거를 둔다. 그것은 가령 겨울이 별로 춥지 않아서 관리비 예산이 남았다면, 당연하게도 그 돈으로 아이들 신발을 사줄 수 있다는 것이다.

예산의 존재 근거는 합리적이고 이해 가능하다. 기업의 사장은 조직 전반에서 일어나는 모든 지출을 일일이 승인하길 원치 않는다. 이런 점에서 예산은 적절한 판단에 따라 지출을 결정할 수 있는 재량권을 직원들에게 부여함으로써 조직의 지출을 관리하는 직접적인 방식으로 기능한다. 그러나 때로 이런 예산 원칙은 어리석은 결과로 이어지기도 한다. 거대 조직에서 일하는 사람들은 예산이 부족해 긴급한 사안을 해결하지 못하는 상황에 처하곤 한다. 그렇다고 해서 다른 예산 항목에서 잠자고 있는 돈을 마음대로 꺼내 쓸수 없다. 사람들은 조직이나 가구의 이해관계에 최대한 이익이 되는 방향으로 돈을 쓰고자 한다. 하지만 그런 이해관계가 변화할 때, 우리는 기존의 유리병에 붙어 있던 이름표를 모두 무시해야 한다. 그러나 사람들은 그렇게 하지 않는다. 그 이름표들은 일종의 SIF인 셈이다.

다양한 개인과 가구는 서로 다른 예산 원칙을 세워두고 있지만, 사실 아주 비슷한 방식으로 지출을 한다. 예산 원칙의 엄격성은 대부분 예산에 얼마나 여유가 있는지에 좌우된다. 심리학자 칩 히스Chip Heath와 잭 솔Jack Soll은 연구를 통해 대부분의 MBA 학생들이 식품 및 여가 활동 비용은 주 단위로, 옷 구매 비용은 월 단위로 관리한다는 사실을 발견했다.[45] 그러나 그들이 졸업을 하고 돈을 벌 때, 이런 예산 관리는 좀 더 유연해졌다.

대학원에서 공부하는 동안, 그들의 예산 원칙과 이에 따른 대체 가능성 위반은 그들의 행동에 상당한 영향을 미쳤다. 히스와 솔은 이들을 두 집단으로 구분하고, 주말에 상연하는 연극 티켓을 구매할 생각이 있는지 물었다. 여기에서 한 그룹에는 주중에 먼저 농구 경기를 보러 가기 위해 50달러를 썼다는 이야기를 들려주었고(동일 예산 항목), 다른 그룹에는 주중에 주차 위반으로 50달러를 냈다는 이야기를 들려주었다(다른 예산 항목). 그 결과, 농구 경기에 돈을 썼다는 이야기를 들은 그룹에서는 훨씬 더 적은 학생이 연극 티켓을 사겠다고 대답했다. 그 이유는 아마도 일주일 동안 할당해두었던 여가 예산을 이미 써버렸다고 생각했기 때문일 것이다.

경제학자 저스틴 해스팅스Justine Hastings와 제시 셔피로Jesse Shapiro 는 지금까지 심리적 예산 편성의 영향력에 대한 가장 분명한 연구 결과를 보여주었다.[46] 이 연구에서 해스팅스와 셔피로가 주목한 것은 휘발유 가격이 변동될 때 일반 휘발유와 고급 휘발유의 선택에서 드러나는 현상이었다. 미국에서 휘발유는 일반적으로 옥탄가를 기준으로 일반, 중급, 고급 등 세 가지 등급으로 판매된다. 고급 휘발유가 정말 필요한지에 대한 의문은 여전히 남아 있지만, 특정 자동차 브랜드들은 고급 휘발유를 추천하며 일부 소비자는 엔진에 좋을 것이라는 막연한 기대감으로 고급 휘발유를 넣는다. 2008년 휘발유 가격이 갤런당 약 4달러에서 2달러 이하로 거의 50퍼센트가량 떨어졌을 때, 두 사람은 고급 휘발유 매출 추이를 살펴보기로 하고 휘발유를 판매하는 식품 유통 체인에서 소비자 구매 정보를 확인했다.

이콘이라면 이런 상황에서 어떻게 행동할까? 일반 등급의 휘발유 가격이 4달러인 경우 일주일에 80달러를 주유비로 쓰는 가구가 있다고 해보자. 6개월 뒤 휘발유 가격이 2달러로 떨어졌고, 이에 따라 그 가구의 휘발유 지출은 일주일에 40달러로 낮아졌다. 여기에서 이콘이라면 이런 식으로 생각했을 것이다. 첫째, 휘발유에 지출하는 비용이 줄어들었으니 여행을 더 많이 다닐 수 있게 되었다. 둘째, 일주일에 40달러에 달하는 돈을 아낄 수 있으니, 저녁 외출이나 고급 맥주 등 가족이 좋아하는 것에 더 많이 지출할 수 있다. 이처럼 이콘은 추가 소득에 해당하는 40달러를 가족의 효용을 극대화하는 방식으로 사용할 것이다. 물론 고급 휘발유를 넣기 위해 돈을 쓸 수도 있겠지만, 아주 적은 금액에 불과할 것이다.

평균적으로 가구 소득이 1년에 1,000달러 증가할 때, 일반이 아닌 상위 등급의 휘발유를 선택하는 경향은 겨우 0.1퍼센트 정도밖에 증가하지 않는다. 마찬가지로 이콘은 1년에 한 번 정도 중간 등급의 휘발유를 넣고, 나머지 추가 소득은 좀 더 가치 있는 다른 일에 쓸 것이다.

다음으로 부엌에 놓아둔 유리병에 휘발유 예산을 넣어둔 가구에 대해 생각해보자. 이들 역시 이콘처럼 자동차 여행에 더 많은 돈을 쓰겠지만, 동시에 휘발유 가격이 크게 떨어졌으니 고급 휘발유를 넣어보는 것도 좋겠다고 생각할 것이다. 이런 사실은 해스팅스와 셔피로의 연구를 통해 확인되었다. 이들이 등급이 더 높은 휘발유를 선택한 경향은, 돈을 대체 가능한 것으로 생각하는 경우에 기대할 수 있는 수준보다 14배나 높게 나타났다. 이런 현상은 심리 계좌로 설명하는 접근 방식을 뒷받침해준다. 두 사람은 식품 유통 체인에서 판매하는 우유와 오렌지 주스에 대해서는 등급을 높이려는 경향이 나타나지 않았다는 사실을 확인했다. 그 기간이 휘발유 가격의 급락을 초래한 2007년 금융 위기가 발발한 시점이라는 점에서 이는 그다지 놀라운 사실이 아니다.

이처럼 미래가 암울한 시기에 대부분의 가구는 지출을 최대한 줄이려고 노력한다. 하지만 휘발유 등급을 높이기 위한 낭비만큼은 예외적인 현상으로 나타났다.

—

재산 역시 종종 다양한 심리 계좌로 구분된다. 그 수직 계층의 맨 아래에는 지출하기 가장 쉬운 형태의 재산인 현금이 있다. 옛말에도 있듯, 주머니 속의 돈은 금방 사라지고 손안의 현금은 오래 머무르지 않는다. 그나마 당좌예금에 들어 있는 돈은 현금보다는 낫다. 그리고 그 계정에 '저축'이라는 이름이 붙으면 사람들은 좀처럼 꺼내 쓰려 하지 않는다.

이런 접근 방식은 높은 이자율로 돈을 빌리는 동시에 낮은 이자율로 저축을 하는 기이한 행태로 나타나기도 한다. 가령 이자가 0에 가까운 저축예금은 그대로 둔 채 연 이자율이 20퍼센트가 넘는 신용카드 지불 유예 서비스를 이용한다. 여기에서 금융적으로 바람직한 방법은 예금에서 돈을 인출해 부채를 갚는 것이다. 하지만 사람들은 예금계좌에서 '빌린' 돈을 즉각 갚지 못하면 더 큰 피해로 되돌아올 것이라 걱정한다.

가장 신성한 계좌는 퇴직연금이나 자녀교육예금 등 일반적으로 미래 지출을 위한 장기성 저축예금이다. 일부 사람들은 401(k) 플랜 같은 퇴직연금에서 돈을 빌리지만, 일반적으로 이런 부채는 상대적으로 규모가 작고 몇 년 안에 상환이 이루어진다. 퇴직연금에서 대출받는 것보다 더 위험한 일은 직장을 옮기는 과정에서 나타난다. 직장인들은 이직할 때 그들의 퇴직 계좌를 현금으로 받으라는 제안을 종종 받는다. 이런 지급에는 세금이 부과되고 10퍼센트 추가 세금이 징수됨에도 많은 직장인은 잔고가 많지 않을 때 쉽게 현금으로 수령한다. 이런 문제는 가능한 한 간편하게, 그리고 가급적이면 기본 설정 방식으로 또 다른 퇴직 계좌로 전환할 수 있도록 함으로써 해결할 수 있으며 그렇게 해야 한다.

주택 자산 역시 흥미로운 사례를 보여준다. 수십 년 동안 사람들은 자신들의 주택 자산을 퇴직연금으로 생각했다. 그건 신성한 자산이었다. 실제로 우리 부모님 세대는 주택 담보대출을 가능한 한 빨리 상환하기 위해 노력했고, 1980년대 말에 60세가 넘은 사람들은 대출금의 전부, 혹은 대부분을 갚은 상태였다.

그러나 사람들의 이런 태도는 부분적으로 레이건 정부의 세제 개혁에 따른 부작용으로 점차 변화하기 시작했다. 세제 개혁 이전에 자동차 대출 및 신용카드 서비스를 포함해 이자 상환에 필요한 모든 지출은 세금 공제를 받았다. 하지만 1986년 이후, 오직 주택 담보 대출만 공제받았다. 그러자 은행들은 대출자가 세금 공제 혜택을 받을 수 있도록 이차 주택 담보 대출 상품을 개발했다. 이런 상품을 이용하면 세금 공제 혜택을 받을 수 있을 뿐 아니라 이자율도 더 낮았기 때문에 자동차를 살 때도 자동차 대출이 아닌 주택 담보대출을 받는 것이 훨씬 더 유리했다.

이러한 변화로 주택 자산이 신성불가침이라는 사회적 표준은 점점 허물어지기 시작했고, 결국 장기적인 금리 하락, 주택 담보대출 중개인의 출현으로 완전히 붕괴되고 말았다. 지난 30년 동안에 미국 금리는 두 자리에서 실질적인 0퍼센트까지 떨어졌다(인플레이션까지 감안한다면 마이너스다). 이런 상황에서 대출 중개인이 등장하면서 "너희의 대출금을 갚을지니라"라는 열한 번째 계명은 외면받았다. 대출은 가능한 한 빨리 갚아야 한다는 사회적 표준이 허물어지는 과정에서 중개인이 수행한 역할은 대출을 좀 더 전환하기 쉬운 형태로 바꾸는 것이었다.

컴퓨터에 관련 정보를 가득 저장해놓고 있던 중개인들은 금리가 떨어지면서 "담보대출 납입금을 줄이고 싶으세요?"라고 사람들에게 제안할 다양한 기회를 발견하게 됐다. 주택 시장에 거품이 일고 가격이 상승하면서 주택 소유자들은 대출 납입금을 더 낮추라는 제안을 받아들였고, 여유 자금이 생기면서 남겨두었던 지하실 공사를 마무리하고 거실에 대형 TV를 들여놓았다.

바로 이 시점부터 주택 자산은 더 이상 '안전한' 심리 계좌가 아니었다. 가장의 나이가 75세가 넘은 가구까지 담보대출을 받았다는 사실은 이런 변화를 단적으로 보여주었다. 1989년에는 가구 중 5.8퍼센트만이 주택 담보대출을 받았다. 그러나 2010년에 이르러 그 비중이 21.2퍼센트로 증가했다. 주택 담보대출을 받은 가구의 경우 같은 기간 동안 대출금의 중간값 역시 3만 5,000달러에서 8만 2,000달러로 증가했다(2010년 가치 기준). 2000년대 초반에 주택 시장의 거품이 치솟는 동안, 주택 소유자들은 마치 복권에 당첨된 것처럼 주택 자산에서 얻은 이익을 마구 써버렸다.

경제학자 아티프 미안Atif Mian과 아미르 수피Amir Sufi가 그들의 책

『빚으로 지은 집House of Debt』[47])에서 소상히 밝혔듯, 2000년에 이르 기까지 주택 자산의 증가는 소비, 특히 내구재에 대한 소비를 촉진 하는 강력한 원동력으로 작용했다. 예를 들어 주택 가격이 크게 치 솟은 지역을 중심으로 주택 소유자들은 주택 가격이 상승함에 따라 추가 대출을 받고 금융 상품을 활용해 새 차를 구입하면서 자동차 매출 또한 동반 상승했다.

하지만 주택 가격이 하락하면서 정반대 흐름이 나타났다. 상환 하지 못한 담보대출이 주택 가격을 초과하면서 주택의 자산 가치가 마이너스로 떨어졌다. 금융 상품을 통해 자동차를 구입하는 길이 막혔고, 이로 인해 자동차 매출은 주택 가격과 동반 하락했다. 이런 과정은 2000~2001년 일어난 IT 거품 폭발이 주택 시장의 거품 폭 발만큼 치명적인 경기 침체를 불러오지 않은 이유를 설명해준다. 당시 부자가 아닌 가구 대부분이 퇴직연금 계좌를 주식 형태로 관 리했고, 특히 계정 잔액이 적지 않은 사람들은 자신들의 돈을 지키 기 상당히 어려웠다. 이 말은 곧 주식 시장 하락이 주택 시장 하락 만큼 소비에 큰 영향을 미치지는 않았다는 뜻이다.

은퇴하기 전에 담보대출을 상환해야 한다는 표준이 다시 떠오 를 것인지는 앞으로 지켜봐야 할 것이다. 장기적 차원에서 금리 인 상이 예상된다면, 이자율 상승으로 대출 전환의 매력이 떨어지면 서 담보대출을 가능한 한 빨리 상환해야 한다는 인식이 다시 주를 이룰 것이다. 그렇지 않다면 주택 자산은 밑 빠진 독으로 남아 있을 것이다.

심리 계좌의 다른 측면과 마찬가지로, 예산을 대체 불가능한 형 태로 세우는 일이 전적으로 어리석은 짓이라고는 할 수 없다. 유리병이든, 봉투든, 아니면 첨단 금융 앱이든, 재정 계획 수립에 진지한 가구는 이런 도구의 도움을 얻을 수 있을 것이다. 이 말은 규모와 상관없이 기업에도 똑같이 해당된다. 하지만 이런 접근 방식은 경기 침체기에 휘발유 등급을 높이는 것처럼 때로 좋지 않은 의사 결정으로 이어질 수도 있다.

10

평범한 사람이
막판에 극단적인
투자를 하는 심리
— 포커 게임과 하우스 머니 효과

코넬대학교에 머물 당시 나는 경제학과 동료 교수들과 재미 삼아 포커를 치곤 했다. 하룻저녁에 한 사람이 50달러 넘게 따거나 잃는 경우는 거의 없었지만[25] 나는 몇몇 사람들, 특히 그 게임 결과를 배우자에게 이야기하는 사람들은 따거나 잃었을 때 행동에 변화를 보인다는 사실을 발견했다. 재산에 비해 아주 사소한 돈으로 게임을 즐기는 사람들이라면, 그들이 받은 패에 따라 행동 방식이 바뀌는 일은 없어야 할 것이다.

포커 판에서 50달러를 잃은 사람과 50센트가 떨어진 주식을 100주 보유한 사람의 경우를 비교해보자. 두 사람 모두 얼마 되지 않

---

25 그때만 하더라도 포커 게임에서 유행하던 내기 방식에 영향을 받아 승자가 판돈을 싹쓸이하는 일은 없었다.

은 돈을 잃었지만, 어떤 손실은 행동에 영향을 미치고 다른 손실은 그렇지 않다. 만약 여러분이 포커 판에서 돈을 잃었다면, 그 손실은 아마도 게임을 하는 동안 여러분의 행동에 영향을 미칠 것이다.

대니와 아모스는 특정 심리 계좌에서 '손실'을 입은 경우 전망 이론만으로는 설명하기 쉽지 않다는 사실을 잘 알고 있었다. 두 사람은 원래 논문에서 경마장에서 확인할 수 있는 유사한 사례를 언급했다. 경마장은 사람들이 배팅한 전체 금액 중 약 17퍼센트를 가져가기 때문에 내기를 건 사람들은 전체적으로 매 경기에서 17퍼센트의 돈을 날리게 된다. 그래서 그날의 마지막 경주가 시작될 무렵, 많은 사람은 그들의 내기 심리 계좌에서 적자를 기록하고 있다. 이런 상황이 사람들의 마지막 내기에 어떤 영향을 미칠까? 규범적 예측을 하는 사람들은 "영향을 거의 미치지 않을 것이다"라고 말할 것이다.

포커 게임 사례와 마찬가지로, 경마에 내기를 건 사람들은 퇴직 연금 계좌에서 발생한 손실보다 경마에서 입은 사소한 100달러 손실에 더 많이 가슴 아파 하지 말아야 한다. 그러나 대니와 아모스가 인용한 연구 결과에 따르면, 롱샷long shot(우승 가능성이 거의 없는 말)에 대한 배당률은 특히 마지막 경주에서 크게 떨어진다.[48] 다시 말해 마지막 경주에서 더 많은 사람이 이길 가능성이 가장 낮은 말에 배팅한다.

대니와 아모스는 사람들이 손실 상황에서 위험을 추구하는 성향이 있다는 전망 이론을 기반으로 이런 현상을 설명한다. 4장에서 살펴본 것처럼 확실하게 100달러를 잃을지, 아니면 50퍼센트 확률로 200달러를 잃고 50퍼센트 확률로 하나도 잃지 않을 내기를 할지 물어볼 때, 대부분의 사람은 내기를 선택한다. 이런 결과는 확실하게 100달러를 얻을 것인지, 아니면 50대 50으로 200달러를 얻거나 하나도 얻지 못하는 내기를 할지 물어보았을 때, 대부분이 확실한 이익을 선택한 것과 완전히 상반된 현상이다.

돈을 잃었을 때 나의 포커 동료들이 게임하는 모습을 관찰했을 때, 나는 대니와 아모스의 설명만으로는 그들의 행동을 완벽하게 이해할 수 없음을 깨달았다. 내가 경마에서 100달러를 잃고, 경마 계좌를 적자로 마무리 짓지 않기 위해 본전을 찾으려 한다고 해보자. 이를 위해 나는 50대 1의 확률로 롱샷에 2달러를 건다. 하지만 사실 나는 50퍼센트 확률로 우승 가능성이 높은 말에 100달러를 걸 수도 있었다. 내가 위험 선호자라면(즉 기댓값보다 더 높은 돈을 따고 싶어 한다면), 당연히 우승 후보에 100달러를 걸어 본전을 찾을 가능성을 높여야 하지 않겠는가?

비록 전망 이론은 이 질문에 대해 어떤 대답도 내놓지 않았지만, 나는 포커 판을 통해 두 사람의 직관이 틀리지 않았음을 확인할 수 있었다. 돈을 잃은 경우 사람들은 가능성은 낮지만 크게 딸 수 있는 (포커 게임에서 중간에 하나가 빠진 스트레이트에 희망을 거는 것처럼) 작은 내기는 선호하는 반면, 가능성은 높지만 기존 손실을 더욱 커지게 할 만큼 큰 내기는 싫어한다는 사실을 확인할 수 있었다.

포커 게임을 관찰하는 동안, 나는 심리 계좌의 또 다른 문제점을 확인할 수 있었다. 게임에서 돈을 따고 있는 경우 사람들은 딴 돈을 '실제 돈'이라고 생각하지 않았다. 이는 대단히 보편적으로 드러나는 태도로, 카지노에서 도박을 하는 사람들은 이와 관련해 '하우스의 돈으로 하는 도박gambling with the house's money(여기에서 '하우스'는 카지노를 말한다)'이라는 표현을 썼다. 이런 방식으로 생각한다면, 돈을 따고 있을 때 사람들은 자신의 돈이 아니라 카지노의 돈으로 베팅을 하는 셈이다. 사람들의 이런 사고방식은 어느 카지노에서나 확인할 수 있다.

저녁 초장에 돈을 좀 딴 (아마추어) 도박꾼들을 살펴보면, 내가 말하는 '두 주머니' 심리 계좌의 정체를 확인할 수 있다. 300달러로 시작했다가 금방 200달러를 딴 사람의 경우를 생각해보자. 그는 분명히 자기 돈이라고 생각하는 300달러는 한쪽 주머니에 집어넣고, 나머지 200달러에 해당하는 칩을 다른 주머니에 넣어둘 것이다(혹은 베팅하기 위해 테이블 위에 올려둘 것이다). 이런 '하우스 머니'에는 "쉽게 번 돈은 쉽게 나간다"라는 말이 그대로 적용된다.

그러나 이런 태도는 돈은 대체 가능한 수단이라는 원칙에 명백히 위반된다. 두 호주머니 속의 돈은 모두 똑같은 대우를 받아야 한다. 동료들의 돈을 따는 것은 분명 즐거운 일이지만[26] 과학적인 연구와는 거리가 멀다. 그래서 나는 컬럼비아대학교 마케팅 교수인 에릭 존슨과 함께 본격적으로 논문을 위한 연구를 시작했다.[49] 이 책의 도입부에서도 언급한, 아모스를 만족시키기까지 오랜 시간이 걸린 바로 그 논문이었다.

나는 포커 판에서 관찰한 것들을 실험실에서 그대로 재현해보고

---

26 어떤 경우는 대단히 쉬웠다. 우리 모임의 정규 회원인 계량경제학자 빌 그린Bill Green과 나는 어떤 동료가 좋은 패를 잡았을 때 의자에서 몸을 들썩인다는 사실을 발견했다. 이는 결정적인 '단서'였다. 하지만 얼마 후 우리는 그에게 미안한 마음이 들었고, 그 사실을 말해주었다. 그럼에도 그는 정말로 좋은 패가 들어왔을 때 스스로를 주체하지 못했다. 나는 혹시 그가 거짓으로 몸을 들썩여 큰 판을 먹으려는 게 아닐까 의심했지만, 한 번도 그러지 않았다.

자 했다. 하지만 그에 앞서 나와 존슨은 먼저 대니와 아모스가 애초에 가설적인 질문을 활용해 실험을 수행할 수밖에 없었던 문제를 해결해야 했다. 피실험자들이 실제로 돈을 잃도록 하는 실험을 어떻게 윤리적인 방식으로 실행할 수 있을까? 그리고 그런 실험을 감시하는 대학 윤리위원회의 승인을 어떻게 얻을 수 있을까?

우리는 피실험자들이 확실한 것과 도박 사이에서 여러 선택을 하게 함으로써 이 문제를 해결했다. 이런 선택 중 일부는 돈을 따는 상황에서, 그리고 다른 일부는 돈을 잃은 상황에서 이루어졌으며, 이 연구에서 그 선택 중 하나는 무작위로 이루어질 것이라고 솔직하게 설명했다. 그러나 각 게임에 대한 선호도는 서로 달랐고, 돈을 잃은 사람들에게 실제로 돈을 걸으리라는 사실을 분명하게 밝히긴 했지만 특정 게임을 더 선호하도록 설계함으로써 돈을 잃을 확률이 그리 높지 않다는 안도감을 피실험자들에게 전달할 수 있었다.

그리고 원한다면 연구 보조로 자원함으로써 충분히 빚을 갚을 수 있도록 했다. 하지만 결국 돈을 잃은 사람은 아무도 없었고, 피실험자들에게 실제로 돈을 걸 일은 없었다. 다음은 우리가 연구에서 제시한 세 가지 질문이다. 괄호 속 수치는 해당 답변을 선택한 피실험자들의 비중이다. 모든 경우에서 도박의 기댓값은 확실한 것과 동일하기 때문에 위험 회피 성향을 보이는 이콘이라면 틀림없이 각각의 질문에서 확실한 것을 선택했을 것이다.

문제 1. 여러분은 지금 30달러를 땄다. 다음 중 하나를 선택하자.

(a) 50퍼센트의 확률로 9달러를 따고, 50퍼센트의 확률로 9달러를 잃는다. (70퍼센트)

(b) 더 이상 따거나 잃지 않는다. (30퍼센트)

문제 2. 지금 30달러를 잃었다. 다음 중 하나를 선택하자.

(a) 50퍼센트의 확률로 9달러를 따고, 50퍼센트의 확률로 9달러를 잃는다. (40
퍼센트)

(b) 추가적으로 따거나 잃지 않는다. (60퍼센트)

문제 3. 지금 30달러를 잃었다. 다음 중 하나를 선택하자.

(a) 33퍼센트의 확률로 30달러를 따고, 67퍼센트의 확률로 하나도 따지 못한다.
(60퍼센트)

(b) 확실하게 10달러를 딴다. (40퍼센트)

문제 1은 하우스 머니 효과를 잘 보여준다. 비록 피실험자들이
이득을 보는 상황에서 위험 회피 성향을 보인다 하더라도, 즉 9달
러를 따거나 잃는 동전 던지기 게임을 싫어한다 하더라도 이미 30
달러를 딴 경우 그들은 내기를 더 많이 선택했다.

다음으로 문제 2와 3은 어떤 심리 계좌에서 손실이 발생한 경우
게임에서 드러나는 사람들의 복잡한 성향을 잘 보여준다. 손실 상
황에서 위험 선호적 성향을 드러낸다는 전망 이론의 단순한 예측
과는 달리, 문제 2에서 '본전을 만회할 가능성이 없을 때' 30달러의
손실 상황은 사람들의 위험 선호 성향을 자극하지 않았다.[27] 반면
문제 3에서 본전을 만회할 가능성이 어느 정도 있을 때 피실험자
중 대부분은 내기를 선택했다.

이런 만회 효과와 하우스 머니 효과를 이해했다면, 여러분은 일

상에서 관련 사례를 쉽게 확인할 수 있다. 예를 들어 당신이 출발한 곳과 현재 있는 곳처럼 두 가지 뚜렷한 기준점이 존재할 때 이런 현상이 발생한다. 하우스 머니 효과, 즉 최근에 얻은 수익을 기꺼이 투자하려는 성향은 금융 시장의 거품을 조장한다. 1990년대 전반에 걸쳐 개인 투자자들은 퇴직연금에서 주식이 차지하는 비중을 계속 높였다. 즉 주식 투자에 더 많이 집중했다. 그들이 그렇게 한 이유는, 몇 년 동안 많은 돈을 벌었기 때문에 장이 하락하더라도 새로 얻은 수익만 잃을 것이니 괜찮다고 생각했기 때문이다.

물론 최근에 수익을 올렸다는 사실이 그 돈이 연기처럼 사라졌을 때 느낄 상실감을 누그러뜨리리라 생각해서는 안 된다. 몇 년 뒤 주택 시장에 거품이 일었을 때 투기꾼들도 이러한 사고방식을 가지고 있었다. 스코츠데일, 라스베이거스, 마이애미의 부동산에 열광했던 투자자들은 주택 시장에서 최악의 상황이 벌어진다 하더라도 출발점으로 돌아갈 뿐이라고 안심시킨 일종의 심리적 쿠션에 기대고 있었다(그저 말장난이 아니다). 물론 시장이 갑자기 하락세로 돌아섰을 때, 부채 비율이 높은 투자자들은 주택 자산보다 더 많은 돈을 잃었다. 그리고 많은 이들이 집을 빼앗겼다.

도박에서 돈을 잃었을 때 본전을 만회하려는 성향은 투자 전문가의 행동에서도 발견할 수 있다. 뮤추얼 펀드 매니저들은 자신들이 관리하는 펀드의 수익률이 기준 지수(S&P 500 등)보다 한참 밑돌고 있으면 그해 마지막 분기에 더 큰 위험을 감수하려 든다.[50] 그리

27　이 말은 위험을 감수하는 기회가 정산 가능성을 주지 않는다면, 사람들이 손실 영역에서 위험을 선호한다는 전망 이론의 예측이 들어맞지 않을 수도 있다는 뜻이다.

고 회사에 수십억 달러의 피해를 입힌 주식 중개인들은 필사적으로 손실을 만회하기 위해 마지막 기회에 무모한 도전을 감행한다. 이런 태도는 일자리를 잃을 위기에 처한 중개인의 입장에서는 어쩔 수 없는 선택으로 보이지만, 손실을 만회하지 못할 경우 훨씬 심각한 사태가 벌어진다.

이 말이 사실이라면 금융 기업 관리자들은 손실을 기록하고 있는 직원들의 행동에 더욱 주의를 기울여야 할 것이다(돌이켜보건대 미국 금융 기업은 무모한 직원들이 큰 사고를 치기 전에 충분한 조치를 취했어야 했다). 여기에서 우리가 반드시 기억해야 할 사실은, 정상적인 위험 회피 성향의 사람이라 할지라도 큰 손실로 압박에 시달릴 때, 만회할 기회가 있다면 극단적인 위험을 감수하려 들 수 있다는 것이다.

III

자기통제:
현재와 미래 사이의 선택

전망 이론과 그 통찰력에서 나는 가치함수를 가지고 심리 계좌를 설명할 수 있으리라는 영감을 얻었다. 그리고 그 과정에서 내 목록에 있는 항목을 더 많이 이해할 수 있었다. 그러나 그런 사례 중 하나는 범주가 다른 것으로 보였다. 그것은 저녁 식사를 기다리다가 결국 캐슈너트 접시를 치워버린 날의 이야기다. 선택권이 사라질 때 경제학자들의 행복도는 떨어지기 마련이다. 그런데 그날 캐슈너트 접시를 부엌으로 치워버렸을 때 경제학자들은 흡족해했다. 왜 그랬을까?

나는 '캐슈너트' 현상과 유사한 다른 사례를 찾았다. 흡연자는 한 보루가 아니라 한 번에 한 갑씩 구매함으로써 담배에 더 많은 돈을 지불한다. 다이어트를 하는 사람들은 냉장고에 아이스크림을 넣어두지 않는다. 학자들은 (나를 포함해) 콘퍼런스 몇 달 전에 진행 중인 연구를 논문으로 발표할 것이라고 사람들에게 미리 공언함으로써 스스로에게 논문을 마무리할 동기를 부여한다. 아침에 일찍 일어나지 못하는 사람들은 알람시계를 일부러 멀찍이 놓아두어 침대를 빠져나와야만 알람을 끌 수 있도록 해둔다.

이런 사례들의 공통점은 '자기통제'라는 문제가 포함되어 있다는 것이다. 우리는 캐슈너트를 좋아하지만, 그릇이 눈앞에 있으면 유혹을 참지 못하고 다 먹어치울 것이라 생각한다. 현대 경제학에서는 우리의 욕망과 선택이 전적으로 동일하다고 본다. 현대 경제학은 인간은 언제나 그들이 원하는 것을 선택한다고 가정한다. 즉 선택은 '욕망의 표출'이다. 캐슈너트 그릇을 치워버린 사람과 이콘의 대화를 상상해보자.

이콘 왜 그릇을 치워버렸죠?

인간 그만 먹으려고요.

이콘 그러면 그냥 안 먹으면 되지, 왜 굳이 그릇을 치워버렸나요? 그만 먹고 싶을 때 그만 먹으면 되잖아요?

인간 눈에 보이면 먹게 될까 봐 그런 거죠.

이콘   그렇다면 당신은 캐슈너트를 더 이상 먹고 싶어 하는 게 아닌 거죠. 그렇기 때문에 그릇을 치운 건 어리석은 선택이었어요.

절대 합의점을 발견할 수 없는 이 대화는 사실 내가 다른 경제학자들과 나눈 대화와 비슷하다. 경제학 교과서에 하나의 이론으로 구체적으로 언급된 적은 없지만, 경제학 이론은 실질적으로 자기통제 문제란 존재하지 않는 것으로 가정한다. 그렇다면 나의 다음번 거대 연구 프로젝트는 어쩌면 세상에 존재하지도 않을 문제를 해결하기 위한 것일지도 모른다.

11

미래 소비에 대한
할인은 오류인가

— 시점 간 선택 문제

경제학자라고 해서 자기통제와 관련한 문제에 항상 무관심했던 것은 아니다. 약 200년에 걸쳐 자기통제를 주제로 연구를 한 경제학자들은 인간이라는 존재를 잘 알고 있었다. 오늘날 우리가 '자기통제에 대한 행동적 사고방식'이라 부르는 개념에 처음으로 주목한 사람은 다름 아닌 자유시장경제학을 주창한 애덤 스미스였다. 애덤 스미스라고 하면 대부분 그의 기념비적인 걸작 『국부론』을 먼저 떠올린다. 스미스는 이 위대한 책(1776년 초판 간행)을 통해 현대 경제학의 기반을 다졌다.

그런데 아이러니하게도 『국부론』에서 가장 널리 알려졌고, 가장 많은 칭송을 받은 표현인 '보이지 않는 손'[51]이라는 용어는 앞에서도 언급했듯 이 책에 단 한 번밖에 등장하지 않았으며 그나마 가볍게 언급되었다. 스미스는 일반적인 기업가는 개인적인 이익을 추구하는 과정에서 "보이지 않은 손에 이끌려 자신이 의도하지 않았던 목표를 추구하게 된다. 그러나 그가 의도한 바가 아니라고 해서 사회에 항상 나쁜 것은 아니다"라고 말했다. 하지만 우리는 그 유명한 문구를 인용하거나, 보이지 않는 속임수에 대한 어떤 주장을 내세우려는 이들이 좀처럼 함께 언급하지 않는(혹은 기억하지도 못하는) 좀 더 조심스러운 두 번째 문장에 주목할 필요가 있다. "사회에 항상 나쁜 것은 아니다"라는 말을 최고의 상황에 이르게 될 것이라는 말과 동일한 표현으로 볼 수는 없다.

그 두꺼운 책의 나머지 부분에서 스미스는 우리가 생각할 수 있는 경제학에 대한 거의 모든 이야기를 다룬다. 스미스는 나의 박사 논문 주제인 삶의 가치에 대해서도 근본적인 이론을 제시하고 있다. 그는 힘들고 위험하고 지루한 일을 하는 근로자들에게 효과적으로 보상을 제공하는 방법에 대해 설명했다. 널리 알려진 경제학자 조지 스티글러는 이제 우리가 경제학에 대해 새롭게 이야기할 수 있는 것은 없다는 말을 즐겨 했다. 그건 스미스가 이미 모두 이야기해버렸기 때문이다.

이 점은 행동경제학에 대해서도 마찬가지다.[52] 오늘날 우리가 행동경제학이라 부르는 분야에 대한 스미스의 논의는 1759년에 발행된 그의 초기 작품 『도덕감정론The Theory of Moral Sentiments』에서 찾아볼 수 있다. 여기에서 스미스는 자기통제의 개념을 상세히 밝혔다. 예리하게도 스미스는 자기통제라는 개념을 '열정'과 '공평한 관찰자'의 투쟁, 또는 충돌로 설명한다. 자신이 한 말을 실제로는 스미스가 먼저 했다는 사실을 뒤늦게 깨달은 대부분의 경제학자처럼, 나 역시 나의 주장이 처음이 아니었음을 스미스의 글을 읽고 깨달았다.

스미스가 언급한 열정의 중요한 특징은 지극히 근시안적이라는 점이다. 그의 설명처럼 문제는 "10년 뒤에 누릴 수 있는 즐거움은 지금 당장 누릴 수 있는 즐거움에 비해 우리의 관심을 사로잡지 못한다"[53]라는 사실이다.

스미스가 자기통제 문제에 대해 탁월한 통찰력을 보여준 유일한 초기 경제학자는 아니다. 행동경제학자 조지 로웬스타인George Lowenstein이 언급한 것처럼 '시점 간 선택(즉 소비 시점에 따른 선택)'에 대한 다양한 초기 논의는 1980년대 경제학에서는 외면받았던[28] '의지력'과 같은 개념의 중요성을 강조하고 있다. 스미스 역시 의지력이야말로 근시안적인 문제를 해결하기 위한 필수 요소라고 생각했다.

1871년에 또 다른 경제학 권위자인 윌리엄 스탠리 제번스William Stanley Jevons는 인간의 근시안적 사고에 대한 스미스의 관찰을 재조명했다. 그는 미래 소비보다 현재 소비를 선호하는 인간의 성향[54]은 시간이 흐르면서 옅어진다는 점을 지적했다. 우리는 내일보다 지금 당장 아이스크림을 원하지만, 1년 후 오늘과 1년 후 내일 사이의 선택에는 거의 의미를 두지 않는다. 일부 초기 경제학자들은 미래 소비에 대한 '모든' 할인discount을 오류로 보았다. 즉 일종의 '실패'로 규정한 것이다. 이는 의지력의 실패일 수도 있고 1921년에 아서 피구Arthur Pigou가 지적했듯 상상력의 실패일 수도 있다.

---

28 예전에 나는 예루살렘에 있는 히브리대학교에서 경제학자들을 대상으로 자기통제에 대해 연설한 적이 있다. 그 연설 중 나는 '유혹temptation'이라는 용어를 사용했고, 한 청중이 내게 그 정의를 물었다. 그러자 다른 청중이 재빨리 이렇게 말했다. "성경에 나와 있어요." 그러나 그 용어는 경제학자의 사전에는 없었다.

"먼 곳을 바라보는 우리의 능력은 왜곡되어 있으며… 그래서 미래의 즐거움을 원래보다 더 축소해서 바라본다."[55]

어빙 피셔Irving Fisher는 시점 간 선택과 관련해 '현대적'이라고 부를 만한 경제학적 접근 방식을 최초로 시도한 인물이다. 1930년에 출간된 고전 『이자론The Theory of Interest』에서 피셔는 미시경제학의 기본적인 강의 도구(무차별 곡선indifference curves)를 기반으로 특정 시장 이자율을 감안할 때, 사람들이 서로 다른 두 시점 간의 소비 사이에서 선택하는 방식을 설명하고자 했다. 피셔의 이론은 그가 활용한 도구의 측면에서, 그리고 그 이론이 규범적이라는 측면에서 현대적 형태로 인정받는다. 그는 합리적인 사람이라면 해야만 하는 행동을 설명한다. 그럼에도 피셔는 중요한 행동 요인을 누락했기 때문에 자신의 이론이 만족스러운 기술적 모형이라고 생각하지 않는다고 명백히 밝혔다.

한편 어빙 피셔는 시점 간 선호가 개인의 소득수준에 따라 달라진다고 믿었다. 즉 가난한 사람은 부자보다 참을성이 부족하다고 생각했다. 특히 저소득층 근로자에게서 드러나는 참을성 없는 행동이 부분적으로 비합리적인 것임을 강조하면서 이를 실제 사례를 통해 설명했다.

"비가 새는 지붕을 수리하지 않는 농부의 사례에서 잘 드러난다. 비가 오면 물이 새는 것을 막을 수 없고, 비가 그치면 물이 새는 것을 막을 필요가 없다!"[56]라면서 "금주법을 실시하기 전에 토요일 밤(당시 급여일)이면 퇴근길 술집의 유혹을 견뎌내지 못하는 근로자들"[57]에 눈살을 찌푸린다.

1776년 애덤 스미스에서 1930년 어빙 피셔에 이르기까지, 경제학자들은 시점 간 선택에 대해 너무 간단하게 생각했다. 그리고 피셔가 이콘의 행동 방식에 대한 이론을 발표한 것을 시작으로 이콘이 서서히 존재감을 드러냈다. 그리고 그 이론에 대한 마무리 작업은 당시 22세의 대학원생이던 폴 새뮤얼슨이 맡았다. 20세기 가장 위대한 경제학자로 인정받는 새뮤얼슨은 경제학의 수학적 근간을 마련한 천재적인 인물이다. 그는 16세의 나이로 시카고대학교에 입학했고 얼마 뒤 하버드대학원에 진학했다. 그리고 대담하면서도 명확한 제목의 박사 논문 「경제 분석의 기초Foundations of Economic Analysis」를 발표한다. 여기에서 그는 수학적 엄밀성을 바탕으로 경제학의 모든 것을 새롭게 정의했다.

대학원에서 공부하던 1937년, 새뮤얼슨은 「효용 측정에 관한 기록A Note on the Measurement of Utility」이라는 겸손한 제목의 70쪽짜리 논문을 순식간에 마무리했다. 제목에서 알 수 있듯 그는 이콘이 언제나 최적화하고자 하는, 눈에 보이지 않는 대상인 효용(다시 말해 행복이나 만족)을 측정하는 법을 제시하고자 했다. 이후 새뮤얼슨은 시점 간 선택과 관련해 표준적인 경제학 이론으로 인정받은 '할인된 효용 모형discounted utility model'을 내놓았다. 그 논문의 내용을 요약하려는 시도로 독자 여러분을(혹은 나 자신을) 당황하게 만들 생각은 없지만, 이 논의에서 중요한 핵심을 간략하게 짚고 넘어갈 필요가 있다.

이 모형의 기본 개념은, 소비는 이후 시점보다 지금 더 가치가 있다는 것이다. 이번 주에 열릴 멋진 만찬과 1년 뒤에 열릴 멋진 만찬 사이에서 선택해야 한다면, 대부분의 사람은 이번 주를 택할 것이다. 새뮤얼슨의 표현을 사용하자면 사람들은 특정한 기준을 통해 미래의 소비를 '할인'한다. 1년 뒤 만찬이 이번 주 만찬을 기준으로

90퍼센트 좋은 것이라면, 우리는 미래의 만찬을 연간 10퍼센트의 기준으로 할인한 것이다.[58]

새뮤얼슨의 모형에는 열정이나 근시안의 요소는 없으며, 분명하고 치밀한 할인의 개념만 존재한다. 그의 모형에서 활용한 수학은 당시 경제학자들도 쉽게 다룰 수 있는 수준이었으며, 아직까지 표준적 이론으로 남아 있다. 그러나 새뮤얼슨은 이 이론을 통해 사람들의 행동을 충분히 설명할 수는 없다고 생각했다. 짧은 논문의 마지막 두 쪽에서 새뮤얼슨은 자신이 언급한 '심각한 제약serious limitations'에 대해 집중적으로 논의했다.

이 부분은 다소 전문적이기는 하지만, 그래도 자세히 들여다볼 가치가 있다. 새뮤얼슨은 할인율이 시점에 따라 달라진다면 사람들은 일관되게 행동할 수 없을 것이며, 그래서 시간이 경과하면서 원래의 선택을 바꾸려 들 것이라고 정확하게 지적했다. 그가 우려했던 구체적인 사례는 제번스와 피구 같은 선배 경제학자들 역시 걱정했던 부분이다. 말하자면 사람들이 즉각적인 보상에 조바심을 내는 상황 같은 경우다.

할인이 어떻게 작동하는지 이해하기 위해 예를 들어보자. 윔블던에서 테니스 경기를 볼 수 있는 티켓이 생겼다고 하자. 오늘 밤에 볼 수 있는 경기라면 이는 100유틸util(경제학자들이 효용, 또는 행복의 정도를 나타내기 위해 사용하는 임의적인 단위)의 가치가 있다. 그런데 테드라는 사람은 연간 10퍼센트의 동일한 기준으로 경기의 가치를 할인한다. 그렇다면 그 경기의 가치는 올해에는 100유틸, 내년에는 90유틸, 이듬해는 81, 그리고 72… 식으로 일정하게 낮아질 것이다. 이런 방식으로 할인하는 것을 '지수' 함수를 기준으로 할인한다고 말한다(여기에서 지수 함수가 뭔지 모르더라도 걱정하지 말자).

그런데 매슈의 경우 그 경기의 오늘 가치는 100유틸이지만 내년에는 70유틸, 그다음 해에는 63유틸로 떨어졌다가 그 이후는 그대로 유지된다. 다시 말해 매슈는 첫해는 30퍼센트로, 다음 해는 10퍼센트로 할인을 하다가, 어떤 시점부터는 전혀 할인을 하지 않는다(0퍼센트). 매슈는 피구의 왜곡된 망원경으로 미래를 내다보고 있다. 첫 1년을 3년 기간으로 바라보고 있으며, 어떤 시점 이후 시점 간 차이는 완전히 사라진다. 미래를 바라보는 매슈의 시각은《뉴요커》의 유명한 표지〈9번가에서 바라본 세상〉과 흡사하다. 9번가에서 서쪽을 바라보고 있는 그 표지를 보면 11번가까지 거리(두 블록 떨어진)가 11번가에서 시카고에 이르는 거리와 비슷하고, 그 거리는 일본까지 거리의 3분의 1이나 된다. 결론적으로 말해 매슈에게 가장 힘든 기다림의 순간은 처음이다. 그때가 가장 길게 느껴진다.

높게 시작했다가 점차 낮아지는 이런 일반적인 형태의 할인 방식을 가리키는 전문 용어로 '준 쌍곡선 할인quasi-hyperbolic discounting'이라는 말이 있다. 이 용어를 처음 들어봤다면 이미 아는 다른 개념을 떠올려보길 권한다. 즉 앞으로 준 쌍곡선 할인이라는 용어가 등장할 때 왜곡된 망원경의 이미지를 떠올려보자. 나는 준 쌍곡선 할인이라는 용어 사용을 가급적 피할 것이며, 사람들의 그런 성향을 설명하기 위해 좀 더 현대적인 표현인 '현재 편향적present biased'이라는 표현을 사용할 것이다.

지수 함수를 기준으로 할인을 하는 사람들은 원래 선택을 계속 고수하는 반면, 쌍곡선을 기준으로 할인을 하는(현재 편향적인)[59] 사람들은 그렇지 않다는 사실을 이해하기 위해 간단한 산수 문제를

[그림 4] 9번가에서 바라본 세상(솔 스타인버그, 《뉴요커》 표지, 1976년 3월 29일)

생각해보자. 테드와 매슈는 모두 런던에 살고 있고 테니스 광팬이다. 두 사람 모두 윔블던에서 열리는 테니스 경기 관람 티켓 증정 행사에 당첨되었다. 이제 그들은 세 경기 중 하나를 선택할 수 있다.

A는 올해 열리는 1차전 관람 티켓으로 당장 내일 경기를 볼 수

[그림 5] 윔블던 경기 관람에 대한 테드와 매슈의 평가

처음에는 테드와 매슈 모두 윔블던 결승전을 기다려서 보기로 했다.

테드의 평가				매슈의 평가			
경기	지금	1년 뒤	2년 뒤	경기	지금	1년 뒤	2년 뒤
1차전	100	90	81	1차전	100	70	63
4강전	150	135	122	4강전	150	105	95
결승전	180	162	(146)	결승전	180	126	(113)

1년 뒤 테드는 그대로 결승전을 선택했지만, 매슈는 4강전으로 마음을 바꾸었다.

테드의 평가			매슈의 평가			
경기	1년 뒤	2년 뒤	경기	지금	1년 뒤	2년 뒤
1차전	100	90	1차전		100	70
4강전	150	135	4강전		(150)	105
결승전	180	(162)	결승전		180	126

있다. B는 토너먼트 4강 경기로 내년에 열린다. 그리고 C는 토너먼트 결승전으로 2년 뒤에 열린다. 세 티켓 모두 확정된 것이기 때문에 위험 요소는 고려하지 않아도 된다. 그리고 테드와 매슈는 테니스 경기에 대한 취향이 동일하다. 세 경기가 모두 올해에 열린다면 두 사람이 평가할 각각의 효용은 다음과 같다. A: 100, B: 150, C: 180 물론 결승전이 가장 보고 싶은 경기이기는 하지만 그걸 보려면 2년을 참아야 한다. 두 사람은 어떤 티켓을 선택했을까?

테드는 2년을 기다렸다가 결승전을 볼 것이다. 2년 뒤에 열리는 결승전에 대해 테드가 현시점에서 매기는 가치(즉 '현재 가치^{present} ^{value}')는 146이다(180의 81퍼센트). 이 수치는 A(100), B(135, 150의 90퍼센트)보다 높다. 1년 뒤 테드에게 혹시 마음이 바뀌어 준결승전인 B를 보러 가고 싶은지 물어본다면, 그는 당연히 아니라고 대답할 것이다. 1년 뒤 C의 현재 가치(162, 180의 90퍼센트)가 B의 현재 가치(150)보다 여전히 더 높기 때문이다. 테드의 사례는 시간 일관적인 기호가 무엇을 의미하는지 말해준다. 테드는 시점에 상관없이 처음의 선택을 고수할 것이다.

매슈는 어떨까? 맨 처음에 그도 역시 결승전 C를 선택할 것이다. 첫 시점에서 매슈가 평가하는 효용은 A는 100, B는 105(150의 70퍼센트), C는 113(180의 63퍼센트)이다. 하지만 1년 후에는 테드와 달리 마음을 바꾸어 준결승 B를 선택할 것이다. 1년 후 시점에서 C의 현재 가치(126, 180의 70퍼센트)가 B의 현재 가치(150)보다 낮아지기 때문이다. 즉 매슈는 '시간 모순적$^{time-inconsistent}$'인 성향을 드러낸다.

다시《뉴요커》표지로 돌아가면, 뉴욕에서 망원경으로 바라볼 때 중국과 일본은 맞닿은 것처럼 보인다. 하지만 도쿄로 가서 똑같은 망원경으로 바라본다면, 상하이까지 거리가 뉴욕에서 시카고 거리보다 훨씬 더 멀게 느껴질 것이다.

사람들이 시간 모순적인 성향을 보인다는 사실은 새뮤얼슨을 괴롭혔다. 새로운 정보가 등장하지 않는 이상, 이론은 시간이 흐른다고 해서 처음의 선택을 바꾸려 들지 않을 것이다. 그러나 새뮤얼슨은 사람들이 실제로 원래의 선택을 바꾸려 한다는 사실을 인식하고 있었다. 그는 현재의 계획을 고수하기 위해 캐슈너트 접시를 치워버린 것과 같은 행동에 대해 이야기하고 있다. 가령 강제적 저축 수단으로 평생 보험을 언급했다.

하지만 널리 알려진 경고와 함께 그는 계속 나아갔고 나머지 경제학자들도 그의 뒤를 따랐다. 그리고 지수 할인을 기본으로 하는 새뮤얼슨의 할인 효용 모형은 시점 간 선택 문제와 관련해 주도적인 이론으로 자리를 굳혔다.

이 논문을 티핑 포인트로 꼽는 것은 어쩌면 공정하지 않을지도 모른다. 꽤 오랫동안 경제학자들은 경제학에 수학적 엄격함을 도입하려는 움직임[60]에 일찍이 동참했던 이탈리아 경제학자 빌프레도 파레토가 이끌던, 예전에는 일반적이었던 일종의 민족심리학folk psychology에서 멀리 벗어나 있었다. 그러나 새뮤얼슨이 제시한 모형이 널리 인정받으면서 대니얼 카너먼이 언급한 '이론에 따른 맹목theory-induced blindness'이라는 고질병이 대부분의 경제학자에게 생겨났다.

새롭게 모습을 드러낸 수학적 엄격성을 어떻게든 끌어안기 위해 노력하는 과정에서 경제학자들은 시점 간 선택에 관한, 명백하게 행동적인 기존 논의를 완전히 잊고 말았다. 불과 7년 전에 나온 어빙 피셔의 논의조차 잊었다. 게다가 자신의 모형이 사람들의 행동을 정확하게 설명하지 못할 수 있다는 새뮤얼슨의 경고도 외면해버렸다. 이론은 결코 마음을 바꾸지 않는다. 따라서 그들이 당시 들여다보던 세상에는 더 이상 인간이 살지 않았기 때문에 지수 함수를 기준으로 한 할인 방식이야말로 시점 간 선택을 설명하는 타당한 모형이 되어야 했다.

이 같은 이론에 따른 맹목의 병폐는 오늘날 경제학에서 박사 학위를 받은 거의 모든 학자에게 스며들어 있다. 그들이 받은 경제학적 훈련은 이콘의 행동에 대해서는 엄청난 통찰력을 선사했지만, 그 대가로 인간의 본성과 사회적 상호작용에 대한 상식적인 직관을 모두 잃어버리도록 만들었다. 이제 대학원에서 공부하는 학생들은 자신들이 인간으로 가득한 세상에서 살고 있다는 사실을 깨닫지 못하게 되었다.

—

시점 간 선택은 이론경제학theoretical economics에서 다루는 추상적 문제만은 아니다. 그 개념은 거시경제학에서도 중요한 역할을 하는데, 가구의 소비가 소득에 따라 어떻게 달라지는지 말해주는 소비함수consumption function의 이론적 근간을 이루고 있다.

국가 경제가 깊은 침체기에 빠져들고 있어 정부 모든 국민을 대상으로 1인당 1,000달러의 세금 감면 정책을 실시하기로 결정했다고 해보자. 소비함수는 사람들이 얼마나 많이 소비하고, 얼마나 많이 저축할지 말해준다. 소비함수에 관련한 경제학적 사고방식은 1930년대 중반에서 1950년대 중반에 이르기까지 크게 변화했다. 소비함수 모형이 진화해온 여정은 새뮤얼슨의 혁명 이후 경제학 이론이 걸어온 길을 보여준다. 경제학자들이 수학적으로 더욱 정교해지고 그들의 모형이 새로운 차원의 치밀함을 수용하면서, 그들이 설명하려는 사람들 또한 진화했다.

첫째, 이콘은 더욱 똑똑해졌다. 둘째, 이콘은 스스로 자기통제 문제를 모두 해결했다. 지금부터 20년 후에나 받게 될 사회보장 제도의 혜택을 현재 가치로 계산한다면? 아무런 문제가 없다! 월급날 퇴근길에 술집에 들르는 습관을 바꾸고, 그 돈을 식품비로 써야 한다면? 당연한 말이다! 이제 이콘은 잘못된 행동을 중단했다.

경제학 이론의 진화 과정에서 나타나는 이런 흐름을 우리는 존 메이너드 케인스John Maynard Keynes, 밀턴 프리드먼, 프랑코 모딜리아니Franco Modigliani 등 3명의 걸출한 경제학자가 내놓은 소비함수 모형을 통해 확인할 수 있다. 가장 먼저 앞서 언급한 세금 감면 정책을 옹호했던 케인스의 경우부터 살펴보자.

대표적인 걸작인 『고용, 이자, 화폐의 일반 이론The General Theory of Employment, Interest and Money』[61])에서 케인스는 아주 단순한 형태로 소비함수를 제시했다. 그는 가구 소득이 증가할 때, 증가한 액수의 일정 부분만 지출할 것이라 가정했다. 그리고 증가한 소득에서 지출하는 부분을 설명하기 위해 한계소비성향Marginal Propensity to Consume, MPC이라는 개념을 활용했다. 케인스는 수입이 크게 변화하지 않는 이상, 특정 가구의 한계소비성향은 비교적 일정한 수준을 유지할 것이라 생각했지만, 동시대에 활동한 어빙 피셔와 함께 사회경제적 계층에 따라 한계소비성향이 크게 달라질 수 있다는 점에 동의했다. 구체적으로 설명하자면 케인스는 소비 성향이 가난한 가구에서 가장 높고(거의 100퍼센트), 소득이 높아질수록 점차 감소할 것이라 생각했다. 부자들의 경우 갑자기 1,000달러가 생겼다고 해도 지출에는 거의 변화가 없을 것이며, 그렇다면 한계소비성향은 0에 가까울 것이다.

반면 소득 증가분에서 5퍼센트를 저축하는 중산층 가구의 경우 갑자기 추가 소득 1,000달러가 생겼을 때, 한계소비성향은 95퍼센

168

트 혹은 950달러가 될 것이다. 1957년 발표한 논문에서 프리드먼은 가구는 장기적인 차원에서 소비를 완만한 형태로 수정하려 한다는 관찰을 바탕으로 '항상소득 가설permanent income hypothesis'[62]을 내놓았다. 이 가설에 따르면, 소득의 5퍼센트를 저축하는 중산층 가구는 그해에 나머지 950달러를 모두 소비하는 것이 아니라, 지출의 해당 기간을 좀 더 확장하려 든다. 구체적으로 말해 프리드먼은 가구들이 3년을 기준으로 항상소득을 결정하기 때문에 추가적인 수입을 향후 3년에 걸쳐 분산할 것이라고 주장했다(연간 33퍼센트의 할인율).[63] 그렇다면 그 가구는 첫해에 950달러의 3분의 1에 해당하는 약 317달러만 지출할 것이다.[29]

정교함의 차원에서 등장한 다음번 진보는 모딜리아니가 자신의 제자 리처드 브럼버그Richard Brumberg와 함께한 논문을 통해 이루어졌다.[64] 모딜리아니의 연구는 프리드먼과 거의 동시대에 이루어졌지만, 두 사람의 이론은 이론의 현대적 이상을 향해 올라가는 경제학적 사다리를 한 칸 더 밟고 올라선 것이었다. 모딜리아니는 1년이나 3년처럼 단기간에 집중하지 않고 개인이 평생 벌어들이는 소득 전체를 기반으로 이론을 구축했다. 그래서 '생애 주기 가설life-cycle hypothesis'이라고 이름 붙였다. 이 가설의 핵심은 사람들은 젊은 시절에 은퇴는 물론, 자녀에게 남길 유산까지 고려하는 확장된 기간을 바탕으로 지출 계획을 세운다는 것이다.

시선을 평생의 기간으로 확장함으로써 모딜리아니는 연구 대상

---

29 여기에서 그리고 다음번에도, 나는 문제를 단순화하기 위해 이자율과 인플레이션율을 0으로 가정한다. 또 이 둘은 동일하며 모든 금액은 인플레이션을 감안한 것으로 가정하고자 한다.

을 일반적인 소득에서 평생에 걸친 재산으로 바꾸었다. 이런 변화를 더욱 간단하고 분명하게 바라보기 위해 한 사람이 앞으로 40년을 더 살고, 유산은 남기지 않을 것이라는 사실을 정확하게 알고 있다고 해보자. 이런 단순한 가정을 바탕으로 할 때, 생애 주기 가설은 이 사람이 추가 소득을 향후 40년 동안 균등하게 사용할 것이라는 이야기를 들려준다. 이 말은 곧 추가 소득에 따른 그의 한계소비성향이 남은 생애에 걸쳐 매년 25달러(1000달러/40)라는 뜻이다.

케인스에서 프리드먼, 모딜리아니에 이르기까지 경제학자들은 행위 주체가 먼 미래를 내다보며 숙고하고, 강력한 의지력을 발휘해 지출을 연기할 수 있는(모딜리아니의 경우에는 수십 년 동안을) 존재라고 암묵적으로 가정했다. 또 우리는 갑작스럽게 얻은 소득 중 즉각적인 지출 비중에 대해 거의 전액에서 0에 가까운 수준에 이르기까지 아주 다양한 예측을 확인할 수 있다.

세 가지 이론 중 일시적인 소득 변화에 대한 사람들의 대처 방식을 가장 잘 설명하는 것은 어느 것일까? 단기적 변화를 완화하려는 본능을 고려하는 프리드먼의 방향으로 살짝 방향을 튼 케인스의 이론일 것이다. 프리드먼이 지적했듯 예측의 정확성으로 다양한 이론을 평가하자면 말이다.[30] 반면 얼마나 똑똑한지를 놓고 평가하자면 모딜리아니가 승자가 될 것이다. 경제학자들이 "똑똑한 것이 더 나은 것이다"라는 휴리스틱을 받아들였기 때문에 모딜리아니의 이론

---

30 퇴직에 대비하기 위한 저축처럼 좀 더 장기적인 문제를 들여다본다면 이야기는 더욱 복잡해질 것이며, 나는 모딜리아니 쪽으로 좀 더 기울 것이다. 바로 다음에서 설명하는 행동 생애 주기 가설에 대한 논의를 살펴보자.

이 최고로 인정받으면서 업계 표준으로 자리 잡을 수 있었다.

하지만 아무리 똑똑한 아이라도 학교에서 항상 1등을 차지할 수만은 없다. 하버드대학교의 경제학자 로버트 배로^{Robert Barro}가 보여주었듯⁶⁵⁾ 더욱더 정교한 이론이 등장할 가능성은 얼마든지 있다. 첫째, 배로는 부모들이 자녀와 손자의 효용을 돌보고, 그 자녀들은 다시 그들의 자녀와 손자를 돌볼 것이라는 점에서 사람들이 고려하는 시간적 지평은 실제로 무한하다고 생각했다. 그렇다면 배로가 생각하는 행위자는 후손에게 유산을 남기기 위해 계획을 세우고, 그들의 상속자도 같은 행동을 할 것이다. 이 세상에서 얼마나 많은 돈을 쓸 것인지에 대한 예상은 돈의 출처에 달려 있다. 카지노에서 보낸 행운의 밤에 1,000달러가 생겼다면 배로는 소비와 관련해 모딜리아니와 똑같은 예측을 내놓았을 것이다.

반면 정부가 채권을 발행함으로써 일시적으로 국민의 세금을 감면해준 경우라면 배로는 다른 예측을 내놓았을 것이다. 채권은 결국 갚아야 할 빚이다. 세금 감면을 받은 수혜자는 그 사실을 잘 알고 있다. 결국 상속세를 통해 세금 감면 혜택을 고스란히 되돌려주어야 할 것이며, 그렇기 때문에 지출을 늘릴 근거가 없다고 생각한다. 오히려 세금 감면을 받은 만큼 더 많은 유산을 남기려 할 것이다. 배로의 통찰력은 독창적이기는 하지만, 사람들의 행동을 정확하게 설명하기 위해서는 배로만큼 똑똑한 이콘이 필요하다.³¹

---

31   몇 년 전에 열린 콘퍼런스에 배로와 함께 참석했을 때, 나는 우리 이론의 차이점은 그는 자신
      의 모형에서 행위자가 그 자신만큼 똑똑하다고 가정하며 나는 그들이 나만큼 멍청하다고 가
      정한다는 것이라고 말했다. 배로는 이를 수긍했다.

이런 흐름은 어디까지 갈 것인가? 배로보다 더 똑똑한 학자가 등장해 사람들이 행동하는 더 똑똑한 방식을 생각해낸다면, 우리는 이를 실제 사람들의 행동 방식을 설명하는 첨단 이론으로 받아들여야 할까? 예를 들어 배로가 말하는 행위자 중 한 사람이 정체를 드러내지 않은 케인스주의자라고 해보자(물론 배로는 싫어하겠지만). 그는 세금 감면 정책을 통해 경제를 활성화할 수 있고, 이로 인해 증가한 세수로 채권을 매입하리라 믿는다. 상황이 그렇게 돌아간다면 그는 원래 계획한 유산을 변경할 필요가 없다. 세금 감면을 통해 경제가 충분히 활성화되었다면 그의 상속자들은 높은 경제성장률에서 실질적인 혜택을 받을 것이고, 그렇다면 그는 오히려 유산 규모를 원래 수준에서 더 줄일 수 있다.

그러나 여기에서 어떤 경제학 이론을 선택해야 할지 결정하기 위해서는, 경제학 이론과 그것이 재정 정책에 미치는 영향에 대한 중요한 실험을 충분히 이해하는 이콘이 필요하다는 점에 주목하자. 배로만큼 똑똑한 사람은 거의 없기에 경제 속 행위자를 설명해준다고 가정하는 지식과 의지력에 제한을 두어야 한다.

심리학자들은 세상을 경제학 박사 학위를 받은 이콘이 살아가는 곳으로 이해하지 않는다. 나는 코넬대학교 심리학과에서 연설했을 때 그 사실을 뼈저리게 느꼈다. 당시 나는 모딜리아니의 생애 주기 가설을 개략적으로 설명하면서 연설을 시작했다. 객관적인 방식으로 설명했지만, 청중의 반응으로 짐작컨대 여러분이 만약 그 자리에 있었더라면 모딜리아니의 저축 이론이 논란의 여지가 꽤 많은 주제라고 느꼈을 것이다.

다행스럽게도 그 자리에는 경제학자 밥 프랭크[Bob Frank]가 함께해

주었다. 소란이 잦아들었을 때 프랭크는 그 사람들에게 내가 새롭게 지어낸 말은 없다고 설명해주었다. 그러나 심리학자들은 믿지 못하겠다는 듯 어안이 벙벙한 표정을 지었고, 경제학과 동료들이 어떻게 그토록 황당한 시선으로 인간의 행동을 바라볼 수 있는지 의아해했다.[32]

—

모딜리아니의 생애 주기 가설은 사람들이 얼마나 많은 돈을 벌고 얼마나 오래 살 것인지와 같은 질문에 대답하기 위해 반드시(합리적인 기대와 더불어) 필요한 계산을 수행할 만큼 똑똑한 존재라고 가정한다. 그뿐 아니라 그런 계산에서 도출한 최적의 계획을 실천에 옮기기 위해 스스로를 강하게 통제할 수 있는 존재라고 가정한다.

여기에 구체적으로 언급되지 않은 또 다른 가정도 있다. 바로 재산은 대체 가능한 도구라는 것이다. 생애 주기 가설에서 현금이나 주택 자산, 퇴직연금, 혹은 선조에게 물려받은 미술품 등 재산을 어떠한 형태로 보유하고 있는지는 전혀 중요하지 않다. 재산은 재산일 뿐이다. 그러나 앞서 심리 계좌의 개념을 논의하면서 이런 가정이 인지능력이나 의지력에 대한 가정만큼이나 공허하고 부적절하다는 사실을 살펴보았다.

재산은 대체 가능한 도구라는 가정을 어느 정도 완화하고, 심리

---

32 코넬대학교 동료이자 좋은 친구이기도 한 톰 길로비치Tom Gilovich는 이렇게 말했다. "난 자네가 경제학 이론에서 얻은 편리하고도 공허한 수많은 가설에 매번 놀라곤 하지."

계좌를 소비 및 저축 행동 이론으로 통합하기 위해 나는 허시 셰프린Hersh Shefrin과 함께 '행동적 생애 주기 가설behavioral life-cycle hypothesis'[66]을 제시했다. 우리는 특정 연도에 일어난 가구의 소비는 평생 재산뿐만 아니라 그 재산이 들어 있는 심리 계좌에 따라 달라질 것이라고 가정했다. 복권 당첨금 1,000달러에 따른 한계소비성향은 그 가구의 퇴직연금 가치에서 동일한 금액만큼의 증가에 따른 한계소비성향보다 훨씬 더 높을 것이다. 실제로 한 연구는 퇴직연금의 가치 상승에 따른 한계소비성향이 음수로 나타날 수도 있다는 사실을 보여준다. 구체적으로 말하자면 한 행동경제학 팀은 퇴직연금의 수익률이 높아져 더 부유해졌을 때, 투자자들은 현재의 성공적인 투자를 통해 미래를 더욱 풍요롭게 만들기 위해 저축률을 '높인다'는 사실을 보여주었다.[67]

가구들의 소비 행동을 이해하기 위해서는 이론이 아니라 인간에 다시 집중해야 한다. 인간들에게는 아인슈타인(혹은 배로)의 두뇌는 물론이거니와, 금욕적인 불교 수도승의 자기통제력 또한 없다. 그들은 열정과 결함을 지니고 있고, 망원경으로 세상을 내다보며, 각각의 재산이 든 다양한 항아리를 따로 관리하고, 주식 시장의 단기 수익에 휘둘린다. 우리에게 필요한 것은 바로 이런 인간에 대한 이론이다. 그런 이론 중 내가 선호하는 형태는 다음 장의 주제로 다룰 것이다.

12

오디세우스와 사이렌,
그리고 서약 전략

— 계획가-행동가 모형

내가 자기통제 문제에 대해 본격적으로 연구하기 시작
할 무렵, 경제학 분야에는 참조할 만한 자료가 전무했다. 지금까지
살펴본 초창기 경제학자들에 대해 나 역시 아는 바가 전혀 없었다.
대학원생들이 30년이 지난 논문을 읽어보는 일은 거의 없다. 게다
가 새롭게 발표한 논문도 많지 않았다. 그럼에도 나는 다음 세 학자
의 연구에서 많은 영감을 얻었다. 그중 한 사람은 경제학자이고, 두
사람은 심리학자다.

먼저 노스웨스턴대학교의 로버트 스트로츠Robert Strotz는 내가 유
일하게 발견한, 자기통제를 주제로 경제학 논문[68]을 쓴 인물이다.
많은 경제학자가 새뮤얼슨이 제시한 할인된 효용 모형을 사용하고
있었음에도, 스트로츠를 제외하고 시간적 모순에 대한 그의 경고에
관심을 기울인 학자는 거의 없었다. 1955년에 발표한 논문에서 스

트로츠는 시간적 모순의 문제를 깊이 들여다보았다. 그러면서 개인이 원래의 계획을 바꾸지 않기 위해 그의 기호가 만족시켜야 하는 수학적 특성을 집중적으로 파헤쳤다. 여기에서 그 논문의 전문적인 부분까지 다룰 필요는 없을 듯하다. 다만 사람들이 시간 일관적이라고 말할 수 있는 단 한 가지 구체적인 경우(지수 할인)가 존재하고, 새뮤얼슨과 마찬가지로 스트로츠 역시 그런 조건이 충족되지 않을 것이라 우려했다는 점만 언급하고 넘어가겠다.

이런 우려 때문에 스트로츠는 나중에 필수적인 논의가 되어버린 호메로스의 오디세우스와 사이렌의 이야기를 끌어들였다. 자기통제를 연구하는 거의 모든 학자(철학자에서 심리학자, 경제학자에 이르기까지)는 한 번쯤 이 고대 이야기를 끄집어낸다. 우리도 여기에서 그 전통을 따라보자.

상상해보라. 사이렌은 말하자면 여성 멤버로 이루어진 고대의 록밴드다. 어떤 선원도 그녀들의 노래에 저항하지 못한다. 유혹에 넘어간 선원들은 배를 그 바위 쪽으로 몰아가다가 결국 암초에 부딪혀 난파당하고 만다. 우리의 오디세우스는 그녀들의 노래를 듣고 싶었을 뿐 아니라 살아 돌아가 그 이야기를 사람들에게 들려주고도 싶었다. 그래서 두 가지 계획을 짰다.[33] 첫째, 그는 선원들이 사이렌들의 노래를 듣지 못하도록 모든 선원에게 밀랍으로 귀를 막을 것을 지시했다. 둘째, 선원들로 하여금 자신을 돛대에 묶도록 해 노래를 감상하면서도 배를 바위 쪽으로 몰아가려는 치명적인 유혹에 넘

---

[33] 실제로 오디세우스는 이 계획을 스스로 생각해낼 만큼 똑똑하지는 않았다. 그는 약초와 약물의 여신인 키르케의 조언을 그대로 따랐다.

어가지 않게 했다.

사실 이 이야기는 자기통제 문제에서 사람들이 사용하는 두 가지 중요한 전략을 보여준다. 선원들에게 적용한 전략은 어리석은 짓을 저지르도록 유혹하는 위험 요소를 아예 없애버리는 것이다. 즉 눈에서 멀어지면 마음에서도 멀어진다. 다음으로 오디세우스 자신을 위해서는 '서약 전략commitment strategy'을 선택했다. 즉 자기 파멸을 피하기 위해 자신에게 주어진 선택권을 제한했다. 이는 내가 캐슈너트 그릇을 치워버린 것과 비슷하다. 스트로츠 역시 급여를 수령하는 방식과 관련해 이런 서약 전략을 활용한 적이 있다고 고백했다.

"9개월 대신 12개월을 기준으로 연봉을 나누어 받는 방식을 선택했죠. 이자 수익을 마다하고 말이죠."

내가 자기통제 문제를 고민하고 있을 1978년 당시는 스트로츠의 논문은 나온 지 20년이 넘은 때였고, 경제학 분야에서는 이와 관련해 별다른 흥미로운 논문이 나오지 않고 있었다(조만간 톰 셸링이 등장하기는 했지만). 나는 영감을 얻기 위해 심리학 쪽으로 눈을 돌렸다. 만족 지연delay of gratification과 관련해 심리학 세상에는 틀림없이 방대한 논문이 나와 있을 것이라 기대했다. 그러나 그건 나의 착각이었다. 지금은 많은 심리학자가 자기통제 문제에 지대한 관심을 보이지만, 1970년대 후반만 하더라도 그렇지 않았다. 그럼에도 두 가지 보물을 발견할 수 있었다.

첫 번째 보물은 오늘날 널리 알려진 월터 미셸Walter Mischel의 연구다. 당시 스탠퍼드대학교에 있던 미셸은 캠퍼스에 있는 어린이집을 무대로 실험을 했다. 피실험자는 4~5세 아이들이었다. 미셸은 아이들을 방으로 들여보낸 뒤 당장의 작은 보상과 나중의 큰 보상 중 하나를 선택하게 했다. 여기서 보상이란 마시멜로와 오레오 쿠키 같은 것이었다. 실험자는 아이에게 쿠키 1개는 언제든 먹을 수 있지만, 실험자가 나갔다가 돌아올 때까지 안 먹고 기다리면 3개를 주겠다고 했다. 아이는 언제든 벨을 울릴 수 있고, 그러면 실험자가 와서 작은 보상을 건넨다.

아이들 대부분은 그 과제를 대단히 어렵게 느꼈다. 아이들을 기다리게 만든 이 상황은 실제로 대단히 중요한 의미를 담고 있었다. 실험자들은 보상을 접시에 담아 아이들 바로 앞에 놓아두었다. 대부분의 아이에게 눈앞의 쿠키는 오디세우스에게 들려오는 사이렌의 노래와 같은 것이었다. 아이들이 참은 시간은 평균 1분이 채 되지 않았다. 하지만 보상이 눈앞에 보이지 않을 때(그래서 마음에서 멀어질 때) 아이들은 평균 11분까지 참았다. 게다가 보상이 아닌 다른 무언가를 떠올릴 수 있는 '재미있는' 이야기를 들었을 때 더 오래 참았다.

이런 실험의 초기 과정은 1960년대 후반에서 1970년대 초반까지 이루어졌다. 그 후 10년 정도의 세월이 흐르고 나서 미셸과 그의 동료들은 그 당시의 실험을 되돌아보면서 당시 피실험자로 참여했던 아이들이 지금 어떻게 사는지 확인해보는 것이 대단히 흥미로운 작업이 되리라 생각했다. 500명에 달했던 참여자를 가능한 한 많이 추적한 결과, 3분의 1에 해당하는 사람들에게 10년 만의 인터뷰에 응하겠다는 동의를 받아낼 수 있었다. 그 결과 놀랍게도 실험에서 아이들이 참아낸 시간이 SAT 점수, 직업적 성공, 마약 복용에 이르기까지 삶의 과정에서 나타나는 다양한 측면을 정확하게 예측한 것으로 드러났다. 이는 미셸이 이른바 개성이라는 요소가 현재는 물론 미래의 행동을 예측하는 데 그리 효과적인 기준이 아니라는 점을 입증하는 다양한 실험을 직접 수행했다는 점에서[69] 놀라운 성과였다.

미셸은 초기 실험에서 아이들이 자기통제력을 발휘하는 과정에서 겪는 어려움을 보여주는 동영상을 소장하고 있다. 그중 한 아이가 내 호기심을 특히 자극했다. 그 아이는 먹음직스러운 쿠키 3개가 보상으로 자신의 눈앞에 놓여 있는 힘든 상황에 맞닥뜨렸다. 잠시 후 아이는 더 이상 참을 수 없게 되었다. 그런데 벨을 울리는 것이 아니라, 조심스레 쿠키를 돌려서 떼어내더니 맛있는 흰 크림을 핥아먹고는 들키지 않게 최대한 가지런히 다시 붙여놓았다. 아마도 이 아이는 자라서 버니 매도프 같은 사기꾼이 되었을 것이다.

다음으로 내가 주목한 또 다른 행동과학자는 정신과 의사로 활동하던 조지 에인슬리George Ainslie라는 인물로, 그는 보훈병원에서 환자를 치료하면서 남는 시간에 연구를 했다. 내가 스탠퍼드대학교에 있을 당시 열심히 공부했던 1975년 논문에서 에인슬리는 당시 자기통제와 관련해 학계에 알려진 모든 지식을 잘 요약했다.

나는 에인슬리의 논문에서 쥐나 비둘기처럼 인간이 아닌 동물을 대상으로 만족 지연을 실험했던 방대한 연구 자료가 있음을 알게 되었다.[70] 미셸의 실험과 비슷한 방식으로, 실험자들은 동물들에게 즉각적인 작은 보상과 이후의 큰 보상을 선택하도록 했다. 동물들은 레버를 눌러서(혹은 부리로 쪼아서) 보상을 얻을 수 있었다. 또 광범위한 훈련을 통해 특정 레버를 누름으로써 특정 만족 지연과 먹이 양을 선택할 수 있음을 학습했다. 실험자는 지연 시간과 보상의 크기를 다양하게 조합함으로써 동물들의 시간 기호를 확인했고, 대부분의 연구는 동물 역시 인간과 마찬가지로 선호 역전으로 넘어가는 동일한 할인 패턴을 나타낸다는 사실을 보여주었다. 동물 또한 지나칠 정도로 할인했고, 똑같이 자기통제 문제를 드러냈다.[34]

에인슬리의 논문이 발표되고 난 뒤 자기통제 문제에 대처할 수 있는 다양한 전략에 대한 논의가 오랫동안 이어졌다. 한 가지 행동 방안은 서약 전략으로 캐슈너트 그릇을 치워버리거나 돛대에 자신의 몸을 묶는 방법이 여기에 해당된다. 또 다른 방안으로는 유혹에 넘어갈 때 치러야 할 대가를 높이는 것이다. 예를 들어 금연을 결심한 경우 자주 만나는 친한 사람에게 자신이 담배를 피우는 모습을 보이면 돈을 주겠다고 약속하는 것이다. 혹은 에인슬리가 언급한 것처럼 '자신과의 내기private side bet'를 할 수도 있다. 스스로에게 이렇게 말하는 것이다.

"(하기 싫은 과제를) 끝내기 전까지는 오늘 저녁에 TV 중계를 보지 않을 거야."

—

스트로츠와 미셸, 그리고 에인슬리의 통찰력으로 무장한 나는 경제학자들이 여전히 경제학 분야의 문제라고 생각하던 자기통제

---

[34] 일부 학자는 동물을 대상으로 마시멜로/오레오 실험을 시도하기도 했다. 대부분은 즉각적인 보상을 선택했지만, 그리펜이라는 영리한 아프리카 회색 앵무새는 대부분의 유치원생보다 더 높은 수준의 자기통제력을 보여주었다(Zielinski, 2014).

개념을 논의하기 위한 이론적 기반을 다지는 일에 착수했다. 내가 주목하던 중요한 이론적 질문은 이런 것이었다.

"만일 내가 마음이 바뀔 거라는 걸 알고 있다면(원래 의도했던 만큼 캐슈너트를 조금만 먹는 것을 넘어서서 모두 다 먹어치울 것이다), 미래의 선택을 막기 위해 나는 어떤 행동을 언제, 그리고 왜 취할 것인가?"

이처럼 사람들은 모두 마음이 바뀌는 상황에 직면하지만, 그렇다고 해서 원래 계획에서 벗어나지 않기 위해 항상 특별한 조치를 취하지는 않는다. 우리가 스스로 계획한 행동 과정을 끝까지 고수하고자 하는 유일한 상황은 '지금의 선택을 나중에 바꾸면 그것이 틀림없이 실수로 드러날 것'이라고 확신할 만한 명백한 근거가 있을 때뿐이다. 캐슈너트를 몽땅 먹어버리면 입맛을 잃을 것이고, 그러면 저녁을 캐슈너트로 때우는 셈이 되는 불상사가 발생할 수 있다는 점에서 그릇을 치워버린 것은 현명한 행동이었다. 마찬가지로 미셸의 실험에 참여한 영리한 아이는 실험자에게 이렇게 말했다.

"다음번에 오레오를 주시려거든 '지금 먹으면 1개'라는 선택권을 아예 주지 마세요. 아니면 오레오라는 말도 하지 마세요. 그냥 15분 동안 기다리게 하고 3개를 주세요."

자기통제와 관련한 질문에 대해 깊이 생각하던 차에 나는 내 사고방식에 중대한 영향을 미친 사회과학자 도널드 매킨토시Donald McIntosh의 말을 접했다.

"자기통제라는 것은 인간의 마음이 하나 이상의 에너지 시스템으로 구성되어 있고, 이런 에너지 시스템이 서로 어느 정도 상호 독립적으로 기능한다고 가정하지 않는 한 역설적인 개념일 수밖에 없다."[71]

이는 그리 잘 알려지지 않은 매킨토시의 저서 『인간 사회의 근간 The Foundations of Human Society』에 수록되어 있다. 어떻게 그 문장을 발견했는지 정확하게 기억나진 않지만, 내가 보기에 그건 명백한 진실이었다.

자기통제는 본질적으로 충돌에 대한 이야기다. 그리고 탱고를 출 때와 마찬가지로 그런 충돌이 일어나기 위해서는 (적어도) 둘 이상의 개체가 필요하다. 당시 내가 모색하던 이론도 두 자아로 이루어진 모형이었다. 그런 생각은 내게 직관적인 차원에서 매력적으로 다가왔지만, 두 자아로 구성된 이론은 경제학에서는 대단히 급진적인 주장이었던 반면 심리학에서는 지나간 이야기였다. 이 이론에 대한 연구를 시작했을 무렵, 나를 포함한 경제학자들 대부분은 인간의 열정과 공평한 관찰자의 투쟁에 관한 애덤 스미스의 논의는 잘 알지 못했다. 경제학자들 대부분이 그런 식의 사고는 좀 별난 것이라 여겼다.

게다가 당시 심리학자들은 프로이트가 말한 이드, 자아, 초자아에 더 이상 푹 빠져 있지 않았고 지금 유행하고 있는 이중 시스템 사고방식two-system view72)은 아직 존재감을 드러내지 않았다.[35] 나는 떨리는 마음으로 동료들에게 이런 접근 방식에 대한 이야기를 들려주었다. 비록 그런 개념을 「소비자 선택의 실증적 이론에 대해Toward

---

35 카너먼이 그의 저서 『생각에 관한 생각』에서 밝힌 이중 시스템 모형은, 그와 트버스키가 그 책을 위한 연구에서 목표로 삼은 주제는 아니었다. 카너먼이 이 책을 쓰게 된 중요한 이유 중 하나는 빠르고 자동적인 시스템, 느리고 추론적인 시스템의 틀을 기반으로 그들의 원래 연구를 새롭게 조명함으로써 두 사람의 초기 발견을 혁신적인 시선으로 바라볼 수 있을 것이라는 기대 때문이었다.

a Positive Theory of Consumer Choice」에서 간략하게 다루긴 했지만 좀 더 체계적인 설명이 필요하다고 느꼈고, 이는 곧 경제학적인 차원에서 수학적 엄밀성을 확보해야 한다는 뜻이었다. 그래서 나는 나와 같은 기간에 로체스터대학교에 있던 수리경제학자 허시 셰프린을 끌어들이기로 했다.[73]

셰프린은 내가 오랫동안 해오고 있는 공동 집필 작업을 처음으로 함께 한 인물이었다. 우리가 자기통제에 관련한 문제를 놓고 논의하기 시작했을 때 그가 보인 뛰어난 장점은 두 가지였다. 우선 수학에 능하며 내 아이디어가 완전히 터무니없는 것은 아니라고 생각한다는 사실이었다. 사실 나보다 수학을 잘하는 경제학자들은 어렵지 않게 발견할 수 있었다는 점에서 두 번째 장점은 특히 내게 중요했다.

셰프린과 나는 다양한 측면에서 정반대 성향이었다. 그는 진지하고, 세심하고, 학구적이었다. 게다가 신앙심이 깊었고 유대 율법학자의 지식을 집대성한 『탈무드』를 공부한 인물이었다. 나는 그런 것들과는 거리가 멀었지만 우리는 잘 지낼 수 있었다. 가장 중요한 사실은 그가 내 농담에 잘 웃어준다는 것이었다. 우리는 아모스와 대니처럼 끝없이 이야기를 주고받으며 일했다. 그리고 논문을 처음 함께 쓰게 되었을 때는 아모스와 대니가 그랬던 것처럼 문장 하나하나에 대해 함께 논의했다.

로체스터에서 그렇게 많은 이야기를 나눈 뒤, 나는 조만간 코넬대학교로 자리를 옮겼고, 셰프린도 태양 가득한 캘리포니아를 향해 스탠퍼드대학교에서 그리 멀지 않은 산타클라라대학교로 옮겼다. 함께 두 편의 논문을 마친 뒤 셰프린은 행동경제학 연구에 매료되었고, 얼마 후 산타클라라대학교 동료 마이어 슈태트만Meir Statman과 함께 행동 금융을 주제로 한 연구 프로젝트를 성공적으로 이어갔다.

사실 우리 이론은 은유에 기반을 두고 있었다. 우리는 인간이라 는 존재가 항상 두 자아로 이루어졌다고 가정했다. 하나는 선의를 갖고 앞날을 걱정하는 미래 지향적인 '계획가planner'다. 또 하나는 내일을 잊고 오로지 오늘만 살아가는 '행동가doer'다.[36] 인간의 행동 에 대한 이런 모든 모형이 떠안고 있는 핵심적인 문제는, 둘의 상호 작용을 어떻게 규정할 것인가 하는 것이다.

이에 대한 한 가지 답변은 수학과 경제학에서 파생된 게임 이론 이라는 것을 핵심 모형으로 삼고 상호작용을 하는 계획가와 행동가 를 게임 속 경쟁자로 설정하는 것이다. 그러나 우리는 행동가는 전 략적 행동을 취하지 않는다고 생각했기 때문에 그런 생각을 받아들 이지 않았다. 행동가는 오로지 순간을 살아가는 수동적 존재다. 그 는 눈앞의 상황에만 반응하고, 싫증 날 때까지 먹는다. 우리는 게임 이론 대신 주인-대리인 이론principal-agent model이라는 조직 이론에 기반을 둔 답변을 선택했다.

그 과정에서 우리는 로체스터 경영대학원에서 강의하는 동안 논 의의 중심을 차지하고 있던 소위 대리 이론agency theory에 많은 영향 을 받았다. 마이클 젠슨, 그리고 당시 로체스터 경영대학원 학장이 던 윌리엄 메클링William Meckling은 1976년에 대리 이론을 주제로 유

---

[36] 내가 이런 주제로 논문을 쓰고 난 뒤, 톰 셸링 역시 관련된 논문에 착수했다. 우리 두 사람의 입장에는 전반적으로 많은 공통점이 있었으나, 여러 가지 장기적인 기호가 좀 더 '올바른' 것 이라는 주장에 대해 셸링은 나만큼 확신을 갖지 못했다. 다음을 참조(Schelling, 1984).

명한 논문을 발표했다.[74] 나는 두 사람이 그들의 아이디어를 우리 방식대로 활용하는 데 대해 인정할 것인지 확신이 서지는 않았지만, 그것 또한 즐거움이었다.

주인-대리인 이론에서 주인은 종종 사장, 즉 기업의 소유주를 가리키고, 대리인은 권한을 위임받은 직원을 가리킨다. 기업 환경에서 대리인은 주인이 알지 못하는 내용을 알 수 있기 때문에 긴장 관계가 형성된다. 또 비용 문제로 주인은 대리인의 활동을 일일이 간섭하기 어렵다. 이런 구조에서 대리인은 어떻게든 적게 일하고 많은 돈을 받으려 한다. 그래서 기업은 주인과 대리인의 이해관계 충돌에 따른 손실을 최소화하기 위해 여러 규칙과 절차(인센티브 제도와 회계 시스템 등)를 마련해놓고자 한다. 예를 들어 영업 사원은 성과에 따라 보수를 지급하고, 영수증을 통해 출장 경비를 증빙하도록 하며, 일등석은 이용하지 못하게 되어 있다.

개인을 하나의 단위로 볼 때, 그 안에서 대리인은 여러 명의 단기적 행동가다. 구체적으로 말해 우리는 매 기간, 가령 날마다 새로운 행동가가 등장한다고 가정한다. 그들은 오로지 즐기는 데에만 관심이 있고, 앞으로 등장할 행위자에 대해서는 아무런 관심이 없다는 점에서 전적으로 이기적인 존재다. 반면 계획가는 완전히 이타적이다. 그녀는[37] 모든 행동가의 행복에 관심을 기울인다(자비로운 독재자쯤으로 여겨도 좋다). 그녀는 모든 행위자의 행복을 바라지만, 그

---

37 트버스키는 계획가를 항상 여성형으로 언급했다. 그를 기리는 의미에서 나도 그렇게 하고 있다. 여성에 비해 남성이 일반적으로 행동가에 더 가깝다는 점에서 나는 행동가를 남성형으로 표현한다. 성차별주의자라고 비난해도 할 말이 없다.

들의 행동을 통제할 수 있는 힘은 제한적이다. 행동가가 음식이나 섹스, 음주, 혹은 외출과 관련해 강한 불만을 드러낼 때 특히 더 그렇다.

계획가는 행동가를 통제하기 위해 두 가지 도구를 활용한다. 우선 행위자에게 '재량권'을 부여한다. 동시에 보상이나 처벌(금전적인 것을 포함해)을 통해 그들의 의사 결정에 영향을 미친다. 혹은 그들의 선택권 자체를 제한하는 서약 전략 같은 '규칙'을 부과한다. 이에 대해 자세히 살펴보기 위해 간단한 사례를 가정해보자. 해리라는 사람이 지금 외부와 연락할 수 있는 그 어떤 도구도 없이 외딴곳에 있는 오두막에서 홀로 캠핑을 하고 있다. 그는 경비행기를 타고 왔고, 그 경비행기는 열흘 뒤에 돌아와 그를 태우고 갈 것이다. 그는 음식을 잔뜩 싣고 왔지만(심수도 풍부하고), 주변을 어슬렁거리던 배고픈 곰들이 몰려와 그 음식들을 갖고 가버렸다. 그나마 다행인 것은 미처 발견하지 못한 것인지, 아니면 입맛에 맞지 않았던 것인지 곰들이 에너지바 10개를 남겨두었다는 사실이다.

비행기와 교신할 방법도 없고 사냥하는 법도 몰랐기 때문에 해리는 비행기가 돌아올 때까지 에너지바를 먹으며 열흘간 버텨야 한다. 물론 해리에게도 계획가와 행동가가 있다. 해리의 계획가는 이 난국을 어떻게 타개해나갈 것인가?

계획가가 각각의 행동가가 에너지바를 먹는 행동을 균등하게 평가한다고 해보자(즉 나중에 먹는 행동을 할인하지 않는다). 여기에서 에너지바에 대한 행동가의 한계효용을 체감한다. 다시 말해 첫 번째 에너지바는 두 번째 것보다 맛있고, 두 번째 것은 세 번째 것보다 맛있다. 그러고는 마지막 한 입이 추가적인 즐거움을 제공하지 못할 때 행동가는 먹는 것을 중단한다.

이런 상황에서 계획가는 행동가가 하루에 하나씩 에너지바를 먹는 것이 최고의 방법이라 생각하고, 10명의 행위자에게 각각 동일한 효용을 제공하고자 한다.[38] 즉 계획가는 생애 주기 가설을 따르는 이콘의 행동과 동일한 방식으로 소비 평활화consumption smoothing를 구현하고자 한다. 계획가는 행동가가 이콘과 어느 정도 비슷하게 행동하도록 만들고 싶다. 기술적으로 가능한 선에서 계획가는 행동가에게 어떤 재량권도 남겨두지 않는 서약 전략을 채택함으로써 그들이 실수를 저지를 위험을 없애버리고자 할 것이다. 오두막 안에 특정 시점에 열리도록 설정 가능한 금고가 10개가 있다면 더할 나위 없을 것이다.[39] 계획가 입장에서 그것은 최고의 결과를 실현할 수 있는 이상적인 방법이다.

하지만 오두막에 그런 금고가 10개나 있을 리 만무하다. 그렇다면 그녀는 이제 어떻게 해야 할까? 에너지바 10개가 언제나 먹을 수 있도록 선반 위에 놓여 있다. 그렇다면 앞으로 무슨 일이 일어날까? 계획가가 전혀 개입하지 않는다면, 앞으로 등장할 행동가의 행복에는 전혀 관심이 없는 첫 번째 행동가가 배가 부를 때까지 에너지바를 먹어치울 것이다. 즉 에너지바가 더 이상 추가적인 만족감

---

38 문제를 단순화하기 위해 하루에 에너지바 하나만 먹을 때, 공복감이 점점 더 심해질 가능성은 배제하기로 한다.

39 그런 기술은 이미 나와 있다. 키친세이프(www.thekitchensafe.com)는 일정 시간 잠가놓을 수 있는 플라스틱 용기를 판매한다. 이 기업은 사탕에서 스마트폰, 자동차 열쇠에 이르기까지 유혹을 떨치기 어려운 모든 것을 그 안에 넣어둘 수 있다고 설명한다. 나는 고맙게도 한 학생에게 이 제품을 선물 받았다. 나는 거기에 캐슈너트를 가득 넣어두었다. 이콘의 세상에서는 아무도 이 제품을 찾지 않을 것이다.

을 주지 않을 때까지 먹을 것이다.

여기에서 그 시점이 3개를 먹었을 때라고 해보자. 그렇다면 둘째 날에 등장한 행동가도 마찬가지로 3개를 먹을 것이며, 셋째 날도 똑같을 것이다. 다음으로 넷째 날이 밝아올 때, 그날의 행동가는 아침으로 하나(마지막 남은 에너지바)를 먹고 나서 조만간 배고픔에 괴로워할 것이다. 그리고 그 괴로움은 마지막 날까지 이어질 것이다.

그렇다면 계획가는 어떻게든 초기 행동가가 처음 며칠 동안 에너지바로 배를 채우지 못하도록 막아야 한다. 서약 전략을 사용할 수 없다면 우리 모형에서 계획가가 선택할 수 있는 유일한 방법은 죄책감을 활용하는 것이다. 계획가 자신에 의해서든 부모나 사회에 의해서든, 미래의 행동가에게 먹을 것을 하나도 남겨두지 않는 행동에 대해 미안해하도록 행동가를 교육시킬 수 있을 것이다. 그러나 이런 사회화 작업에는 대가가 따르기 마련이다. 에너지바 사례에서 행동가가 에너지바 하나를 먹고 나서 곧바로 죄책감을 느끼도록 만들 수는 없다. 대신 그녀는 에너지바를 먹는 행동을 덜 즐거운 것으로 만들어야 한다.

이는 [그림 6]에 잘 나타나 있다. 제일 높이 솟은 그래프는 행동가가 죄책감을 전혀 느끼지 않고 에너지바를 먹을 때의 효용을 나타낸다. 여기에서 행동가는 효용이 극대화되는 지점, 즉 에너지바를 3개까지 먹는다. 다음으로 바로 아래 곡선은 약간의 죄책감으로 행동가가 2개만 먹고 그만두는 상황을 나타내며, 맨 아래는 하나만 먹는 경우를 의미한다. 이 그래프에서 주목해야 할 대목은 죄책감을 활용할 때 즐거움이 낮아진다는 점이다. 행동가가 에너지바를 덜 먹도록 만드는 유일한 방법은 먹는 것을 덜 즐거운 활동으로 만

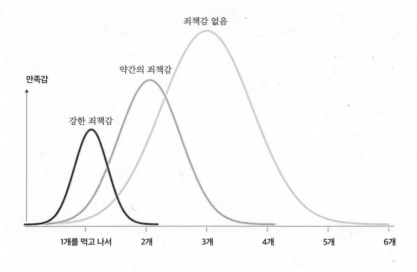

[그림 6] 에너지바가 주는 만족감

죄책감 없음

약간의 죄책감

만족감

강한 죄책감

1개를 먹고 나서　　2개　　3개　　4개　　5개　　6개

드는 것이다. 다시 말해 의지력을 발휘하기 위해서는 고통이 수반된다.

이런 분석은 개인이 규칙을 완전히 따를 수 있을 때 삶은 더 행복해진다는 사실을 말해준다. 설정 가능한 금고에 에너지바를 하나씩 넣어두는 전략은 죄책감을 활용한 제약보다 훨씬 더 높은 만족감을 선사할 수 있다. 스트로츠는 9월부터 5월까지 9개월이 아니라, 9월에서 8월까지 12개월을 기준으로 급여를 지급해달라고 대학 측에 요청함으로써 자신의 목표를 달성했다. 9개월을 기준으로 하면 돈을 더 빨리 받을 수 있고 그에 따른 이자 수입도 챙길 수 있다. 대신 가족 여행은 물론, 여름 동안 쓸 생활비를 마련하기 위해 급여를 받는 기간 내내 절약해야 했다.

그런데 왜 이런 규칙을 항상 활용하지 않는가? 그 이유 중 하나는 외적으로 강요된 규칙은 적용이 쉽지 않기 때문이다. 가령 매일 저녁 바로 먹을 수 있는 건강 식단이 집으로 배달되도록 신청해놓았다 하더라도 여러분은 얼마든지 피자를 주문할 수 있다. 그리고 충분히 적용 가능하다 하더라도 규칙은 원칙적으로 유연하지 않다. 스트로츠가 9개월 기준을 선택했다면 돈은 더 일찍 들어올 것이고, 그러면 잔디 깎기처럼 겨울에 세일하는 제품을 더 쉽게 구입할 수 있을 것이다. 반면 12개월에 걸쳐 균등하게 들어온다면 겨울에 잔디 깎기를 사기에는 예산이 빠듯할 것이다. 물론 9개월 기준을 선택했다면 스트로츠는 대신 여름까지 버티기 위해 인내심을 발휘해야 했을 것이다.

이는 기업에도 똑같이 적용할 수 있다. 대리인이 모든 상황에서 무엇을 해야 할지 주인이 정확하게 알고 있다면, 그녀는 반드시 지켜야 할 규칙을 만들 수 있을 것이다. 그러나 우리는 누가 봐도 당연한 일을 규칙에 나와 있지 않다는 이유로, 즉 명시적으로 허락되지 않은 일이라는 이유로 스스로 판단하지 못하는 대리인 때문에 고통을 겪은 경험이 있다. 물론 기업과 개인은 지출을 지속적으로 관리하기 위해 또 다른 통제 방법을 활용한다. 기업의 경우 그런 방법을 회계라고 한다. 앞에서 살펴보았듯 개인 역시 동일한 목표를 달성하기 위해 봉투나 유리병, 혹은 퇴직연금 등을 빌려 심리 계좌를 활용한다. 다만 이콘처럼 다양한 돈 항아리가 대체 가능한 것이라고 생각하지 않아야만 이런 방법이 유효하다는 점에 유의하자.

여기에서 셰프린과 내가 사람들의 머릿속에 실제로 2명의 다른 존재가 살고 있다고 생각하지는 않았다는 점을 강조할 필요가 있겠다. 우리의 접근 방식은 자기통제 문제에 접근하는 효과적인 방법을 제공하기 위한 일종의 '마치 ~처럼' 모형이다. 우리는 두 번째 논문의 주석에서 계획가는 의식 및 이성적 사고와 관련된 두뇌의 전두엽 영역에 살고 있고, 행동가는 변연계에 사는 것으로 생각할 수 있다는 점을 언급했다. 대니가 『생각에 관한 생각』에서 묘사한 이중 시스템 모형에 친숙한 사람들이라면 계획가를 느리고 추론하고 숙고하는 '시스템 2'로 생각할 수 있다. 동시에 행동가를 빠르고 충동적이고 직관적인 '시스템 1'로서 생각하는 것은 충분히 합리적인 접근 방식이다.

최근의 신경경제학 연구 결과 역시 이런 해석을 뒷받침한다.[75] 하지만 실용적인 차원에서 보자면 이중 시스템 모형이 생리학적 기반을 확보하고 있느냐는 별로 중요한 문제가 아니다. 이는 다만 사람들이 경제학의 관점에서 자기통제 문제를 이해하는 과정에 실질적인 도움을 줄 수 있는 은유적인 방법인 것이다.

나는 계획가-행동가 모형이 자기통제 문제에 접근하는 가장 효과적인 방식이라고 확신했지만, 이는 차세대 행동경제학자들의 주목을 받는 공식 이론으로 떠오르지는 못했다. 하버드의 행동경제학자 데이비드 레입슨David Laibson은 1997년 박사 학위 논문[76]을 통해 처음으로 선택 모형을 제시했다. 매슈 라빈Matthew Rabin과 테드 오도노휴Ted O'Donoghue라는 행동경제학 이론가는 이런 접근 방식에 집중했고,[77] 오늘날 대부분의 경제학자는 중요한 변수를 나타내는 그리스 문자인 베타B와 델타Δ를 가지고 언급한다. 이 이론에 대한 설명은 세부적인 차원으로 들어가지 않고서는 불가능하기 때문에 관련 논문은 마지막에 주석으로 수록해놓았다.[78] 베타-델타 모형이 계획가-행동가 모형보다 더 낫다고 말할 수 있는 중요한 장점은 수학적 단순성에 있다. 이 모형은 자기통제의 본질적 측면을 포착하는 새뮤얼슨의 기본 모형에 가장 가까운 이론이다.

베타-델타 모형의 작동 방식을 간단히 살펴보자. '나중에'라고 말할 수 있을 정도로 충분히 멀리 떨어진 기간에는 시간 할인을 전혀 하지 않는 사람이 있다고 해보자. 즉 할인율이 0이다. 그러나 그에게 '지금'에 해당하는 모든 것은 특별하고 매력적이며, '나중에' 누릴 수 있는 것은 그 절반밖에 가치가 없다. 앞서 소개한 윔블던 사례에서 올해 100의 가치가 있는 일차전은 50년, 혹은 더 이후에는 50밖에 가치가 없다. 이런 기호는 나중에 비해 현시점에 더 많은 비중을 두고, 시간 모순적인 선택을 유발한다는 점에서 '현재 편향적'이다.

이처럼 모형이 매우 단순화된 형태에서조차 우리는 시점 간 선택에 대한 흥미로운 섬세함을 발견할 수 있다. 이런 섬세함은 부분적으로 사람들이 자신의 자기통제 문제를 인식하는지에 달려 있다. 레입슨이 이 주제를 놓고 첫 번째 논문을 썼을 때 그는 행동가가 '복잡하다'고 가정했으며, 이 말은 그들이 이런 형태의 시간 기호를 갖고 있다는 사실을 스스로 인식하고 있다는 의미다.

당시만 해도 생소한 분야인 행동경제학 이론에 대한 논문을 갖고 교수 자리를 얻기 위해 애쓰던 대학원생 시절, 레입슨은 똑똑하게도 그 모형을 이런 식으로 설명했다. 레입슨의 행위자는 그들에게 문제가 있는 시간 기호가 있다는 한 가지 사실만 제외하고는 순수한 이콘이다. 오도노휴와 라빈이 그 연구에 동참하고자 했을 때, 두 사람은 행위자가 편향적인 기호를 갖고 있지만 이로 인한 어려움은 인식하지 못한다는 좀 더 급진적인 접근 방식을 고려했다. 그들은 '순진한' 행위자다.

당연하게도 이런 단순한 설명만으로는 인간의 행동을 정확하게 설명할 수 없다. 나는 양극단, 즉 부분적인 순진함 사이 어디엔가 '진실'이 존재한다고 주장하는 세 저자의 입장에 동의한다. 대부분 스스로에게 자기통제 문제가 있다는 사실을 잘 알지만 그 심각성은 종종 과소평가한다. 우리는 복잡성의 차원에 대해 무지하다. 특히 조지 로웬스타인이 말한 '뜨겁고-차가운 공감 차이(hot-cold empathy gap)[79]'로부터 많은 어려움을 겪는다. 다시 말해 차갑고 사색적인 상황에 있을 때(예를 들어 일요일에 맛있는 브런치를 먹고 나서 다음 수요일 저녁에 어떤 음식을 먹을지 생각할 때), 우리는 그날 건강에 도움이 되는 저칼로리 식단을 어렵지 않게 지킬 수 있을 것이다. 하지만 정작 수요일 저녁이 되자 친구들이 찾아와 크래프트 맥주를 함께 판매하는 새로 생긴 피자 가게에 가자고 한다면? 결국 일요일에 계획한 것보다 더 많이 먹고 마시게 된다. 어쩌면 수요일이 되기도 전에 그 피자 가게 앞을 지나가다 진귀한 맥주로 가득한 메뉴판을 보고는, 아니면 오븐이 내뿜는 매혹적인 향기에 이끌려 안으로 들어갈 것이다.

바로 이런 위험에 대비해 계획가가 나서서 먼저 규칙을 정하고(가령 주중에 맥주나 피자를 멀리할 것), 다음으로 그 규칙을 강제할 방법을 고민해야 한다. 내가 처음으로 캐슈너트 그릇을 치워버린 그날 이후, 행동과학자들은 자기통제 문제에 대해 참으로 많은 것을 배웠다. 앞으로 자세히 살펴보겠지만, 이런 지식은 다양하고도 중요한 사회적 문제를 해결하는 과정에서 중요한 역할을 하는 것으로 드러나고 있다.

쉬어 가기

13

심리 계좌와 자기통제, 가라앉던 기업을 살리다

— GM과 그릭픽의 성공 사례

행동경제학이 사람들의 행동 방식을 좀 더 현실적으로 설명한다고 말하기 위해서는, 행동경제학이 실질적인 도움을 줄 수 있어야 한다. 나는 연구 초기에 대부분의 시간을 심리 계좌와 자기 통제에 관련한 학문적 연구에 집중했지만, 그래도 이따금 현실 세계를 경험할 다양한 기회를 만날 수 있었다. 그런 기회는 특히 이타카 지역에서 가격 정책 문제로 찾아왔다. 머지않아 나는 심리 계좌와 자기통제에 대한 아이디어를 비즈니스에도 적용할 수 있음을 깨달았다. 이와 관련해 두 가지 사례를 소개할까 한다.

| 부도 위기에 빠진 스키장을 살려라 |

코넬대학교에서 나는 제임스 코브라는 학생을 통해 그의 형 마이클을 만났다. 그 지역 출신으로 스키 마니아인 마이클은 스키 관련 업계로 직장을 옮기고 싶어 했고, 결국 이타카 인근의 그릭픽이라는 가족 소유 스키장에 마케팅 이사로 들어갔다. 그런데 당시 그릭픽 리조트는 심각한 재정난을 겪고 있었다. 평년보다 부족한 적설량과 불경기가 몇 해 이어지면서 그릭픽은 비수기를 버티기 위해 많은 돈을 빌려야 했다. 당시는 신용 등급이 아주 높은 기업도 높은 금리로 돈을 빌릴 때였는데, 그릭픽은 신용 등급조차 좋지 않았다. 매출을 늘리고 부채를 줄이지 않으면 부도를 맞을 상황이었다.

절실한 도움이 필요했던 마이클은 급기야 내게 물물교환을 제안했다. 그는 나와 아이들에게 리프트 이용권을 주면서 아동용 스키장비까지 마련해주었다. 그 대가로 회사의 재정 상태를 흑자로 전환하는 데 필요한 조언을 요청했다. 나는 그릭픽이 수익을 내기 위해서는 가장 먼저 이용료를 올려야 한다는 사실을 깨달았다. 하지만 수익을 내기 위한 수준으로 높이면 버몬트나 뉴햄프셔 같은 유명 스키장과 별반 차이가 없어질 것이었다. 이용객 1인당 운용비는 규모가 큰 유명 스키장들과 거의 차이가 없는 반면, 그릭픽의 리프트는 5개 라인밖에 없었고, 스키 코스 역시 훨씬 적었다. 그렇다면 이용객 수가 줄어들지 않는 선에서 유명 스키장과 비슷한 수준으로 요금을 올리려면 어떻게 해야 할까? 그리고 코넬대학교와 다른 인근 대학들의 학생을 포함해 가격에 민감한 지역 시장의 소비자를 그대로 유지하는 방법은 무엇일까?

196

심리 계좌의 관점에서 보았을 때 그 일대에서 유명한 버몬트 스키장의 리프트 이용료는 그릭픽 이용객에게 객관적인 기준으로 작용한다. 그리고 시설 수준을 고려하면 그릭픽의 이용료가 조금 더 저렴하리라 기대할 것이다. 이런 상황에서 그릭픽이 강조해야 할 장점은 인접성이었다. 그릭픽은 뉴욕 중심부 사람들에게 최고의 입지인 반면, 버몬트 스키장은 차로 5시간이 걸렸다. 또 그릭픽 스키장은 스크랜턴이나 필라델피아, 워싱턴 DC 등 남쪽 지역 사람들에게도 가장 가까운 곳이었다. 게다가 이들 지역에서는 주말마다 셔틀버스를 운행하고 있었다.

나는 우선 마이클에게 그릭픽의 매출 구조에 대해 한번 더 생각해보고, 행동경제학의 원칙들을 활용해볼 것을 조언했다. 첫 번째로 해결할 과제는 리프트 이용료를 올리면서도 이용객들을 잃지 않는 것이었다. 이를 위해 우리는 몇 년에 걸쳐 가격을 점차 인상함으로써 부작용을 최소화하는 방법을 택했다. 그리고 가격 인상을 부분적으로 정당화하기 위해 이용객의 만족감을 높임으로써 바가지를 썼다는 인상을 가급적 줄이고자 했다.[40]

이를 위해 나는 먼저 한 가지 아이디어를 제안했다. 하나의 스키라인 측면에 짧은 경기용 코스가 하나 있었는데, 이용객은 거기서 활강 코스를 체험해볼 수 있었고, 대형 스피커를 통해 공식 기록까

---

40 심리 계좌 측면에서 볼 때 그릭픽은 이용객 대부분에게 충분한 효용을 제공했다. 특히 지역 주민은 낮에 30분 만에 차를 몰고 와 스키를 즐기고 저녁에 집으로 돌아갈 수 있었다. 즉 숙박비를 아낄 수 있었다. 솔트레이크시티나 그릭픽 인근 지역 주민은 타지인이 누릴 수 없는 사치를 그릭픽에서 만끽할 수 있었던 것이다. 규모가 큰 스키장에 비해 가격이 합리적이지 않았다는 점에서 이 문제는 인식된 거래 효용에 관한 것이었다.

지 확인할 수 있었다. 특히 젊은 이용객이 그 코스를 좋아했고, 안전을 위해 활강 깃대의 간격을 충분히 좁혀두고 있었다. 그런데 그 활강 코스를 이용하려면 1달러를 내야 했다. 1달러는 큰돈은 아니지만 이용객의 짜증을 부르기에는 충분했다. 슬로프에 서서 주머니를 뒤져 1달러를 찾아내는 건 성가신 일이다. 우선 뭉툭한 장갑을 벗고, 어느 주머니에 돈을 넣어두었는지 뒤져야 한다. 그러고 나서 자판기 홈에 지폐를 정확하게 밀어 넣어야 한다. 게다가 원활하게 작동하는 기계라 할지라도 눈보라를 몇 번 맞고 나면 인식률이 크게 떨어지기 마련이다.

나는 마이클과 사장 알에게 활강 코스에서 얻는 수입이 얼마인지 물었다. 듣고 보니 그 액수가 1년에 몇천 달러에 불과했다. 나는 이렇게 물었다.

"그러면 아예 공짜로 개방하면 어때요?"

적은 수입을 포기하면 이용객의 만족감을 크게 높일 수 있다. 그건 결코 어려운 일이 아니었다. 이를 계기로 마이클과 알은 서비스 품질, 더 나아가 그릭픽의 서비스에 대한 소비자의 인식을 재고하기 위해 다양한 아이디어에 도전했다.

다음 사례는 스키 강습과 관련된 것이었다. 스키 강사의 주요 업무는 초보자, 그중에서도 특히 고객층 확대에 중요한 학생 그룹을 대상으로 강습하는 것이었다. 하지만 당시 강사 대부분은 놀고 있었다. 그러자 누군가가 슬로프에서 무료 스키 클리닉 강습을 열어보자는 아이디어를 냈다. 강습을 신청한 이용객이 코스 중간의 특정 지점에서 출발해 깃대 몇 개를 지그재그로 활강하게 하고, 그 과정을 녹화하는 것이다. 그런 다음 슬로프 아래에서 대기하던 강사가 스키어에게 영상을 보여주면서 문제점을 지적하는 방식이었다. 그릭픽에서는 이런 식으로 무료 레슨을 실시하기로 했다.

물론 이런 노력이 가격 인상에 대한 이용객의 불만을 어느 정도 누그러뜨릴 수 있겠지만, 여전히 가격에 민감한 지역 시장을 걱정해야 했다. 그래서 한 가지 멋진 비즈니스 모델을 만들어냈다. 대학생을 대상으로 10월 15일까지 평일 리프트 이용권 6개 패키지를 대폭 할인한 금액으로 판매하는 행사를 벌인 것이다. 이 소식은 학생들 사이에 널리 퍼졌고, 시즌 전 매출에 크게 기여했다. 내 생각에 프로그램의 이름을 '식스팩'이라 한 것도 꽤 적절했던 것 같다. 여섯 캔들이 맥주 이미지는 대학생들의 관심을 모으는 데 어느 정도 도움이 되었을 것이다.

우리는 식스팩과 같은 행사를 일반 이용객을 대상으로 할 수 있을지 궁금했다. 이때 목표는 1년에 기껏해야 한두 번 차를 몰고 찾아오는 원거리 이용객은 누릴 수 없는 멋진 혜택을 지역 주민에게 주는 것이었다. 원거리 스키어의 경우 리프트 이용 가격은 교통비와 숙박비 등 전체 여행 경비에서 일부분에 불과하다. 그런 사람들에게 리프트 이용 가격 차이는 스키장 선택에 그다지 중요한 요소로 작용하지 않을 것이며, 특히 부근에 다른 경쟁 스키장이 없는 경우에는 더욱 미미할 것이다. 그래서 그릭픽는 '텐팩'이라는 이름의 새로운 패키지 상품을 출시했다. 이 상품은 주말 5일권과 평일 5일권으로 구성되었으며, 10월 15일까지 구매할 경우 40퍼센트나 할인된 가격으로 살 수 있었다.

텐팩은 지역 주민 사이에서 큰 인기를 끌었다. 그 비결은 몇 가지 행동 요인으로 설명해볼 수 있다. 첫째 요인은 분명하다. 40퍼센트 가격 할인은 대단히 솔깃한 제안이다. 거래 효용이 매우 높아 보인다. 둘째, 사전 구매 행위는 구매 결정, 그리고 스키장으로의 여행 결정을 분리해준다.[80] 와인 사례에서처럼 사전 구매는 돈을 절약하기 위한 '투자'로 인식되며, 눈이 내린 화창한 금요일에 스키장으로 떠나려는 즉흥적인 결정을 공짜 여행처럼 보이게 만들어준다. 즉 이전 주말에 외식을 했다는 사실이 여가 활동의 심리 계좌를 적자로 만들지 않는다. 사전 구매 이용객에게 스키는 '공짜'로 만나는 여유인 셈이다.

한편 스키장 입장에서 볼 때 그것은 공짜 이상의 것이다. 이는 일종의 매몰 비용이다.[41] 시즌이 막바지로 접어들 무렵, 텐팩에 투자한 스키어들은 본전을 만회하기 위해 최대한 티켓을 사용하고자 하고, 그런 이유로 정상가를 치르고 타야 하는 친구들을 적극적으로 끌어들인다(사전 구매한 리프트 이용권은 양도가 불가능하다).

텐팩의 인기가 높았던 또 다른 이유는 이용객이 내년에는 더 많이 이용해야겠다는 결심을 하도록 만들기 때문이다. 한 스키어는 이렇게 말했다.

"작년에는 고작 세 번밖에 가질 못했어요. 그리 멀지도 않은데 말이죠. 올해에는 휴가를 내서 한적할 때 이용해야겠어요."

운동을 더 열심히 하기 위해 일부러 헬스클럽 회원권을 구입하

---

41 물론 모든 사람이 이 함정에 빠지는 것은 아니다. 마이클에게 공짜 리프트 이용권을 받기 전에 나는 7학년이던 딸 매기를 위해 방과 후 스키 프로그램을 등록해주었다. 다음 주 매기는 친구가 생일 파티를 하기 때문에 스키 수업을 빼먹을 것이라고 말했다. 나는 이렇게 말했다. "정말이니? 큰돈을 주고 방과 후 스키 프로그램을 신청했잖아!" 매기는 대답했다. "그건 매몰 비용이잖아요!" 경제학자의 딸만이 그 생각을 떠올릴 수 있을 것이다.

는 것처럼 스키어 계획가 역시 이번 시즌에 더 많이 스키장을 찾도록 자극하는 동기를 기꺼이 받아들이려 한다. 게다가 텐팩은 돈을 절약하는 좋은 방법이기도 하다. 이후 몇 년이 흐르면서 그릭픽 매출에서 식스팩과 텐팩, 그리고 시즌권은 상당한 비중을 차지하게 되었다. 또 사전 매출이기 때문에 시즌이 시작되는 12월까지 버티기 위해 추가 대출을 받아야 하는 부담도 자연스럽게 사라졌다. 스키장에서 직접 눈을 만들 수 있지만, 제설기를 가동하기 위해서는 기온이 충분히 내려가야 한다. 게다가 스키장 소유주들이 그토록 안달하듯 아무리 춥다 하더라도 눈이 쌓이지 않으면 사람들은 스키장의 설질과 상관없이 스키를 타겠다는 생각을 아예 하지 않는다.

텐팩을 처음 판매한 지 3년이 흘러, 마이클은 분석 결과를 들고 내게 연락을 해왔다. 텐팩을 정상가의 60퍼센트 가격에 판매했다는 사실을 상기하자. 마이클은 내게 이렇게 물었다.

"미리 판매한 리프트 이용권 중 몇 퍼센트가 실제로 사용되었는지 맞혀보실래요?"

그는 이렇게 말했다.

"60퍼센트요!"

그릭픽은 정상가의 60퍼센트로 텐팩을 판매했고, 그중 60퍼센트만이 실제로 사용되었다. 그렇다면 그릭픽은 실제로는 정상가에 티켓을 판매한 것이었으며, 심지어 몇 달 앞서 돈을 받았던 것이다. 놀라운 성공이었다. 고객들은 이런 결과에 화를 내지 않았고, 그들 중 대부분은 다음 해에도 텐팩을 다시 구매했다. 미리 구매한 티켓의 상당 부분을 사용하지 않았던 사람들은 스키장이 아니라 스스로를 책망했다. 물론 시즌이 끝날 무렵에 티켓을 거의 다 소진한 사람도 많았다.

몇몇 고객은 혹시나 하는 마음에 남은 티켓을 다음 시즌에 사용할 수 있는지 묻기도 했다. 이에 대해 그릭픽 측은 이번 시즌에만 사용할 수 있도록 한 것이어서 연장은 불가능하다고 답했다. 그런데 여기서 알은 이러한 고객을 위해 특별한 제안을 했다. 이번 시즌에 다시 텐팩을 구입하면 지난 시즌에 사용하지 못한 티켓을 사용할 수 있도록 해주겠다는 것이다. 물론 지난 시즌에 두세 번밖에 방문하지 못한 이용객이 다음 시즌에 열 번 넘게 오기는 힘들겠지만, 그럼에도 그 제안은 여전히 매력적이다. 나는 많은 사람이 어리석기 때문에 텐팩을 또 한 번 구매한다고 생각하지 않는다. 그들은 실제로 그릭픽 스키장이 '공정한' 제안을 한다고 느낀다. 앞으로 살펴보겠지만, 이런 인식은 소비자에게 지속적인 만족감을 주기 위해 대단히 중요한 부분이다.

가격 정책과 관련해 그릭픽이 해결해야 할 마지막 숙제는 시즌 초기의 대응 방침이었다. 그릭픽 스키장은 첫눈이 내린 직후에 개장하는데, 일반적으로 리프트 하나만 개방한다. 지난 3월 이후 스키 탈 날을 애타게 기다려온 마니아들은 시즌 첫날부터 모습을 드러낸다. 그렇다면 이들에게 얼마의 요금을 제시해야 할까?

기존 알의 정책은 그저 사무실 창밖으로 산과 날씨를 내다보고는, 티켓 판매원들에게 정상가의 절반에 해당하는 가격으로 판매하라는 지시를 내리는 것이었다. 물론 첫날 도착한 스키어 중 대부분은 리프트 이용 가격이 얼마인지 모른다. 그들은 단지 정상가만 알고 있다. 진정한 마니아만이 시즌 첫날의 정확한 가격을 아는 것이다. 나는 알의 이런 방식을 '은밀한 세일'이라 불렀다. 티켓 판매원은 정상가를 낼 생각을 하는 이용객에게 이렇게 알려준다.

"지금 50퍼센트 할인 행사 중입니다."

이런 방식은 이용객을 기쁘게 해줄 수 있을지는 모르나 그다지 현명한 가격 전략이라고 말할 수 없다. 이용객은 이미 정상가를 지불할 마음의 준비를 하고 있기 때문이다. 이런 할인 정책은 매출을 급히 높여야 하거나, 소비자 충성도를 강화해 미래의 매출을 확대하고자 할 때에만 의미가 있다.

마이클과 나는 새로운 전략을 마련했다. 그것은 시즌 초반, 혹은 시즌 중 언제라도 원칙을 기준으로 가격을 책정하는 새로운 방식이었다. 우리는 스키어에게 정상가를 그대로 요구하면서, 리프트 가동 범위에 따라 다음 방문 시 50퍼센트 할인을 받을 수 있는 쿠폰을 지급하기로 했다. 정상가를 내야 한다고 생각했던 이용객에게 이런 제안은 대단히 관대한 정책으로 다가갈 수 있다. 그리고 이런 쿠폰을 통해 사람들이 다시 한번 스키장을 찾고, 점심이나 맥주를 사 먹도록 자극할 수 있다.

마이클은 내게 이 쿠폰이 얼마나 인기가 좋은지 단적으로 보여주는 이야기를 들려주었다. 한번은 텐팩을 구입한 이용객이 시즌 처음으로 스키장을 찾았다. 그는 텐팩 중 하나를 리프트 이용권으로 교환하기 위해 줄을 서 있다가, 티켓 판매원이 앞에 서 있던 사람에게 다음번에 사용할 수 있는 50퍼센트 할인 쿠폰을 선물로 주겠다는 소리를 들었다. 아주 좋은 기회라는 생각에 그는 텐팩을 그냥 주머니에 넣어두고, 정상가로 리프트권을 샀다고 했다. 나는 그 이용객이 텐팩을 모두 쓰기 전에 그 쿠폰을 쓸 수 있을지 궁금했다. 하지만 이를 확인할 방법은 없었다.

우리는 시즌이 시작되기 전에 든든한 수입 기반을 확보해야만 부채에서 벗어날 수 있고, 적설량에 대한 의존도를 낮출 수 있다는 사실을 깨달았다. 얼마 후 마이클[42]과 나는 그릭픽에서 손을 떼었지만, 그릭픽은 여전히 스키장 사업을 유지하고 있다.

| 어떻게 하면 재고 차량을 소진할 수 있을까 |

미국의 완성차업체는 수년 동안 시즌별 매출에 많은 어려움을 겪었다. 일반적으로 자동차 기업들은 신모델을 가을에 발표하는데, 소비자는 신형에 대한 기대감에 작년 모델은 좀처럼 구매하려 하지 않는다. 그럼에도 자동차 기업들은 이런 소비 패턴에 별로 신경 쓰지 않았고, 매년 8월이면 각 영업소에 재고 차량을 잔뜩 안겨주었다. 이로 인해 영업소는 신모델 전시에 필요한 공간을 마련하는 데 애를 먹었다. 그리고 자동차 기업들은 과도한 재고[81]를 소진하기 위해 특별한 프로모션을 매년 실시해야 했다.

그러던 중 1975년에 크라이슬러에서 먼저 리베이트 프로그램이라는 새로운 방안을 내놓았고,[82] 이후 포드와 GM도 그 뒤를 따랐다. 이들 기업들은 자동차를 구매한 사람들에게 일반적으로 몇백 달러에 해당하는 현금을 지급하는 기간 한정 행사를 실시한다. 리베이트 프로그램은 가격 할인과 똑같은 것처럼 보이지만, 마음속에

---

42   안타깝게도 마이클은 이 책이 출간될 무렵 세상을 뜨고 말았다. 그릭픽과 관련한 이야기를 쓸 당시, 나는 마이클과 함께 옛이야기를 나눌 수 있었다. 그가 무척 그리울 것이다.

심리 계좌를 품고 있는 소비자에게는 일반적인 가격 인하보다 더 강렬한 느낌으로 다가갈 수 있다.

예를 들어 어떤 자동차의 가격이 1만 4,800달러라고 해보자. 이 경우 가격을 1만 4,500달러로 인하했다고 해서 소비자에게 강한 인상을 주지는 못할 것이다. 별다른 차이가 없어 보이기 때문이다. 하지만 300달러를 현금으로 지급할 경우 소비자는 이를 다르게 인식하고 더 많은 관심을 보인다. 하지만 적어도 내가 살고 있는 뉴욕주에서는 소비자가 리베이트에도 판매세를 지불해야 하므로 그런 심리 계좌에는 추가 비용이 든다.

이 사례에서 구매자는 정상가인 1만 4,800달러를 기준으로 판매세를 납부해야 하고, 300달러를 현금으로 돌려받는다. 즉 300달러에 8퍼센트의 판매세를 더한 금액을 돌려받는 게 아니다. 더 심각한 문제는 리베이트 프로그램이 보편화되면서 서서히 경쟁력을 잃었고, 영업소 주차 공간은 다시금 재고 물량으로 가득 차게 되었다는 사실이다.

이런 상황에서 GM은 한 가지 아이디어를 냈다. 당시 포드와 크라이슬러는 리베이트 프로그램에 대한 대안, 혹은 보완책으로 자동차 대출금리를 할인해주는 행사[83]를 하고 있었다. 여기에서 GM이 매출 확대를 위해 더 강력한 금리 할인 행사를 한다면? 자동차 대출 이자율이 10퍼센트가 넘는 시장 상황에서 GM은 파격적으로 2.9퍼센트를 제안했다. 여기에서 소비자는 리베이트와 이자율 할인 중 한 가지 혜택을 고를 수 있었다. GM의 이자 할인 정책은 예상치 못한 큰 반향을 불러일으켰다. 심지어 일부 소비자가 GM 영업소를 찾아가 다른 사람들이 먼저 사지 못하도록 특정 차량의 보닛 위에 드러누웠다는 뉴스까지 들려올 정도였다.

그 무렵에 나는 《월스트리트 저널Wall Street Journal》에서 조그마한 기사 하나를 읽었다. 그 기자는 구체적인 분석[84]을 바탕으로 이자 할인의 경제적 가치가 리베이트보다 오히려 더 낮다고 설명했다. 다시 말해 소비자가 리베이트를 받아 대출금을 상환한다면(비록 더 높은 금리로 빌린다 하더라도) 실제로 돈을 더 아낄 수 있다는 말이다. 그렇다면 이자 할인을 선택하는 것은 어리석은 짓이다. 하지만 GM 은 이를 통해 더 많은 자동차를 판매했다. 흥미로운 사실이 아닐 수 없다.

나는 GM의 자문으로 일하고 있는 코넬대학교 동료 제이 루소Jay Russo와 이야기를 나눌 기회가 있었다. 나는 루소에게 이 문제에 대해 이야기했고, 그는 심리학적인 관점에서 쉽게 설명할 수 있다고 했다. 리베이트 금액은 자동차 가격과 비교해 아주 작은 부분에 불과하지만, 행사 금리는 일반적인 수준의 3분의 1도 되지 않는다. 그래서 소비자에게 훨씬 더 좋은 조건으로 들린다는 것이다. 그리고 회계사나 《월스트리트 저널》 기자 말고는 뭐가 더 이익인지 굳이 계산해보려는 사람은 거의 없으며, 게다가 당시는 스프레드 시트와 가정용 컴퓨터가 보급되기 전이었다.

GM 사람들과 공유할 수 있도록 내가 발견한 것들을 요약해달라는 루소의 부탁을 들어주었는데, 놀랍게도 일주일 뒤 GM 본사에서 전화를 받았다. 마케팅 부서 직원이 보고서를 보았으며 개인적으로 나와 이야기를 나누고 싶다는 것이었다. 나는 흔쾌히 승낙했다. 그 직원은 비행기를 타고 디트로이트에서 시러큐스로 날아온 뒤 다시 1시간 넘게 운전해서 이타카로 왔다. 그러고는 겨우 1시간쯤 나와 이야기를 나눈 뒤 몇 시간 동안 캠퍼스를 돌아다니다가 디트로이트로 돌아갔다. 나는 루소를 찾아가 자초지종을 물었고 그는 대수롭지 않게 대답했다.

"그 사람은 네 머리가 몇 갠지 알아보려고 여기 온 거야."

뭐라고?

"혹시 머리가 2개인 괴물은 아닌지, 목욕은 하는지, 자기 상사에게 데려가기에 또 다른 위험한 점은 없는지 확인하고 싶었던 거지. 아마 본사로 돌아가 보고했을 거야."

나는 그 시험에 합격했다. 며칠 후 디트로이트로 와달라는 전화가 걸려왔다. 난생처음 돈을 받고 컨설팅을 할 기회가 찾아온 것이다. 돈이 필요했던 상황인지라 재빨리 그러겠노라고 대답했다. 게다가 너무 궁금하기도 했다.

마이클 무어의 다큐멘터리 영화 〈로저와 나Roger and Me〉를 본 사람이라면, 내가 방문한 GM 본사 건물을 보았을 것이다. 그 건물은 아주 낯설게 느껴졌다. 대단히 웅장했고 복도든 로비든 간에 건물 곳곳에 신형 자동차가 전시되어 있었다. 첫 회의 시간에 마케팅 부사장은 내게 일정을 알려주었다. 나는 다양한 마케팅 부서 직원들과 30분짜리 회의를 여러 번 가졌다. 부사장급 직책인 사람이 많았다. 첫 만남에서 나는 한 사람에게 자동차 매출에서 수백만 달러의 수익을 앗아가는 이자 할인 프로모션을 기획한 사람이 누구인지 물었다. 그는 자세히는 모르지만, 이제 내가 만나게 될 사람 중 한 명이라고만 답했다. 어쨌든 그날 하루가 끝나갈 무렵에는 알 수 있을 터였다.

그 하루 동안 많은 사람이 2.9퍼센트 이자율이 어떻게 계산해서 나온 것인지 설명해주었다. 당시 GM의 CEO 로저 스미스는 그해의 재고를 어떻게 처리할 것인지 놓고 회의를 소집했고, 참석자 중 누군가가 파격적인 이자 할인 프로모션을 아이디어로 내놓았다. 모두가 이 방안에 동의했다. 그렇다면 이자율을 어떻게 결정할 것인가? 그때 한 관리자가 4.9퍼센트를 제안했다. 그리고 또 다른 사람이 3.9퍼센트를 언급했다. 여러 제안이 나온 후 누군가는 그 수치를 분석해보았을 것이다. 결국 스미스는 또 다른 누군가가 제안한 2.9퍼센트가 맘에 든다며 결정을 내렸다. 이 모든 과정이 1시간 안에 이루어졌다.

그래서 내가 그 프로모션을 계획한 사람은 누구이며 내년에는 어떻게 할지 물었을 때, 사람들 모두 공허한 눈빛으로 나를 바라보며 이렇게 말했다.

"전 아닌데요."

그것을 끝으로 나를 초대한 사람의 사무실로 되돌아왔다. 나는 어느 누구도 이 문제를 진지하게 생각하지 않으며, 내가 보기에 그것은 명백한 잘못이라고 지적했다. 그러자 그는 그들이 어떻게 해야 할지 제안서를 작성해달라고 요청했다.

GM을 직접 방문하고 나서 나는 이번 컨설팅 프로젝트가 썩 내키지 않는다는 생각이 들었다. 그래도 GM이 반드시 해결해야 할 과제와 관련해 다음과 같은 두 가지 아이디어를 담은 보고서를 보냈다. 첫째, 이자 할인 프로모션이 성공을 거둔 이유를 밝혀낼 것. 둘째, 포드와 크라이슬러가 틀림없이 GM의 성공적인 프로모션을 그대로 따라 할 것이므로 다음 계획을 미리 마련해둘 것.

한 달 후 그들에게 짧은 답변을 들었다. 내 제안은 최고 경영진

회의에서 논의되었지만 채택되지는 못했다. 대신 GM은 생산 계획을 수정함으로써 여름 재고 문제를 해결하고자 했고, 그렇게 된다면 재고 떨이를 위한 마지막 할인 행사는 필요 없어질 터였다. 즉 프로모션의 성과를 평가하고 내년 계획을 세울 이유가 사라진 것이다. 나는 심히 충격을 받았다. 굴지의 대기업이 수백만 달러를 프로모션에 쏟아붓고는 그것이 어떻게, 그리고 왜 성공을 거두었는지 아무런 분석도 하려 하지 않는 것이다. 훨씬 더 작은 기업인 그릭픽의 마이클 코브가 자동차 산업의 거물 GM보다 훨씬 더 분석적으로 생각하고 있었다.

오랜 기간에 걸쳐 확인한 바에 따르면 경험하고, 실험하고, 검증하고, 평가하고, 학습하지 않으려는 GM의 성향은 사실 대단히 보편적인 것이었다. 최근 정부 조직의 이런 성향을 개선하기 위한 프로젝트가 있었는데, 나는 기업과 정부 기관에서 이런 측면을 여러 번 관찰할 수 있었다.

그런데 잠깐, 여름에 발생하는 재고 문제를 해결하겠다는 GM의 계획은 그 뒤 어떻게 되었을까? 내가 알기로 다음 해 여름에도, 그 이듬해 여름에도, 그리고 이후 이어진 여름에도 상황은 마찬가지였다. 자만은 그만큼 무섭다.

IV

무엇이 거래를
공정하게 보이도록 만들까

스탠퍼드 시절을 함께하고 나서 아모스와 대니는 북미로 이주하기로 결심했다. 아모스는 스탠퍼드대학교 심리학과에 그대로 남기로 했고, 대니는 밴쿠버에 있는 브리티시컬럼비아대학교University of British Columbia 심리학과로 자리를 옮겼다. 브리티시컬럼비아대학교의 매력은 아모스가 있는 곳과 비행기로 2시간 거리에 위치하고 표준 시간대가 같다는 것이었다. 그들은 계속 함께 연구했고, 매일 대화를 나누며 서로 자주 방문했다.

그해 우리는 모두 새로운 직장에서 일을 시작했기에 안식년도 비슷한 시기로 잡을 수 있었다. 나는 1984~1985년에 걸쳐 첫 안식년을 보낼 생각이었고, 아모스와 대니 역시 비슷한 시기에 떠날 예정이었다. 스탠퍼드에 머무는 동안 내 생각은 크게 바뀌었고, 안식년 계획을 짜기 시작하면서 자연스럽게도 두 사람 중 하나, 혹은 두 사람 모두와 함께 보내기를 원하게 되었다. 오랜 궁리 끝에 나는 대니와 함께 밴쿠버에 머물기로 했다. 그동안 아모스는 이스라엘에 있을 예정이었다.

나는 브리티시컬럼비아대학교 비즈니스 스쿨에 연구실을 얻었다. 거기는 특히 회계학 분야가 유명했고, 당시 나 또한 회계학에 많은 관심이 있던 터라 안식년을 보내기에는 안성맞춤이었다. 그해 나의 목표는 대니, 그리고 그의 공동 연구원이자 환경경제학자로 그리 멀지 않은 사이먼프레이저대학교Simon Fraser University에서 강의를 하고 있던 잭 네치Jack Knetsch와 공동 연구를 추진하는 것이었다. 스탠퍼드 시절과 마찬가지로 밴쿠버에 머무르는 동안에도 나는 모든 시간을 연구에 집중하는 소중한 기회를 누릴 수 있었다. 스탠퍼드 시절과 더불어 그 1년은 내 인생에서 매우 생산적인 시간 중 하나였다.

14

소비자가 기업에
분노하는 순간
— 퍼스트 시카고 은행, 코카콜라,
아이튠즈, 그리고 우버

대니와 네치는 7장에서 소개한 '해변의 맥주' 사례와도 밀접한 관련이 있는 자신들의 최근 연구 프로젝트에 나를 초대했다. 두 사람의 목표는 사람들이 어떤 근거로 '좋은 거래'라고 판단을 내리는지(왜 고급 호텔이나 리조트에서 판매하는 맥주에 기꺼이 더 높은 가격을 지불하려 하는지) 밝혀내는 것이었다.

대니와 네치의 연구 주제는 바로 이런 질문이었다. 무엇이 거래를 '공정하게' 보이도록 만드는가? 사람들은 매점에서 맥주를 살 때는 호텔에서와 똑같은 가격을 지불하려 하지 않는다. 그건 매점에서 요구하는 높은 가격을 공정한 것으로 인정하지 않기 때문이다. 그 연구 프로젝트는 사실상 네치가 캐나다 정부와 맺은 협약 덕분에 가능했다. 이를 통해 우리는 무료 전화로 설문 조사를 할 수 있었다. 실업자를 대상으로 전화 면담을 하는 교육 프로그램이 있었는데, 우리는 그 프로그램에 설문 조사에 필요한 질문을 제공하기만 하면 되었다. 매주 월요일 아침에 설문지 뭉치를 팩스로 전송하면 목요일 저녁에 응답지가 팩스로 도착했다. 그러면 우리는 금요일과 주말에 응답지 내용을 정리하고, 다음 주 설문 조사를 위한 새로운 질문을 만들었다. 지금이라면 아마존의 매케니컬 터크^{Mechanical} ^{Turk} 같은 서비스를 이용해 온라인으로 쉽게 설문 조사를 할 수 있겠지만 당시만 해도 그럴 수 없었다. 온타리오(그리고 다음으로 브리티시컬럼비아)에 거주하는 수백 명을 대상으로 조사를 할 수 있다는 것은 엄청난 행운이었다.

우리는 다양한 아이디어를 시도하고 신속한 피드백을 얻을 수 있었다. 당시의 설문 사례를 몇 가지 소개한다.

한 철물점이 눈을 치우는 삽을 15달러에 판매했다. 그런데 눈보라가 몰아친 다음 날 아침, 철물점은 삽 가격을 20달러로 올렸다. 이에 대한 여러분의 느낌은 어떠한가?

전적으로 공정하다 …… 인정할 만하다 …… 다소 부당하다 …… 전적으로 부당하다

우리는 첫 두 항목을 묶어 '인정할 만하다'로, 나머지 두 항목을 묶어 '부당하다'로 통합해 조사 결과를 단순화했다. 이 질문에 대한 결과는 다음과 같다(각각의 질문에 대해 약 100명의 사람이 응답했다).

인정할 만하다 : 18퍼센트 …… 부당하다 : 82퍼센트

사람들은 이렇게 말할 것이다.

"세상에! 대체 어떤 인간이 눈보라가 몰아친 다음 날 아침에 눈삽의 가격을 올린단 말입니까?"

하지만 경제학 이론에 따르면 가격은 얼마든 인상될 수 있고, 이는 '일어나야만' 하는 현상이다. 이런 질문은 비즈니스 스쿨의 기본 경제학 강의에 종종 등장한다.

"공급이 고정된 상황에서 눈삽 수요가 갑자기 증가했다. 가격에 어떤 변화가 일어날까?"

정답은 사람들이 눈삽을 구하기 위해 기꺼이 지불하고자 하는 선까지 가격이 상승한다는 것이다. 가격 인상은 눈삽의 가치를 가장 높게 평가하는(사람들이 돈을 지불하고자 하는 의사를 기준으로) 사람들이 그 물건을 얻을 수 있도록 만드는 유일한 방법이다.

MBA 학생들은 비즈니스 스쿨에서 이론의 사고방식을 배우면서 인간의 사고방식을 잊는다. 이는 대니가 언급한 이론에 따른 맹점에 해당하는 또 다른 사례다. 실제로 내가 MBA 학생들에게 눈삽 사례에서 가격 인상이 공정한지 물었을 때, 그들의 대답은 다음과 같이 일반적인 경제 이론의 해답과 일치했다.

인정할 만하다 : 76퍼센트 …… 부당하다 : 24퍼센트

우리의 연구는 순수하게 기술적이다. 우리는 도덕 철학자 행세를 하려 들지 않았고, 무엇이 공정하며 공정해야만 하는지에 심판을 내리고자 하지 않았다. 다만 우리가 추구했던 것은 소위 경험 철학experimental philosophy[85])이라는 것이었다. 우리는 캐나다인을 대상으

로 일반적인 사람들이 무엇을 공정한 거래라고 생각하는지 알아보고자 했다. 보다 구체적으로 말하자면 기업의 어떤 행동이 소비자를 화나게 만드는지 확인하고자 했다.

그리고 눈보라 이후에 눈삽의 가격을 인상하는 것은 사람들을 짜증 나게 만드는 행동인 것으로 드러났다. 사람들은 그런 행동에 대해 이야기하면서 'gouging'이라는 표현을 쓴다. 원래 'gouge'라는 용어는 '날카로운 도구를 갖고 구멍이나 홈을 파기'라는 의미다. 눈보라가 친 다음 날 아침에 철물점이 갑자기 눈삽 가격을 인상했을 때, 사람들은 실제로 날카로운 도구에 찔린 듯한 느낌을 받았던 것이다. 또 많은 지역에서는 이런 행동을 규제하는 법규를 시행하고 있으며, 이런 사실은 사람들이 그런 행동에 상당한 불쾌감을 느낀다는 것을 말해준다. 우리는 이처럼 사람들이 싫어하는 기업의 행태를 확인하고자 했다.

눈삽의 사례가 단지 예외적인 현상이 아님을 확인하기 위해 우리는 흥미로운 반응을 보인 질문을 다양한 형태로 변형해보았다. 이제 세 살 난 딸 제시와 제시가 언제나 끼고 다니는 인형 조이의 사례를 소개할까 한다. 조이는 일반적인 인형이 아니다. 그는 양배추 인형이다. 나는 잘 이해할 수 없지만, 양배추 인형은 유치원 소녀들 사이에서 큰 인기를 누리고 있다. 크리스마스 시즌에 접어들면 이 양배추 인형을 구하기가 힘들어지고, 절박해진 부모들은 필사적으로 매장을 돌아다닌다. 이제 다음 사례를 생각해보자.

한 매장에서는 양배추 인형이 품절되어 한 달 동안 그 제품을 팔지 못했다. 그런데 크리스마스를 일주일 남겨놓고 재고 하나가 남아 있다는 사실을 발견한다. 사장은 많은 소비자가 그 인형에 달려들 것이라 생각했다. 그래서 매장 스피커를 통해 하나 남은 양배추 인형을 경매로 판매하겠다고 발표했다.

인정할 만하다 : 26퍼센트 ······ 부당하다 : 74퍼센트

이런 반응은 호기심을 자극했다. 많은 사람이 그 경매를 부당하다고 생각한 이유는 무엇일까? 경매에서 이기기 위해서는 대단히 부자여야 하기 때문에? 아니면 크리스마스이브에 초조해하며 기다리는 어린 자녀를 둔 절박한 부모에게서 한 푼이라도 더 긁어내려 했기 때문에? 그 정확한 이유를 알아내기 위해 우리는 다른 응답자 집단을 대상으로 동일한 질문을 던졌다. 거기에 판매 수익금을 유니세프에 기부할 것이라는 단서를 새롭게 덧붙였다. 그 결과 인정할 만하다는 대답이 79퍼센트로 나왔다. 사람들은 경매를 통한 이익이 사장의 호주머니가 아니라 자선단체로 들어간다면 아무 문제가 없다고 생각한 것이다.

이런 결론에도 좀 더 검증이 필요했다. 또 다른 설문 조사에서 우리는 작은 마을에서 독감이 유행하는데, 예방약이 딱 하나밖에 남지 않았다고 가정했다. 여기에서 약사가 그 약을 경매로 판매하기로 했다면, 사람들은 어떻게 생각할까? 물론 응답자들은 부당하다고 생각했다. 수익금을 자선단체에 기부하겠다고 해도 마찬가지였다.

일반적으로 사람들은 부자들만이 특정한 사치를 누릴 수 있다는 사실을 인정한다. 하지만 대부분의 사람에게 보건과 관련한 문제는 다른 범주였다. (캐나다는 물론) 유럽 국가 대부분은 보건을 시민의

기본권으로 인정하며, 특정 주만이 이런 입장을 수용하는 미국 사회에서조차 보험에 가입하지 않았다고 응급 환자를 병원에서 내쫓는 일은 없다. 마찬가지로 이란에는 신장을 거래하는 시장이 있기는 하지만, 아직까지 신체의 장기를 자유롭게 사고팔도록 허락하는 국가는 없다. 부자들이 가난한 사람에게 돈을 주고 신장을 살 수 있도록 허락해야 한다는 주장은, 그런 시장 거래를 설명하기 위해 경제학자 앨빈 로스Alvin Roth가 사용한 표현처럼 세계 어디에서나 '혐오스러운repugnant'86) 생각으로 인식되고 있다.

많은 경우 이런 경매 방식에 대한 사람들의 인식은, 그것으로 인해 누가 이익을 보고 손해를 보는지뿐 아니라, 어떠한 방식으로 프레이밍하는지와도 관련이 있다. 프레이밍에 따른 효과를 확인하기 위해 두 그룹의 응답자를 대상으로 두 가지 질문을 던졌다.

인기 높은 자동차 모델은 물량이 달려 주문을 하고 두 달을 기다려야 받을 수 있다. 한 자동차 딜러가 지금까지 이 자동차를 '정가'에 판매했다. 그런데 이제부터 200달러 더 높은 가격에 판매하기로 했다.

인정할 만하다 : 29퍼센트 …… 부당하다 : 71퍼센트

인기 높은 자동차 모델은 물량이 달려 주문하고 두 달을 기다려야 받을 수 있다. 한 자동차 딜러가 지금까지 이 자동차를 200달러 '할인'된 가격에 판매했다. 그런데 이제부터 정가에 판매하기로 했다.

인정할 만하다 : 58퍼센트 …… 부당하다 : 42퍼센트

이 설문 결과는 신용카드 지불에 대해 수수료를 요구하는 2장의 사례에서 확인한 핵심을 잘 설명해준다. 기업은 세일이나 할인에 따른 가격 변동과 더불어 소비자에게 부과하고자 하는 최고 가격을 '정상가'로 설정해두어야 한다. 할인 취소는 가격 인상만큼 강력한 반발을 유발하지 않는다.

이번 연구에서 확인한 한 가지는 공정함에 대한 인식은 소유 효과와 관련 있다는 점이었다. 구매자와 판매자 모두 익숙한 기존 거래 조건에 대해 권리를 갖고 있다고 느끼며, 그런 조건에 관련된 모든 퇴보는 손실로 인식된다. 일반적인 판매 조건을 소유한다는 느낌은, 판매자가 기존에 공짜로 제공했거나 가격에 포함시켰던 대상에 요금을 부과할 때 특히 뚜렷하게 드러난다. 여기에서 기존 판매 조건은 일종의 준거점으로 작용한다. 레스토랑이 테이블에 따로 추가 요금을 부과할 때, 이는 메뉴 가격에 테이블 비용까지 포함되어 있다는 기존의 거래 표준을 어기는 셈이다.

그럼에도 사람들은 기업과 소유주가 (합리적인) 수익을 추구할 수 있다고 생각한다. 누구도 기업이 공짜로 제품을 나눠줄 것이라 기대하지는 않는다. 그렇기 때문에 비용 상승에 따른 부득이한 가격 상승에 대해서는 대부분이 공정하다고 생각하는 것이다.

또 공정함에 대한 사람들의 인식은 경제학의 오랜 숙제인 경기 침체를 설명하는 데 도움을 준다. 경기 침체기에 전반적으로 임금을 삭감함으로써 모든 사람을 고용하면 안 될까? 이콘이 살아가는 세상에서 경기가 침체기로 접어들면서 제품과 서비스에 대한 수요가 하락할 때, 그 첫 번째 대응은 직원을 해고하는 것이 아니다. 경제학에서 말하는 균형 이론에 따르면 수요가 감소할 때, 여기에서는 노동력에 대한 수요가 감소할 때, 노동력의 가격은 수요와 공급이 만나는 지점까지 떨어져야 한다. 그렇다면 경기가 침체기로 접어들 때, 기업은 가격을 인하하면서도 수익을 유지하기 위해 임금을 낮출 것으로 예상할 수 있다.

하지만 우리가 살아가는 세상에서는 이런 일이 벌어지지 않는다. 경기 침체기에도 직장인의 임금은 큰 변동이 없다.[87] 연봉 수준은 그대로 유지되거나, 혹은 떨어지더라도 기존 노동력을 그대로 고용할 만큼 충분히 떨어지지는 않는다. 그렇다면 그 이유가 뭘까? 이런 현상에 대해 한 가지 부분적인 설명을 하자면 임금 삭감에 대한 근로자의 분노는 엄청나게 거대하기 때문에 기업은 차라리 기존 수준으로 임금을 지불하고, 잉여노동력을 해고하는 편이(그래서 더 이상 불만을 토로할 수 없도록) 더 낫다고 생각한다. 하지만 어느 정도의 인플레이션이 존재한다면, 근로자의 강한 분노를 자극하지 않고서도 '실질임금(인플레이션을 감안한)'을 삭감하는 것이 충분히 가능하다. 다음의 설문 결과는 이 사실을 잘 보여준다.

한 기업이 적은 수익을 올리고 있다. 이 기업이 위치한 지역은 현재 실업률이 상당히 높고 인플레이션은 없다. 많은 사람이 이 기업에서 일하기를 원한다. 그해에 이 기업은 직원 임금을 7퍼센트 삭감하기로 결정했다.

인정할 만하다 : 38퍼센트 …… 부당하다 : 62퍼센트

한 기업이 적은 수익을 올리고 있다. 이 기업이 위치한 지역은 현재 실업률이 상당히 높고, 인플레이션은 12퍼센트에 이른다. 그해에 이 기업은 직원 임금을 5퍼

센트 인상하기로 결정했다.

인정할 만하다 : 78퍼센트 …… 부당하다 : 22퍼센트

이 두 상황에서 직원들의 구매력은 동일하지만 그 반응은 완전히 다르다는 점에 주목하자. 그들은 명목임금 삭감은 손실로 인식해 부당한 것으로 받아들이는 반면, 인플레이션에 못 미치는 명목임금 상승은 인정할 만한 것으로 여긴다. 이런 사실은 일부 경제학자(나를 포함해)가 금융 위기 이후에 연방준비은행Fed이 높은 인플레이션을 좀 더 참았어야 했다고 주장하는 이유 중 하나다. 3퍼센트 정도의 인플레이션이 지속되었더라면, 기업은 대부분의 지역에 만연했던 더딘 일자리 회복 속도를 끌어올릴 수 있을 정도로 실질임금을 삭감할 수 있었을 것이다.

—

물론 어떤 행동이 소비자를 화나게 만드는지 이해하는 것과 기업이 실제로 공정한 표준을 따르는 것은 별개의 문제다. 내가 알기로 이런 주제와 관련해 지금까지 체계적인 연구가 이루어진 적은 한 번도 없다. 그럼에도 성공적인 기업 대부분은 우리가 연구를 통해 확인했던 공정한 표준을 직관적으로 이해하며, 적어도 부당한 이미지를 전달하지 않으려 노력하고 있다.

공정한 이미지는 동일한 고객을 대상으로 장기적인 차원에서 사업을 운영해야 하는 기업에 특히 중요한 가치다. 그런 기업은 부당

한 이미지로 많은 것을 잃을 수 있다. 실제로 허리케인이 지나간 후 미국에서 합판을 가장 싸게 구할 수 있는 지역은 피해를 가장 많이 입은 곳이었다.[88] 카트리나가 뉴올리언스를 강타한 직후 홈데포 등 대형 유통업체는 음식과 생수 등 긴급 구호물자를 트럭에 싣고 다니면서 나눠주었다. 그러나 동시에 또 다른 일부 기업은 피해를 입은 지역을 중심으로 합판을 아주 비싼 가격에 판매했다.

이처럼 상반된 두 가지 경우에서 기업은 모두 이윤의 극대화를 추구했다. 대형 유통업체는 장기적 보상을 위해 공정한 기업 이미지를 구축하고자 했다. 반면 '단기적인 기업가'는 며칠 사이에 엄청난 수익을 거두어들이고 나서 약간의 죄책감을 갖거나, 귀한 물자를 분배하는 과정에 일익을 담당하고 있다는 자부심을 갖고 돌아갔다. 그러나 기업이 언제나 올바른 선택만 하는 것은 아니다. MBA 학생들이 눈보라가 친 직후 눈삽 가격을 갑작스럽게 인상하는 것에 아무 문제가 없다고 생각했다는 사실은, 고객과 직원이 생각하는 공정함을 바라보는 시각에 수정이 필요하다는 경고다. 모든 기업 경영자가 이를 받아들여야 한다.

1990년대 시카고 지역의 최대 은행이었던 퍼스트 시카고First Chicago의 선택을 살펴보자. 당시 퍼스트 시카고의 최고 경영진은 충분한 수익을 내지 못하는 소매 금융 사업부를 걱정스러운 눈길로 바라보았다. 이에 그들은 비용 절감 차원에서 고객이 최근에 도입한 ATM을 더 많이 사용하도록 유도하고자 했다. 대부분의 고객은 ATM 서비스를 쉽게 활용했지만 일부 고객은 수표를 입금할 때 ATM을 사용하길 꺼렸다. 대신 그들은 직접 은행원을 만나 업무를 처리하고자 했고, 이처럼 새로운 기술을 달가워하지 않는 고객은 돈을 인출할 때도 반드시 은행원을 찾았다(아마도 좋아하는 직원과 잡담을 나누기 위해서일 것이다). 이 문제를 해결하기 위해 퍼스트 시카고는 ATM으로 가능한 업무를 처리하기 위해 은행원을 찾는 고객에게 3달러의 수수료를 부과함으로써 그들을 자연스럽게 ATM 앞으로 유도하고자 했다.

퍼스트 시카고는 혁신에 대해 강한 자부심을 갖고 있었고, 새로운 당좌예금 상품을 출시하면서 대대적인 광고를 통해 그들의 정책을 널리 알려나갔다. 그러나 대중의 반응은 즉각적이고 가혹했다. 한 지역신문의 일면 머리기사 제목은 이랬다.

"인간의 손길을 잃어버린 퍼스트 시카고."[89]

그 기사는 다음과 같은 이야기를 들려주었다.

"퍼스트 시카고 은행은 오늘 1990년대 고객의 취향에 부합하는 획기적인 최첨단 당좌예금 상품을 새롭게 출시했다. 이들은 1990년대 고객이 무엇을 원한다고 생각한 것일까? 3달러를 지불하고 은행원을 만날 수 있는 특전."

경쟁자들의 공격 또한 신속했다. 한 은행은 지역 고속도로 지점에 '은행원 무료'라고 적힌 간판을 걸어두었다. 또 다른 은행의 라디오 광고는 다음과 같았다.

남성   입출금 내역서를 확인하고 싶어요. 그리고 또….

은행원   질문이 있나요?

남성   네? 아, 그래요.

은행원   질문에는 별도 요금이 적용됩니다. 총 6달러 되겠습니다.

남성   뭐라고요?!

은행원　총 9달러 되겠습니다.

그 의도는 분명하다. 〈투나잇 쇼^{Tonight Show}〉의 제이 레노^{Jay Leno}도 이렇게 말했다.

"사람과 이야기를 하려면 3달러를 내야 합니다. 하지만 좋은 소식은 3.95달러에 야한 농담을 할 수 있다는 거죠. 좋은데요."

시카고 퍼스트는 실제로 지불한 사람이 거의 없는 3달러 때문에 온갖 비난에 시달려야만 했다. 그 수수료는 국립은행에 매각된 후 들어선 새로운 경영진이 기존 정책을 포기하겠다고 발표한 2002년 12월까지 이어졌다. 그들은 이렇게 인정했다.

"지금까지 우리는 시장점유율에 자만해왔습니다. 시카고에서 좋은 모습을 보여드리지 못했습니다."

코카콜라 CEO 역시 공정한 표준을 거스르는 행동이 부메랑으로 되돌아올 수 있음을 힘든 경험을 통해 깨달았다. 당시 52세의 더글러스 아이베스터^{Douglas Ivester}는 전설적인 투자자 워런 버핏을 포함한 여러 이사회 회원의 강한 압박에 코카콜라 이사회 의장직에서 물러나야 했다. 물론 다른 이유가 있었겠지만 특히 브라질에서 한 연설이 사람들의 이목을 끌었다. 한 기자회견에서 아이베스터는 가격을 저마다 크게 다르게 책정할 수 있는 자판기 운영과 관련해 질문을 받았다. 그의 대답은 이랬다.

"코카콜라는 그 효용이 매 순간 달라지는 제품입니다. 여름 결승전이 벌어지는 경기장에서 시원한 코카콜라의 효용은 대단히 높습니다. 그렇기 때문에 가격이 높은 것은 공정합니다. 우리의 자판기는 가격을 설정하는 과정을 자동으로 처리해줍니다."

《월스트리트 저널》이 그의 사퇴를 놓고 언급했듯 아이베스터는 사실 '언어 감각이 둔한tin ear'90) 인물이었다. 한 사람이 코카콜라 캔을 손에 들고 걸어가면서 자판기에서 뻗어 나와 자신의 주머니를 붙잡는 팔을 뒤돌아보는 시사만평의 한 장면은 당시 소비자가 받은 느낌을 정확하게 표현하고 있다.

이처럼 기업들은 비즈니스 공정성의 기본 원칙에서 계속 실수를 범하고 있다. 2012년 2월 11일 갑작스럽게 세상을 뜬 가수 휘트니 휴스턴의 사례에 주목해보자. 오늘날 대부분 아이튠즈 같은 온라인 사이트를 통해 판매되고 있는 그녀의 음반에 대한 수요가 급증할 것이라는 전망이 나왔다. 당시 (그녀의 음반에 대한 권리를 갖고 있는) 애플과 소니는 그 상황에 어떻게 대처했을까? 가격 인상을 위한 절호의 기회였을까?

누군가(혹은 일부 가격 책정 알고리즘)는 분명 그렇게 생각했을 것이다. 그녀가 세상을 떠난 지 불과 12시간 만에 1997년 앨범 〈얼티밋 컬렉션The Ultimate Collection〉의 영국 아이튠즈 사이트 가격이 4.99GBP에서 7.99GBP로 60퍼센트나 증가했다. 그리고 〈휘트니-그레이티스트 히츠Whitney-The Greatest Hits〉는 7.99GBP에서 9.99GBP로 25퍼센트 올랐다. 영국의 《가디언Guardian》지는 그에 따른 반응을 처음으로 보도했다.91) 처음에 소비자의 분노는 애플을 향했다가 이후 소니가 가격 인상의 주범으로 비난받았다. 누가 그 비난의 대상이든 간에 팬들은 분노했다. 영국 일간지 《데일리 메일Daily Mail》은 한 소비자의 말을 인용했다.

"화가 났다는 표현은 그나마 절제한 겁니다. 아이튠즈가 그녀의 죽음을 돈벌이 수단으로 이용하고 있다고 생각할 수밖에 없군요.

정말로 기생충 같은 짓이죠."[92]

특히 온라인 다운로드 시장의 경우 재고 부족이 원천적으로 불가능하다는 점에서 소비자의 분노는 더욱 거세질 수 있다. 눈보라가 몰아친 다음 날 눈삽의 가격을 올린 경우와 달리, 아이튠즈 사이트에서 앨범 데이터가 동이 나는 일은 절대 일어날 수 없다.

하지만 이런 현상은 가격이 크게 치솟지 않았고, 분명하게도 매출에 큰 변동이 없었던 미국 시장에서는 나타나지 않았다. 닐슨 사운드스캔Nielsen SoundScan의 자료에 따르면 휘트니 휴스턴이 세상을 뜨고 나서 일주일 동안 미국 시장에서 판매된 그녀의 앨범은 10만 1,000장이었으며(그 전 주보다 1,700장 증가), 개별 곡 다운로드 건수는 88만 7,000회였다(그 전 주보다 1만 5,000회 증가).[93] 영국 시장의 매출 규모가 미국만큼 컸는지는 잘 모르겠지만, 만일 그랬다면 가격 인상은 결코 현명한 전략이 아니었다. 이처럼 수요가 갑자기 증가하는 경우 기업은 장기적으로 무한한 가치가 예상되는 긍정적인 이미지를 단기 수익과 맞바꾸는 선택을 내리곤 한다.

이 시점에서 주목해야 할 질문은 "이처럼 '부당하게' 행동하는 기업은 항상 처벌을 받는가?"라는 것이다. 퍼스트 시카고는 은행원을 만나려는 고객에게 요구한 3달러 때문에 언론의 호된 질타를 받았다. 그에 반해 요금 인상에 앞장섰던 항공사들은 개별 기업의 차원, 그리고 산업 전반의 차원에서 회복 불가능한 타격을 입지 않고 조금씩 가격을 인상했다. 그들은 왜 비난을 받지 않았는가?

당연하게도 항공기 이용객 역시 수하물에 새롭게 부과된 추가 요금에 대해, 그리고 이로 인해 보편적인 장면이 되어버린, 짐으로 가득한 머리 위 선반에 불만을 품었을 것이다. 다른 많은 경우에서도 그렇듯 여기에서 중요한 것은, 소비자가 부당하다고 인식하는 요금 인상을 처음으로 시도한 이후에 이어지는 업계의 반응이다. 다른 경쟁자들이 첫 번째 움직임을 그대로 따라간다면 불만을 가진 소비자가 선택할 수 있는 다른 대안은 없다. 만약 시카고 지역의 다른 대형 은행이 시카고 퍼스트의 시도를 따라서 똑같이 수수료를 부과했다면, 고객들은 그런 정책을 마지못해 받아들였을 것이다. 반면 시장에서 발휘하는 영향력이 아무리 강력한 거대 기업이라도 공정한 표준을 처음으로 거슬렀을 때 경쟁자가 따라오지 않으면 엄청난 위험에 직면할 것이다.

눈보라에서 팝스타의 죽음에 이르기까지 다양한 사례에서 깨달은 점은 이것이다. 어떤 기업이든 수요가 일시적으로 치솟는 시기에 탐욕적인 모습을 드러내서는 안 된다(물론 탐욕적인 이미지를 드러내기에 좋은 시기란 없지만). 이런 조언을 무시한 것으로 보이는 대표적인 사례로, 전 세계 수많은 지역 시장에 진입한 스마트폰 기반의 혁신적 자동차 서비스업체 우버Uber를 꼽을 수 있다.

우버의 비즈니스 모델의 특성은 수요에 따라 가격이 탄력적으로 변동한다는 점이다. 우버는 이런 측면을 '차등 요금제surge pricing'라는 말로 설명한다. 이유에 상관없이 수요가 치솟을 때 가격은 급등하고, 우버는 고객에게 그런 상황을 통지한다. 그러면 고객은 높은 가격을 지불하고 서비스를 이용하거나, 다른 교통수단을 모색하거나, 가격 상승을 일시적인 현상으로 예상하고 우버에서 가격 상승이 끝났다는 공지를 받을 때까지 대기할 수 있다. 우버는 그들의 가격 책정 방식을 정확하게 공개하지 않지만, 언론 보도에 따르면 정상가보다 10배나 치솟은 적도 있다. 그리고 당연하게도 그런 상황은 고객의 불만으로 이어졌다.

그러나 우버 측은 성수기의 가격 상승은 더 많은 운전자가 일하도록 자극하는 동기로 작용한다고 해명한다. 물론 운전자의 대응에 관한 내부 데이터를 살펴보지 않고서 우버의 주장을 판단하기는 힘들 테지만, 표면적으로 볼 때 그들의 해명은 그다지 설득력 있게 들리지 않는다. 어쨌든 사람들은 순간적인 충동으로 우버 운전자가 되겠다고 결심하지는 않을 것이다. 또 집에서 쉬고 있거나 다른 일을 하는 기존 우버 운전자들이 일시적인 가격 인상 소식에 곧바로 자신들의 차량으로 뛰어드는 움직임에도 분명 한계가 있을 것이다. 실제로 이용 금액이 10배나 치솟은 적이 있다는 사실은 운전자 공급이 신속하게 이루어지지 않는다는 한계를 드러내는 현상이다. 수천 명의 우버 운전자가 가격이 급등함에 따라 곧바로 운전대를 잡을 준비가 되어 있었다면, 그처럼 가격이 치솟는 흐름이 오래가지는 않았을 것이다.

우버가 과연 운전자 공급을 즉각적으로 늘릴 수 있을 것인지와는 상관없이, 뉴욕주 법무장관은 극심한 눈보라 사태 동안 등장했던 바가지요금[94]에 주목했다(그동안 주민들을 짜증 나게 만든 것은 눈삽의 가격 상승만이 아니었다). 뉴욕주는 앞서 언급한 바가지요금 금지에 관한 법률을 시행해오고 있었다. 구체적으로 말해 뉴욕주 정부는 폭풍이나 정전, 다양한 소요 사태에 이르기까지 '비정상적인 시장 붕괴'가 일어날 수 있는 모든 기간에 기업이 '터무니없이 과도한 가격'을 부과하지 못하도록 제한하고 있다. 여기에서 우리는 이런 법률적 표현이 바가지요금에 대해 주민이 느끼는 감정을 그대로 반영한다는 사실에 주목할 필요가 있다. 뉴욕주는 이 법률을 통해 통상적인 과도한 가격이 아니라 터무니없이 과도한 가격을 금하고 있다.

결국 뉴욕주와 우버는 비정상적인 시장 붕괴 상황에서는 기존 가격 책정 방식에 제한을 두는 합의안에 동의했다. 이에 따르면 우버는 '비정상적인 붕괴'에 선행하는 60일 동안 서로 다른 4일에 매겨진 최고 요금을 조사한다. 그중 네 번째로 높은 요금을 비상 기간에 부과할 수 있는 상한선으로 설정하게 된다. 게다가 우버 측은 비상 기간에 발생한 추가 매출의 20퍼센트를 미국 적십자에 기부하겠다고 자발적으로 제안했다.

하지만 나는 뉴욕주 법무 장관이 그런 합의안을 강요할 때까지 기다린 것은 우버 경영진의 잘못된 판단이었다고 생각한다. 고객과 장기적인 관계를 구축하는 방법을 진정으로 고민했다면 우버가 먼저 나서서 합의안을 마련했어야 했다. 가령 항공기들이 세계무역센터 건물을 들이받은 2001년 9월 11일에 우버가 사업을 하고 있었다고 상상해보자. 만일 우버 자동차들이 사건 현장인 그리니치로 몰려들어 일반 요금의 20배에 달하는 '9·11 특별 요금'을 요구하도록 허용했다면 그것이 현명한 판단이었을까?[43] 그들이 진출한 세계 각국의 수많은 지역에서 정치적 싸움까지 벌여야 한다는 점에서 우버는 공정함의 표준을 외면한 것에 대해 큰 곤욕을 치를 수 있다. 단 며칠 동안의 고수익을 위해 공공의 적을 자처할 이유가 어디 있

---

[43] 캘리포니아의 한 우버 운전자에게 마을에 화재가 나서 주민들이 모두 대피해야 하는 상황에서 바가지요금을 씌우는 것에 대해 어떻게 생각하는지 물은 적이 있다. 그의 대답은 이랬다. "그런 상황이라면 무료로 사람들을 태워줄 겁니다!"

단 말인가?[44]

여기서 내 말을 오해하지 말길 바란다. 사실 나는 소비자로서 우버를 사랑한다. 그렇지만 내가 그들의 자문이나 주주라면 최고 요금을 정상가의 3배로 제한해야 한다고 주장할 것이다. 물론 여러분은 3배라는 기준이 도대체 어디서 나온 것인지 궁금해할 것이다. 이는 수요와 공급에 따라 가격이 탄력적으로 변동되는 항공이나 숙박과 같은 서비스 분야에 대해 내가 인정하는 대략적인 가격의 허용 범위다. 실제로 이런 서비스에서 가장 인기 있는 시간대의 예약은 대부분 매진된다. 이 말은 해당 기업이 그 시간대의 서비스 요금을 지나치게 낮게 설정해둔다는 뜻이기도 하다.

예전에 나는 스키장 숙박업체를 운영하는 사람에게 1년 전에 예약이 마감되는 크리스마스 주간에 왜 추가 요금을 적용하지 않는지 물었다. 처음에 그는 내 질문을 잘 이해하지 못한 듯 보였다. 그는 수요가 가장 높은 그 기간에 왜 그렇게 가격에 '느리게' 반응하는지 물어보는 사람은 없었다고 했다. 하지만 내가 경제학자라고 이야기하자 그제야 알겠다는 듯 이렇게 말했다.

"크리스마스에 바가지요금을 경험한 사람들은 3월에 절대 다시 찾지 않을 겁니다."

이 말은 충성도 높은 고객층을 구축하고자 하는 기업이라면 반드시 기억해야 할 소중한 조언이다. 이 조언을 잘 이해하는 기업가

---

[44] 도심에서 인질 사건이 벌어졌던 호주 시드니에서도 비슷한 현상이 나타났다. 즉 긴급 상황에 적절하게 대처할 수 있도록 사전에 조율하지 못했던 알고리즘 때문에 우버 요금이 급등하는 일이 벌어졌던 것이다. 온라인상에서 호된 비난을 받고 나서야 우버는 시민을 무료로 태워주기로 결정했고, 이미 지불된 요금에 대해서는 환불해주기로 했다(Sullivan, 2014).

중 한 사람으로 닉 코코나스^{Nick Kokonas}를 꼽을 수 있다. 코코나스는 시카고의 2대 레스토랑으로 손꼽히는 앨리니아^{Alinea}와 넥스트^{Next}에서 활약하는 유명 요리사 그랜트 애커츠^{Grant Achatz}와 함께 비즈니스를 이끌고 있다.

넥스트 레스토랑의 주제는 고유함을 그대로 보존하는 것이다. 이 레스토랑에서는 1년에 세 번 전체적으로 메뉴를 바꾼다. 그들의 메뉴는 '1906년 파리에서의 저녁 식사'에서 '태국 길거리 음식', 그리고 2011년 문을 닫을 때까지 미식가들의 성지였던, 스페인 카탈루냐 지역의 레스토랑 '엘 불리에 대한 경의'에 이르기까지 아주 다양하다.

2011년 4월에 문을 연 넥스트는 요일과 시간대에 따라 티켓 가격을 차별화하는 방식으로(앨리니아와 마찬가지로) 모든 메뉴를 판매할 것이라 발표했다. 하지만 일반적으로 공정한 표준에 따라 티켓 가격의 변동 폭은 그리 크지 않다. 가장 비싼 토요일 저녁 8시 티켓 가격은 가장 저렴한 시간대인 수요일 9시 45분보다 25퍼센트 정도 더 비싸다. 그렇다 보니 인기 있는 시간대는 거의 바로 매진되고(그 중 일부는 1년 동안 이용할 수 있는 시즌권을 구매한 사람들에게 할당된다), 대부분의 손님은 가격이 저렴한 한산한 시간대를 이용한다.

하지만 문을 연 지 얼마 지나지 않아 인기가 절정에 달했을 무렵, 노스웨스턴대학교의 두 경제학자는 코코나스에게 그가 큰 실수를 범하고 있으며, 티켓을 경매 방식으로 판매해 수익을 극대화해야 한다고 조언했다. 그러나 코코나스는 그들의 조언을 완강히 거부했고, 그 이유를 장문의 글로 블로그에 남겼다. 그의 이야기를 들어보자.

"수요가 아무리 높다 하더라도, 그래서 사람들이 기꺼이 추가 요금을 지불하려 한다 하더라도, 기업은 절대 제품이나 서비스 가치 이상의 가격을 소비자에게 요구해서는 안 된다."[95]

넥스트에서 저녁을 먹기 위해 기꺼이 2,000달러를 지불한 고객이라 하더라도 레스토랑을 나설 때 이렇게 생각할 것이다.

"맛있긴 한데 2,000달러만큼은 아니군."

더 중요한 것은, 코코나스는 그 손님이 다시는 넥스트를 찾지 않을 것이며 자신의 불만족스러운 경험을 다른 수많은 잠재 고객과 나눌 것이라고 믿는다는 점이다.[45] 코코나스는 현재 다른 고급 레스토랑을 대상으로 온라인 티켓 판매 프로그램을 공급하고 있다. 넥스트의 티켓 프로그램을 구입한 레스토랑이 가장 인기 높은(값비싼) 시간대 티켓을 '비교적 저렴하게 판매하는' 그들의 가격 정책까지 채택할지 지켜보는 것은 흥미로운 일이다. 비즈니스를 장기적으로 이끌어나가고자 하는 기업이라면 코코나스의 조언을 진지하게 받아들여야 한다.

---

45 더욱 거대한 조직인 미국 미식축구 리그National Football League, NFL 역시 그 똑같은 조언을 인식하고 따르고 있다. NFL의 홍보 부사장 그레그 아이엘로Greg Aiello는 경제학자 앨런 B. 크루거Alan B. Krueger와 나눈 인터뷰에서 티켓 가격 정책과 관련해 적어도 슈퍼볼 경기에서만큼은 '장기적인 전략적 입장'을 고수한다고 말했다. 슈퍼볼 경기 티켓에 대한 수요 급증을 이유로 극단적으로 높은 가격을(아이엘로는 단기적인 수입 증가가 전체 광고 수입에 맞먹을 것으로 예상한다) 정당화할 수 있다 하더라도 NFL은 '팬은 물론 비즈니스 파트너와의 지속적인 관계'를 강화하기 위해 입장권 가격을 합리적인 선에서 유지하고자 한다(Krueger, 2001).

15

경제학자가
농부들에게
배워야 할 것
― 죄수의 딜레마와 공공재 게임

대니, 네치와 함께 공정성에 대한 연구를 추진하는 동안 한 가지 질문이 우리 마음속에 강하게 자리 잡았다.

"사람들은 부당하게 행동하는 기업을 처벌하길 원하는가? 예전에 50달러를 내고 탔던 택시를 500달러에 탔다면, 그 전에 즐겨 이용했다 하더라도 앞으로 다시 이용할 생각이 있는가?"

이에 대한 대답을 구하기 위해 우리는 게임 형태로 실험을 진행했다. 우리는 제안자 역할을 맡은 피실험자에게 '파이pie'라는 이름으로 돈을 지급했다. 그리고 응답자 역할을 맡은 다른 피실험자에게 파이의 일부를 나누어주겠다는 제안을 하도록 했다. 여기에서 응답자는 그 제안을 받아들여 나머지 금액을 제안자에게 허락할 수 있고, 혹은 거절할 수도 있다. 거절할 경우 두 사람 모두 한 푼도 받지 못한다.

이 실험에서는 실제 돈을 갖고 게임을 하도록 하는 것이 중요하기 때문에 전화 방식의 설문 조사를 포기하고, 브리티시컬럼비아대학교와 코넬대학교 학생들에게 협조를 구했다. 우리는 게임을 통해 주어진 예산으로 가능한 한 많은 데이터를 얻을 수 있는 아주 간단한 방법을 개발했다. 우선 무작위 방식으로 피실험자에게 제안자나 응답자 역할을 맡도록 한다. 그리고 응답자에게 다음과 같은 간단한 양식을 채우도록 한다. 이 게임에서 파이는 10달러다.

10달러를 제안받았다면 받아들이겠습니까?   예__ 아니요__

9.5달러를 제안받았다면 받아들이겠습니까?   예__ 아니요__

:

:

0.5달러를 제안받았다면 받아들이겠습니까?   예__ 아니요__

하나도 제안받지 못했다면 받아들이겠습니까?   예__ 아니요__

우리는 대다수의 제안자가 절반 정도의 금액을 제안할 것이며, 이런 경우 우리가 주목하는 응답자의 기호에 대해 많은 정보를 얻지 못할 것이라는 걱정에 이런 방식으로 질문을 던졌다. 인간은 이기적이고 합리적인 존재라는 일반적인 경제학 가정을 바탕으로 하는 게임 이론을 신뢰하는 사람이라면, 다음과 같은 예측을 내놓을 것이다. 즉 제안자는 가능성이 높은 가장 적은 금액을 제시할 것이며(이 실험에서는 50센트), 응답자는 이를 받아들일 것이다. 50센트는 아무것도 받지 못하는 것보다는 낫기 때문이다. 반면 우리는 응답자가 적은 금액의 제안은 '부당하다'는 이유로 거절할 것이라고 예상했다.

예상은 적중했다. 일반적으로 응답자는 20퍼센트, 즉 이 게임에서 2달러 미만의 제안은 거절했다. 우리는 소소한 이번 실험의 결과에 만족했지만, 얼마 지나지 않아 베르너 귀트Werner Güth가 이끄는 독일 경제학자 연구 팀[96]이 이미 3년 전에 정확하게 똑같은 게임으로 논문을 발표했다는 사실을 알게 되었다. 그들은 우리와 완전히 동일한 게임을 활용했고, 게다가 기억하기 쉬운 '최후통첩 게임Ultimatum Game'이란 이름까지 붙였다. 이 소식에 절망한 대니는 언제나 그러하듯 더 이상 새로운 아이디어를 내놓지 못할 것이라고 걱정했다(하지만 그는 77세의 나이에 세계적인 베스트셀러를 발표했다).

네치와 나는 대니에게 앞으로 얼마든지 멋진 아이디어들이 떠오를 것이라는 확신을 주었고, 첫 번째 실험의 연장선상에서 또 다른 게임을 설계하기 위해 함께 궁리했다. 두 번째 게임에서 우리 연구는 두 단계로 실행되었다. 첫 번째 단계에서 우리는 강의실의 학생들에게 이런 선택권을 주었다.

"이제 여러분은 이 강의실 안에 있는 또 다른 익명의 학생과 20달러를 나누어 가질 수 있습니다. 여러분에겐 두 가지 선택권이 있습니다. 자신이 18달러를 갖고 다른 학생에게 2달러를 주거나, 또는 10달러씩 공평하게 나누어 가질 수 있습니다."

사실 우리는 모두에게 선택하도록 했지만, 몇몇은 무작위로 나온 결과에 따라야 한다고 학생들에게 일러두었다. 이 게임의 응답자는 제안자가 무엇을 제안하든 간에 받아들여야 했고, 그런 점에서 우리는 이 게임의 이름을 '독재자 게임Dictator Game[97]'이라 지었다.

우리는 독재자 게임의 결과에 대해서 분명한 예측을 내놓지는 않았다. 사실 우리는 두 번째 단계에 해당하는 '처벌 게임Punishment Game'에 더 많은 관심을 갖고 있었다. 이제 우리는 다른 강의실로 이동해 학생들에게 독재자 게임에 대한 이야기를 들려준다. 그러고 다시 학생들에게 선택권을 제시했다.

"이제 여러분은 (독재자 게임에서) 제안자로 참여한 2명의 학생과 짝을 이루게 됩니다. 여기에서 E라는 학생은 공평하게 돈을 나누어 가졌고, U라는 학생은 자신이 18달러를 갖고 상대방에게 2달러를 주었습니다. 자, 여러분에게 선택권이 있습니다. E와 함께 10달러를 공평하게 나누겠습니까, 아니면 U와 함께 12달러를 공평하게 나누겠습니까?"

처벌 게임에서 우리는 또 다른 방식으로 선택권에 대해 설명할 수 있다.

"'타인에게' 탐욕적인 모습을 드러냈던 학생 대신, 친절한 모습을 보였던 학생과 함께 돈을 나누기 위해 당신은 기꺼이 1달러를 포기할 것인가?"

최후통첩 게임에서와 마찬가지로, 우리는 처벌 게임을 통해 학생들이 '부당하다'고 생각하는 사람을 처벌하기 위해 기꺼이 이익을 포기할 것인지에 대해 중요한 정보를 확인할 수 있을 것이라 기대했다. 우리가 보기에(적어도 내가 보기에) 놀랍게도 첫 번째 단계인 독재자 게임에 참여했던 학생들은 대단히 선했다. 4분의 3에 가까운(74퍼센트) 학생이 평등하게 돈을 나누었던 E를 선택했다. 더욱 흥미로웠던 점은, 두 번째 단계인 처벌 게임이 더욱 뚜렷한 결과를 보여주었다는 사실이다.

81퍼센트에 해당하는 피실험자가 '부당한' 제안자와 12달러를 나누어 갖는 쪽보다 '공정한' 제안자와 10달러를 나누어 갖는 쪽을 택했다. 우리는 이 두 가지 실험의 결과에서 추론할 수 있는 것과 추론할 수 없는 것을 분명히 구분할 필요가 있다. 이 실험 결과는 사람들이 부당한 제안을 싫어하고, 부당한 제안을 하는 사람을 처벌하기 위해 경제적 손해를 기꺼이 감수하려 든다는 분명한 증거를 보여준다. 그렇지만 이를 통해 사람들이 공정한 제안을 해야 한다는 도덕적 의무감을 느낀다고 장담하기는 어렵다. 최후통첩 게임에서 가장 일반적인 제안은 종종 50퍼센트였지만, 그렇다고 해서 제안자들이 공정하기 위해 노력했다고 결론 내릴 수는 없다.

대신 그들은 아마도 거절당할 위험에 대해 대단히 합리적인 차원에서 걱정했을 것이다. 응답자들의 행동에 대한 경험적인 증거를 감안할 때, 최후통첩 게임에서 이익을 극대화할 수 있는 전략은 상대방에게 40퍼센트 정도의 파이를 제안하는 것이다. 그 이하로 내려가면 거절할 위험이 높아진다는 점에서 50퍼센트 제안은 합리적인 이기적 전략과 그리 멀지 않다.

제안자의 동기가 공정함이든 이기심이든 간에, 최후통첩 게임은 분명한 결과를 보여준다. 제안자들은 파이의 절반 정도를 제안했고 응답자는 20퍼센트 미만의 제안은 거절하는 경향을 보였다. 이 게임은 전 세계 모든 지역에 걸쳐 실행되었는데, 그 결과는 일부 오지 부족을 제외하고 비슷하게 나타났다.[98] 그럼에도 많은 사람이 오랫동안 궁금하게 여기는 질문은 '최후통첩 게임에서 액수 낮은 제안을 거절하는 사람들의 성향이 돈의 액수가 증가해도 그대로 유지되는가' 하는 것이다. 많은 사람이 공통적으로 드러내는 본능적인 직관은, 금액이 올라감에 따라 전체 파이에서 수용 가능한 최저 비중이 점차 내려갈 것이라는 예측이다. 이 질문을 이렇게 표현할 수도 있겠다.

"10달러로 게임에 참여할 때 일반적으로 수용 가능한 최저 제안이 2달러였다면, 게임 액수가 1,000달러로 올라갈 때 사람들은 200달러 미만의 제안도 받아들일 것인가?

이 가설에 대한 검증 과정에서 두 가지 문제에 직면하게 된다. 그것은 최후통첩 게임에서 금액을 높이려면 그만큼 실험 비용이 증가하고, 제안자 대부분 '공정한' 제안을 한다는 사실이다. 미국에서 실행된 최후통첩 게임에서는 금액이 100달러까지 높아졌지만, 결과는 그보다 낮은 금액의 경우와 크게 다르지 않았다.[99] 하지만 우리는 가난한 국가에서 실행된 게임에서 뚜렷한 증거를 확인할 수 있었다. 가난한 지역에서 실험자들은 생활비보다 높은 금액을 용이하게 설정할 수 있다. 가령 리사 캐머런Lisa Cameron은 인도네시아 자바 지역에서 낮은 금액과 아주 높은 금액(피실험자들의 석 달 치 수입에 해당하는)으로 최후통첩 실험을 실시했다. 그러나 금액을 크게 높였을 때도 실질적인 차이는 없었다.[100]

또 다른 실험들은 우리가 이콘에 대해 생각하는 것처럼 사람들이 전적으로 이기적인(적어도 낯선 사람을 대할 때) 존재인지에 대한 질문에 주목한다. 이런 실험들은 협력에 관한 게임을 활용한다. 대표적인 게임으로는 '죄수의 딜레마Prisoner's Dilemma'라는 것이 있다. 실험 환경 속에서 어떤 범죄를 저지른 두 사람이 모두 붙잡혀 따로 심문을 받고 있다. 그들에게는 선택권이 있다. 즉 범행을 자백하거나 입을 다물 수 있다. 두 사람 모두 묵비권을 행사할 때, 그리 중하지 않은 범죄로 1년형에 처해진다. 반대로 둘 다 자백하면 5년의 세월을 감옥에서 보내야 한다. 그런데 한 사람만 자백하고 다른 사람은 묵비권을 고수할 때, 자백한 사람은 곧장 풀려나지만 다른 사람은 10년형을 언도받는다.

죄수에 관한 이야기가 빠진 보다 일반적인 형태의 게임의 경우 협력(묵비권)과 배신(자백)의 두 가지 전략이 있다. 게임 이론은 두 사람 모두 배신할 것이라고 예측한다. 상대방이 무엇을 선택하든 간에, 배신하는 쪽이 자신에게 이익이 되기 때문이다. 하지만 실험실 환경에서 이 게임을 실행했을 때 피실험자 중 40~50퍼센트는 협력을 택했다. 이 말은 절반에 가까운 사람들이 게임의 룰을 제대로 이해하지 못했거나, 혹은 협력이 올바른 일이라고 생각했다는 의미다. 아니면 둘 다일 수도 있다.

죄수의 딜레마는 우리에게 놀라운 사실을 알려주지만, 우리가 살면서 체포될 일은 거의 없다. 그렇다면 이 게임이 우리 일상생활에서 갖는 의미는 무엇일까? 이와 관련해 공공재 게임Public Goods Game에 주목해보자. 이 게임의 경제학적 의미를 이해하기 위해 탁월한 경제학자 폴 새뮤얼슨을 주목해보자. 새뮤얼슨은 1954년에 3쪽짜리 논문에서 공공재의 개념을 분명하게 정의했다. 그는 결코 뭔가를 장황하게 늘어놓는 스타일이 아니다.

공공재란 소비를 위축시키지 않고 모든 사람이 소비할 수 있는 자산을 말하며, 특정 개인이 이를 소비하지 못하도록 배제하는 것은 불가능하다. 가장 대표적인 공공재 사례로 불꽃놀이를 들 수 있다. 무료로 사용할 수 있기 때문에 어느 누구에게도 사용료를 요구할 수 없다는 점에서 새뮤얼슨은 시장경제하에서는 공공재를 충분히 공급하지 못할 것임을 증명했다. 새뮤얼슨의 논문이 발표되고 몇 년 동안, 경제학자들은 정부가 개입해 세금을 통해 시민이 공동으로 부담하는 방식으로 공공재를 공급하지 않는 이상 공공재 문제는 절대 해결되지 않을 것이라고 생각했다.

물론 우리는 주변에서 이런 주장에 대한 반례를 쉽게 발견할 수 있다. 어떤 사람들은 자선단체에 기부하고, 야영장에서 쓰레기를 줍고, 적어도 미국 도심에서 반려견을 키우는 대부분의 사람은 산책을 나가면서 반드시 비닐봉지를 챙긴다(일부 지역에서는 이를 법률로 강제하기는 하지만, 실제로 단속이 이루어지는 일은 거의 없다). 다시 말해 일부 사람들은 자신의 이익과 무관한 상황에서도 협력하려는 태도를 보이는 것이다.

경제학자와 심리학자, 사회학자는 이 문제를 해결하기 위해 단순한 게임을 살짝 변형해서 활용하고 있다. 서로 알지 못하는 10명의 사람을 실험실에 모아놓고 각각 1달러짜리 다섯 장을 지급한다고 해보자. 여기에서 피실험자들은 각각 모르게 빈 봉투에 돈을 집어넣는 방식으로 '공공재'에 (그럴 의향이 있다면) 얼마나 많이 기여하기를 원하는지 결정한다. 그렇게 피실험자들이 공공재 봉투에 집어넣은 돈은 2배가 되고, 그 돈은 다시 각각의 피실험자들에게로 공평하게 분배된다.

이런 공공재 게임에서 합리적이고 이기적인 전략은 봉투에 돈을 하나도 집어넣지 않는 것이다. 예를 들어 브렌든이라는 사람이 1달러를 기부했다고 해보자. 그러면 실험자는 그 1달러의 2배인 2달러를 10명의 피실험자에게 골고루 나누어준다. 이에 대해 브렌든은 자신의 몫으로 20센트를 받는다. 1달러를 기부하고 20센트를 받기 때문에 1달러를 기부할 때마다 80센트씩 손실이 발생한다. 이에 대해 다른 피실험자들은 브렌튼의 기부로 얻은 20센트에 만족하지만, 기부는 익명으로 이루어지기 때문에 브렌튼에게 개인적으로 감사할 일은 없다.

새뮤얼슨의 설명에 따르면 경제학 이론을 기반으로 할 때 아무도 기부하지 않을 것이라 예측할 수 있다. 이런 방식으로 모든 피실험자가 합리적이고 이기적으로 행동할 때, 그 집단의 전체 자산은 모든 사람이 전체 자산을 기부하는 상황의 절반으로 끝나게 된다. 10명 모두 5달러 전액을 기부하면 50달러는 100달러가 되고, 그러면 모든 사람이 10달러씩 나누어 갖게 된다. 뛰어난 경제학자이자 철학자 아마르티아 센Amartya Sen은 이런 게임에서 언제나 아무것도 포기하지 않으려는 사람들을 일컬어 맹목적으로 이기심만 추구하는 합리적인 바보들이라 불렀다.

"'전적으로' 경제적인 인간은 사회적인 바보에 가깝다. 경제학 이론은 이런 합리적인 바보들만 주목하고 있다."[101]

죄수의 딜레마에서와 마찬가지로, 공공재 게임에서도 누구도 협력을 선택하지 않을 것이라는 일반 경제학의 예측은 잘못된 것으로 밝혀졌다. 평균적으로 사람들은 공공재에 받은 금액의 절반 정도를 기부했다. 공공재 문제는 여전히 남아 있지만, 즉 사람들이 협력에 어느 정도 동의한다 하더라도 공공재는 그들이 원하는 만큼 충분하게 공급되지 않지만, 그렇다 해도 공급 부족 현상의 심각성은 합리적으로 이기적인 모형이 내놓은 예측에 절반 정도에 불과했다.

여기에 한 가지 중요한 변수가 있다. 경제학과 대학원생을 대상으로 이 게임을 실행했을 때 기부 비중은 20퍼센트밖에 되지 않았던 것이다. 이런 결과는 사회학자 제럴드 마웰Gerald Marwell과 루스 아메스Ruth Ames가 「경제학자들의 무임승차: 다른 사람들도?Economists Free Ride: Does Anyone Else?」[102]라는 논문을 쓰도록 영감을 불어넣었다.

마웰과 아메스가 논문 제목에서 던진 이 질문에 대해, 재치 있는 경제학자라면 '노련한 선수들experienced players'이라는 말로 대답했을 것이다. 공공재 실험에서 확인할 수 있는 것은, 게임이 계속 반복되면서 피실험자들의 협력 비율cooperation rate이 일반적으로 50퍼센트에서 0에 가까운 수준으로 계속 떨어지는 현상이었다. 이런 현상이 처음 발견되었을 때 일부 경제학자들은 초기의 높은 협력 비율은 피실험자들의 혼란에 기인한 것이며, 게임을 계속하는 동안 합리적이고 이기적인 전략이 올바른 전략이라는 사실을 깨닫게 된 것이라고 설명했다.

1999년에 실험경제학자 제임스 안드레오니James Andreoni는 실험을 살짝 변형함으로써 그들의 설명을 검증했다.[103] 5명의 피실험자에게 그 게임을 열 번 반복하도록 하자 그 과정에서 협력 비율이 떨어지는 현상이 나타났다. 그리고 다음으로 동일한 피실험자들과 그 게임을 열 번 더 하게 될 것이라고 설명해주었다. 무슨 일이 일어났을까?

사람들이 이기적으로 행동하는 것이 현명한 전략이라는 사실을 깨달았다면, 다시 게임을 시작한 후에도 협력 비율은 낮게 나타나야 했다. 하지만 결과는 달랐다. 새로 시작한 두 번째 단계의 첫 번째 게임에서 피실험자들의 협력 비율은 첫 번째 단계의 첫 번째 게임과 동등한 수준으로 회복되었다. 그렇다면 반복된 공공재 게임을 통해 사람들이 배운 것은, 눈치 빠르게 행동해야 한다는 것이 아니라 그들이 (몇몇) 눈치 빠른 사람들과 게임을 하고 있으며 아무도 순진하게 당하기를 원치 않는다는 사실이었다.

이후 에른스트 페르^{Ernst Fehr}와 그의 동료들이 했던 연구는 안드레오니의 연구 결과를 뒷받침하면서 많은 사람을 '조건적 협력자^{conditional cooperator'104)}의 범주에 포함시킬 수 있음을 보여주었다. 다시 말해 사람들은 충분히 많은 수가 협력할 때 기꺼이 협력하려고 든다. 이런 게임을 시작하면서 사람들은 동료에게 무죄 추정의 원칙을 적용하지만, 협력 비율이 낮은 경우에 이런 조건적 협력자는 무임승차자로 바뀐다.

그러나 협력을 거부하는 사람들을 처벌할 기회가 주어질 때 게임을 반복하더라도 협력 비율은 그대로 유지된다. 앞서 처벌 게임에서 살펴본 것처럼 사람들은 자신의 경제적 이익의 일부를 기꺼이 포기하면서까지 불공정하게 행동하는 사람들에게 교훈을 주고자 한다. 그리고 이런 처벌 의지는 잠재적인 무임승차자에게 경고의 메시지를 보내고, 강력한 협력 비율을 그대로 유지해준다.

—

밴쿠버에서 대니와 함께 연구를 하고 나서 몇 년이 흐른 뒤, 나는 심리학자 로빈 도스^{Robyn Dawes}와 함께 '협력'을 주제로 글을 썼다.¹⁰⁵⁾ 결론 부분에서 우리는 이타카 시골에서 흔히 볼 수 있는 농산물 가판대 이야기를 했다. 농부들은 종종 그들의 농장 앞에 가판대를 설치해놓고 농산물을 판매한다. 거기에는 돈을 넣을 수 있지만 뺄 수는 없도록 작은 홈을 낸 상자가 놓여 있으며, 이런 상자들은 가판대에 못으로 고정되어 있다. 나는 그 당시는 물론 지금도 이런 시스템을 활용하는 농부들은 인간의 본성에 대한 아주 훌륭한 모형을 마음속에 간직하고 있던 것이라 생각한다. 세상에는, 특히 작은 시골 마을에는 농부들이 가판대 위에 얹어놓은 옥수수나 대황을 양심적으로 돈을 내고 사 갈 정도로 착한 사람들이 많이 살고 있다. 동시에 농부들은 돈 상자를 그냥 열어놓는다면 누군가는 틀림없이 가져갈 것이라는 사실도 잘 알고 있다.

경제학자들 역시 농부만큼이나 인간 본성을 섬세한 시선으로 바라볼 필요가 있다. 모든 사람이 무임승차를 노리는 것은 아니지만, 어떤 사람은 분명히 여러분이 방심한 틈을 타 지갑을 낚아챌 준비를 하고 있다. 영감을 얻기 위해 나는 항상 연구실 벽면에 농장 가판대 사진을 붙여둔다.

16

복권과 3달러 중
무엇을 갖겠습니까
― 소유 효과와 현상 유지 편향

밴쿠버에 머물던 어느 날, 당시 실험적 연구 방법에 몰두하던 경제학자 앨빈 로스가 피츠버그대학교에서 콘퍼런스를 열었다. 나중에 소책자로 발표한 논문 「경제학에서의 연구실 실험: 여섯 가지 관점Laboratory Experimentation in Economics: Six Points of View」[106]의 초안을 처음 소개하기 위해서였다. 그 논문에 참여한 인물은 로스와 버넌 스미스, 찰리 플롯을 포함해 실험경제학 공동체에서 꽤 알려진 학자들이었다.

대니와 나 또한 실험경제학 공동체에서 행동과 관련된 새로운 영역을 대표했다. 우리에게 가장 흥미로운 주제는 내가 종종 언급하는 소유 효과에 대한 논의였다. 스미스와 플롯은 우리가 소유 효과에 관련한 설득력 있는 경험적 증거를 아직 확보하지 못하고 있다고 지적했다. 이와 관련해 내가 제시했던 증거는 네치와 그의 호주 출신 공동 연구원 존 신든John Sinden이 함께 집필한 논문[107]에 기반을 둔 것이었다.

두 사람의 실험은 아주 간단했다. 피실험자들 중 절반에게 무작위로 3달러를 지급한다. 그리고 나머지 절반에게는 복권을 나눠준다. 복권에 당첨될 경우 현금 50달러, 혹은 70달러짜리 도서 상품권을 받게 된다. 다음으로 피실험자에게 다른 과제를 완성하도록 하고 나서, 두 집단 모두에게 선택권을 준다. 복권을 지급받지 않은 집단에게는 3달러를 내고 복권을 살 수 있다고 말하고, 복권을 받은 집단에게는 복권을 3달러에 팔 수 있다고 말한다. 그리고 두 집단에게 다음과 같은 동일한 질문을 했다.

"복권과 3달러 중 무엇을 갖겠습니까?"

경제학의 관점에 따를 때, 피실험자들이 돈이나 복권을 지급받았다는 사실은 결과에 영향을 미쳐서는 안 된다. 즉 복권의 가치를 3달러보다 높게 평가한 사람은 모두 복권을 선택해야 한다. 반대로 3달러 이하로 평가한 사람은 돈을 선택해야 한다. 하지만 실험 결과는 이런 경제학적 예측을 정면으로 반박했다. 복권을 지급받은 사람 중 82퍼센트는 복권을 그대로 갖고 있기를 희망했고, 돈을 받은 사람 중 복권 구매를 희망한 비중은 38퍼센트에 불과했다. 이는 사람들이 새로운 것으로 바꾸기보다 원래 갖고 있던 것을 그대로 유지하려는 성향이 강하다는 뜻이다. 최초의 할당이 무작위로 이루어졌음에도 이런 현상은 지극히 분명하게 드러났다.

이에 대한 플롯과 스미스의 반론은 6장에서 살펴본 비판과 직접적으로 관련이 있다. 첫째, 두 사람은 피실험자들이 혼란을 겪었을 수 있다는 점을 지적했다. 그들은 아마도 피실험자들에게 학습 기회를 제공하는 실험을 더 선호했을 것이다. 둘째, 네치와 신든의 실험에서 나타난 잘못된 행동은 실제 시장 상황에서는 드러나지 않을 것이라고 주장했다. 그리고 이를 위해 시장의 보이지 않는 속임수에 호소했는데, 이는 곧 구매자와 판매자가 서로 거래를 하고 가격이 변동될 수 있다는 의미다.

밴쿠버로 돌아올 무렵 대니와 내게 한 가지 과제가 주어졌다. 그것은 소유 효과가 실제로 존재하는 현상이라고 플롯과 스미스를 설득할 수 있는 실험을 고안하는 일이었다. 이를 위해 우리는 실험을 수행했고, 공정성 연구 팀의 일부이던 네치와 힘을 합쳤다.[108] 플롯과 스미스와의 논의 이후 우리는 소유 효과가 실제 현상이라면 시장에서 거래 규모를 위축시킬 것이라 생각했다.

이미 어떤 물건을 가진 사람은 그 물건을 끝까지 놓지 않으려는 성향이 있고, 반대로 그 물건을 갖지 않은 사람은 그 물건에 그다지 집착하지 않는다. 우리는 바로 이런 예상을 검증할 실험을 설계하고자 했다. 그 기본적인 아이디어는 네치의 원래 연구를 바탕으로 삼고, 여기에 시장이라는 새로운 요소를 추가하는 것이었다. 이번 연구를 좀 더 완벽하게 만들기 위해서는 우리가 선택했던 특정 실험 방법에 따른 결과가 예측했던 것임을 보여주어야 했다. 이를 위해 우리는 스미스가 종종 사용했던 실험 방법 중 하나(유도 가치 induced value)를 상황에 맞게 활용해보기로 했다.

5장에서 언급한 것처럼 스미스는 시장이 얼마나 효율적으로 기능하는지 입증하기 위한 여러 가지 획기적인 초기 실험에서 이 방법을 활용한 바 있다. 여기에서 피실험자들은 실험실 밖에서는 아무런 가치가 없는 토큰을 사고팔았다. 그들은 토큰에 대해 저마다 다른 가치를 이해하며, 실험이 끝난 뒤 토큰을 갖고 있다면 돈으로 바꿀 수 있다. 예를 들어 실험자는 세스라는 사람에게 실험이 끝난 시점에 토큰을 갖고 있다면 이를 2.25달러에 팔 수 있다고 말하고, 캘빈에게는 3.75달러를 받을 수 있다고 말한다. 우리는 소유 효과가 20달러 지폐보다 토큰에서 더 미미하게 나타나리라 생각했기에 토큰을 선택했다.

[그림 7]은 이런 시장의 작동 방식을 보여준다. 우리는 25센트에서 5.75달러에 이르는 다양한 유도 가치를 12명의 피실험자에게 무작위 방식으로 할당한다. 그리고 A에서 확인할 수 있는 것처럼 가장 높은 유도 가치를 받은 사람을 맨 왼쪽에, 가장 낮은 가치를 받은 사람을 맨 오른쪽에 세우는 방식으로 피실험자들을 유도 가치에 따라 배열한다.

다음으로 B에서처럼 6개의 토큰을 무작위로 나누어준다. 이제 우리는 피실험자들에게 다음과 같은 간단한 질문을 던짐으로써 시장의 기능을 실행한다. 토큰을 받은 사람들에게 다음과 같은 문항이 주어진다.

가격이 6달러일 때	나는 __을 팔 것이다. __을 팔지 않을 것이다.
가격이 5.5달러일 때	나는 __을 팔 것이다. __을 팔지 않을 것이다.

판매자가 자신의 물건을 기꺼이 내놓고자 하는 최저 가격을 '유보 가격reservation price'이라고 한다. 어떤 물건의 가치를 4.25달러에 평가하는 판매자의 경우 4.5달러의 가격에 물건을 내놓지, 4달러에는 내놓지 않을 것이다. 그렇다면 4.5달러는 그의 유보 가격인 셈이

다. 물건 구입에 대한 의지를 평가하기 위해 잠재 구매자에게 동일한 가격 범위에 걸쳐 이와 유사한 문항을 제시하게 된다. 이에 대해 경제학 이론은 어떤 예상을 내놓을 것인가? 시장이 제대로 기능한다면 그 가치를 높게 평가하는 왼쪽 여섯 사람이 물건을 소유하게 될 것이다. 이 사례의 경우 C에서 확인할 수 있듯 피실험자 2·5·6번은 피실험자 7·8·11번에게 물건을 구매할 것이다.

이를 통해 분배의 양 끝점에서 시작해 중앙으로 이동함으로써 시장을 '투명'하게 만들어주는 가격, 즉 수요와 공급이 일치되는 지점을 발견할 수 있다. 2번은 11번이 물건을 받고자 하는 가격을 어렵지 않게 파악할 수 있으며, 그래서 그들은 쉽게 거래에 이르게 된다. 5번과 8번의 경우도 마찬가지다. 하지만 6번과 7번 사이에서 거래가 이루어지기 위해서는, 가격이 이들의 유보 가격 사이에 있어야 한다. 여기에서 우리는 50센트 단위로 항목을 제시하고 있기 때문에 거래가 이루어지도록 하는 가격은 3달러가 되어야 할 것이다.

가치와 토큰의 할당은 무작위 방식으로 이루어지므로 결과는 매번 다르게 나타날 것이다. 그래도 위 사례처럼 가치 평가가 높은 쪽 6명에게 평균적으로 3개 정도의 토큰이 할당될 것이며, 그렇다면 시장이 균형에 도달하기 위해서 평균적으로 세 건의 거래가 이루어져야 할 것이다. 다시 말해 예측할 수 있는 거래의 평균 횟수는 토큰 개수의 절반에 해당한다.

이제 초콜릿바를 가지고 똑같은 실험을 반복해보자. 여기에서도 다시 한번 초콜릿바에 대한 선호도를 기준으로 피실험자를 배열할 수 있다. 하지만 이번에는 가치 평가를 할당하는 것이 아니라 피실험자 스스로 가치 평가를 결정하도록 한다. 다음으로 앞서 토큰 실

[그림 7] 유도 가치에 대한 실험

A: 토큰에 대한 가치 평가를 기준으로 학생들을 배열한다.
이런 가치들은 실험 전에 할당된 것이다.

가장 높은 가치 평가   가장 낮은 가치 평가

$5.75 $5.25 $4.75 $4.25 $3.75 $3.25 $2.75 $2.25 $1.75 $1.25 $0.75 $0.25

B: 다음으로 학생들에게 6개의 토큰을 무작위로 할당한다.

$5.75 $5.25 $4.75 $4.25 $3.75 $3.25 $2.75 $2.25 $1.75 $1.25 $0.75 $0.25

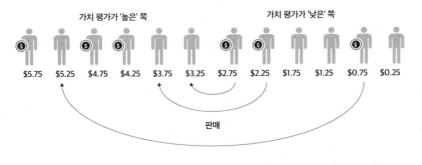

C: 마지막으로 시장을 통해 거래가 이루어지도록 한다.
여기에서 균형이 이루어지기 위해 세 차례의 거래가 필요하다.

가치 평가가 '높은' 쪽   가치 평가가 '낮은' 쪽

$5.75 $5.25 $4.75 $4.25 $3.75 $3.25 $2.75 $2.25 $1.75 $1.25 $0.75 $0.25

판매

험에서와 마찬가지로 초콜릿바를 무작위로 분배하고 똑같은 일련
의 질문을 던진다.

이제 무슨 일이 일어날까? 경제학 이론은 이번에도 똑같은 예측을 내놓는다. 일반적으로 초콜릿바의 절반이 거래될 것이며, 초콜릿을 별로 좋아하지 않는 (혹은 다이어트를 하고 있는) 사람들에게서 먹고 싶어 안달이 난 사람들에게 넘어가게 될 것이다. 그러나 여기에서도 소유 효과가 나타난다면 초콜릿바를 무작위로 할당받은 사람들은 그렇지 못한 사람들보다 이를 더 가치 있게 여길 것이다. 또 그렇다면 거래 횟수는 예측보다 더 낮게 나타날 것이다. 이것이 바로 우리가 검증하고자 한 가설이다.

이런 방식의 실험을 처음으로 실행한 것은, 내가 코넬대학교로 돌아온 1985년 가을 무렵이었다. 이를 위해 나는 법학 및 경제학 관련 고급 과정을 수강하고 있던 학부생을 끌어모았다. 실험에 참여한 44명에게 토큰 22개를 무작위로 나누어주고 모든 피실험자에게 그 토큰에 대한 서로 다른 가치를 할당했다. 다음으로 토큰을 받은 사람들에게 수요와 공급에 따라 가격이 결정되는 시장이 열릴 것이라고 알려주었다. 그런 다음 다양한 가격을 포함하고 있는 일련의 항목에 대답하도록 했다.

가격이 6.25달러일 때 나는   __을 팔 것이다. __을 팔지 않을 것이다.

가격이 5.75달러일 때 나는   __을 팔 것이다. __을 팔지 않을 것이다.

그 과제를 이해하기 위해 피실험자들은 그들의 개인적인 가치평가가 6.5달러일 때 가격이 6.5달러 이상이면 판매하고, 그 미만이면 판매하지 않으면 된다는 사실만 알고 있으면 된다. 판매자가 매기는 가장 낮은 가격을 우리는 판매자의 '유보 가격'이라 부른다.

이 실험에서 구매자 역시 개인적인 가치 평가를 할당받았고, 그들이 물건에 매기는 최고 가격인 유보 가격을 확인하기 위해 동일한 항목을 제시했다. 그리고 피실험자 모두가 과제를 정확하게 이해하도록 하기 위해 똑같은 실험을 세 번 반복했다.

다음으로 우리는 강의실 앞에서 시장을 열었다. 여기에서 피실험자들은 경제학 원론 시간에 배운 수요와 공급이라는 도구를 활용했다. 구체적으로 설명하자면 판매자의 유보 가격을 구해 가장 낮은 것에서 높은 것까지 나열하고, 구매자의 유보 가격을 가장 높은 것에서 낮은 것까지 나열한다. 구매자의 최고 입찰 금액이 판매자의 최저 제안 금액보다 높다면 적어도 한 번의 거래가 이루어진다.

그리고 두 번째로 높은 구매자의 입찰 금액이 두 번째로 낮은 판매자의 제안 금액보다 높다면, 두 번째의 거래가 이루어지게 된다. 거래는 이런 상황이 계속될 때까지 이루어진다. 모든 거래는 수요와 공급의 수가 일치되는 선에서 동일한 가격으로 이루어진다. 앞서(판매자 22명의 절반과 구매자 22명의 절반이 거래에 동의하면서) 약 11건의 거래가 일어나리라고 예측했다는 사실을 상기하자. 세 번의 실험에서 실제 거래 횟수는 각각 12·11·10회로 나타났다. 이는 시장이 제대로 기능했으며 피실험자들은 그들의 과제를 명백하게 이해했다는 뜻이다.

이제 중요한 실험을 시작할 만반의 준비가 되었고, 여기에서는 토큰이 아니라 실제 제품을 이용할 생각이었다. 실험을 준비하면서 나는 대학 내 서점에서 이번 연구에 사용할 제품을 물색했다. 학생들이 좋아하면서도 너무 비싸지 않은 물건을 골라야 했다. 22개를 마련해야 하기 때문이다. 결국 나는 두 가지 제품을 정했다. 하나는 코넬대학교 로고가 들어 있는 커피 머그잔이었고, 다른 하나는 고급 볼펜이었다. 머그잔의 가격은 6달러, 볼펜은 3.98달러였다. 볼펜은 포장 박스에 가격표가 붙어 있었다.

먼저 우리는 학생들 앞에 머그잔을 놓아두고 실험을 시작했다. 여기에서 머그잔을 받은 학생들은 소유자이자 잠재적 판매자이며, 받지 못한 학생들은 잠재 구매자다. 머그잔에 대한 동일한 정보를 제공하기 위해 우리는 학생들에게 그들의, 혹은 다른 동료들의 머그잔을 자세히 살펴보도록 했다. 다음으로 토큰 실험에서와 동일한 시장을 마련했다. 플롯과 스미스가 지적했던 학습 기회를 보장하기 위해 학생들에게 총 네 번 실시할 것이며, 그중 하나만 선택해 사용할 것이라고 일러두었다. 경제학 이론은 거래 횟수를 11회라고 예상할 테지만, 우리는 소유 효과로 더 적은 횟수를 예측했다.

결과적으로 우리 예상은 옳았다. 연속으로 실시한 네 번의 실험에서 거래 횟수는 각각 4·1·2·2회로 나타났다. 모두 11회하고는 거리가 멀었다. 그 이유는 명백했다. 머그잔을 가진 학생들이 팔려고 하지 않았던 것이다. 네 번의 실험 모두에서 판매자의 평균 유보 가격은 5.25달러였다. 하지만 머그잔을 받지 않은 학생들은 그 가치를 그렇게 높게 평가하지 않았다. 구매자의 평균 유보 가격은 한 번의 실험에서는 2.75달러, 그리고 나머지 경우들에서는 2.25달러에 불과했다.

우리는 볼펜을 갖고 똑같은 실험을 반복했다. 머그잔을 받지 못한 학생들에게 볼펜을 줌으로써, 모든 학생에게 구매자와 판매자가 될 기회를 제공했다. 학생들은 그 볼펜을 썩 마음에 들어 하지는 않았지만, 결과는 거의 비슷했다. 거래 횟수는 4~5회였고, 판매자의 유보 가격과 구매자의 유보 가격의 비율은 다시 한번 2:1 정도를 유지했다.

여러 비평가와 학술지 심사위원의 비판에 미리 대응하기 위해 우리는 다양한 형태로 실험을 수행했는데, 결과는 항상 동일했다. 시장과 학습의 기회에도 구매자는 판매자가 요구하는 가격의 절반 정도만 지불하고자 했다. 지난 수년간에 걸쳐 반복적으로 발견된 것처럼, 상실에 따른 고통이 이득에 따른 즐거움보다 2배나 더 강력하다는 사실을 다시 한번 확인한 것이다.

—

소유 효과를 주제로 한 실험은, 손실 회피로 이미 소유하고 있는 물건을 그대로 고수하려는 사람들의 성향을 부분적으로 잘 보여준다. 일단 머그잔을 받았을 때 사람들은 재빨리 그 머그잔을 자신의 것으로 인식한다. 그리고 이를 내주는 것은 손실이다. 게다가 이런 소유 효과는 대단히 신속하게 작동한다. 우리 실험에서도 피실험자들은 거래가 시작되기 불과 몇 분 전에 그 머그잔을 '소유했다.' 대니는 이를 종종 '즉각적인 소유 효과instant endowment effect'라고 불렀다.

이런 소유 효과에 대한 우리의 설명으로, 사람들의 손실 회피 성향 외에도 '관성inertia'이라는 개념을 들 수 있다. 물리학에서는 외부 환경에 변화가 없을 때, 정지한 물체는 계속해서 정지해 있으려 한다고 설명한다. 사람들도 마찬가지로 행동한다. 그들은 바꾸어야 할 타당한 이유가 없는 한 갖고 있던 것을 고수하려 한다. 심지어 타당한 이유가 있을 때도 바꾸려 들지 않는다. 경제학자 윌리엄 새뮤얼슨William Samuelson과 리처드 젝하우저는 사람들의 이런 태도를 일컬어 '현상 유지 편향status quo bias'[109]이라 불렀다.

손실 회피 성향과 현상 유지 편향은 종종 힘을 모아 변화를 가로막곤 한다. 공장이나 탄광이 문을 닫으면서 일자리를 잃은 사람들의 경우를 생각해보자. 일자리를 찾기 위해 그들은 다른 분야의 일자리를 받아들이고 함께했던 동료와 가족, 집을 떠나야 한다. 이처럼 사람들이 다시 일하도록 도와주는 노력은 관성의 문제와도 밀접한 관련이 있다. 우리는 나중에 공공 정책에 대한 논의에서 관성의 개념을 다시 한번 살펴볼 것이다. 여기에서는 다만 현상 유지 편향에 관련한 재미있는 일화 하나만 살펴보고 넘어가도록 하자.

우리가 머그잔 논문을 발표한 1990년 이후 몇 년이 흘러 이와 관련된 수백 건에 달하는 논문이 이어졌다. 일부는 우리의 결론에 비판적인 입장을 보였고, 다른 일부는 심리학자들이 말하는 경계조건boundary condition, 즉 그런 현상이 나타나거나 나타나지 않는 기준을 탐구했다. 이런 연구에는 한 가지 공통점이 있었다. 그것은 다름 아닌 머그잔이다. 수많은 경제학자와 심리학자가 실험을 위해 대학 로고가 들어간 수천 개에 달하는 머그잔을 구매했다. 그건 모두 그날 코넬대학교 서점에서 머그잔이 내 눈을 사로잡았기에 가능한 일이었다. 대학 로고가 새겨진 머그잔을 만든 사람은 내게 밥이라도 한번 사야 할 듯싶다.

—

밴쿠버 시절이 거의 끝나갈 무렵 언제나 그렇듯 대니는 아무렇지 않게 내게 지혜의 말씀을 전했다. 그때 우리 두 사람은 서로 잘 알고 있는 어떤 학자에 대해 이야기를 나누고 있었다. 대니는 이렇게 말했다.

"알다시피 사람들은 언젠가 더 이상 '가능성 있는' 시절이라고 할 수 없는 나이에 접어들지. 내 생각에 그건 마흔으로 넘어갈 무렵이야."

대니는 내 나이를 정확히 모르고 있었겠지만, 그때 내 나이는 서른아홉이었다. 새 학기가 시작되어 코넬대학교로 돌아갈 무렵이면 마흔이 될 터였다. 오, 이런. 말하자면 나는 지금껏 '가능성이 있는' 시절을 누려온 것이다.

V

경제학과
심리학이 만날 때

밴쿠버 시절을 끝내고 다시 코넬대학교로 돌아왔을 무렵, 나는 위험천만하게도 8년 동안이나 행동경제학 연구에 몰두하고 있었다. 이런 모험에도 혹은 그 모험 덕분에 (보는 사람에 따라 시각이 다르겠지만) 나는 코넬대학교에서 종신 재직권을 얻었고, 여러 편의 논문을 최고의 학술지에 발표할 수 있었다.

초반에는 헛수고가 아닐까 걱정하기도 했지만 지금은 그 어느 때보다 행동경제 학이라는 학문에 더 많은 흥미를 느끼고 있으며, 게다가 이 연구로 우리 가족의 생계까지 책임질 수 있게 되었다. 하지만 실험경제학 공동체와의 관계는 제쳐두고라도 가장 큰 문제점은 아모스와 대니, 그리고 내가 대부분 우리끼리만 이야기를 나누었다는 사실이었다. 그러나 다행스럽게도 이런 상황이 변화할 조짐이 보이기 시작했다.

17

30년간
지속된 논쟁들
— 행동주의 vs 합리주의

내가 밴쿠버에서 코넬로 돌아온 직후 행동경제학 분야
는 최초로 중요한 공청회 무대에 서게 되었다. 1985년 10월에 시카
고대학교의 심리학 교수 로빈 호가스Robin Hogarth와 경제학 교수 멜
레더Mel Reder는 전통적인 경제학 연구 방식을 열렬하게 옹호하는 학
자들의 고향인 시카고대학교에서 콘퍼런스[110)]를 주최했다. 거기서
합리주의자와 행동주의자는 심리학과 행동경제학을 진지하게 받아
들일 타당한 근거가 있는지 함께 논의할 예정이었다. 그 논쟁에서
누군가 내기를 건다면, 당연히 홈팀을 강력한 우승 후보로 꼽을 것
이었다.

행동 진영은 허버트 사이먼, 아모스, 대니가 이끌고 있었고, 폴
새뮤얼슨과 마찬가지로 노벨경제학상을 수차례 받을 자격이 있었
지만 단 한 번에 만족해야 했던 케네스 애로의 지지를 받고 있었다.

밥 실러Bob Shiller와 리처드 젝하우저, 그리고 나를 포함한 행동 분야의 젊은 학자들은 토론 참가자로서 연설하는 역할을 맡았다.

시카고 지역의 학자들인 로버트 루커스Robert Lucas와 머턴 밀러Merton Miller가 이끄는 합리주의자 진영은 만만치 않았다. 유진 파마Eugene Fama, 그리고 나의 논문 지도교수를 맡았던 셔윈 로젠은 토론 중재자 역할을 맡았지만, 이들 역시 분명하게 합리주의자 진영에 속한 인물들이었다. 이틀에 걸쳐 진행될 이번 콘퍼런스는 대형 강당에서 열렸고 모든 자리가 가득 들어찼다.

지금 돌이켜보건대 이 회의는 대단히 특별한 자리였고, 이후 나는 이런 행사에 참여해본 적이 없다. 아모스는 이 콘퍼런스를 위해 대니와 함께 쓴 논문을 발표했다. 그는 이 논문에서 경제학자들을 특히 당혹스럽게 만든 경제학 이론의 예외를 거론했다. 그중 하나로 지금은 널리 알려진 '아시아인 질병 문제Asian disease problem'라는 것이 있다. 그 이야기는 이렇게 흘러간다.

두 그룹의 피실험자에게 600명의 사람이 어떤 아시아 질병으로 고통을 겪고 있으며 두 가지 방안 중 하나를 선택해야 한다고 설명한다. 첫 번째 그룹에 제시한 방안은 다음과 같다.

- 방안 A를 선택하면 200명의 환자를 살릴 수 있다.
- 방안 B를 선택하면 3분의 1 확률로 모든 사람을 살릴 수 있지만 3분의 2 확률로 600명 환자 모두 죽는다.

→ 이에 대해 대부분의 피실험자는 안전한 A안을 선택했다.

다음으로 두 번째 그룹에 다음과 같은 선택권을 제시한다.

• 방안 C를 선택하면 확실하게 400명이 죽는다.
• 방안 D를 선택하면 3분의 1 확률로 아무도 죽지 않지만 3분의 2 확률로 모든
  환자가 죽는다.

→ 이 경우 대다수는 위험한 D안을 선호했다.

얼핏 보기에 이 실험 결과에서 그다지 특별한 의미를 찾을 수 없는 듯하지만, 조금만 생각해보면 A와 C가 동일하고, B와 D가 동일함을 알 수 있다. 그렇다면 응답자들이 B보다 A를 선호하고, C보다 D를 선호한 것은 전혀 논리적이지 않다. 하지만 사람들은 그렇게 선택했고, 내과 의사를 대상으로 한 비슷한 실험에서도 결과는 마찬가지였다. 분명하게도 합리주의 진영은 이런 실험 결과에 불편해했다. 이콘이라면 그토록 어리석은 선택을 하지 않았을 것이다.

다음으로 대니는 최후통첩 게임과 독재자 게임을 포함해 공정성에 관한 우리 연구 결과를 발표했다. 당시만 하더라도 이런 실험은 전혀 알려져 있지 않았다. 경제학자들은 공정성이라는 것이 스스로 판단하지 못하는 아이들에게만 해당되는 어리석은 개념이라 생각했으며, 회의주의자들은 우리가 제시했던 연구 데이터를 거들떠보지도 않았다. 특히 최후통첩 게임에 관한 실험은 더욱 불리한 입장이었다. 실제 돈으로 게임을 진행하기는 했지만 그건 그리 큰돈이 아니었고, 따라서 일반적인 지적이 제기될 수 있었다.

다음으로 내가 가장 깊이 생각해봐야 했던, 그리고 이해하기 위

해 가장 많이 돌이켜봐야 했던 논의는 애로의 발표였다. 애로의 사고는 빛의 속도로 달려나가고 그의 논의는 여러 겹의 층을 이룬 푸가의 형식을 띤다. 그는 논외의 이야기에서 또 다른 논외의 이야기를 꺼내고, 때로는 잘 알려지지 않은 오래전 학자들에 대한 보충 설명을 늘어놓았다가 개요에서 느닷없이 두세 단계를 건너뛰었다. 별로 중요하지 않은 것처럼 보이는 논의의 중요한 덩어리를 소화하느라 청중이 안간힘을 쓰는 동안, 그는 잽싸게 주제로 돌아가서는 다시 따라잡기 힘들 만큼 멀리 나아간다. 그래도 그의 이번 발표는 쉽게 요약 가능했다. 그것은 (최적화를 뜻하는) 합리성은 훌륭한 경제학 이론이 되기 위한 필요충분조건이 아니라는 것이었다.

애로는 합리성이 반드시 필요한 요소라는 생각에 일침을 가하면서 포문을 열었다.

"많은 저작에서 항상 분명하게 나타나는 것은 아니지만, 암묵적으로 드러나는 입장을 무시하도록 하겠습니다. 경제학 이론은 원칙의 차원에서 합리성에 기반을 두어야 한다고 주장하고 있습니다. 그렇지 않으면 어떠한 이론도 존재할 수 없다고 말이죠."[111]

애로는 경제학자들이 합리적이라고 인정하지 않는, 많은 엄격하고 형식적인 행동에 기반을 둔 이론이 얼마든지 존재할 수 있다고 지적했다. 그는 일례로 일반적인 소비자 이론은 가격이 변할 때 소비자는 새로운 최적화 문제를 해결하고 예산 제약을 충족시키는 한도 내에서 재화와 서비스의 새로운 '최적의' 조합을 선택할 것이라 설명한다고 지적했다. 하지만 개인의 습관에 기반을 둔 이론을 얼마든지 개발할 수 있다. 가격이 변할 때 소비자는 예전의 소비 패턴과 가장 유사한 형태로 가용한 조합을 선택한다.[112] 애로는 여기에서 더 나아갈 수 있었을 것이다.

예를 들어 'K라는 문자가 제일 많이 보이도록 하는 브랜드 이름의 조합을 선택'하는 것처럼 기이한 이론을 개발할 수도 있다. 다시 말해 형식적 모형은 합리적일 필요도, 이치에 맞아야 할 필요도 없다. 이런 점에서 다른 대안이 없다는 이유로 합리성 가설을 지지해서는 안 되는 것이다. "합리성만으로 '충분한' 것인가(그것만으로 중요한 예측을 내놓을 수 있는지)?"라는 질문에 대해, 애로는 합리성만으로는 그리 많은 것을 이끌어낼 수 없으리라고 설득력 있게 주장했다. 의미 있는 결과를 추론하기 위해 이론가들은 모든 사람이 동일한 효용 곡선을 보여준다는, 즉 동일한 취향을 공유한다는 것처럼 보조적인 가정을 추가해야 한다.

그러나 이런 가정은 명백한 오류일 뿐 아니라 이를 바탕으로 한 예측은 현실과 조화를 이루지 못하게 될 것이다. 우리 모두는 이콘이 아니며 당연하게도 '동일한' 이콘도 아니다. 애로는 또한 정작 본인은 복잡한 경제학 문제를 해결하기 위해 몇 달 동안 끙끙대면서, 모형 속 행위자들은 그 똑같은 문제를 쉽게 해결할 수 있을 것이라고 가정하는 경제 이론가들의 모순도 지적했다.

"과학적 연구가 그 행위자에게 과학적인 행동의 책임을 전가하는 이상한 상황이 벌어지고 있습니다."[113]

그리고 연설 마지막 부분에서 애로는 자신의 확신을 다시 한번 밝혔다.

"저는 합리성에 한계가 있다는 인식의 중요성을 지적했던 허버트 사이먼의 통찰력을 받아들이고 있습니다."[114]

이 콘퍼런스에서 내가 맡은 역할은 그저 존경하는 학자들의 이야기에 귀를 기울이는 것만은 아니었다. 내게는 사이먼, 아모스와 대니, 그리고 로빈 호가드와 힐렐 아인혼Hillel Einhorn이 각각 쓴 세 가지 논문에 대한 토론자로 발언해야 하는 어려운 과제가 주어졌다. 나는 그들의 주장에 전반적으로 동의하는 입장이었기에 어떤 말을 꺼내야 할지 확신이 서지 않았다. 토론에 참석한 사람이라면 어떤 주장을 비판하거나 다듬어야 한다. 그저 "그는 이렇게 말했습니다"라는 말은 참석자에게 아무런 도움이 되지 않는다. 내가 보기에 실질적인 개념적 문제를 안고 있던 그 논문은 아마도 앞으로 계속 공격받을 듯했다.

또 나는 '아이들 테이블'에 앉아 있다는 사실을 잊어서는 안 되었다. 그 콘퍼런스에는 노벨상 수상자 2명(애로와 사이먼)의 발표가 예정되어 있었다. 또 청중석에서는 많은 대가가 지켜보고 있었으며 나중에 노벨상을 타게 될 대여섯 명의 인물도 자리했다. 이 중요한 무대에서 어떻게 나는 건방져 보이지 않으면서도 내 주장을 제대로 펼칠 수 있을까?

결국 나는 유머가 최고의 전략이라고 판단했다. 위험한 방법일 수 있지만 나는 사람들은 웃을 때 그만큼 더 관대해진다는 사실을 알고 있었다. 나는 당시 가장 재치 있는 경제학자 중 한 사람인 조지 스티글러의 잘 알려지지 않은 글로 이야기를 시작했다. 그는 시카고 교수진의 일원으로 합리주의자를 응원하는 관중석에 앉아 있었다. 스티글러의 글은 '콘퍼런스 핸드북The Conference Handbook'으로, 이는 옛날 농담에서 유래한 것이었다.

모든 죄수가 아주 오랫동안 수감 생활을 하고 있던 교도소에 신참이 들어왔다.

그런데 그는 누군가 이따금 어떤 번호를 외치면 다른 모두가 일제히 웃음을 터뜨린다는 사실을 발견했다. 그는 한 동료에게 무슨 영문인지 물었고, 그는 모두가 너무 오랫동안 함께 갇혀 있어서 아는 농담을 서로 나누었고, 시간을 절약하기 위해 농담 대신 번호를 외치는 것이라고 설명했다. 다른 죄수들의 외침을 몇 번 더 듣고 나서 신참은 용기를 내 이렇게 외쳤다.

"39!"

하지만 아무런 반응이 없었다. 그는 동료에게 어떻게 된 것인지 물었고, 그의 대답은 이랬다.

"글쎄, 농담을 잘 못하는 사람도 있더라고."[115]

스티글러는 그 글에서 이런 번호 붙이기 시스템을 지겨운 이야기가 끊임없이 반복되는 콘퍼런스나 세미나에도 적용해야 한다고 주장했다. 스티글러는 32가지 구체적인 언급에 번호를 붙이는 방식으로 여러 가지 소개말을 제시했다. 나는 우리가 조만간 한 가지 형태를 들을 수 있을 것이라 생각하며, 소개말 F를 인용했다.

"비전문가에게 우리 문제를 보여주는 것은 좋은 일이다. 신선한 시각을 확인할 기회가 언제든 있다. 비록 일반적으로 이 경우에서처럼 노동 분업화의 장점을 재확인하게 되긴 하지만."[116]

이런 맥락에서 나는 '심리학과 경제학 콘퍼런스 핸드북Psychology and Economics Conference Handbook'을 제안했다. 그 아이디어는 내가 연설할 때마다 듣는 지겨운 이야기, 즉 6장에서 다룬 비판을 이에 대한 반박과 함께 목록으로 만들어보는 것이었다. 그 이야기를 미리 꺼낸다면, 나중에 참가자들이 힘들여 꺼내지 않도록 예방할 수 있을 것이라 생각했다. 지금쯤 여러분은 그런 비판 중 몇 가지를 떠올릴 수 있을 것이다. 하나, 위험도가 높을 때 사람들은 올바르게 행동한다. 둘, 현실에서 사람들은 학습을 하기 때문에 그런 실수를 저지르지 않을 것이다. 셋, 전체적으로 볼 때 모든 실수는 상쇄된다… 등등. 이런 각각의 반론에 대해 나는 그런 지적이 왜 생각만큼 강력하지 않은지 설명했다.

그러고 나서 이렇게 결론 지었다.

다음의 두 가지 잘못된 주장으로 제 이야기를 마무리할까 합니다.[117]

1. 합리적인 모형은 쓸모없다.

2. 모든 행동은 합리적이다.

이번 콘퍼런스에서, 그리고 앞으로 있을 비슷한 자리에서 일어날 논쟁 과정에서 양측이 서로의 입장에 대해 잘못 이야기하는 경향을 보이리라는 점에서 저는 이 잘못된 주장을 제시하는 것입니다. 모든 사람들이 이 주장이 잘못된 생각이라는 데 동의한다면, 애써 이를 부인하기 위해 시간을 낭비할 필요는 없을 것입니다.

청중은 이 논의에 만족한 듯 보였다. 내가 연단에서 내려올 때 스티글러는 엄지손가락을 치켜 보였다. 이후 콘퍼런스의 첫날 분위기는 상당히 차분한 분위기로 이어졌다.

둘째 날 아침은 프랑코 모딜리아니가 주 연설자로 예정되어 있던 머턴 밀러와 수행한 연구로 노벨상을 수상하게 되었다는 소식과 함께 시작되었다. 모딜리아니는 당시 MIT에 있었지만, 그 이전에 있던 카네기멜론대학교에서 사이먼의 동료였다. 콘퍼런스 주최 측은 사이먼의 재촉에 그에게 축하 전보를 보냈다.

그날 아침, 밀러가 자신의 스승이자 협력자에게 주어진 이 기쁜 소식에 적잖이 섭섭해했다 하더라도 아무도 그를 비난할 수 없을 것이다. 밀러 입장에서는 모딜리아니가 그 상을 독차지했고 자신은 밀려났다고 느꼈을 것이다. 물론 그로부터 5년 후 밀러 역시 노벨상을 수상하지만, 당시로서는 그 사실을 알 도리가 없었다. 게다가 인터넷이 나오기 전이었으므로 이번 수상이 자신과 함께 진행한 기업 금융에 관련된 연구 때문이 아니라, 저축과 소비에 대한 모딜리아니의 연구 성과(생애 주기 가설) 때문이었다는 사실도 알 수 없었다.

그날 아침 수상 소식을 둘러싼 축제 분위기 속에서 밀러는 모딜리아니의 연구에 대해 간략하게 언급했다. 언론은 그에게 모딜리아니와 함께 한 연구 내용을 요약해줄 것을 부탁했고, 이에 대해 그는 자신의 세련된 위트를 담아 한쪽 주머니에서 10달러 지폐를 꺼내 다른 쪽 주머니에 집어넣어도 자신의 전체 재산에는 변함이 없다는 사실을 증명한 것이라고 설명했다. 이 말은 청중의 큰 웃음을 자아냈고, 이에 밀러는 이렇게 말했다.

"웃을 일이 아닙니다. 우리는 치밀하게 증명해냈습니다!"118)

그의 농담은 두 사람의 '무관련 정리irrelevance theorem'를 언급한 것이었다. 그들은 이 정리를 통해 특정한 가정하에서 기업이 배당금을 지급하거나, 그 돈으로 자기 주식을 다시 사들이거나, 아니면 부채를 상환하거나 별 차이가 없다는 사실을 증명했다. 이 말은 곧 기업이 이익을 어떻게 처리하든, 또는 어떤 방식으로 나누어주든 투자자들은 신경 쓸 필요가 없다는 뜻이다. 또 그 농담은 가구의 소비를 결정하는 유일한 요인은 현금이나 퇴직연금, 주택 자산 등 자산을 보유하는 방식이 아니라, 자산 그 자체라는 점에서 생애 주기 가설에도 그대로 해당된다.

두 이론 모두 돈은 대체 가능한 수단이라는 생각을 '작업 가설 working hypothesis'로 채택하고 있다. 우리는 앞서 생애 주기 가설에서 이런 가정은 잘못된 것임을 살펴보았다. 모든 농담을 떠나, 그 가정은 그날 오후 밀러의 연설의 주제이던 기업 금융 분야에서도 똑같이 의문스러운 것으로 드러났다.

나와 자기통제 연구를 함께 한 허시 셰프린, 그리고 그의 산타클라라대학교 동료 마이어 슈태트만은 그들의 행동 금융에 대한 논문에서 밀러의 논문을 반박했다.[119] 구체적으로 말해 두 사람은 당혹스러운 사실에 대한 행동적 설명을 제시했다. 밀러-모딜리아니의 무관련 정리에서 핵심 가정 중 하나는 세금이 없는 상황이었다. 지급된 배당금에 세금이 부과된다면, 기업이 이익을 주주들에게 돌려주는 다양한 방식에 중요한 차이가 발생한다. 그리고 당시 미국의 세법을 감안한다면 기업은 절대 배당금을 지급해서는 안 되는 상황이었다. 하지만 당혹스러운 사실은 대기업 대부분이 배당금을 지급한다는 점이었다.[120]

당시 미국 세법에 따르면 배당금을 포함하는 수입에는 50퍼센트 이상의 세금이 부과된 반면 자본 이득에는 25퍼센트만 부과되었다. 그것도 자본 이득이 실현되었을 때만, 즉 주식을 팔았을 때만 해당되는 것이었다. 이런 상황에서 주주가 이콘이라면, 배당금보다 자본 이득을 더 선호할 것이다. 또 중요한 사실은, 기업은 배당금으로 지급할 돈을 갖고 자기 주식을 사들임으로써 배당금을 자본 이득으로 쉽게 전환할 수 있다는 점이다. 그러면 주주들은 배당금 대신 그들이 보유한 주식가격이 오르는 모습을 지켜보면서 세금으로 나가는 돈도 아낄 수 있다.

그렇다면 여기에서 이런 질문을 할 수 있다. 왜 기업은 굳이 배당금을 지급함으로써 납세자인 그들의 주주들에게 불이익을 가져다주는 것일까(물론 기부 활동으로 세금을 내지 않거나, 면세 계좌에 저축하는 사람들은 두 가지 방식에 무관심할 것이다)? 이에 대한 셰프린과 슈태트만의 대답은 자기통제와 심리 계좌의 조합에 기반을 두고 있었다. 일부 주주들(가령 퇴직자들)은 심리적으로 '수입'으로 인식할 수 있는 뭔가를 얻고, 그래서 단지 생활비로 돈을 낭비하고 있다는 부정적인 느낌을 떨쳐버리기를 바란다는 것이다.

그러나 합리적인 세상에서 이런 생각은 말이 되지 않는다. 은퇴한 이콘은 배당금을 지급하지 않는 기업의 주식을 사고, 보유 주식 중 일부를 정기적으로 매각해 생활을 유지하면서 세금을 절약하고자 할 것이다. 하지만 원금은 건드리지 않고, 그에 따른 소득만 소비하는 것이 신중한 생활 방식이라는 생각이 오랫동안 사람들의 머릿속에 자리 잡아온 것이 현실이다. 실제로 이런 생각은 대공황을 경험한 1985년 무렵에 퇴직한 세대에 특히 만연했다.[46]

공정하게 말해 밀러는 셰프린과 슈태트만의 논문을 달가워하지 않았다. 자신의 연설에서 그는 행동적 접근 방식을 그 자신의 앤트 미니Aunt Minnie나 그녀와 비슷한 몇몇 사람들에게도 적용할 수 있지

46 　재단과 자선단체 역시 오랜 세월 동안 똑같은 방식으로 움직여왔다. 즉 원금을 건드리지 않고 '수입'만 소비하면서 높은 배당금을 지급하는 채권과 주식을 더 많이 보유하고자 했다. 그러나 이런 방식은 점차 어리석은 태도로 인식되었고, 이들 단체들 역시 기부 가치의 3년간의 이동 평균moving average에서 특정 비율(가령 5퍼센트)을 소비하는 것처럼 좀 더 합리적인 원칙을 받아들이면서 배당금 대신 장기적인 성장 가능성을 바탕으로 투자했다. 이런 태도 변화로 인해 재단들은 종종 수년간 배당금을 지급하지 않는 벤처 캐피털 펀드 같은 새로운 자산 시장에 투자해나갔다.

만, 그건 어느 정도까지였다고 언급하면서 거부감을 숨기지 않았다. 밀러의 논문은 그의 연설보다는 좀 더 부드러웠지만, 그럼에도 대단히 특이했다. 논문 중 대부분은 셰프린과 슈태트만의 가설에 대한 비판이 아니라, 두 사람이 설명하고자 한 바로 그 퍼즐에 대한 명쾌한 답변에 집중했다. 사실 나는 이콘의 세상에서 기업이 당시 과세 시스템에서 배당금을 지급하지 않아야 하는 이유에 대해 그보다 더 확실한 설명은 듣지 못했다.

밀러는 기업이 배당금을 지급해서는 안 되지만, 대부분 그렇게 하고 있음을 인정했다. 또 스스로 '행동적behavioral' 모형이라 부른, 금융경제학자 존 린트너John Lintner가 제안한 모형을 통해 기업들이 배당금으로 얼마나 많이 지급해야 하는지 가장 잘 설명할 수 있다는 주장에도 동의했다. 린트너의 모형에 따르면[121] 기업은 배당금을 향후 삭감하지 않아도 될 정도로 수입이 증가할 것이라고 확신할 때만 배당금을 올린다(이 모형이 나중에 나왔더라면 린트너는 틀림없이 손실 회피 개념을 통해 기업이 배당금을 그토록 삭감하지 않으려는 이유를 설명하고자 했을 것이다). 린트너는 많은 대기업의 재무 담당 최고 관리자(CFO)와 면담을 나누는, 당시로서는 낯선 연구 방식을 통해 그 모형에 도달했다. 밀러는 린트너의 모형에 대해 이렇게 언급했다.

"나는 이를 행동적 모형이라 생각한다. 그 형태에서뿐만 아니라 30년간의 노력에도 아무도 극대화 문제maximization problem에 대한 해결책으로써 이를 이끌어내지 못했기 때문이다."[122]

밀러의 논문을 이렇게 요약할 수 있을 것이다. '이론은 기업이 배당금을 지급해서는 안 된다고 말하지만, 그들은 그렇게 하고 있다. 그리고 행동적 모형이야말로 기업이 배당금을 지급하는 패턴을 가

장 잘 설명해주는 것으로 보인다.'

이런 표현은 마치 행동재무학^{behavioral finance}을 외면하려는 것이 아니라, 오히려 칭송하려는 인물이 쓴 논문 같다는 느낌이 든다. 하지만 정작 밀러는 행동재무학을 칭송하거나 인정하려는 준비가 되어 있지 않았다. 그는 이렇게 썼다.

"이 논문의 목적은 일반적인 금융 분야에서, 특히 배당금과 관련해 합리성 기반의 시장 균형 모형들이 아직 건재하다는, 혹은 적어도 전반적인 차원에서 다른 비교할 만한 경제학 모형보다 상태가 나쁜 것은 아니라는 사실을 보여주는 것이었다.",123)

그렇다면 밀러가 이끌어낼 수 있는 가장 강력한 주장은, 금융 시장에서 표준적인 합리적 모형(나중에 금융과 관련해 우리가 다룰 효과적 시장 가설)이 완전히 끝난 것은 아니라는 이야기다. 밀러는 기업이 배당금을 지급하는 방식에 관한 최고의 모형이 행동적 모형이라는 사실을 인정했을 뿐 아니라, 개인 투자자의 행동 방식에 대해서도 똑같이 인정했다. 그는 이렇게 말했다.

"각각의 보유 자산 뒤에는 아마도 가족 비즈니스, 가정불화, 물려받은 유산, 합의이혼 등 포트폴리오 선택에 관한 우리 이론과는 상관없는 다양한 고려 사항이 숨어 있을 것이다. 모형을 설계하는 과정에서 이 모든 이야기에서 한 발 물러서야 하는 이유는, 그 이야기들이 흥미롭지 않아서가 아니라 지나치게 흥미진진하기 때문에 원래 집중해야 할 보편적 시장 요인에서 초점을 잃을 위험이 있기 때문이다.",124)

잠시 이 말을 곱씹어보자. 사람들의 행동 근거를 흥미롭지 않아서가 아니라 '너무' 흥미롭기 때문에 외면해야 한다는 것이다. 적어도 여기에서 나는 밀러가 어느 쪽을 지지하고 있는지 따라잡기 힘들다.

밀러의 연설은 또 다른 시카고 교수진이자 합리적 입장에 대한 강력한 옹호자인 유진 파마가 의장을 맡은 마지막 날 오후에 있었다. 그날 오후 시간대의 또 다른 연설자였던 앨런 클레이든Allan Kleidon은 밀러와 마찬가지로 자신의 새로운 연구 성과를 발표하기보다, 24장에서 자세히 살펴볼 로버트 실러Robert Shiller의 논문을 공격했다. 실러는 효율적 시장 가설effcient market hypothesis 옹호자인 리처드 롤Richard Roll, 그리고 스티브 로스Steve Ross와 함께 토론자 역할을 맡았다. 셰프린과 슈태트만은 청중석에 앉아 곤란한 질문을 던져야 하는 처지였다. 그날 일정에서 이는 상당히 불리한 상황이었다. 그냥 홈 어드밴티지로 생각하기로 하자.

실러는 자신의 원래 연구 성과를 자세히 설명할 기회도 갖지 못한 채, 자신의 연구를 비판한 논문에 대해 함께 논의하는 이상한 역할을 맡아야 했다. 그러나 언제나 그러하듯 그의 이야기는 차분하고 논리적이었다. 그는 밀러와 클레이든이 상당한 수의 실증적 예외가 기존 지혜에 대한 타당한 침해로 받아들여질 때 패러다임이 변화한다고 말하는 토머스 쿤Thomas Kuhn의 과학적 혁명 이론을 참조한 것이라는 사실을 지적했다. 클레이든과 밀러의 논문들은 다행스럽게도 그 혁명이 우리에게까지는 이르지 못했다는 선언으로 이어졌다. 실러는 다음과 같은 이야기로 답변을 시작했다.

"어쩌면 과학적 혁명처럼 극적인 사건이 우리를 기다리고 있는지도 모릅니다. 그러나 그렇다고 해서 혁명이 '군중심리 차원에서 합리적 기대의 가정에 대한 단념'으로 이어질 것이라는 의미는 아닙니다."

그리고 이렇게 설명했다.

"저는 이런 효율적 시장 모형들의 행동적 확장에 대한 연구를 효율적 시장 모형의 진화 차원에서 주도적인 움직임으로 보고자 합니다. 좀 더 현실적인 모형으로 넘어가기 전에 효율적 시장 모형들을 극단적으로 특수한 경우로 설명할 수 있다면, 저는 학생들에게 효율적 시장 모형을 더욱 흥미진진하게 가르칠 수 있을 것입니다."[125]

그건 전적으로 옳은 말이었고, 지금도 여전히 옳다. 이런 토론이 끝나고 나면, 혹은 정치 후보자 간의 논쟁이 끝나고 나면 일반적으로 양 진영은 자신들이 이겼다고 확신한다. 행동적 금융 연구가와 효율적 시장 가설 옹호자 사이의 논쟁이 시작되었고, 그 논쟁은 지금까지 30년 동안 이어져오고 있다. 하지만 어떤 측면에서 그 모든 일은 그날 오후 시카고에서 시작되었다. 그 논쟁이 사람들을 어디로 몰고 갔는지는 6부에서 자세히 살펴보기로 하자.

18

중요하지 않은
요소가 사실은
대단히 중요하다
― 경제학을 비껴간 예외적 현상들

      시카고 콘퍼런스가 막바지에 이를 무렵에 제기된 과학 혁명에 대한 토머스 쿤의 이론에서 중요한 점은 많은 전문가가 기존 패러다임으로는 설명할 수 없는 수많은 예외가 존재한다고 믿을 때 비로소 패러다임의 변화가 일어난다는 것이다. 산발적으로 일어나는, 설명하기 힘든 몇몇 사건만으로는 전통적 지혜를 뒤엎을 수 없다.

      쿤의 아이디어와 내 연구에 연결 고리가 존재한다는 생각이 든 것은 시카고 콘퍼런스가 처음은 아니었다. 그전부터 줄곧 생각해오던 주제이기는 했지만, 그건 내 머릿속에서만 맴돌았다. 최근까지 '가능성 있는' 경력의 단계를 밟아온 학자로서, 내 연구 성과를 '혁명'의 일부로 소개하는 것은 지나치게 성급하고, 부적절하고, 자기 파괴적인 시도로 비칠 위험이 있었다. 당시 나의 목표는 이보다는 훨씬 더 겸손했다. 그것은 논문을 몇 편 더 발표하고, 심리학을 경제학의 세계로 끌어들이는 노력이 가치 있는 일임을 입증하는 사례를 만들어가는 작업이었다. 그럼에도 나는 쿤의 획기적인 저서 『과학 혁명의 구조The Structure of Scientific Revolutions 』126)를 이미 읽었고, 패러다임 변화와 같은 사건이 경제학에서도 벌어질 수 있지 않을까 공상에 잠기곤 했다.

과학계에서 패러다임의 변화란, 그 분야가 진화하는 과정에서 많은 학자가 실질적인 혁신을 이룩하고 새로운 방향을 모색할 때 아주 드물게 일어나는 획기적인 사건을 의미한다. 이와 관련해 가장 유명한 사례로 태양계의 중심에 지구 대신 태양을 두었던 코페르니쿠스 혁명을 꼽을 수 있다. 이 혁명은 태양계의 모든 행성이 지구를 중심으로 회전한다고 여긴 기존 천동설을 대체했다. 행성들이 지구를 중심으로 회전하지 않는다는 사실을 모두가 알고 있는 지금의 관점에서 볼 때, 지구 중심적 모형으로 어떻게 천체의 움직임을 설명했는지 쉽게 이해되지 않는다. 하지만 천문학자들은 수 세기에 걸쳐 지구 중심적 모형으로 행성의 움직임을 꽤 잘 설명해냈다. 행성들이 지구를 중심으로 돌고 있다고 생각되는 주 궤도를 따라 움직이는 주전원epicycle이라는 모형을 근간에 두고 아주 다양한 임시 방편적 수정을 추가하는 방식이었다.

시카고 콘퍼런스에서 현상 유지를 옹호했던 연설자들은 지금 우리가 혁명에 맞닥뜨렸다고 생각할 근거가 없다는 취지로 패러다임 변화에 대해 언급했다. 전반적으로 명백한 두려움을 그들 마음속에 간직한 채 말이다. 그들이 반복해서 패러다임 변화를 언급했다는 사실은, 적어도 전통주의자들 사이에서 우려 어린 분위기가 감돌고 있음을 말해주었다. 방어 차원에서 그들은 일반적으로 특정한 결과를 따로 떼어내 그것이 보기만큼 중요한 사건이 아닌 이유를 설명하는 방식을 취했다. 전통적인 패러다임 옹호자들은 당혹스러운 다양한 현상을 합리화하기 위해 필요하다면 경제학의 주전원 모형을 개발할 준비가 되어 있었다. 게다가 충분히 오래 살펴보면 만족스러운 설명을 발견할 수 있다는 점에서 예외적 현상은 일회성 퍼즐로 치부할 수 있었다.

진정한 패러다임 변화를 이끌어내기 위해, 나는 임시변통적인 설명을 요구하는 다양한 예외를 통합적으로 끌어모아야 한다고 생각했다. 바로 그런 예외들의 목록을 작성하고 정리하기 위한 절호의 기회가 내 인생의 적절한 시점과 장소에서 찾아왔고, 나는 그 기회를 거머쥘 만반의 준비가 되어 있었다.

—

밴쿠버에서 이타카로 돌아온 어느 날, 한 콘퍼런스에서 나중에 구글의 수석 경제학자가 된 유명한 이론가 할 배리언Hal Varian의 옆자리에 앉게 되었다. 배리언은 내게 미국경제학회American Economic Association에서 막 출간을 준비하고 있던 《경제 전망 저널Journal of Economic Perspectives》이라는 새 학술지에 대한 소식을 들려주었다. 그는 그 학술지의 선임 편집자였고, 편집위원회는 정기 특집 기사를 누군가에게 맡기려 했다. 그리고 배리 네일버프Barry Nalebuff는 경제학 분야의 난제를 주제로 특집을 꾸밀 계획이었다.

이에 배리언과 나는 경제학의 예외적 현상에 대한 글을 아이디어로 제시했다. 당시 그 학술지의 편집자이자 소란을 일으키는 일을 즐겨 했던 조지프 스티글리츠Joseph Stiglitz는 우리 제안을 즉시 받아들였다. 이로써 나는 1년에 네 차례 경제학의 예외적 현상에 대해 글을 쓸 기회를 얻었다. 이를 통해 중요하지 않은 요소가 사실은 대단히 중요한 것이었다는 사실을 입증하고, 일반적인 경제학적 사고방식과 모순되는 다양한 현상을 보여줄 수 있을 터였다.

나는 1987년《경제 전망 저널》창간호에 연재 첫 회를 시작하면서 토머스 쿤의 말을 인용했다.

> "새로운 발견은 예외에 대한 인식으로, 다시 말해
> 자연은 과학 전반을 장악한 패러다임이 내놓은 예측을
> 어떠한 방식으로든 깨부순다는 깨달음과 더불어 시작되는 것이다."
>
> - 토머스 쿤 -

왜 하필 예외에 대한 특집인가?

다음 문제를 생각해보자. 테이블 위에 카드 4장이 놓여 있다. 여기에서 여러분이 해야 할 일은, 가능한 한 적은 횟수로 카드를 뒤집어보고 다음 주장이 진실인지 확인하는 것이다.

'한 면에 모음이 적힌 카드의 다른 면에는 항상 짝수가 적혀 있다.'

[그림 8]

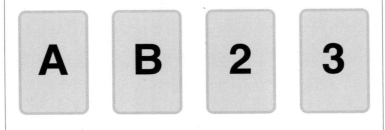

카드를 뒤집기 전에 어떤 카드를 확인할지 미리 정해야 한다. 여러분은 어떤 카드를 뒤집어보겠는가?

실제로 학생들에게 이 문제를 냈을 때 가장 많이 선택한 일반적인 순서는 A, 2, 3, B였다. 거의 모든 학생이 A를 뒤집 어보기로 선택했다는 것은 놀라운 사실이 아니다. A카드 뒷 면에 짝수가 쓰여 있지 않다면 그 주장은 확실히 거짓이기 때문이다. 하지만 두 번째로 많이 선택한 카드(2번)는 사실상 아무 도움이 안 된다. 설령 그 주장대로 반대편에 모음이 있 다 해도 그 주장이 옳다고 증명할 수도, 틀렸다고 반박할 수 도 없다.

대신 이 주장을 반박하자면 3번 카드를 뒤집어야 하지만, 많은 선택을 받지 못했다. 가장 적은 선택을 받은 B카드 역 시 뒤집어볼 필요가 있다. 반대편에 모음이 숨어 있을 수 있 기 때문이다(여기에서 문제는 한쪽에는 숫자가, 다른 한쪽에는 문자가 있다고 명시적으로 설명하지 않았다는 점이다. 이는 일반적으로 문제를 푸는 사람들이 만들어낸 암묵적인 가정이다).

우리는 이 사례에서 두 가지 교훈을 끌어낼 수 있다
('Wason, 1968' 참조). 첫째, 사람들에게는 어떤 주장을 반박하
는 증거보다 이를 확인해주는 증거를 찾으려는 자연적인 성
향이 있다. 학생들이 3번 카드보다 2번 카드를 더 많이 선택
했다는 사실에서 이를 확인할 수 있다. 이런 성향을 일컬어
'확증 편향confirmation bias'이라 한다. 둘째, 불확실한 가정으로
다양한 반박 증거가 주목받지 못할 때, 확증 편향은 특히 더
두드러진다. 이는 학생들이 B카드를 제일 적게 선택했다는
사실에서 확인할 수 있다.

이번 특집 시리즈를 통해 나는 이런 반박 증거, 다시 말해
경제학적으로 예외적인 현상에 대한 성공적인 모색을 다룰
생각이었다. 토머스 쿤의 정의대로 경제학적 예외란 기존 경
제학 패러다임과 조화를 이루지 않는 사건을 말한다. 행위자
가 안정적이고 명백한 취향을 지니고 있고, (결과적으로) 투명
한 시장에서 이런 취향과 조화를 이루는 합리적인 선택을 내
린다고 가정함으로써 대부분의 (혹은 모든) 행동을 설명할 수
있다고 믿는다는 점에서 경제학은 다른 사회과학과 구분된
다. 어떤 현상을 '합리화'하기 힘들다면, 혹은 이를 기존 패러
다임으로 설명하기 위해 믿기 힘든 가정을 끌어들여야 한다
면, 그것은 예외적인 현상이다.

물론 여기에서 '힘들다'와 '믿기 힘든'이라는 용어는 가치
판단적 표현이며, 다른 사람들은 내 평가에 동의하지 않을
수 있다. 이런 점에서 나는 여기에서 내가 보고하는 다양한

예외적인 현상 중 일부에 대해 독자 여러분이 직접 간략한
설명을 제시해주길 바란다(패러다임 안에서든 밖에서든 간에).

하지만 여러분이 제시한 설명을 여기에서 발표하기 위해
서는 적어도 이론적인 반증을 제시해야 한다. 예를 들어 내
가 예외적인 현상이라 제시한 사례가 사실은 세금에 대한 합
리적 대응이라고 주장하는 독자는 그 가설을 기반으로 예측
을 내놓을 수 있어야 한다. 가령 세금이 없는 국가, 세금을
전혀 내지 않는 행위자, 아니면 관련된 세금 항목이 존재하
기 이전의 경우에서는 그런 예외가 나타나지 않을 것이라는
예측을 내놓아야 한다. 또 거래 비용의 개념을 이용해 설명
하려는 독자라면 거래 비용을 제거한 실증적 실험을 제시하
면서, 그런 상황에서는 예외적 현상이 나타나지 않으리라는
예측을 내놓아야 할 것이다.

나는 1년에 네 번씩 거의 4년 동안 칼럼을 썼다. 그 글은 10~12
쪽 분량으로 게재되었고, 한 번에 읽기에 충분히 짧으면서도 구체
적인 정보를 충분히 담았다. 그리고 각각의 칼럼 끝에는 해설을 달
아 내가 제시한 현상의 의미를 설명했다. 그 칼럼을 쓸 때 큰 그림
을 그리려고 한 것은 아니다. 당시 나는 그저 주제 목록을 뽑아보면
서 적어도 10편의 칼럼을 쓸 수 있겠다고 생각했다. 그래서 처음에
어떤 주제를 선정할 것인지, 어떤 방향으로 쓸 것인지에 대해서만
고민했다.

그러나 무엇이 사람들을 분노하게 만드는지를 주제로 두 편의 기사를 쓰고 나서 애초의 계획에 심각한 문제가 발생할 수 있음을 알았다. 그 작업은 엄청나게 많은 시간을 투자해야 하는 일이었다. 주제 중 많은 부분이 내 전문 분야를 벗어났고, 그런 경우 해당 분야 전문가를 공동 저자로 초빙해야 했다. 하지만 그것까지 해결하더라도 최종 원고를 마무리하는 것은 여전히 내 몫이었기 때문에 새로운 분야를 충분히 공부해야 했다. 이런 이유로 나는 그 칼럼을 쓰느라 학자들 대부분이 말하는 '실제 연구'에 투자해야 할 시간, 즉 새로운 사실을 발견하고, 새로운 이론을 개발하고, 학술지에 논문을 발표하는 데 투자해야 할 시간을 빼앗겼다.[47]

하지만 칼럼이 내게 가져다준 보상은 적지 않았다. 언젠가 미국 경제학회는 회원을 대상으로 새롭게 출간한 학술지에 대한 생각을 묻기 위해 설문 조사를 한 적이 있었다. 그들은 설문지에서 회원들이 그 학술지를 읽고 있는지, 좀 더 구체적으로 그 특집 칼럼을 읽어보고 있는지 물었다. 설문에 응답한 미국경제학회 회원들 중 절반은 '예외'를 주제로 한 특집 칼럼을 '정기적으로(그게 어떤 의미든)' 읽고 있다고 답했다. 전문 학술지에 게재된 일반적인 기사를 읽는

---

47 '예외'를 주제로 한 칼럼을 쓰는 동안 누린 한 가지 즐거움은, 편집자들이 직접 심사 업무를 맡고 일반인도 이해할 만큼 글을 쉽게 다듬는 진정한 '편집' 서비스를 제공해준다는 사실이었다. 당시 경제학자 팀 테일러Tim Taylor는 처음부터 그 역할을 훌륭하게 수행해주었고 지금도 마찬가지다. 대부분의 학술지의 경우 편집자는 경제학 이론에 오류가 없는지를 검토하고 교열 담당자는 철자와 문제를 점검하지만, 가독성을 높이기 위해 애쓰는 사람은 없다. 그러나 우리 팀은 처음부터 기본 설정의 위력을 잘 이해하고 있었다. 모든 기사를 고쳐 쓰고 저자들에게 교정본을 보내 그들의 제안을 자유롭게 채택할 수 있도록 했다. 어쨌든 과월호까지 포함해 《경제 전망 저널》의 모든 기사는 온라인에서 무료로 읽어볼 수 있다(www.aeaweb.org/jep). 경제학 공부를 하는 데 대단히 유용한 사이트다.

독자는 기껏해야 100명 정도다. 그러나 내 칼럼은 5,000명에 이르는 경제학자가 읽고 있었던 것이다. 덕분에 공저를 의뢰할 때 나는 그들이 썼던 어떤 기사보다 많은 독자를 확보할 수 있으리라는 솔직한 이야기를 할 수 있었다. 물론 그것은 나를 위한 이야기이기도 했다. 많은 사람이 나를 지켜보고 있었다. 그들에게 무엇을 보여주어야 할 것인가?

내 목표는 폭넓은 예외적 현상을 발굴하고, 예외는 항상 실험실에서만 일어난다는 미신을 떨쳐버리는 것이었다. 그러기 위해 시장 데이터를 활용하는 많은 방법을 포함해 다양한 실증적 연구에 기반을 둔 사례를 제시하고자 했다. 4년 동안 쓴 14편의 칼럼 중 5편만이 실험 데이터를 기반으로 삼고 있다. 그 밖의 칼럼은 다채로운 주제를 폭넓게 다루었는데, 표준적인 패러다임 옹호자들을 놀라고 당황하게 만들 수 있다는 단순한 이유로 금융과 관련된 이야기가 대부분을 차지했다.

모든 예외에 대해 만족스러운 행동적 설명을 제시할 수는 없었음을 밝혀둘 필요가 있다. 일부 사례는 단지 이론적 예측에 어긋나는 경험적 사실에 불과했다. 예를 들어 첫 두 칼럼에서는[127] 주식시장의 '달력' 효과를 다루었다. 이와 관련된 현상은 참으로 기묘하다. 그중 한 가지 사례를 살펴보자. 주식가격은 금요일에 올랐다가 월요일에 떨어지는 경향이 있다. 그리고 1월은 주식을 보유하기 좋은 시기이며, 특히 1월 초순에는 중소기업의 주식이 유리하다. 금요일 같은 휴일 전날도 좋다. 그동안 쏟아져 나온 많은 논문은 이런 사실을 뒷받침한다.[128] 이런 현상에 대한 논리적인, 그리고 일부는 비논리적인 설명을 얼마든지 반박할 수 있다. 이에 대해 나는 어떤 설명도 제시하지 않았지만, 그것들은 분명히 예외적인 현상에 해당한다.

또 다른 예외는 경마장에서 온 것이다.[129] 미국을 비롯한 전 세계 다양한 지역의 경마장은 (영국을 제외하고) 패리뮤추얼pari-mutuel 시스템을 기반으로 한다. 이 시스템에서는 배당률은 고정된 비율이 아니라 각 말에 건 금액에 따라 결정된다. 가장 간단한 형태를 살펴보자면 일단 경마장이 통상적으로 17퍼센트에 달하는 고정 비율만큼 갖고 가고, 다음으로 우승을 차지한 말에게 베팅한 사람들이 나머지를 나누어 가진다. 경마에서는 우승 가능성이 가장 높은 말을 일컬어 '페이버릿favorite'이라 하고, 반대로 가능성이 가령 10분의 1도 되지 않는 말을 '롱샷longshot'이라 한다.

경마장이 먼저 17퍼센트를 가져가고 베팅 시스템이 효율적으로 기능할 때, 도박꾼들의 기대 수익은 -17퍼센트로 동일하다. 즉 페이버릿에서 롱샷에 이르기까지 100달러를 걸었을 때 평균 83달러를 받으리라고 기대할 수 있다. 하지만 실제 데이터는 그렇지 않다. 페이버릿에 대한 베팅 수익이 롱샷보다 훨씬 더 높은 것으로 나타났다. 예를 들어 페이버릿에 건 1달러에 대해서는 90센트를 돌려받지만, 우승 확률이 100분의 1에 불과한 롱샷에 건 1달러에 대해서는 14센트밖에 돌려받지 못한다. 도박과 본전 효과에 대한 앞선 논의(10장)에서 살펴본 것처럼, 롱샷에 대한 베팅 수익은 그날 마지막 경주에서 훨씬 더 낮아진다는 사실을 다시 떠올려보자.

그렇게 14회에 걸쳐 연속으로 칼럼을 쓰고 난 뒤에는 휴식을 취했다. 그 글들은 모두 가벼운 형태로 편집해 『승자의 저주The Winner's Curse』라는 책으로 엮었다(한 칼럼의 제목이기도 하다). 그 후에도 분기 마감에서 벗어나 몇 편의 기사를 더 썼지만, 글을 쓰는 주기는 점점 불규칙해졌다. 그리고 2006년에 마지막 기사를 썼다.

이후 내 칼럼은 공식적으로 막을 내렸다. 당시 편집자이던 안드레이 슐라이퍼Andrei Shleifer는 그들의 목적에 큰 도움이 되었다는 말을 전했다. 이는 예외적인 현상의 목록을 열거한 내 작업이 끝났음을 알리는 공손한 표현이었다. 나는 해고당한 것이다.

19

괴짜 집단의
학문에서
주류 경제학으로
— 원탁회의와 러셀 세이지 여름 캠프

'예외적인 현상'이라는 내 칼럼은 경제학 분야의 전통 모형과 모순되는 다양한 현상이 존재한다는 사실을 알리겠다는 애초의 목적을 달성했다. 이를 통해 나는 이론이 아닌 인간에게 경제학 이론을 적용하는 새로운 방식을 채택한 사례를 보여줄 수 있었다. 하지만 경제학은 거대한 우주이고, 나는 한낱 게으른 사람일 뿐이다. 새로운 분야를 만들기 위해서는 조직이 필요할 것이었다. 그렇다면 어떻게 많은 사람이 나와 함께 즐거움을 나누도록 격려할 수 있을까? 아쉽게도 이런 작업을 위한 실무 지침서는 어디서도 발견할 수 없었다.

물론 새로운 분야는 언제나 존재하고 대체로 협력 없이도 이루어지고 있다. 예를 들어 누군가가 1940년대 게임 이론[130]처럼 획기적인 논문을 통해 새로운 탐구 방식을 보여준다. 그 논문을 읽은 많은 학자가 흥미를 느끼고 스스로 그 과정에 뛰어들기 시작한다. 일이 잘 풀릴 경우 많은 사람이 새로운 분야에 대해 연구하고 콘퍼런스를 주최한다. 그리고 마지막으로 학술지가 그 분야의 존재를 두드러지게 해준다.

하지만 이는 오랜 시간이 필요한 과정이다. 나는 아모스와 대니 말고도 많은 사람들과 함께 이야기를 나눠보고 싶었다. 1980년대 후반에 나를 제외하고 스스로를 행동경제학자라고 생각했던 인물은 3명이었다. 그중 한 사람은 조지 로웬스타인으로 자기통제를 다룬 장에서 그를 살펴보았다. 또 다른 사람은 로버트 실러인데, 역시 앞서 언급한 바 있고 6부에서도 중요한 인물로 등장한다. 그리고 마지막 세 번째는 콜린 캐머러Colin Camerer였다.

나는 캐머러가 학계에서 일자리를 구하고 있을 무렵에 그를 만났다. 당시 그는 스물한 살이 채 되기도 전에 MBA를 마치고 시카고대학교에서 박사과정을 마무리하던 중이었다. 캐머러는 행동경제학에 많은 중대한 기여를 했는데, 대표적으로 두 가지를 꼽을 수 있다. 첫째, 사실상 행동 게임 이론 분야[31]를 개척했다. 이는 실제로 사람들이 어떻게 게임에 임하는지에 관련된 연구다. 다른 모두가 마찬가지로 이론이었다는 사실을 알고 있을 때, 이콘이 어떻게 게임에 임하는지 연구하는 일반적인 게임 이론과는 상반된 것이다. 최근에는 두뇌 영상 기술을 활용해 인간이 의사를 결정하는 방식에 대해 더 많은 사실을 밝혀내는 신경경제학neuro-economics의 선두 주자로 자리매김하고 있다.

캐머러는 재능이 뛰어난 사람이다. 10대 시절에는 대학원에서 음반 회사를 차렸고, 데드 밀크멘Dead Milkmen이라는 유명한 사회 풍자 펑크 밴드와 계약을 맺기도 했다. 그들의 대표 히트곡으로는 〈Watching Scotty Die〉가 있다. 게다가 캐머러는 남을 흉내 내는 데도 일가견이 있다. 특히 유진 파마와 찰리 플롯 흉내가 일품이다. 개인적으로 봤을 때 탈러 흉내는 그냥 그런 것 같다.

행동경제학 분야에서 캐머러와 로웬스타인, 실러의 등장은 아주 중요한 이정표다. 그래도 나는 다양한 기술을 보유한 많은 연구자를 확보할 때까지는 행동경제학이 하나의 학술 분야로서 인정받는 데 어려움을 겪을 것이라 생각했다. 하지만 다행스럽게도 나와 같은 목표를 갖고, 일부 가용한 자원까지 제공할 수 있는 사람이 있었다. 에릭 워너Eric Wanner라는 인물이었다.

—

워너가 심리학과 경제학을 통합하는 작업에 관심을 가졌을 때 그는 앨프리드 P. 슬론 재단의 프로그램 관리직을 맡고 있었다. 워너는 심리학을 전공했지만 경제학에 관심이 많았고, 이 두 학문의 공통 기반을 발견하고자 했다. 이를 위해 그는 아모스와 대니에게 조언을 구했다. 자신이 비관주의자라는 사실에 자긍심을 느끼는 대니는 워너에게 "그런 노력에 많은 시간을 투자할 적절한 방법을 발견하기 어려울 것"이라고 이야기하면서도 나를 만나보라고 조언해주었다. 뉴욕에 위치한 슬론 재단 사무실에서 나를 만난 후, 그는 재단 이사회를 설득해 대니와 함께 밴쿠버에 머물던 내가 진행하는 연구를 후원하도록 했다.

내가 코넬대학교로 돌아왔을 때, 워너는 슬론 재단을 떠나 마찬가지로 뉴욕에 있는 러셀 세이지 재단Russell Sage Foundation 대표를 맡게 되었다. 비록 행동경제학이 그 재단의 핵심 사명은 아니었지만 (그들의 목표는 가난이나 이민처럼 사회적으로 중요한 정책적 문제를 해결하는 것이었다) 그 이사회는 어떻게든 워너를 데려오고 싶어 했고, 그래서 행동경제학 분야에 대한 그의 아이디어를 기꺼이 수용하기로 했다. 그는 새로운 분야에 에너지를 공급하는 방법에 대해 나만큼 많은 아이디어를 갖고 있었다. 신속하게 방안을 마련하기 위해 우리는 머리를 맞댔다.

첫 번째 아이디어는 당시로서는 꽤 좋아 보였다. 최종 목표가 경제학과 심리학을 통합하는 것이었으므로 심리학자와 경제학자가 참여하는 부정기 모임을 만들어 열띤 관심을 불러일으키고자 했다. 우리는 세 부류의 사람들을 초대하기로 했다. 우선 경제학자와 하루 종일 이야기를 나누고 싶어 하는 유명한 심리학자, 다음으로 새로운 경제학적 접근 방식에 열린 마음을 가진 것으로 알려진 원로 경제학자, 그리고 우리 프로젝트와 관련된 몇몇 핵심 인물이었다.

워너는 설득력이 대단히 뛰어났다. 그의 매력과 추진력 덕분에 우리는 첫 모임에서부터 놀라우리만치 유명한 심리학자를 만나게 되었다. 아모스와 대니는 물론, 오레오와 마시멜로 실험으로 유명한 월터 미셸, 인지 부조화 개념을 제시한 레온 페스팅거Leon Festinger, 감정 관련 연구의 개척자 스탠리 샥터Stanley Schachter132)가 함께했다. 이들 모두는 우리의 심리학 드림 팀을 이루었다.

참가 의사를 밝힌 친분 있는 경제학자들 속에도 스타 학자가 있었다. 조지 애컬로프George Akerlof, 윌리엄 보몰, 톰 셸링, 리처드 젝하우저 등이었다. 핵심 인물로는 캐머러와 애컬로프, 실러 그리고 내가 있었다. 워너는 래리 서머스$^{Larry\ Summers}$도 초대했지만, 서머스 대신 그의 제자 안드레이 슐라이퍼가 참석했다. 나중에 나와 함께 연구하게 된 통제 불능의 슐라이퍼를 처음 만난 것도 그 첫 모임에서였다. 거의 모든 학문에 정통한 해박한 노르웨이 철학자 존 엘스터$^{Jon\ Elster}$는 이 모임을 더욱 풍성하게 해주었다.

이처럼 화려한 참석자들의 면면을 감안할 때, 처음 두 번의 모임은 그다지 생산적이지 않았다. 두 가지가 생생하게 기억난다. 하나는 자신이 담배를 피우기 위해 회의실과 테라스를 수시로 들락거리는 바람에 회의를 방해하고 있다는 페스팅거의 자조 섞인 농담이었다. 그리고 다른 하나는 예외적인 현상에 대한 발견의 단계를 뛰어넘어야 한다는 보몰의 촉구였다. 그는 자신의 표현대로 '예외 발굴$^{anomaly-mining}$' 작업은 이미 목적을 달성했으며, 이제는 건설적인 방향으로 선회해야 한다고 주장했다. 하지만 건설적인 방향으로 나아가는 방법에 대해서는 말을 아꼈다.

내가 생각하기에 우리가 직면한 주요 문제는 내가 경험에서 배운 일반적인 것이었다. 다양한 분야에 걸친 회의, 특히 차원 높은 안건(빈곤이나 기후변화 해결)을 두고 열리는 회의는 비록 참석자들이 유명 인사라 하더라도 실망스럽게 끝나는 경향이 있다. 그것은 학자들이 연구에 대해 추상적으로 이야기하는 것을 달가워하지 않기 때문이다. 그들은 언제나 구체적인 과학적 성과를 확인하고 싶어한다. 그러나 특정 분야 학자들이 자신들의 동료가 기대하는 방식으로 연구 성과를 설명한다면, 다른 분야 학자들은 이해하기 어려운 기술적 지식에서 위압감을 느끼거나, 따라가기 버거운 이론적인 이야기에 지겨워할 것이다.[48]

여러 분야에 걸친 콘퍼런스에 대한 나의 부정적인 평가가 옳든 그르든 간에, 러셀 세이지 재단의 사무실에서 열린 콘퍼런스에 올스타 심리학자들이 등장해 열정적으로 토론에 참여했다는 사실은 행동경제학의 미래를 비추어보건대 용기를 북돋아준 동시에 오해의 소지도 함께 남겼다. 유명 인사가 실제로 참석했고 우리 목적이 가치 있고 타당하다고 생각했다는 점에서 용기를 북돋아주었다. 그렇지만 행동경제학이라는 분야가 성공을 거두기 위해서는 심리학과 경제학 사이에서 진정한 상호 협력이 있어야 한다는, 당시 우리가 갖고 있던 믿음을 강화했다는 점에서 오해의 소지를 남기는 것이었다.

아모스와 대니, 그리고 내게 그런 생각은 자연스러운 것이었다. 우리는 서로에게서 아주 많은 것을 배웠고, 실질적인 협동 연구를 시도했기 때문이다. 하지만 그런 생각은 잘못된 예측인 것으로 드러났다. 대표적으로 드라젠 프렐렉^{Drazen Prelec}과 엘다 샤퍼의 사례처럼 오랜 시간에 걸쳐 몇몇 심리학자가 경제학자들과 성공적인 협력 관계를 유지한 경우가 있긴 했으나, 전반적으로 행동경제학은 경제학자가 심리학자의 연구 성과를 확인하고, 다음으로 자신의 분야로 돌아가 독자적으로 연구를 추진할 수 있는 분야인 것으로 판명되었다.[49] 우리 모임의 초기 참여자 중 한 사람인 스탠리 샤흐터가 그랬다. 그는 주식 시장에서 직접 심리학 연구를 추진했지만, 주류 금융

---

48 이런 일반화에는 예외가 있다. 가령 신경과학 분야가 그렇다. 여기에서 다양한 분야의 많은 과학자가 생산적으로 협력하고 있다. 이런 경우 과학자들은 두뇌 스캔과 같은 전문 기구를 기반으로 상호 연결되어 있다. 물론 나는 다양한 분야에 걸친 회의가 모두 시간 낭비라고 말하려는 것은 아니다. 다만 내 경험상 그런 회의가 실망스러웠다는 점을 언급하려는 것뿐이다.

및 경제학 학술지의 심사위원들의 부정적인 반응으로 좌절하다가 결국 연구 프로그램을 중단하고 말았다.

심리학자들이 참여에 실패하는 데는 여러 이유가 있다. 첫째, 합리적인 선택 모형에 대한 애착이 거의 없기 때문에 이를 출발점으로 삼는 연구는 흥미롭게 다가오지 않는다. 그들의 일반적인 반응은 이렇다.

"사람들은 당연하게도 매몰 비용에 신경 씁니다. 누가 그렇지 않단 말입니까?"

둘째, 행동경제학자들이 활용하는 심리학은 심리학자들 입장에서는 새로운 것으로 여겨지지 않는다. 반대로 심리학자들이 그들의 연구 논문에서 수요와 공급 곡선을 활용했다 하더라도, 경제학자들은 그 아이디어를 흥미롭게 받아들이지는 않을 것이다. 마지막으로, 심리학자들은 전통적으로 '실용적인' 문제에 대한 연구는 무슨 이유에서인지 수준 낮은 것으로 치부해왔다. 즉 사람들이 빚을 지거나 학교를 중퇴하는 이유를 밝혀내려는 시도는, 로버트 치알디니 Robert Cialdini 같은 특별한 경우를 제외하고는 심리학자들에게 명예와 영광을 가져다주는 연구 형태가 아니었다.

게다가 행동경제학자들은 일종의 타가수정cross-fertilization, 他家受精

---

49 분명히 밝혀두자면, 1970년대에 카너먼과 트버스키가 시작한 판단과 의사 결정을 주제로 한 모임은 발전을 거듭했다. 판단 및 의사 결정 학회Society for Judgment and Decision Making가 지원하는 이들의 연례 회의에는 행동경제학에 대한 연구를 추진하는 500여 명의 학자가 참여하고 있다. 마케팅 분야를 보더라도, 내 오랜 친구인 에릭 존슨과 내 제자 몇몇, 그리고 심리 계좌와 자기통제 같은 주제로 연구를 추진하는 다양한 학자를 포함해 여러 유명한 행동 관련 학자가 활동하고 있다. 여기에서 내가 하고 싶은 말은, 행동경제학자의 일반적 모임에는 심리학자가 참여하지 않으며, 나는 판단 및 의사 결정 학회 모임에 정기적으로 참석하는 소수의 경제학자 중 한 사람이라는 것이다.

을 이룰 것이라고 애초에 기대했던 고유한 심리학[133]을 수립하는 데 실패했다. 행동경제학 분야에서 이루어진 발전 중 대부분은 행동에 대한 새로운 통찰력을 이끌어내는 것이라기보다는, 이론뿐 아니라 인간을 이해하기 위해 기존 경제학적 도구를 수정하는 방법에 대한 것이었다. 행동경제학 분야의 리더로 두각을 드러내는 경제학자 중 조지 로웬스타인 정도만 실질적으로 다수의 새로운 심리학을 창조했다. 경제학을 전공했음에도 로웬스타인은 매우 재능 있는 심리학자이며, 이는 부분적으로 그가 물려받은 훌륭한 유전자에서 기인한다. 그의 이름에서 가운데 이니셜인 'F'는 프로이트를 의미하며, 그의 증조부는 다름 아닌 지그문트 프로이트다.

—

경제학자와 심리학자의 협력을 도모하기 위한 우리의 노력은 실패로 돌아갔다. 그래도 워너는 대부분 경제학자로 구성되기는 했지만, 이 모임을 강화하는 데 앞으로 도움을 주기로 약속했다. 러셀 세이지 재단은 규모가 크지 않았기에, 우리 모임의 몇몇 핵심 멤버를 넘어서 설정할 경우 연구 예산을 충분히 지원하기는 힘들 것이었다. 그래서 워너는 제한적이면서도 대단히 특별한 방식으로 우리 모임을 지원하도록 이사회를 설득했다. 그리고 그의 노력은 초기 상황과는 달리 놀라운 성공으로 이어졌다.

워너가 구상한 계획은 다음과 같이 이어졌다. 1992년 러셀 세이지 재단은 행동심리학 원탁회의Behavioral Economics Roundtable라는 연구자 모임을 조직했다. 그리고 그 모임에 행동경제학 분야의 발전을 촉진하는 과제와 더불어 일정 규모의 예산을 배정했다. 원탁회의 초기 회원은 애컬로프, 앨런 블라인더, 캐머러, 엘스터, 카너먼, 로웬스타인, 셸링, 실러, 트버스키, 그리고 나였다. 우리는 합리적인 범위 내에서 생각대로 예산을 집행할 수 있었다.

원탁회의 회원은 비교적 제한적인 예산(연간 10만 달러를 시작으로)을 활용할 수 있는 가장 효과적인 방법은 젊은 학자를 행동경제학 분야로 끌어들이는 것이라는 결정을 내렸다. 이를 위해 우리는 대학원생을 대상으로 여름에 열리는 2주짜리 집중 훈련 프로그램을 계획했다. 당시 행동경제학을 가르치는 대학원이 없었다는 점에서 우리 프로그램은 행동경제학을 공부하는 데 최고의 선택이 될 수 있었다. 2주간에 걸친 이번 프로그램의 공식 명칭은 '러셀 세이지 재단 행동경제학 하계 강좌Russell Sage Foundation Summer Institutes in Behavioral Economics'로 정해졌지만, 사람들은 처음부터 이를 그냥 러셀 세이지 여름 캠프라고 불렀다.

첫 번째 여름 캠프는 1994년 버클리에서 개최되었다. 캐머러와 카너먼, 내가 주최를 맡았고, 며칠에 걸쳐 합류한 원탁회의 회원 몇 명이 교수진으로 참여했다. 게다가 케네스 애로, 리 로스Lee Ross(사회 심리학자), 그리고 찰리 플롯 같은 스타급 학자가 초대 손님으로 함께했다. 또 젊은 학자들의 참여를 격려한다는 차원에서 우리는 최근에 학위를 마친 경제학자 2명을 함께 초청했다. 에른스트 페르와 매슈 라빈은 모두 행동경제학 분야에서 경력을 쌓기로 결심한 인물이다.

페르는 내가 아는 경제학자 중 가장 적절한 이름을 부여받은 사람이다. '페르'라는 인물을 단 하나의 형용사로 설명해야 한다면 그것은 '진지한earnest'이 될 것이며, 그가 관심을 기울이고 있던 연구 주제는 다름 아닌 '공정성fairness'이라는 개념이었다. 오스트리아 출신인 페르는 나중에 스위스의 취리히대학교에서 시작된 유럽 지역의 행동경제학 운동에서 주요 인물로 활약했다. 또 캐머러와 마찬가지로 신경경제학 분야에서도 뛰어난 전문가로 활동했다.

우리의 관심을 사로잡은 페르의 첫 논문[134]은 실험을 바탕으로 한 것이었다. 페르와 그의 공동 연구원들은 실험실 환경에서 최저임금보다 더 높은 급여를 지불한 '기업들'이 그들의 '근로자'들에게 더 많은 기여로 보상받았다는 사실을 보여주었다. 그들의 실험 결과는 애컬로프가 처음 제시한 것처럼 근로계약은 일종의 선물 교환으로 볼 수 있다는 아이디어[135]를 뒷받침해주었다. 그 아이디어의 핵심은 기업이 급여와 근로 환경에서 근로자들에게 더 나은 대우를 제공할 때, 근로자들은 더욱 성실한 태도와 낮은 이직률로 기업에 보답하고, 이런 점에서 표준 이상의 임금 정책이 경제적으로 수익성 높은 방안이라고 설명할 수 있는 것이다.

이와는 반대로 매슈 라빈의 첫 번째 행동경제학 논문은 다분히 이론적인 연구였으며, 이는 「전망 이론」 이후 행동경제학 분야에서 가장 중요한 이론적인 논문이 되었다. 라빈의 논문은 최후통첩 게임이나 독재자 게임 같은 특정 상황에서 나타나는 모순적인 사람들의 행동을 설명하기 위한 이론을 제시하는 최초의 진지한 시도였다.

독재자 게임에서 사람들은 알지 못하는 익명의 참가자에게 돈을 주는 이타적인 모습을 보이면서도, 최후통첩 게임에서는 자신을 부당하게 대한 다른 참가자에게 비열한 모습을 보이기도 했다. 그렇다면 다른 사람의 행복은 우리를 더 행복하게 만드는 것인가? 아니면 질투심을 자극해 더 불행하게 만드는가? 이 질문에 대한 해답은, 라빈의 설명에 따르자면 상호 관계에 달려 있다. 우리는 친절한 사람에게 친절하고, 인색한 사람에게 인색하다. 앞서 살펴보았던 것처럼 사람들이 '조건적 협력자'로 행동하는 모습은 바로 이런 라빈의 모형[136]과 일맥상통하는 것이다.

라빈은 개성이 강한 사람이다. 그는 종종 타이다이$^{tie-dye}$ 방식으로 염색한 티셔츠를 즐겨 입는데, 그런 티셔츠를 엄청나게 많이 쌓아두고 있는 듯했다. 게다가 그는 아주 재미있는 사람이기도 하다. 예전에 그가 공정성에 관련한 자신의 논문을 미국경제학회지에 게재하고자 했을 때 나는 그 논문에 대한 심사위원 중 한 사람이었다. 당시 나는 게재를 지지하는 쪽으로 평가를 제출하면서, 이전 원고에는 수록했던 중요한 주석을 제거한 것이 신경 쓰인다는 언급을 별다른 설명 없이 덧붙였다. 그 주석에서 그는 게임경제학자들이 말하는 '치킨^{chicken}'을 언급했는데, 이는 다른 사람에게 손실을 떠넘긴 첫 번째 사람을 의미한다. 실제 출판본에서는 다시 수록된 그의 주석은 다음과 같다.

"이 게임에서는 전통적인 명칭을 그대로 사용하고 있지만, 나는 그것이 극단적으로 종 차별적인 표현이라고 생각한다. 닭이 인간이나 다른 동물들보다 소심하다는 증거는 찾아보기 힘들다."

이렇게 전도유망한 젊은 학자인 페르와 라빈까지 포함해 첫 번째 여름 캠프를 위한 스타 강의진을 마련했다. 하지만 이렇게 여름 캠프를 연 것이 처음인지라, 과연 어떤 학생들이 지원할지는 예상할 수 없었다. 우리는 세계적으로 유명한 경제학과 학과장을 대상으로 공지문을 발송했고, 많은 학생이 신청하기만 기다렸다. 다행히 100명 넘는 학생이 신청했고, 그중 30명을 선별해 미래의 스타들과 함께하게 되었다.

이후 여름 캠프는 계속해서 2년에 한 번씩 열렸다. 대니와 내가 너무 바쁘고, 지치고, 늙고, 게을러지는 바람에 2주간의 프로그램 전체를 조직하고 참여하지 못하게 되자, 우리는 그 역할을 젊은 세대에 넘겨주었다. 그 후 얼마 동안은 캐머러와 애컬로프가 주최를 맡았고, 최근 몇 번의 캠프는 데이비드 레입슨과 라빈의 지도하에 이루어졌다.

여름 캠프에서 성공을 확인할 수 있는 소식은 사실 레입슨이 첫 캠프에 학생으로 참여했다는 것이며, 이는 그 집단이 자체적으로 발전해가고 있다는 뜻이다. 현재 교수진으로 참여하는 많은 회원 역시 캠프 졸업생이다. 물론 이들 젊은 연구원들이 스타 학자로 우뚝 선 것이 우리 캠프 덕분이었다고 주장할 수는 없을 것이다. 가령 레입슨은 MIT를 졸업한 뒤였고, 여름 캠프에 도착하기 전부터 하버드대학교에서 강의를 하고 있었다. 그리고 다른 학생들 역시 유명한 학자로 성장하는 중이었다. 다만 여름 캠프의 중요한 성과로 내세울 수 있는 점은, 전 세계 우수한 젊은 대학원생들이 행동경제학자가 되는 것을 진지하게 고려하도록 자극했다는 것이다. 그리고 그들이 함께 이야기를 나누어보고 싶어 하는 비슷한 생각을 가진 다양한 경제학자로 이루어진 네트워크를 제공했다는 점 또한 성과라 할 수 있다.

첫해에 캠프에 참여한 학생들의 수준은 이후 명성을 얻게 된 사람들의 수로 확인할 수 있다. 그중 한 사람인 센딜 멀레이너선Sendhil Mullainathan은 당시 하버드대학교 대학원에서 1년 차 연구를 마친 상태였다. 나는 멀레이너선이 코넬에서 경제학, 수학, 컴퓨터과학을 불과 3년 만에 마무리한 학부생 시절부터 알고 있었다. 그는 거의 모든 분야를 공부할 수 있는 재능을 갖추었고, 나는 그가 심리학과 경제학에도 관심을 기울이도록 하기 위해 최선을 다했다. 다행스럽 게도 내 노력이 헛되지 않았기에 그는 행동경제학에 관심을 가졌 고, 대학원 재학 중 컴퓨터과학에서 경제학으로 넘어왔다. 여러 다 양한 성취 가운데 멀레이너선은 행동경제학 분야에서 최초의 비영 리 연구소인 아이디어42ideas42를 설립했다. 멀레이너선과 라빈, 캐 머러는 이후 맥아더 재단에서 '지니어스 어워드Genius Award'를 수상 했다.

그 밖에 캠프 출신의 유명한 인물으로는, 개인 투자자 행동에 대 한 분야를 개척한 테리 오딘Terry Odean, 동생인 댄Dan과 함께 베스트 셀러 경영서 세 권을 출간한 칩 히스Chip Heath, 그리고 이 책에 조만 간 등장할 내 미래의 공저자들인 린다 뱁콕Linda Babcock과 크리스틴 졸스Christine Jolls가 있다.

2014년에는 열 번째 여름 캠프가 열렸다. 그동안 나는 한 번도 빠지지 않고 참석했다. 지금까지 300명가량의 졸업생을 배출했고, 그중 많은 이들이 전 세계 유수 대학에서 활동하고 있다. 행동경제 학이 괴짜 집단의 학문에서 주류 경제학의 왕성한 학문으로 자리매 김할 수 있던 것은 바로 여름 캠프 졸업생들의 연구 성과 덕분이었 다. 이들은 그 모든 일의 출발점에 있던 워너에게 마땅히 감사를 표 해야 할 것이다. 워너야말로 행동경제학의 실질적인 후원자였다.

20

"대표님,
그렇게 위험한 투자는
하고 싶지 않아요!"

— 멍청한 주인과 위험·손실 회피 성향

행동경제학 분야에 대한 러셀 세이지 재단의 기여는 원탁회의 설립에서 멈추지 않았다. 세이지 재단은 학자들을 초빙하는 훌륭한 프로그램도 운영했다. 이 프로그램에 참여한 학자들은 뉴욕 어퍼이스트사이드에 위치한 재단 사무실 인근의 아파트에서 보조금을 지급받으며 1년간 생활할 수 있었다. 여기에서 학자들이 수행해야 할 유일한 의무는 맛있는 (그리고 굳이 말하자면 공짜로) 점심을 함께 먹는 것뿐이다. 그 나머지 시간에는 얼마든지 자유롭게 생각하고 글을 쓸 수 있다.

1991~1992년에 콜린 캐머러, 대니, 나는 한 팀으로 이 프로그램에 신청했고, 대니의 아내이자 심리학자 앤 트레이스먼까지 객원교수로 합류했다. 게다가 아모스까지 정기적으로 방문하겠다고 했으니, 멋진 1년을 즐길 만반의 준비가 갖춰진 셈이었다. 대니와 나는

앞서 우리가 경험했던 스탠퍼드와 밴쿠버 시절의 마법을 어떻게든 재현할 수 있기를 기대했다. 당시 나는 이혼 절차를 밟고 있었고, 앤과 대니는 버클리에 있는 그들의 집이 화재로 몽땅 타버리는 사고를 당했다.

우리가 넘어야 할 산은 그것만이 아니었다. 밴쿠버 시절 이후 6년 넘게 우리 두 사람은 정신없이 다양한 일에 신경 써야 했기 때문에 협동 프로젝트에 제대로 집중할 수 없었다. 우리에게는 보살펴야 할 박사과정 제자들이 있었고, 대니와 앤의 버클리 연구실은 대학원생으로 넘쳐났다. 게다가 우리 모두에게는 다양한 학과 행사에 관심을 기울여주길 기대하는 모교의 동료들이 있었다. 몇 달 동안 거의 매일 한 가지 연구에 함께 매달리던 시절이 모두 끝나버린 것이다.

그래도 나와 대니는 각자 한 가지 어렴풋한 아이디어를 품고 있었고, 이는 내가 캐머러와 함께 진행한 연구에서 대단히 중요한 개념이기도 했다. 그 아이디어란 '편협한 범주화narrow framing'라는 개념으로 심리 계좌에 대한 일반적인 질문과도 밀접한 관련이 있다. 그것은 이런 물음이다. 경제적 사건이나 거래는 언제 합쳐지고 언제 구분되는가? 휴가를 떠날 때 여러분은 그 여행에 필요한 각각의 비용 항목(교통, 숙박, 식사, 관광, 선물 등)을 따로따로 인식하는가? 아니면 모든 게 포함된 크루즈 패키지여행처럼 하나의 여행 범주로 인식하는가? 구체적으로 말해 대니와 내가 각자 궁금하게 여긴 질문은 이런 것이었다. 사람들은 언제 일련의 사건을 하나의 포트폴리오가 아니라 개별 사건으로 인식함으로써 어려움을 겪는가?

이 질문에 대한 대니의 연구는, 그해 우리의 보조 연구원이었던 버클리대학교 대학원생 댄 로발로Dan Lovallo와 함께 한 프로젝트에서 모습을 드러냈다. 두 사람의 핵심 아이디어는 기업 경영에서 의사 결정은 서로 대항하는, 하지만 반드시 상쇄하지는 않는 두 가지 편향을 기반으로 이루어진다는 것이다. 그것은 바로 과감한 예측과 소심한 선택[137]이다. 과감한 예측은 '내적 관점inside view'과 '외적 관점outside view'에 대한 대니의 구분에서 비롯된 것이다. 이런 구분에 대해 설명하면서 대니는 책 프로젝트 이야기를 했다. 전체 이야기는 『생각에 관한 생각』에 상세하게 나와 있지만,[138] 안타깝게 기억나지 않는 독자를 위해 짧게 요약해보겠다.

대니는 배경이 다양한 학자로 구성된 팀에 중학생을 대상으로 의사 결정에 대한 학과 과정을 수립하라는 과제를 내주었다. 몇 달에 걸쳐 그 과제를 연구한 뒤 대니는 완성까지 얼마나 걸릴지 궁금해졌다. 그는 팀 구성원을 대상으로 투표해보기로 했고, 각자 독자적인 생각을 알아보기 위해 개별적으로 예상 기간을 써내도록 했다. 그 결과, 사람들의 예측은 18개월에서 30개월에 이르기까지 다양했다.

대니는 팀의 한 멤버가 교육과정 개발 분야 전문가로 수년 동안 그런 팀을 지켜본 경험이 많음을 알게 되었다. 그래서 대니는 그에게 다른 사례와 비교해 그들의 팀을 평가해달라고 요청했고, 이번 프로젝트가 얼마나 걸릴지 그의 경험을 기반으로 예상해달라고 부탁했다. 18개월과 30개월 사이에서 예측 기간을 써냈던 전문가는 이 요청에 조금 머뭇거렸다. 그러고는 마지못해 자신의 경험상 그와 비슷한 과제를 7년 안에 끝낸 팀은 없었으며, 더 나아가 그 팀들 중 40퍼센트는 아예 과제를 끝내지도 못했다고 말했다.

이 전문가가 내놓은 예상 기간의 차이는 내적 관점과 외적 관점의 구분을 극명하게 보여준다. 프로젝트 팀의 구성원으로서 예측했을 때 그는 내적 관점에 집중했다. 팀의 노력에 따른 낙관주의에 사로잡혀 있었던 것이다. 따라서 심리학자들이 말하는 '기저율base rates', 즉 유사한 프로젝트의 평균 기간에 대해서는 애써 생각하려 하지 않았다. 반면 전문가 입장에서 외적 관점을 취하게 되었을 때, 그는 당연하게도 자신이 아는 다른 프로젝트의 경우를 고려했고, 이를 통해 좀 더 객관적으로 예측했던 것이다.

적절한 기본 데이터로 신중하게 보완될 때, 외적 관점은 내적 관점보다 훨씬 더 신뢰성이 높다. 문제는 내적 관점은 대단히 자연스럽고 쉽게 접근할 수 있기 때문에 그 개념을 이해하는 사람은 물론, 그 용어를 처음 만든 사람조차 판단을 내릴 때 영향을 받는다는 사실이다. 아모스가 병에 걸려 얼마 살지 못할 것이라는 사실을 안 이후, 아모스와 대니는 의사 결정에 대한 다양한 논문을 집대성한 책을 출간하기로 결정했다. 하지만 아모스는 책이 완성되기 전에 세상을 떠나고 말았다. 대니는 함께 쓰기로 했던 서문을 혼자 써야만 하는 힘든 과제를 떠안았다.

아모스는 1996년 6월에 세상을 떠났고 내가 기억하기로 그해 가을, 나는 대니에게 그 책이 언제 완성될지 물었다. 그는 6개월 안에 끝내야 한다고 대답했다. 그의 말에 나는 웃음을 터뜨렸다. 그러자 대니는 내 웃음의 의미를 눈치챘다는 듯 겸연쩍어하며 이렇게 말했다.

"음, 그 책(내적 관점에 관한 대니의 이야기가 수록되었던)에 대해 생각하고 있던 게로구먼. 하지만 이번만큼은 다르다네. 대부분 이미 출간된 논문을 모아놓은 것이거든. 몇몇 게으름뱅이들이 빨리 논문을 끝내도록 닦달하고 나는 서문만 완성하면 돼.”

실제로 그 책은 마지막 논문이 도착하고 서문이 마무리되자마자 출간되었다. 하지만 그땐 거의 4년이 지난 2000년이었다.

대니와 로발로의 이야기에서 ‘소심한 선택timid choices’은 위험 회피에 기반을 둔다. 조직의 개별 관리자는 자신이 책임져야 할 성과에 대해 종종 손실 회피적인 모습을 보인다. 기업 환경에서 손실 회피라는 자연스러운 성향은 보상과 처벌 시스템에 따라 더욱 뚜렷하게 나타나기도 한다. 대부분의 기업에서 큰 성과는 미미한 보상으로 이어지지만, 큰 손실은 해고의 위험으로 이어질 수 있다. 이런 환경에서는 평균적인 수익을 올릴 수 있는 도전을 기꺼이 받아들이는 위험 중립적인 관리자조차 대단히 위험 회피적인 모습을 보인다. 그런 조직 시스템은 문제를 해결하기보다 상황을 더욱 악화시키는 쪽으로 나아가게 된다.

이런 흐름을 잘 보여주는 사례를 살펴보자. 뉴욕에 도착한 지 막 1년이 지났을 무렵, 나는 한 출판사 임원을 대상으로 의사 결정에 대한 강연을 하게 되었다. 그 기업은 주로 다양한 잡지를 간행했고, 그날 강연에 참석한 임원들은 모두 각각의 출판물을 독립적인 시스템으로 총괄했다. 그 자리에는 CEO도 참석해 강의실 맨 뒤에서 이야기를 듣고 있었다. 나는 임원들에게 한 가지 시나리오를 들려주었다.

여러분의 사업부에 두 번 중 한 번 수익을 올릴 수 있는 투자 제안이 들어왔다. 일단 투자를 하면 50퍼센트의 가능성으로 200만 달러의 수익을 올릴 수 있다.

또 나머지 50퍼센트의 가능성으로 100만 달러의 손실이 날 수도 있다(50퍼센트로 200만 달러 수익을 올리는 경우의 기대 수익은 100만 달러이고, 50퍼센트로 100만 달러의 손실을 기록하는 경우의 기대 손실은 50만 달러이므로 총 기대 수익은 50만 달러가 된다. 그리고 100만 달러, 혹은 몇백만 달러의 손실이 발생한다 하더라도, 채무 상환 능력에 아무런 문제가 없을 정도로 그 기업의 규모는 충분히 크다).

다음으로 나는 그 투자 제안을 받아들일지 거수를 통해 물었다. 그 결과 23명의 임원 중 단 3명만이 손을 들었다. 다음으로 나는 CEO에게 질문을 던졌다.

"이 프로젝트가 각각 '독립적'인 것이라면(다시 말해 하나의 성공이 다른 것의 성공과 무관하다면), 그중에서 몇 개나 착수하길 원하십니까?"

그는 말했다.

"전부 다 할 겁니다!"

23개 프로젝트 모두에 투자함으로써 그 기업은 1,150만 달러의 수익(각 프로젝트의 기대 수익이 50만 달러이므로)을 기대할 수 있고, 여기에서 계산해본다면 손실 가능성은 5퍼센트 미만이다. CEO는 그런 결정을 당연한 것으로 여겼다. 나는 그에게 이렇게 말했다.

"그렇다면 문제가 발생한 거로군요. 보아하니 23개 프로젝트 모두 시작할 수는 없을 듯합니다. 겨우 3개만 가능하겠군요. 위험을 감수하려 들지 않은 소심한 임원을 고용함으로써, 혹은 이런 형태의 위험을 감수하는 것에 대해 제대로 보상하지 않는 인센티브 시스템을 활용함으로써 중대한 실수를 범하고 있는 것입니다."

CEO는 이제야 알겠다는 듯 미소를 지으면서 묵묵히 다른 참여자들의 이야기에 귀를 기울였다.

나는 그 프로젝트를 거절한 임원에게 그 이유를 물었다. 그는 프로젝트가 성공한다면 따뜻한 격려의 말과 함께 3개월 치 월급을 보너스로 받겠지만, 프로젝트가 실패로 끝나면 해고 위험에 직면할 것이라고 했다. 그는 현재의 일자리에 만족했으므로, 겨우 3개월 수입을 보너스로 얻자고 자신의 자리를 거는 위험한 동전 던지기를 하려 들지 않으려는 것이다.

여기에서 편협한 범주화는 CEO가 원하는 23개 프로젝트 중 오직 3개만 허락했다. 23개 프로젝트 모두를 하나의 포트폴리오로 폭넓게 바라보는 CEO는 그 투자 전체를 대단히 매력적으로 생각하지만, 편협한 관점에서 하나씩 따로 바라보는 관리자들은 애써 그 위험을 무릅쓰려 하지 않았다. 그 조직은 아주 작은 위험도 받아들이려 하지 않았다.

이런 문제에 대한 해결 방안은 하나의 패키지 단위로 투자를 통합적으로 추진하는 것이다. 나는 잠깐 동안 대형 제약 회사에서 컨설팅 업무를 맡았는데, 그때 이런 형태의 통합이 얼마나 중요한지 깨달았다. 다른 대형 제약 회사와 마찬가지로 이 기업 역시 연구 개발에 매년 10억 달러 이상을 투자하며 차세대 히트 상품을 개발하기 위해 수천 가지 새로운 화합물을 분석했다. 하지만 성공하기란 대단히 힘든 일이었다. 대형 제약 회사조차 2~3년 만에 한 건 성공하기도 힘든 상황이었는데, 자신들이 분석하는 그 많은 약품에 대해 복권과 같은 행운을 기대했다. 즉 거대한 보상을 얻을 수 있는 가능성은 미미했다. 여러분은 아마도 희박한 확률로 거대한 행운을 거두기 위해 수십억 달러를 투자하는 이런 제약 회사들은 위험에 대한 고유한 접근 방식을 갖고 있을 거라 생각할 것이다. 하지만 틀렸다. 그들은 오직 연구와 개발 차원에서만 접근한다.

여기에서 내가 참여한 프로젝트는 연구 개발이 아니라 마케팅과 가격 설정에 대한 것이었다. 한 직원이 특정 약품의 가격을 설정하는 다양한 방식을 조사하는 실험을 제안했다. 실험 목표 중 하나는 의사가 처방한 약을 성실하게 복용하는 것을 의미하는 의학 용어인 '컴플라이언스compliance'를 높이기 위한 것이었다. 특별히 고통을 완화하거나 뚜렷한 장점이 없는 약품은 많은 환자가 중간에 복용을 중단하곤 한다. 그러나 심장 발작 후 반드시 복용해야 하는 약과 같은 제품의 효용은 분명하다.[139] 여기에서 컴플라이언스에 대한 개선 작업은 진정한 윈윈win-win 가능성을 높인다. 환자들은 점차 건강해질 것이며 의료보험 지출은 낮아질 것이고, 더 많은 약품 판매로 이어져 제약 회사는 더 많은 수익을 올릴 것이다.

이처럼 뚜렷한 잠재적 장점에도, 우리는 소비자와 직접 의사소통하는 방안이 너무 위험할 것이라는 지적을 받았다. 잘못된 접근 방식이라는 것이다. 물론 우리 아이디어는 실패할 수도 있다. 하지만 그렇기 때문에 우리는 실험을 하는 것이다.[50] 게다가 그 실험에 소요되는 비용은 기업 규모와 비교할 때 지극히 미미하다.

물론 개별 관리자의 예산과 비교할 때 그 실험은 위험해 보인다.

---

50 당시에는 존재하지 않았던 기술을 활용하는 것이기는 하지만, 최근의 한 실험은 행동적 개입을 통해 이런 문제를 해결할 수 있음을 보여주었다. 환자들이 처방받은 약(이 사례에서는 혈압과 콜레스테롤 수치를 낮추기 위한 약)을 복용하도록 알려주는 문자를 발송했다. 이로써 깜빡했거나, 여러 이유로 약을 복용하지 못했던 환자의 비중을 20퍼센트에서 9퍼센트로 떨어뜨릴 수 있었다(Wald et al., 2014).

이 사례에서도 편협한 범주화가 모든 조직이 장기적인 성공을 거두기 위해 필요한 두 가지 조건, 즉 실험과 혁신을 가로막고 있었다. 위험 회피 성향을 드러내는 임원들, 그리고 위험한 23개 프로젝트에 도전하고 싶어 하지만 3개밖에 추진하지 못하게 된 CEO의 이야기는 주인-대리인 문제의 중요한 측면을 잘 보여준다. 경제학 관련 저서에서는 일반적으로 이런 실패 사례를 기업의 이익을 극대화하는 것이 아니라, 오직 개인의 이익을 위해 의사 결정을 내리는 대리인을 암묵적으로 '비난'하는 식으로 설명한다. 대리인들이 조직의 이익 대신 그들 '자신'의 이익을 추구했기 때문에 불합리한 의사 결정을 내린 것으로 판단한다. 이런 식의 설명이 완전히 틀린 것은 아니다. 하지만 더 많은 경우에서 주범은 대리인이 아니라 주인이다.

조직 관리자가 위험을 기꺼이 감수하도록 격려하기 위해서는 기업 가치를 극대화하는 판단으로 충분한 보상을 받을 수 있는 업무 환경을 조성하려는 노력이 무엇보다 필요하다. 비록 그것이 나중에 손실로 이어진다 하더라도 의사 결정 당시에 가용했던 정보를 바탕으로 판단을 내릴 수 있어야 한다. 이런 정책의 실행은 사후 판단 편향에 의해서는 이루어지기 힘들다. 의사 결정을 내리는 시점과 성과가 확정되는 시점에 간격이 있을 때, 주인은 애초의 생각이 훌륭한 아이디어였다는 사실을 좀처럼 기억해내지 못했다.

중요한 문제는 대리인들이 불합리한 선택을 할 때 실제로 잘못된 행동을 하는 사람은 대리인이 아니라 주인인 경우가 많다는 사실이다. 여기에서 주인의 잘못된 행동이란 대리인이 기꺼이 합리적인 위험을 감수하려고 하고, 위험 감수가 수익으로 이어지지 못해도 처벌받지 않으리라고 생각할 수 있는 업무 환경을 구축하는 데 실패했음을 가리킨다. 나는 이런 문제를 '멍청한 주인dumb principal' 사례라 부른다. 잠시 후 스포츠 의사 결정의 상황을 통해 구체적인 사례를 다루어보려 한다.

—

지금까지 언급한 이야기들은 대니가 말하는 편협한 범주화의 개념을 잘 설명해준다. 이 주제를 연구하기 위해 나는 금융 분야를 공부하러 최근 코넬대학교에 온, 박사과정을 밟고 있는 슐로모 베나르치Shlomo Benartzi와 함께하기로 했다. 베나르치는 내 게으름 병에 대한 확실한 해결책을 제시한 사람이기도 하다. 그는 에너지가 왕성하고 실패를 모르는 인물이다. 게다가 우리끼리 말하는 '나를 못살게 구는bugging me' 고난도 기술까지 터득하고 있었다. 나는 종종 다른 사람들처럼 베나르치에게 이렇게 말하곤 했다.

"지금 정신이 없어서 여기에 신경 쓸 여유가 없군."

"알겠습니다. 그럼 언제쯤 가능할까요?"

"음, 아마도 두 달쯤 뒤에. 그 전에는 어려울 것 같아."

그리고 정확히 두 달 후, 베나르치에게 전화가 걸려온다.

"이제 준비되신 거죠?"

물론 그는 두 달 뒤에는 여유가 생길 거라는 내 예측이 일종의 내적 관점에 따른 것임을 이해했겠지만 그럼에도 그는 전화를 걸었고, 결국 나는 어떻게든 그의 프로젝트에 참여했다. 끊임없이 샘솟는 그의 흥미로운 아이디어는 물론, 나를 못살게 구는 탁월한 기술 덕분에 나는 다른 누구보다 그와 함께 많은 논문을 완성했다.

베나르치와 나는 '주식 프리미엄 퍼즐equity premium puzzle'140)이라는 예외적 현상에 많은 관심을 갖고 있었다. 이 문제는 라즈 메라Raj Mehra와 에드워드 프레스콧Edward Prescott이 1985년 논문에서 처음 제시한 것이다. 그런데 프레스콧이 이런 예외적인 현상을 발표했다는 것은 정말로 놀라운 일이었다. 그는 지극히 보수적인 합리적 기대 이론을 열렬히 지지했으며 지금도 마찬가지다. 또 합리적 기대 이론에 따른 '실질 경기 주기real business cycles'에 대한 연구를 통해 이후 노벨상을 수상하는 영광을 차지하기도 했다.

하지만 내 경우와는 달리, 프레스콧은 자신이 발견한 예외적 현상을 중요한 연구 주제로 삼지는 않았다. 그는 아마도 이를 자신의 세계관에 약간의 혼란을 가져다준 것쯤으로 인식한 것 같다. 그래도 그와 메라는 자신들이 흥미로운 문제를 관찰하고 있다는 사실만큼은 잘 알았다.

그들이 말하는 '주식 프리미엄'이란 주식, 그리고 단기 국채와 같은 위험이 없는 자산 사이에 나타나는 수익률 차이를 의미한다. 역사적으로 주식 프리미엄의 수준은 연구 대상이 되는 기간에 따라 차이가 나지만, 메라와 프레스콧이 설정한 기간인 1889~1978년 주식 프리미엄은 연간 6퍼센트 정도였다. 주식의 수익률이 미국 재무부 단기 채권의 수익률보다 더 높은 것은 당연하다.

이에 대해 투자자의 위험 회피 성향을 반영하는 모든 모형은 이런 설명을 내놓고 있다. 주식은 더욱 위험하기 때문에 투자자는 그 위험을 기꺼이 감수할 만큼의 프리미엄을 요구한다. 하지만 많은 경제학 논문은 바로 이 지점에서 분석을 멈추었다. 그런 이론은 어떤 자산은 다른 자산보다 더 위험하기 때문에 더 높은 수익률을 보일 것이라고 예측하고, 그 저자들은 그들의 예측을 뒷받침하는 증거를 발견한다. 그리고 그 증거는 경제학 이론의 또 다른 쾌거로 인정받는다.

그러나 메라와 프레스콧의 분석이 특별한 이유는, 경제학 이론이 주식 프리미엄의 존재를 설명할 수 있는지 묻는 단계를 넘어, 그 프리미엄이 어느 정도인지까지 물었다는 사실 때문이다. 이는 저자들이 직접 특정 효과의 적용 범위에 대해서까지 밝힌, 내가 아는 한 경제학 분야에서는 보기 드문 연구 사례 중 하나다.[51] 방대한 데이터에 대한 분석을 바탕으로, 메라와 프레스콧이 그들 자신의 모형으로 예측한 주식 프리미엄의 최대 가치는 0.35퍼센트였다. 이는 역사적인 수익률인 6퍼센트 근처에도 가지 못한 수준이다.[52] 이를 기준으로 설명하자면 투자자는 믿기 힘들 정도로 위험 회피적이었던 것이다.

두 사람의 예측은 논란을 불러일으켰고, 이 논문이 출판되기까지 6년이 걸렸다.[141] 논문이 발표되었을 때는 엄청난 관심이 집중되었는데, 많은 경제학자들이 서둘러 다양한 이론과 설명을 내놓았다. 하지만 내가 베나르치와 함께 그 문제를 들여다보았을 당시만

---

51 표준 이론은 기술적 근거를 바탕으로 주식 프리미엄과 무위험 수익률의 관계에 대해 예측하기 때문에 가능한 것이다. 전통적인 경제학의 세상에서 위험이 없는 자산의 실질(인플레이션을 고려한) 수익률이 낮을 때, 주식 프리미엄은 그리 높지 않은 것으로 드러나고 있다. 그리고 그들이 연구 대상으로 삼은 기간에 미국 재무부 단기 채권의 실질 수익률은 1퍼센트 미만이었다.

52 이는 큰 차이로 보이지 않을 수 있지만, 사실 엄청난 차이다. 매년 1퍼센트로 성장할 때 하나의 포트폴리오가 2배가 되는 데 70년이 걸리고, 1.35퍼센트로 성장할 때 52년이 걸린다. 반면 7퍼센트로 성장한다면 10년밖에 걸리지 않는다.

하더라도, 적어도 메라와 프레스콧에게는 완전히 만족스러운 설명이 나오지 않았다.[142]

우리는 주식 프리미엄 퍼즐에 도전해보기로 마음먹었다. 우리가 활용한 접근 방식을 이해하기 위해 이제는 고전이 된 폴 새뮤얼슨의 논문 속 한 사례를 떠올려보는 게 도움이 될 것이다. 그는 MIT 교수들과 점심을 함께 먹고 있었다. 새뮤얼슨은 겁쟁이의 척도가 1 대 1 확률의 내기를 거부하는 것이라는 글을 읽은 적이 있다는 이야기를 하다가, 그 자리에 있던 동료 경제학자 E. 캐리 브라운E. Carey Brown을 보며 이렇게 말했다.

"자네처럼 말이야, 캐리."

자신의 주장을 입증하기 위해 새뮤얼슨은 브라운에게 내기를 제안했다. 동전을 던져 앞쪽이 나오면 200달러를 따고, 뒷면이 나오면 100달러를 잃는다. 새뮤얼슨의 예상대로 브라운은 거절하며 이렇게 말했다.

"200달러 이익보다 100달러 손실이 더 크게 느껴지기 때문에 난 내기를 하지 않을 거야."

즉 브라운은 자신이 손실 회피적인 사람이라고 선언한 것이다. 하지만 그러고 나서 브라운이 덧붙인 이야기는 새뮤얼슨을 깜짝 놀라게 했다. 그는 한 번의 내기는 싫지만, 100번의 내기는 좋다고 말했던 것이다. 새뮤얼슨은 그 말에 잠시 생각하더니, 브라운의 취향은 일관적이지 않으며 그렇기 때문에 경제학 관점에서 비합리적이라고 했다. 구체적으로 말해 그는 한 가지 단서를 바탕으로 한 사람이 한 번의 내기를 거절한다면, 그 사람은 여러 번의 내기도 마땅히 거절해야 한다는 사실을 증명했다. 그 단서는 한 번의 내기 제안을 받아들이려 하지 않는 그의 성향이 그의 자산 전체와 비교할 때 비교적 작은 변화, 구체적으로 모든 내기에 이겼을 때 얻을 수 있는 상금에 민감하지 않다는 것이다.

그는 1만 달러를 잃을 수도 있고(100번의 내기에서 모두 진다면), 2만 달러를 딸 수도 있다(모두 이긴다면). 하지만 브라운이 퇴직연금에 가입했다면, 그 정도의 수익이나 손실이 발생하는 경우는 비일비재하다. 그랬기 때문에 새뮤얼슨의 질문에 대한 그의 대답이 갑자기 5,000달러가 생기거나 사라진다고 해서 달라지지는 않았을 것이라고 안전하게 가정할 수 있는 것이다.[53]

새뮤얼슨의 논리는 이러하다. 브라운이 100번의 내기 제안을 받아들이지만, 새뮤얼슨은 99번을 마치고 나서 마지막 100번째를 할 것인지에 대해 브라운에게 선택권을 준다. 브라운은 어떻게 할까? 우리는 앞서 그가 한 번의 내기는 받아들이지 않으리라는 사실을 확인했다. 그리고 그 단서를 적용할 만한 재산의 범위 안이기 때문에 그는 그만두고 싶어 할 것이다.

다음으로 98번 한 뒤 똑같은 선택권을 준다고 해보자. 우리는 이제 브라운에게 마지막 두 번의 내기를 선택할 수 있다고 말한다. 브라운은 어떻게 할 것인가? 정식 교육을 받은 경제학자로서 브라운은 마지막에서 출발해서 뒤로 돌아오는 역추론 방법을 사용할 것이다. 그런 경우 브라운은 자신이 100번째 내기를 거절할 것이라는

---

53 재산에 대한 전통적인 기대 효용 이론을 활용한다는 사실은 새뮤얼슨의 주장에서 대단히 중요하다. 하우스 머니 효과house money effect처럼 심리 계좌와 관련된 잘못된 행동은 이런 상황에서 용납되지 않는다. 부는 얼마든지 대체 가능한 도구이기 때문이다.

사실을 알고 있고, 99번째 내기 또한 본질적으로 그것과 마찬가지라는 사실도 이해한다. 다시 한번 그는 한 번의 내기를 좋아하지 않기 때문에 99번째 내기도 거절할 것이다. 그리고 이런 논리를 계속 적용한다면, 브라운이 첫 번째 내기도 거절할 것이라는 결론에 도달한다. 결국 새뮤얼슨의 주장은 이런 것이다.

"한 번의 내기를 거절한다면, 여러 번의 내기도 거절해야 한다."

이 결과는 대단히 충격적이다. 100달러를 잃을 확률이 50퍼센트나 되는 내기를 거절하는 것은 불합리한 선택으로 보이지 않는다. 특히 100달러의 가치가 지금의 750달러 이상인 1960년대 초반에는 더욱 그렇다. 비록 2배의 돈을 딸 수 있다 하더라도, 동전 던지기한 번으로 그렇게 많은 돈을 잃을 위험을 감수하려는 사람은 많지 않을 것이다.

100번의 내기 조합이 아주 매력적으로 보이기는 하지만, 새뮤얼슨의 논리는 논쟁의 여지없이 확실하다. 그는 자신의 또 다른 짧은 논문에서 이 개념을 다시 설명하면서, 이번에는 모두 하나의 음절로 이루어진 단어[143]를 나열했다.[54]

"한 번의 행동이 이익이 되지 않는다면, 그 행동을 두 번, 세 번, 혹은 끝까지 한다 하더라도 마찬가지다."

대체 무슨 일이 벌어지고 있는 것인가? 새뮤얼슨은 자신의 동료가 실수를 저지르고 있다는 사실을 지적하는 데서 멈추지 않았다. 그는 「위험과 불확실성: 대수의 오류Risk and Uncertainty: A Fallacy of Large Numbers[144]」라는 논문 제목에서 이를 비꼬기까지 했다. 새뮤얼슨의 입장에서 볼 때, 브라운의 실수는 100번의 내기를 받아들이겠다는 것이었고, 그것은 대수의 법칙law of large numbers이라는 통계 원리를 잘못 이해했기 때문이다. 대수의 법칙은 어떤 내기를 여러 번 반복하면, 그 결과는 기댓값으로 수렴할 것이라고 말한다. 가령 동전을 1,000번 던질 때 앞면이 나올 횟수는 500번에 아주 가까워진다. 그래서 브라운은 새뮤얼슨이 제시한 내기를 100번 한다면 돈을 잃을 일은 없으리라고 예측한 것이다. 실제로 여기에서 브라운이 돈을 잃을 확률은 2,300분의 1에 해당한다.

그러나 새뮤얼슨 입장에서 브라운의 실수는 큰 금액을 잃을 확률을 무시했다는 것이다. 내기를 한 번 할 때 돈을 잃을 확률은 50 퍼센트지만 최대 손실 금액은 100달러다. 그러나 100번 내기할 때 돈을 잃을 확률은 대단히 낮지만, 뒷면이 연속으로 100번 나올 때는 1만 달러를 잃는다.

베나르치와 나는 이런 내기 시나리오에 대해 새뮤얼슨의 주장이 절반만 옳다고 생각했다. 동료가 실수를 저질렀다고 분석한 그의 생각은 옳았다. 새뮤얼슨의 시나리오에서 한 번의 내기를 거절하면서 여러 번의 내기를 받아들이려는 것은 모순적인 태도다. 하지만 브라운이 여러 번의 내기를 받아들인 것을 비판한 대목에서 새뮤얼슨이 저지른 실수는, 그가 한 번의 내기를 거절하리라고 판단했다는 것이다. 이 오류는 편협한 범주화에 따른 것이다. 100번째 내기를 거절할 것이라는 예측은 잘못된 생각이다. 정말로 잘못 짚

---

54   (원문은 이렇다. If it does not pay to do an act once, it will not pay to do it twice, thrice, … or at all.—옮긴이) 완벽하게 그런 것은 아니다. 그는 이렇게 논문을 끝맺고 있다. "더 이상의 설명은 필요 없다. 나는 내 주장을 제시했다. 마지막 말을 제외하고 단 하나의 음절로 문장을 완성했다." 사실대로 말하자면 그는 논문 중간에 'again'이라는 단어를 슬며시 집어넣었고, 그건 틀림없이 실수였을 것이다. 내가 이 주석을 쓸 수 있던 것은 '다시 한번again' 매의 눈으로 이를 포착한 마야 바힐렐 덕분이다.

은 것이다. 브라운은 그 내기 전체를 통해 평균적으로 5,000달러를 딸 것으로 기대했으며, 돈을 잃을 가능성은 아주 낮다고 생각했다. 게다가 아주 많은 돈을 잃을 확률은 더욱더 낮다. 구체적으로 말해 1,000달러 이상 잃을 확률은 62,000분의 1에 불과하다. 나는 매슈 라빈과 함께 이 주제와 관련해 '예외' 칼럼에 이렇게 썼다.

"유능한 변호사라면 이 내기를 거절하는 것이 법률적으로 대단히 어리석은 짓이라고 주장했을 것이다."

하지만 100번의 내기를 거절하는 것이 어리석은 짓이라면, 새뮤얼슨의 논리에 따라 우리는 거꾸로 말해야 할 것이다. 즉 단 한 번의 내기도 거절해서는 안 된다. 베나르치와 나는 이런 현상을 '근시안적 손실 회피myopicloss aversion'[145]라 불렀다. 100번의 내기를 매력적인 기회[146]로 받아들이기 위해서는 전체를 하나의 내기로 봐야 한다. 반대로 그 내기 모두를 개별적인 것으로 바라본다면, 우리는 이를 거절하는 오류를 범할 것이다.

그와 똑같은 논리를 주식과 채권 투자에도 적용할 수 있다. 주식 프리미엄 퍼즐은 연간 수익률에서 주식이 6퍼센트나 더 높을 것으로 기대하는데, 왜 그렇게 많은 사람이 채권을 보유하고 있는지 묻는다. 그 질문에 대한 우리 답변은 사람들이 자신의 투자를 지나치게 단기적인 관점으로 바라보기 때문이라는 것이다. 연간 수익률이 6퍼센트나 더 높다는 점을 감안할 때, 20~30년과 같은 장기적인 기간에 걸쳐 주식이 채권보다 불리할 가능성은 새뮤얼슨의 100번 내기에서 돈을 잃는 경우처럼 대단히 낮을 것이다(그보다는 조금 더 높기는 하겠지만).

이 가설을 검증하기 위해 나는 베나르치와 함께 서던캘리포니아대학교에 최근 들어온 교직원들을 대상으로 한 가지 실험을 했다.[147] 당시 그 대학은 자금 운용 방식을 가입자가 직접 결정하는 확정기여형 퇴직연금 제도defined contribution retirement plan를 실시하고 있었다. 미국에서 이런 제도는 현재 실행되는 세법 조항에서 따온 '401(k) 플랜'이라는 용어로 불리곤 한다. 우리는 피실험자에게 퇴직연금에 대해 두 가지 선택권을 주었다. 하나는 기대 수익이 높지만 위험도 높은 방안, 다른 하나는 기대 수익이 낮지만 안전한 방안이다.

그리고 사람들에게 과거 68년에 걸친 수익 성과를 보여주는 도표를 함께 제시했다. 여기에서 위험한 방안은 대기업의 수익률 지수에 기반을 둔 것이며, 안전한 방안은 미국 정부의 5년짜리 채권 포트폴리오 수익률에 기반을 둔 것이다. 하지만 우리는 주식과 채권에 대해 사람들이 가질 수 있는 편견의 위험을 피하기 위해 그 사실을 피실험자들에게 알리지는 않았다.

실험의 핵심은 수익의 표현 방식이다. 한 번은 피실험자들에게 연간 수익률 그래프를 보여주었고, 다음으로 30년을 기반으로 한 평균적인 연간 수익률 그래프를 보여주었다([그림 9]). 첫 번째 경우는 사람들이 1년에 한 번 자신의 수익률을 확인하는 상황에 해당하는 반면, 두 번째 경우는 30년 동안 전혀 신경 쓰지 않는 전략을 활용하는 상황에 해당한다. 하지만 두 가지 도표에서 활용한 데이터는 정확하게 동일하다는 사실에 주의하자. 이 말은 이콘의 세상에서는 도표에 드러나는 차이가 SIF에 불과하며, 그래서 사람들의 선택에 아무런 영향을 미치지 않을 것이라는 뜻이다.

그러나 이콘이 아닌 인간 피실험자들에게 이 도표는 큰 영향을

[그림 9] 수익의 표현 방식

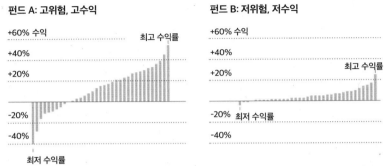

1년간 수익률 분포

펀드 A: 고위험, 고수익   펀드 B: 저위험, 저수익

30년간 수익률 분포

펀드 A: 고위험, 고수익   펀드 B: 저위험, 저수익

미친다. 연간 수익률 도표를 본 직원들은 그들의 가상 포트폴리오에서 40퍼센트를 주식에 할당한 반면, 장기적인 평균 수익률을 본 직원들은 90퍼센트를 주식에 할당했다. 이 결과를 비롯한 많은 실험 결과는 반복된 게임의 위험 감소 효과를 과대평가하는 사람들에 대한 새뮤얼슨의 가설을 반박한다. 사람들이 실제 데이터를 확인할 때, 그들은 좀 더 위험한 포트폴리오를 선호한다는 사실을 확인할 수 있다.

이런 결론이 의미하는 사실은 사람들은 자신의 포트폴리오를 더 자주 들여다볼수록 위험을 덜 무릅쓰려 한다는 것이다. 그것은 자주 들여다볼수록 그만큼 많은 손실을 확인하게 되기 때문이다. 이는 내가 나중에 아모스, 대니와 함께 연구한 현상이기도 하다. 그리고 그 논문은 두 사람과 내가 함께 내놓은 유일한 논문이 될 수도 있었다(게다가 지금은 시카고에 있는 일리노이대학교에서 의학적 의사 결정 분야 교수로 일하면서, 당시 대니의 제자이던 앨런 슈워츠Alan Schwartz도 함께 말이다). 결국 우리의 논문은 아모스에 대한 헌정으로 1997년《계간 경제학 저널Quarterly Journal of Economics》특별호에 실렸다.[148] 아모스가 빠진 상태에서 그 논문을 모두 마무리 지어야만 했다.

그 논문에서 우리는 버클리대학교 학생을 대상으로 대학 기부금 포트폴리오 관리자로서 자금을 투자하는 임무를 부여하는 실험을 소개했다. 물론 가상의 포트폴리오 관리자 역할일 뿐이지만, 실험에서 그들이 벌어들인 돈은 투자 방식에 따라 달랐다. 1시간이 채 안 되는 시간에 학생들의 투자 성과는 5달러에서 35달러로 다양했고, 이는 그들에게 충분히 실질적인 것이었다.

앞서 실험과 마찬가지로, 우리는 피실험자들에게 고수익과 고위험, 그리고 저수익과 저위험이라는 두 가지 투자 선택권을 주었다. 다만 이 실험에서 우리가 다르게 설정한 것은 피실험자들이 그들의 선택에 따른 성과를 확인하는 주기였다. 일부 피실험자에게는 가상의 1년 동안 여덟 번 성과를 확인하도록 한 반면, 다른 일부에게는 1년에 한 번, 혹은 5년에 한 번 확인하도록 했다. 근시안적 손실 회피에 따른 예측대로, 성과를 자주 확인했던 학생들은 더욱 신중한 태도를 보였다. 1년에 여덟 번 확인한 학생들은 전체 자산의 41퍼센트만 주식에 투자한 반면, 1년에 한 번 확인한 학생들은 70퍼센트를 주식에 할당했다.

우리는 최근 이스라엘에서 이루어진 규제 변화에 따라 가능해진 자연적인 실험에서도 이와 동일한 결과를 확인할 수 있다. 시카고대 경영대학원인 부스 비즈니스 스쿨에서 발행한 논문에서, 박사 과정을 밟는 마야 샤튼Maya Shaton은 2010년에 퇴직연금을 관리하는 이스라엘 정부 기관이 그들의 수익 보고 방식을 변경하면서 나타난 변화를 보여주었다.[149] 예전에 투자자들은 그들의 펀드에 대해 직전 월에 해당하는 수익률을 가장 먼저 확인할 수 있었다. 그러나 새로운 규제 방안이 시행되면서 투자자들은 작년 한 해의 수익률을 먼저 확인하게 되었다. 근시적 손실 회피에 따른 예측대로 새로운 규제 방안을 도입한 후 투자자들은 더 많은 자산을 주식에 투자했다. 뿐만 아니라 거래 횟수가 줄었고, 최근에 높은 수익률을 기록한 펀드로 이동하는 경향도 수그러들었다. 전체적으로 대단히 합리적인 규제였다.

이런 실험들은 포트폴리오의 수익률을 자주 확인하는 행동이 위험 회피 성향을 강화한다는 사실을 말해준다. '근시적 손실 회피'를 주제로 한 논문에서 베나르치와 나는 전망 이론과 심리 계좌를 기반으로 주식 프리미엄 퍼즐을 해결하고자 했다.[150] 우리는 주식과 채권에 대한 역사적인 데이터를 바탕으로 사람들이 주식과 채권의 차이에 무관심하게 만들고, 두 자산을 50대 50의 포트폴리오로 구성하고 싶게끔 만들고 싶었다. 또 투자자들이 얼마나 자주 자신들의 포트폴리오를 평가해야 하는지 물었다.

여기에서 우리가 얻은 대답은 대략 1년이었다. 물론 포트폴리오를 점검하는 주기는 투자자마다 다르겠지만, 1년에 한 번은 대단히 그럴듯한 대안으로 보인다. 개인은 1년에 한 번 세무 관련 신고를 한다. 마찬가지로 연금 관리 기관 및 자선단체 역시 일반적으로 이 사회에 연간 단위로 보고서를 제출한다. 이 연구 결과의 의미는, 투자자들이 자신들의 포트폴리오를 너무 자주 들여다보기 때문에 주식 프리미엄(혹은 요구되는 주식 수익률)이 지나치게 높게 형성되어 있다는 것이다. 투자 자문을 받을 때마다 나는 특히 젊은 층에게는 주식 쪽으로 크게 치우친 다각화된 포트폴리오를 구성하고, 뉴스에서 스포츠를 제외한 것은 절대 보지 말라고 당부한다. 십자말풀이는 괜찮지만 금융 관련 프로그램은 금물이다.[55]

—

러셀 세이지에 함께 머무르는 동안, 캐머러와 나는 종종 함께 택시를 타곤 했다. 그런데 날씨가 매우 춥거나 시내에서 큰 행사가 있을 때면 택시를 잡기가 어려웠다. 택시를 타고 가다가 우리는 때로 기사들에게 하루 근로시간을 어떻게 정하는지 물어보았다. 기사들 대부분 대형 택시 회사에 소속되어 있었다. 일반적으로 그들은 5에서 5로 한다고 했다. 즉 새벽 5시에서 오후 5시까지, 혹은 오후 5시에서 새벽 5시까지 12시간 단위로 택시를 빌린다.[56] 그리고 택시 회

---

55 물론 주식이 항상 오른다고 말하려는 것은 아니다. 아주 최근에 우리는 주가가 50퍼센트나 떨어질 수 있다는 사실을 확인했다. 그렇기 때문에 나는 나이가 들면서 포트폴리오에서 주식 비중을 줄여나가는 전략이 합리적이라고 권한다. 퇴직연금 대부분이 기본적인 투자 전략으로 삼는 타깃 데이트 펀드target date funds 역시 현재 이런 정책을 따른다.

사에 매일 사납금을 납부하고, 휘발유를 가득 채워 택시를 반납해야 한다. 택시를 운행하는 동안 기사들은 거리에 따른 요금과 팁을 수입으로 받는다.

우리는 기사들에게 이렇게 물었다.

"매일 몇 시까지 일할지 어떻게 결정합니까?"

하루에 12시간 동안 운전하기에 뉴욕시의 교통 환경은 너무도 가혹하다. 특히 계속 승객을 물색해야 하는 택시 기사들에게는 더욱 그러하다. 일부 기사들은 목표 수입 전략을 활용한다는 이야기를 들려주었다. 그들은 사납금과 기름값을 제외한 하루 목표 수입을 정하고, 그 금액에 도달했을 때 일과를 마무리한다고 했다.

택시 기사들의 근무시간에 대한 질문은 콜린과 조지 로웬스타인, 그리고 내가 함께 구상하던 연구 프로젝트와 관련이 있다. 우리는 이번 연구를 '노력effort' 프로젝트라고 불렀다. 우리는 사전에 그 아이디어에 대해 논의하고 몇몇 연구실 실험을 시도했지만, 만족할 만한 결과를 얻지 못했다. 그래서 우리는 택시 기사들이 실제로 의사 결정을 내리는 방식을 살펴보기로 했다.[151]

택시 기사는 모두 운행 일지를 작성한다. 거기에는 승객을 태운 시간, 목적지, 요금 정보가 담겨 있다. 또 언제 기사가 차고지로 복귀하는지도 적는다. 캐머러는 그런 운행 일지의 복사본을 한 택시

---

56 오후 5시 교대제는 많은 직장인의 퇴근 시간과 맞물리면서 상황을 더욱 어렵게 만들고 있다. 많은 택시 회사가 맨해튼 도심에서 멀리 떨어진 퀸스 지역에 위치하므로 기사들은 종종 4시부터 비번 신호를 켜두고 그들의 차고지로 향한다. 최근의 한 연구는 이로 인해 오후 4~5시에 운행하는 택시 수가 1시간 이전에 비해 20퍼센트나 줄어든다는 사실을 보여준다. 전체 논의는 다음을 참조(Grynbaum, 2011).

업체 관리자에게 어렵사리 넘겨받을 수 있었다. 그에 더해 나중에 뉴욕시의 다른 택시 리무진 사업자에게 두 차례에 걸쳐 데이터를 얻었고, 덕분에 완전한 데이터베이스를 만들 수 있었다. 그 데이터 분석은 대단히 복잡한 작업이라 우리는 노동경제학자이자 뛰어난 계량경제학 지식을 지닌, 러셀 세이지의 여름 캠프 졸업생 린다 뱁콕을 끌어들였다.

그 논문에서 우리가 던진 핵심적인 질문은 "벌이가 더 좋을 때 기사들은 과연 더 오래 일할 것인가?"였다. 첫 번째 단계로 우리는 벌이가 좋은 날과 그렇지 않은 날의 경우를 보여주면서 전반부 수입을 통해 후반부 수입을 어느 정도 예측할 수 있음을 보여주었다. 그것은 분명한 사실이었다. 승객이 많은 날에 택시 기사들은 시간당 더 많은 돈을 벌고, 더 오래 일할수록 더 많은 수입을 올릴 수 있을 것으로 기대한다. 다음으로 우리는 핵심적인 질문에 대한 대답을 분석했고, 경제학자들에게서 충격적인 결과를 얻었다. 뜻밖에도 벌이가 좋을수록 기사들은 더 적은 시간 일했던 것이다.[152]

기본적인 경제학은 우리에게 수요 곡선은 위에서 아래로 내려가고 공급 곡선은 아래에서 위로 올라간다고 말해준다. 이는 곧 수입이 증가할수록 공급되는 노동량이 증가한다는 뜻이다. 하지만 여기에서 그 반대 현상을 볼 수 있다. 이런 현상이 무엇을 말해주고 무엇을 말해주지 않는지 분명히 밝혀둘 필요가 있다. 다른 경제학자들과 마찬가지로 우리는 택시 기사들의 벌이가 2배로 증가하면 더 많은 사람이 생활비를 벌기 위해 일할 것이라 생각했다. 그리고 손님이 몰려들 것이라고 생각할 만한 충분한 이유가 있는 날에는 일을 쉬고 해변으로 놀러 가려는 기사들이 더 적을 것이라 믿었다.

행동경제학자들조차 사람들은 가격이 상승할 때 덜 사고, 임금이 상승할 때 더 많은 노동력을 제공한다고 믿는다. 하지만 특정한 하루에 얼마나 오래 운전할지 결정하는 과정에서 기사들은 그들의 하루 수입을 개별적인 수입으로 편협하게 생각하는 덫에 빠져들고 만다. 그리고 이로 인해 그들은 한산한 날보다 손님으로 북적이는 날에 더 적게 일하는 실수를 저지른다.[57]

물론 모든 기사가 이런 오류를 범하는 것은 아니다. 택시를 모는 일은 계속 반복되는 형태의 학습 경험이다. 매일 똑같은 일이 벌어지고, 기사들은 이런 편향을 극복하는 방법을 배우고 있다. 우리는 피실험자들이 택시를 몬 기간을 기준으로 표본을 두 그룹으로 구분했다. 그리고 모든 경우에서 경력 많은 운전자가 더 합리적으로 행동했다는 사실을 발견할 수 있었다. 대부분의 경우 노련한 기사들은 벌이가 좋은 날에 오히려 더 오랫동안 택시를 몰았다. 그리고 경험이 없는 기사들은 평균보다 훨씬 더 적게 일했으며, 목표 소득을 세우고 이를 충족시켰을 때 곧장 집으로 향했다.

이런 현상을 편협한 범주화로 연결 짓기 위해 택시 기사들이 하루가 아니라 한 달을 단위로 수입을 평가한다고 해보자. 그들이 매일 동일한 소득을 목표로 삼을 때, 우리의 표본 집단에 비해 5퍼센

---

57 앞서 살펴본 우버와 가격 급등에 대한 논의를 떠올려보자. 우버 운전자 중 일부가 이런 식으로 행동한다면 가격 급증이 공급 증가를 촉발하는 효과를 누그러뜨릴 것이다. 여기에서 우버의 데이터에 대한 접근 없이 대답할 수 없는 핵심적인 질문은, 많은 운전자가 쉬는 시간 동안 요금 추세를 확인하고 실제로 요금이 상승할 때 자신의 차로 뛰어드는가 하는 것이다. 많은 운전자가 이런 방식으로 반응한다면 요금이 10배까지 치솟은 직후 운전자들이 일을 중단하는 경향을 상쇄할 것이다. 물론 택시들이 그 지역에 도착할 때까지 가격 급등 흐름이 오래 지속될 것이라고 가정할 때, 수요가 더 많은 지역으로 택시를 이동시키는 데 도움이 될 것이다.

트 정도 더 많은 돈을 번다. 그리고 바쁜 날 오래 일하고 한산한 날 적게 일할 때, 그들은 동일한 근무시간을 기준으로 10퍼센트 더 많이 번다. 우리는 특히 경험이 별로 없는 기사의 경우 일일 목표 소득은 일종의 자기통제 장치 역할을 한다고 생각했다. "목표를 달성할 때까지 운전을 하거나, 12시간을 다 채워라"라는 말은 자신은 물론, 집에서 기다리는 배우자에게 떳떳할 수 있는 간단한 실천 원칙이다. 돈벌이가 시원치 않은 날이라서 그냥 일찍 퇴근했다고 상상해보자. 그러면 배우자가 경제학자가 아닌 이상 그날 부부의 대화는 대단히 길어질 것이다.

우리는 택시에 관련된 논문 역시 아모스에 대한 추모의 의미로 《계간 경제학 저널》특별호에 발표했다.

VI

금융 시장과
행동 편향 효과

주식 프리미엄 퍼즐에 대해 베나르치와 함께 진행한 연구와 관련해 아직 한 가지 이야기를 남겨두고 있었다. 그것은 금융 시장에서 드러나는 행동 현상에 대한 관찰이었다. 이 이야기는 당연히 면밀하게 다루어야 할 위험한 주제인 동시에 많은 보상을 얻을 절호의 기회이기도 하다. 금융 시장은 위험도가 높기는 하지만 전문가들이 일반인의 실수를 악용할 수많은 기회가 존재하는 곳이다. 이런 금융 시장에서 행동 편향이 주요소로 작용한다는 사실을 입증하는 것만큼 행동경제학의 가치를 분명하게 드러낼 방법은 없을 것이었다.

적어도 이론적으로, 금융 시장에서 이콘이 아닌 인간(아마추어), 혹은 이콘에 어울리지 않는 행동(그 주체가 전문가라 할지라도)이 존재할 가능성은 없다. 경제학자, 특히 금융경제학자 사이에 형성된 한 가지 합의는, 금융 시장에서는 잘못된 행동 사례를 좀처럼 발견하기 힘들 것이라는 생각이다. 행동적 예외 현상이 가장 드물게 나타나는 분야가 금융 시장이라는 바로 그 사실은 곧 거기서 승리할 수 있다면 세인의 주목을 끌 수 있다는 의미이기도 하다. 혹은 동료 경제학자 톰 러셀Tom Russell이 예전에 들려준 이야기처럼 금융 시장은 프랭크 시나트라의 유명한 노랫말과 매우 비슷하다.

"거기서 할 수 있다면 어디서든 할 수 있다."

하지만 스마트 머니smart money(고수익을 노리고 시장 변화에 따라 신속하게 움직이는 자금-옮긴이)는 뉴욕 어디에서든 우리 주장을 입증할 증거를 발견하지 못할 것이라고 확신했다. 정말 그렇다면 우리는 뉴욕 이타카에 고립되고 말았을 것이다.

21

주식 투자는
미인 선발 대회와 같다
― 효율적 시장 가설과 야성적 충동

금융 시장에 대한 행동경제학 연구를 사람들이 얼마나 의심스러운 시선으로 바라보는지는 말로 표현하기 어려울 정도다. 소비자의 어리석은 행동에 대한 논의는 별개의 문제다. 사람들은 금융 시장을 어떤 어리석은 행동이든 시장가격에 조금이라도 영향을 미칠 수 없는 세상으로 여겼다. 경제학자 대부분은 몇몇 사람이 자신의 돈으로 어리석은 실수를 저질렀다 하더라도 다른 현명한 사람들이 그들과 반대되는 거래로 가격을 '바로잡을' 것이라 생각했다(이는 논의를 시작하기 위한 훌륭한 가설이다).

시카고대학교에서 열린 콘퍼런스에 대해 논의한 17장에서 소개한 효율적 시장 가설은 경제학에서 진실로 받아들여졌다. 1980년대 초, 내가 금융 시장의 심리학을 처음 연구했을 무렵, 로체스터 비즈니스 스쿨에 있는 동료 마이클 젠슨은 이렇게 썼다.

"효율적 시장 가설만큼 이를 뒷받침하는 강력한 실증적 증거를 확보한 경제학 명제는 없을 것이라고 확신한다."[153]

효율적 시장 가설이라는 용어는 시카고대학교 경제학자 유진 파마가 만든 말이다. 사실 파마는 금융경제학자들 사이에서뿐만 아니라, 그의 가장 중요한 성취 중 하나인 스포츠 명예의 전당 회원 자격을 부여받은,[58] 매사추세츠주 보스턴 인근에 위치한 몰든 가톨릭 고등학교에서 살아 있는 전설로 존경받는다. 그는 터프츠대학교Tufts University에서 프랑스어를 전공한 뒤 시카고대학교 대학원에 진학했고, 대학원을 마칠 즈음에 거기서 교수 자리를 제안받을 정도로 유명한 학생이었다(이는 대단히 이례적인 사례다). 파마는 이후에도 계속 시카고대학교에 머물렀다. 몇 년 전 부스 비즈니스 스쿨은 파머의 50년 교수 인생을 축하하는 행사를 하기도 했다. 그리고 머턴 밀러가 세상을 뜨기까지 두 사람은 시카고 금융학파의 대표 학자였으며, 지금까지도 파마는 박사과정 학생이 학자로 출발하기 위해 가장 먼저 선택하는 과목을 맡고 있다.

효율적 시장 가설은 어느 정도 관련은 있지만 개념적으로 서로 다른 두 요소로 이루어졌다.[59] 첫 번째는 '가격의 합리성'에 대한 것이다. 그리고 다른 하나는 '시장을 이기는 것이 가능한지'에 대한

---

58 그에게 명예의 전당 칭호와 노벨상 수상 중 무엇이 더 영광스러운지 묻자 파마는 지명된 사람들의 수가 더 적다는 이유로 명예의 전당을 꼽았다.

59 내게는 금융 분야의 스승이 여럿 있는데, 그중 한 사람이 니컬러스 바버리스Nicholas Barberis 다. 그는 시카고대 시절 내 동료였고 지금은 예일대학교에서 학생들을 가르치고 있다. 여기에서 내 논의는 행동 금융에 대한 우리 두 사람의 연구를 기반으로 한다(Barberis and Thaler, 2003).

것이다(이 두 가지 개념이 어떻게 연결되어 있는지는 나중에 살펴볼 것이다).

나는 그 첫 번째 요소를 '가격은 정당하다The price is right'라는 명제로 부른다. 로체스터대학교 동료 클리프 스미스Cliff Smith가 주식 시장을 설명하면서 이 표현을 사용했을 때 나는 처음으로 이 말을 접했다. 강의실에서 강한 남부 억양으로 "The price is riiiight!"라고 외치는 클리프의 목소리를 들었다. 이 명제의 핵심은, 모든 자산은 진정한 '내재 가치intrinsic value'에 따라 거래된다는 것이다. 어떤 기업에 대한 합리적 가치 평가가 1억 달러라면, 그 회사 지분은 바로 그 가격에 팔릴 것이며 이는 곧 그 기업의 시가총액이 1억 달러라는 뜻이다. 이 명제는 개별 주식과 시장 전체에 해당되는 것으로 받아들여진다.

금융경제학자들은 오랫동안 가격이 정당하다는 효율적 시장 가설의 명제를 직접적으로 검증할 수는 없다(가설이라 불리는 한 가지 이유)는 생각에 기반을 둔, 주식에 대한 잘못된 인식을 고수했다. 그들이 말하는 내재 가치는 관찰 불가능한 대상이다. GE나 애플의 합리적이고 정당한 주식 가치, 혹은 다우존스 산업 평균 지수가 실제로 무엇을 의미하는지 누가 정확하게 말할 수 있겠는가? 그렇기 때문에 검증이 불가능하다고 설명하는 것보다 이론적으로 사람들의 신뢰를 더 많이 얻을 방법이 없는 것이다. 비록 파마는 효율적 시장 가설에서 이 요소를 특히 강조하지는 않았지만, 그래도 다양한 측면에서 이 가설은 중요한 위치를 차지한다. 가격이 '정당하다면' 거품은 절대 존재할 수 없다. 효율적 시장 가설에서 이 명제를 반박할 수 있다면 그건 엄청난 사건이 될 것이다.[60]

사실 효율적 시장 가설에 관련한 초기 연구는 대부분 두 번째 요소, 즉 내가 '공짜 점심은 없다$^{No free lunch}$'라고 부르는 원리에 더욱 집중했다. 이 개념의 핵심은 시장을 이길 수는 없다는 것이다. 구체적으로 말하자면 공식적으로 가용한 모든 정보가 현재 주식가격에 그대로 반영되어 있기 때문에 미래의 가격을 합리적으로 예측해 수익을 올릴 수 없다는 말이다.

이 가설을 지지하는 주장은 사람들의 직관에 호소한다. 어떤 주식이 한 주에 30달러라고 해보자. 나는 그 가격이 조만간 35달러로 오를 것이라는 사실을 안다. 그렇다면 35달러 이하에 그 주식을 사서 35달러가 되었을 때 팔기만 한다면 큰 부자가 될 수 있을 것이다. 하지만 내 예측이 의존하는 정보가 이미 공개된 것이라면 나 말고도 많은 사람들이 똑같은 예측을 할 것이다. 그렇다면 그 정보가 공개되자마자 모든 사람이 그 주식을 사들여 순식간에 35달러에 도달할 것이고, 수익을 올릴 기회는 금방 사라지고 말 것이다.

이런 논리는 대단히 설득력이 있으며 이에 대한 초기 검증은 그 주장을 확인해주는 것으로 드러났다. 어떤 면에서 마이클 젠슨의 박사 학위 논문은 가장 설득력 높은 분석을 제시했다.[154] 그는 이 논문을 통해 전문적인 자금 관리자 역시 시장 평균을 넘어서는 성과를 달성할 수 없다는 사실을 보여주었고, 이 논의는 지금까지도 인정받는다. 전문가들이 시장을 이기지 못한다면, 누가 그럴 수 있

---

60 실험경제학자들은 연구실 환경에서 거품 현상을 예측 가능한 방식으로 만들어낼 수 있음을 증명하기 위해 다양한 실험을 추진하고 있다(Smith, Suchanek, and Williams, 1988; Camerer, 1989; Barner, Feri, and Plott, 2005). 그러나 부분적으로 전문가들이 개입해 잘못된 가격을 수정할 기회를 제공하지 않았다는 점에서 금융경제학자들은 그런 연구 방식을 크게 신뢰하지 않는다.

단 말인가?

경제학의 다양한 분야가 훨씬 더 일찍 받아들인 최적화와 평형 이론에 기반을 둔다는 점에서 효율적 시장 가설이 1970년대에 이르러서야 공식적으로 등장했다는 것은 다소 놀라운 일이다. 이에 대해 한 가지 설명을 하자면, 금융경제학 분야가 다른 경제학 분야에 비해 발전 속도가 더뎠다는 것이다. 오늘날 금융은 대단히 각광받는 경제학의 한 분야이며, 2013년[61] 사례를 포함해 많은 노벨상이 금융 분야를 중점적으로 다룬 경제학자에게 주어졌다.

하지만 예전에도 그랬던 것은 아니다. 케네스 애로, 폴 새뮤얼슨, 제임스 토빈James Tobin 등 위대한 경제학자들이 1950년대와 1960년대에 걸쳐 금융경제학에 중대한 기여를 하기는 했지만, 금융은 경제학에서 주류 분야로 쉽게 올라서지 못했다. 1970년대까지도 비즈니스 스쿨에서 금융은 일종의 학술적 황무지였다. 그리고 금융 관련 과목은 어떤 주식이 좋은 투자 대상인지 가려내기 위한 방법을 배우는 회계 과목에 불과했다. 이론이라 내세울 만한 것은 거의 없었고, 객관적인 실증적 연구도 거의 이루어지지 않았다.

현대의 금융경제학은 해리 마코위츠Harry Markowitz, 머턴 밀러, 윌리엄 샤프William Sharpe 같은 학자들에게서 비롯되었지만, 경제학의 한 영역으로서 이 분야는 주요한 두 가지 혁신과 함께 본격적으로 시작되었다. 그 두 가지 혁신이란 컴퓨터 기술의 보급과 엄청난 데

---

61 2013년 노벨경제학상은 이 장과 17장에 등장하는 유진 파마와 밥 실러에게, 그리고 파마와 실러 사이 어디이거나 그 측면에 학문적 자리를 잡고 있는 나의 시카고대 동료 경제학자 라스 한센Lars Hansen에게 주어졌다.

이터의 등장이다. 그중 데이터 혁명은 1926년 시카고대학교까지 거슬러 올라간다. 당시 그들은 주식가격에 대한 데이터베이스를 구축하기 위해 비즈니스 스쿨에 30만 달러를 지원했다. 이를 시작으로 시카고대학교는 'CRSP'라 알려진 주식가격 연구 센터Center for Research in Security Prices를 설립하기에 이르렀다.

CRSP는 1964년에 첫 번째 데이터베이스를 내놓았으며, 그 직후 시카고대학교의 주도적인 학자들을 중심으로 금융 분야에 대한 연구가 시작되었다. 이들 중 유명한 인물로 밀러와 파마, 마이클 젠슨, 리처드 롤(UCLA의 뛰어난 학자이자 시카고대학교에서도 오랫동안 교수로 재직했다), 블랙-숄즈 옵션 가격 모형Black-Scholes option pricing model을 공동으로 개발한 마이런 숄즈Myron Scholes를 비롯한 탁월한 대학원생 그룹이 있었다.

이들의 연구는 신속하게 이루어졌다. 1970년경에는 효율적 시장 가설을 뒷받침할 수 있는 이론과 증거가 대거 쏟아져 나왔고, 이를 바탕으로 파마는 효율적 시장 가설의 교과서로 오랫동안 자리를 지킨 포괄적 문헌 조사를 내놓을 수 있었다. 파마가 금융경제학의 기반을 다지고 8년이 흘러, 젠슨은 효율적 시장 가설이 증명 가능하다고 선언했다. 아이러니하게도 그의 발표는 효율적 시장 가설의 일탈로 알려진 현상을 집중적으로 다루던 《금융경제학 저널Journal of Financial Economics》 특별호에 서문으로 실렸다.

젠슨을 포함한 많은 학자가 갖고 있던 효율적 시장 가설에 대한 믿음은, 아마도 실증적 데이터만큼이나 그 이론을 뒷받침하던 설득력 강한 논리에 기반을 두었을 것이다. 금융 시장에서 보이지 않는 속임수에 대한 주장은 대단히 설득력 있게 들렸고, 이에 대해 아무도 강하게 저항하지 않았다. 게다가 1970년대에는 거시경제학에서 도 이와 비슷한 혁명이 일어났다. 당시 합리적 기대에 기반을 둔 모형들이 성장하면서 학계에서는 케인스 경제학의 인기가 점차 시들고 있었다. 어쩌면 이런 이유로 케인스의 저작들이 대학원생 필독서에서 서서히 밀려났을 것이다. 케인스가 살아 있었더라면 그 대결이 좀 더 공명정대하게 이루어졌을 것이라는 점에서 그런 흐름은 안타까운 일이었다. 케인스야말로 행동 금융 분야의 진정한 선구자였다.

—

오늘날 케인스는 주로 거시경제학에 기여한 학자로 알려져 있다. 특히 경기 침체기에 수요를 촉진하기 위해 재정 정책을 실행해야 한다는 논쟁적인 주장으로 사람들에게 깊은 인상을 주었다. 케인스의 거시경제학에 대한 개인적인 입장을 떠나, 금융 시장에 대한 그의 생각[55]을 외면하는 것은 어리석은 짓이다.

내가 생각하기에 그의 가장 유명한 저서인 『고용, 이자, 화폐의 일반 이론The General Theory of Employment, Interest and Money』을 잠시 살펴보자. 가장 통찰력 넘치는 장에서 케인스는 금융 시장에 집중한다. 케인스의 이야기는 부분적으로 투자자로서 적지 않은 개인적 경험에 기반을 두고 있다. 실제로 그는 오랫동안 케임브리지대학교에서 자산 포트폴리오를 성공적으로 관리한 바 있으며, 당시 기부금을 주식에 투자하는 아이디어를 처음 내놓았다. 앞서 언급했듯 그 세대의 많은 경제학자는 인간의 행동에 대한 풍부한 통찰력을 갖고 있었는데, 그중에서도 케인스는 특히 더 영감이 넘쳤다. 그는 감정 혹은 그의 표현대로 '야성적 충동animal spirit'이 투자 결정을 포함한 개인의 모든 의사 결정에서 대단히 중요한 역할을 한다고 믿었다.

흥미롭게도 케인스는 오늘날의 표현을 빌리자면 경영자가 기업의 주식 대부분을 소유하고, 기업 가치를 정확하게 알던 20세기 초반 시장이 더욱 '효율적'이었다고 생각했다. 그리고 주식에 대한 소유가 광범위하게 분산되면서 "주식을 보유하고 있거나 매입을 고려하는 사람들이 투자를 위해 내리는 가치 평가 속에서 실질적인 정보가 차지하는 비중이… 크게 위축되었다"156)고 믿었다.

1930년대 중반 『고용, 이자, 화폐의 일반 이론』을 집필할 무렵, 케인스는 시장이 조금 과열 양상을 보인다고 결론 내렸다.

"틀림없이 일시적이고 별로 중요하지 않은, 기존 투자 수익에서 매일 나타나는 불안정성은 시장에 지극히 과도하고 부조리하기까지 할 정도로 강력한 영향을 미치는 경향이 있다."157)

이런 주장을 뒷받침하기 위해 케인스는 얼음 생산 기업의 주식가격이 매출이 증가하는 여름에 상승한다는 사실을 보여주었다. 효율적 시장에서 주식가격은 기업의 장기적 가치, 즉 여름에 덥고 겨울에 추운 기상 현상에 절대 영향을 받지 않는 독자적인 가치를 반영한다는 점에서 이는 놀라운 사실이다. 이처럼 주식가격에서 나타나는 예측 가능한 시기별 패턴은 효율적 시장 가설에서는 절대 허용되지 않는 개념인 것이다.62

케인스는 또 효율적 시장 가설 옹호자가 시장을 효율적으로 유지하기 위해 의존하는 '스마트 머니' 개념과 관련해 전문적인 자금 관리자가 중요한 역할을 수행한다는 주장에 회의적 입장을 보였다.

반대로 그는 전문가들이 비합리적인 풍요의 물결에 맞서 싸우는 것이 아니라, 오히려 거기에 편승하고 있다고 믿었다. 이를 뒷받침하는 근거는 역투자가 위험하다는 것이다.

"세속적 지혜는 혁신적인 방법으로 성공을 거두는 것보다 전통적인 방식으로 실패를 하는 것이 명성에 도움이 된다고 가르친다."[158]

대신 케인스는 전문적인 자금 관리자들이 복잡한 예측 게임을 벌이고 있다고 생각했다. 그는 최고의 주식을 고르는 일을 1930년대 남성이 지배한 런던 금융 시장에서 쉽게 찾아볼 수 있던 시합, 즉 수많은 사진 중 최고의 미인을 고르는 대회에 비유했다.

전문적인 투자는 마치 100장의 사진 중 가장 예쁜 얼굴 6장을 골라내야 하는 미인 선발 대회와 같다. 이 시합에서는 참가자 전체의 평균적인 선호에 가장 가까운 사진 조합을 선택한 사람이 우승한다. 그렇기 때문에 이 대회 참가자들은 자신이 생각하기에 가장 예쁜 얼굴이 아니라 동일한 관점으로 과제를 바라보는 다른 경쟁자들의 호감을 가장 많이 얻을 만한 사진을 골라내야 한다.

이 대회는 한 사람의 판단에 따라 가장 예쁜 사람을 골라내는 것도, 평균적인 관점에서 진정으로 예쁘다고 생각하는 얼굴을 찾아내는 것도 아니다. 여기에서 참가자들은 일반적인 관점이 생각하는 일반적인 관점이 무엇인지 예측하는 3단계 사고방식에 도달한다. 내가 생각하기에 4단계, 5단계, 혹은 그보다 더 높은 단계

62　가격에서 드러나는 이런 패턴이 허용되든 그렇지 않든 간에, 최근의 한 논문은 얼음 생산 회사의 주가에 관한 케인스의 주장을 뒷받침하는 단서를 제시한다. 일반적으로 시즌에 특화된 비즈니스를 운영하는 기업의 주가는 수익이 증가하는 시기에 함께 증가한다(Chang et al., 2014).

에서 생각하는 사람들도 분명히 있을 것이다.[159)]

케인스의 미인 선발 대회 비유는 비록 이해하기는 쉽지 않지만 행동 요인이 수행하는 핵심적인 역할은 물론, 금융 시장의 작동 원리에 대한 타당한 설명으로 인정받는다. 케인스가 한 비유의 핵심 메시지를 이해하고, 그 섬세한 의미를 포착하기 위해 직접 다음 퍼즐에 도전해보자.

0에서 100까지 숫자 중 이 시합에 참여한 다른 모든 사람이 선택한 수의 평균에서 3분의 2에 최대한 가까운 수를 선택하라.

보다 쉽게 문제를 이해하기 위해 참가자 3명이 각각 20, 30, 40을 선택했다고 가정해보자. 그러면 평균은 30이고, 이 숫자의 3분의 2는 20이다. 그래서 20을 선택한 사람이 우승을 차지한다. 여러분도 직접 참여해보라. 꼭 그러길 바란다. 실제로 해본다면 이후의 이야기가 더 흥미로워질 것이다.

숫자 선택에 앞서 궁금한 점이 있는가? 무엇이 궁금한가? 이에 대해 잠시 후 이야기를 나누어볼 것이다. 이제 이 게임에 대한 사람들의 접근 방식에 대해 생각해보자.

우선 내가 0단계 레벨의 싱커thinker라 부르는 경우를 보자. 그는 이렇게 생각한다.

"모르겠군. 이거 수학 문제 같은데…. 어쨌든 난 수학이 싫어. 특히 말로 설명하는 문제는 더 싫어. 그냥 무작위로 골라야겠군."

많은 사람이 0부터 100의 숫자 중 무작위로 고르는 경우 그 평균은 50이 될 것이다. 1단계 레벨의 싱커는 어떻게 생각할까? 그는 말한다.

"다른 참가자들은 생각하기 귀찮아할 것이고, 아마도 무작위로 숫자를 고를 테니 평균은 50이 되겠군. 그러면 50의 3분의 2인 33을 골라야겠어."

2단계 레벨의 싱커는 이렇게 생각할 것이다.

"대부분의 참가자는 다른 사람들이 멍청하다고 생각하면서 1단계에서 머무를 거야. 그래서 33을 선택할 테지. 그러니까 나는 22를 고르면 돼."

3단계는 이렇다.

"참가자 대부분 게임이 어떻게 돌아가는지 잘 알 테고, 대부분이 33을 고를 것이라고 생각하겠지. 그래서 그들은 22를 선택할 거야. 그러니까 나는 15를 선택해야 해."

물론 이렇게 꼬리에 꼬리를 물고 이어지는 생각의 사슬을 중단하기에 가장 좋은 지점이라는 건 존재하지 않는다. 자, 그렇다면 여러분은 처음 선택을 바꾸고 싶은가?

또 다른 질문이 있다. 이 시나리오에서 내시 균형Nash equilibrium은 무엇인가? 내시 균형은 영화와 책으로 잘 알려진 〈뷰티풀 마인드 Beautiful Mind〉160) 실제 주인공 존 내시John Nash의 이름을 딴 것이다. 이 것은 모든 사람이 선택을 내렸을 때 아무도 선택을 바꾸려 하지 않는 상태를 말한다. 이 퍼즐에서 유일한 내시 균형은 0이다.

이를 이해하기 위해 예를 들어보겠다. 모든 사람이 3을 선택했다고 해보자. 그러면 평균은 3이 될 것이고, 여러분은 3분의 2에 해당하는 2를 선택하고자 할 것이다. 하지만 모든 사람이 2를 선택했다면 여러분은 1.33을 선택하고자 할 것이며, 이야기는 이런 식으로 계속된다. 그리고 모든 참가자가 0을 선택했을 때, 그리고 오직 그 렇게 했을 때 어느 누구도 자신의 선택을 바꾸려 하지 않을 것이다.

아마도 여러분은 숫자를 선택하기 전에 이런 질문을 머릿속에 떠올렸을 것이다. 다른 참가자들은 누구인가? 그들은 수학과 게임 이론을 얼마나 잘 알고 있는가? 동네 술집에서, 그것도 늦은 밤이라 면 다른 사람들은 깊이 생각하지 않을 것이므로 여러분은 아마 33 정도를 고를 것이다. 반면 게임 이론가들이 모인 콘퍼런스에 참가 했다면 여러분의 선택은 0에 가까울 것이다.

이제 이 퍼즐이 케인스의 미인 선발 대회와 어떤 관련이 있는지 생각해보자. 공식적으로 두 상황은 동일하다. 숫자를 추측하는 게 임에서 여러분은 케인스의 대회와 마찬가지로 사람들의 생각을 예 측해 다른 사람들이 추측하는 숫자를 알아내야 한다. 그래서 경제 학자들은 실제로 '숫자 예측 게임'을 종종 '미인 선발 대회'라고 부 르곤 한다.[161]

이 흥미진진한 게임은 바르셀로나 폼페우파브라대학교[Pompeu Fabra University]에서 학생들을 가르치던 경제학자 로즈마리 나겔[Rosemarie Nagel] 이 처음으로 시도했다.[162] 1997년에 나는《파이낸셜 타임스[Financial Times]》의 도움으로 대규모 실험을 통해 나겔의 발견을 재현해볼 기 회를 가질 수 있었다.

먼저《파이낸셜 타임스》는 내게 행동 금융에 대한 짤막한 기사 를 요청했고, 나는 이 숫자 예측 게임을 통해 케인스의 미인 선발 대회를 설명하고자 했다. 내겐 한 가지 아이디어가 있었다. 내 기사 가 게재되기 몇 주 전에《파이낸셜 타임스》를 통해 이 게임으로 대회를 열면 어떨까, 하는 것이었다. 그렇게 할 수 있다면 나는《파이낸셜 타임스》독자들에게 얻은 신선한 데이터를 기사를 통해 제시할 수 있을 터였다.《파이낸셜 타임스》는 내 제안을 받아들였고, 영국항공British Airways은 우승 상품으로 런던에서 미국으로 가는 2장의 비즈니스 클래스 티켓을 제공했다. 여러분이 지금 알고 있는 것을 바탕으로 그 독자들과 게임을 한다면 어떤 숫자를 선택하겠는가?

이 대회에서 우승을 차지한 숫자는 13이었다. 사람들이 선택한 숫자들의 분포는 [그림 10]에서 확인할 수 있다. 여기에서 볼 수 있듯《파이낸셜 타임스》의 독자들은 이 게임에서 내시 균형이 0이라는 사실을 이해할 만큼 똑똑했지만,[163] 그 숫자로 우승을 차지할 수 있을까 의심할 정도로 정보가 부족했다.[63] 문제를 완전히 '이해하지' 못한 몇몇 멍청이 때문에 평균값이 0 이상이 되었을 가능성을 감안해 1을 선택한 사람들도 꽤 있었다.[64]

1단계와 2단계에서 생각한 사람들은 33과 22를 선택했다. 그런데 99와 100은 뭘까? 어디까지 생각한 것일까? 드러난 바에 따르면 이 숫자들은 모두 옥스퍼드대학교에 거주하던 한 학생의 소행이었다. 참가자들은 한 번만 선택하도록 되어 있었지만, 이 학생은 결

---

63 이는 내시 균형이 0이라 말하는 규범경제학 이론이 기술적 이론으로서는 제대로 기능하지 못한다는, 그리고 어떤 숫자를 골라야 할지에 대한 조언의 근거로서도 역시 형편없다는 사실을 보여주는 또 하나의 사례다. 오늘날 좀 더 발전된 기술적 모형을 제시하는 논문들이 쏟아지고 있다.

64 일부 참여자들이 1을 선택한 또 다른 이유는, 0과 100 사이에서 숫자를 골라야 하는 대회 규칙에 대한 다소 허술한 표현 때문이었다. 그들은 '사이between'라는 표현이 0과 100은 선택할 수 없다는 '속임수'라고 생각했다. 이는 결과에 거의 영향을 미치지는 못했지만, 이 게임에 대한 앞서의 설명처럼 그다음부터는 '사이' 대신 '~로부터from'라는 표현을 사용했다.

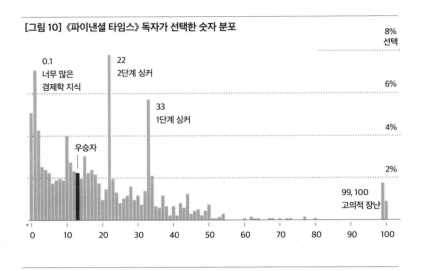

[그림 10] 《파이낸셜 타임스》 독자가 선택한 숫자 분포

과를 조작하기 위해 함께 사는 동료의 이름으로 여러 장의 엽서를 보냈던 것이다. 나와 내 조교들은 그런 응모도 유효한지 묻는 문의 전화를 받았다. 우리는 각각 다른 사람들의 이름으로 온 엽서들은 인정하기로 결정했고, 이로 인해 우승 숫자는 12에서 13으로 바뀌었다. 그나마 다행인 것은, 그 학생이 보낸 엽서 중 13은 없었다는 것이다. 우승자가 여러 명일 경우 단 한 명을 선정하기 위해 우리는 참여자들에게 해당 숫자를 선택한 이유에 대해 짤막하게 써줄 것을 요청했다. 이를 통해 기대하지 않았던 보너스를 얻을 수 있었다. 참여자들의 설명 중 기발한 게 많았던 것이다.[65]

0을 선택한 한 공상가는 이렇게 이유를 밝혔다.

"행동주의자들은 《파이낸셜 타임스》 독자라는 똑똑한 집단을 바라보고 있죠. 그들은 게임을 잘 이해하고 우승을 차지하고자 합니다. 그러니 그들은 그 숫자를 계속 낮출 겁니다."

다음으로 토리라는 사람은, 세상은 그렇게 합리적인 곳이 아니라며 1을 선택했다.

"정답은 0이지만… 노동당이 승리했죠."

7을 선택한 학생은 자신의 선택을 이렇게 설명했다.

"숫자와 시장에 관한 평균을 잘 아는 우리 아버지가 10을 선택했기 때문이에요."

다른 많은 젊은이처럼 이 학생 역시 아버지를 과소평가하고 있음에 주의하자. 자신의 아버지가 일반 참가자들보다 한 단계 '위에서' 생각하고 있다고 믿었더라면, 그는 우승을 차지했을 것이다. 마지막으로 또 다른 공상가는 10을 골랐다.

"67 이상을 선택하는 사람은 바보예요. 그러니 45 이상은 수학적으로 무지함을 뜻하는 거죠. 1에서 45까지 무작위 선택의 평균은 23, 그렇게 생각하면 15가 나오고 그래서 나는 10을 선택했어요."

복잡함의 다양한 차원을 드러내는《파이낸셜 타임스》참여자들의 사례가 보여주는 것처럼, 우리는 케인스의 미인 선발 대회가 전문적인 자금 관리자의 행동에 대한 적절한 설명임을 이해할 수 있다. 많은 투자자가 스스로를 '가치 관리자value manager'라 부른다. 이는 가격이 싼 주식을 사려는 사람이란 뜻이다. 또 다른 투자자들은

---

65   그 밖에 다른 대답은 그다지 현명하지 않았다. 적어도 33을 선택한 3명은 0에서 100까지 무작위로 선택할 때 평균이 정말로 50이 될 것인지 확인하기 위해 무작위로 숫자를 생성하는 엑셀 기능을 사용했다고 설명했다. 내가《파이낸셜 타임스》독자들의 수학 실력을 너무 높이 평가한 것이 아닐까 하는 생각이 들었다. 하지만 엑셀을 사용하지 않고서도 그들은 0부터 100 사이에서 무작위로 선택한 숫자의 평균이 50이라는 사실을 알 수 있었을 것이다. 그들의 대답을 통해 많은 사람이 엑셀을 사고의 대체 수단으로 활용한다는 내 오랜 의혹을 확인할 수 있었다.

스스로를 '성장 관리자growth manager'라 부른다. 이는 조만간 가격이 오를 주식을 사려는 사람이라는 뜻이다. 물론 비싼 주식이나 전망이 어두운 기업의 주식을 사려는 사람은 없을 것이다. 그렇다면 이들이 정말로 추구하는 것은 무엇일까?

그들은 가치가 오를 것으로 예상되는 주식을 사고자 한다. 다시 말해 그들이 생각하기에 '다른' 투자자들이 그 가치가 오를 것이라고 '이후에' 판단할 만한 주식을 사려고 하는 것이다. 그리고 그 다른 투자자들 역시 또 다른 투자자들의 '미래' 가치 평가를 바탕으로 게임에 참여한다. 시장의 나머지가 조만간 여러분의 예측을 따라온다면, 시장이 지금 제대로 평가하지 못하는 주식을 사는 데 아무런 문제가 없다. 하지만 케인스가 남긴 또 다른 명언을 떠올려보자.

"장기적으로 우리 모두는 죽었다."[164]

그리고 포트폴리오 전문가들이 일반적으로 생각하는 장기란 기껏해야 몇 년이다. 어쩌면 몇 개월일 수도 있다.

22

주식 시장에서
투자자들은
과잉 반응하는가
— 벤저민 그레이엄의 PER

　　내가 금융 시장에 대한 연구를 시작하게 된 것은 예전에 심리학과 경제학 분야의 공동 연구를 위해 끌어들인 첫 번째 대학원생 베르너 드봉^{Werner De Bondt} 덕분이었다. 코넬대학교에서 처음으로 학생들을 가르친 1978년 가을에 드봉을 알게 되었다. 벨기에에서 교환학생으로 미국에 온 드봉은 그 가을 학기에 내가 맡았던 경제학 및 공공 정책 강의에서 뛰어난 성적을 거두었다. 그뿐 아니라 그는 이듬해 봄 학기의 또 다른 강의에서도 다시 한번 탁월한 능력을 입증했다. 나는 그에게 계속 공부해 박사 학위까지 따라고 조언했고, 실제로 그는 벨기에로 돌아가 국방의 의무를 마친 후 그 과정을 밟았다.

　　그런데 우리에겐 한 가지 문제가 있었다. 그것은 드봉의 진정한 사랑이 내가 거의 알지 못하는 금융 분야를 향하고 있었다는 것이다. 금융 관련 과목은 한 번도 들은 적이 없었지만, 그나마 다행스럽게도 로체스터대 비즈니스 스쿨에서 교수로 재직하던 시절에 기본적인 논의를 접할 수 있었다. 당시 그 비즈니스 스쿨에서 많은 교수가 금융 분야에 포진해 있었고, 덕분에 금융 관련 논의를 전반적으로 어렵지 않게 접할 수 있었기 때문이다.

우리의 계획은 이랬다. 금융에 심리학을 접목함으로써 내가 드봉의 논문을 지도하고, 일반적인 금융경제학 방법을 활용함으로써 금융 분야 교수들에게 흥미로운 주제를 발견했다고 인정받으면 우리 연구 성과도 진지하게 받아들여질 것이었다. 내 동료 중 몇몇은 드봉에게 그런 목표를 제시하고 격려하는 것은 교수로서 잘못을 저지르는 것이라고 충고하기도 했지만, 정작 드봉은 별로 신경 쓰지 않는 눈치였다. 그는 오로지 진실을 발견하는 일에만 관심이 있는 진정한 학자였고, 지금도 마찬가지다. 그래서 나는 드봉과 함께 금융 공부를 시작했다. 하지만 실제로 가르치는 것은 대부분 내가 아닌 드봉이었다.

드봉은 자신의 논문을 위해 심리학 분야에서 가설을 끌어와 이를 활용해 주식 시장에서 예전에는 드러나지 않던 현상을 예측하고자 했다. 드봉은 좀 더 쉬운 길을 선택할 수도 있었다. 예를 들어 주식 수익률이 채권 수익률보다 더 높은 이유(주식 위험 프리미엄)를 설명하고자 한 베나르치와 나의 연구 사례처럼, 주식 시장에서 확연히 드러난 현상에 대한 타당한 행동적 설명을 제시할 수도 있었다. 그러나 기존 현상을 새롭게 해석하려는 시도에는 문제가 있었다. 자신이 제시하는 설명이 정확한 것인지 증명하기가 매우 까다롭다는 점이다.

예를 들어 주식 시장의 높은 거래 비중에 대해 생각해보자. 합리적인 세상이라면 주식은 그리 많이 거래되지 않을 것이다. 사실 거래가 거의 이루어지지 않아야 한다. 경제학자들은 이 문제를 일컬어 종종 '그루초 막스 공리Groucho Marx theorem'165)라고 부른다. 그루초는 자신을 회원으로 받아들이는 클럽에는 절대 가입하고 싶지 않다고 했다. 그리고 이 농담의 경제학 버전(여러분이 짐작하듯 별로 재미있지는 않은)은 이렇다.

'어떤 합리적 행위자도 다른 합리적 행위자가 내놓은 주식을 절대 사지 않을 것이다.'

톰과 제리라는 2명의 금융 전문가가 골프를 치고 있다고 해보자. 톰은 제리에게 애플 주식 100주를 매입할 생각이라고 말한다. 제리는 때마침 자신이 그 주식 100주를 팔 계획이라고 말한다. 두 사람이 직접 거래한다면 중개 수수료를 절약할 수 있다. 둘은 거래하기 전에 다시 한번 곰곰이 생각해본다. 톰은 제리가 똑똑하다는 사실을 알고 있기에 이렇게 의심한다. 왜 주식을 팔려고 하는 걸까? 제리 역시 톰에 대해 똑같은 의심을 품는다. 그리고 결국 둘은 거래를 취소하기로 한다. 이와 마찬가지로 모든 사람이 주식가격이 합리적으로 형성되어 있다고 생각한다면(그리고 항상 그렇게 유지되고 있다면) 시장을 이기려는 의도가 아닌 한, 거래를 해야 할 이유를 찾기 힘들 것이다.

실제로 이런 극단적인 형태의 '거래 불가능 공리no trade theorem'를 말 그대로 받아들이는 사람은 없겠지만, 금융경제학자 중 대부분은 적어도 궁지에 몰렸을 때 거래 규모가 지나치게 크다는 사실을 인정한다. 합리적 모형에서 가격에 대한 입장 차이는 얼마든지 나타날 수 있지만, 이콘의 세상에서 매월 5퍼센트가량의 주식이 거래된다는 사실을 설명하기란 쉽지 않은 일이다.[166] 물론 일부 투자자들이 자만심으로 넘친다고 가정한다면, 과도한 거래 규모는 자연스러운 현상일 수 있다. 제리 스스로 톰보다 더 똑똑하다고 확신하고, 톰 역시 자신이 제리보다 더 똑똑하다고 믿을 때, 둘의 거래에는 아무런 문제가 없다. 오히려 친구의 어리석은 판단을 이용해 이익을 취한다는 약간의 죄책감까지 느끼며, 둘은 기꺼이 거래에 응할 것이다.

자만심을 바탕으로 한 이런 주장이 주식 거래 규모가 지나치게 큰 것에 대한 설명이 될 수는 있겠지만, 이 주장의 타당성을 입증하는 것은 불가능하다. 드봉과 나는 이보다 더 설득력 높은 설명을 원했다. 우리는 심리학 분야의 발견을 통해 금융 시장에서 지금까지 알려지지 않은 현상, 혹은 가능하다면 금융경제학자들이 생각하기에 결코 일어날 수 없는 현상을 예측하고자 했다. 그리고 그것은 어려운 일이 아니었다.

우리는 카너먼과 트버스키의 발견을 활용하기로 했다. 그것은 사람들이 충분치 않은 데이터를 갖고서도 기꺼이 극단적인 예측을 하는 성향이다. 이런 성향을 잘 보여주었던, 이제는 고전이 된 두 사람의 실험 하나를 살펴보자. 그들은 피실험자들에게 개별 학생에 대한 단편적인 사실을 바탕으로 학생 집단의 평균 성적Grade Point Average, GPA을 예측해보도록 했다. 여기에는 두 가지[66] 조건이 있다. 첫 번째 조건에서 피실험자들에게 학생 각각의 GPA에 대해 상위 10퍼센트에 들어가는지(십분위에서 최고 성적, 90~100퍼센트에 해당), 그 다음 10퍼센트에 들어가는지(80~90퍼센트) 등의 방식으로 알려준다.

다음으로 두 번째 조건에서는 GPA에 대해 아무런 정보도 알려 주지 않고, 대신 '유머 감각' 테스트에 대한 십분위 점수[167]를 알려 준다. 당연하게도 학생들의 십분위 GPA는 그 집단의 평균 GPA를 비교적 정확하게 예측해준다. 아테나라는 학생이 십분위 GPA에서 최고 점수를 받았다면 3.9점이나 4.0점처럼 높은 성적을 기록했을 것이라 예측할 수 있다. 반면 유머 감각과 GPA의 상관관계는 없거나 혹은 대단히 미미한 수준일 것이다.

카너먼과 트버스키의 이 실험에서 피실험자들이 합리적으로 행동했다면, 십분위 GPA 정보를 얻은 피실험자들이 유머 감각에 대한 정보를 알고 있는 피실험자들에 비해 집단의 평균 GPA를 훨씬 더 극단적으로(아주 높거나 낮게) 예측했을 것이다. 그리고 유머 감각에 관한 정보를 들은 피실험자들은 일반적인 학교 평균 GPA와 비슷한 점수를 예측했을 것이다. 간단하게 말해 유머 감각에 대한 점수가 GPA 예측에 그리 많은 영향을 미쳐서는 안 될 것이다.

그러나 [그림 11]에서 확인할 수 있는 것처럼 상황은 그렇지 않았다. 유머 감각에 따른 예측 역시 십분위 GPA에 따른 예측만큼이나 극단적으로 나타났다. 실제로 유머 감각 테스트에서 최고의 십분위 점수를 얻은 학생들에 대한 평균 GPA 예측은 십분위 GPA에서 최고 점수를 받은 학생들에 대한 평균 GPA 예측과 비슷한 것으로 나타났다. 이런 실험 결과에 대한 한 가지 가능한 설명은, 피실

66　문제를 단순화하기 위해 일부러 제외한 한 가지 조건까지 추가한다면, 실제로 세 가지 조건이 있는 셈이다. 그 조건은 피실험자들에게 정신 집중에 관련된 학생들의 십분위 점수를 말해주는 것이다. 이 조건에 따른 결과는 두 조건의 결과 중간에 해당한다.

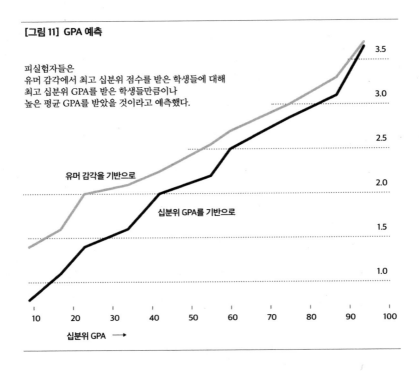

[그림 11] GPA 예측

피실험자들은
유머 감각에서 최고 십분위 점수를 받은 학생들에 대해
최고 십분위 GPA를 받은 학생들만큼이나
높은 평균 GPA를 받았을 것이라고 예측했다.

유머 감각을 기반으로

십분위 GPA를 기반으로

3.5
3.0
2.5
2.0
1.5
1.0

10   20   30   40   50   60   70   80   90   100

십분위 GPA →

험자들이 학생들의 유머 감각에 대한 정보에 '과잉 반응'을 했다는 것이다.

그렇다면 케인스가 주장했던 것처럼 투자자들도 이와 마찬가지로 '단기적이고 의미 없는' 일일 정보에 민감하게 반응하는 것일까? 그리고 만약 투자자들이 정말로 그렇게 과잉 반응을 한다면 우리는 이를 어떻게 보여줄 수 있을까?

과잉 반응에 대한 상황 증거는 이미 나와 있었다. 투자 분야의 바이블 『벤저민 그레이엄의 증권 분석Security Analysis』과 『현명한 투자자The Intelligent Investor』의 저자이자[168] 투자업계의 큰손인 벤저민 그레이엄Benjamin Graham이 최초로 제시한 '가치 투자value investing'라는 오

348

랜 전통이 바로 그것이다. 이 두 책은 지금까지도 출판되고 있다. 케인스와 마찬가지로 그레이엄도 전문 투자자이자 학자였다. 그는 컬럼비아대학교에서 학생들을 가르쳤으며, 그의 제자 중에는 전설적인 투자자 워런 버핏Warren Buffett도 있다. 실제로 버핏은 그레이엄을 자신의 지성적 영웅으로 여겼다.

그레이엄은 내재적, 장기적 가치 이하로 가격이 형성되어 있는 종목을 발견하는 것을 목표로 하는 가치 투자의 아버지로 인정받는다. 가치 투자의 핵심 기술은 그런 주식을 발견하는 것이다. 언제 주식이 '싸다'고 말할 수 있는가? 어떤 주식이 싼지, 비싼지 결정하기 위해 그레이엄이 제시했던 간단한 기준으로 주가 수익 비율Price Earnings Ratio, PER이 있다. 한 주를 기준으로 가격을 수익으로 나눈 것으로, PER이 높을 때 투자자들은 수익에 비해 높은 가격을 지불하는 것이다. 그리고 이 말은 현재의 높은 가격을 정당화하기 위해 그 기업의 수익이 앞으로 빠르게 증가할 것이라고 사람들이 예측한다는 뜻이다. 그러나 수익이 기대만큼 빠른 속도로 성장하지 못한다면 주식가격은 떨어진다. 반대로 PER이 낮을 때 시장은 그 기업의 수익이 계속 낮게 형성되어 있거나 더 떨어질 것으로 내다본다는 뜻이다. 그러나 수익이 반등하거나 안정적으로 유지될 때 주식의 가격은 상승한다.

그레이엄이 살아 있을 당시에 나온 『현명한 투자자』의 마지막 판본(그의 사후 다른 사람들이 편집을 맡았다)에는 그의 접근 방식의 정당성을 보여주는 간단한 도표가 실려 있다. 1937년을 시작으로 그레이엄은 다우존스 산업 평균 지수에 포함된 30개 기업(그중 일부는 미국의 대기업)의 주식을 보유하면서 이들을 PER 기준으로 순서를 매겼다. 다음으로 그는 두 가지 포트폴리오를 구성했다. 하나는 PER 이 높은 주식 10개, 다른 하나는 PER이 낮은 주식 10개로 구성되어 있었다. 그리고 이를 바탕으로 '싼' 포트폴리오가 '비싼' 포트폴리오 보다 더욱 인상적인 성과를 기록했다는 사실을 보여주었다.

1937년부터 1969년까지 1만 달러 투자를 기준으로 싼 포트폴리오의 가치는 6만 6,900달러로 상승한 반면, 비싼 포트폴리오는 2만 5,300달러에 머물렀다(30개 포트폴리오 전체의 가치는 4만 4,000달러로 증가했다).[169] 이런 결과가 의미하는 바는, 그레이엄이 자신이 발견한 현상에 대해 일종의 행동적 설명을 제시했다는 것이다. 싼 주식은 인기가 없고 사람들의 관심 밖에 있는 반면, 비싼 주식은 유행을 이루고 있었다. 그레이엄의 주장에 따르면 매번 그런 것은 아니지만, 우리는 역투자를 통해 시장을 이길 수 있다. 동시에 그레이엄은 다우존스 산업 평균에서 저평가된 주식을 구입하는 전략이 그 이전 시기인 1917~1933년에는 성공을 거두지 못했을 것이며, "무시와 편견에 따른 과소평가는 부조리할 정도로 오랜 기간 지속될 수 있으며, 과열 현상이나 인위적인 자극에 따른 거품 상황에 대해서도 똑같은 이야기를 할 수 있다"[170]라는 경고를 남겼다.

벤저민 그레이엄의 이러한 조언은 1990년대 후반에 걸쳐 나타난 기술 거품 시절에 특히 주목할 만했다. 인터넷 관련주를 중심으로 값비싼 주식 대부분이 지속적으로 오르고, 별 볼 일 없는 가치주식들이 계속 하락하면서 당시 가치 투자의 성적표는 초라한 수준에서 벗어나지 못했다. 투자 공동체에서 많은 사람이 그레이엄을 존경하지만, 1980년대 초 대부분의 금융경제학자는 그의 성과를 한물간 것으로 취급했다. '싼' 주식을 사들이는 단순한 전략은 분명

효율적 시장 가설과 모순되는 것이었고, 그레이엄이 사용한 방법 역시 첨단 기술과는 거리가 멀었다. 다양한 다우 포트폴리오를 바탕으로 한 수익률 데이터는 당연하게도 수작업으로 이루어진 것이었다.

오늘날 전문가들은 주식가격을 평가하기 위해 CRSP와 집단적 금융 회계 데이터인 COMPUSTAT 같은 디지털화된 데이터 파일을 활용하고 있다. 게다가 이런 두 가지 데이터 소스가 하나로 통합되면서 훨씬 더 포괄적인 연구가 가능해졌다. 상대적으로 짧은 기간 소규모 포트폴리오에 국한했던 그레이엄의 연구와 같은 시도는 이제 흘러간 옛이야기로 남았다.

가치 투자를 통해 성과를 거두었다는 그레이엄의 주장에 대한 반박은 당시로서는 놀라운 일이 아니었다. 1970년대 당시의 효율적 시장 가설은 그런 성과 자체를 아예 인정하지 않는 쪽에 가까웠다. 그러나 성과는 분명히 존재했다. 1970년대 후반, 회계학 교수인 샌조이 바수Sanjoy Basu는 가치 투자에 관한 객관적인 연구 결과를 발표함으로써 그레이엄의 전략을 전적으로 뒷받침했다. 하지만 그 시절에 이 같은 논문을 발표하기 위해서는 연구 결과에 대해 비굴한 사과의 말을 덧붙여야 했다. 바수 역시 그의 논문을 이렇게 마무리 지었다.

"결론적으로 말해서 효율적 시장 가설로는 아마도 지난 14년간의 주식가격의 움직임을 완벽하게 설명할 수 없을 것으로 보인다."[71]

그리고 그는 갑자기 멈추어 서서 이렇게 말했다.

"죄송합니다."

유진 파마의 제자인 시카고대학교의 롤프 반즈^{Rolf Banz}는 또 하나의 예외적인 현상으로, 소기업으로 구성된 포트폴리오의 성과가 대기업의 포트폴리오를 능가했다는 사실을 발견했다. 그리고 그 역시 1981년 논문을 마무리 지으며 이렇게 용서를 구했다.

"그 수명을 감안할 때 이는 시장의 비효율성 때문이라기보다 가격 모형의 오류에 대한 증거로 보아야 할 것이다."[172]

다시 말해 시장 효율성은 절대적인 진리이므로 가격 모형이 중요한 뭔가를 빠뜨렸다는 것이다.

데이비드 드레먼^{David Dreman}이라는 투자가는 그레이엄의 연구와 관련해 더욱 과감한 주장을 내놓았다. 스스로 투자 기업을 설립한 드레먼은 우연히 카너먼과 트버스키의 연구를 접했다. 그는 바로 직전의 흐름을 미래로 투영하려는 사람들의 성향을 바탕으로, 가치 효과에 대해 명시적인 심리학적 설명을 처음으로 시도한 인물이다. 드레먼은 1982년 일반 독자를 대상으로 『데이비드 드레먼의 역발상 투자^{The New Contrarian Investment Strategy}』[173]라는 책을 써 자신의 의견을 피력했다. 바수나 반즈의 경우와 달리, 드레먼은 자신의 주장에 대해 어떠한 변명도 하지 않았다. 일반인을 대상으로 한 책이라 금융학계에 영향을 미치지 않을 것으로 예상했기 때문이었다. 드봉과 나는 그 책을 읽고 흥미를 갖게 되었다.

드레먼의 생각을 따라가는 동안 우리는 그럴듯한 가설을 만났다. 'PER 효과'가 시장의 과잉 반응에 따른 것이라고 해보자. 즉 PER이 높은(높은 주가를 정당화할 만큼 빠르게 성장할 것으로 기대되는) 주식의 가격은 미래 성장률에 대한 낙관적인 전망 때문에 '지나치게 상승했고', PER이 낮은 주식, 혹은 가치주의 가격은 과도하게 비관적인 전망 때문에 '지나치게 하락했다'고 가정해보자. 이것이 진실이라면 결과적으로 가치주의 높은 수익률과 성장주의 낮은 수익률은 단순히 평균을 향한 회귀를 의미한다.

우리는 평균을 향한 회귀에 관련된 사례를 일상 곳곳에서 발견할 수 있다. 어떤 농구 선수가 한 경기에서 개인 최고 기록인 50득점을 올렸다면 아마도 다음 경기에서는 그보다 더 적은 득점을 기록할 것이다. 마찬가지로 2년 만에 최악의 기록인 3득점에 멈췄다면 다음 경기에서는 틀림없이 그보다 더 나은 성적을 거둘 것이다. 그리고 2미터가 넘는 농구 선수들의 자녀는 일반적으로 키가 크지만 그래도 그들만큼은 크지 않다. 그 밖에도 이런 사례는 많다.

드봉과 나는 동일한 과정이 주식 시장에서도 진행 중일 것이라 생각했다. 오랫동안 지속적으로 좋은 실적을 보인 기업은 '훌륭한 기업'이라는 오라와 더불어 앞으로 계속 높은 성장을 일구어나갈 것이다. 그리고 다른 한편으로 수년간 실패를 거듭한 기업은 아무것도 제대로 해내지 못하는 '무능한 기업'이라는 불명예를 짊어질 것이다. 이를 비즈니스 세상의 전형적인 예측이라고 생각해보자. 그런데 유머 감각 실험에서처럼 이런 전형적인 예측이 사람들의 극단적인 예측 성향과 맞물릴 때, 평균 회귀 현상이 나타날 가능성이 무르익는다. 즉 '무능한 기업'도 겉으로 보이는 것만큼 무능하지는 않으며 장기적으로 보면 좋은 성과를 낼 가능성이 있다.

주식 시장에서 평균 회귀 현상에 대한 예측은 단 한 가지 사실만 제외하고는 그다지 급진적인 가설이라 말할 수 없다. 여기에서 그 단 한 가지 사실이란, 효율적 시장 가설이 그런 현상은 절대 일어날 수 없다고 외친다는 것이다. 이 가설에서 '가격은 정당하다'는 요소는 주식가격이 내재 가치와 다를 수 없고, 그렇기 때문에 원칙적으로 싼 주식은 존재할 수 없다고 말한다. 다음으로 '공짜 점심은 없다'는 요소는 모든 정보가 현재 가격에 이미 반영이 되어 있기 때문에 시장을 절대 이길 수 없다고 말한다. 주식의 수익률이나 PER에는 과거가 분명하게 드러나기 때문에 미래의 가격 변화를 예측할 수 없다. 그것들은 단지 SIF에 불과하다. 평균 회귀 현상에 대한 증거를 발견하려는 시도는 효율적 시장 가설에 대한 명백한 침해를 의미한다. 이런 차원에서 우리는 그 증거를 정말로 발견할 수 있을지 직접 알아보기로 했다.

우리가 생각한 연구는 간단했다. 뉴욕 증권거래소에 상장된 모든 주식(당시 거의 모든 대기업이 포함되어 있던)을 대상으로 삼았다. 그런 다음 투자자들이 특정 기업에 지나치게 낙관적이거나 비관적인 전망을 가질 수 있을 정도로 충분히 오랜 기간, 가령 3~5년에 걸친 실적을 기준으로 나열해보았다. 그리고 높은 실적을 낸 주식 그룹을 '승자'로, 저조한 실적을 보여준 그룹을 '패자'로 묶었다. 다음으로 이들 승자와 패자 그룹(예를 들어 가장 높고 가장 낮은 35개 주식)의 향후 실적을 비교해보았다. 시장이 효율적이라면 그 두 가지 포트폴리오에 대해 별다른 예측을 할 수 없을 것이다. 효율적 시장 가설에 따를 때 과거는 절대 미래를 내다보지 못한다. 반면 우리가 제시한 과잉 반응 가설이 옳다면 패자 그룹이 승자를 이길 것이다.

만일 그렇다면 우리는 두 가지를 성취할 수 있다. 첫째, 심리학을 바탕으로 새로운 예외적인 현상을 예측한 것이다. 둘째, 우리가 제시했던 '일반화된 과잉 반응generalized overreaction'을 뒷받침할 수 있다. GPA를 예측하는 과정에서 피실험자들이 유머 감각이라는 요소에 과잉 반응한 카너먼과 트버스키의 실험과 달리, 우리는 투자자들이 과잉 반응하는 대상을 구체적으로 제시하지는 않았다. 다만 오랜 기간에 걸쳐 승자와 패자 그룹으로 구분하기에 충분히 오르고 떨어진 일부 주식들의 가치를 바탕으로 투자자들이 '무언가'에 과잉 반응할 것이라 가정한 것이다.

실험 결과는 우리의 가설을 강력하게 지지했다. 우리는 여러 가지 방식으로 과잉 반응에 대한 실험을 했다. 포트폴리오 구성을 위해 우리가 추적했던 기간이, 가령 3년 정도로 긴 경우에 한해 패자 그룹이 승자 그룹보다 더 나은, 그것도 훨씬 더 나은 실적을 올렸다. 예를 들어 한 실험에서 우리는 승자와 패자 포트폴리오를 구성하기 위해 5년간의 실적을 추적했으며, 다음 5년간에 걸쳐 두 그룹의 수익률을 계산하고 전체 시장과 비교해보았다. 포트폴리오 구성을 마친 뒤 5년 동안 패자 그룹은 시장 전체에 비해 약 30퍼센트나 더 좋은 성적을 보여준 반면, 승자 그룹은 약 10퍼센트나 더 부진한 성적을 보였다.

이런 연구 결과를 확인하고 나서 그리 오래지 않아 우리에게 행운이 찾아왔다. 미국재무학회American Finance Association, AFA에서 연례 회의 프로그램을 마련해달라는 요청을 받은 허시 셰프린이 나와 드봉에게 이번 연구 결과를 발표해달라고 초청한 것이다. 당시 AFA는 1년에 한 번 발행하는 공식 간행물《저널 오브 파이낸스Journal of Finance》를 통해 연례 회의에서 논의한 논문을 발표했다. 일반적으로 프로그램을 기획한 사람이 논의된 논문 중 하나를 후보로 추천하고 최종적으로 AFA 의장이 논문 중 일부를 선별한다. 그리고 선정된 논문은 공식적인 논문 심사 절차 없이 몇 달 뒤 저널을 통해 바로 출판되었다.

여기에서 우리의 가엾은 셰프린은 딜레마에 빠지고 말았다. 자신의 논문을 추천할 것인가, 아니면 우리 논문을 추천할 것인가(그 회의에서 발표된 세 번째 논문은 이미 출판이 된 관계로 해당 사항이 없었다)? 그는 솔로몬의 지혜와 시대에 뒤떨어진 용기를 결합해 두 논문 모두를 후보로 올렸다. 그리고 우리의 행운은 바로 여기에서 시작되었다. 당시 AFA 의장은 블랙-숄즈 옵션 가격 모형을 공동으로 개발한 피셔 블랙Fischer Black이었다. 다소 혁신적인 성향이었던 블랙은 결국 두 논문을 모두 게재하기로 결정했다.

1985년 드봉과 공동으로 발표한 이 논문[174]은 이후 세상에 널리 알려졌다. 셰프린이 그 저널로 들어가는 뒷문을 열어주지 않았더라면 출판되기까지 몇 년이 더 걸렸을 것이다. 어쩌면 아예 빛을 보지 못했을지도 모른다. 무엇보다 모든 학자가 우리의 연구 결과(효율적 시장 가설에 대한 명백한 침해)가 잘못된 것이어야 한다고 믿었고, 특히 심사위원들은 회의적인 시각으로 바라보았을 것이다. 게다가 바수 교수가 부당하게 짊어져야 했던 사과문의 부담을 우리가 떠안을 가능성도 희박했다. 드봉은 대단히 원칙적인 사람이었고 내 고집 역시 만만치 않았기 때문이다.

23

가치주의 높은 수익률, 어떻게 설명할 수 있을까

— 위험 vs 과잉 반응, CAPM의 사망

확인된 사실('패자' 그룹의 주식 수익률은 전체 시장보다 더 높다)에서 시장이 절대 이길 수 없다고 주장하는 효율적 시장 가설에서 '공짜 점심은 없다'라는 요소를 구해낼 한 가지 방법이 있다. 시장의 효율성을 옹호하는 사람들의 해결책은 중요한 기술적 설명에 의존하는 것이다. 다시 말해 시장을 이기기 위해 더 큰 위험을 감수해야 한다면, 그것은 효율적 시장 가설을 침해하는 것이 아니다. 그러나 이런 해결책의 난점은 위험 정도를 측정하기 어렵다는 것이다.

이런 미묘한 설명은 유진 파마가 가장 먼저 제기했다.[175] 그는 효율적 시장 가설에서 '공짜 점심은 없다'는 요소에 대한 모든 시험이 사실은 '시장의 효율성', '위험과 수익 모형'이라는 두 가설의 '공동 시험'이었음을 지적했다. 예를 들어 신생 기업이 오래된 기업보다 수익률이 더 높다는 사실을 발견했다고 해보자. 이는 시장의 효율성에 대한 반박 사례로 볼 수 있다. 기업의 역사에 대한 정보는 공개되기 때문에 사람들은 이 정보를 활용해 시장을 이길 수는 없다. 그러나 누구든 새로운 기업이 오래된 기업보다 더 위험하고, 그들의 높은 수익률은 합리적인 투자자들이 추가적인 위험을 감내하기 위해 요구하는 보상이라고 주장할 수 있다는 점에서 시장의 효율성에 대한 결정적인 반박이라고 볼 수 없다.

이런 공동 가설 주장은 그레이엄, 바수, 드레먼, 그리고 가치 주식이 훌륭한 투자 종목이라 주장하는 다른 모든 사람들의 경우를 포함해 효율적 시장 가설에 대한 명백한 반박에 적용할 수 있다. 우리의 패자 포트폴리오가 승자 포트폴리오보다 더 위험하다면, 관찰된 높은 수익률은 합리적 투자자들이 위험한 포트폴리오에 투자하기 위해 요구하는 보상이라 이해할 수 있다. 이제 핵심적인 질문은 이런 것이다. 우리 발견을 효율적 시장 가설을 반박하는 '잘못된 가격 설정mispricing'[67]에 대한 증거로 받아들일 것인가, 아니면 단지 위험 때문이라 설명할 것인가?

이 질문에 대답하기 위해서는 위험을 평가할 방법이 필요하다. 패자 포트폴리오에 해당하는 주식들은 분명하게도 '개별적인 차원

---

[67] 혼란을 줄 수 있는 용어에 대한 언급 : 이 장 그리고 다음 장에서 내가 'mispricing'이라는 용어를 사용할 때, 그것은 투자자가 가설적으로 '공짜 점심'을 위해 이를 이용할 수 있을 정도로 주식가격이 '예측 가능하게' 특정한 방향으로 아주 많이 오르내릴 것이라는 의미다. 이는 효율적 시장 가설의 두 가지 요소가 상호 연결된 미묘한 방식을 처음으로 잘 드러내고 있다. '너무 낮게' 가격이 매겨져 있는 주식이 결국 시장을 이길 것이라 생각하는 것은 합리적이지만, 베르너 드봉과 나는 패자들의 가격이 내재 가치에서 벗어나 그들이 더 높은 수익을 올렸다는 결정적인 증거는 확보하지 못했다.

에서' 위험하고, 이들 기업 중 일부는 실제로 파산에 이를 수 있다. 그러나 우리는 이미 연구를 통해 이런 위험에 대한 설명을 내놓았다. 파산 등의 이유로 포트폴리오상의 주식 중 하나가 뉴욕 증권거래소 목록에서 사라진다면 어떻게 될까? 우리의 컴퓨터 프로그램은 그 주식이 다른 거래소에 상장되었더라면 받을 수 있는 가격으로 가상적으로 '판매'를 하거나, 아니면 그 투자를 전적인 손실로 기록할 것이다. 그렇다면 주식의 파산 가능성은 우리 결과를 설명할 수 있는, 드러나지 않는 위험의 원천은 아닌 것이다.

패자 그룹의 주식들은 분명히 위험해 보인다. 가격 폭락의 가능성과 같은 대단히 위험해 보이는 주식은 시장에서 더 높은 수익률(위험 프리미엄)을 기록해야 하는가? 그렇게 생각할 수도 있겠지만 현대 금융경제학에서는 적절한 접근 방식으로 보지 않는다. 당시 주식의 위험을 평가하는 합리적이고 정당한 방식은 금융경제학자 존 린트너John Lintner와 윌리엄 샤프가 독자적으로 개발한 자본 자산 가격 결정 모형Capital Asset Pricing Model, CAPM176)을 활용하는 것이었다. CAPM에 따르면 합리적 세상에서 보상을 지급하는 유일한 위험은 주식 수익률이 시장의 나머지와 상호 연관되어 있는 사실이다. 가격 변동 폭이 큰 위험한 주식으로 포트폴리오를 이루고 있다 하더라도, 각 주식의 가격 움직임이 상호 독립적이라면 포트폴리오 자체의 위험이 더 높지는 않을 것이다. 그 이유는 각각의 변동이 서로를 상쇄할 것이기 때문이다.

반면 주식의 수익률이 정비례한다면, 다시 말해 동반 상승하거나 동반 하락하는 경향이 있다면, 위험한 주식으로 이루어진 포트폴리오는 대단히 위험한 상태를 유지한다. 그리고 포트폴리오를 구성함으로써 얻을 수 있는 다각화의 혜택은 그리 크지 않을 것이다. CAPM에 따를 때 이런 차원에서 특정 주식에 대한 올바른 평가 기준은 시장의 나머지 주식들과의 상호 연관성이며, 이는 곧 '베타'[68]라는 기준으로 알려져 있다. 대략적으로 설명하자면 어떤 주식의 베타값이 1.0일 때 그 주식의 가격 변동은 전체 시장과 정비례한다는 말이다. 그리고 베타값이 2.0이라면 시장이 10퍼센트 폭으로 상승하거나 하락할 때, 특정 주식은 (평균적으로) 20퍼센트 상승하거나 하락한다는 말이다. 시장 전체와 상관관계가 없을 때 그 주식의 베타값은 0이 된다.

패자 그룹 주식들의 베타값이 높고 그래서 CAPM에 따라 위험하다면, 그리고 승자 주식의 베타값이 낮고 그래서 덜 위험하다면, 효율적 시장 가설은 우리 연구 결과와 얼마든지 조화를 이룰 수 있다. 하지만 우리는 직접 그 결과를 확인했고 논문을 통해 발표했다. 실제로 우리는 반대되는 패턴을 발견했던 것이다.

우리는 3년간의 '형성 기간formation period'과 그 이후 3년간의 '시험 기간test period'을 기반으로 승자 및 패자 포트폴리오를 관찰했다. 이 실험에서 승자 그룹의 평균 베타값은 1.37, 패자 그룹은 1.03이었다. 승자 그룹이 패자 그룹보다 실제로 더 위험했던 것이다. 금융 경제학의 표준적인 방법을 활용해 위험을 조정한 시도가 우리의 예외적인 발견을 더욱더 예외적인 것으로 만들어주었다.

---

68 혼란을 사전에 방지하기 위해 여기에서 말하는 '베타'는 12장에서 다룬 현재 편향에 관한 베타-델타 모델의 베타와는 아무 관련이 없음을 밝혀둔다. 여기에서 할 수 있는 말은, 경제학자들은 그리스 문자를 무척 좋아하며 베타는 알파벳 순서에서 일찍 등장한다는 것뿐이다.

효율적 시장 가설에서 '공짜 점심은 없다'는 요소를 구제하기 위해서는 패자 포트폴리오가 승자 포트폴리오보다 더 위험하다는 사실을 보여줄 또 다른 방법을 제시해야 할 것이다. 낮은 PER 혹은 자산의 액면 가치에 대한 주식가격의 낮은 비율처럼, 기업이 매각될 때 그 주주들이 이론적으로 받을 수 있는 것을 의미하는 회계 기준인 '가치'에 대한 모든 기준에 대해서도 똑같은 이야기를 할 수 있다. 어떤 기준을 활용하더라도 '가치주'는 '성장주'보다 더 높은 성적을 냈고, 베타값에서 확인할 수 있듯 가치주는 효율적 시장 가설 옹호자들이 깜짝 놀랄 정도로 덜 위험한 것으로 드러났다.

—

우리 같은 반역자, 드레먼 같은 포트폴리오 관리자, 그리고 그레이엄 같은 고인이 가치주가 시장을 이긴다고 주장하는 것은 별개의 문제다. 하지만 효율적 시장의 고결한 성직자라 할 수 있는 파마, 그리고 그의 주요한 협력자로 활약한 젊은 동료 연구원 케네스 프렌치Kenneth French가 우리와 비슷한 발견을 발표했다는 사실은, 그런 주장을 공식적으로 인정했다는 뜻이다.

부분적으로 우리의 초기 발견, 그리고 소기업 효과를 입증한 롤프 반즈의 발견[177]에 영감을 얻어 1992년 파마와 프렌치는 가치 주식과 소기업 주식이 CAPM의 예상보다 더 높은 수익률을 기록했다는 사실을 보여주는 여러 편의 논문을 발표했다. 그리고 1996년에 두 사람은 「CAPM 수배 중, 생포든 사살이든The CAPM is Wanted, Dead or Alive」[178]이라는 도발적인 제목의 논문을 통해 CAPM의 사망을 공식적으로 선언했다.

파마와 프렌치는 CAPM의 사망을 기꺼이 인정하기는 했지만, 시장의 효율성까지 포기할 준비는 되어 있지 않았다. 그들은 대신 오늘날 '파마-프렌치 세 가지 요인 모형Fama-French Three Factor Model'179)이라 알려진 이론을 내놓았다. 두 사람은 여기에서 소기업 주식과 가치주의 예외적으로 높은 수익률을 설명하기 위해 두 가지 요소를 추가했다. 그들은 가치주의 수익이 상호 연관되어 있다는 사실을 보여주었고, 이는 가치주의 수익이 다른 가치주의 실적이 좋을 때 마찬가지로 높게 나타나는 경향이 있다는 뜻으로 초저가주에도 그대로 적용된다.

하지만 파마와 프렌치는 규모와 가치가 '왜' 위험 요인이 되어야 하는지 설명하기 위한 이론은 갖고 있지 않다고 솔직하게 시인했다. 투자자들의 합리적 행동에 따른 자산 가격에 대한 규범적 이론이 되고자 한 CAPM, 즉 자본 자산 가격 결정 모형과 달리 규모와 가치가 수익을 예측한다고 믿어야 할 이론적 근거는 전혀 없었다. 다만 실증적 연구가 그 중요성을 보여주었기 때문에 이런 요인을 활용한 것이다.

소기업이나 가치 기업의 포트폴리오가 대형 성장주 포트폴리오보다 분명히 더 위험하다는 사실을 보여주는 증거는 지금까지도 나와 있지 않다. 금융경제학자인 조지프 라코니쇼크Josef Lakonishok와 안드레이 슐라이퍼, 로버트 비시니Robert Vishny는 1994년 논문 「역발상 투자 전략, 추정, 위험Contrarian Investment, Extrapolation, and Risk」180)을 통해 가치주가 더 위험한지 여부에 대한 미해결 과제를 정리했다. 결론은 더 위험하지 않다는 것이다. 세 사람은 그들의 발견을 확신했으며, 이후 가치 투자에 기반을 둔 대단히 성공적인 자금 관리 기업인 LSV 에셋 매니지먼트LSV Asset Management를 설립했다.

나는 그들의 주장에 동의했지만 파마와 프렌치는 그러지 않았다. 그리고 행동주의자들의 주장대로 가치주의 가격이 잘못 설정되어 있는지, 합리주의자들의 주장대로 더 위험한 것인지에 대한 논의는 그 이후 수년 동안 이어졌다. 지금도 그 논의는 진행 중이며 파마조차 가치주가 벌어들인 높은 수익이 위험에서 비롯된 것인지, 아니면 과잉 반응에 따른 것인지 단정 지을 수는 없다고 말한다.[181]

최근 소식에 따르면 파마와 프렌치는 새로운 다섯 가지 요인 모형을 발표했다고 한다. 새롭게 추가된 요인은 기업의 수익성에 대한 평가(높은 수익을 예측하는), 투자의 적극성(낮은 수익을 예측하는)이다. 운명의 기묘한 장난처럼 수익성은 또한 벤저민 그레이엄이 투자를 위해 기업의 매력을 판단하는 과정에서 주목한 또 하나의 특성이다. 가치와 수익성을 받아들였다는 점에서 파마와 프렌치는 '위대한 그레이엄'을 인정한 셈이다. 그리고 수익성이 높은 기업이 손실을 기록하고 있는 기업보다 더 위험하다는 이야기를 그럴듯하게 들려주기는 어려운 법이다.

1960년대 초반에 샤프와 린트너가 CAPM을 개발했을 무렵의 한 가지 요인 모형은 다섯 가지 요인 모형으로 발전했고, 많은 전문가가 여섯 번째 요인인 관성momentum을 추가하고자 했다. 지난 6~12개월 동안 좋은 실적을 올린 기업은 다음 6~12개월 동안에도 역시 좋은 실적을 보이는 경향이 있다. 그 요인이 다섯 가지든 여섯 가지든, 나는 합리적 세상에서 중요한 유일한 요인은 첫 번째 요인, 즉 이제는 지나가버린 베타라고 생각하며 베타는 죽었다고 믿는다.

그렇다면 다른 요인은 어떤가? 이콘의 세상에서 그것들은 모두 SIF, 즉 별로 중요하지 않은 요소에 불과하다.

24

지금의 가격은
거품인가, 아닌가
─ 로버트 실러의 충격적인 연구 결과

효율적 시장 가설이 두 부분으로 구성되어 있음을 다시
한번 떠올려보자. 그 두 가지는 절대 시장을 이길 수 없다는 것('공짜
점심은 없다'), 그리고 '가격은 정당하다'는 것이다. 베르너 드봉과 함
께 한 연구는 주로 첫 번째에 대해 질문을 던졌다. 하지만 다른 한
편에서 두 번째 부분과 관련해 주식 시장 전체의 합리성에 의문을
제기하는 분위기가 서서히 무르익고 있었다. 현재 예일대학교 교수
로 재직 중인 로버트 실러는 1981년에 논문[182]을 통해 충격적인 연
구 결과를 발표했다.

실러의 발견을 이해하기 위해 먼저 주식가격이 어떻게 결정되는
지 생각해보자. 한 재단이 어떤 기업의 주식 한 주를 사서 영원히
보유하기로 결정했다고 해보자. 다시 말해 그 재단은 오늘 매입한
주식을 앞으로 절대 팔지 않을 것이다. 그렇다면 그 주식을 통해 그

들이 앞으로 얻을 수 있는 유일한 수익은 주식 배당금이다. 이때 그 주식의 가격은 그 재단이 앞으로 받게 될 모든 배당금의 '현재 가치 present value'와 동일해야 한다. 다시 말해 향후 받을 배당금을 현재 가치로 환산한 합계를 뜻한다.[69] 하지만 앞으로 얼마나 많은 배당금을 지급할지 정확히 알 수 없기 때문에 주식가격은 현재 가치로 환산한, 미래의 배당금에 대한 시장의 기대에 불과하다.

주식가격에 대한 합리적 예측의 주요한 특성은 지금까지의 변화보다 더 큰 폭으로 변화하지 않을 것이라는 점이다. 예를 들어 오늘 싱가포르의 최고 온도를 예상한다고 해보자. 동남아의 도시국가인 싱가포르는 기온 변화가 그리 심하지 않다. 일반적으로 일간 최고 온도는 섭씨 32도 정도다. 무더운 여름날에는 35도까지 오르기도 하고, 추운 날에도 29도를 유지한다. 그렇다면 32도는 평균에서 그리 많이 벗어나지 않은 예측일 것이다. 그런데 흥분한 한 싱가포르 기상 캐스터가 10도(과거 기록보다 더 낮은), 혹은 43도를(과거 기록보다 더 높은) 예상한다면, 이는 기존 기록보다 더욱 큰 폭으로 변동될 수 없다는 원칙을 명백하게 어기는 것이다.

실러의 충격적인 연구 결과는 바로 이 원칙을 주식 시장에 적용했다는 사실에서 비롯되었다. 그는 무려 1871년으로 거슬러 올라가 주식가격 및 배당금에 관한 정보를 수집했다. 그는 당시 존재한 주식의 포트폴리오를 구성했던 사람에게 이후 지급될 미래 배당금 흐름에 대한 '사후 합리적ex post rational' 예측을 내놓았다. 이를 위해

---

69   그 재단이 주식을 판다면 매각 당시에 받을 가격을 현재 시점으로 할인해 포함해야 할 것이다. 주식을 오래 보유한다면 그 분석에 별 영향을 미치지 않을 것이다.

[그림 12] 주식가격은 심하게 요동치는가?

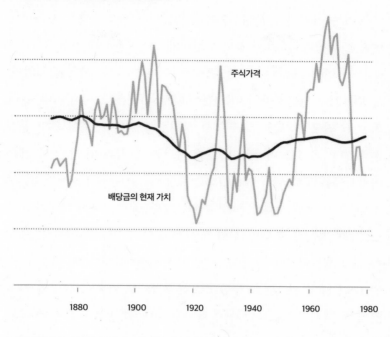

주식가격

배당금의 현재 가치

1880   1900   1920   1940   1960   1980

그는 실제로 지급된 배당금을 확인하고 기준 시점에 따라 할인을 했다. 오랜 기간에 걸쳐 주식가격이 오르내리는 분명한 경향을 드러내도록 조정한 뒤 실러는 배당금의 현재 가치가 싱가포르의 기온처럼 대단히 안정적인 움직임을 보였다는 사실을 발견했다.

하지만 우리가 배당금의 현재 가치로 인식해야 할 실제 주식가격은 대단히 변덕스러운 움직임을 보였다. 그 결과는 [그림 12]에 잘 나타나 있다. 여기에서 완만한 그래프는 배당금의 현재 가치를 의미하는 반면, 술 취한 기상 캐스터의 예측처럼 심하게 널을 뛰는 그래프는 실제 주식가격을 말한다. 이 두 그래프 모두 장기적인 상승 흐름을 감안한 것이다.

실러는 자신의 논문에 '주식가격은 향후 배당금에서 나타나는 변화로 설명할 수 없을 정도로 심하게 요동치는가Do Stock Prices Move Too Much to Be Justified by Subsequent Changes in Dividends?'라는 제목을 붙였다. [그림 12]로 판단하자면 이 질문에 대한 대답은 '그렇다'이다. 실러의 이런 연구 결과는 금융학계를 강타했다. 많은 논문이 그의 방법론과 연구 결과를 비판했고, 그중 하나는 '실러 킬러Shiller Killer'라는 비평가들을 통해 널리 알려졌다(앞서 살펴본 것처럼 앨런 클레이든의 논문 중 하나[183]는 17장에서 다룬 시카고 콘퍼런스에서 논의되었다).

경제학자들은 실러의 실험 방식을 끝까지 물고 늘어졌다. 그러나 내가 생각하기에 이에 대한 논의는 그로부터 몇 년이 흐른 1987년 10월 19일 월요일을 중심으로 본격적으로 이루어졌다. 그 월요일에 전 세계적으로 주가가 큰 폭으로 떨어졌다. 그 사건은 맨 처음 홍콩에서 시작되었고, 이후 시장이 문을 여는 유럽과 미국을 향해 서쪽으로 점차 전파되었다. 뉴욕에서 주식가격은 그 이전 금요일에 5퍼센트 이상 빠진 상태에서 다시 20퍼센트 이상 곤두박질쳤다. 그날 19일은 금융 시장은 물론 다른 어느 곳에서도 아무런 중요한 사건이 일어나지 않은 평범한 월요일이었다. 전쟁이 일어난 것도, 중요한 정치 지도자가 암살된 것도, 사람들의 관심을 끌 만한 어떤 사건도 벌어지지 않았다(비교를 하자면 일본이 진주만 공습을 감행했던 바로 그다음 날, 미국의 주식 시장은 4.4퍼센트 떨어졌다).[184] 그럼에도 주식가격은 전 세계적으로 급락했다. 하지만 아무도 정확한 이유를 알지 못했다.

불안정한 상황은 다음 며칠 동안 계속 이어졌다. 미국 대기업으로 이루어진 S&P 500 지수는 화요일에 5.3퍼센트로 반등했고, 수요일에 다시 한번 9.1퍼센트 성장하면서 최종적으로 26일 월요일에는 전체적으로 8.3퍼센트밖에 하락하지 않았다. 그달의 마지막 《월스트리트 저널》의 머리기사 제목은 이런 것이었어야 했다.

'진실로 드러난 로버트 실러의 주장: 금융 시장은 지나치게 불안정하다.'

합리적 세상에서 가격은 오직 뉴스에 대한 반응으로 움직이고, 그 일주일 동안 유일한 뉴스는 가격이 미친 듯이 움직인다는 것이었다. 가격이 극단적으로 요동친다면 그것은 어떤 측면에서 '잘못된' 것이다. 아무런 특별한 뉴스가 없었다는 점에서 10월 15일 목요일 거래 종료 시점의 가격, 그리고 다음 주 월요일 거래 종료 시점의 가격(25퍼센트 넘게 떨어진) 모두가 내재 가치의 합리적 기준이라고 주장하기는 어려울 것이다.

실러가 원래의 그 논문을 썼을 때 그는 심리학적 차원에서 접근하지는 않았다. 다만 그는 합리적으로 설명하기 어려운 사실을 보고했을 뿐이다. 당연하게도 나는 행동주의 관점에서 실러의 논문을 읽었고, 잠재적 공모자의 면모를 확인했다. 1982년 봄, 그가 강연하기 위해 코넬대학교를 찾았을 때 나와 드봉은 그와 함께 캠퍼스를 오랫동안 산책했다. 그때 나는 그에게 지금 우리가 행동주의 관점이라 부르는 시선으로 그의 논문을 바라볼 것을 권했다. 그때의 만남이 그에게 영향을 주었을 것이라 단정하기는 힘들지만, 실러는 그로부터 2년 후 행동주의 차원에서 사람들을 깜짝 놀라게 만든 논문을 발표했다.

논문 「주식가격과 사회적 역동성Stock Prices and Social Dynamics」[185]에

서 실러는 사회현상이 패션 시장의 흐름과 마찬가지로 주식가격에도 중대한 영향을 미칠 수 있다는 혁신적인 아이디어를 냈다. 치마길이가 뚜렷한 이유 없이 짧아지거나 길어지는 것처럼, 주식가격 또한 경제학자들이 감지하지 못하는 다른 요인의 영향을 받는 것이 아닐까?

이 논문에서 실러가 제기한 아이디어는 어떤 점에서 나보다 훨씬 더 급진적이었다. 많은 사람이 가죽 패치를 덧댄 트위드 스포츠 재킷을 입지 않게 되었을 때, 경제학자들에게 패션이 중요한 것이라고 설득한다고 상상해보자. 몇 년 뒤, 실러는 조지 애컬로프와 공저한 책[186]에서 소비자와 투자자의 변덕스러운 태도 변화를 설명하기 위해 케인스의 '야성적 충동'이라는 표현을 사용했다.

—

여기에서 나는 실러의 연구를 효율적 시장 가설에서 '가격은 정당하다'는 부분과 관련해 설명하고 있지만, 이는 '공짜 점심은 없다'라는 부분과도 무관하지 않다. 이 점을 이해하기 위해 먼저 가치 투자에 대한 발견을 다시 떠올려보자. 가격이 아주 낮은 주식, 혹은 과거의 극단적인 패자들은 전체 시장보다 더 높은 성과를 보여줄 것이다. 또 전체 시장을 대상으로 PER을 구해볼 수 있을 것이다. 여기에서 우리는 동일한 원칙을 적용할 수 있을까? 다시 말해 상대적으로 쌀 때 주식을 사서 비쌀 때 파는 방식으로 시장을 이길 수 있을까?

실러가 대담하게 제기한 이 질문에 대해 내가 내놓을 수 있는 최고의 답변은 이것이다.

"그렇다. 하지만….."

이런 논의에서 실러가 선호한 방법은 지난 10년 동안 평균 수익률을 기준으로 주식 지수(가령 S&P 500 같은)의 시장가격을 구분해보는 것이었다. 경기 주기에 걸쳐 나타나는 일시적인 등락의 굴곡을 평평하게 다듬어준다는 점에서 실러는 장기간에 걸쳐 수익률을 추적하는 방법을 선호한다. [그림 13]에서 그런 추이를 확인할 수 있다. 오랜 시간이 흘러 뒤돌아볼 때 우리는 이 표에서 투자자가 취했어야 할 행동을 쉽게 이해할 수 있다. 시장이 역사적 흐름에서 크게 벗어난다 하더라도 결국 평균으로 회귀한다는 점에 주목하자.

주식은 1970년대에 크게 떨어졌으나 나중에 회복했고, 1990년대 후반에 크게 치솟았으나 결국 무너지고 말았다. 그렇다면 우리는 실러가 보여준 장기적인 PER 그래프에서 예측적인 가능성을 확인하게 된다. 하지만 그 가능성 뒤에는 '하지만'이 따른다. 어느 정도 예측 가능하지만 정확하지는 않다는 것이다.

1996년 실러와 그의 공동 연구자 존 캠벨John Campbell은 연방준비제도이사회에 주식가격이 위험할 정도로 높아 보인다는 경고 메시지를 전했다. 이에 대해 당시 연방준비제도이사회 의장이던 앨런 그린스펀은 연설을 통해 그 특유의 화법으로 투자자들이 '비이성적 과열irrationally exuberant' 상태라고 어떻게 장담할 수 있는지 물었다. 나중에 실러는 이 표현을 그대로 자신의 베스트셀러 제목[187]으로 사용했고, 운 좋게도 이 책은 경기가 침체하기 시작하던 2000년에 출판되었다.

그렇다면 실러의 경고는 옳았는가, 틀렸는가?[70] 그의 경고가 시

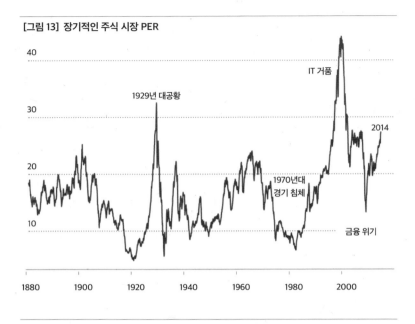

[그림 13] 장기적인 주식 시장 PER

40

30

1929년 대공황

IT 거품

2014

20

1970년대
경기 침체

10

금융 위기

1880   1900   1920   1940   1960   1980   2000

장이 정점을 찍기 4년 전에 나왔기 때문에 옳은 것으로 드러나기
전까지는 한참 동안 틀린 것으로 여겨졌다. 이처럼 정확성이 부족
하기 때문에 장기적인 PER이 수익을 올리기 위한 확실한 방법이라
고 할 수 없다. 1996년 실러의 조언을 듣고 경기 침체에 큰돈을 건
사람들은 성공을 거두기 전에 망했을 것이다.

우리는 주택 시장에 대해서도 같은 이야기를 할 수 있다. 실러의

---

70 나 또한 1990년대 말에 기술주의 가격이 지나치게 높게 형성되어 있었다고 생각했다. 1999
년에 게재한 기사에서 나는 당시 상황이 오늘날 거대한 인터넷 주식 거품great internet stock
bubble이라 부르는 것으로 이어질 것이라 예측했다(Thaler, 1999b). 하지만 그보다 2년 전이
었더라면 나 역시 실러와 똑같은 이야기를 썼을 것이다(알다시피 나는 지금이나 그때나 게으
른 사람이다). 주식 시장에 대해 이미 한 차례 정확하게 예측했기에 더 이상 예측하지 않겠다
고 다짐하고 있다.

존경할 만한 장점 중 하나는 아주 오랜 시간에 걸쳐 방대한 데이터를 열정적으로 수집했다는 것이다. 그 데이터는 그의 원래 논문을 가능하게 만들어준, 1871년으로 거슬러 올라가는 주식가격에 대한 역사적인 데이터베이스부터 투자자들의 감정에 대한 연구, 주택 가격에 대한 조사에까지 이르렀다. 이와 관련해 동료이자 터프츠대학교의 부동산 경제학자 칩 케이스Chip Case와 함께 한 그의 마지막 시도는, 오늘날 널리 사용되고 있는 케이스-실러 주택 가격 지수Case-Shiller Home Price Index의 탄생으로 이어졌다.

특정 기간에 팔린 주택의 형태가 대단히 다양하게 나타나면서 평균을 크게 왜곡시켰기 때문에 케이스와 실러의 공동 연구가 이루어지기 전까지만 하더라도 주택 가격을 반영하는 지수는 크게 신뢰를 얻지 못했다. 그러나 케이스와 실러는 동일 주택에 대한 반복적인 판매에 기반을 둔 지수를 활용하는 기발한 아이디어를 통해 주택의 품질과 위치의 변수까지 조정했다.

[그림 14]에서 1960년 이후 미국 주택 시장의 장기적인 성장 스토리를 확인할 수 있다. 이 그래프는 2000년에 이르기까지 미국 정부가 수집한 주택 거래 가격 데이터를 기반으로 하며, 이후 케이스-실러 데이터가 등장하면서 두 데이터 원천을 모두 반영하고 있다. 여기에서 모든 가격은 인플레이션 요소를 감안한 것이다.

이 성장 스토리는 주택 가격이 1990년대 중반까지 대부분의 기간에 완만하게 성장했다가 그 이후 갑자기 급등했음을 말해준다. 게다가 구입 가격과 임대 비용의 비율이 오랫동안 20:1 정도를 유지하다가 갑작스럽게 이런 장기적인 흐름에서 벗어나는 모습을 보여준다. 실러는 이 그래프를 바탕으로 주택 시장의 거품에 대해 경

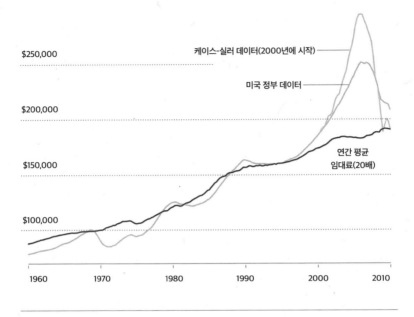

[그림 14] 주택 가격과 임대 비용

$250,000
$200,000
$150,000
$100,000

케이스-실러 데이터(2000년에 시작)
미국 정부 데이터
연간 평균
임대료(20배)

1960   1970   1980   1990   2000   2010

고했고, 결론적으로 그의 경고는 정당했던 것으로 드러났다. 그렇다 하더라도 그 당시에는 우리가 정말로 거품 위에 있는 것인지, 아니면 경제 속에서 어떤 변화가 일어나서 훨씬 더 높아진 가격 대 임대 비용 비율이 새로운 표준으로 자리 잡을 것인지 확신할 수는 없었다.

정확하게 예측하지 못했다고 해서 그런 시도가 모두 쓸모없는 것은 아니라는 사실을 강조한다. 가격 동향이 역사적 흐름에서 크게 벗어나는 모습을 보일 때 이런 신호 속에서 우리는 예측 가치를 발견할 수 있다. 그리고 가격이 역사적 흐름에서 더 크게 벗어날수록 우리는 그 신호를 더 신중하게 받아들여야 한다. 투자자들은 과열 신호를 보이는 시장에 대한 투자는 경계해야 하고, 시점에 따라 사고파는 방식으로 부자가 될 수 있다고 기대해서는 안 된다. 경기가 언제 살아날지 예측하는 것보다 우리가 지금 거품 속에 있다는 사실을 인지하는 것이 훨씬 더 쉽다. 타이밍을 통해 돈을 벌려는 투자자들이 성공을 거두는 경우는 거의 없다.

—

비록 서로 다른 연구 여정을 밟아왔지만 실러와 나는 절친한 친구이자 공모자가 되었다. 1991년 실러와 나는 미국경제연구소 주최로 6개월에 한 번 행동 금융을 주제로 열리는 콘퍼런스를 조직하는 일을 맡았다. 그 콘퍼런스에서 행동 금융 분야의 많은 기념비적 논문을 다루었다. 이를 통해 우리는 금융경제학 연구에서 행동 금융이 점점 더 번영하고 중요한 위치를 차지하는 데 기여했다.[188]

25

폐쇄형 펀드에 관한
네 가지 퍼즐
── 일물일가의 법칙과 펀드 가격의 충돌

로버트 실러의 연구 결과는 효율적 시장 가설 중 '가격은 정당하다'라는 부분에 상처를 주었지만 치명적인 공격은 아닌 것으로 드러났다. 그 방법론에 대한 논의는 아직도 끝나지 않았다. 그리고 1987년 10월의 일주일 동안 벌어진 일을 설명하기는 힘들다 하더라도, 효율적 시장 옹호자들은 합리적 설명을 포기할 의사가 전혀 없었다.

1988년 봄, 시카고대학교는 당시의 붕괴 현상을 주제로 콘퍼런스를 주최했고, 한 프로그램에서 나는 유진 파마와 함께 토론자로 참석했다. 파마가 먼저 발표했는데, 그는 새로운 균형 상태에 빨리 도달한 것에 대해 축하해야 한다고 언급했다. 이 말은 사람들이 주식 시장의 미래 수익에 대한 예측을 하향 조정하도록 만들었으며, 그래서 가격이 '마땅히' 그래야만 하는 수준으로 즉각 조정되었다는 뜻이다.

내가 말할 차례가 되었을 때 먼저 나는 자리에 모인 전문가들에게 배당금의 현재 가치 역시 이른바 검은 월요일에 20퍼센트 떨어졌다고 생각하는지 물었다. 몇몇 사람이 손을 들었지만 파머는 들지 않았다. 내가 "정말요?"라고 묻는 듯이 눈을 치켜뜨자, 파마는 손을 허공으로 찌르면서 웃어 보였다. 파마는 그 사실을 인정할 준비는 되어 있지 않았지만 유머 감각만큼은 유지했다.

파마를 비롯한 효율적 시장 가설을 옹호하는 사람들을 설득하기 위해서는 결정적인 증거가 필요했다. 그러나 앞서 살펴본 것처럼 내재 가치는 정확하게 결정되지 않으며, 그렇기 때문에 주식가격이 내재 가치에서 벗어났는지 확인하기는 힘들다. 가격이 '정당한지' 검증하기 위한 접근 방식은, 효율적 시장 가설의 중요한 원칙 중 하나인 '일물일가一物一價의 법칙'을 활용하는 것이다. 일물일가의 법칙이란 효율적 시장에서 하나의 자산은 서로 다른 두 가격으로 동시에 판매될 수 없다는 것이다. 그런 일이 일어날 때 즉각적인 차액 거래 기회arbitrage opportunity가 발생하고, 이 말은 곧 아무런 위험 없이 수익을 얻을 기회가 많다는 뜻이다.

금 1온스가 뉴욕에서는 1,000달러에, 런던에서는 1,010달러에 팔린다고 해보자. 여기에서 거래 비용이 충분히 낮다면 두 가격이 일치할 때까지 돈을 벌 수 있다. 일물일가의 법칙에 대한 침해를 끊임없이 추구하는 영리한 거래자가 존재한다는 사실은, 그런 기회가 계속 남아 있다는 것을 대단히 정확하고 즉각적으로 보여주는 것이다. 일물일가의 법칙에 대한 침해는 효율적 시장 가설의 핵심 교리와 정면으로 충돌한다.

그러나 우리는 그런 침해를 놀랍도록 쉽게 발견할 수 있다. 실제로 벤저민 그레이엄을 비롯한 많은 사람이 이에 대해 글을 썼다. 법칙을 깨뜨리는 범인은 폐쇄형 펀드closed-end fund라 불리는 일종의 뮤추얼 펀드다. 우리에게 더 익숙한 개방형 펀드의 경우 투자자들은 언제든 쉽게 돈을 펀드에 집어넣거나 뺄 수 있고, 모든 거래는 펀드의 기반이 되는 자산 가치, 즉 소위 순자산 가치Net Asset Value, NAV에 따라 결정되는 가격으로 이루어진다. 애플 주식만 매입하는 애플 펀드가 있다고 상상해보자. 애플 펀드에서 한 주를 살 경우 애플 주식을 한 주 받는다. 애플 주가는 한 주에 100달러이고 한 투자자가 1,000달러를 투자하고자 한다.

그는 그 펀드에 1,000달러를 집어넣고 애플 펀드 10주를 받는다. 나중에 그 투자자가 펀드에서 돈을 인출하고자 할 때, 그는 애플 주식의 현재 가격에 따라 지급받을 것이다. 애플 주식의 가격이 주당 200달러로 올랐다면 그 투자자는 매각을 통해 2,000달러를 받을 것이다(정확하게 말해 펀드 수수료를 제외한 금액). 여기에서 '개방형open-end'이라는 말은 펀드가 투자자들의 선택에 따라 증가하거나 위축된 규모의 자금으로 운용 자산을 관리한다는 뜻이다.

그에 반해 폐쇄형 펀드는 다른 방식으로 운영된다. 펀드 매니저들은 초기에 특정 액수의 자금을 모으고 그걸로 끝이다. 추가로 투자 자금을 끌어들이지 않으며 향후 인출도 불가능하다(포트폴리오 매니저들은 이런 방식에 매력을 느낀다. 어쨌든 아무도 돈을 빼낼 수 없다). 폐쇄형 펀드의 지분은 시장에서 거래되기 때문에 자신의 지분을 팔고자 한다면 투자자는 펀드의 시장가격에 따라 거래하게 된다.

가상의 애플 펀드 사례로 돌아가서 그 펀드가 폐쇄형으로 이루어진다고 하자. 그리고 앞서 언급했듯 그 펀드를 한 주 매입한 투자자에게는 애플 주식 한 주가 주어진다. 그렇다면 폐쇄형 애플 펀드의 시장가격은 무엇인가? 우리는 이를 순자산 가치, 즉 애플의 현재 주식가격이라고 생각할 수 있다. 만약 그렇지 않다면 일물일가의 법칙은 파괴되고 만다. 그런 경우 우리는 주식 시장에서 결정된 애플 주식의 가격, 혹은 애플 펀드에 기반한 가격이라는 서로 다른 두 가격으로 똑같은 애플 주식을 살 수 있기 때문이다. 효율적 시장 가설은 폐쇄형 펀드의 시장가격에 대해 분명한 예측을 제시한다. 그것은 순자산 가치, 즉 NAV$^{\text{Net Asset Value}}$와 동일하다.

하지만 폐쇄형 펀드의 시장가격에 대한 도표에서 이와는 다른 이야기를 확인할 수 있다. [그림 15]는 세 가지 항목, 즉 펀드의 시장가격, NAV, 이 두 가격의 백분율 차이를 의미하는 할인, 혹은 프리미엄으로 이루어져 있다. 이런 사실은 시장가격이 NAV와 다른 경우가 종종 발생함을 말해준다. 일반적으로 펀드는 NAV보다 10~20퍼센트 정도 할인된 가격으로 거래되지만, 때로 프리미엄을 받고 거래되기도 한다.

이런 사실은 일물일가의 법칙을 명백하게 침해한다. 그리고 이런 도표에서 그런 사실을 곧바로 확인할 수 있기 때문에 투자자는 예외적인 현상을 발견하기 위해 특별한 계산 작업을 수행할 필요도 없다. 도대체 무슨 일이 벌어지고 있는 것일까?

나는 찰스 리$^{\text{Charles Lee}}$를 만나고 나서 폐쇄형 펀드에 대해 더 많은 것을 알게 되었다. 찰스는 코넬대학교에서 회계학 박사과정을 밟고 있었지만, 나는 학문적 배경에서 그가 행동 금융 분야에 관심을 갖고 있음을 눈치챘다. 그래서 그 과정의 첫해에 그를 연구 조교

[그림 15] 선택된 폐쇄형 펀드의 프리미엄과 할인

펀드	NAV($)	시장가격($)	프리미엄 또는 할인
Gabelli Utility Trust(GUT)	6.28	7.42	+18.2
BlackRock Hlth Sciences(BME)	38.94	42.40	+9.1
First Tr Spec Fin&Finl(FGB)	7.34	7.62	+3.8
DNP Select Income Fund(DNP)	10.50	10.55	+0.4
First Tr Energy Inc&Gr(FEN)	37.91	35.83	-5.5
ASA Gold & Prec Met Ltd(ASA)	11.24	10.19	-9.3
BlackRock Res&Comm Str(BCX)	11.78	9.93	-15.7
Firsthand Technology Val(SVVC)	29.70	18.59	-37.4

2014년 12월 31일 기준

로 영입하는 데 성공했다. 리가 박사과정에서 나의 행동경제학 수업을 들었을 때 나는 그에게 폐쇄형 펀드를 연구 주제로 제안했다.

찰스가 내 강의를 들으면서 자신의 논문을 마무리했을 즈음, 래리 서머스는 그의 옛 제자 3명과 함께 그들이 언급한 '노이즈 트레이더noise trader'를 주제로 한 몇 편의 논문 중 첫 번째를 막 발표했다. 노이즈 트레이더라는 용어는 피셔 블랙이 처음 사용한 것이다. 그는 미국재무학회 의장으로서 연설하는 동안 '노이즈'라는 말을 '정보'와 반대되는 의미로 사용했고, 이를 금융 분야의 기술 용어로 만들었다. 이콘은 오직 의미 있는 정보가 새롭게 주어졌을 때에만 투자에 대한 선택을 변경하지만, 인간들은 투자 대상 기업에 대한 광고를 보고 흐뭇해하는 것처럼 아무 의미 없는 정보에도 반응한다. 다시 말해 SIF는 바로 그런 노이즈에 불과하며, 블랙과 서머스의 표현대로 노이즈 트레이더는 의미 있는 정보보다 SIF를 기반으로 의사 결정을 내린다.

서머스는 그런 노이즈가 자산 가격에 영향을 미칠 수 있다는 사실을 설명하기 위해 일찍이 아주 다양한 표현을 사용했다. 악명 높은, 하지만 발표되지 않은 그의 한 논문은 이렇게 시작한다.

"저기 멍청이들이 있다. 주위를 둘러보자THERE ARE IDIOTS. Look around."[71] [189]

대학 신입생 시절에 함께 생활했던 3명의 대학원생(브래드 드롱 Brad De Long, 안드레이 슐라이퍼, 로버트 발트만Robert Waldmann)은 서머스와 함께 '멍청이들' 논문을 좀 더 객관적이고 치밀하고 예의 바른 형태로 만들어냈다.[190] 그들이 제시했던 모형은 폐쇄형 펀드를 그들의 모형 이해에 도움을 줄 만한 자산 유형의 사례로 활용했지만, 그들은 실증적인 검증을 시도하지 않았다. 리와 나는 그 간격을 메우기 위해 리의 학기 말 보고서로 그가 했던 연구의 일부를 기반으로 삼을 수 있겠다고 생각했다. 우리는 최근 시카고대학교의 교수진으로 합류한 안드레이 슐라이퍼에게 이번 프로젝트를 함께 하자고 요청했다. 그렇게 해서 나는 리, 슐라이퍼와 폐쇄형 펀드를 주제로 한 논문을 썼고, 여기에서 우리는 이들 펀드와 관련된 퍼즐이 네 가지가 있음을 지적했다.

폐쇄형 펀드가 시작될 때 그것은 일반적으로 거래 가격에 수수료를 7퍼센트나 부과하는 중개인이 판매한다. 하지만 6개월 만에

---

71 내가 발견한 이 논문의 유일한 복사본은 블랙이 서머스에게 팩스로 보냈던 것으로 여기에는 블랙이 손으로 직접 쓴 메모가 포함되어 있다. 'IDIOTS'로 시작되는 부분 옆에 블랙은 이렇게 썼다. "나는 그들을 '노이즈 트레이더'라고 부른다. 그들은 소음을 정보인 것처럼 여기면서 거래한다."

그 펀드는 평균적으로 10퍼센트 넘게 할인되어 거래된다. 첫 번째 퍼즐은 이런 것이다. 6개월 만에 100달러에서 90달러가 될 것으로 예상되는 상품을 왜 107달러나 주고 사는가? 이런 패턴에 대해 벤저민 그레이엄은 폐쇄형 펀드를 "주주들의 관성과 우둔함에 대한 값비싼 기념비다"[191]라고 언급했다. 이는 "저기 멍청이들이 있다"라는 말보다 좀 더 공손한 표현으로, 우리의 첫 번째 퍼즐에 대한 유일한 만족스러운 대답으로 남았다.[72]

두 번째 퍼즐은 앞서 언급했던 할인과 프리미엄의 존재에 대한 것이다. 그 펀드는 왜 보유 가치와 다른 가격으로 거래되고 있는가?

다음으로 세 번째 퍼즐은 할인(그리고 프리미엄)의 형태가 시점과 펀드에 걸쳐 대단히 다양하게 나타난다는 점이다. 이런 점은 할인에 대해 간단한 설명만으로 그냥 넘어갈 수 없도록 만들어준다는 점에서 대단히 중요한 현상이다. 한 가지 설명으로는 펀드가 수수료를 부과하고, 포트폴리오를 잘못 관리할 수 있기 때문에 투자자들에게 보상을 제공하는 차원에서 할인이 필요하다고 주장하는 것이다. 하지만 이런 식으로 설명할 수 있다면 할인의 형태는 왜 그렇게 다양한가? 수수료나 관리는 시점에 따라 크게 변하지 않는다.

마지막으로 네 번째 퍼즐은, 폐쇄형 펀드가 크게 할인되어 판매되는 시점에서 종종 주주들의 압력에 의해 그 형태가 개방형 펀드로 변할 때 가격이 NAV로 수렴하는 현상이다. 이 사실은 순자산 가치를 잘못 계산했을 가능성을 배제한다. 전체적으로 이 네 가지 퍼

---

72 분명하게 말하자면 폐쇄형 펀드에 대한 투자는 할인 가격으로 팔릴 때는 현명한 선택일 수 있지만, 처음으로 발행되어 수수료가 부과될 때는 어리석은 선택이다.

즐은 효율적 시장에 대한 수수께끼를 이룬다.

우리 논문의 주요 목표는 이 퍼즐에 대한 사람들의 관심을 더 많이 끌어모으는 것이었다. 그러나 우리 연구가 핵심적으로 기여한 것은, 할인이 오랜 시간에 걸쳐 다양한 형태로 나타나는 이유에 대해 더 나은 이해를 제시하는 것이었다. 우리는 미국 기반의 폐쇄형 펀드에 대한 중요한 사실을 활용했다. 이런 펀드들의 주요 주주들은 기관 투자자와 반대되는 개별 투자자다. 우리는 개별 투자자들이 이 시장에서 노이즈 트레이더로 행동하고 있다고 생각했다. 그들은 연금이나 재단과 같은 기관 투자자들보다 훨씬 더 변덕스럽고, 그렇기 때문에 우리가 '투자 심리investor sentiment'라고 일컫는 낙관주의적, 또는 비관주의적 분위기 변화에 더욱 취약하다. 우리는 개인 투자자들이 희망적일 때 폐쇄형 펀드의 할인은 줄어들고, 반대로 우울하거나 불안할 때 할인은 더 커질 것이라 예측했다. 이런 접근 방식은 실러가 언급한 사회적 역동성의 정신에 뚜렷하게 드러나며, 투자 심리는 분명하게도 '야성적 충동'의 한 사례다.

이제 '투자 심리를 어떻게 확인할 것인가?'라는 질문을 던져야 한다. 이를 위해 우리는 개인 투자자는 기관 투자자에 비해 중소기업 주식을 더 많이 보유하고 있다는 사실을 이용했다. 기관 투자자는 이런 주식이 거대 투자자가 요구하는 유동성을 충족할 만큼 충분히 거래되지 않기 때문에 중소기업 주식을 기피하는 경향이 있다. 그리고 뮤추얼 펀드 같은 기관은 그들의 고객이 수수료를 이중으로 지불하는 것을 꺼리기 때문에 폐쇄형 펀드나 또 다른 뮤추얼 펀드의 지분을 사지 않는다. 그래서 개별 투자자의 투자 심리가 다양하다면, 우리는 폐쇄형 펀드에서, 그리고 중소기업 대 대기업의 상대적인 성과에서 모두 드러날 것이라 생각했다(중소기업의 주식이 평균적으로 더 좋은 성과를 낸다 하더라도 그 차이는 다양하고, 특정 기간에 대기업의 성과가 중소기업을 앞선다).

그리고 우리는 정확하게 그런 생각을 사실로 확인했다.[192] 폐쇄형 펀드의 평균적인 할인은 중소기업과 대기업의 주식에서 수익률 차이와 상호 연관이 있었다. 할인율이 높을수록 두 유형의 주식 사이 수익률 차이는 더 크게 나타났다. 이런 발견은 빅풋Bigfoot(북미 서부 지역에 사는 것으로 전해진 털북숭이 유인원―옮긴이), 혹은 신화 속 존재로 알려진 생명체의 발자국을 발견한 것과 맞먹는다.

앞서 밝혔듯 폐쇄형 펀드를 주제로 논문을 쓴 것은 우리가 처음이 아니었다. 경제학자 렉스 톰슨Rex Thompson 역시 폐쇄형 펀드를 주제로 논문[193]을 썼고, 여기에서 할인율이 높은 펀드를 사들이는 전략(벤저민 그레이엄 역시 옹호하는)으로 엄청난 수익을 거두어들였음을 확인해주었다. 효율적 시장의 대가이자 영원한 베스트셀러 『시장 변화를 이기는 투자A Random Walk Down Wall Street』[194]의 저자 버턴 맬킬Burton Malkiel 또한 그런 전략을 강조했다. 그럼에도 우리 논문은 몇몇 학자의 기분을 상하게 했고, 특히 연배가 많은 슐라이퍼의 동료이자 노벨상을 수상한 시카고대학교의 금융경제학자 머턴 밀러를 격노케 했다.

지금까지도 나는 우리 논문 중 어떤 부분이 밀러를 그렇게 화나게 했는지 정확히 모른다. 다만 다른 사람들이 과거에 이런 펀드에 대해 많은 글을 썼음에도 그레이엄 이후 처음으로 사과나 변명을 하는 공손한 태도를 보이지 않고서 예외적인 발견을 늘어놓았기 때문일 것으로 추측한다. 오히려 우리는 이를 즐겼다. 그뿐 아니라 우리는 폐쇄형 펀드의 지속적인 할인이라는 또 하나의 현상을 설명하기 위해 '소기업 효과small firm effect'라는 짜증 나는 예외를 활용했다. 이콘에게 그것은 안식일에 일하면서 신의 이름을 함부로 들먹이는 것과 같다.

밀러는 공격적인 태도를 취했다. 우리는 《저널 오브 파이낸스》에 논문을 보냈고, 편집자인 르네 스툴츠René Stulz는 이를 심사위원들에게 전달했다. 다른 한편에서 우리는 밀러가 그 논문을 탈락시키라고 스툴츠에게 로비했다는 사실을 알게 되었다. 그러나 스툴츠는 스스로의 판단으로 우리 논문을 승인했고, 밀러에게는 이 연구 결과에 동의하지 않는다면 논문에 대한 비평을 저널에 제출하는 일반적인 절차를 따르라고 했다.

밀러는 스툴츠의 제안을 받아들였다. 비평을 쓰기 위해 그는 시카고대학교 동료 교수인 나이푸 첸Nai-fu Chen, 대학원생 레이먼드 칸Raymond Kan과 함께 우리 논문에 대한 비평을 제출했다. 밀러는 두뇌가 명석한 사람이었고 그만의 특유한 서사적인 방식으로 그 비평을 썼다. 그들의 글은 이렇게 시작한다.

"찰스 리, 안드레이 슐라이퍼, 리처드 탈러(1991)는 하나가 아니라 오래된 두 가지 퍼즐을 해결하겠노라고 주장했다. 그것은 폐쇄형 펀드의 할인과 소기업 효과를 말한다. 그들의 설명에 따를 때 두 가지 모두는 소액 투자자의 심리라는 똑같은 흐름에 따라 일어나는 것이다. 잘해낼 수만 있다면 그들은 일석이조의 멋진 마술을 보여줄 것이다. 그러나 그것은 불가능한 일이다."[195]

나는 세부적인 논의로 여러분을 지루하게 만들고 싶지는 않다. 그 이야기의 대부분은 기술적인 세부 사항에 대한 것이다. 전통에 따라 우리는 그 저널의 동일 호에 게재하도록 '답장'을 보냈고, 우리 주장을 뒷받침할 새로운 데이터를 보충했다. 그리고 밀러는 이런 시도를 논쟁의 일반적인 규범을 어긴 것으로 받아들였다. 그는 우리 반론에 대한 반론을 주장했고, 이는 전통에 따라 우리가 원 저자로서 마지막 돌을 던져야 함을 의미하는 것이었다.[196]

　당연하게도 마지막 두 반론에서 양측은 자신들의 승리를 선언했다. 누가 이겼는지는 잘 모르겠지만, 우리 논문을 둘러싸고 전례 없이 벌어진 네 번의 논쟁이 많은 사람의 관심을 자극했다는 사실만큼은 분명한 듯하다. 밀러 덕분에 금융경제학자 수백 명이 이 논문을 읽었다는 점에서, 그는 오히려 우리에게 큰 호의를 베푼 셈이 되었다. 그의 도움이 없었더라면《저널 오브 파이낸스》의 많은 독자가 폐쇄형 뮤추얼 펀드를 다룬 이 논문에 그렇게 큰 관심을 보이지는 않았을 것이다. 멋진 싸움만큼 세간의 이목을 집중시키기에 좋은 것은 없는 듯하다.

26

시장은
덧셈과 뺄셈을
할 줄 아는가

— 팜-스리콤 주식에 대한 흥미로운 이야기

머턴 밀러와의 논쟁으로 폐쇄형 펀드에 대한 가장 중요한 사실, 즉 일물일가의 법칙에 대한 명백한 침해라는 점이 묻히고 말았다. 마치 유니콘을 발견해놓고도 그 생명체의 색상을 뭐라고 불러야 할지를 놓고 오랫동안 싸우는 형국과 같았다. 몇 년 뒤 시카고대학교에 합류하고 나서야 나는 그 대학의 오랜 동료인 오웬 라몽Owen Lamont과 함께 일물일가의 법칙을 검토하게 되었다.

그때만 하더라도 라몽은 진정한 행동경제학자는 아니었다. 그는 다만 논란을 불러일으키는 일을 즐기고, 흥미로운 문제를 잘 발견해내는 개방적인 학자였다. 라몽은 미국경제연구소의 주관으로 나와 로버트 실러가 함께 이끌던 행동주의 금융 세미나에 매번 토론자로 참여하고 싶어 했다. 그 행사에는 에너지 넘치는 사람이 많았는데, 라몽은 그중에서도 가장 돋보이는 존재였다. 한번은 거래 당일에 옵션 거래자의 불안 정도를 측정한 논문에 대한 토론에 참여한 적이 있었다. 그 연구에서 활용한 센서 기술은 대단히 세련된 것이었지만, 거기에 참석했던 많은 사람이 그 연구 성과로부터 무엇을 얻을 수 있는지 의아해했다. 이에 라몽은 다음과 같은 짧은 요약으로 논의를 시작했다.

"그 저자들은 거래자들이 나무 블록이라는 가설을 명백하게 거부했습니다."

라몽이 주목한 흥미로운 현상은 스리콤3Com이라는 기업과 관련해 드러난 일물일가의 법칙에 대한 침해 사례였다. 스리콤의 핵심 사업은 이더넷Ethernet 기술을 기반으로 한 네트워킹 컴퓨터였다. 당시 스리콤은 '팜파일럿Palm Pilot'이라는 최첨단 휴대용 컴퓨터를 개발한 기업인 팜Palm을 인수한 상태였다. 1999년 여름에 실리콘밸리의 굵직한 IT 기업의 주가는 1~2개월마다 2배로 증가했지만, 스리콤은 관심을 받지 못한 채 주식가격도 그대로 머물러 있었다. 이에 스리콤 경영진은 주가를 끌어올리기 위한 계획에 착수했는데, 그것은 바로 팜의 지분을 매각하는 것이었다.

2000년 3월 2일, 스리콤은 팜의 지분 중 일부를 대중에게 내놓았다. 분리 공개equity carve-out라고 부르는 이 거래를 통해 스리콤은 팜의 지분 중 약 4퍼센트를 주식 공개로, 약 1퍼센트를 기업 컨소시엄 방식으로 매각했으며 나머지 95퍼센트는 그대로 보유했다.

효율적 시장 옹호자라면 이런 행동 자체를 우려해야 한다. 팜이 스리콤 안에 있는 것과 밖에 있는 것에는 어떤 차이가 있는가? 가격이 '정당'하다면 하나의 기업이 둘로 쪼개진다 하더라도, 그리고 이 경우에는 모기업인 스리콤 경영진에 문제가 발생해 해당 사업부의 발전을 가로막는 일이 벌어지지 않는 한 그 가치가 올라가는 일은 없어야 한다. 또 당연하게도 스리콤 경영진은 그들의 잘못된 경영 방식에서 자유롭게 하기 위해 팜을 분리하는 것이라고 말하지 않았다. 그들은 팜이 모기업의 일부가 아니라 독립된 조직일 때 가치가 더욱 빛을 발할 것이라고만 암묵적으로 언급했다. 스리콤 경영진은 당연하게도 팜이 독립 기업체로서 당시 이베이^eBay, AOL, 아마존^Amazon 같은 매력적인 IT 기업과 같은 평가를 받을 수 있기를 원했다.

하지만 효율적 시장 옹호자들은 스리콤의 이런 시도에 틀림없이 회의적이었을 것이다. 이콘으로만 이루어진 시장에서 스리콤 전체의 가치는 팜의 가치, 그리고 스리콤의 나머지 조직의 가치를 합한 것과 같으며 팜을 전체 조직에서 분리하는 시도가 기업의 전체 가치에 어떤 영향도 미쳐서는 안 된다.

그런데 1990년대 말, IT 기업의 주가를 움직이게 만든 것은 절대 이콘이 아니었다. 당혹스럽게도 스리콤의 팜 주식 매각은 효과를 드러냈다. 1999년 12월 13일, 팜 분사 계획을 처음 발표했을 때 스리콤의 주가는 40달러 선이었다. 하지만 팜에 대한 기업공개가 이루어진 2000년 3월 1일, 주가는 무려 100달러를 넘어섰다. 이는 팜을 분사하기로 한 값비싼 선택에 따른 수익이었던 것이다.

기묘한 이야기는 지금부터 시작된다. 스리콤의 분사 결정 내용은 팜의 지분 중 5퍼센트만 외부 투자자에게 매각하는 것이었다. 그리고 나머지는 그대로 보유했다. 몇 달 후 스리콤은 주주들에게 팜 주식 1.5주를 나누어준다. 바로 여기에서 일물일가의 법칙이 등장한다. 팜의 지분이 매각되고 거래되면서 스리콤 주주들에게는 근본적으로 서로 다른 두 가지 주식이 존재하게 되었다. 스리콤 주식 한 주에는 팜 주식 1.5주에 스리콤의 남아 있는 지분, 즉 금융 이론에서 말하는 '스텁 가치stub value'까지 포함되어 있었다. 합리적인 세상이라면 당시 스리콤 주식의 가치는 팜 주식가격의 1.5배에 스텁 가치를 합한 것과 동일해야 했다.

당시 기업공개 과정에서 팜 주식을 판매했던 투자은행들은 적용해야 할 주식가격을 결정해야 했다. 기업공개에 대한 반응이 점점 더 뜨거워지면서 그들은 가격을 계속 높였고, 결국 38달러로 결정되었다. 그러나 팜 주식이 거래되기 시작하면서 가격은 급등했고, 그날 주가는 95달러를 넘어서면서 마무리되었다. 와우! 투자자들은 분사된 팜의 전망에 열광적인 반응을 보인 것이다.

그렇다면 스리콤의 주가는 어떻게 되었을까? 계산해보자. 스리콤의 주식에는 팜의 주식 1.5주가 포함되어 있었으니 95달러에 1.5를 곱하면 143달러다. 거기에 원래의 스리콤 역시 수익성 있는 사업부를 운영했고, 그렇기 때문에 스리콤 주가는 '적어도' 143달러 이상으로 높아졌으리라고 예상할 수 있다. 하지만 그날 스리콤의 주가는 떨어졌고, 결국 82달러로 마감했다. 이 말은 시장이 스리콤의 스텁 가치를 주당 마이너스 61달러로 평가했다는 뜻이며, 주식 전체를 합하면 마이너스 230억 달러에 이른다. 여러분이 잘못 읽은 게 아니다. 주식 시장은 여전히 수익성 높은 원래의 스리콤 비즈니스의 가치를 마이너스 230억 달러로 평가한 것이다.

금융에서 일물일가의 법칙보다 더 근본적인 원칙이 하나 있는데, 그것은 '주가는 절대 마이너스로 떨어질 수 없다'는 것이다. 주식은 얼마든 그냥 포기해버릴 수 있고, 주주들에 대한 책임은 제

[그림 16] 스리콤 주식의 가격

합리적인 세상에서 스리콤 주식가격은 팜 주식가격의 1.5배에
스리콤의 '스텁 가치'를 더한 것과 같다.

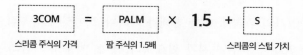

| 3COM | = | PALM | × | 1.5 | + | S |

스리콤 주식의 가격   팜 주식의 1.5배   스리콤의 스텁 가치

하지만 거래가 종료되었을 때 가격은 비정상이었다.
S의 값을 계산해보면 스리콤의 스텁 가치가
마이너스로 나왔다는 사실을 확인할 수 있다.

| $82 | = | $95 | × | 1.5 | + | -$61 |

스리콤 주식의 가격   팜 주식의 1.5배   스리콤의 스텁 가치

한적이기 때문에 주가의 절대적 최저치는 0이다. 가치가 마이너스
100달러로 떨어지는 기업은 없으며, 하물며 마이너스 230억 달러
는 더더욱 불가능한 수치다. 그럼에도 시장은 그런 일이 벌어지는
게 가능하다고 말하고 있었다.

　이제 다른 방식으로 생각해보자. 어떤 이콘이 팜에 대한 투자에
관심을 갖고 있다. 그는 95달러를 내고 팜의 주식 1주를 받을 수도
있고, 82달러를 내고 팜의 주식 1.5주에 스리콤의 지분까지 포함된
스리콤 주식 1주를 받을 수도 있다. 이건 절대 어려운 선택이 아니
다. 더 적은 돈으로 더 많은 주식을 받을 수 있고, 게다가 스리콤의
지분까지 무료로 얻을 수 있는데 왜 팜 주식을 산단 말인가?

이런 사실은 일물일가의 법칙에 대한 명백한 침해다. 실제로 이 일은 너무도 극단적인 사건이었기에 유명 언론을 통해 널리 알려졌다. 그럼에도 스리콤의 스텁 가치는 몇 달 동안이나 마이너스를 기록했다. 어떻게 이런 일이 벌어질 수 있을까?

일물일가의 법칙에 대한 침해가 나타나고 이것이 지속적으로 유지되기 위해서는 두 가지가 필요하다. 첫째, 여분의 자금과 수익성 높은 기업의 주식까지 포함된 주식보다 순수한 팜의 주식을 선호하는 설명하기 힘든 욕망을 지닌 투자자들이 필요하다. 다시 말해 로런스 서머스가 멍청이들이라고 불렀던 노이즈 트레이더들이 있어야 한다. 그리고 가격이 과대평가되었다는 사실을 알면서도 나중에 멍청이들에게 더 높은 가격으로 팔 수 있다는 희망으로 팜의 주식을 사들인다 하더라도, 그게 가능하기 위해서는 역시 멍청이들이 필요하다는 사실에 주목하자.

둘째, 스마트 머니가 가격을 다시 합리적인 수준으로 되돌리지 못하도록 막는 무언가가 존재해야 한다. '합리적인' 투자자라면 팜이 아니라 스리콤 주식을 살 것이다. 하지만 진정한 이콘은 여기에서 한 걸음 더 나아갈 것이다. 이런 상황에서 스마트 머니는 저평가된 스리콤 주식을 사들이고 그에 따른 팜 주식을 공매할 것이다. 그리고 거래가 완료되었을 때 그 투자자는 자신이 받은 팜 주식을 팔고, 그 주식으로 빌린 것을 갚고, 개별 기업으로서 스리콤의 주식 가치만큼 이익을 가져갈 것이다. 이는 절대 실패할 수 없는 거래다.

그러나 이런 정보가 널리 알려졌음에도 사람들은 왜 그렇게 하지 않았을까? 문제는 기업공개에서 아주 적은 수의 팜 주식이 판매된 관계로 이를 빌리려는 사람들의 수요를 모두 충족시킬 수 없었다는 것이다. 즉 공매를 위해 빌리고자 했던 사람들의 수요가 그 주식의 공급을 초과했던 것이다. 이 말은 곧 스마트 머니가 팜과 스리콤의 주식가격 비율이, 스리콤의 주식가격이 적어도 팜의 1.5배가 되는 합리적 균형점에 도달하게끔 기능하지 못했다는 사실을 의미한다.[73]

팜-스리콤 사례는 특별한 것이 아니다.[74] 1923년으로 돌아가보자. 당시 젊은 벤저민 그레이엄은 듀폰DuPont이 GM의 지분을 상당수 보유하고 있었는데, 이상하게도 듀폰의 시장가치가 그들이 가진 GM 지분의 가치와 거의 비슷하다는 사실을 발견했다. 수익성이 대단히 높은 기업이었음에도 듀폰의 스텁 가치는 제로에 근접해 있었다. 이에 그레이엄은 재빨리 듀폰 주식을 사들이면서 GM 주식을 공매했고, 이후 듀폰의 주가가 올랐을 때 큰돈을 벌었다.

하지만 눈치 빠른 투자자들의 이야기가 이처럼 항상 순조롭게 흘러가는 것은 아니다. 합병을 통해 탄생한 로열 더치 셸Royal Dutch Shell의 경우, 두 가지 주식이 오랜 기간에 걸쳐 존재했다. 로열 더치의 주식은 뉴욕과 네덜란드 시장에서 거래되었고, 셸의 주식은 런던에서 거래되었다. 1907년 이 기업을 탄생시킨 합병 계약서에 따

---

[73] 시간이 많았더라면 아마도 빌릴 수 있는 주식을 찾을 수 있었을 것이다. 실제로 당시 시카고 대학교 금융경제학 박사과정을 밟던 한 학생은 팜-스리콤을 기반으로 돈을 벌기로 결심했다. 그는 모든 할인 중개소에 계좌를 개설하고 팜 주식을 빌리기 위해 온종일 돌아다녔다. 팜 주식을 구할 때마다 이를 공매했고, 그 과정에서 투자 위험을 분산하기 위해 스리콤 주식을 매입했다. 몇 개월이 흘러 거래가 종료되었을 때 그는 상당한 수익을 올렸고, 그때 장만한 스포츠카에 팜-모빌이라는 이름을 붙였다. 그의 이야기에서 얻을 수 있는 교훈은, 이런 예외를 이용해 수천만 달러까지는 아니라도 수만 달러는 벌 수 있다는 것이다.

[74] 2014년 중반, 야후가 보유했던 알리바바의 지분이 야후 전체보다 가치가 더 높은 것으로 평가되었다(Jackson, 2014; Carlson, 2014).

르면 수익의 60퍼센트는 로열 더치 주주들에게, 그리고 40퍼센트는 셸 주주들에게 주어지도록 되어 있었다. 여기에서 일물일가의 법칙은 두 종류의 주식가격 비율이 60/40, 혹은 1.5배가 되어야 한다고 말한다.

그렇다면 그 두 주식은 정말 이런 비율로 거래되었을까? 아니다! 로열 더치의 주식은 어떨 때는 30퍼센트나 낮게 거래되었고, 다른 때에는 15퍼센트 더 높게 거래되기도 했다. 아마도 노이즈 트레이더들은 1.5를 곱하는 데 어려움을 겪었던 듯하다. 이런 경우에 현명한 거래라 함은 싼 쪽을 구매하고 비싼 쪽을 공매하는 것이다. 팜-스리콤 사례와 달리 이번에는 두 가지 주식 모두 널리 거래되고 쉽게 빌릴 수 있었다. 그렇다면 스마트 머니가 1.5의 적절한 비율로 주식이 거래될 수 있도록 기능하지 못한 이유는 무엇일까?

기묘하게도 그런 이유는 없었다. 중요한 사실은, 몇 달 안에 끝나게 되어 있던 팜 사례와 달리 로열 더치 셸의 주식가격 불일치 현상은 수십 개월 동안 이어질 수 있었고 실제로도 그랬다는 점이다.[75] 거기에 바로 위험이 있었다. 롱텀 캐피털 매니지먼트Long-Term Capital Management, LTCM 같은 일부 스마트 트레이더들은 발 빠르게 값비싼 로열 더치 주식을 매각하고, 싼 셸 주식을 사들였다.

그러나 그들의 이야기는 해피엔딩이 아니었다. 1998년 8월, 아

---

[75] 1990년대 언젠가 이 이야기를 대형 연기금의 CEO에게 들려주었을 때, 그는 스마트 머니가 싼 쪽을 매입했을 것이기 때문에 내가 잘못 알고 있는 것이라고 말했다. 나는 이렇게 대답했다. "정말 그럴까요? 당신의 연기금에서 더 비싼 주식을 수백만 달러나 보유하고 있던 것으로 알고 있습니다만." 그러고는 거한 저녁을 내기로 제안했다. 현명하게도 그는 내 제안을 거절했다. 그 연기금의 펀드는 부분적으로 S&P 500과 연동되어 있었고, 이는 당시 프리미엄 가격에 팔리던 더치 쪽 주식을 포함하고 있었다.

시아 금융 위기와 러시아 채무불이행 사태로 LTCM을 포함한 다른 헤지펀드는 손실을 기록했고, 이로 인해 로열 더치 셸 주식을 포함해 포지션을 줄여야 할 필요가 있었다. 그리고 당연하게도 LTCM 뿐 아니라 많은 헤지펀드가 로열 더치 셸 주가의 예외적 현상을 발견했다. 이들 역시 러시아와 아시아에서 손실을 기록하고 있었다. LTCM이 로열 더치 셸에 대한 투자를 줄이고자 했을 무렵, 다른 헤지펀드도 같은 입장을 취했고, 이런 상황은 그들 모두에게 불리하게 작용했다. 즉 비싼 쪽이 '더욱' 비싸진 것이다. 그리고 몇 주 후 LTCM은 이로 인해, 그리고 상황이 나아지기 전에 다른 '차익 거래' 기회마저 놓치면서 결국 무너지고 말았다.[197]

LTCM의 사례는 안드레이 슐라이퍼와 종종 그의 공저자로 함께 했던 로버트 비시니가 '차익 거래의 한계limits of arbitrage'라고 언급한 개념을 잘 설명해준다. 실제로 그 사건이 벌어지기 1년 전인 1997년에 이런 주제를 갖고 발표한 논문[198]에서 두 사람은 LTCM의 실제 이야기와 대단히 비슷한 가상의 상황을 구체적으로 묘사했다. 주가가 자금 관리자들에게 불리한 방향으로 움직이고 투자자들이 자신의 돈을 도로 인출하고자 할 때, 가격은 그들에게 더욱 불리한 방향으로 나아가고 이런 흐름은 결국 악순환으로 이어진다. 여기에서 우리가 얻을 수 있는 핵심적인 교훈은, 가격은 제대로 작동하지 않을 수 있으며 스마트 머니가 그런 상황을 항상 바로잡지는 못한다는 사실이다.

—

라몽과 나는 팜-스리콤 이야기를 주제로 「시장은 덧셈과 뺄셈을 할 줄 아는가Can the Market Add and Subtract?」라는 다소 자극적인 제목의 논문199)을 썼고, 이를 시카고대학교에서 열린 금융 워크숍에서 발표했다. 워크숍이 끝나갈 무렵 유진 파마는 이 같은 사례와 폐쇄형 펀드의 중요성에 대한 질문을 던졌다. 그는 이들이 상대적으로 비중이 낮은 금융 자산에 불과하다는 점을 지적했다. 그렇기 때문에 그런 현상들은 효율적 시장 가설과 모순을 이루고는 있지만 우려할 정도로 규모가 큰 것은 아니라고 주장했다.

나는 금융 분야에서 이런 특수한 예외들이 유전학자들이 말하는 초파리와 같은 존재라고 생각한다. 초파리는 거시적 관점에서 특별히 중요한 종은 아니다. 그럼에도 신속하게 번식하는 그들의 탁월한 능력 덕분에 지금까지 과학자들은 어려운 질문에 관련된 다양한 실험을 할 수 있었다. 바로 이런 차원에서 이런 예외들은 금융의 초파리와 같은 존재인 것이다.

이런 사례들은 내재 가치에 대해 이야기할 수 있는, 대단히 드문 상황을 제공한다. 우리는 스리콤이나 팜의 가격이 어떻게 형성되어야 한다고 주장할 수는 없다. 하지만 분할한 후 스리콤의 주식가격이 적어도 팜의 1.5배가 되어야 한다고 단언할 수 있다. 이 같은 사례들에 대해 나는 우리가 시장가격의 실패라는 거대한 빙산의 일각만 본 것이라 주장했다. 하지만 파마는 우리가 본 게 빙산의 전부라고 한 것이다.

이런 사례들이 의미하는 바는 무엇일까? 이처럼 투명하게 드러나는 사례 속에서 일물일가의 법칙이 무너지고 있다면 우리는 가격 불일치 현상이 시장 전반에 걸쳐 일어나리라고 확신할 수 있다. 1990년대 후반에 인터넷주를 중심으로 불거진 거품 논쟁을 떠올려보자. 당시에도 그리고 지금도 기술주의 가격이 지나치게 높았던 것이라는 사실을 증명할 방법은 없다. 하지만 팜-스리콤 같은 사례에서 시장이 가격을 바로잡지 못했다면 기술주가 큰 비중을 차지하는 나스닥 지수 역시 가격 실패의 예외가 될 수 없을 것으로 보인다. 팜-스리콤의 주식 거래에서 비싼 쪽이 매력적인 팜 사업부였고, 싼 쪽이 다소 활기가 떨어진 스리콤 모기업이었다는 사실은 결코 우연으로 보이지 않는다. 매력적인 기술주와 생기 없는 기존 산업의 주식가격 상승을 비교할 때, 우리는 이와 똑같은 이야기를 할 수 있을 것이다.

그렇다면 나는 어디서부터 효율적 시장 가설을 비판할 수 있을까? 우선 세상이 어떻게 돌아가야 하는가에 관련된 '규범적' 기준으로서 효율적 시장 가설은 대단히 유용하다는 점을 강조할 필요가 있겠다. 이콘이 모여 사는 세상에서 나는 효율적 시장 가설이 진리임을 믿는다. 또 합리적 모형을 출발점으로 삼지 않고 행동 금융에 대해 논의하는 것은 불가능한 일이다. 합리적 기준이 없다면 잘못된 행동을 발견해낼 예외도 없을 것이다. 게다가 실증적 연구의 이론적 기반으로 삼을 수 있는, 자산 가격에 대한 기본적인 행동 이론도 없을 것이다. 어떤 주제에 대한 논의를 진행하기 위해서는 반드시 출발점이 필요하고, 여기서 효율적 시장 가설은 우리에게 주어진 최고의 출발점이다.

하지만 자산 시장에 대한 '기술적' 모형으로서 효율적 시장 가설에 대한 내 평가는 다소 엇갈린다. 이 가설을 이루는 두 가지 구성 요소 중 정치 후보자의 공약을 판단하기 위해 종종 사용하는 기준을 적용하자면 '공짜 점심은 없다'라는 말은 '대부분 진실'이라고 인정하고 싶다.

물론 예외가 있다. 시장은 때로 지나치게 민감하게 반응했다가 때로 둔감하게 반응하기도 한다. 그럼에도 공격적인 자금 관리자들이 시장을 이길 가능성은 여전히 남아 있다. 그리고 로열 더치 셸과 LTCM 사례에서 확인할 수 있듯 투자자들이 가격 오류 현상을 '분명히' 인식할 때도 그런 현상은 오랫동안 지속될 수 있으며, 심지어 더욱 악화될 여지도 있다. 이에 대해 스스로 똑똑하다고 생각하고 명백한 가격 오류를 이용해 돈을 벌고자 하는 투자자들은 마땅히 경계해야 한다. 돈을 버는 일은 가능하지만 결코 쉽지는 않다.[76] 효율적 시장 가설이라는 복음을 받아들이고 저비용 인덱스 펀드에 투자하는 투자자들을 그런 선택을 했다고 해서 비난할 수는 없을 것이다.

나는 효율적 시장 가설 중 '가격은 정당하다'라는 부분을 좀 더 부정적으로 본다. 많은 중요한 문제에서 이는 중요한 요소로 작용한다. 이는 완전히 잘못된 명제인가? 분명하게도 피셔 블랙은 노이즈에 대한 논문에서 이렇게 말한다. "우리는 효율적 시장을 가격이 2라는 인수factor의 내부에 위치하는, 다시 말해 가치의 2분의 1을 넘고, 2배 미만인 범위에 가격이 형성된 시장으로 정의할 수 있다. 물론 여기에서 2라는 숫자는 임의적인 것이다. 비록 직관적인 생각

---

76 좀 더 자세한 설명은 이렇다. 투자자들의 행동 편향이 가격 오류를 발생시킨다는 사실을 깨달은 1998년 이후, 나는 미국 주식 시장에 투자하는 풀러 앤드 탈러 에셋 매니지먼트Fuller and Thaler Asset Management라는 자금 운용 기업에서 파트너로 활동해오고 있다. 아직도 이 비즈니스를 그대로 운영하고 있다는 사실은 행동 금융을 기반으로 성공적으로 시장을 이겼거나, 운이 좋았거나, 아니면 둘 다라는 의미다.

이기는 하나 가격의 불확실성, 그리고 가격이 가치로 회귀하려는 경향을 감안할 때 내게는 합리적인 것으로 보인다. 이런 정의에 따른다면, 나는 모든 시장이 거의 대부분 효율적이라고 생각한다. 여기서 '거의 대부분'이란 90퍼센트 이상이라는 뜻이다."[200]

'90퍼센트 이상'이 '거의 대부분'에 대한 만족스러운 정의인지 확신이 서진 않지만 더 중요한 사실은, 내가 보기에 2라는 인수는 시장을 효율적이라고 정의하기에는 지나치게 광범위한 기준이라는 것이다.

부동산 거품이 꺼지는 동안 당시 건축된 주택의 가치가 정점을 기준으로 반 토막이 나버린 상황을 떠올려보자. 그때 주택을 산 사람들은 거품이 일었던 기간에 주택 시장이 효율적으로 기능했다는 평가에 절대 동의하지 않을 것이다. 게다가 블랙은 IT와 부동산 시장에서 거품이 일어나기 전인 1996년에 세상을 떠났다. 만일 그가 지금도 살아 있다면 자신의 정의를 '3이라는 인수 내부'로 수정해야 했을 것이다. 나스닥 지수는 절정을 이룬 2000년부터 바닥을 친 2002년에 이르기까지 그 가치의 3분의 2 이상이 사라졌고, 그런 추락은 초기 과열 현상 때문이었다(이에 대해 인터넷을 비난할 수는 없는 노릇이다).

내가 내린 결론은 다음과 같다. 가격은 종종 오류를 범하고 때로 심각한 수준에 이른다. 게다가 가격이 기본 가치를 큰 폭으로 벗어날 때 자원 분배에 심각한 문제가 발생할 수 있다. 예를 들어 주택 가격이 전국적으로 급등한 미국의 경우 특정 지역에서는 특히 높은 주택 가격 상승률과 역사적인 수준의 가격 대 임대 비율 현상이 나타났다. 주택 소유자와 대출 기관이 모두 이콘이었다면 그들은 이를 경고의 신호로 받아들이고, 조만간 주택 가격이 하락할 것임을 예측했을 것이다. 그러나 실러의 연구 결과에 따르면 이런 지역을 중심으로 주택 가격의 미래 가치에 대한 기대가 가장 낙관적으로 나타났다. 평균 회귀를 내다보는 대신, 사람들은 그런 상승세가 영원히 지속될 듯 여긴 것이다.

더 나아가 합리적인 대출 기관이라면 대출 조건을 더욱 엄격하게 조정했어야 할 상황에서 정반대로 행동했다. 대출은 원금 상환 조건이 전혀 없거나 아주 낮은 조건으로 이루어졌고, 은행들은 주택 구입자의 신용 등급에 거의 주의를 기울이지 않았다. 이와 같은 '허술한 대출'[201]이 거품의 성장을 가속화했고, 이런 상황에서 정책 결정자들은 전혀 개입하지 않았다. 이런 이야기는 시장 효율성에 대한 연구에서 이끌어낼 수 있는 중요한 교훈 중 하나다. 정책 결정자들이 이와 같은 상황을 가격은 언제나 정당하다는 신념을 지닌 채 바라본다면 예방적 조치를 취할 필요성을 느끼지 못할 것이다. 반면 거품은 언제든 일어날 수 있고, 민간 분야가 그런 과열 현상을 부추길 수 있다는 사실을 인정한다면, 정책 결정자들은 어떤 방식으로든 그 흐름에 맞서기 위해 노력할 것이다.

전 세계 중앙은행은 금융 위기에서 경제를 살려내기 위해 적극적으로 조치를 취했어야 했다. 이런 노력에 가장 많은 불만을 드러낸 사람들은 앞으로 닥칠 또 다른 재앙의 위험을 낮추기 위한 상대적으로 가벼운 정책에도 반대할 것이다. 그것이야말로 비합리적인 태도다.

VII

인간만큼 흥미로운
존재는 없다

지금은 부스 비즈니스 스쿨로 불리는 시카고대학교 경영대학원 임용을 위한 일종의 면접으로, 나는 금융 분야의 여러 교수와 함께 점심 식사를 하게 되었다. 비즈니스 스쿨 건물을 빠져나와 식당이 있는 교수 클럽으로 걸어가는 동안, 건물 바로 오른쪽 인도에 20달러짜리 지폐가 떨어져 있는 것을 보았다. 나는 자연스럽게 지폐를 집어 들었는데, 모두 웃음을 터뜨렸다. 그들은 내게 시카고대학교 경제학자는 길거리에서 절대 20달러짜리 지폐를 줍지 않는다는 오랜 농담이 있다고 말했다. 그게 진짜 지폐라면 이미 누군가가 집어 갔을 것이기 때문이다. 공짜 점심, 그리고 공짜 20달러짜리 지폐는 없다. 하지만 나와 같은 이단자에게 20달러짜리 지폐는 허리를 숙이는 수고를 할 만한 가치가 충분했다.

나를 임용하는 것을 두고 경영대학원에서는 논란이 있었다. 비록 내 전공이 금융 분야는 아니었지만, 밀러는 틀림없이 그 소식을 달가워하지 않았을 것이다. 대신 나는 주로 심리학자로 이루어진 행동과학 그룹에 합류할 예정이었다. 여기에서 나는 그전부터 최고 비즈니스 스쿨에 마땅히 있어야 한다고 오랫동안 생각해온, 탄탄한 훈련 과정을 밟아온 행동과학자 집단을 구축하는 기회를 가질 수 있을 것이라 생각했다. 그리고 그 과정에서 깊이 알지 못했던 심리학 분야에 대해 더 많은 것을 배울 수 있을 것이라 기대했다.

당시 내 임용과 관련해 교수진 내부에서 오간 논의에 대해 알아볼 생각은 없었다. 그런데 내가 도착하고 나서, 한 잡지 기자가 밀러와 파머를 인터뷰하는 자리에서 왜 나와 같은 이단자를 받아들이려 하는지 물었다는 이야기를 들었다. 나와 항상 좋은 관계를 유지하던 파머는 농담조로 그들이 나를 밀착 감시하기 위해 가까이 두려는 것이라고 대답했다. 기자는 밀러를 좀 더 강하게 밀어붙였고 특히 내 임명에 반대하지 않은 이유를 물었다. 대답하기에는 노골적인 질문이라 밀러는 그냥 이렇게 넘겨버릴 수도 있었을 것이다.

"제가 관여할 바가 아니죠."

그러나 그는 "모든 세대는 자신만의 실수를 저지르기 마련이기 때문에" 내 임용을 막지 않았다고 답했다. 나는 그렇게 시카고에 입성했다.

27

법경제학
콘퍼런스와
시카고의 반역자들
— 코즈 정리와 개입주의

1994~1995년에 나는 MIT 경영대학원인 슬론 스쿨^{Sloan} School of Management에서 마케팅 교수로 재직 중이던 프랑스 르클레르 France Leclerc와 시간을 보내기 위해 그 학교에 객원교수로 머물렀다. 그 기간에 우리 둘 다 시카고대학교 경영대학원에 교수로 임용되었고, 이후 결혼했다.[77]

MIT에 머무르던 당시, 나는 올레이 애셴펠터(엘다 샤퍼와 함께 심리 계좌를 연구하는 과정에서 그의 와인 뉴스레터를 사용하도록 허락해준 경제학자)에게 전화를 받았다. 그는 당시 자신이 조직을 맡고 있던 콘퍼런스에서 행동경제학을 법학 분야에 적용하는 시도와 관련한 연설을 해

---

[77] 르클레르는 현재 전공 분야를 마케팅에서 사진으로 전환했다. 지극히 편향적인 관점에서 말하자면 그녀의 사진은 대단히 가치 있는 작품이다. francleclerc.com에서 직접 감상하시길.

줄 수 있는지 물었다.

"우리는 와코노믹스wackonomics 같은 게 필요합니다."

나는 애션펠터에게 대단히 흥미로운 주제이기는 하지만, 아쉽게도 법률 분야에 대해 아는 게 없다고 말했다. 대신 그 분야에 해박한 다른 학자를 물색해서 보내주겠다고 했다. 내가 생각한 최고의 후보는 우리의 첫 여름 캠프에 참가했던 크리스틴 졸스였다. 그녀는 하버드에서 법학으로, MIT에서 경제학으로 박사 학위를 받았고 대단히 성실했다. 내 제안에 졸스는 자신만만해했다. 다루어야 할 주제를 놓고 이런저런 이야기를 주고받는 동안 우리는 수준 있는 강의에 필요한 재료가 충분하다는 것을 확인했다. 나는 애션펠터에게 그의 초청을 받아들이겠노라고 답했다. 우리의 기본적인 목적은 최근 행동경제학에서 드러나는 새로운 발견을 수용하기 위해 법경제학law and economics 분야가 어떻게 달라져야 하는가 논의하는 것이었다.

법경제학 분야의 전통적인 접근 방식은 전적으로 이콘 모형에 기반을 두고 있었다. 이 분야의 많은 두꺼운 논문은 최선의 결과를 얻기 위해서는 시장이 스스로 힘을 발휘하도록 내버려두어야 한다는 결론을 내리고 있었다. 그리고 다양한 논의는 일종의 보이지 않는 속임수를 암묵적으로 가정했다. 우리는 그런 논의로 행동경제학의 핵심 요소를 끌어들여 논의의 흐름이 어떻게 달라지는지 관찰하고자 했다. 이를 위해 나는 그 핵심 요소, 즉 제한된 합리성, 제한된 의지력, 제한된 이기심을 일컫는 교수법적 도구인 '세 가지 한계three bounds'를 사용하기로 했다. 법경제학 분야에서는 그때까지도 이런 인간의 특성이 전적으로 무제한적인 것으로 가정했다.

결국 나는 그 콘퍼런스에 참석하지 못했고, 졸스 혼자 연설해야 했다. 하지만 우리가 생각하기에 당시의 논의는 논문 한 편으로 정리할 만큼 가치가 있었다. 우리 두 사람은 일단 새로운 자리에 정착하고 나서 그 주제를 가지고 부지런히 연구하기로 했다. 당시 졸스는 하버드 로스쿨에 자리 잡고 교수진으로 합류할 예정이었고 나는 시카고로 넘어가 있었다.

스타들은 뜻밖의 기회로 만나게 된다. 시카고에 도착한 뒤 경영대학원 밖에서 처음 만난 교수는 로스쿨에서 학생들을 가르치고 있던 캐스 선스타인이었다. 선스타인은 대니와 함께 공동으로 연구한 적이 있었고, 행동경제학 분야에도 지대한 관심을 갖고 있었다. 법학의 세상에서 선스타인은 록스타 같은 존재였다. 그의 공식적인 전문 분야는 헌법이었지만, 그는 법학의 거의 전 분야에 걸쳐 논문과 책을 쓰면서 널리 인정받았다. 우리는 몇 번 점심을 함께 먹었고 쉽게 의기투합하게 되었다. 선스타인의 뜨거운 열정은 나를 끌어당겼고, 그의 백과사전에 필적할 방대한 지식은 입이 떡 벌어질 정도였다.

그러던 어느 날, 나는 졸스에게 행동법경제학 연구 프로젝트에 선스타인을 끌어들이자고 제안했다. 그를 설득하는 일은 그리 어렵지 않았다. 선스타인이 우리 연구 팀에 들어온다는 것은 여러분이 감독으로 있는 축구 팀에 메시가 들어오는 것과도 같다. 이제 우리 팀은 달려가기 시작했다. 선스타인의 엄청나게 빠른 속도를 따라잡아야 했기 때문이다.

우리 셋은 단 몇 달 만에 논문 「법경제학에 대한 행동적 접근 방식A Behavioral Approach to Law and Economics」 초안을 완성했다. 내가 쓴 논문 중 가장 긴 것이었다. 법학 세계에서 논문은 길면 길수록 더 좋고 주석에는 한계가 없었다. 이 논문[202]은 총 76쪽에 220개의 주석을 달고 출판되었는데, 그나마 분량에 대해 내가 끊임없이 불평을 해댔기 때문에 줄어든 것이었다.

출판을 위해 원고를 가다듬는 동안 나는 법학 세계에서 논문을 발표하는 절차는 경제학 세계와는 완전히 다르다는 사실을 알게 되었다. 경제학 세계에서는 한 번에 하나의 학술지에만 논문을 제출해야 했다. 거절당하고 난 뒤에야 다른 곳에 보낼 수 있었다. 반면 법학 세계에서는 한꺼번에 여러 학술지에 보내는 것을 용인했다. 그래서 우리도 그렇게 했다. 가장 먼저 채택 의사를 밝혀준 곳은 《스탠퍼드 로 리뷰Stanford Law Review》라는 곳이었고, 이어서 여러 학술지가 관심을 보였다.

주도권이 우리에게 있었으니 한 가지 요청을 하기로 했다. 편집자들은 우리 논문을 원했고, 그 논문은 틀림없이 논란을 불러일으킬 것 같았다. 그래서 우리 논문에 대한 법경제학 분야의 대표적인 인물의 비평을 함께 게재하고, 이에 대해 우리가 재반론을 내놓는 방식을 취하면 어떨까 생각했다. 나는 밀러 무리와 벌인 논쟁이 어떻게 폐쇄형 펀드를 주제로 한 논문에 많은 사람이 관심을 기울이도록 자극했는지를 염두에 두었다. 이번에도 비슷한 상황을 연출할 수 있을 것이라 기대했다.

비판적인 논평을 제시해줄 것으로 기대한 인물은 리처드 포스너Richard Posner였다. 포스너는 많은 학자가 현대 법경제학의 창시자라 인정하는 인물이다. 그는 그 분야에서 중요한 논문을 쓰고 수차례 수정했다. 포스너는 법경제학을 정초하면서 법학을 기반으로 표준적인 경제학 사고방식을 도입하는 접근 방식을 취했다. 법경제학 분야는 처음부터 전통적인 시카고 방식의 경제학에 기반했고, 포스너 역시 우리가 또 다른 대안을 제시하고 있던 접근 방식에 상당히 투자한 상태였다.

우리는 포스너가 우리 접근 방식에서 많은 비판 거리를 발견할 것이며, 재빨리 반론할 것으로 예상했다. 시카고 제7항소법원(연방 대법원 바로 아래 단계) 판사이자 파트타임으로 법학 교수직을 맡고 있던 포스너의 연구 생산성은 전설적인 수준이었다. 경제학자 로버트 솔로Robert Solow는 그를 다음과 같이 생생하게 표현했다.

"포스너는 숨 쉬는 것처럼 글을 쓴다."[203]

우리의 긴 논문에 대한 비평을 쓰는 작업 역시 그에게는 그리 시간이 많이 걸리는 일이 아닐 것이다.

포스너가 우리 논문을 어떻게 바라볼지 대략 예상했지만, 논문의 어떤 부분에 가장 극렬하게 반대할지는 시카고대학교 로스쿨에서 그 논문을 발표하기 전까지 정확히 알 수 없었다. 그런데 그날 아침, 논문에 대한 비평을 담은 포스너의 편지가 도착했다. 한 면에만 글을 쓴 여러 장의 편지에서 포스너는 대단히 비판적이면서 지극히 감정적이었다. 그는 우리가 발표하는 동안 잠자코 자리를 지키기 위해 미리 글을 쓰는 것이라고 밝혔다. 많은 사람이 앞다투어 발언하고자 하리라는 사실을 그도 예상했던 것이다. 그는 틀림없이 그 편지가 효과적인 서약 역할을 할 것이라 기대했을 것이다.

그날의 논의에 대해 본격적으로 설명하기에 앞서, 배경 설명이 좀 필요할 것 같다. 포스너를 비롯해 그와 같은 세대에 속하는 많은 학자가 법경제학 운동을 시작했을 무렵, 다수의 법학자가 그들의 연구 결과에 불편한 심기를 드러냈다. 하지만 사실 그들에게는 치열한 논쟁을 이어가기 위한 경제학 훈련이 부족했다. 당시 공식적인 경제학 교육을 받은 몇몇 법학과 교수는 이콘 모형을 기반으로 하는 전통적인 접근 방식을 받아들였다. 한편 그런 논문의 결론에 이의를 제기하고자 했던 법학자들은 "이해를 못하신 것 같은데"라고 거들먹거리며 그들의 반론을 일축할 법경제학 집단에 맞서 링에 올라간다면 흠씬 두들겨 맞을 것이라 생각했다. 그 결과, 그날 워크숍에 참여한 일부 학자들은 포스너와 마찬가지로 그들의 오랜 종교를 수호하고자 한 반면, 또 다른 이들은 악당에 맞선 약자가 점수를 따기를 (묵묵히) 응원했다.

선스타인과 졸스는 내가 논문을 발표하길 기대했다. 두 사람은 논쟁 경험에서 내가 유리하다고 주장했다. 물론 그건 그들의 생각이었다. 둘은 가까이 붙어 앉아 있었는데, 내가 계속 바라보면 마치 테이블 아래로 숨어들 것 같았다. 나는 청중에게 일반적인 법경제학은 사람들이 올바른 믿음을 갖고 있고 합리적으로 선택한다고 가정한다는 사실을 상기시키며 시작했다. 그런데 그게 아니라면? 그렇다면 법경제학은 어떻게 달라져야 할 것인가?

우리는 논문에서 시카고 경찰이 시도한 새로운 정책을 사례로 제시했다. 일반적으로 주차 딱지는 자동차 전면 유리 아래 와이퍼에 끼워놓는다. 그러나 시카고 경찰은 밝은 오렌지색 종이에 인쇄한 주차 딱지를 운전자 옆자리 창문에 접착 물질로 붙이는 방법을 썼다. 그렇게 하면 행인들은 그 딱지의 정체를 더 쉽게 알아차릴 수 있다. 추가 비용은 거의 없이, 다만 딱지의 정체에 대한 사람들의 인식을 높임으로써 불법 주차를 하려는 사람들의 시도를 억제한다

는 점에서 이 새로운 정책은 행동적 관점에 기반을 둔 현명한 선택
이라고 언급했다.[78]

이 사례는 심오하거나 논쟁을 불러일으킬 만한 소재는 아니었
다. 하지만 법경제학에서 지혜를 얻은 일부 학자는 사람들이 특정
범죄를 저지르다가 붙잡힐 가능성 등과 관련해 올바른 생각을 갖고
있으며, 이익과 손실을 따져봄으로써 불법 주차에서 은행털이에 이
르기까지 범죄를 저지를지 여부를 결정한다고 믿는다는 사실을 상
기하자. 실질적인 적발 가능성을 높이지 않고서도 주차 딱지의 색
상과 그것을 붙이는 위치를 바꾸는 것만으로 적발 가능성에 대한
사람들의 인식을 변화시킬 수 있다면, 이보다 더 중대한 범죄에 대
해서도 같은 시도를 할 수 있을 것이다. 이런 생각은 사실 지극히
이단적인 것이다.

포스너는 5분 동안 가만히 있었지만 그 이상은 참지 못했다. 그
는 느닷없이 이렇게 질문을 던졌다.

"왜 진화를 무시하죠? 진화생물학은 최후통첩 게임에서 작은 제
안을 거절하거나 매몰 비용을 무시하는 것처럼 이 논문에서 소개하
는 많은 이상한 행동을 설명하지 않았던가요? 이와 같은, 그리고 우
리의 모든 다른 '인지적 기묘함cognitive quirk(교묘하게 경멸의 의미를 담아
그가 줄곧 사용하는 표현)'을 진화로 설명할 수 없습니까?"

그의 생각에 따를 때 인간이 매몰 비용에 신경 쓰도록 진화했다
면, 혹은 최후통첩 게임에서 부당한 제안을 거부하도록 진화했다

---

78   나중에 우리는 이를 '넛지'라고 부르게 되었다.

면, 그런 행동은 어떤 점에서 분명 우리에게 도움이 되는 것이며, 그렇기 때문에 합리적이다. 정말 그렇다면 문제는 모두 해결된다. 이에 대해 나는 창조론자가 아니며 진화를 과학적 사실로 인정한다고 밝혔다. 그리고 우리가 이야기를 나누고 있는 인간의 행동에서 다양한 측면이 진화에 뿌리를 둔다는 주장을 의심하지 않는다는 말도 덧붙였다. 그러나 진화론을 진리로 받아들인다고 해서 그것이 경제학 분석에서 두드러지게 중요한 역할을 해야 한다는 의미는 아니라고 지적했다(아모스는 소유 효과를 전혀 보이지 않는 종이 살았지만, 지금은 모두 멸종했다는 농담을 종종 하곤 했다).

더 나아가, 행동경제학의 핵심은 표준적인 합리적 모형과 상충하는 예외적인 행동을 집중적으로 조명하는 일이다. 사람들이 매몰 비용에 신경 쓴다고 설명하기 위해 기존 모형을 수정하지 않는 한, 그 모형은 계속 엉뚱한 예측을 할 것이다.

바로 이 지점에서 포스너는 폭발했다. 그는 체념한 듯한 표정으로 이렇게 외쳤다.

"당신은 완전히 비과학적이군요!"

나는 평정심을 끝까지 유지하기로 마음먹었기에 그의 호통에 웃음을 지어 보이며 이렇게 말했다.

"네, 다음?"

그러고는 다음 이야기로 넘어갔다. 논쟁거리가 될 만한 소재는 많이 남아 있었고, 고함치기 대회에 휘말려들 생각은 없었다. 특히 저 연방 판사하고는!

이번 논쟁의 최대 쟁점은 코즈 정리Coase theorem 개념에 대한 것이었다. 코즈 정리는 그 개념을 처음 제시한 로널드 코즈Ronald Coase의 이름을 딴 것으로 그는 오랫동안 시카고대학교 로스쿨 교수로 재직했다. 이 정리는 쉽게 설명할 수 있다. 거래 비용이 없는 환경에서, 즉 사람들이 서로 쉽게 거래할 수 있는 상황에서 자원은 언젠가 가장 가치 있게 활용되는 쪽으로 흘러간다는 것이다.[79]

그 논리는 간단하다. 코즈의 설명을 따라가면서 간단한 수학 사례로 설명해보자. 알렉사와 줄리아라는 대학 룸메이트가 있다. 줄리아는 조용하고 학구적인 반면, 알렉사는 에너지가 넘쳐 공부를 하면서도 시끄러운 음악을 즐겨 듣는다. 그리고 이는 종종 줄리아를 짜증 나게 만든다. 줄리아는 이런 문제를 해결할 권한이 있는 기숙사 생활 사감 할리를 찾아가 항의했다. 할리에겐 두 가지 선택권이 있었다. 알렉사에게 원하는 대로 음악을 크게 틀어놓을 수 있는 권리를 부여하거나, 줄리아에게 특정 시간 조용함을 즐길 권리를 주는 것이다.

여기에서 코즈의 정리는 강력하고 놀라운 예측을 한다. 그것은 할리의 선택이 알렉사가 얼마나 많이 음악을 틀어놓을 것인가에 대해 아무런 영향을 미치지 못할 것이라는 점이다. 중요한 사실은, 이 문제가 줄리아가 시끄러운 음악을 싫어하는 것보다 알렉사가 그것을 더 좋아하는지에 달려 있다는 것이다. 이런 예측은 다소 놀라운 것이기는 하지만 그 논리는 단순하다.

가령 알렉사가 시끄러운 음악을 듣기 위해 매일 밤 5달러를 지

79　코즈 정리에서 거래 비용이 없다는 것과 더불어 또 하나의 중요한 가정은, 거래 규모가 당사자의 전체 부에 비해 상대적으로 '작아야' 한다는 것이다. 이번 논의에서 그 가정은 고려하지 않았다.

불할 의사가 있고, 줄리아는 조용함을 즐기기 위해 매일 밤 3달러를 지불할 의사가 있다고 해보자. 할리가 줄리아에게 조용함을 누릴 권리를 부여한다면, 코즈 정리에 따라 알렉사는 줄리아에게 3~5달러에 해당하는 돈을 주고 음악을 들을 권리를 사고자 할 것이며, 줄리아는 이를 받아들일 것이다. 돈 거래가 없는 상태에서 알렉사가 음악을 듣지 못하는 것보다, 이런 거래를 통해 두 사람은 더 행복해질 수 있다. 그렇기 때문에 그들은 결국 그 거래에 동의할 것이다. 반대로 알렉사에게 시끄러운 음악을 들을 권리를 부여한다면 줄리아는 알렉사에게 음악을 멈출 정도의 금액을 주려고 하지는 않을 것이다. 그것은 알렉사가 음악을 사랑하는 것보다 조용함을 덜 사랑하기 때문이다. 그렇다면 어떠한 경우든, 줄리아는 조용한 환경에서 공부하기 위해 다른 장소를 물색해야만 할 것이다.

이런 결과가 법학 분야에서 중요한 이유는 이렇다. 판사들은 주로 특정한 권리가 누구에게 있는지 결정하지만, 코즈 정리에 따를 때 거래 비용이 낮다면 판사의 결정은 어떤 경제활동이 일어날 것인지와 관련해 실질적인 영향력을 행사하지 못한다. 다만 누가 지불해야 하는지만 결정할 뿐이다. 이런 연구 결과를 소개하는 논문 「사회적 비용의 문제The Problem of Social Cost」[204]는 시대를 막론하고 가장 많이 인용된 경제학 저작이다. 지금까지 설명한 이야기는 실질적인 경제적 합의에 이르는 두 당사자의 거래 비용이 무시할 수 있을 정도로 작다는 구체적인 가정에 기반을 둔다. 이에 대해 코즈는 솔직하게 인정했다.

"물론 대단히 비현실적인 가정이다."[205]

그러나 코즈 정리에 대한 많은 적용 사례가 이런 코즈의 경고를

[그림 17]

A: 코넬대학교 머그잔을 얼마나 가치 있게 생각하는지를 기준으로
학생들을 나열한다.

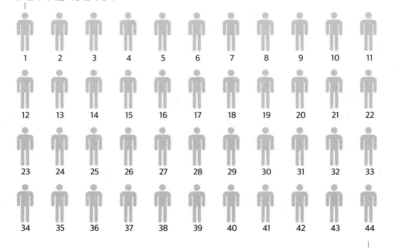

머그잔의 가치를 가장 높게 평가

1 2 3 4 5 6 7 8 9 10 11

12 13 14 15 16 17 18 19 20 21 22

23 24 25 26 27 28 29 30 31 32 33

34 35 36 37 38 39 40 41 42 43 44

머그잔의 가치를 가장 낮게 평가

외면했고, 우리는 거래 비용이 실질적으로 0인 경우에서조차 그 결
과가 다르게 나타날 수 있음을 입증하고자 했다. 이를 위해 우리는
16장에서 소개한 머그잔 실험의 결과를 제시했고 [그림 17]은 그
내용을 잘 요약하고 있다.

현금으로 환전 가능한 토큰으로 실행한 실험의 첫 단계를 떠올
려보자. 거기서 연구원들은 각각의 피실험자들에게 서로 다른 토큰
의 상환 가치, 즉 실험이 끝날 때까지 갖고 있으면 돌려받을 수 있
는 금액을 알려주었다. 코즈 정리는 토큰의 가치를 높게 평가한 학

B: 토큰의 경우에서처럼 학생들에게 무작위로 머그잔을 나누어준다.

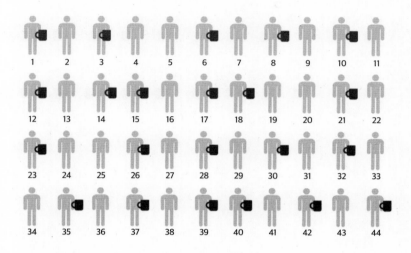

생들이 토큰을 끝까지 갖고 있을 것이라 예측한다. 다시 말해 자원은 가장 가치 있게 사용되는 방향으로 흘러갈 것이란 뜻이다. 그리고 실제 결과도 그렇게 나왔다. 코즈 정리가 예측한 대로 시장은 완벽하게 기능했고, 이는 또한 거래 비용이 어떤 방식으로든 거래를 방해해서는 안 된다는 것을 의미한다.

하지만 코즈 정리는 사람들에게 서로 다른 가치를 일러준 토큰 사례에만 적용하도록 개발된 것은 아니다. 토큰이 아니라 머그잔과 같은 실생활 제품을 활용했을 때에도 똑같은 결과가 나와야 한

C: 코즈 정리가 옳다면 예상할 수 있는 상황은 다음과 같다.

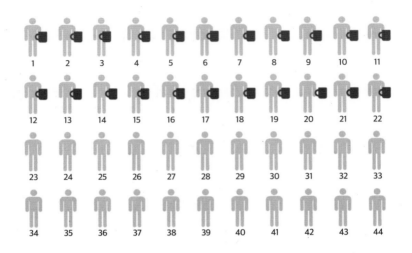

다. 그렇다면 학생들에게 머그잔을 나누어주었을 때 머그잔을 좋아하는 학생들이 끝까지 이를 갖고 있어야 하며, 우리가 무작위로 나누어주었기 때문에 절반가량이 거래되어야 한다. 하지만 실험 결과는 거래 규모가 절반에 훨씬 못 미쳤다는 사실을 보여주었다. 예측한 방향으로 자원이 제대로 흘러가지 않은 것이다. 그리고 그 이유는 다름 아닌 소유 효과 때문이었다.

머그잔을 할당받은 학생은 그렇지 못한 학생에 비해 그 가치를 2배나 높게 평가했다. 우리가 머그잔을 할당한 방식이 누가 끝까지

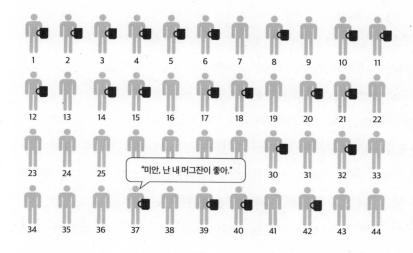

D: 하지만 결과는 이렇게 나왔다.

"미안, 난 내 머그잔이 좋아."

머그잔을 지니고 있을지에 실질적인 영향을 미친 것이다. 다시 말해 코즈 정리는 현금으로 환전 가능한 토큰 거래 같은 이론적인 상황에서는 제대로 예측했지만, 머그잔 같은 실제 물건을 거래하는 현실 상황에서는 기능하지 못했던 것이다. 법경제학 콘퍼런스에서 코즈 정리에 대해 의문을 제기한다는 것은 일종의 반역 행위였다.

당시 시카고대학교에서 느낀 안타까운 점 중 하나는(다행스럽게도 이제는 더 이상 그렇지 않지만) 시카고대학교의 전통적인 신념을 큰 소리로, 그리고 자주 외쳐대는 학자들에게 지나친 관용을 베푼다는 것이었다. 한 가지 사례로, 여러 번 객원교수직을 맡으면서 시카고 대학교에 오랫동안 머무른 경제학자 존 로트John Lott를 꼽을 수 있다. 그는 『총이 많을수록 범죄는 줄어든다More Guns, Less Crime』[206]의 저자로 널리 알려져 있다. 제목에서 짐작할 수 있듯 이 책의 주제는 모든 미국인이 항상 무장 상태를 유지할 때, 어느 누구도 쉽게 범죄를 저지르지 못한다는 것으로, 많은 학자의 반발을 샀다.[80] 게다가 그는 워크숍에 자주 참여하면서 적극적으로 활동했고, 논쟁에 임하는 그의 태도는 투견을 연상시켰다.

로트는 이번 워크숍에도 참석했는데, 매우 짜증 난 표정을 짓기에 나는 마음속으로 그가 총기를 소지하고 있지 않기를 빌었다. 로트의 아내인 거트루드(역시 경제학자인) 또한 그 자리에 참석했는데, 머그잔 연구에 대해 이렇게 질문을 던졌다.

"머그잔의 낮은 거래를 거래 비용으로 설명할 수는 없을까요?"

나는 토큰 실험을 통해 그런 설명의 가능성을 배제했다고 답했다. 결국 토큰과 머그잔의 거래 비용은 동일했고, 토큰의 경우에는 코즈 정리의 예측대로 거래가 이루어졌다. 그녀는 내 대답에 만족한 듯했지만 그때 로트가 '도움'을 주기 위해 뛰어들었다. 그는 이렇게 물었다.

"소유 효과 자체를 거래 비용으로 볼 수는 없을까요?"

나는 그의 말에 충격을 받았다. 거래 비용이란 말 그대로 거래

---

80   스탠퍼드대학교 법학과 교수 존 도너휴John Donoghue와 그의 동료들은 소위 '총기 소지 권리right to carry' 법안의 통과가 오히려 범죄율을 높일 것이라 주장했다(Aneja, Donohue III, and Zhang, 2014).

과정에 필요한 '비용'을 뜻한다. 즉 거래를 하려는 '욕망'과는 무관하다. 우리가 사람들의 취향을 임의적으로 '비용'이라고 이름 붙여 행동 이론이 일반 이론과 조화를 이루게 보이도록 만든다면, 그런 행동 이론은 검증 가능하지도 않을뿐더러 아무 의미도 내포하지 못할 것이다.

로트와 논쟁을 벌이는 대신, 나는 포스너에게 시선을 돌려 여기에서 내가 '가장 덜' 과학적인 사람이 아니라는 데 동의하는지 물었다. 포스너는 웃음을 지으며 고개를 끄덕였고, 그 모습을 본 사람들은 웃음을 터뜨렸다. 하지만 로트가 앉아 있던 곳에서는 포스너의 얼굴이 보이지 않았고, 영문을 모르는 그는 주위 사람들에게 무슨 일이냐며 물었다. 그 사이 나는 재빨리 다른 주제로 넘어갔다.

—

합리적 행위자 모형을 구축하는 과정에 많은 노력을 기울인 사람들이 행동경제학에 가장 강하게 반발했다는 사실은 어쩌면 재미있는 가능성을 제기한다. 그들의 반발은 어쩌면 매몰 비용의 오류를 뒷받침하는 더욱 강력한 증거가 아닐까? 물론 그때 나는 그 비평가들에게 그들이 사랑하는 이론에 집착하는 것이 매몰 비용에만 관심을 기울이는 태도에 불과하다고 꼬집어 이야기할 수는 없었다. 하지만 그래도 논문에서 다룬 새로운 실험 데이터 중 하나를 소개할 수는 있었다. 그것은 최후통첩 게임의 형태 중 하나에서 갖고 온 것이었다.

최후통첩 게임의 일반적인 형태에서, 실험자는 참가자들이 나누어 갖는 돈을 제공한다. 그런데 우리는 실험자가 돈을 버는 방식으로 게임을 설계했다. 우리는 학생들에게 수업 중 실험을 위해 5달러를 가지고 오도록 했다(참여는 자발적으로 이루어졌다). 그리고 그들이 갖고 온 5달러를 활용해 10달러짜리 최후통첩 게임에 어떻게 임할 것인지 묻는 설문지를 작성하도록 했다. 우리는 참여자들에게 제안 자나 응답자의 역할이 임의적으로 주어질 것이며, 익명의 학생과 짝을 이루어 서로 상대방 역할을 맡게 될 것이라고 설명했다.[81]

매몰 비용이 정말로 중요하지 않다면 게임의 결과는 실험자가 돈을 제공하는 일반적인 경우와 동일해야 한다. 5달러의 매몰 비용은 SIF다. 하지만 경제학자들은 학생들이 스스로 돈을 제공하도록 해야 게임에 좀 더 진지하게 임할 것이며, 그렇기 때문에 더욱 합리적으로 행동하리라 예측할 것이다.

그러나 우리가 목격한 것은 정반대 현상이었다. 여기에서 제안 자들은 실험자들이 돈을 댄, 그리고 대부분 10달러 중 40퍼센트 이상을 제안한 기존 게임과 거의 비슷한 태도를 보였음에도, 우리가 주목했던 반응자의 태도는 일반적인 이론의 예측에서 더욱 멀리 벗어났다. 상대방의 제안에 동의하는 합리적이고 이기적인 선택을 하는 대신(이번 게임에서 최소 제안 금액은 50센트였다) 응답자들은 자신의 돈('하우스 머니'가 아니라)을 갖고 게임에 임할 때 공정한 대우에 더 많이 신경 썼다.

---

81 학생들이 판돈을 갖고 오고, 제안이 거절되는 경우에 양쪽 참가자 모두 아무것도 받지 못하기 때문에 실험자는 돈을 벌 수 있다. 우리는 그렇게 번 돈을 학생들에게 되돌려줄 방법을 계속해서 고민했고, 종종 앞서 언급한 미인 선발 대회를 통해 우승자에게 상금을 지급하는 방식을 택했다.

몇 년 전 카너먼, 네치, 그리고 내가 함께 한 실험의 경우 응답자들이 요구한 최저 제안 금액의 평균은 1.94달러였다. 그러나 이번 실험에서 그 평균값은 MIT MBA 학생들의 경우 3.21달러, 시카고대 MBA 학생들의 경우 3.73달러, 시카고대 로스쿨의 경우 3.35달러로 확연히 높아졌다. 그리고 세 집단 모두에서 많은 응답자가 5달러를 온전히 돌려받기를 원했다. 우리가 게임을 좀 더 '현실적으로' 수정한 후 응답자들은 이기적인 소득 극대화에서 더 멀어졌다. 기대했던 대로 이 결과는 청중을 깜짝 놀라게 했다.

이 실험은 코즈 정리에 대한 행동 분석과 밀접한 관련이 있다. '불공정한' 제안을 거부하려는 사람들의 의지는 코즈 정리의 예측을 종종 어긋나게 만드는 요인 중 하나다. 몇 년 전 나는 로체스터에서 이런 현상을 직접 경험했다. 당시 우리 집 뒤뜰에는 버드나무가 있었는데, 늦가을부터 시작해 눈이 내린 이후에도 계속 낙엽이 떨어졌다. 그렇다 보니 낙엽 쓸기는 고된 노역이었다. 그 나무는 이웃집과의 경계선에 접해 있었고, 그 이웃은 그 나무를 무척 싫어했다. 한번은 내게 나무를 뽑아버리라고까지 했다.

나는 우리 집 버드나무에 대해 두 가지 마음이 있었다. 일단 경관이 좋았고 덤으로 그늘까지 선물해주었으며, 이런 장점은 청소의 노역을 어느 정도 상쇄했다. 그래도 이웃과의 관계를 위해 나무를 뽑아버리는 데 드는 비용을 알아보았는데, 그 금액이 무려 1,000달러라는 사실을 알게 되었다. 그 금액은 당시 나의 한 달 수입과 맞먹는 수준이었다. 나는 나무를 없애버리기 위해 그렇게 많은 돈을 지불할 의사가 없었다.

그때 나는 코즈 정리를 알고 있었다. 사실 당시 나는 코즈 정리가 핵심 주제인 강의를 맡고 있었다. 그러던 어느 날 이웃을 찾아가 나는 하나도 불편하지 않지만, 당신이 그 나무를 아주 싫어한다면 직접 비용을 내고 나무를 뽑아도 좋다고 말했다. 하지만 그는 내 이야기를 지금껏 들어본 것 중 가장 무례한 제안이라 받아들였고, 내 면전에서 문을 쾅 닫아버리고는 다시는 나무 이야기를 꺼내지 않았다.

대단히 불공정하다고 생각하는 제안을 받을 때 사람들은 분노하고, 손해를 감수하고서라도 상대방을 처벌하고자 한다. 이것이 바로 최후통첩 게임의 핵심적인 교훈이다. 코즈 정리를 적용할 수 있는 상황이라면 버드나무 사례와 똑같은 일이 종종 벌어진다. 법적인 소송 이후 일반적으로 당사자들은 서로에 대해 더욱 분노를 느끼는데, 특히 소송에서 패한 경우는 더 그렇다. 코즈 정리가 제대로 작동하기 위해서는, 패한 쪽이 소송으로 잃은 재산권에 자신이 더 높은 가치를 부여한다면 그 권리를 되찾기 위해 상대방에게 적극적으로 제안해야 할 것이다.

하지만 분노에 가득 찬 사람들이 잘 못하는 일은 상대방과 대화하는 것이다. 법학 교수 와드 판즈워스Ward Farnsworth는 소송이 완전히 진행되고 최종 판결이 나오기 전에 금지명령구제 요청이 받아들여지거나 거부된 민사 사건을 담당했던 변호사들과 면담을 나눔으로써 이런 성향에 대해 연구했다. 법원이 명령을 내린 이후에 어느 쪽에서라도 협상을 시도한 경우는 단 한 건도 찾아볼 수 없었다.[207]

코즈 정리에 더해 청중의 혈압을 상승시킨 논문의 또 다른 부분은 우리가 맨 마지막으로 남겨둔 주제, 즉 개입주의paternalism였다. 시카고대학교 경영대학원에서 자유주의를 향한 믿음의 근간을 이루는 핵심적인 원리는 바로 '소비자 주권consumer sovereignty'이라는 개념이다. 이 개념은 사람들은 항상 올바른 선택을 내리고, 다른 사람들이 내리는 결정보다 더 좋은 결정을 스스로 내릴 수 있다는 생각을 말한다. 우리는 제한적 합리성과 제한적 자기통제라는 무시무시한 개념을 제시함으로써 그 원리의 뿌리를 공격했다. 사람들이 실수를 저지른다면, 그들이 더 나은 선택을 하도록 도움을 줄 수 있다고, 적어도 이론적인 차원에서 충분히 생각할 수 있다.

우리는 이런 생각이 시카고대학교 법경제학 학자들에게 이단적이고 적대적인 접근 방식이라는 사실을 잘 알고 있었다. 그리고 선스타인이 처음으로 사용한 '반-반개입주의anti-antipaternalism'라는 용어를 통해 가능한 한 온건한 방식으로 이 주제에 다가서고자 했다. 사실 이중부정을 사용한다는 것은, 우리가 개입주의에 대한 건설적인 주장을 제시할 준비가 되어 있지 않았음을 의미했다. 대신 우리는 더 좋은 선택을 하기 위해 사람들에게 도움을 주는 시도 자체가 불가능하다는 본능적인 주장은 우리 연구를 통해 약화되었다는 사실을 지적했다.

우리 논문에서는 '행동적 관료주의자behavioral bureaucrat'를 주제로 한 좀 더 긴 논의가 이어졌다. 선스타인과 나는 정부 관료주의자가 사람들에게 도움을 주고자 노력하는 경우 그는 개인적 편향에 취약한 한 사람의 인간이라는 사실을 인식해야 한다고 수차례 강조했다. 그 논문은 그러한 주장 중 첫 번째 시도였다. 하지만 당황스럽게도 우리가 그 후렴구를 아무리 여러 번 반복하더라도 사람들은 우리가 그런 점을 무시하고 있다고 끊임없이 비난했다.

워크숍이 끝나고 우리 셋은 교수 클럽으로 돌아갔다. 졸스는 와인을, 나는 더블 스카치를 마셨고, 선스타인은 다이어트 코크(그가 즐겨 마시는 가장 강력한 만병통치약)를 세 잔이나 마셨다. 비록 거기에 참석했던 중요한 인물 중 어느 누구도 설득하지는 못했지만 우리는 결국 살아남았다. 게다가 더 좋은 소식은, 우리 논문이 앞으로 논란을 불러일으키리라고 확신했다는 것이다.

우리 논문이 어떤 영향을 미쳤는지 이야기하기는 힘들다. 사람들이 종종 우리 논문을 인용한다는 사실은 알고 있지만, 그들이 행동법경제학의 근본 원리를 받아들였는지 단정할 수는 없다. 다만 내가 말할 수 있는 것은, 에얄 자미르Eyal Zamir와 도론 테이츠먼Doron Teichman이 편집을 맡은 800쪽짜리 『행동경제학과 법학을 위한 옥스퍼드 핸드북Oxford Handbook of Behavioral Economics and the Law』[208]의 지면을 모두 채울 만큼 오늘날 많은 행동법경제학 연구가 풍성하게 이루어지고 있다는 사실이다.

행동법경제학 분야에 특히 두드러진 기여를 한 인물인 UCLA 법학과 교수 러셀 코로브킨Russell Korobkin은 승리를 선언할 만반의 준비가 되어 있다.

"법률과 제도에 대한 경제학적 분석을 엄격한 합리적 선택 가정의 구속에서 해방시키기 위한 투쟁은 승리로 끝났다."[209]

자만을 두려워하는 마음에 그처럼 '임무 완수'라고 선언할 준비는 되어 있지 않지만, 그래도 '임무 착수'라고 선언할 수는 있다.

28

똑똑한 경제학자들이
저지른 멍청한 행동

— 시카고대 교수들의 연구실 고르기 대소동

시카고대학교 부스 비즈니스 스쿨은 연구의 온상이다. 학문의 개척자들이 외부 세상을 향해 뻗어나가려는 확연한 몸짓을 느낄 수 있을 정도다. 그러나 2002년 봄 몇 달 동안은 그러질 못했다. 적어도 종신 재직권을 부여받은 교수들의 연구 활동은 그 기간에 완전히 중단되었다. 연구실을 배정하는 문제가 걸려 있었기 때문이다.

당면 과제는 간단했다. 부스 비즈니스 스쿨은 대학 중심부의 사각형 건물 내부에 아름답지만 좁고 허름한 구석을 몇 년 동안 차지하고 있다가 두 블록 떨어진 새로운 건물로 입주하게 되었다. 세계적으로 유명세를 떨치고 있는 건축가 라파엘 비놀리Rafael Viñoly가 디자인을 맡은 새 건물은 거대한 홀이 있는 획기적이며 현대적인 건축물로 완성될 예정이었다. 또 이 건물은 미국의 위대한 건축가 프랭크 로이드 라이트Frank Lloyd Wright가 처음으로 설계한 주택 '로비 하우스Robie House'를 마주 보고 있다. 비놀리는 라이트의 상징적인 작품을 바라보고 있는 그 건물의 모서리 설계를 통해 라이트를 향한 경의를 넌지시 드러내고자 했다. 휘황찬란한 새 건물의 이미지는 빛으로 가득했고, 실제로 모든 사람이 빨리 그곳으로 이사 가기만 고대했다. 이제 남은 과제는 누가 어떤 연구실을 차지할지 결정하는 일이었다. 여기서 문제될 만한 것이 있을까?

연구실을 배분하는 방법은 다양했지만 당시 학과장들은 특정 절차를 통해 이 과제를 해결하고자 했다. 그것은 교수들이 연구실을 직접 고르도록 하는 방법이었다. 교수들은 고를 시간대를 부여받고, 다음으로 그때까지 이루어진 선택에 대한 정보를 바탕으로 연구실 하나를 고를 수 있었다. 아무런 문제없이 진행될 것처럼 보였지만, 연구실을 고를 순서를 정하는 방법이라는 중요한 문제가 남아 있었다. 나이가 확실한 기준이 될 수도 있겠지만, 시카고대학교에는 "교수의 가치는 마지막으로 쓴 논문에 달렸다"라는 유명한 속담이 있었다. 나이는 하나의 가능성에 불과했다. 추첨 또한 진지하게 받아들여지지 않았다. 연구실 위치는 그냥 운에 맡기기에는 지나치게 중요한 문제였다.

학과장들은 '공로'를 기준으로 선택 순서를 정하기로 합의했고, 공로에 대한 평가는 학과장 대표인 존 하위징아John Huizinga에게 주어졌다. 지금도 그는 강의 배분, 급여, 동료, 학생, 연구 예산 등에 대한 교수들의 불만을 해결하는 것은 물론, 신입 교수의 계약 조건에 대한 협상 업무까지 담당하고 있다. 몇 년 동안 그런 일을 해오면서도 하위징아는 다른 교수들에게 많은 존경을 받고 있었다. 사

람들은 그를 가끔 무뚝뚝하기는 해도 솔직하고 강직한 인물로 평가했다.[82]

다른 학과장들은 하위징아 혼자 그 일을 처리하도록, 그래서 모든 불만을 그가 혼자 감당하도록 해야 한다고 생각했다. 하위징아는 오랜 고민 끝에 연구실을 고르는 순서(서열)를 결정했다고 발표했다. 가장 먼저 몇 개의 범주(통계학에서 쓰는 용어인 '상자bin')가 있다. 하위징아는 그 상자의 개수와 어떤 교수가 각각의 상자에 들어가는지 결정한다. 하지만 '각각의 상자 안에서' 순서는 무작위 추첨으로 정해진다. 하위징아는 상자의 개수는 발표하지 않았고 지금도 알려지지 않았다. 그러나 나중에 드러났듯, 이 때문에 투명성이 위축되었다.

연구실을 선택하는 날, 모든 교수에게는 15분의 시간이 주어진다. 이들은 그 프로젝트에 함께 참여하는 건축가 중 한 사람의 도움을 받아 결정하게 된다. 당시 그 건물은 철골 구조물 상태였기 때문에 직접 연구실을 보고 결정할 수는 없지만, 건축 설계도와 축소 모형은 확인할 수 있었다. 여기에서 교수들은 두 가지 규칙을 따라야 한다. 우선 연구실을 서로 거래할 수 없고, 다음으로(한 고참 교수의 질문에 따른 답변으로서) 학과장들은 동료 교수에게 더 일찍 선택할 권리를 사는 것을 전적으로 금지했다. 이런 규칙, 그리고 선택권을 경매로 처분하지 못하도록 한 결정은 시카고 부스 비즈니스 스쿨에서조

---

[82] 하위징아는 NBA 판타지 농구 리그에서 자주 우승을 차지했던 대단한 농구광이기도 했다. 이 사건이 있고 몇 년 후, 그는 신장이 230센티미터에 육박하는 농구 스타 야오밍의 에이전트 역할까지 담당했다.

차(많은 학자가 신생아 및 장기를 거래하는 공식적인 시장에 찬성하는) 너무 신성한 나머지 시장에서 절대 거래할 수 없는 물건이 있다는 사실을 드러내는 것이었다. 여기에서 그 물건은 교수 연구실이었다. 교수들 대부분은 대략 이와 같은 절차를 예상하고 있었고, 나이 많은 교수들은 그들에게 먼저 선택할 권리가 주어질 것이라는 생각에 만족해했다. 그렇게 몇 주가 조용히 흘렀다.

얼마 후, 교수들은 이메일을 통해 몇 주 뒤 연구실을 선택하게 되리라는 연락을 받았다. 그리고 '수요일 10:15~10:30' 식의 특정 시간대를 할당받았다. 하지만 선택 순서에 대해서는 아무 언급이 없었다. 우리는 아무것도 알 수 없었다. 적어도 30분 동안은 그랬다. 금융과 경제학 집단에서 활동하는 에너지 넘치는 고참 교수 아닐 캐시얍Anil Kashyap이 나서서 사람들에게 선택 순서를 알리는 역할을 맡았다. 그는 사람들에게 이메일을 보내 각자 어떤 시간대를 할당받았는지 답변을 달라고 요청했다.

그리고 몇 시간 만에 선택 순서에 대한 기본적인 윤곽이 드러났다. 연공서열을 완전히 배제한 것은 아니었다. 예를 들어 종신 재직권을 받은 교수는 부교수(우리 시스템 내에서 종신권을 보장받지 못한)보다 먼저 선택하고, 부교수는 조교수보다 먼저 선택하는 식으로 이루어져 있었다. 종신 재직권을 받지 못한 교수 그룹 내에서 선택 순서는 무작위로 보였다. 당시 젊은 교수는 종신 재직권을 받고 언젠가 고참 교수의 연구실을 쓸 기회를 얻어야겠다 생각하며 일자리로 돌아갔다.

반면 나이 많은 교수들 사이에서는 일대 소동이 벌어졌다. 하위징아는 연공서열이 높은 교수들의 지명 순서를 어떻게 결정했는지 내게 정확하게 설명해주지 않았다(내가 알고 있는 한 그 누구에게도 공개하지 않았다). 그리고 이 때문에 벌어진 일은 내 예상과 일치했다.[83] 내 생각에 정교수를 포함한 상자는 총 3개였다. 첫 번째(상자 A)는 유명 학자, 그리고/혹은 각 분야에서 연장자로 인정받는 교수 약 12명으로 이루어져 있었다. 회계나 경제학과 같은 분야에서는 1명 이상이 여기 포함되어 있지만, 규모가 가장 큰 금융 분야에서는 훨씬 더 많은 사람이 들어 있었다. 여기까지는 아무 문제가 없다. 누구도 유진 파마가 첫 번째 그룹으로 연구실을 선택하는 데 이의를 제기하지 못했다. 그는 그 그룹에서도 독보적인 존재였으니까.

다음으로 상자 B는 대부분 종신 재직권을 받은 나머지 교수로 이루어져 있었고, C에는 활동적으로 연구를 추진하지 않는 교수들이 포함되어 있었다. 하위징아는 겸손하게도 자기 자신을 마지막 종신 재직권 그룹에 포함시켰다. 내가 생각하기에 그는 여러 의도로 상자 A에 들어갈 인물을 선정한 듯했다. 그중 하나는 학교에 많은 기여를 한 이들에게 보상하는 것이었다. 또 다른 목적은 유명 교수를 건물 전체에 걸쳐 골고루 배치하는 것이었다. 가장 인기가 높은 연구실은 건물의 각 코너에 위치한 곳으로, 총 5층 건물에서 3~5층 코너에 자리 잡은 사무실은 서로 다른 도시 구역을 바라보며 멀리 떨어져 있었다.

여기에서 가장 불만이 많았던 교수들은 스스로 A에 있어야 한다고 생각했지만 B에 배정받았고, 게다가 그 안에서 추첨 번호까

---

83   나는 이 장의 원고를 하위징아에게 보여주었고 그의 소감을 물었다. 그는 당시 상황에 대한 나의 재구성에 특별히 긍정도 부정도 하지 않았지만 기본적인 사실관계는 인정했다.

지 좋지 않은 사람들이었다. 그런 범주에 속한 사람들이 몇몇 있었는데, 그중 가장 화가 많이 난 사람은 아치 교수였다.[84] 아치와 같은 분야에 속한 동료인 클라이드는 A에 배정받았고, 추첨에서도 운 좋게 두 번째 선택권에 당첨되었다. 반면 아치는 상자 B에서도 맨 마지막 번호를 골랐고, 훨씬 어린 동료 두 사람에게 우선 선택권을 양보해야 했다.

그 과정에서 아치가 단지 화가 많이 났다고만 표현하는 것은 사태의 심각성을 심히 평가절하하는 설명이 될 것이다. 미쳐 날뛰었다고 하는 게 좀 더 적절할 듯하다. 말 그대로 그는 한바탕 난리를 피웠다. 아치는 그 과정이 조작되었다고 믿었고, 이에 대한 어떤 반박 증거에도 아랑곳하지 않았다. 어쨌든 첫 번째 선택권의 영광은 많은 이에게 존경과 호감을 받던, 그러나 학교 밖에는 그리 잘 알려지지 않았던 더그 다이아몬드Doug Diamond에게 돌아갔다. 그리고 파마는 세 번째로 지명받았다. 연구실 선택 과정에서 진정으로 만족한 사람은 다이아몬드뿐이었다. 그리고 가장 불만이 많았던 이는 아치였다.

순서를 결정하는 모든 절차가 마무리된 다음 날, 다시 일상으로 돌아온 캐시얍은 절차가 과연 어떻게 이어질 것인지 시험해볼 필요가 있다고 생각했다. 좋은 순서를 배정받은 사람들은 아마도 자신보다 후순위 선택권을 받은 사람들 중 누가 자신의 '이웃'이 될지 궁금해했을 것이다. 그래서 우리는 이메일을 갖고 '가짜' 과정을 진

---

84 이 장에서 이름만으로 소개하는 사람들은 실제 인물이 아닌 가상의 존재다.

행해보기로 했다. 우리는 더그에서 시작해 클라이드, 파마 등 모든 교수에게 이메일로 스프레드시트를 돌렸고, 사람들은 거기에 자신이 선택한 연구실을 기입했다.

누군가가 평면도를 구해 와 사람들에게 보여주었지만 교수들은 더 많은 정보를 원했다. 특히 각각의 연구실 면적, 자동 온도 조절 장치 설치 유무를 알고 싶어 했다. 온도 조절 장치는 연구실 세 곳당 한 곳에 설치되어 있었으므로 그 연구실 주인은 적어도 이론적으로 그걸 이용해 실내 온도를 마음대로 조절할 수 있었다.

나는 하위징아에게 모든 사람의 행복을 위해 나머지 연구실에도 모두 '가짜' 온도 조절 장치를 설치하자고 제안했다. 자동 온도 조절 장치에 대한 내 경험을 바탕으로 할 때, 가짜 장치도 진짜만큼 효과적일 것이었다. 그 가짜 과정이 모두 완성되기까지 며칠이 걸렸고, 그동안 "X는 대체 어디 있는 거야? 이메일도 안 읽어보나?"라는 등의 성토가 끊이질 않았다. 모두가 그 실험에 많은 관심을 보여서 우리는 혹시 결과가 바뀔지 확인하기 위해 다시 한번 시도했다. 그것은 중요했다!

결국 연구실을 선택하는 날이 왔고, 교수들은 그날 아침 8시 30분에 선택하기 시작했다. 그 이른 아침의 유일한 소동은 가짜 절차에서 자신보다 후순위 사람이 자기가 고른 연구실을 선택했을 때 일어났다.

"어이, 그건 내 거라고!"

가짜 절차라고 분명히 밝혔음에도 소유 효과가 나타난 것이다.

다음으로 뭔가 이상한 일이 벌어졌다. 1시 15분에 선택을 시작했던 금융 분야의 루이지 징갈레스^{Luigi Zingales}가 동료 금융 교수들이 많이 모인 5층 부근을 눈여겨보고 있었다. 원래 의심이 많은(이탈리아에서 자라서 그런 것이라고 말하는) 징갈레스는 자신이 선택한 연구실 면적에 의문을 제기했다. 건축가는 애써 해명했지만 징갈레스는 집요했다. 건축가는 실제 설계도까지 갖고 왔지만, 결국 징갈레스의 주장이 옳은 것으로 드러났다. 그가 선택한 연구실은 실제 도면보다 20제곱피트 더 작았다(사실 그 건물의 연구실은 대부분 180~230제곱피트로 꽤 넓은 편이었다). 징갈레스는 재빨리 근처에 있는 더 넓은 연구실로 바꾸었고, 원래 건물로 돌아와 사람들에게 그 소식을 알렸다.

당연하게도 그는 우위를 잃지 않기 위해 최종 선택을 내리기까지 그 의혹을 누구에게도 제기하지 않았다. 하지만 그 이야기는 빠르게 퍼져나갔다. 그보다 더 일찍 선택한 교수들은 당시 선택 절차를 관리하던 사무실로 몰려가 그들이 선택한 연구실의 면적을 측정해줄 것을 요구했다. 그러자 마찬가지로 문제점이 발견되었고, 사람들은 다시 선택하기를 원했다. 결국 대혼란이 벌어졌다! 콘퍼런스로 그곳을 떠나 있던 하위징아가 돌아왔고, 오후 3시경엔 연구실 면적을 다시 측정하느라 절차가 잠시 중지되었다.

재측정 결과가 나오기까지는 며칠이 걸렸다. 그러자 이번에는 일찍 선택한 몇몇 사람이 불만을 제기했다. 그들이 선택한 몇몇 연구실 면적이 줄어들었던 것이다. 그러자 그들보다 나중에 선택한 사람들의 연구실로 바꾸고 싶어 했다. 하위징아는 이메일을 통해 입장을 발표했다. 선택 절차는 다음 주에 재개할 것이며 이미 선택을 마친 사람들은 자유롭게 변경할 수 있지만 '후순위라 하더라도 다른 사람이 이미 선택한 연구실로는 바꿀 수 없었다.' 그러자 더 큰 소동이 벌어졌다. 그 시점을 전후로 하위징아는 그루초 막스 플라스틱 안경(코와 콧수염이 달린 안경—옮긴이)을 쓰고 점심시간에 교수 회관 라운지를 마치 암행하듯 어슬렁거렸다. 그 모습은 본 사람들은 배꼽을 잡고 웃었지만, 불만이 많았던 몇몇은 그리 크게 웃지 못했다.

그로부터 약 1년이 흘러 교수들은 드디어 새 건물로 이사했고 대부분이 만족했다. 지나고 나서 하는 말이긴 하지만, 당시 대소동과 관련해 가장 놀라운 사실은 아홉 곳의 코너에 위치한 연구실만 제외하고 나머지 연구실은 거의 비슷했다는 것이었다. 모든 연구실이 쾌적했고 특히 예전 건물보다는 훨씬 더 나았다. 물론 어떤 연구실은 다른 연구실보다 조금 더 넓었고 일부는 전망이 좀 더 좋기는 했지만, 지금 분명하게 드러난 특성은 선택할 당시에는 충분히 인식되지 못했다. 예를 들어 그때 사람들은 '더 높을수록 더 좋다'라는 검증되지 않은 경험칙을 바탕으로 5층 연구실을 일찍 선택했다. 하지만 4층과 5층의 경관에는 차이가 거의 없었다. 오히려 엘리베이터 3대 중 가장 혼잡한 1대만 사용해야 하는 불이익을 떠안았다. 그에 반해 선택 당시 별로 인기가 없었던 북향 연구실은 시카고 스카이라인까지 포함한 멋진 전망으로 사랑받고 있다.

자연스러운 햇살과 매력적인 경관을 담고 있는 북향이 이 시장에서 진정한 가치 요인이었다면, 연구실 면적은 지나치게 과장된 요인이었다. 190제곱피트와 210제곱피트의 차이는 실제로 인식 가능한 것이 아니었다. 이 건물을 방문했던 사람들은 각각의 연구실 면적이 차이 난다는 사실을 거의 알아채지 못했다. 그럼에도 사람들이 스프레드시트상에 기재된 치수에만 주목할 때, 그런 요인들은 얼마든지 과장될 수 있다. 어떤 수치든 사람들은 거기에 신경 쓰기

마련이다.[210]

역시 다 끝나고 하는 말이기는 하지만, 선택 절차가 좀 더 투명했더라면 명백한 서열 세우기에 따른 동요가 그렇게 노골적으로 표면화되지 않았을 것이다. 가령 상자 수를 공개하는 것도 한 가지 방법이 될 수 있었다. 적어도 클라이드 같은 사람들은 자신이 고의로 후순위로 밀려난 것이 아닐까 의심하지 않았을 것이다.

여기에는 건축가 비뇰리와 그의 팀에게도 어느 정도 책임이 있다. 비록 그들은 많은 시간에 걸쳐 학생과 교수, 행정 직원과 함께 건물 용도에 대해 설명했지만, 그것은 주로 미학적인 만족감과 기능적인 내용에 불과했다. 그 건물의 연구실들을 어떻게 배분할 것인지에 대해서는 아무런 이야기가 없었다. 비뇰리가 그런 문제를 미리 생각했더라면 어쩌면 코너 연구실 같은 것들은 설계상에서 배제했을 수도 있을 것이다. 그리고 뒤늦게나마 그 문제를 인식했더라면, 다이아몬드가 선택한 코너 연구실을 좀 더 작게 만드는 방법을 시도할 수 있었을 것이다.

불운의 상처를 입은 사람들의 가슴을 더욱 쓰라리게 만든 것은, 5층 북동쪽 모서리에 자리 잡은 다이아몬드의 연구실이 가장 넓다는 사실이었다. 당시 나는 가능하다면 모든 사람이 그 연구실을 갈망하지 않도록 하기 위해 그 공간의 일부를 이웃 연구실에 양보하는 게 좋겠다고 제안했다. 하지만 그는 그저 한 사람의 설계자일 뿐이었고, 게다가 이때는 '선택 설계자choice architect'라는 용어가 등장하기 한참 전이기도 했다.

29

인재를 데려오는
가장 경제학적인 전략은?

— 베커의 추측과 NFL 팀들의 드래프트 시스템

       최고의 대학에서 교수로 재직하는 동안 누리는 혜택 가운데 내가 가장 가치 있게 꼽는 것은 많은 흥미로운 주제에 대해 생각하고 이를 연구 주제로 삼을 수 있는 자유다. 앞서 살펴보았듯 나는 와인 애호가들의 심리 계좌를 주제로 논문을 발표한 적이 있다. 그리고 다음 두 장에서는 얼핏 사소한 것처럼 보일 수 있는 또 다른 주제에 대해 집중적으로 살펴볼 것이다. 그것은 다름 아닌 NFL 드래프트 시스템과 TV 게임 프로그램 참가자들의 의사 결정이다.

   이 두 가지 주제의 공통점은 사람들이 큰돈이 왔다 갔다 하는 의사 결정을 어떻게 내리는지 들여다볼 수 있는 고유한 접근 방식을 제시하고, 6장에서 다루었듯 위험도가 높을 때 사람들은 행동 편향을 보이지 않는다는 주장에 대한 해답을 제시한다는 것이다.

   그런 비판 중 한 가지는 NFL과 관련된 것으로 이는 시카고 가격

이론의 대표적인 인물이라 할 수 있는 개리 베커^{Gary Becker}[85]가 내놓은 것이다. 그래서 나는 이 비판을 '베커의 추측^{Becker conjecture}'이라 부른다. 베커는 경쟁적인 노동 시장에서는 이콘처럼 업무를 처리할 수 있는 인재들만 주요 지위를 차지할 수 있다고 생각했다. 행동 경제학에 대해 어떻게 생각하는지 질문을 받았을 때 베커는 이렇게 대답했다.

"(제한적 합리성에 의해 촉발된) 모든 효과를 제거하지 않는다면 분업은 크게 희석될 것입니다. 90퍼센트의 사람들이 확률 계산에 필요한 복잡한 분석 작업을 하지 못한다 해도 그건 아무런 문제가 되지 않습니다. 나머지 10퍼센트가 그런 능력을 요구하는 일자리를 차지할 테니까요."[211]

이번 장에서는 이런 베커의 추측을 검증하고자 한다. 우리는 이를 NFL 팀의 구단주, 감독, 코치에게도 그대로 적용할 수 있을까? 미리 스포일러를 주자면 그 대답은 '그렇지 않다'다. NFL에 대한 연구는 나의 예전 제자이자 지금은 와튼 비즈니스 스쿨에서 학생들을 가르치고 있는 케이드 매시^{Cade Massey}와 함께 진행했다. 베르너 드봉의 경우와 비슷하게, 우리는 처음 만난 해는 매시가 MBA에 다니고 있고 내가 시카고대학교에서 첫해를 보내던 시절이었다. 그녀는 무엇이 사람들을 움직이게 만드는지, 어떤 요소가 연구 프로젝

---

85 안타깝게도 베커는 내가 이 책을 쓰고 있던 2014년에 세상을 떠났다. 그는 내가 알던 사람 중 상상력이 매우 풍부한 경제학자였다. 이 책에 대한 그의 소감을 들을 수 없어 무척 아쉽다. 내가 쉽게 동의할 수 없는 지적이라 하더라도 그의 논평에서 무언가 배울 점을 찾을 수 있었을 것이다. '그는 신사이자 학자였다'라는 진부한 표현은 베커를 설명할 수 있는 가장 적절한 말이다.

트를 흥미로운 작업으로 만들어주는지 직관적으로 이해했고, 그에 대해 나는 강한 인상을 받았다. 나는 매시가 계속 공부해 박사 학위까지 받도록 용기를 북돋아주었다. 다행히 그는 내 말을 따랐다. 이것은 우리 두 사람에게는 물론 나중에 그의 강의를 들은 학생들에게도 다행이 아닐 수 없다.

미식축구를 주제로 한 우리의 논문[212]은 전반적으로 NFL 드래프트 제도라는 특별한 시스템에 주목하고 있다. NFL의 팀들은 앞서 교수들이 연구실을 선택한 것과 상당히 흡사한 방식으로 선수를 영입한다. 하지만 걱정은 접어두자. 이번 장의 이야기를 따라가기 위해 미식축구에 대해 잘 알고 있어야만 하는 것은 아니다. 여기에서 우리가 나눌 논의는 모든 조직이 직면한 과제, 즉 직원을 뽑는 방식에 대한 것이다. 이제 NFL 드래프트가 어떻게 이루어지는지 대략 살펴보자.

1년에 한 번, 봄이 끝나갈 무렵 NFL 팀들은 전도유망한 선수를 선택한다. 후보자 대부분은 대학 리그에서 선수로 뛰면서 NFL 스카우트 담당자나 감독에게 자신의 능력을 보여준다. 각 팀은 전년 성적을 바탕으로 차례로 선수를 지명한다. 전년에 꼴찌를 한 팀이 가장 먼저 선택하고, 우승을 차지한 팀이 맨 마지막 순서를 차지한다. 드래프트 과정은 그렇게 총 일곱 번의 라운드로 이루어지고, 그 과정에서 각 팀은 모두 일곱 번 '지명pick'하게 된다. 물론 여기에서 중요하게 다루지 않는 다양한 이유에 의해 추가 지명의 기회가 있다. 일반적으로 4~5년에 해당하는 초기 계약 기간에 선수들은 자신을 지명한 팀에서만 뛰어야 한다. 그 기간이 끝나거나 팀에서 방출되면 선수들은 자유계약 선수 자격을 얻고, 그러면 자신이 원하는 팀과 계약을 맺을 수 있다.

그런데 시카고대학교 교수들의 연구실 선택 사례와는 다른, NFL 드래프트 시스템의 고유한 특징은 모든 팀이 자신이 보유한 지명권을 사고팔 수 있다는 것이다. 예를 들어 네 번째 지명권을 넘겨주고 그 대가로 그보다 후순위 지명권 2개를 얻을 수 있다. 각각의 팀이 지명권을 얼마나 가치 있게 평가하는지 측정하기에 충분할 만큼 거래 사례는 매우 많았다(우리 연구에서는 400건 이상을 다루었다). 게다가 올해의 지명권과 향후 몇 년 동안의 지명권을 거래하는 것도 가능하다. 우리는 이를 통해 NFL 팀의 시간 선호를 확인할 수 있었다.

이번 연구 프로젝트를 시작하기 전에, 매시와 나는 이런 시스템 내부에서 심각하게 잘못된 행동 방식이 나타날 것이라 예측했다. 구체적으로 말하자면 각 팀이 드래프트 과정에서 순서가 빠른 지명권에 지나치게 높은 가치를 부여할 거라 예상했다. 이런 예상은 이전의 몇몇 극단적인 사례에서 비롯된 것이었다. 그중 가장 유명한 것은 NFL의 전설적인 선수이자 이후 뉴올리언스 세인트^{New Orleans Saints}의 코치를 맡은 마이크 디트카^{Mike Ditka}의 사례다.

1999년 드래프트에서 디트카는 세인츠가 우승을 차지할 수 있는 유일한 길은 러닝백 리키 윌리엄스^{Ricky Williams}를 영입하는 것이라고 결정했다. 당시 세인츠는 열두 번째 지명권을 갖고 있었기 때문에 디트카는 세인츠의 차례가 오기 전에 윌리엄스가 다른 팀에서 지명받을 것을 우려했다. 그래서 그는 윌리엄스를 영입할 수 있다면 다른 모든 지명권을 넘겨주겠노라고 공개적으로 선언했다(그다지 현명한 전략은 아니었다).

결국 다섯 번째 지명권으로 윌리엄스를 지목할 수 있었던 워싱턴 레드스킨스Washington Redskins가 세인츠의 제안에 응했다. 대단히 큰 희생이 따르기는 했지만 어쨌든 디트카는 그토록 원하던 거래를 마무리 지을 수 있었다. 구체적으로 설명하자면 세인츠는 열두 번째 순서에서 다섯 번째로 올라가기 위해 그해 드래프트에서 모든 지명권을 넘겨주었다. 게다가 내년에 있을 첫 번째와 세 번째 라운드 지명권까지 양도해야 했다. 특히 내년 지명권을 포기한 것은 이후 엄청난 손실로 드러났다. 1999년에 세인츠의 리그 성적은 꼴찌에서 바로 위였기 때문이다. 다시 말해 세인츠는 2000년 전체 드래프트에서 두 번째 지명권을 날려버린 셈이다. 윌리엄스를 영입한 것만으로는 세인트의 성적을 단번에 끌어올릴 수 없었고, 결국 디트카는 해고되었다.

윌리엄스는 세인츠에서 총 4년간 뛰면서 대단히 뛰어난 성적을 보였지만 팀을 극적으로 변화시키지는 못했다. 오히려 세인츠는 그들이 양도한 드래프트 지명권으로 영입 가능했던 다른 선수들에게 더 많은 도움을 얻을 수 있었을 것이다. 나와 매시의 머릿속에는 이런 궁금증이 떠올랐다. 그렇다면 왜 사람들은 그런 거래를 할까?

세인츠의 트레이드는 우리가 예상한 극단적인 행동 사례, 즉 앞선 지명권에 대한 과대평가를 드러내는 사례 중 하나일 뿐이었다. 심리학에서 나온 의사 결정에 관련한 다섯 가지 발견은 앞선 지명권의 가격이 지나치게 비싸다는 우리 가설을 뒷받침해준다.

1. 자만심

그들은 선수들의 능력 차이를 구분하는 자신의 능력을 지나치게 높이 평가하는 경향이 있다.

2. 극단적인 예상

우리 연구 사례에서 유망주를 발굴하는 업무(스카우트)를 담당하는 사람들은 어떤 선수가 반드시 슈퍼스타로 성공할 것이라고 지나치게 확신하는 경향이 있다. 슈퍼스타는 그 정의상 그렇게 자주 나오지 않는다.

3. 승자의 저주[213]

많은 입찰자가 한 가지 물건을 놓고 경쟁을 벌일 때, 종종 그 물건을 가장 과대평가하는 사람에게 낙찰되곤 한다. 우리는 선수들에 대해, 특히 첫 번째 라운드에서 대단히 비싼 몸값에 지명된 선수에 대해 똑같은 이야기를 할 수 있다. 승자의 저주는 이런 선수가 우수한 성적을 낸다 하더라도 그들을 선택한 팀의 기대에 부응할 정도는 아닐 것이라고 이야기한다. 많은 팀이 윌리엄스를 최고 유망주로 꼽았지만, 디트카만큼 그를 사랑한 사람은 없었다.

4. 허위 합의 효과 false consensus effect[214]

기본적으로 사람들은 다른 사람들 역시 취향이 자신과 비슷할 것이라고 믿는다. 예를 들어 아이폰이 신제품이던 시절, 나는 강의를 듣는 학생들에게 두 가지 질문을 던졌다. 아이폰을 쓰고 있는가? 그리고 이 강의실에서 몇 퍼센트의 학생들이 아이폰을 갖고 있을 거라 생각하는가? 아이폰을 이미 사용하고 있던 학생들의 경우 대다수 학생 역시 갖고 있을 것이라 대답한 반면, 아이폰을 쓰지 않는 학생들은 아이폰 사용을 예외적인 경우로 보았다. 드래프트 과정에서도 어떤 팀이 특정 선수와 사랑에 빠질 때, 그들은 다른 팀들 역시 자신들과 마찬가지로 생각한다고 '확신'한다. 그래서 다른 팀에 그들의 사랑을 빼앗기기 전에 뛰어든다.

5. 현재 편향

구단주와 감독, 코치 모두 '지금'의 승리를 원한다. 윌리엄스의 사례에서처럼 드래프트에서 첫 번째로 지명된 선수를 지목한 팀은, 그 선수를 영입함으로써 곧바로 부진을 떨치고 상위권으로 도약하기를 꿈꾼다. 혹은 상위권에서 슈퍼볼 챔피언으로 등극하기를 바라는 헛된 희망을 품기도 한다. 그들이 원하는 것은 올해의 우승이다.

그래서 우리의 기본적인 가설은 조기 선택이 과대평가되었으며 이 말은 드래프트 시장이 효율적인 시장 가설을 충족시키지 못한다는 것이다. 다행히 우리는 이 가설을 엄격하게 검증하기 위해 필요한 모든 데이터를 얻을 수 있었다. 우리의 분석에서 첫 단계는 선택에 대한 시장 가치를 평가하는 것이었다. 선택은 종종 거래가 되므로 우리는 역사적인 트레이드 데이터를 활용해 선택의 상대적 가치를 측정할 수 있었다. 여러분이 다섯 번째 선택을 원하고 열두 번째 선택권을 갖고 있다면, 디트카가 그랬던 것처럼 그 트레이드를 위해 일반적으로 얼마나 많이 시장에 참여해야 할까?

분석 결과는 [그림 18]에 잘 나타나 있다. 점들은 우리가 곡선을 예측하기 위해 활용한 구체적인 트레이드다. 이 그래프로 증명된 두 가지 사실이 있다. 첫 번째는 아주 가파르다는 것이다. 첫 번째 지명은 두 번째 라운드에서 첫 번째 선택인 33번째 지명보다 5배가량 더 가치 있다. 원칙적으로 첫 번째 지명권을 가진 팀은 일련

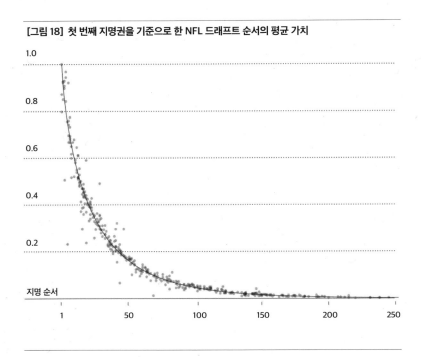

[그림 18] 첫 번째 지명권을 기준으로 한 NFL 드래프트 순서의 평균 가치

의 트레이드를 할 수 있고, 두 번째 라운드에서 5개의 조기 지명으로 끝날 수 있다.

이 그래프에서 가장 눈에 띄는 점은 데이터가 대단히 질서정연하게 곡선을 이룬다는 사실이다. 각각의 점들로 표시된 개별 트레이드 사례는 예측 곡선에 대단히 가까이 분포한다. 실제 연구에서 이와 같이 매우 일관적인 형태의 데이터를 만나보기란 절대 쉬운 일이 아니다. 어떻게 이런 결과가 나오게 되었을까?

밝혀진 바에 따르면 NFL 사람들 모두 지명권의 상대적 가치를 기록한 자료인 일명 '차트Chart'라는 도표를 대단히 신뢰했다. 그 차트는 댈러스 카우보이스Dallas Cowboys의 소수 지분을 보유하고 있던

442

공학도 마이크 맥코이^{Mike McCoy}가 개발한 것이다. 당시 카우보이스의 코치를 맡고 있던 지미 존슨^{Jimmy Johnson}이 잠재적 트레이드의 가격을 어떻게 산정해야 할지를 놓고 맥코이에게 도움을 요청했고, 이에 맥코이는 트레이드와 관련된 과거 데이터를 기반으로 이 차트를 완성했다. 원래 그 차트는 카우보이스의 소유물이었으나, 이후 리그 전체로 퍼져나가면서 오늘날 모두가 그 자료를 사용하고 있다. [그림 19]에서 확인할 수 있듯, 우리는 이 차트를 통해 각 팀이 첫 번째 라운드 지명권을 얼마나 높이 평가하는지 알 수 있다.

매시와 나는 수소문 끝에 맥코이를 만나 그 차트의 역사에 대해 흥미로운 대화를 나누었다. 맥코이는 먼저 어떤 지명권이 얼마인지 제시하기 위해 이 차트를 만든 것은 아니라는 점을 분명히 밝혔다. 그는 다만 과거 트레이드 기록을 바탕으로 팀들이 적용한 가치를 정리하고자 했다. 우리는 이 차트를 분석하는 과정에서 또 다른 목적을 갖고 있었다. 그것은 효율적 시장 가설에서 말하듯, 이 차트가 제시하는 가격이 과연 '정당한'지 묻는 것이었다. 합리적인 팀은 앞선 지명권을 얻기 위해 그렇게 많은 후순위 지명권을 마땅히 포기해야 했을까?

NFL 팀들이 앞선 지명권을 지나치게 높게 평가했다는 주장을 뒷받침하기 위해 두 단계 작업이 더 필요했다. 첫 번째는 그리 어렵지 않은 것이었다. 선수 영입에 따른 비용을 확인하는 것이었는데, 우리는 다행히 선수들의 연봉에 대한 데이터를 확보할 수 있었다. 그러나 이들의 연봉을 들여다보기 전에, NFL 선수 시장의 고유한 특성을 이해할 필요가 있다. NFL 리그는 '팀 연봉 상한제^{salary cap}'를 실시하고 있다. 즉 한 팀이 선수 몸값으로 지출하는 금액의 상한선

[그림 19] 지명권의 상대적 가치를 기록한 '차트'

지명권	가치	지명권	가치	지명권	가치	지명권	가치
1	3,000	9	1,350	17	950	25	720
2	2,600	10	1,300	18	900	26	700
3	2,200	11	1,250	19	875	27	680
4	1,800	12	1,200	20	580	28	660
5	1,700	13	1,150	21	800	29	640
6	1,600	14	1,100	22	780	30	620
7	1,500	15	1,050	23	760	31	600
8	1,400	16	1,000	24	740	32	590

이 정해져 있다. 다른 많은 스포츠 분야와 비교할 때, 이는 굉장히 이례적인 경우다. 가령 메이저리그 야구나 유럽 축구의 경우 돈 많은 구단주는 스타플레이어를 영입하기 위해 얼마든 돈을 쏟아부을 수 있다.

이런 연봉 상한제 덕분에 우리의 연구도 가능해졌다. NFL 팀들은 동일한 예산 안에서 팀을 꾸려나가야 한다. 정기적으로 우승을 차지하려면 구단은 경제적 차원에서 팀을 이끌어가야 한다. 러시아 재벌 축구 구단주들이 슈퍼스타를 영입하기 위해 수억 달러를 투자하고자 한다면, 거액의 예술 작품을 구매하는 경우와 마찬가지로 그 선수에게 얻을 수 있는 효용을 강조함으로써 자신의 결정을 합리화할 수 있다. 하지만 NFL의 경우 윌리엄스 같은 스타를 얻기 위해서는 많은 지명권을 포기해야 한다. 이는 그 돈 혹은 원래의 지명권으로 영입 가능한 다른 선수들을 포기하는 것으로 그 팀에는 기회비용을 의미한다. 이런 강제적인 예산 제도하에서 NFL 팀들은 우승을

[그림 20] 드래프트 순서에 따른 평균 보수

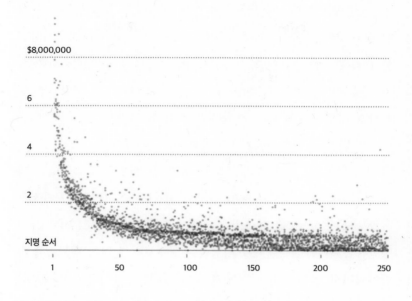

$8,000,000

6

4

2

지명 순서

1   50   100   150   200   250

차지하기 위해 비용보다 더 가치 있는 선수를 발굴해야 한다.

NFL 리그는 또한 루키 선수들의 연봉과 관련해서도 또 다른 규제를 시행하고 있다. [그림 20]에서 드래프트 순위에 따른 신인 선수들의 연봉을 확인할 수 있다. 우리가 여기에서 사용하는 데이터는 모두 팀들이 제시하는 공식적인 '최고 금액'으로, 여기에는 선수들의 연봉에 미리 지급한 계약상 보너스까지 포함되어 있다. [그림 20]은 여러 측면에서 [그림 18]과 공통점을 보인다. 무엇보다 아주 가파른 경사도를 보인다. 앞선 지명권은 후순위 라운드 지명권보다 가치가 훨씬 높다. 그리고 그 데이터들은 다시 한번 뚜렷한 형태의 곡선을 이룬다. 그 이유는 NFL 측이 최초 계약 선수들의 보수에 대해 아주 강력하게 규제하기 때문이다.

그렇다면 선순위 지명권은 두 가지 차원에서 거대한 지출로 이어진다. 첫째, 선순위 지명권을 얻기 위해 많은 다른 후순위 지명권을 포기해야 한다(선순위를 사기 위해 지불함으로써, 또는 기회비용 관점에서 선순위를 판매하는 것을 거절함으로써). 둘째, 앞선 라운드의 지명권을 행사하기 위해서는 많은 돈을 투자해야 한다. 여기에서 우리는 이런 질문을 던질 수 있다. 과연 그럴 만한 가치가 있는가?

이 질문을 또 다른 형태로 바꿀 수 있다. 선순위 지명권의 가격을 합리화하기 위해서는 어떤 가정이 필요한가? 그리고 그 가정은 정말로 옳은 것인가? 가격은 우리에게 드래프트에서 첫 번째로 지명받은 선수는 서른 번째로 지명받은 선수보다 실력이 평균 5배 더 뛰어나다고 말해준다. 그러나 선수의 가치는 5:1이라는 비율보다 훨씬 더 다양하게 나타날 수 있다는 점에서 아무 의미가 없다. 어떤 선수는 팀을 완전히 바꾸어버리는 영원한 올스타가 되기도 한다. 반면 어떤 선수는 팀에 엄청난 부담만 지우고 제대로 실력을 발휘하지 못하는 완전한 실패 사례로 밝혀지기도 한다. 각 팀이 매몰비용을 쉽게 무시하지 못한다는 점에서 유명한 실패 사례는 실제로 팀의 성과에 심각한 악영향을 미친다. 선순위 지명권에 많은 투자를 했을 때[215], 그 선수의 실제 실력과는 무관하게 팀은 그를 어떻게든 게임에 투입해야 한다는 압박을 받게 된다.

여기에서 핵심은 스타와 실패 사례를 구분하는 감독의 능력이다. 간단한 사고 실험을 해보자. 모든 선수를 드래프트 지명 순서에 따라 포지션(쿼터백, 와이드 리시버 등)별로 나열한다고 해보자. 이제 연속으로 지명된 2명의 선수에 주목해보자. 예를 들어 러닝백 포지션에서 세 번째로 지명된 선수와 네 번째로 지명된 선수를 생각해보자. 그렇다면 세 번째 선수가 네 번째 선수보다 객관적으로 더 좋은 성과를 거둘 가능성은 얼마일까? 팀 감독들이 완벽한 예언자라면, 당연히 100퍼센트일 것이다. 반대로 예측 능력이 없다면, 동전 던지기의 경우처럼 절반 정도가 될 것이다. 그렇다면 이제 각 팀이 이 과제를 과연 얼마나 잘 수행하고 있는지 예상해보자.

실제로 전체 드래프트에 걸쳐, 앞서 지명된 선수가 바로 뒤에 지명된 선수보다 더 좋은 설적을 거둘 확률은 고작 52퍼센트에 불과하다. 첫 번째 라운드로 범위를 좁히면 살짝 더 높은 56퍼센트다.[86] 이번 장을 읽는 동안, 그리고 여러분이 이다음에 직원을 고용하기 위해 물색하다 완벽한 후보자를 발견했다고 '확신'했을 때, 이런 사실을 반드시 상기하자.

이런 사실들이 우리의 분석 결과에 강력한 암시를 주기는 했지만, 그래도 더 많은 가치 평가 사례를 통해 전체적인 윤곽을 잡아보는 작업은 의미가 있을 것이다. 우리는 연구 기간에 지명받은 선수들이 초기 계약에서 어떤 성과를 거두었는지 추적해보았다. 그리고 다음으로 선수별로 연도별 성과에 대한 가치를 할당했다. 다시 말해 해당 팀에 대한 그 선수의 기여도를 측정해보았다.

이를 위해 우리는 여섯 번째, 일곱 번째, 그리고 여덟 번째 계약 연도에서 뛰는, 그래서 초기 계약이 끝나고 자유계약 선수의 신분

---

86 이런 통계 자료는 '선발 출전 횟수games started'라는 간단한 기준을 활용해 누구의 성적이 더 뛰어난지 판단한다. 포지션에 상관없이 모든 선수를 대상으로 측정할 수 있다는 점에서 우리는 이를 간단한 기준이라 부른다. 하지만 와이드 리시버나 러닝백의 경우 야드 게인yards gained 같은 좀 더 복잡한 성과 기준을 활용했을 때도 앞서와 비슷한 결과를 얻을 수 있었다.

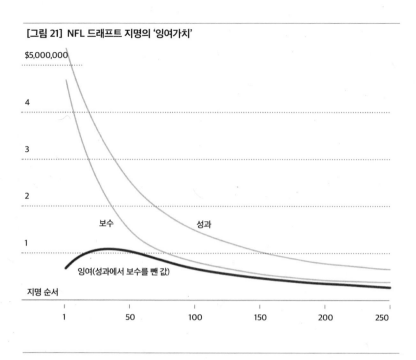

[그림 21] NFL 드래프트 지명의 '잉여가치'

$5,000,000

4

3

2

보수   성과

1

잉여(성과에서 보수를 뺀 값)

지명 순서

1   50   100   150   200   250

으로 시장 평가에 따라 연봉을 받는 동등한(포지션과 실력 면에서) 선수를 고용하는 데 얼마나 돈이 드는지 확인해보았다. 여기서 드래프트한 팀에 대한 그 선수의 전체 가치는 초기 계약이 만료되기까지 팀에 머무른 각각의 연도 동안의 가치 합계를 말한다(계약 만료 후에는 시장가격대로 지불하고 계속 붙잡아두거나, 다른 팀으로 보내야 할 것이다).

[그림 21]을 보면 [그림 20]에서 확인한 보수 곡선과 더불어 드래프트 순서에 따른 개별 선수의 전체적인 '성과 가치performance value' 곡선을 확인할 수 있다. 여기에서 성과 가치 곡선이 오른쪽으로 급격하게 기울어져 있다는 점에 주목하자. 이 말은 각각의 팀이 선수를 평가하는 실질적인 안목을 갖고 있다는 의미다. 드래프트상

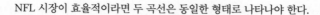

[그림 22] '차트'와 잉여가치의 비교

NFL 시장이 효율적이라면 두 곡선은 동일한 형태로 나타나야 한다.

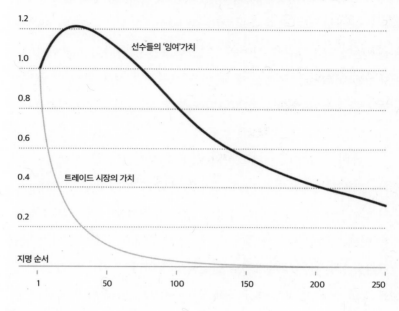

에서 선순위로 지명된 선수는 실제로 더 좋은 성과를 낸다. 그런데 얼마나 더 좋은 성적을 거두었을까? 여기에서 우리는 성과 가치에서 보수를 빼는 것으로 해당 팀에 대한 선수의 '잉여가치surplus value'를 구할 수 있다. 이 값은 특정 선수에게 투자한 비용에 대해, 해당 팀이 얼마나 많은(혹은 적은) 가치를 얻었는가를 의미한다. 혹은 초기 계약 기간에 걸쳐 팀이 그 선수에게 얻어낸 이익이라고도 볼 수 있다.

[그림 21]에서 맨 아래 있는 곡선은 잉여가치를 말해준다. 여기

서 주목해야 할 점은, 이 곡선이 첫 번째 라운드에 걸쳐 위로 상승하고 있다는 것이다. 이 말의 의미는 선순위로 지명된 선수가 후순위 지명 선수에 비해 가치가 더 낮다는 뜻이다. 하지만 앞서 본 차트는 선순위 지명이 후순위 지명보다 가치가 훨씬 높다는 사실을 알려주었다는 사실을 상기하자. [그림 22]는 하나의 도표에 비교 가능한 단위를 기준으로 두 곡선을 보여준다. 여기에서 수직축은 그 값이 1로 주어진 첫 번째 지명권에 대한 상대적인 가치를 나타낸다.

트레이드 시장이 효율적이라면 두 곡선은 동일한 형태여야 한다. 그리고 드래프트 지명의 가치 곡선은 그 지명권을 행사함으로써 팀이 얻을 수 있는 잉여가치를 정확히 예측해야 한다. 다시 말해 첫 번째 지명권은 가장 높은 잉여가치로, 그리고 두 번째 지명권은 그다음으로 높은 잉여가치로 연결되어야 한다. 그러나 현실은 그렇지 않았다. 트레이드 시장 곡선(그리고 차트)은 첫 번째 지명권을 얻기 위해서는 두 번째 라운드에서 5개의 선순위 지명권을 포기해야 한다고 말한다. 하지만 우리가 발견한 사실은 5개가 하나로 거래된 두 번째 라운드 지명권 '각각'이 첫 번째 라운드 지명권보다 더 높은 잉여가치를 가져다주었다는 것이다. 이는 시장 효율성을 들여다본 오랜 연구 기간에 내가 목격한 가장 명백한 침해 사례다.

우리는 드래프트 시장에 대한 또 다른 흥미로운 사실을 발견했다. NFL 팀은 때로 올해의 지명권과 내년의 지명권을 거래하기도 한다. 그렇다면 그 거래 비율은 어떨까? 이에 관련한 데이터를 슬쩍 들여다보는 것만으로도, 거래 과정에서 간단한 최고 원칙이 작용한다는 사실을 알 수 있다. 그 원칙이란 올해 특정 라운드의 지명권을 포기하면, 다음 해 그보다 한 라운드 앞선 지명권을 얻을 수 있다는 것이다(세부적인 분석 결과는 그런 거래가 이 원칙을 따르고 있다는 사실을 보여준다).

이 최고 원칙은 얼핏 상당히 부당하게 보이지만, 우리는 이 원칙이 곧 연간 136퍼센트 할인율을 그 거래에 적용하고 있는 것과 같다는 사실을 깨달았다. 현재 편향에 대해 한번 생각해보자. 우리는 고리대금업자에게 이보다 더 유리한 이자율로 돈을 빌릴 수 있을 것이다. 그렇기 때문에 이런 사실을 이해하는 똑똑한 팀은 당연히 올해 지명권을 넘겨주고 다음 해 더 좋은 지명권을 얻으려 한다.[87]

지금까지 얻은 우리의 연구 결과는 NFL 팀에 간단한 두 가지 조언을 제시한다. 첫째, 비싼 것을 내주고 싼 것을 취하라. 첫 번째 라운드에서 선순위 지명권을 포기하고 드래프트에서 이후의 추가적인 지명권, 특히 두 번째 라운드 지명권을 얻자. 둘째, 드래프트 지명권의 은행이 되자. 즉 올해 지명권을 빌려주고 더 좋은 내년 지명권을 얻자. 이러한 연구 결과의 의미와 후순위 지명권을 취하는 조언의 중요성에 대해 논의하기 전에 많은 독자, 특히 경제학자처럼 사고하는 이들이 떠올릴 만한 몇 가지 의혹을 제거하는 것이 필요할 듯싶다.

첫째, 영입한 유명 선수가 비록 스타가 되지 못한다 하더라도 팀이 생각하는 것처럼 그 선수의 이름이 들어간 유니폼 티셔츠 판매

---

87 정말로 똑똑한 팀이라면 올해 두 번째 라운드 지명권을 넘기고 내년 첫 번째 라운드 지명권을 얻은 다음 그 지명권을 팔아 다음 해 여러 건의 두 번째 라운드 지명권을 획득한 후, 가능하다면 이들을 다시 그 이듬해 첫 번째 라운드 지명권으로 전환하는 식으로 거래할 것이다.

를 통해 충분한 수익을 올릴 수 있지 않을까? 아니다. NFL 팀은 유니폼 티셔츠는 물론, 다른 공식적인 NFL 관련 상품에 대한 수익을 공평하게 나눈다.

다음으로 영입한 유명 선수가 비록 스타가 되지 못한다 하더라도, 티켓 판매를 통해 그만큼의 수익을 올릴 수 있지 않을까? 역시 그렇지 않다. 우선 대부분의 NFL 팀을 응원하는 팬들은 시즌 티켓을 구하기 위해 줄을 선다. 그리고 더 중요한 사실은, 아무리 유명한 선수라 하더라도 팬들은 성적이 좋지 않은 선수를 보기 위해 경기장을 찾지 않는다.

이런 가능성을 더 철저히 확인하고자 우리는 태클을 걸려고 달려드는 거구의 방어 전담 선수들에게서 쿼터백을 보호하는 역할을 하는, 그리 이름이 알려지지 않은 덩치 큰 공격 라인맨만을 대상으로 다시 분석했다. 비록 대단히 열성적인 팬들은 그들이 응원하는 팀에서 이런 공격 라인맨의 이름을 읊어대기는 하지만 분석 결과는 동일하게 나왔다. 그렇다면 '스타 어필'이라는 것이 이런 예외적인 현상을 설명할 수 있는 누락 요인은 아닌 것이다.

진정한 슈퍼스타를 얻을 확률은 이런 도박을 가치 있는 것으로 만들어주는가? 그 역시 아니다. 이런 사실을 증명하기 위해 한 가지 간단한 분석을 했다. 우리 연구 결과의 핵심적인 의미는 선순위 지명권을 확보한 팀은 이를 양도하고, 대신 여러 개의 후순위 지명권을 갖는 전략을 적극적으로 구사해야 한다는 것이다. 이 전략의 정당성을 입증하기 위해 우리는 앞서 소개한 차트를 기반으로 가능한 모든 2:1 트레이드를 평가했다. 예를 들어 그 차트에 따를 때 첫 번째 지명권을 포기하면 7번과 8번, 4번과 12번, 혹은 2번과 50번을 얻을 수 있다. 이런 잠재적인 가상 트레이드를 놓고 우리는 선발 출전 횟수와 올스타로 선발된 횟수라는 두 가지 기준을 바탕으로 팀의 성적을 살펴보았다. 그 결과, 선순위 지명권을 포기하는 전략을 선택했을 때 올스타로 뽑힌 횟수는 줄어들지 않고 선발 출전 횟수는 크게 증가했다는 사실을 확인할 수 있었다.

그런데 NFL의 의사 결정자들은 어떻게 그토록 잘못된 판단을 내렸을까? 시장 요인은 왜 드래프트 지명 가격이 그 선수가 팀에 기여하는 잉여가치에 근접하도록 유도하지 못했을까? 이 질문에 대한 대답은 금융 시장을 이해하는 데 대단히 중요한 '차익 거래에 대한 한계limits to arbitrage'라는 개념에 대한 훌륭한 설명을 제공한다. 어떤 팀이 이 논문을 읽고 그 의미를 이해했다고 해보자. 그렇다면 그들은 무엇을 할 수 있을까?

전반적으로 높은 순위를 차지하는 팀이라면, 올해 지명권을 빌려주고 더 좋은 내년 지명권을 얻는 전략 외에 시장 비효율성을 이용해 얻을 수 있는 이익은 많지 않을 것이다. 선순위 지명권을 공매할 방법이 없기 때문에 똑똑한 팀이 활용할 수 있는 차익 거래 기회는 없으며 외부 투자자에게는 더욱 그렇다. 우리가 기대할 수 있는 최고의 방법이란, 성적이 부진한 팀을 사들여 적어도 당분간은 선순위 드래프트를 양도하는 방식으로 드래프트 전략을 발전시키는 것이다.

—

이 논문의 초고를 완성하기도 전에 우리는 어떤 NFL 팀에 관심을 가졌고, 지금까지 기존 세 팀과 함께 비공식적인 차원에서 연구하고 있다(물론 한 번에 한 팀씩). 우리가 처음으로 접촉한 인물은 워싱턴 레드스킨스의 구단주 대니얼 스나이더Daniel Snyder다. 스나이더는 부스 비즈니스 스쿨에서 운영하는 기업가 클럽에서 연설을 요청받았고, 그 행사를 조직한 사람 중 하나는 내게 청중과 함께 하는 토론에서 사회를 맡아달라고 했다. 나는 스나이더와 점심을 하면서 일대일로 이야기를 나눌 수 있으리라는 기대에 이를 승낙했다.

스나이더는 자수성가형 인물이다. 대학을 중퇴한 뒤 비행기를 전세 내 대학생들을 대상으로 저렴한 봄방학 여행 상품을 판매하는 기업을 설립했다. 이후 광고 우편물을 발송하는 사업을 시작했고, 그의 지혜와 행운 덕분에 사업이 절정에 이른 2000년에 회사를 매각했다. 그리고 매각으로 마련한 자금에 많은 대출을 더해 자신이 어릴 적 가장 좋아했던 레드스킨스를 사들였다(많은 사람이 그 팀의 이름을 경멸적인 의미로 받아들였지만 당연하게도 스나이더는 그 이름을 그대로 사용하고 있다). 구단주로 취임한 지 얼마 지나지 않아 우리는 그를 만날 수 있었다.

나는 스나이더에게 매시와 함께 진행 중인 연구 프로젝트에 대해 설명했다. 그러자 그는 시즌이 한창인 무렵이었음에도 즉각 '자신의 사람들'을 보내 우리를 만나게 하겠다고 했다. 그는 이렇게 말했다.

"우리 팀은 모든 분야에서 최고가 되길 원합니다."

스나이더는 항상 자신이 원하는 것을 얻었다. 월요일에 그의 CEO에게서 전화가 걸려왔고, 그는 가능한 한 빨리 만났으면 좋겠다는 뜻을 전했다. 그 주 금요일에 나와 매시는 그와 함께 일하는 두 사람을 만나 서로 도움을 주고받을 방안에 대해 이야기를 나누었다. 우리는 그들에게 연구 결과에 따른 기본적인 조언을 들려주었고, 그들은 우리에게 제도적인 세부 사항을 확인해주었다.

그 시즌이 막을 내리고 나서 우리는 스나이더 측 사람들과 더 많은 이야기를 나눌 수 있었다. 당시 우리는 그들이 두 가지 조언, 즉 선순위 지명권을 팔고 올해 지명권을 빌려주고 더 좋은 내년 지명권을 얻는 전략을 숙지하고 있다고 확신했다. 매시와 나는 특히 그해 많은 관심을 갖고 NFL 드래프트 상황을 TV로 지켜보았다. 하지만 결과는 너무나 실망스러웠다. 레드스킨스는 정확하게 우리의 조언과 반대로 움직였다. 그들은 선순위 지명권을 사들였고, 추가적인 지명권을 얻기 위해 내년 선순위 지명권을 포기했다. 대체 어떻게 된 일인지 물었을 때 그들이 들려준 대답은 간단했다.

"스나이더 씨는 올해 우승하길 원하십니다."

그 일을 통해 우리는 스나이더가 앞으로 어떤 의사 결정을 내릴지 짐작할 수 있었다. 2012년 레드스킨스는 드래프트상에서 여섯 번째 지명권을 갖고 있었다. 이 말은 곧 2011년 시즌에서 여섯 번째로 좋지 않은 성적을 거두었다는 뜻이다. 당시 그들은 유능한 쿼터백을 갈망하고 있었다. 2012년 드래프트에서는 앤드루 럭Andrew Luck, 이른바 'RG3'라는 애칭으로 유명했던 걸출한 쿼터백 로버트 그리픈 3세Robert Griffen III가 나와 있었다. 첫 번째 지명권을 갖고 있던 인디애나폴리스가 가장 먼저 그를 선택했다. 레드스킨스는 RG3를 원했다.

두 번째 지명권을 갖고 있던 세인트루이스 램즈St. Louis Rams에는 이미 그들이 열광하던 젊은 쿼터백이 있었고, 그래서 레드스킨스는 램즈와 거래할 수 있었다. 그들은 여섯 번째에서 두 번째로 네 단계 올라섰고, 이를 위해 여섯 번째 지명권을 포기하는 것은 물론, 이에 더해 다음 해인 2013년 첫 번째 및 두 번째 라운드 지명권, 2014년 첫 번째 지명권까지 램스에 넘겨주어야 했다. 네 단계 올라서기 위해 그들은 엄청난 비용을 치렀다.

그렇다면 결과는 어떻게 됐을까? 첫해에 RG3는 최고의 기량을 뽐내며 자신을 선택한 것이 현명한 결정이었음을 입증해 매시와 나를 바보로 만들었다. 그는 보기만 해도 활력이 넘치는 유능한 선수였으며 레드스킨스는 계속 승리를 거두고 플레이오프에 진출했다. 이를 통해 RG3는 스타로 떠올랐고 트레이드가 성공적인 결단인 것으로 드러날 가능성을 높여주었다.

하지만 RG3는 시즌 후반에 부상을 당해 벤치에 앉아 한 게임을 지켜보았다. 그리고 복귀했지만 그것은 너무 섣부른 선택이었다. 그의 부상은 더욱 심각해졌고 결국 수술이 필요한 상황에 이르렀다. 그다음 해에도 RG3는 루키 시절의 모습을 보여주지 못했고 레드스킨스는 끔찍한 시즌을 보내야 했다. 그해 레드스킨스의 성적은 처참했다. 결국 레드스킨스가 램스에 양도한 2014년 첫 번째 라운드 지명권은 전체 드래프트에서 두 번째였기에 그때 포기한 것이 더욱 치명적인 영향을 미쳤다(레드스킨스가 원래 트레이드를 통해 얻은 것 역시 두 번째 지명권이었다는 사실을 기억하자).

2014년 시즌 역시 RG3에게는 실망스러운 한 해였다. 지나고 나서 하는 말이지만 세 번째 라운드까지 지명받지 못한 러셀 윌슨 Russell Wilson이라는 선수는 RG3보다 좋은 성적을 올렸고, 부상에서도 더 양호한 모습을 보였다. 또 3년 동안 그의 팀이 두 번이나 슈퍼볼 결승전에 진출하는 과정에서 중요한 역할을 했으며 그중 한

번은 우승까지 차지했다. 물론 우리는 시간이 흐르고 나서 지난날의 판단을 평가해서는 안 된다. 그리고 RG3가 부상을 입은 것은 레드스킨스 입장에서 단지 불행한 일이었을 수 있다. 하지만 바로 여기에 핵심이 있다. 선수 1명을 영입하기 위해 여러 개의 선순위 지명권을 포기할 때 이는 달걀을 한 바구니에 담는 행동이며, 미식축구 선수 역시 달걀처럼 깨지기 쉽다는 점이다.[88]

레드스킨스와 우리의 관계는 그리 오래가지 못했다. 그리고 얼마 지나지 않아 (이름을 밝힐 수 없는) 또 다른 팀이 그들의 드래프트 전략과 관련해 우리와 이야기를 나누고 싶어 한다는 사실을 알게 되었다. 그 팀의 관계자들과 논의하는 동안 우리는 드래프트 전략과 관련해 경영진 내부에서 종종 논쟁이 벌어진다는 것을 알게 되었다. 분석적 사고에 익숙한 몇몇 사람은 우리의 연구 결과를 받아들여 선순위 지명권을 팔거나 빌려주는 전략을 옹호했다. 그에 반해 구단주나 코치를 포함한 다른 사람들은 특정 선수를 염원했고, 그들을 영입하기 위해 선순위 지명권을 사들여야 한다고 주장했다.

게다가 첫 번째 라운드 선순위 지명권을 포기하고, 그 대가로 첫 번째 라운드 후순위 지명권에 두 번째 라운드 지명권까지 확보한 경우 그 추가 지명권은 그리 오래 남아 있지 않았다. 그들은 추가적인 지명권을 일종의 '하우스 머니'로 여겼고, 또 다른 '확실한 것'을

---

88   추신 : 2014년 시즌 후반에 레드스킨스는 그들이 꿈의 선수를 얻기 위해 포기한 지명권을 넘겨받은 세인트루이스 램즈와 맞붙었다. 램즈의 감독은 보너스 지명권 덕분에 영입할 수 있던 모든 선수를 선발로 출전시켰으며 주장의 자격으로 시합 전 동전 던지기를 하도록 했다. 이 시합에서 램즈는 24:0으로 승리했고, RG3는 성적 부진을 이유로 벤치에 앉아 있어야 했다. 스나이더가 참을성이 부족했던 것인지는 지켜볼 문제다.

얻기 위해 이를 재빨리 처분해버렸다.

—

　NFL 팀이 드래프트 과정에서 최적화된 선택을 내리지 못하는 모습은 '주인-대리인 문제'를 '멍청한 주인 문제'라고 바꿔 부를 만한 상황에 해당한다. 어떤 경제학자가 선순위 지명권을 사들이는 전략에 대해 "그것은 단지 대리인 문제다"라고 이야기한다면, 그것은 감독이나 코치가 자신들의 자리를 지키는 것에 대해 걱정하고 있으며, 해고를 면하기 위해서는 지금 당장 승리를 거두어야 한다는 의미다. 물론 감독과 코치가 일자리를 잃을까 봐 전전긍긍하는 것은 전혀 이상한 일이 아니다. 실제로 그들은 자주 해고당한다.

　그러나 내가 생각하기에 그들의 잘못된 의사 결정을 전통적인 대리인 문제로만 여기는 것은 잘못된 접근 방식이다. 비단 스포츠 분야뿐 아니라 이와 같은 다양한 상황에서 소유주는 적어도 직원만큼이나 그 문제에 책임이 있다. '구단주'가 올해 우승을 원하기 때문에 감독이 무리하게 선순위 지명권을 사들이는 것은 드문 일이 아니다. 이는 20장에서 살펴보았듯 23개의 위험한 프로젝트를 모두 착수길 원했지만 3개밖에 추진할 수 없었던 CEO의 상황과 대단히 흡사하다. 그 임원들 역시 프로젝트가 실패로 돌아갈 경우 해고당할 위험을 염려했다. 이런 문제를 해결해야 하는 것은 결국 CEO의 몫이다.

　우리는 감독의 의사 결정에 대해서도 똑같이 말할 수 있다. 미식축구의 경우 감독은 실제로 아주 다양하고도 구체적인 전략적 의사 결정을 내려야 하고, 선수들은 이에 따라 각자 주어진 역할을 수행한다. 이런 모습은 코너킥처럼 좀 더 유동적인 특성 때문에 세트 플레이의 종류가 그리 다양하지 않은 유럽 축구와는 사뭇 다르다. NFL 경기에서 나타나는 구체적인 의사 결정 기회는 충분히 연구 대상이 될 수 있고, 실제로도 많은 분석이 이루어지고 있다.

한 가지 구체적인 결정 사례는 네 번째 공격을 '강행'할지 선택하는 것이다. 공격 팀은 '다운down'이라는 네 번의 기회를 갖고, 그동안 10야드를 전진하거나 득점을 올려야 한다. 그렇게 하지 못하면 공격권이 상대 팀으로 넘어간다. 세 번의 공격에서 10야드를 전진하지 못했을 때 공격 팀은 나머지 거리에 끝까지 도전하거나(이를 '고 포 잇go for it'이라고 한다), 전진을 포기하고 공을 상대방 진영으로 멀리 날려버릴 수 있다(이를 '펀트punt'라고 한다).

버클리대학교 경제학자 데이비드 로머David Romer는 이런 의사 결정에 대해 연구했고 모든 팀이 고 포 잇 전략을 충분히 선택하지 않는다는 사실을 발견했다.[216] 많은 사람이 로머의 연구를 재현했으며 브라이언 버크Brian Burke라는 미식축구 분석가의 노력으로 훨씬 더 많은 데이터 기반을 확보하게 되었다. 이후 2013년《뉴욕 타임스》는 로머의 모형을 기반으로 네 번째 공격을 앞둔 상황에서 고 포 잇, 펀트, 필드골 차기 중 최적의 전략을 선택하는 애플리케이션까지 내놓았다.[217] 이제 NFL 팬들은 '뉴욕 타임스 네 번째 공격 봇'[218] 프로그램을 통해 수학이 그 팀에 어떤 이야기를 들려주는지 실시간으로 확인할 수 있게 되었다.

그렇다면 이 같은 연구와 무료 앱의 등장은 미식축구 코치의 선택에 어떠한 영향을 미쳤을까? 기본적으로 영향을 전혀 미치지 못했다. 로머의 논문이 발표된 이후 네 번째 공격 상황에서 고 포 잇을 선택하는 횟수는 아주 미미하게 줄었을 뿐이다. 이 말은 팀들이 조금 더 멍청해졌다는 뜻이다(마찬가지로 우리 논문이 나온 뒤에도 드래프트 전략에서 인식 가능한 변화는 전혀 발견되지 않았다)!

『신호와 소음The Signal and the Noise』[219)]으로 유명한 전직 스포츠 분석 마니아 네이트 실버Nate Silver는 네 번째 공격 상황에서 내린 잘못된 판단으로 각 팀은 평균적으로 시즌당 0.5번의 승리를 놓치고 있다고 했다. 또 《타임스Times》의 애널리스트들은 그 수치를 1년당 3분의 2번에 가까운 것으로 예상했다. 이는 그리 많은 횟수처럼 보이지 않을 수 있다. 그러나 시즌은 16번의 경기로 이루어져 있다. 즉 한 경기에서 2~3회 현명한 선택을 내린다면 매년 한 번 더 이길 수 있다는 말이다. 게다가 온라인상에서도 얼마든지 도움을 받을 수 있다.[89]

물론 감독 역시 인간이다. 그들은 기존 방식 그대로 움직이려는 경향이 있다. 그래야 나중에 구단주에게 질책받을 위험이 낮기 때문이다. 케인스가 지적했듯 전통적인 지혜를 따르면 해고될 위험이 없다. 똑똑한 주인(스스로 경제학 학술지를 읽거나 그런 사람을 고용하는)은 직원들이 성공 가능성을 극대화하는 전략을 추구하도록 격려하면서 그런 태도가 오히려 해고 가능성을 더 낮출 것임을 강조해야 한다. 그러나 여전히 그런 주인은 많지 않다. 여러분이 10억 달러 가치의 풋볼 팀을 소유하고 있다 해도 개리 베커가 언급한 10퍼센트 클럽 회원이라고 장담할 수는 없다. 그리고 여러분이 틀림없이 그 클럽에 소속된 사람을 고용하거나 그들이 최고의 선택을 내리도록 허락할 것이라는 의미도 아니다.

베커의 예측의 타당성과 관련해 지금 우리는 어디에 서 있는가? 확률을 다룰 줄 아는 10퍼센트의 사람들은 어떻게든 그런 기술을 요구하는 업무를 맡게 되는가? 어떤 면에서 우리는 그의 예측이 옳았다고 생각할 수 있다. NFL 선수는 모두 정말로 미식축구를 잘하고, 편집자는 모두 철자와 문법에 능하며, 옵션 트레이더는 모두 계산기를 갖고 블랙-숄 공식을 활용할 수 있다. 경쟁적인 노동시장은 사람들이 저마다 적합한 일자리로 흘러 들어갈 수 있도록 대단히 효율적으로 기능한다.

하지만 아이러니하게도 이런 주장은 조직의 사다리를 올라가면서 점점 더 설득력을 잃는다. 경제학자들은 적어도 경제학적 사고에 대단히 능하지만 학과장으로 뽑히면 종종 어처구니없을 정도로 일을 엉망으로 처리한다. 이는 곧 사람들은 무능함의 단계에 도달할 때까지 승진하게 된다는 그 유명한 '피터의 법칙Peter principle 220)'을 말한다. 미식축구 팀 감독이나 학과장, 기업의 CEO는 다양한 측면을 동시에 고려해야 한다. 미식축구 감독의 경우 오랜 시즌에 걸쳐 젊고 부유한 거물을 관리하고 그들에게 동기를 부여하는 능력은, 어쩌면 네 번째 공격에서 고 포 잇을 선택할지 결정하는 것보다 훨씬 더 중요한 능력일 것이다. 우리는 대부분이 별로 우수한 학

---

89 NFL 팬을 위한 주석: 실버의 예측은 논란의 대상이 될 수 있다. 네 번째 공격에서 고 포 잇을 선택할 것이라 생각할 때, 세 번째 공격부터 전략을 바꿀 것이다. 가령 세 번째 공격을 마치고 5야드가 남았을 때 대부분 패스를 시도하지만, 네 번째 공격에서 고 포 잇을 생각한다면, 세 번째 공격에서 러닝 플레이를 더 자주 시도할 것이다. 물론 예측이 쉽지 않기 때문에 이런 전략은 패스를 시도할 가능성도 함께 높인다.

생이 아니었던 기업의 고위 관리자나 CEO에게도 똑같은 이야기를 할 수 있다. 우수한 학생이었던 사람조차 학창 시절 통계학 수업에서 배운 내용 대부분을 잊어버렸을 것이다.

베커의 추측을 살려낼 방법이 한 가지 있다. 아마도 분석적인 추론 과정은 빠졌을 광범위한 역량 덕분에 고용된 CEO나 감독, 다양한 관리자가 그들을 대신해 수학 문제를 해결해줄 수 있는, 그래서 베커의 10퍼센트 클럽 회원이 될 자격을 갖춘 전문가를 고용해야 한다고 주장하는 것이다. 하지만 의사 결정의 중요성이 커지면서 다른 사람들이 수행한 정량 분석에 의존하는 비중이 오히려 점점 더 낮아지는 경향이 있는 듯하다. 우승 가능성이나 기업의 미래가 불투명할 때, 최고 책임자는 자신의 육감에 더 의존하곤 한다.

매시와 나의 연구는 이제 베커의 엘리트 클럽으로 들어가고자 열망하는 구단주가 이끄는 우리의 세 번째 팀으로 넘어가고 있다. 그러나 프로 팀의 행동 방식에 대해 더 많은 것을 알아갈수록 우리는 조직 내 구성원이 수익을 극대화하고, 경기에서 이기기 위한 전략을 추구하도록 격려하는 것이 얼마나 어려운 일인지 깨달았다. 특히 그 전략이 전통적인 지혜를 거스르는 것일 때 더욱 그렇다. 필수 요건은 소유주부터 시작해 최고 경영진이 먼저 분명하게 인식하고, 조직에서 일하는 모든 구성원이 현명하면서도 비전통적인 방식으로 도전할 때, 그리고 (특히!) 실패했을 때도 충분한 보상을 받을 수 있다는 확신을 갖도록 설득하는 것이다.

네 번째 공격을 감행하는 횟수는 낮다. 드래프트 과정에서 드러나는 의사 결정에서 알 수 있듯 팀은 좀처럼 승리를 위한 전략을 선택하지 않는다. NFL 팀뿐 아니라 모든 조직이 어떻게 의사 결정을 내리는지(그래서 조직을 어떻게 개선할 수 있는지) 정확하게 이해하기 위해서는 이들 조직을 소유하고 관리하는 것이 모두 인간이라는 사실을 인식할 필요가 있다.

엄청난 거액이 오갈 때
인간은 합리적인가,
행동 편향적인가
— 500만 유로 게임과 경로 의존성

거액이 오가는 금융 시장에 대한 연구와 미식축구에 대한 논문을 기반으로 우리는 실험실에서 관찰되는 예외적 행동 사례가 현실에서는 재현되지 않을 것이라는 비판에 정면으로 맞섰다. 그러나 승리를 장담하기에는 일렀다. 미신은 좀처럼 사라지지 않는다. 게다가 이런 발견에는 제약이 있었다. 그것들은 대부분 개인의 구체적인 행동이 아니라 시장가격과 관련된 것이다.

사실 드래프트 지명권의 가격은 구체적으로 드러나 있지만 특정한 행동 원인을 지목하는 것은 불가능한 일이었다. 실제로 자만심에서 승자의 저주에 이르는 다양한 행동적 현상은 선순위 지명권이 지나치게 과대평가되었을 것이라 예측했다. 이 사실은 일부 행동이 가격 오류를 조장한다는 주장을 불가능하게 했다. 그리고 전망 이론을 기반으로 한 그럴듯한 설명을 통해 택시 기사와 개인 투자자의 행동을 설명할 수 있다 하더라도, 편향된 믿음과 관련된 기대 효용 극대화와 조화를 이루는 다른 설명을 배제할 수는 없었다. 어떤 행동이 아무리 멍청해 보일지라도 경제학자들은 그런 행동을 설명하기 위한 합리적인 모형을 개발하는 데 능하다.

대니와 아모스가 전망 이론을 완성하기 위해 사용한, 대단히 유형화된 질문은 애매모호한 부분을 가능한 한 제거하기 위한 것이었다. 피실험자에게 "50:50 확률로 1,000달러를 얻거나 400달러를 잃는 것보다, 확실하게 300달러를 받는 쪽을 더 선호합니까?"라는 질문을 던질 때 이길 확률은 50퍼센트로 알려져 있다. 그리고 그 문제는 대단히 간단해서 피실험자의 대답에 혼란을 초래할 요인이 없다. 대니와 아모스는 가상적인 질문을 던지고 피실험자들이 스스로 사소하지 않은 선택을 내리고 있다고 생각하도록 함으로써 위험도 높은 문제를 '해결'하고자 했다. 하지만 어느 누구도 그런 선택을 실질적인 것으로 만들 정도로 예산을 확보하지는 못했다.

액수를 높이기 위해 가난한 나라에서 실험하는 전략을 선택한 학자들도 기껏해야 몇 달 치 수입 정도를 활용하는 데 머물렀다. 이는 적은 금액은 아니었으나, 주택을 구입하거나 직장을 선택하거나 결혼을 할 때는 그 중요성에서 비교가 되지 않았다. 아모스와 대니가 던진 유형의 질문을 충분히 큰 금액으로 재현하는 실험이 아직 실행되지 못했던 것이다.

그러던 2005년 어느 날, 나는 네덜란드에서 우연히 그 해답을 발견했다. 그 일은 내가 명예 학위를 받기 위해 로테르담에 있는 에라스무스대학교를 방문했을 때 일어났다. 내게는 당연히 영광스러운 일이었다. 하지만 최고의 순간은 그 대학 금융 분야 종신 재직 교수 티에리 포스트Thierry Post, 새로 부임한 조교수 마르테인 판덴아섬 Martijn van den Assem, 그리고 대학원생 히도 발튀선Guido Baltussen이라는 경제학자를 만났을 때였다. 세 사람은 당시 네덜란드 TV 게임 프로그램을 대상으로 참가자의 의사 결정을 연구하는 프로젝트를 추진하고 있었다.

나는 그들의 연구 프로젝트에 강한 인상을 받았다. 그들은 이미 예비 단계에서 거금이 오가는 상황에서도 하우스 머니 효과가 나타난다는 사실을 입증했고, 나는 그 발견에 흥분을 감추지 못했다(10장에서 살펴본 하우스 머니 효과는 사람들이 도박에서 돈을 따고 있을 때 더욱 위험을 감수하려 든다는 사실을 말해준다). 그런 프로그램의 참가자들은 수십만 달러가 왔다 갔다 하는 상황에서 의사 결정을 내려야 한다. 그렇다면 이 프로젝트는 우리의 행동적 발견이 거금이 오가는 상황에서는 잘 드러나지 않는다는 미신을 결정적으로 잠재울 기회가 될 것이었다.

세 사람은 내게 자신들의 연구 프로젝트에 합류하라고 제안했고 221) 나는 당연히 승낙했다.[90] 누군가 내게 전망 이론과 심리 계좌를

---

90 승낙하기는 했지만 조건이 있었다. 나는 이 협력이 적어도 두 가지 면에서 현명하지 못한 선택일 수 있다고 말했다. 첫째, 나는 엄청나게 느리다(게으르다고는 말하지 않았다). 둘째, 나는 '마태 효과Matthew effect'를 우려했다. 사회학자 로버트 머턴이 처음 만든 이 용어는 어떤 개념에 대한 사람들의 과도한 신뢰는 그 개념과 관련된 유명 인물에서 비롯된다는 것을 의미한다. 시카고대학교 통계학자 스티븐 스티글러Stephen Stigler는 이 효과를 반박하는 '스티글러의 법칙Stigler's law(역설적 의미로)'를 내놓았다. 그는 이렇게 말했다. "어떤 과학적 발견도 최초 발견자의 이름을 따서 명명하지 않았다." 물론 스티글러의 법칙이 머턴 명제에 대한 재설명에 불과한 것이라는 것은 농담이다. 어찌 됐든 포스트를 포함한 세 사람은 나와 협력하기로 결정했고, 다만 스스로 아무런 기여를 하지 못한다는 생각이 들 때 나는 물러나겠다는 단서를 달았다.

검증하기 위한 게임을 설계해달라고 요청했다 해도 이보다 더 잘 만들 수 없을 것이다. 그 TV 프로그램은 엔데몰Endemol이라는 제작 사가 기획한 것으로 처음에는 네덜란드에서만 방송되다가 이후 전 세계로 수출되었다. 그래서 네덜란드는 물론 독일과 미국 버전에서 도 데이터를 얻을 수 있었다. 네덜란드에서 그 프로그램은 '백만장 자 되기'라는 뜻의 〈밀유넨야흐트Miljoenenjacht〉이고, 영어권에는 〈딜 오어 노 딜Deal or No Deal〉로 알려졌다.

게임 규칙은 모든 버전에서 전반적으로 유사하지만, 여기에서는 원래 버전인 네덜란드 프로그램을 기준으로 설명하겠다. [그림 23] 처럼 게임 참가자는 0.01유로에서 500만 유로에 이르기까지 아주 다양한 금액을 대형 화면으로 확인한다. 잠깐, 여러분이 잘못 본 게 아니다. 500만 유로가 맞다. 600만 달러가 넘는 거금이다. 여기에 서 참가자가 가져갈 수 있는 상금의 기댓값은 22만 5,000유로가 넘 는다.

다음으로 각각의 금액이 적힌 카드가 26개의 서류 가방에 들어 있다. 참가자는 가방을 열어보지 못하는 상태에서 그중 하나를 선 택하고, 원한다면 프로그램이 끝날 때까지 그 가방을 그대로 갖고 있다가 카드에 적힌 금액만큼 상금을 얻을 수 있다.

금액을 확인하지 못한 채 가방을 하나 선택했다면 이제 참가자 는 6개의 가방을 열어 그 금액을 공개하게 된다. 가방이 열리고 금 액이 적힌 카드가 공개되면 그에 해당하는 선택권이 그림에서 확인 할 수 있는 것처럼 하나씩 사라진다. 이제 참가자에게 선택권이 주 어진다. 그는 화면 맨 위에 보이는 '뱅크 오퍼bank offer'라는 특정 금 액을 받을 수도 있고, 게임을 계속 진행해 더 많은 가방을 열어볼

[그림 23] '딜 오어 노딜' 상황표

13,000EUR ‥‥‥ 뱅크 오퍼 금액

0.01EUR	50EUR	10,000EUR	400,000EUR
0.20EUR	100EUR	25,000EUR	500,000EUR
0.50EUR	500EUR	50,000EUR	1,000,000EUR
1EUR	1,000EUR	75,000EUR	2,500,000EUR
5EUR	2,500EUR	100,000EUR	5,000,000EUR
10EUR	5,000EUR	200,000EUR	
20EUR	7,500EUR	300,000EUR	

아직 공개되지 않은 가방 안의 금액   더 이상 존재하지 않는 금액

수도 있다. 영어권 프로그램의 경우 그 두 가지 선택 가운데 하나를 결정했다면 참가자는 '딜', 혹은 '노 딜'을 외쳐야 한다. 게임을 계속 하기로 선택한 경우('노 딜'), 그는 라운드마다 추가로 가방을 열어봐 야 한다. 게임 전체에 걸쳐 총 9라운드까지 진행되며, 이후 계속 이 어지는 라운드마다 참가자가 열어야 하는 가방의 개수는 5, 4, 3, 2, 1, 1, 1, 1이다.

뱅크 오퍼의 금액은 화면에 아직 남은 상금과 게임의 라운드에 따라 달라진다. 참가자들이 계속 게임에 도전하고 프로그램의 분위 기를 고조시키기 위해 초반 라운드에서 뱅크 오퍼는 남아 있는 상 금의 기댓값에서 아주 작은 일부에 해당된다. 여기에서 '기댓값'이 란 남은 상금의 평균을 말한다. 게임이 막 시작되어 아직 가방을 열 어보기 전에 기댓값은 약 40만 유로에 해당한다. 뱅크 오퍼는 첫 라

운드에서 기댓값의 약 10퍼센트에 불과하지만, 이후 라운드가 진행되면서 기댓값과 같아지거나 이를 넘어설 수 있다. 6라운드에서 일반적으로 뱅크 오퍼는 기댓값의 4분의 3에 이르고, 참가자들은 중대한 의사 결정의 순간을 맞이한다. 게임이 진행되면서 뱅크 오퍼가 기댓값에서 차지하는 비중이 증가한다는 사실은 참가자에게 게임을 계속해야 할 중요한 동기를 부여하지만, 그 과정에서 참가자는 운이 없게도 높은 금액의 가방을 열 수도 있는 위험을 감수해야 한다. 거액이 든 가방을 열었을 때 기댓값은 크게 떨어지고 그에 따라 뱅크 오퍼도 폭락한다.

그 논문에서 우리의 주요 목표는, 이처럼 거액이 걸린 상황에서 사람들이 실제로 내리는 의사 결정 사례를 바탕으로 일반 기대 효용 이론을 전망 이론과 비교하는 것이었다.[91] 그리고 '경로 의존성 path dependence'의 역할을 평가하는 것이었다. 게임 진행 방식은 사람들의 선택에 영향을 미치는가? 경제학 이론은 그럴 리 없다고 말한다. 중요한 것은 참가자들이 직면한 선택이지, 그 과정에서 발생하는 행운이나 불운이 아니라고 말한다. 즉 경로는 SIF다.

평범해 보이는 발견은 경쟁 이론을 평가하는 과정에 대단히 중요한 역할을 한다. 게임 참가자들은 '평범한 정도로 위험 회피적'이다. 즉 극단적으로 위험 회피적인 부류가 아니다. 이들 대부분은 즉각 수십만 유로를 받고 떠날 수 있음에도 기댓값의 70퍼센트에 해당하는 뱅크 오퍼를 거절하고 게임을 계속하는 쪽을 선택했다. 이

---

91   확실한 승자는 전망 이론이었다.

런 현상은 주식 프리미엄 퍼즐에 대한 연구와 밀접한 관련이 있다. 일부 경제학자는 투자자가 아주 높은 위험 회피적 성향을 보일 때, 그런 퍼즐은 존재하지 않는다고 지적했다.

게임 프로그램에서 우리가 얻은 결과는 이런 가설을 지지하는 어떠한 증거도 보여주지 못했다. 이 사실을 가장 확실하게 증명하는 것은 바로 이런 상황이다. 네덜란드 프로그램에서 4라운드 전에 게임을 중단한 사람은 한 명도 없었다. 곧바로 수십만 유로를 받을 수 있는데도 말이다. 주식 프리미엄 퍼즐을 설명하기에 충분히 높은 위험 회피 성향을 지닌 참가자라면 절대 그렇게 오래 게임을 진행하지 않았을 것이다.

더 흥미로운 것은 경로 의존성의 역할이다. 나의 포커 게임 동료들이 보여준 성향에서 영감을 얻은 에릭 존슨과 함께 쓴 논문[222]에서 우리는 사람들을 일반적인 경우보다 덜 위험 회피적으로 만들어주는, 실제로는 더 적극적으로 위험을 추구하도록 자극하는 두 가지 상황을 발견했다. 첫 번째는 내기에서 돈을 따고 있고, 그래서 하우스 머니를 갖고 게임을 할 때다. 다음으로 두 번째 상황은 돈을 잃었지만 본전을 만회할 기회가 남았을 때다. 〈딜 오어 노 딜〉 참가자들은 거액이 걸렸을 때도 이런 똑같은 현상이 나타남을 보여주었다.

게임에서 스스로 '뒤처져' 있다고 생각하는 사람들의 경우를 확인하기 위해 네덜란드 프로그램 참가자인 프랭크의 사례를 살펴보자. 첫 번째 라운드에서 프랭크가 열기로 한 6개의 가방은 대부분 기댓값이 좋은 것이었다. 거액의 가방은 하나에 불과했고 기댓값은 38만 유로 이상이었다. 그러나 두 번째 라운드에서는 운이 따르지 않았고 무려 4개가 큰 금액이었다. 기댓값은 6만 4,000유로로 폭락했고 뱅크 오퍼는 8,000유로였다. 프랭크는 이제 많은 돈을 잃었다. 그래도 프랭크는 계속 게임을 밀고 나갔고 상황은 조금 나아졌다.

그리고 여섯 번째 라운드에서 대단히 흥미로운 의사 결정의 순간에 직면했다. 남은 상금은 0.5유로, 10유로, 20유로, 1만 유로, 50만 유로였고, 기댓값은 10만 2,006유로였다. 뱅크 오퍼는 기댓값의 74퍼센트에 해당하는 7만 5,000유로였다. 여기에서 그는 과연 어떤 선택을 내렸을까?

이 라운드에서 상금 분포가 대단히 극단적인 형태를 보인다는 사실에 주목하자. 만약 50만 유로 가방을 연다면, 상금을 10만 유로 이상 받을 가능성은 완전히 사라져버린다. 하지만 대박의 꿈을 포기하지 않았던 프랭크는 외쳤다.

"노 딜!"

그러나 불행하게도 그가 선택한 것은 50만 유로 가방이었고, 기댓값은 2,508유로가 되었다. 절망한 프랭크는 끝까지 게임을 계속했고, 마지막 라운드에서 10유로와 1만 유로가 남았다. 프랭크를 측은히 여긴 뱅크 오퍼 측은 기댓값의 120퍼센트에 달하는 6,000유로를 제시했지만 프랭그는 한 번 더 "노 딜!"을 외쳤다. 결국 그는 겨우 10유로를 손에 쥔 채 방송국을 떠나야 했다.

또 다른 극단적인 경우는 참가자 수잔의 사례였다. 그녀는 상금 액수가 비교적 낮은 독일 프로그램에 출연했다. 그 게임에서 기댓값은 '겨우' 2만 602유로에 불과했고, 최고 상금은 25만 유로였다. 수잔은 운이 좋았고, 마지막 라운드에서 10만 유로와 15만 유로 가방만 남아 있었다. 이는 3개의 최고 상금 중 2개에 해당하는 것이었다. 뱅크 오퍼는 기댓값과 정확하게 동일한 12만 5,000유로였고 하우스 머니 중 2만 5,000유로만 위험을 감수하면 된다고 확신한 수잔은 "노 딜!"을 선택했다. 그리고 끝까지 운이 좋았던 수잔은 15만 유로를 들고 걸어 나갈 수 있었다.

프랭크와 수잔의 의사 결정 사례는 우리 논문의 좀 더 공식적인 발견을 잘 보여주는데, 이는 경로 의존성의 존재를 강력하게 뒷받침한다. 참가자들은 그들이 직면한 내기에 대해서뿐 아니라, 그 과정에서 나타나는 이익과 손실에 대해서도 반응했다. 내가 처음으로 코넬대학교에서 포커 동료들에게서 발견한, 그리고 다음으로 에릭 존슨과 함께 수십 달러짜리 실험을 통해 확인한 행동 성향이 금액 규모가 수십만 유로로 크게 증가했을 때에도 똑같이 드러났다.

TV 프로그램에서 얻은 데이터로 사람들의 행동을 연구하는 접근 방식에 대해 한 가지 우려를 표하자면, 사람들이 사적인 공간과 공적인 공간에서 다른 방식으로 행동할 수 있다는 것이다. 그런데 다행스럽게도 발튀선과 판덴아섬, 당시 대학원생이던 데니 판돌더르Dennie van Dolder는 공적인 의사 결정과 사적인 의사 결정의 차이를 확인하기 위해 실험[223]을 하고 있었다.

실험의 첫 번째 단계에서는 청중 앞에서 학생들과 함께 방송 프로그램의 결과를 그대로 재현해보았다. 그들은 프로그램 진행자, 꽉 들어찬 관객석, 팬들의 환호와 더불어 TV 프로그램 상황을 가능한 한 실제와 가까운 형태로 시뮬레이션했다. 다만 그대로 재현할 수 없는 요소는 당연하게도 상금 규모였다. 상금은 1,000배(큰 버전), 혹은 1만 배(작은 버전) 줄어들었기에 최고 상금은 큰 버전과 작은 버전에서 각각 5,000유로와 500유로였다. 이 실험에서 발견한 흥미로운 사실은 참가자들의 선택이 방송 프로그램의 경우와 크게 다르지 않았다는 것이다.

예상대로 학생들은 작은 버전의 게임에서 전반적으로 덜 위험 회피적인 모습을 보였지만, 그리 뚜렷한 차이가 나지는 않았다. 또 크게 앞서 있거나 크게 뒤떨어져 있는 참가자들이 더욱 위험 지향적인 태도를 드러내면서 경로 의존성의 패턴을 똑같이 보여주었다. 그들의 연구는 이후 앞의 실험들, 학생들이 연구실 안에서 컴퓨터로, 즉 사적인 차원에서 의사 결정을 내리도록 하는 또 다른 실험을 비교 분석하는 방향으로 나아갔다. 후자 실험의 경우 연구실에 있는 한 학생은 실제 관객 앞에서 이루어진 게임과 정확하게 동일한 방식으로 상금을 놓고 의사 결정을 하게 된다.

자, 이제 추측을 해보자. 학생들은 과연 어떤 상황에서 더욱 적극적으로 위험을 감수하려 했을까? 혼자서 선택할 때? 아니면 관객 앞에서 할 때? 실험 결과는 우리를 놀라게 했다. 나는 관객 앞에서 더욱 적극적으로 도전할 것이라 예상했다. 그러나 정반대 결과가 나타났다. 학생들은 관객 앞에서 더욱 위험 회피적인[224] 태도를 취했다. 다른 경우에서도 결과는 아주 비슷하게 나왔고, 이는 내게 다행스러운 일이었다. 당시는 게임 프로그램에 대한 나의 연구 여정이 막 시작되는 단계였기 때문이다.

—

"금액을 높여도 그럴까?"라는 비판이 제기되는 또 다른 영역은 최후통첩 게임이나 독재자 게임에서처럼 상대방의 태도를 고려하는 행동이다.[225] 여기에서도 과학자들은 다시 한번 몇 달 치 소득으로 금액 규모를 높여보았지만, 여전히 일부 학자는 '진짜 돈'이 걸려 있을 때 어떤 일이 벌어질까 궁금해했다. 우리의 '딜 오어 노 딜' 논문이 발표된 후 마르티엔은 대니와 함께 추진하던 프로젝트와 관련해 내게 연락했다. 당시 엔데몰은 또 다른 게임 프로그램을 선보였는데, 그 에피소드들 역시 행동주의 접근 방식의 분석을 기다리고 있었다. 그 프로그램의 이름은 하고많은 것 중 〈골든 볼즈Golden Balls〉였다.

우리는 각 에피소드의 결승전에 주목했다. 그 프로그램은 4명의 참가자로 시작해 예선 라운드에서 2명이 탈락하고, 나머지 2명의 생존자가 아주 높은 상금을 놓고 단 한 번 결승전을 벌인다. 마지막 단계에서 그들은 모든 게임 이론 중 가장 널리 알려진 게임이라 할 수 있는 죄수의 딜레마를 실행했다.

이 게임의 전반적인 과정을 떠올려보자. 2명의 선수는 협력할지, 아니면 배신할지 결정을 내려야 한다. 단 한 번의 게임에서 두 선수 모두에게 이기적이면서도 합리적인 전략은 배신을 선택하는 것이기는 하지만, 어떻게든 두 사람 모두 협력하기로 한다면 그들은 더 좋은 결과를 얻을 수 있다. 일반적인 이론의 예측과는 달리 금액이 낮은 형태의 죄수의 딜레마 게임[226]에서 40~50퍼센트가 협력을 선택했다. 그런데 여기에서 금액의 규모를 높이면 어떻게 될까? 우리는 〈골든 볼즈〉의 실제 데이터에서 해답을 확인했다.

결승전에서 2명의 진출자는 돈이 든 항아리를 놓고 그걸 어떻게 나눌지 결정해야 한다. 두 사람은 모두 '나누기'나 '훔치기'를 선택할 수 있다. 두 선수 모두 나누기를 선택할 경우 그들은 돈을 절반씩 나누어 갖는다. 한 선수가 '나누기'를, 그리고 다른 선수가 '훔치기'를 선택했을 때 '훔치기'를 선택한 사람이 모두를 갖고 상대방은 하나도 갖지 못한다. 그리고 두 선수 모두 '훔치기'를 선택한다면 두 사람 모두 하나도 갖지 못한다. 이 프로그램에서 전체 상금은 완고한 경제학자들조차 현실적이라고 인정할 만큼 컸다. 평균적으로 2만 달러가 넘었고 어떤 경우에는 17만 5,000달러를 놓고 게임을 벌이기도 했다.

이 프로그램은 영국에서 3년에 걸쳐 방영되었고, 매우 친절하게도 프로듀서들은 우리에게 거의 모든 프로그램 자료를 건네주었다. 우리는 287쌍의 샘플 자료[227]를 분석했다. 여기에서 주목한 첫 번째 질문은 진짜 돈을 갖고 할 때 협력을 선택하는 비율이 더 낮아질지 여부였다. 그 대답은 [그림 24]에서 확인할 수 있는 것처럼 '그렇기도 하고 아니기도 하다'이다.

이 도표는 소액에서 거액에 이르기까지 다양한 상금 범위에 따라 사람들이 협력을 선택하는 비율을 보여준다. 많은 사람의 예측대로 협력을 선택하는 비중은 상금이 높아지면서 낮아졌다. 하지만 전통 경제학 모형을 옹호하는 사람들이 그들의 승리를 축하하기에는 지나치게 변화가 미미했다. 협력 비중은 떨어지기는 했지만 연구실 속 가상 실험에서 나타난 것과 비슷한 수준으로, 또는 작은 액수의 경우와 동일한 수준인 40~50퍼센트로 떨어졌다. 다시 말해 금액이 낮은 상황에서 나타나는 높은 협력 비율이 금액이 높아질 때 벌어질 상황을 대표하는 것으로 볼 수 없다고 주장할 증거는 없다는 것이다.

상금이 올라갈수록 협력 비율은 낮아진다. 그것은 상금이 '이 프

[그림 24] 상금 범위에 따른 협력 선택 비율

상금이 $100일 때		협력을 선택한 경우는 72%이다
$250		
$500		
$1,000	54%	
$1,500	59%	
$2,000	59%	
$2,500	52%	
$5,000	50%	
$10,000	51%	
$15,000	47%	
$20,000	46%	
$25,000	49%	
$50,000	43%	
$100,000	48%	

'진짜 돈'으로 게임을 할 때, 참가자들은 여전히 절반 정도 협력을 선택했다.

로그램의 표준'보다 크게 낮을 때 협력 비율이 예외적으로 높게 나타났기 때문이다. 나는 공저자들과 함께 소위 '빅 피넛big peanut 가설'이라 부르는 현상이 나타나는 이유를 예측해보았다. 그 아이디어의 핵심은 특정 금액은 상황에 따라 적거나 많아 보일 수 있다는 것이다. 값싼 물건을 살 때는 10달러를 아끼기 위해 기꺼이 차를 몰고 도심을 가로지르지만, 값비싼 물건을 살 때는 그러지 않는다는, 내 목록에 있던 사례를 떠올려보자. 새로운 TV를 구매하는 경우에 10달러는 '푼돈peanut'처럼 느껴진다. 신경 쓰지 않아도 되는 금액이다.

476

우리는 이 프로그램에서도 똑같은 일이 벌어졌다고 생각했다. 이 게임에서 상금의 평균이 2만 달러 정도였다는 사실을 기억하자. 그렇기 때문에 경쟁자들이 500달러가 든 항아리를 놓고 결승전을 펼치는 자신의 모습을 본다면 그들은 푼돈을 놓고 겨루고 있다고 느낄 것이다. 그런 상황이라면 굳이 이기적인 모습을 드러낼 이유가 없지 않겠는가? 특히 국영 방송국 프로그램에 출연했다면 어떨까? 반면 연구실 실험에서라면 500달러는 그리 적지 않은 상금이 될 것이다.

우리는 〈딜 오어 노 딜〉 데이터에서 동일하게 빅 피닛 현상을 발견할 수 있었다. 마지막 라운드에서 확실하게 받을 수 있는 6,000유로, 또는 50:50 확률로 받을 수 있는 1만 유로와 10유로 사이에서 선택해야 했던, 그리고 다시 한번 도전을 결심했던 불행한 프랭크의 사례를 보자. 40만 유로에 가까운 기댓값으로 게임을 시작해 지난 라운드에서 7만 5,000유로를 뱅크 오퍼로 제안받은 후 프랭크는 이제 푼돈을 놓고 게임을 벌이게 되었다고 생각했고, 그래서 쉽게 도전을 결심했다.

우리는 〈골든 볼즈〉에서 드러난 행동에서 또 다른 한 가지 측면에 집중했다. 누가 나누기를 선택하고 누가 훔치기를 선택할지 예측할 수 있을까? 우리는 다양한 인구통계적 변수를 분석했고, 이를 통해 확인한 유일한 사실은 젊은 남성들이 나누기를 훨씬 더 적게 선택한다는 것이었다. 그렇다면 서른 살이 안 된 남자의 말을 믿어서는 안 될 것이다.

또 우리는 중요한 결정을 앞두고 참가자들의 이야기를 분석해보았다. 당연하게도 그런 이야기들 속에는 똑같은 요청이 담겨 있었다.

"저는 훔치기를 선택할 만한 사람이 아닙니다. 그리고 당신도 그런 나쁜 사람이 아니기를 바랍니다."

이런 이야기는 게임 이론가들이 말하는 일종의 '빈말cheap talk'이다. 거짓말에 대해 처벌하지 않으면 사람들은 모두 선하게 행동하겠다고 약속한다. 그러나 그 모든 소란 속에서도 한 가지 신뢰할 만한 신호를 포착할 수 있다. 누군가 자신은 틀림없이 나누기를 선택할 것이라고 약속할 때, 그들은 30퍼센트 포인트 정도 더 그렇게 한다(그런 약속의 한 사례를 들자면 "저는 나누기를 선택할 것이라고 120퍼센트 약속합니다.").

이는 일반적인 경향을 반영하고 있다. 사람들은 적극적인 형태가 아니라 소극적인 형태의 거짓말을 더 많이 한다. 예를 들어 내가 여러분에게 중고차를 판매한다면 그 자동차가 기름을 많이 먹는다고 굳이 언급해야 할 의무감을 느끼지 않을 것이다. 하지만 여러분이 "이 차는 연비가 낮은가요?"라고 구체적으로 물어본다면 나는 그와 관련된 사소한 문제가 있다고 인정할 것이다. 진실을 알고 싶다면 구체적인 질문을 던져야 한다.

우리는 학생들이 각 에피소드에서 벌어진 일을 모두 기록하도록 했고, 나는 게임이 어떻게 진행되었는지 감을 잡기 위해 12편 정도만 보았다. 그렇다 보니 나는 그중 한 에피소드가 인터넷을 통해 널리 퍼지고 나서야 〈골든 볼즈〉에서 TV 게임 프로그램 역사상 최고의 순간이 연출되었음을 알았다(틀림없이 경쟁이 치열한 분야는 아닌). 그 게임에서 맞붙은 선수들은 닉과 이브라힘이었고, 그중 스타는 닉이었다. 다양한 프로그램에 30회 넘게 출연한 닉은 게임 프로그램 참가자로서 화려한 경력을 갖추고 있었다. 그는 이번 게임에서 창의력을 유감없이 발휘했다.

닉의 전략을 설명하기에 앞서 기술적인 부분에 대해 설명해야겠다. 〈골든 볼즈〉 게임은 일반적인 죄수의 딜레마와 한 가지 측면에서 다르다. 여러분이 나누기를 선택하고 상대가 훔치기를 선택했다면, 그 결과는 여러분이 훔치기를 선택했을 때보다 더 나쁘지는 않다. 어쨌든 여러분이 가질 수 있는 것은 아무것도 없다. 반면 일반적인 죄수의 딜레마 게임에서 한 사람이 침묵을 지키고 다른 죄수가 자백을 할 때, 침묵을 지킨 쪽은 중범죄로 처벌받는다.[92] 닉은 자신의 전략을 수립하는 과정에서 바로 이런 미묘한 차이를 이용한 것이다.

발언 시간이 주어지자마자 닉은 즉각 깜짝 놀랄 만한 이야기를 늘어놓았다.

"이브라힘, 저를 믿어주길 바랍니다. 전 훔치기를 선택할 것이고 그 상금을 당신과 나눌 겁니다."

이브라힘과 사회자는 그 제안에 어떤 논리가 깔려 있는지 쉽게 이해할 수 없었다. 이브라힘이 지적했듯 정말 나누기를 원한다면 훨씬 더 쉬운 방법이 있다. 두 사람 모두 '나누기' 볼을 선택하면 되는 것이다. 그러나 닉은 그러지 않았다. 훔치기를 선택할 것이라고 약속했다. 그러나 그런 공약을 한 번도 들어보지 못한 사회자는 절대 그런 약속을 인정하거나 보장하지 않을 것이며 두 선수가 상금

---

[92] 게임 이론 논문에서는 이것을 '약한weak' 죄수의 딜레마라고 부른다(Rapoport, 1988).

의 절반을 받으려면 두 사람 모두 나누기를 선택해야 한다는 점을 확실히 했다. 두 사람의 발언은 할당된 시간보다 훨씬 더 길어졌고, 대부분 엄격한 시간제한이 있는 실제 방송에서는 편집되었다.

자, 여러분이 이브라힘 입장이라면 어떻게 하겠는가? 엄청난 압박감을 느낀 가엾은 이브라힘은 닉의 속마음을 짐작할 도리가 없었다. 그는 격앙된 목소리로 닉에게 이렇게 물었다.

"도대체 당신의 뇌는 어디에 있나요?"

닉은 웃으며 자신의 머리를 가리켰다. 마침내 사회자가 설전을 끝내고 두 사람에게 공을 선택하라고 했을 때 닉의 말을 의심한 것처럼 보였던 이브라힘은 원래 선택한 공을 갑자기 다른 것으로 바꾸었다. 이런 모습은 이미 자신에게는 선택권이 없다고 체념하면서 '나누기' 공을 선택함으로써 협력하겠다고 마음먹었음을 보여주는 신호였을 것이다. 아니면 마지막 속임수였을 수도 있다.

이제 공개의 순간이 왔다. 이브라힘은 정말로 '나누기' 공을 선택했다. 그렇다면 상대방은? 닉이 자신의 공을 보여주었고, 그 또한 '나누기'였다. 국영 라디오 방송 프로그램인 〈라디오랩Radiolab〉은 특정 시간에 에피소드 하나를 집중적으로 소개했는데, 그 프로그램의 사회자들은 이브라힘을 초대해 어떻게 할 계획이었는지 물었다. 그는 마지막 순간까지 '훔치기'를 선택하려 했다고 대답했다. 사회자들은 그가, 사람은 자신의 말을 반드시 지켜야 한다고 한 아버지의 말씀을 강조했음을 상기시켰다. 이브라힘의 최종 선택에 놀란 그들은 이렇게 물었다.

"그렇다면 그건 무슨 말이었나요?"

이브라힘의 대답은 이랬다.

"아, 사실 전 아버지를 한 번도 본 적이 없어요. 그냥 인상적인 이야기일 거라 생각했어요."[228)]

인간은 참 흥미로운 존재다.

VIII

행동경제학,
세상을 바꾸다

1990년대 중반에 행동경제학자들에게는 두 가지 중요한 목표가 있었다. 그중 첫 번째는 경험적인 것으로 개인과 기업의 행동에서, 그리고 시장가격에서 나타나는 예외를 발견하고 정리하는 일이었다. 그리고 두 번째는 이론을 개발하는 일이었다. 심리학에서 얻은 추가적인 발견을 통합하는 공식적인 수학적 모형을 내놓을 때까지, 경제학자들은 행동 분야를 진지하게 받아들이지 않을 것이었다.

재능 있는 새로운 행동경제학자들이 등장하고, 장 티롤Jean Tirole(2014년 노벨 경제학상 수상자) 같은 유명 이론가[229]가 행동주의 모형에 손을 대면서 그 두 가지 목표와 관련해 지속적인 진보가 이루어졌다.

하지만 드러나지 않는 곳에 세 번째 목표가 숨어 있었다. 행동경제학을 통해 세상을 더 좋은 곳으로 바꿀 수 있을까? 그리고 우리를 가장 극렬하게 비판하는 사람들이 가슴 깊이 간직한 의혹, 즉 우리가 공산주의자까지는 아니라 하더라도, 시장을 관료주의로 대체하려는 사회주의자에 가까운 무리라는 주장을 정면으로 반박하지 않고서도 그럴 수 있을까?

31

저절로
저축률이 오르는
디폴트 옵션의 힘
— 자기통제 연구와 퇴직연금

행동경제학 공동체가 집단적으로 자기통제에 관련된 문제에 주목했다는 사실을 고려할 때 사람들에게 도움을 주기 위한 가장 자연스러운 출발점은 퇴직연금retirement saving일 것이다. 일반 경제학은 더 개선된 퇴직연금 프로그램을 설계할 준비가 되어 있지 않다. 가장 먼저, 일반 경제학은 사람들이 이미 적절한 수준의 저축을 한다는 가정에서 출발한다(합리적 투자는 말할 것도 없이). 사람들이 뭔가를 완벽하게 하고 있다면 우리가 어떻게 도움을 줄 수 있겠는가? 더 나아가 경제학자가 연구를 기반으로 사람들에게 도움을 주기를 원한다 하더라도 그가 활용할 수 있는 것은 오직 한 가지 정책적 수단, 즉 저축을 통한 세후 금융 수익뿐이다.

밀턴 프리드먼이나 프랑코 모딜리아니가 제안한 것과 같은 일반적인 저축 이론[230]은 가구의 저축 수준을 결정하는 다양한 요인(나이, 소득, 기대 수명 등)은 정부가 통제할 수 없기 때문에 어떠한 정책적 변화로도 실질적인 영향을 미칠 수 없다는 아주 강력한 예측을 암묵적으로 제시한다. 정부는 여러분의 생물학적 나이를 바꿀 수는 없지만, 비과세 퇴직연금 플랜 같은 제도를 개발함으로써 저축에 관련된 세후 수익에 변화를 줄 수 있다. 하지만 이 같은 정책적 방식에는 기본적인 문제가 따른다. 즉 경제학 이론은 사람들이 그런 정책적 변화에 얼마나 민감하게 반응할지에 대해서는 아무런 이야기도 들려주지 않는다는 것이다. 사실 저축을 비과세로 전환함으로써 사람들이 은퇴를 대비해 따로 마련해두는 금액을 증가시킬지, 아니면 감소시킬지 우리조차 장담할 수 없다.

얼핏 생각하면 비과세 퇴직연금을 개발함으로써 저축 수익률이 높아지면 당연히 저축이 증가할 것으로 예상된다. 저축에 대한 보상이 높아지기 때문이다. 하지만 조금 더 생각해본다면, 저축 수익률이 높아진다는 것은 더 낮은 수준의 저축으로도 퇴직을 위한 목표 자금을 마련할 수 있다는 의미다. 특정 금액을 목표로 저축을 하고 있는 사람들은 저축 수익률이 증가한다면 더 적은 금액으로도 목표를 달성할 수 있을 것이다.[93]

그렇기 때문에 경제학 이론은 오직 한 가지 정책 수단인 세후 수익률만 제시하지만, 우리는 사람들이 더 많은 저축을 하도록 유도

---

[93] 경제학 이론은 저축이 비과세로 전환될 때, 사람들의 전체 저축 규모가 증가할 것으로 예측한다. 하지만 저축 '분담금contribution'이 증가할지 혹은 줄어들지 말해주지 않으며, 우리는 두 가지 모두에 관심을 갖고 있다. 하나의 비유를 들어보자. 여러분이 오래된 차를 팔고, 연비가 2배나 높은 새 차를 산다고 해보자. 여러분이 이론이라면 연료비가 절약되기 때문에 더 많은 거리를 운행할 것이다. 하지만 그렇다고 해서 연료비 지출이 반드시 늘어나는 것은 아니다.

하기 위해 이를 높여야 할지 낮춰야 할지 확신하지 못한다. 그렇다면 별다른 도움이 되지 못하는 것이다. 물론 실증적 실험을 통해 세율 변화가 어떤 영향을 미치는지 확인할 수 있지만 최근까지만 하더라도 최종적인 결론을 제시하기 어려웠다.

스탠퍼드대학교의 경제학자 더글라스 베른하임Douglas Bernheim은 2002년에 나온 이와 관련된 저작에 대한 아주 엄격한 평론에서 이렇게 지적한다.

"한 사람의 경제학자로서 가장 기본적인 실증적 질문에 대해서도 쓸모 있는 무언가를 배우기가 무척 힘들다는 사실에 겸허해지지 않고서 과세와 저축에 관련된 방대한 저작을 검토할 수는 없다."[231]

세법 변화의 영향을 확인하는 과정에서 한 가지 문제점은 낮은 세율을 적용받기 위해 특별 계좌에 돈을 불입하거나 퇴직 전 인출하면 페널티를 무는 등의 다양한 규칙을 따라야 한다는 것이다. 특별 계좌는 두 가지 차원에서 저축을 촉진할 수 있다. 첫째, 조기 인출에 따른 페널티는 그 자금을 투자 상태 그대로 내버려두게 하는 동인으로 작용한다. 둘째, 퇴직연금으로 지명된 심리 계좌는 일반적인 저축 계좌보다 인출하고 싶은 유혹을 더 억누르는 기능을 한다. 사실 미국에서 비과세 퇴직연금 플랜이 도입되면서 실질적으로 이런 플랜이 저축을 증가시키고 있는지, 아니면 단지 자금을 과세 대상 계좌에서 비과세 계좌로 이동시키고 있는지를 놓고 경제학 논문 사이에서 열띤 토론이 벌어졌다.[232] 그리고 아주 최근에 이르러서야 내가 생각하기에 결정적인 검증이 등장했고, 이는 나중에 다시 살펴볼 것이다.

행동경제학은 더 많은 요소, 다시 말해 모든 SIF를 중요하게 생각하기 때문에 이처럼 다양한 정책 분야에서 더 높은 잠재력을 드러낸다. 가장 먼저 나는 1994년에 「심리학과 저축 정책Psychology and Savings Policies」[233]이라는 짧은 논문을 내놓으면서 이 움직임에 합류했다. 그 논문에서 나는 행동주의에 기반을 둔 세 가지 정책을 제기했다. 그중 두 가지는 개인 퇴직연금 계좌Individual Retirement Account, IRA라는 당시 유행하던 저축 방식에 집중하고 있다(자격을 위한 소득 제한이 엄격해지고, 401(k)와 같은 고용주 기반 퇴직연금 플랜이 보편화되면서 그 중요성은 줄어들었다). 그 논문을 쓰고 있을 당시 개인은 연간 최대 2,000달러까지(부부 합산 4,000달러까지) 이런 비과세 계좌에 납입할 수 있었다. 그 납부액만큼 세금 공제를 받을 수 있었기 때문에 한계 세율 30퍼센트를 적용받은 개인이 최대 한도인 2,000달러를 불입했다면 그는 600달러만큼 세금을 절약할 수 있다.

개인 퇴직연금 계좌의 운영 방식에 따른 한 가지 문제점은 소득을 신고하기 전에 납세자 모두 불입을 마친 상태여야 한다는 것이다. 이런 방식은 소득을 신고하고, 정부와 세금 관계를 모두 정리하고 난 후에라야 개인 퇴직연금 계좌에 투자할 현금을 확보하게 된다는 점에서 많은 납세자들에게 문제가 되었다. 미국 납세자들은 소득 신고를 마친 다음에 아마도 더 많은 현금을 확보하게 될 것이다. 그것은 그들 중 90퍼센트가 가구당 평균 약 3,000달러에 달하는 환급을 받기 때문이다. 게다가 최종적으로 환급받기까지 어느 정도 시간이 걸린다. 그래서 나는 납세자들이 그들의 소득세 환급을 활용해 최근에 신고한 소득(전년도 소득)을 기반으로 불입하도록 허락하자고 제안했다. 이런 절차에 따른다면 납세자는 소득을 신고하기 전에 개인 퇴직연금 계좌를 만들면 된다. 그러고 나서 국세청에 환급금 일부를 그 계좌로 송금하고, 동일 계좌를 활용해 이런 절차를 반복하도록 요청하는 것이다.

두 번째 제안은 첫 번째 제안을 뒷받침하기 위한 것이다. 나는 미국 재무부가 세금 선납으로서 근로자의 급여에서 얼마나 많이 원천징수할지 결정하기 위한 기준을 수정해야 한다고 정부에 제안한 바 있다. 재무부는 그 기준을 살짝 수정함으로써 원천징수율을 적극적으로 삭감하지 않는 한, 납세자들이 연말에 더 많이 환급받도록 할 수 있고, 이는 누구에게나 적용 가능하다. 공돈이 생겼을 때 (충분히 예상할 수 있음에도 사람들은 세금 환급금을 종종 공돈으로 생각한다), 그리고 특히 그 금액이 작지 않을 때 사람들은 일반적인 수입의 경우보다 더 많은 금액을 저축하려 한다는 사실을 입증하는 객관적인 증거가 있다.[234] 그렇기 때문에 나는 사람들이 더 많은 환급금을 받을 때 더 많이 저축할 것이라 생각한다. 우리가 그 돈을 개인 퇴직연금 계좌에 넣는 더 쉬운 방법을 발견했든 그러지 못했든 간에 상관없이 말이다. 이상적인 차원에서 이 두 가지 제안은 통합되어야 한다.

나는 원천징수율 인상에는 조세 순응tax compliance 강화라는 또 다른 부차적 혜택이 따른다고 생각한다. 그간 관찰한 바에 따르면 많은 납세자가 환급을 이득으로 생각하고 추가 징수를 손실로 여기며, 그런 손실에 직면했을 때 그들은 소득 신고 과정에서 '창의적인' 태도를 취한다. 본전을 만회할 가능성이 있을 때 사람들은 손실 영역에서 위험을 추구하는 성향을 보인다는 사실을 떠올려보자.

스웨덴에서 이루어진 400만 건에 달하는 소득 신고 사례에 대한 최근 연구는 이런 나의 예측을 확인해주었다. 그 연구 논문의 저자들은 추가로 세금을 납부해야 할 경우 납세자들은 '근로소득을 벌어들이는 데 필요한 다양한 비용'에 대한 세금 공제 신고 건수를 크게 늘린다는 사실을 발견했다. 그들이 연구했던 이 분야에서 소액 신고 건(2만 크로네, 또는 2,600달러 미만의 경우)은 대부분 허위인 것으로 알려져 있다. 납세자들이 세무조사를 받을 때[235](드문 경우이기는 하지만) 그런 신고 중 90퍼센트 이상이 인정받지 못한다.

세 번째 제안은 미국의 401(k) 플랜과 같이 고용주가 제시하는 확정 기여형 퇴직연금 제도defined contribution savings plan에 직원들이 가입하는 방식에 살짝 변화를 주는 것이다. 아주 기본적으로 나는 이렇게 묻는다. 왜 기본 설정, 즉 디폴트 옵션default option을 수정하지 않는가? 일반적인 환경에서 직원들은 가입하기 위해 많은 양식지를 모두 작성하고, 저축률saving rate을 선택하고, 자금 투자 방식을 결정해야 한다. 이때 퇴직연금 가입을 디폴트로 설정해놓고 가입하지 않겠다는 의사를 분명히 밝히는 경우가 아니라면(옵트 아웃opt out, 기본 설정으로 가입된 상황에서 탈퇴를 선택할 수 있는 권리—옮긴이), 디폴트 저축률과 디폴트 투자 상품으로 가입될 것이라고 직원들에게 설명하는 방식은 어떤가?

경제학은 이 마지막 제안에 대해 이렇게 예측할 것이다.

"아무런 효과가 없을 것으로 본다."

특정 옵션을 디폴트로 지정해놓는 방식은 SIF에 불과하다는 뜻이다. 401(k)의 가입에 따른 혜택은 특히 일반적인 경우처럼 기업이 그들의 기여 부분을 충족시킬 때, 수십만 달러까지는 아니라도 수만 달러에 달하는 큰 금액을 모을 수 있다는 점이다. 이콘이라면 몇 장의 가입서를 작성해야 하는 사소한 불편함 때문에 그렇게 많은 돈을 모을 수 있는 좋은 방법을 포기하지 않을 것이다. 그건 5분을 할애해 편의점에 들러야 하는 불편함 때문에 당첨된 복권을 포기하는 것과 같다. 하지만 이론이 아닌 인간들에게 가입서를 작성하는 것은 벅찬 일이고 투자 전략을 선택하는 것은 두려운 과제이기 때문에 나는 퇴직연금에 대한 가입을 디폴트 옵션으로 만들어놓는 방식이 큰 효과를 발휘할 수 있다고 생각한다.

이후 내가 퇴직연금의 디폴트 옵션을 바꾸는 것을 처음 생각한 사람이 아님을 알게 되었다. 이미 몇몇 기업이 시도했다. 가장 유명한 사례로 패스트푸드 대기업 맥도날드를 들 수 있다. 하지만 당시 이 퇴직연금을 일반적으로 부르던 명칭은 다소 안타까운 것이었다. 그 산업에서 사람들은 이를 '부정 선거negative election'라 불렀다. 부정 선거라는 이름의 퇴직연금에 사람들이 열광하도록 만드는 것은 아주 힘든 일이었다.

이 논문을 발표하고 몇 년이 흘러 미국의 뮤추얼 펀드 거물인 피델리티Fidelity가 그들의 퇴직연금 고객 앞에서 연설해달라고 요청해 왔다. 물론 이와 관련해 피델리티의 관심사는 금전적인 것이었다. 당시 미국 전역에서 기업은 그들이 모든 결정을 내리는 기존 방식의 퇴직연금에서 새로운 확정 기여형 퇴직연금 형태로 빠르게 넘어가고 있었다. 이런 상황에서 피델리티를 포함한 많은 금융업계 거물은 기업을 대상으로 퇴직연금을 관리해주는 새로운 비즈니스를 시작했다. 또 직원을 위한 잠재적인 투자 수단으로 뮤추얼 펀드를 제안했다. 그 계좌의 잔고를 높이는 것은 그 직원과 피델리티에 좋은 일이 될 것이었다.

청중 중에는 수백 곳에 달하는 대기업의 대표가 있었다. 만약 내가 많은 사람이 더 많은 돈을 퇴직연금 계좌에 넣도록 만들 방법을 제시할 수 있다면, 그들은 아마도 기꺼이 그것을 시도할 것이었다. 물론 나는 디폴트를 자동 가입으로 바꾸는 방법을 지지했지만, 새로운 무언가를 보여주는 것도 좋은 일이 될 것이다. 당시 나와 종종 함께 연구하던 슐로모 베나르치와 브레인스토밍을 하고 난 후 내가 선택한 접근 방식은 사람들이 은퇴를 앞두고 충분한 금액을 저축하지 못하는 가장 중요한 행동적 이유를 목록화한 다음 이런 장애물을 극복할 수 있도록 하는 프로그램을 설계하는 것이다. 어떤 문제에 대해 행동적인 해결책을 마련하고자 할 때 나는 종종 이런 접근 방식을 택하곤 했다.

나는 하나의 목록으로 세 가지 요인을 제시했다. 첫 번째 장애물은 관성이다. 다양한 연구에 따르면, 퇴직연금에 가입한 사람 대부분이 더 많은 금액을 불입해야 한다고 생각하며, 조만간 행동을 취해야 한다고 이야기한다. 그러나 그들은 계속 미루기만 하고 저축률을 수정하려는 시도조차 하지 않는다. 실제로 퇴직연금 가입자 대부분은 직장을 옮기거나 가입서를 새로 작성해야 하는 상황 이외에는 기존 옵션을 변경하려 하지 않는다. 관성을 극복하는 것은 자동 가입을 통해 마술처럼 해결할 수 있는 문제다. 저축률을 증가시키기 위한 계획에도 똑같은 개념이 포함되어야 한다. 사람들이 그들의 저축률을 높이기 위한 계획을 시작하도록 어떻게든 자극할 수 있다면, 더욱이 그것을 자동적으로 이루어지게 할 수 있다면, 관성은 우리의 적이 아니라 친구로 작동할 것이다.[236]

두 번째 장애물은 손실 회피다. 우리는 사람들이 손실을 싫어한다는 사실을, 특히 월급이 깎이는 것을 끔찍이 싫어한다는 것을 잘 알고 있다. 공정성에 대한 연구 결과를 기반으로 우리는 이 영역에서 손실 회피가 명목 달러로 측정된다는 것, 다시 말해 인플레이션을 고려하지 않은 상태로 나타난다는 사실도 알고 있다. 그렇기 때문에 직원들이 스스로 자신의 월급이 줄어들지 않았다고 느끼도록 만들 수 있다면, 저축 증가에 대한 저항은 더 낮을 것이다.

세 번째 행동적 통찰력은 자기통제와 관련이 있다. 이를 주제로 한 연구에서 우리가 얻을 수 있는 것은 사람들은 현재가 아니라 미래 시점에서 자기통제 역량이 훨씬 더 강하다는 것이다. 만약 내일 오후 2시에 마시멜로 1개를 혹은 내일 오후 2시 15분에 마시멜로 3개를 '지금' 제안했다면, 월터 미셸의 실험에 참여한 아이들도 아무런 어려움을 겪지 않았을 것이다. 그러나 동일한 선택을 내일 오후 2시에 하도록 했다면 15분을 더 기다릴 아이들은 거의 없을 것이다. 사람들은 지극히 현재 편향적이다.

내가 피델리티 콘퍼런스에서 최종적으로 제안한 개념은 '점진적 저축 증대save more tomorrow'라는 것이었다. 그 개념의 핵심은 '나중에', 특히 다음 월급 인상 시점에서 저축률을 올리는 방안을 '지금' 선택하도록 하는 것이다. 다음으로 옵트 아웃을 하거나 목표를 달성할 때까지 그 프로그램에 가입하도록 한다. 저축률 증가를 임금 인상과 연동함으로써 손실 회피 성향을 피할 수 있다. 그리고 미래의 어느 시점에 실행될 사안을 지금 결정하도록 함으로써 현재 편향을 크게 누그러뜨릴 수 있다. 그리고 그 사람이 옵트 아웃을 할 때까지 그 퇴직연금이 그대로 남아 있게 한다면 관성은 우리에게 유리한 쪽으로 작용할 것이다.

행동경제학에서 내가 아는 모든 것은 그런 시도가 효과가 있을 것이라 말한다. 순진하게도 나는 그 콘퍼런스에 참석했던 수백 곳의 기업 중 한 곳은 새롭고 대단한 나의 아이디어를 실행하기 위해 연락을 취할 것이라 확신했다. 그리고 베나르치와 내가 상황을 평가하도록 허락하는 한, 나는 이를 시도하고자 하는 모든 이들에게 기꺼이 무료로 컨설팅을 제공할 마음의 준비까지 하고 있었다. 그러나 내 생각은 틀렸다. 연락은 어디에서도 오지 않았다. 그리고 개선된 명칭에도 자동 가입은 제대로 효과를 발휘하지 못했다. 자동 가입의 확산 속도를 더디게 만든 것 중 하나는 기업이 그것이 합법적인지 확신하지 못했다는 점이다.

이와 관련해 변호사이자 연금 전문가인 마크 워리Mark Iwry가 나서서 도움을 주었다. 당시 미국 정부의 연금 관련 정책을 담당하던 재무부 관료인 워리는 재무부와 국세청이 401(k)를 비롯한 다양한 퇴직연금 제도에서 자동 가입이라 언급한 방식의 활용을 정의하고 승인하고 홍보하기 위한 여러 규칙과 성명을 발표하도록 자극했다. 그렇게 워리는 기업이 이런 새로운 아이디어에 도전할 수 있는 실질적인 기반을 마련했고, 거기에 더 좋은 이름을 붙였을 뿐 아니라 공식적인 승인까지 제시했다(나중에 서로 알게 되면서 다양한 사안을 협력하기는 했지만, 그 작업만큼은 워리가 독자적으로 추진했다).

하지만 실질적인 성과를 보여주지 않은 상태에서 새로운 아이디어를 채택하라고 격려하는 것은 여전히 어려운 숙제였다. 이 문제는 지금 하버드대학교 케네디 행정대학원Kennedy School of Government에서 학생들을 가르치고 있는 시카고대학교 동료 브리짓 매드리언Brigitte Madrian의 도움으로 해결할 수 있었다. 어느 날 내 사무실을 찾아온 그녀는 자신이 직접 계산을 했음에도 스스로 믿기 어려울 정도로 놀랍고 흥미진진한 연구 결과가 나왔다며 그것을 내게 보여주었다.

자동 가입 방식을 채택하기로 결정한 기업이 매드리언에게 자신들의 데이터를 분석해달라고 요청했다. 이들에게 자동 가입 방식이 효과적일지 검토하기 위해 매드리언은 그 기업의 직원인 데니스 샤 Dennis Shea와 함께 작업했다. 그리고 그 결과는 적어도 경제학도로서 전통적인 교육을 받은 그녀에게 매우 놀라운 것이었다. 지금까지 그녀는 기본 설정이라는 옵션이 SIF에 불과하며, 그렇기 때문에 중요한 요소로 인정하지 않았다. 그러나 이번 결과를 통해 비로소 그 중요성을 인식했다.[94]

결국 그 기업은 그 방식이 정부에서 공식 승인을 받은 지 약 1년이 지난 1999년 6월에 최종적으로 도입했다. 매드리언은 변화가 이루어지기 전인 1998년에 그 플랜에 새롭게 자격을 얻은 직원의 행동을 변화 이후에 기업에 들어온 사람의 행동과 비교해보았다. 가장 정보가 부족한 직원조차 특히 기업이 분담금을 책임지는 방식의 퇴직연금에 가입하는 것은 좋은 아이디어라고 생각했고, 그렇기 때문에 자동 가입 방식은 직원들의 가입 속도에 상당한 영향을 미쳤다. 자동 가입 방식을 도입하기 전에는 직원 중 49퍼센트만이 자격이 되는 첫해에 그 연금에 가입한 반면, 그 이후에 수치는 86퍼센트로 크게 뛰었다. 그리고 옵트 아웃을 선택한 사람은 14퍼센트에 불

---

94 매드리언은 회의주의자로서의 입장을 그리 오랫동안 고수하지 않았다. 그녀는 곧 하버드대학교 행동경제학자 데이비드 레입슨과 여러 공저자와 함께 손잡고 그녀의 원래 발견을 재현하고 확장해나갔다. 현재 매드리언과 레입슨은 퇴직연금 설계 분야에서 탁월한 전문가로 활동하고 있다.

과했다. 이는 SIF가 만들어낸 아주 인상적인 행동 변화였다.

매드리언과 샤는 그들의 논문 이름을 적절하게도 '제안의 힘The Power of Suggestion'237)이라 붙였고, 분석을 통해 디폴트 옵션의 힘에도 부작용이 따를 수 있음을 보여주었다. 자동 가입 방식을 도입한 기업은 모두 저축률과 투자 포트폴리오에서 디폴트 설정을 정해두어야 한다. 앞서의 기업은 디폴트 저축률을 3퍼센트로 정했고, 디폴트 투자 포트폴리오는 위험은 낮지만 동시에 수익률도 저조한 머니 마켓 펀드Money Market Fund, MMF로 설정했다. 이 말은 누적 저축액의 증가 속도가 느릴 것이라는 의미다. 정부는 이들 두 가지 선택에 모두 영향을 미쳤다. 당시 MMF는 미국 노동부가 이런 용도로 유일하게 승인한 옵션이었기 때문에 기업으로서는 디폴트 포트폴리오 선택에서 아무런 권한이 없었다.

이후 노동부는 그 밖에 다양한 적격 기본 투자 상품Qualified Default Investment Alternative, QDIA을 승인했고, 오늘날 퇴직연금 대부분이 주식과 채권이 혼합된 형태의 펀드를 기반으로 하며, 근로자의 연령이 은퇴 시점에 가까워질수록 주식 비중을 점차 줄이는 방식을 취한다. 비록 미 정부가 디폴트 투자 수준을 3퍼센트로 선택하는 데 실질적인 영향을 미치기는 했으나 의도적인 것은 아니었다. 워리가 주도한 것과 같은 공식 발표의 경우 일반적으로 구체적인 사항이 포함되었고, 1998년 6월에 발표한 내용에는 다음과 같은 표현이 담겨 있었다.95

'기업이 그들의 직원을 3퍼센트 저축률로 퇴직연금에 자동 가입시킨다고 가정한다면…'238) 이후 자동 가입 방식을 채택한 기업 대다수는 직원들이 그 저축률로 시작하도록 했다. 이를 의도하지 않은 디폴트라 부를 수 있겠다.

이런 두 가지 디폴트 옵션(3퍼센트 저축률과 MMF) 모두는 사실 기업이 제안하거나 조언한 것은 아니었다. 기업은 소송당할 가능성을 최대한 낮추기 위해서 그런 옵션을 선택했다. 하지만 근로자들은 이들 디폴트 옵션을 일종의 권고 사항으로 받아들였다. 그래서 대부분이 3퍼센트의 저축률과 MMF를 선택한 것이다.

자동 가입 방식을 도입하기 이전에 가입한 직원들의 선택과 그 이후에 가입한 직원들의 선택을 비교함으로써 매드리언과 샤는 일부 직원은 그들 스스로 결정했더라면 더 높은 저축률을 선택했을 것이라는 사실을 보여주었다. 구체적으로 말해 예전에 많은 직원이 6퍼센트의 저축률을 선택했다(기업이 분담금을 중단하는 기준). 그러나 자동 가입 방식을 도입한 이후 더 많은 직원이 6퍼센트 대신 3퍼센트를 선택했다. 이는 다름 아닌 자동 가입 방식의 부작용이다. 그리고 동시에 자동 가입 방식을 선택한 기업이 점진적 저축 증대 방식을 적절하게 운용해야만 하는 이유이기도 하다.

매드리언은 그 논문을 통해 자동 가입 방식의 효율성에 대한 기업의 인식을 높이는 데는 성공했지만, 여전히 점진적 저축 증대 방식을 채택한 곳은 없었다. 그러던 어느 날, 갑작스럽게 베나르치에게 전화가 걸려왔다. 그는 금융 서비스 컨설턴트로 활동하는 브라이언 타복스Brian Tarbox라는 사람이 우리 중 한 사람이 점진적 저축

---

95 너무 높으면 사람들의 반발을 자극할 것이고, 최저 수준이 하나의 기준으로 작용할 수 있다는 생각에 워리와 그의 팀은 결국 3퍼센트로 합의를 보았다. 그의 팀은 2000년까지 다양한 결정을 통해 그 수치를 높이려 시도했지만 초기 안에서 벗어나지 못했다.

증대에 대해 이야기하는 것을 듣고 이를 실제로 실행에 옮겼다고 했다.

우리가 그 방식에 대해 브라이언에게 이야기했던 것은 사실이지만 그건 몇 년 전 일이었기에 나는 전혀 기억이 나질 않았다. 그 후 타복스는 베르나치에게 다시 연락을 취했고, 자신에게 이와 관련된 데이터가 있으며 이를 우리와 공유하고 싶다고 밝혔다. 와우, 드디어 샴페인 뚜껑이 열렸다! 사례 연구가 우리 손에 들어온 것이다.

타복스가 함께한 기업은 한 가지 문제점을 안고 있었다. 퇴직연금과 관련해 급여가 낮은 직원이 가입하지 않을 경우, 이는 급여가 높은 직원에게 제공하는 혜택의 비중을 제한해야 한다는 미 노동부의 기준을 어기는 것이었다. 그런 경우 직원들이 납부할 수 있는 금액의 한계는 줄어든다. 타복스의 고객 기업은 급여가 낮은 직원이 어떻게든 더 많이 저축하도록 유도하고자 했고, 이를 위해 타복스를 고용해 일대일 금융 플랜 프로그램을 통해 직원 개별 면담을 진행하도록 한 것이다.

타복스는 노트북에 설치한 소프트웨어로 직원들의 납입금을 계산했고, 그 기업은 그가 직원들을 설득할 수 있기를 바랐다. 그러나 직원들에게 필요한 것은 단지 면담 프로그램이 아니었다. 그들은 플랜을 원했다. 그 기업의 직원들은 당시 많은 금액을 저축하지 않고 있었고 퇴직금 규모도 그리 크지 않았다. 타복스가 자신의 프로그램을 통해 직원들의 최적 저축률(이콘이 선택할 저축률)을 계산했을 때, 그 결과는 그 기업이 허용할 수 있는 최대치인 15퍼센트로 나왔다. 그러나 그가 당시 5퍼센트를 저축하던 직원에게 15퍼센트까지 저축률을 끌어올려야 한다고 조언했다면 직원은 아마도 코웃음을 쳤을 것이다. 직원 대부분은 간신히 목표 저축률에 맞추고 있었다. 저축률을 크게 높이는 것은 곧 집으로 들고 가는 현금이 크게 줄어든다는 뜻이고, 이는 그들 입장에서는 선택 가능한 대안이 아니었다.

그래서 베르나치와 타복스는 좀 더 온건한 형태의 전략을 제시했다. 그 프로그램에서 도출한 결과물을 제안하는 방법 대신, 타복스는 직원들에게 저축률을 5퍼센트 포인트 정도 더 높일 것을 조언했다. 그리고 이런 제안을 받아들이지 않으면 점진적 저축 증대 방안을 제시했다. 우리가 타복스에게(그리고 그 직원들에게) 또 다른 대안을 제시한 것은 훌륭한 선택이었다. 직원의 4분의 3에 해당하는 사람들은 저축률을 5퍼센트 포인트 높이라는 조언을 받아들이지 않았다.

첫 번째 제안을 별로 마음에 들어 하지 않던 직원들에게 타복스는 다음번 임금 인상 시점에 저축률을 3퍼센트 포인트 높이고, 총 네 번의 임금 인상을 통해 연속적으로 동일한 정도로 높이는 대안을 제시했다. 그러자 놀랍게도 이 제안을 받았던 직원 중 78퍼센트가 동의했다. 그들 중 일부는 당시 퇴직연금에 가입하지 않았지만 이번이 (몇 개월 안에) 가입할 좋은 기회라 생각한 사람들이었다. 3년 6개월에 걸쳐 임금 인상이 총 네 번 이루어졌고, 그동안 점진적 저축 증대를 선택했던 직원들의 저축률은 거의 4배로 증가했다. 즉 다소 부족한 수준이었던 평균 3.5퍼센트에서 13.6퍼센트로 높아졌다. 반면 저축률을 5퍼센트 포인트로 인상하라는 타복스의 첫 번째 조언을 받아들인 직원들은 첫해에 저축률을 그만큼 올렸지만, 관성이 자리 잡으면서 그 상태에 머물러 있었다. 나중에 타복스는 점진적 저축 증대 방안을 모든 직원에게 첫 번째로 제시했어야 했다는 이야기를 들려주었다([그림 25]).

이런 결과물을 가지고 다양한 기업이 우리 아이디어에 도전하도록 했다. 기업들이 데이터를 넘겨주는 데 동의하는 한 베르나치와 나는 할 수 있는 모든 방식으로 도움을 주고자 했다. 이를 통해 우리는 연구할 수 있는 몇 가지 사례를 더 확보했다. 그동안 우리가 강력하게 품고 있던 의혹을 확인시킨 핵심적인 교훈은, 직원들의 가입률은 그들이 그 플랜에 대해 배우고 최종적으로 서명하기까지의 편의성에 크게 좌우된다는 것이었다. 타복스는 이런 사실을 확인 가능한 가장 이상적인 상황에 있었다. 그는 모든 직원에게 그들의 현재 저축률이 얼마나 낮은지 알려주면서 더 나은 방향으로 변화하기 위한 쉬운 방안을 제시했다. 그리고 더욱 중요한 것은 필수 양식을 작성하고 제출하는 과정에서 도움을 주었다는 점이다.

그러나 아쉽게도 이런 방식의 도움을 직접적으로 실행하는 데는 많은 비용이 든다. 일부 기업은 집단적인 교육 세미나 방식을 시도해보았다. 이 역시 도움이 되기는 했지만, 직원들이 직접 서명할 기회를 현장에서 제공하지 않는 한, 그 효과는 다분히 제한적이었다. 퇴직연금 관리자의 웹사이트에서 잘 보이지 않는 곳에 그런 옵션을 선택할 수 있도록 해두는 방식만으로는 그 플랜이 대상으로 삼는, 그리고 귀찮은 일을 계속 미루려고만 하는 게으른 사람들(우리 대부분처럼)을 끌어들일 수 없을 것이다.

이 문제를 해결할 수 있는 한 가지 현실적인 방안은 점진적 저축 증대와 같은 프로그램을 디폴트 옵션으로 설정하는 것이다(물론 옵트 아웃에 대한 선택권은 열어두고 말이다). 최초 디폴트 저축률인 3퍼센트

[그림 25] 직원들은 더 많이 저축했을까?

가입자 유형	초기 저축률	첫 번째 임금 인상 후	두 번째 임금 인상 후	세 번째 임금 인상 후	네 번째 임금 인상 후
금융 조언을 거절했던 직원들	6.6	6.5	6.8	6.6	6.2
컨설턴트의 추천 저축률을 받아들였던 직원들	4.4	9.1	8.9	8.7	8.8
'점진적 저축 증대' 플랜을 받아들였던 직원들	3.5	6.5	9.4	11.6	13.6
'점진적 저축 증대' 플랜을 거절했던 직원들	6.1	6.3	6.2	6.1	5.9

를 활용하는 모든 기업이 퇴직 후 충분한 연금 소득을 제공할 수 있는 수준으로 저축률을 높이기 위해서는 직원들의 동의를 끌어내야 한다. 이는 분명한 사실이다. 나는 별다른 소득 원천을 확보하지 못한 직원들의 최저 저축률이 소득의 10퍼센트라고 생각하며 15퍼센트 정도면 더 좋을 것으로 본다.

오늘날에는 자동 가입과 점진적 저축 증대 방안이 확산되는 추세다. 많은 기업이 급여 인상과 저축률 인상을 구분하는 '자동 상승automatic escalation'이라는 단순한 형태의 점진적 저축 증대 방안을 채택하고 있다. 사실 많은 기업의 경우 그 두 가지 요인을 하나로 결합하기 위한 컴퓨터 프로그래밍을 실행할 수 있는 역량(혹은 의지)을 확보하지 못한 것으로 나타났다.

에이온 휴잇Aon Hewitt에서 주로 대기업을 대상으로 실시한 연구 조사에 따르면[239], 2011년을 기준으로 기업 중 56퍼센트가 자동 가입 방식을 채택하고 있으며, 51퍼센트는 자동 상승이나 점진적 저축 증대 프로그램을 실시하는 것으로 드러났다. 부분적으로 이런 높은 가입률은 2006년에 통과된 연금보호법Pension Protection Act의 결과로 이를 통해 미국 정부는 기업에 이와 같은 프로그램을 채택하도록 격려하는 소소한 동기를 제공한다.

《사이언스》에 발표한 논문에서[240] 베르나치와 나는 2011년을 기준으로 미국에서 약 410만 명이 자동 상승 플랜과 같은 방식을 활용하고 있으며, 2013년을 기준으로 이로 인해 전체적으로 연간 저축 규모가 76억 달러 증가했을 것으로 예측한다는 내용을 밝혔다. 영국 정부는 최근에 자동 가입 방식을 기반으로 한 국가 차원의 개인연금 플랜[241]을 시작했으며, 자동 가입 대상이 되었던 근로자 중 지금까지 옵트 아웃을 선택한 비율은 12퍼센트 정도에 불과하다. 그리고 향후 자동 상승 방안까지 추가하는 논의가 이루어지고 있다. 호주와 뉴질랜드에서도 이와 유사한 프로그램을 이미 실행하고 있다.[242]

—

종종 지적을 받으면서도 정확한 대답을 제시하지 못하는 의문점은 '이 같은 자동적인 방식의 연금 플랜이 가구의 순자산 규모를 증가시키는 데 실질적인 도움을 주는가?'라는 것이다. 어떤 이들은 일단 사람들이 이런 플랜에 가입하면 다른 곳에서 기존 저축을 줄이거나, 더 많은 대출을 끌어안을 것이라 예상한다. 우리는 이런 지적에 대한 대답을 내놓기 위해 미국 가구의 전체 자산에 대한 데이터베이스를 충분히 확보하지 못하고 있다.

하지만 경제학계에서 새롭게 떠오르는 인물인 하버드대학교의 라즈 체티Raj Chetty가 주도하는, 미국과 덴마크 경제학자로 이루어진 연구 팀[243]은 덴마크의 데이터를 바탕으로 이 질문에 대한 최종적인 답변을 제시했다. 그뿐 아니라 앞서 논의한 것처럼 '퇴직연금의 비과세 혜택이 저축 증가에 실질적인 도움이 되고 있는지'와 같은 더 광범위한 질문에 대한 대답도 제시하고 있다. 그들이 그렇게 할 수 있던 것은 덴마크가 가구 소득은 물론 가구들의 자산에 대한 정보를 대단히 꼼꼼하게 기록해오고 있기 때문이다.

덴마크의 연구에서 두 가지 주요한 결론을 확인할 수 있다. 첫째, 자동 가입 방식의 연금 플랜이 만들어낸 저축의 대부분은 '새로운' 것이라는 점이다. 개인이 더 관대한 퇴직연금 플랜을 실시하는 기업으로 자리를 옮기고, 그 플랜을 통해 자동적으로 더 많이 저축하기 시작할 때 다른 영역에서 저축의 감소도, 부채의 증가도 나타나지 않았다. 이콘은 돈을 대체 가능한 것으로 보고 적정한 금액을 이미 저축하기 때문에 이콘 세상에서 이런 결과는 놀라운 것일 수밖에 없다. 만약 이콘이 하나의 영역에서 더 많이 저축하도록 압박이나 넛지를 받는다면 그는 다른 영역에서 저축을 줄이거나 대출을 높일 것이다.

다음으로 두 번째 결론은 자동적인 측면, '비과세 저축에 따른 감세 효과'라는 이런 연금 플랜에서 결합된 두 가지 요인의 상대적인 기여도를 비교한다. 이런 프로그램에서 비롯된 새로운 저축의 원천을 할당하는 과정에서 말이다. 그 저자들은 저축 증가분에서 감세 효과가 차지하는 비중이 1퍼센트에 불과하다고 말한다. 그렇다면 나머지 99퍼센트는 자동 가입이라는 특성에 기인한 것이다. 그들은 이렇게 결론을 내린다.

"종합적으로 볼 때, 우리의 연구 결과는 세금 혜택이 퇴직연금을 증가시키는 가장 효과적인 정책인지 의문을 던지고 있다. 사람들이 더 많이 저축하도록 유도하는 자동 가입 방식이나 디폴트 정책을 통해, 우리는 더 적은 재정 비용으로 국가적인 저축 수준에 더 큰 영향을 미칠 수 있을 것이다."

—

타복스가 자신의 첫 번째 실험을 하고 몇 년이 흐른 2004년, 베르나치와 나는 그의 발견을 가지고 논문을 썼다.[244] 내 논문 지도교수였고 당시 62세의 나이로 일찍 세상을 떠난 셔윈 로젠을 추모하는 시카고대학교 콘퍼런스에서 나는 그 논문을 처음 발표했다. 그리고 시카고대학교 경제학부의 핵심 인물 중 한 사람인 케이시 멀리건Casey Mulligan이 토론자로 함께했다.

그 논문에서 소개하는 다양한 발견은 멀리건의 신념과 다양한 차원에서 충돌을 빚었다. 우리는 별로 중요하지 않은 퇴직연금의 설계 방식을 활용함으로써 사람들이 더 많이 저축하도록 유도할 수 있다고 주장했다. 반면 이콘이라면 점진적 저축 증대 프로그램에는 절대 가입하지 않을 것이었다. 그들은 이미 적절한 금액을 저축하고 있을 것이기 때문이다. 그리고 그 프로그램에 가입했다 하더라도 그의 전체 저축률에는 변화가 없을 것이다. 그 이유는 이미 산정해놓은 최적 저축률로 돌아가기 위해 다른 어디에선가 조정을 할 것이기 때문이다. 멀리건은 우리가 어떤 방식으로든 이 미심쩍은 마술을 실현할 수 있을 것이라 마지못해 인정하기는 했지만, 거기에는 모종의 피해가 따를 것이라 우려했다. 그는 우리가 사람들이 지나치게 많이 저축하도록 속임수를 쓸 것이라 의심했다.

물론 나는 사람들이 멀리건과 같은 합리적 선택 옹호자처럼 현명하게 사고할 수 있다면, 그들은 절대 쉽게 속아 넘어가지 않을 것이라고 생각했다. 하지만 그 말을 직접 입 밖으로 꺼내지는 않았다. 대신 미국 개인 퇴직연금의 낮은 저축률을 감안할 때 그 위험은 상당히 낮아 보이기는 하지만, 이콘이 선택할 최적의 저축률보다 사람들이 더 많이 저축하도록 유도하는 것이 얼마든 가능하다는 점을 인정했다. 그러나 일종의 예방 장치로서 우리는 저축률의 자동적 상승이 멈추게 되는 최대 상한선을 마련해두었다.

더 나아가 가구들이 이상적인 수준의 저축률을 정하지 못한 경우 그 수준이 지나치게 낮은 것보다는 지나치게 높은 쪽이 훨씬 나을 것이다. 사실 나는 사람들이 평생에 걸쳐 소비를 할당하는 올바른 방식에 대해서는 구체적인 입장을 내놓은 적이 없으며, 많은 구두쇠가 어느 정도 곤궁하게 살아간다는 사실도 인정한다. 다만 연금저축의 수익률을 정확하게 예상하기는 어렵고, 살면서 이를 수정해가는 것은 어렵지 않다고 생각한다. 과도한 저축으로 여유 자금이 넘치는 60세에게는, 은퇴를 앞당기는 것에서 사치스러운 여행을 떠나거나, 손자들에게 후한 용돈을 주는 등 다양한 해결책이 가능할 것이다. 반면 60세가 되어 그동안 충분히 저축하지 않았다는 사실을 깨달은 사람은 지난 시절을 만회하기에는 남은 시간이 너무나 부족하다. 결국 은퇴 시점을 무한정 미뤄야 할지도 모른다.

멀리건은 한 가지 질문으로 논의를 마무리했다.

"네, 사람들이 더 많이 저축하도록 유도할 수 있을 것으로 보입니다. 그렇다면 그건 '개입주의'라고 불러야 하지 않을까요?"

시카코대학교에서 사람들은 누군가를 얼마든지 마르크스주의자나 무정부주의자, 그린베이 패커스(NFL에서 시카고 베어스의 최대 라이벌)의 팬이라고 부를 수 있다. 하지만 자신의 동료를 개입주의자라고 부르는 것은 정말로 잔인한 짓이다. 나는 멀리건의 이런 지적에 적지 않은 혼란을 느꼈다. 국민에게 사회보장제도 가입을 강제하거나 술 혹은 마약을 금지하는 것처럼 일반적으로 사람들은 개입주의에는 반드시 강요가 뒤따른다고 생각한다.

하지만 점진적 저축 증대는 분명히 자발적인 프로그램이다. 이것까지 개입주의라고 불러야 한다면 아주 다른 형태의 개입주의 범주에 포함시켜야 할 것이라고 나는 여러 번 언급했다. 적절한 명칭을 떠올리기 위해 안간힘을 쓰던 나는 엉겁결에 이렇게 말했다.

"이름을 붙여야 한다면, '자유주의적 개입주의libertarian paternalism' 정도가 아닐까 합니다만."

나는 다음번에 캐스 선스타인을 만나면 이 새로운 용어에 대해 이야기를 나누어봐야겠다고 생각했다.

32

자유주의적
개입주의와
선택 설계
— 넛지가 제안하는 공공 정책들

그 이후 캐스 선스타인을 만났을 때 나는 '자유주의적 개입주의'에 대해 이야기를 나누었다. 선스타인은 그 용어가 완벽하지는 않지만 자신이 쓰던 '반-반개입주의'보다는 더 긍정적인 표현이라고 인정하면서 흥미를 드러냈다.

당시 개입주의라는 개념은 행동경제학자들의 마음속에서 아주 비중 있는 자리를 차지하고 있었다. 실제로 콜린 캐머러와 조지 로웬스타인, 매슈 라빈은 이와 비슷한 개념인 '비대칭적 개입주의 Asymmetric Paternalism'245)라는 역시 만만치 않은 제목의 논문을 위해 테드 오도노휴, 법학과 교수인 샘 이사카로프Sam Issacaroff와 공동으로 작업했다. 그들은 그 개념을 이렇게 정의했다.

"철저히 합리적인 사람들에게 피해를 거의, 혹은 전혀 주지 않는 상태에서 실수를 저지르는 사람에게 큰 도움을 줄 수 있다면, 그 규제는 비대칭적인 개입주의라 할 수 있다."[246]

앞서 라빈과 오도노휴는 '신중한 개입주의cautious paternalism'[247]라는 용어를 처음 만들어냈지만, 이후 '최적 개입주의optimal paternalism'라는 표현을 통해 그들의 의도를 분명히 드러냈다. 우리는 수십 년간 골치 아픈 숙제로 남았던 다음과 같은 질문을 파헤치고 있었다. 사람들이 체계적으로 실수를 저지르고 있다면, 이런 사실은 정부 정책에 과연 어떠한 형태로 영향을 미쳐야 할까?

피터 다이아몬드Peter Diamond는 2002년 미국경제학회 의장으로 선출되면서 2003년 1월로 예정된 연례 회의를 주최했다. 다이아몬드는 행동경제학 분야의 초기 지지자이자 중요한 기여자였으며 행동주의를 주제로 논의하는 회의에서 몇몇 프로그램을 조직하고, 개입주의에 대한 프로그램에 초대받은 경험이 있었다. 선스타인과 나는 한 짤막한 기사[248]에서 자유주의적 개입주의의 개념을 소개한 적이 있었다. 그러나 우리에게 할당된 지면은 다섯 쪽에 불과했기 때문에 선스타인은 자신의 논의를 제대로 시작하지도 못했다. 그래서 그는 나중에 이와 관련된 40쪽이 넘는 법학 리뷰 기사에서 그 개념을 충분히 다루었다. 우리는 그 기사의 제목을 '자유주의적 개입주의는 모순어법이 아니다Libertarian Paternalism Is Not an Oxymoron'[249]라고 붙였다.

그 기사의 초고를 받아 출력해서 보니 분량이 상당히 압도적으로 느껴졌다. 그러던 어느 날 나는 선스타인에게 이 기사를 책으로 엮어낼 생각이 있는지 물어보았다. 그가 그 제안을 마음에 들어 했다는 것은 아마도 충분한 표현이 아닐 것이다. 그때 책을 펴내는 것만큼 그의 흥미를 자극하는 일은 세상에 없었을 것이다.

그 논문의 전제, 그리고 나중에 책의 전제가 된 아이디어는 이렇다. 세상은 점차 복잡해지고 있다. 사람들은 스스로 선택하고 결정을 내려야 하는 모든 부문에서, 최적에 가까운 의사 결정을 위해 전문적인 지식을 충분히 확보할 수 없을 것이다. 그러나 때로 실수를 저지른다 하더라도 우리에게는 스스로 결정을 내릴 권리가 있다. 그렇다면 누군가에게 어떤 일을 하도록 강요하지 않는 선에서 사람들이 그들이 생각하기에 훌륭한 선택을 내리도록 도움을 줄 방법이 있을까? 다시 말해 자유주의적 개입주의라는 영역에서 과연 우리는 무엇을 성취할 수 있을까?

우리는 '자유주의적 개입주의'라는 표현이 논쟁을 불러일으킬 것을 잘 알고 있었다. '개입주의'라는 용어를 싫어하는 것은 비단 시카고대학교 사람들만이 아니었다. 정부, 혹은 그 누구라도 어떤 사람에게 무엇을 하라고 강요하는 접근 방식에는 많은 반대가 따르기 마련이고, 일반적으로 개입주의란 바로 그런 강요를 뜻한다. 자유주의적 개입주의라는 개념은 애매모호한 표현이자 모순어법인 것처럼 보인다. 하지만 적어도 우리가 그 용어를 정의하는 방식에서만큼은 절대 그렇지 않다.

우리가 '개입주의'라고 할 때 그 의미는 사람들이 그들 자신의 목표를 성취할 수 있도록 도움을 준다는 것이다. 누군가 가장 가까운 지하철역으로 가는 방법을 묻고 여러분이 그 정확한 방향을 알려주었다면, 여러분은 이미 우리가 내린 정의에서 개입주의자로 행동하는 셈이다. 그리고 '자유주의적'이라는 용어는 이런 방식으로 도움을 주는 과정에서 선택권을 제약하지 않는 것을 의미하는 형용사로 사용한다.[96]

물론 우리가 '자유주의적 개입주의'라는 용어를 좋아하고 그 개념을 뒷받침하는 논리를 제시할 수 있다 하더라도, 책 제목으로는 별로 적당하지 않다는 점을 인정할 수밖에 없다. 하지만 이 책의 출판 제안을 진지하게 고려하던 한 편집자가 '넛지'라는 단어에 우리가 의도하는 바가 잘 담겨 있는 것 같다고 제안했을 때, 그 문제는 완전히 해결되었다. 결과적으로 그 출판사는 책의 출판을 거절했지만 우리는 편집자의 아이디어를 새로운 책 제목으로 받아들였다. 우리에겐 너무나 고마운 선물이었다.

전반적으로 원고에 대한 출판 시장의 반응은 애매모호한 관심과 싸늘한 외면 사이 어디엔가 있었다고 말하는 것이 맞을 듯싶다. 결국 우리는 권위는 높지만 다소 딱딱한 대학 출판사를 통해 책을 출판했다. 그리고 나중에 알게 된 사실이지만 그들의 서비스 범위에 마케팅은 포함되어 있지 않았다. 우리의 책이 폭넓은 독자층에게 다가가려면 입소문을 타는 것밖에는 기대할 수 없었다(이후 그 책의 판권은 미국과 영국의 일반적인 출판사로 넘어갔고, 비로소 우리는 그 책을 서점에서 만날 수 있었다).[250]

---

96   우리는 이 용어를 완벽하게 논리적인 표현이라 생각했지만, 여기에 동의하지 않는 사람들도 있었다. 한 법학 교수는 '자유주의적 개입주의는 모순어법이다Libertarian Paternalism is an Oxymoron'라는 비평을 쓰기도 했다(Mitchell, 2005). 이에 대해 나는 아무런 내용 없이 제목만으로 온라인 게시판에 답변을 남기고자 했다. 그 제목은 다음과 같은 세 단어로 이루어진 것이었다. '절대 그렇지 않다No It's Not.' 하지만 별로 도움이 되지 않을 것이라는 선스타인의 설득에 생각을 접었다.

나는 넛지로 모든 문제를 해결할 수 있다고 생각하지는 않는다. 특정 형태의 금지나 명령은 마땅히 필요하다. 법률과 규제 없이 잘 돌아가는 사회는 없다. 우리 사회는 의무교육을 실시하고 있으며(진정한 의미에서 개입주의) 폭력을 법으로 금한다. 그리고 도로에서는 특정한 방향으로 차를 운행해야 한다. 그 기준은 국가별로 다르며 영국인이라 하더라도 미국에서 운전한다면 반드시 우측통행을 해야 한다. 열렬한 자유지상주의자라 해도 이웃이 마음에 들지 않는다는 이유만으로 그에게 총을 쏘아서는 안 된다는 주장에 마땅히 동의해야 할 것이다.

그렇다면 여기에서 우리의 목표는 다분히 제한적일 수밖에 없다. 우리가 원한 것은 명령이나 강압 없이 어떤 사람에게 도움을 줄 수 있는 정책을 얼마나 광범위한 방식으로 실시할 수 있는지 확인하는 일이었다. 전제는 간단하다. 사람들은 이콘(이 말은 전작 『넛지』에서 처음으로 사용했다)이 아니라 인간이기 때문에 예측 가능한 실수를 저지른다. 만약 이런 실수를 예측할 수 있다면 실수하는 횟수를 낮춰줄 정책을 개발할 수 있을 것이다.

예를 들어 장거리 운전을 할 때 사람들은 쉽게 졸음을 느끼고 중앙선을 침범해 사고를 일으킬 위험이 높아진다. 이를 예방하기 위해 일부 지역은 중앙 분리 구역을 그려두거나 요철을 설치해 중앙선을 침범할 때 진동이 느껴지도록 함으로써 운전자의 잠을 깨우는(혹은 커피라도 한잔하면서 정신을 차리도록 자극하는) 방법을 활용한다. 이보다 더 개선된 것으로 요철 표면에 빛을 반사하는 재질을 씌우는 방법이 있는데, 이는 밤길 운전에 도움을 준다.

중앙선 요철 사례는 우리 책에 대해 반박할 수 없는 지점을 아주 잘 보여준다. 즉 우리는 사람들에게 무엇을 하라고 말하려는 게 아니다. 다만 그들이 '그들 자신의' 목표를 달성하는 과정에 도움을 주고 싶을 뿐이다. 『넛지』를 읽은 독자라면 우리가 "사람들이 '그들 스스로 판단을 내리는 과정에서' 더 나은 선택을 할 수 있도록 도움을 제공하는 방식으로 선택에 영향을 미치는 것이다"라고 목표를 정확하게 밝혔음을 기억할 것이다. 우리가 모든 사람에게 무엇이 최고인지 알고 있다고 주장한 것으로 많은 사람이 우리를 비판했다는 점에서, 이 부분을 굵은 혹은 큰 글씨체로 표기했으면 더 좋았을 것이다.

그렇다. 우리는 실제로 대부분의 사람이 편안한 은퇴 생활을 누리고 싶어 할 거라 생각하지만, 그래도 그 선택을 사람들에게 맡겨둔다. 우리는 다만 사람들이 스스로 실수라고 생각하는 것들을 줄여주고 싶은 것뿐이다. 사람들의 실수를 줄이는 시도는 넛지의 가장 대표적 사례인 암스테르담 스히폴 국제공항에서 볼 수 있다. 아주 똑똑한 사람들은 남성이 공항 화장실 소변기를 이용할 때 목표로 하는 지점에 좀 더 주의를 기울이도록 자극하는 아이디어를 내놓았다. 그것은 오줌이 떨어져야 할 지점에 파리 그림을 그려 넣는 것이었다. 공항 관리소 측은 파리 그림 덕분에 오줌 방울이 튀는 현상이 80퍼센트는 줄어들었다고 밝혔다. 비록 이런 파리 효과에 대해 체계적인 실증적 분석이 이루어졌다는 소식은 듣지 못했지만, 최근 전 세계 다양한 공항 화장실에서 파리 그림이(그리고 이와 유사한 다른 형태의 그림이) 발견되고 있다. 특히 월드컵 시즌에는 골대와 축구공 그림이 유행했다.

소변기의 파리 그림은 내게 완벽한 넛지 사례였다. 넛지는 사람들의 시선을 끌어당기고 행동에 영향을 미치는 환경 속 사소한 특성을 말한다. 넛지는 인간에게 효과적인 도구지만 이콘을 위한 것은 아니다. 이콘은 이미 올바로 행동하기 때문이다. 넛지는 사람들에게 도움을 주는 방식으로 그들의 선택에 영향을 미치는 일종의 SIF다.

더 나아가 파리 사례는 선스타인과 내가 여전히 훌륭한 넛지 사례를 발견할 수 있기는 하지만, 우리가 정말로 원한 것은 효과적인 넛지를 고안하기 위한 일종의 구성 원리organizing principle를 밝혀내는 것임을 말해주었다. 돈 노먼Don Norman의 고전 『일상적인 모든 것들의 디자인The Design of Everyday Things』251)을 다시 꺼내 읽었을 때, 나는 우리가 모색하던 구성 원리를 찾기 위한 돌파구를 발견할 수 있었다. 이 책의 표지는 내가 지금까지 본 것 중 가장 멋지다. 거기에는 차 주전자 이미지가 그려져 있는데, 이상하게도 손잡이와 주둥이가 같은 쪽에 달려 있다. 한번 머릿속으로 떠올려보자. 그 책을 다 읽고 나서 그가 제시한 다양한 원리를 우리가 연구하는 문제에 적용할 수 있겠다는 생각이 들었다. 얼마 전 나는 처음으로 아이폰을 샀다. 사용하기가 너무 쉬워 설명서조차 필요 없는 물건이었다.

만약 이와 마찬가지로 쉬운 정책을 설계함으로써 '사용자 중심적인' 선택 환경을 창조할 수 있다면 어떨까? 언젠가부터 우리는 의도를 설명하기 위해 '선택 설계'라는 용어를 사용한다. 다소 특이한 방식으로 우리는 그 용어를 중심으로 생각을 정리했다. 인간적 설계와 관련된 문헌에서 차용한 아이디어를 바탕으로 훌륭한 선택 설계를 위한 원리의 체크리스트를 만들 수 있었다. 훌륭한 공공 정책을 설계하는 과정과 특정한 소비재를 설계하는 과정에는 많은 유사점이 있었다. 새로운 도구를 갖추고 나서 남겨진 중요한 과제는 그 도구를 활용해 해결할 수 있는 정책 사안을 선택하는 일이었다. 우리가 연구에서 이미 다룬 주제는 쉬웠지만 다른 것들은 많은 자료를 살펴보아야 했고, 유용하거나 흥미로운 대안을 제시할 수 있을지 가늠해보아야 했다.

그리고 이런 시도 중 일부는 막다른 골목에 이르고 말았다. 허리케인 카트리나에 대한 사례로 초고를 완성했지만 우리가 발견한 것은 그리 관계가 없는 흥미로운 아이디어뿐이었다. 게다가 우리의 고유한 아이디어도 아니었기에 포기해야 했다. 《뉴욕 타임스》의 칼럼니스트 존 티어니John Tierney는 태풍이 오기 전에 주민들을 더 높은 지대로 대피시키기 위한 좋은 아이디어를 갖고 있었다.[252] 그것은 그냥 집에 머물기로 선택한 사람들에게 잘 지워지지 않는 매직펜을 지급하고, 태풍 후 사망자 신원 확인에 도움을 주기 위해 그들 자신의 몸에 사회보장 번호를 쓰도록 하는 것이었다. 사실 우리는 그보다 더 좋은 아이디어를 떠올리지 못했다.

다른 사례에서 우리는 어떤 주제에 대한 기존 입장을 바꾸었다. 좋은 사례로 장기 기증의 경우를 꼽을 수 있다. 에릭 존슨이 대니얼 골드스타인Daniel Goldstein과 함께 디폴트 옵션의 강력한 효과에 대해 쓴 논문[253]을 잘 알고 있었기에 우리가 연구 주제의 목록을 작성하면서 이 사례를 상위권에 올려두었다. 이와 관련해 대부분의 국가는 옵트 인 정책을 취하고 있으며, 이런 환경에서 사람들은 장기 기증자 목록에 자신의 이름을 올리기 위해 특정 양식지를 작성하는 등 적극적인 절차를 밟아야 한다. 그러나 스페인 같은 일부 유럽 국가들은 '승인 추정presumed consent' 등의 옵트 아웃 전략을 실행하고 있었다. 다시 말해 우리는 명시적으로 옵트 아웃 옵션을 선택하고 자신의 이름을 '비기증자' 명단에 적극적으로 올리지 않는 한, 잠재적인 장기 기증자임을 승낙한 것으로 추정된다는 뜻이다.

존슨과 골드스타인의 논문 속 사례는 디폴트 옵션이 얼마나 강력한 위력을 발휘하는지 잘 보여준다. 기증자가 디폴트 옵션인 국가의 경우, 옵트 아웃을 선택하는 사람은 거의 없었다. 반면 옵트인 정책을 실시하는 국가의 경우 실제로 옵트 인을 선택한 사람은 인구의 절반에 채 미치지 않았다. 그렇다면 우리가 생각하는 간단한 정책적 처방은 승인 추정 방식을 전환하는 것이 될 것이다.

우리는 이 단계에서 멈추지 않았다. 실제로 승인 추정을 실시하는 국가 중 대부분은 그런 정책을 엄격하게 실행하지 않는 것으로 드러났다. 대신 의료진은 유가족에게 망인의 장기를 기증하는 데 이의가 있는지 물어야 했다. 일반적으로 장기 기증자는 사고 같은 형태로 갑자기 사망하기 때문에 유가족은 종종 심각한 감정적 스트레스를 받는 와중에 의료진에게 그런 질문을 받게 된다. 더 심각한 문제는, 이런 정책을 실시하는 국가의 경우 대부분의 사람이 생전에 특별한 행동을 취하지 않기 때문에 유가족이 기증자의 진정한 뜻이 무엇인지 모른다는 것이다. 개인이 단지 옵트 아웃 서류를 작성하지 않았다는 이유만으로 그가 장기 기증자가 되기로 결심했다고 판단할 수는 없기 때문이다.

그래서 우리는 추정 동의가 실질적으로 최고의 정책이 아니라는 결론에 도달했다. 대신 일리노이주가 처음으로 채택한, 그리고 미국의 다른 주들도 받아들인 변형적인 형태에 주목했다. 사람들은 운전면허증을 갱신할 때 장기 기증에 대한 질문을 받는다. 사람들에게 그런 질문을 던지고, 그들의 선택을 즉각적으로 기록하는 방식만으로도 많은 사람이 더 쉽게 장기 기증에 동의하도록 만들 수 있다.[97] 알래스카와 몬태나주의 경우[254], 이런 방식으로 장기 기증자 비율이 80퍼센트를 넘어섰다. 장기 기증을 다루는 여러 자료 속에서 이런 정책은 '의무 선택mandated choice'[255]이라는 용어로 언급되며, 그 책에서도 이 용어를 그대로 사용했다.

하지만 나중에 드러났듯 이 용어를 채택한 것은 불운한 결정이었다. 『넛지』가 출판된 이후, 나는 《뉴욕 타임스》에 장기 기증을 주제로 한 글을 기고하면서 일리노이주의 정책을 옹호했다. 이 과정에서 '의무 선택'이라는 용어를 계속 사용했다.[256] 그리고 몇 주가 흘러 《USA 투데이》 편집자가 전화를 걸어와 그들도 그 정책에 대한 기사를 다룰 것이라고 말했다. 전화상으로 우리는 이와 관련해 많은 이야기를 나누었다. 며칠 뒤 그 편집자에게 다시 긴급한 전화가 걸려왔다. 그녀가 그 정책을 책임지던 일리노이주 국무 장관 제시 화이트와 통화를 했는데, 국무 장관이 강력하게 그런 정책의 존재를 부인했던 것이다. 나는 영문을 알 수 없었다. 얼마 전에도 운전면허증을 갱신하면서 장기 기증에 대한 질문을 받았다(그때 난 동의했다).

---

97 미국 주 정부 대부분은 현명하게도 이 정책을 '당사자 승인first person consent'이라는 법률과 함께 시행하고 있다. 이 법률의 내용은 기증자가 사망했을 때 그 사람의 생전 의지를 존중해야 한다는 것이다. 이를 통해 충격적인 상태에서 유가족이 겪어야 하는 어려운 선택의 책임을 덜어줄 수 있다.

그 후 통화를 몇 번 더 하고 나서야 의혹이 풀렸다. 화이트 장관은 '의무mandated'라는 표현에 반대하고 있었다. 그는 누구에게도 무언가를 하도록 강요한 적이 없다고 밝혔고 논리적으로 그의 말은 옳았다. 일리노이주 자동차관리국Department of Motor Vehicles 담당자가 장기 기증에 관련된 질문을 던졌을 때, 그 사람이 동의하지 않거나 아무런 반응을 보이지 않는다면 이를 '거절'로 받아들인다.

화이트는 똑똑한 정치인이라 유권자들이 의무를 좋아하지 않는다는 사실을 잘 알고 있었다.[98] 그 사건에서 용어의 중요성을 깨달은 뒤로 나는 훨씬 정확하고 정치적으로 덜 민감한 '유도 선택prompted choice'이라는 표현을 사용한다. 인간을 대할 때는 용어 선택이 중요한 법이다.

---

98 그는 자신의 지혜를 오바마 대통령과도 나눌 수 있었을 것이다. 오바마 행정부의 건강보험법에는 '의무'라고 불리는, 대단히 인기 없는 특성이 담겨 있었다. 그 법은 보험회사가 기존 조건으로 가입한 사람들을 차별하지 못하도록 금지하고 있었기 때문에 사람들이 아프거나 보험금 지급 사유에 해당하는 사고가 발생할 때까지 마냥 기다리지 않도록 하는 조항이 필요했다. 그래서 이 문제에 대한 해결책으로 의무 보장 범위mandating coverage를 선택했던 것이다. 하지만 다른 방식으로도 얼마든지 이 문제를 해결할 수 있었다. 예를 들어 나는 자동 가입(옵트 아웃을 보장하는)에 옵트 아웃을 선택한 사람은 3년과 같은 특정 기간 보험에 가입할 수 없는 조항을 추가한 방식을 선호한다.

33

오늘 넛지를
경험하셨나요?

— 세계 곳곳에 부는 넛지 열풍

2008년 7월, 캐스 선스타인과 서맨사 파워의 결혼식에 참석하기 위해 아일랜드로 가는 길에 나는 런던에서 며칠을 보냈다. 미국에서는 몇 달 전부터 『넛지』를 판매했지만, 런던에서는 거의 판매하지 않고 있었다. 나는 『넛지』를 판매하는 출판사가 (도대체 어떤 운송 수단으로 그 책을 실어 나르고 있는지 알 수는 없었지만) 혹시나 비용을 낮추기 위해 대학 조정 팀보다 조금 더 빨리 움직이는 거대한 범선을 이용하는 것은 아닌지 의심스러웠다.

리처드 리브스Richard Reeves는 영국에서 그 책을 어렵게 구할 정도로 적극적이었다. 그는 대단히 보기 드문 사람으로 교수나 권위자와 같은 안정적인 지위를 떠난 전문적인 지성인이다. 당시 리처드는 데모스Demos라는 싱크탱크 기관의 소장으로 부임할 예정이었고, 내게 거기서 넛지를 주제로 강연을 해달라고 부탁했다.[99] 그를 알기 전에 나는 그에게 전화를 받았다. 그는 내게 토리당이라고도 하는 영국의 보수당 지도부에서 활동하는 인사들과의 만남에 관심이 있는지 물었다. 원래 그 요청은 리처드 리브스의 동료이자 『넛지』를 읽고 강한 인상을 받은 로한 실바Rohan Silva가 해온 것이었다.

그러나 나는 그런 인사들과의 회의에서 무엇을 끌어낼 수 있을지 의문이 들었다. 아무리 기억을 더듬어보아도 내 평생에 걸쳐 사람들이 나를 보수주의자라 칭한 적은 한 번도 없었다. 급진적이고, 말썽을 일으키고, 사람들을 선동하고, 짜증 난다는 것을 포함해 책에는 어울리지 않을 다양한 표현이 주로 나를 설명하는 형용사이기는 했지만 보수적이라는 말은 들어보지 못했다. 그래도 뭔가 우쭐한 기분이 들었다. 그리고 결국 이렇게 대답하고 말았다.

"좋습니다. 실바에게 제 전화번호를 알려주세요. 통화를 하겠습니다."

곧 실바에게 전화가 왔고 그는 내게 그날 오후 국회의사당에 있는 자신의 동료들을 만날 수 있겠냐고 물었다. 보수당 인사를 대상으로 강의하는 것이 옳은지에 대한 의구심은, 따스하거나 화창한 날이 거의 없는 런던에서 내가 항상 즐겨 입는 청바지와 티셔츠 차림으로 돌아다니고 있다는 생각이 들었을 때 더욱 깊어졌다. 그때만 하더라도 나는 영국 정치에 대해 거의 아는 바가 없었다. 보수당 의원이라고 하면 대개 나이가 많고 정장을 갖춰 입은, 어쩌면 하얀 가발에 예복까지 걸친 이미지를 떠올리고 있었다.

---

99 리브스는 미국으로 이주했고, 워싱턴 DC에 위치한 브루킹스 연구소Brookings Institution에서 일하고 있다.

나는 실바에게 국회의사당에 들어가기에는 의상이 좀 부적절한 것 같다고 말했지만, 그는 그저 가벼운 친목 모임이니 신경 쓰지 않아도 된다고 했다. 게다가 전화상으로 건너오는 그의 목소리는 아주 젊게 들렸다. 그래서 결국 그렇게 하겠노라고 승낙하고 말았다. 실제로 복장에 대한 나의 걱정은 내가 만나게 될 사람들에 대한 나의 선입견만큼이나 근거 없는 것이었다. 27세의 스리랑카 혈통인 실바는 면도를 한 지 적어도 3일은 된 듯 보였다. 내가 기억하기에 그가 깔끔하게 면도를 한 것은 그로부터 몇 년이 흐른 뒤에 올린 자신의 결혼식에서뿐이었다.

몇 명의 사람들 가운데 나이가 약간 더 많아 보이는 스티브 힐턴 Steve Hilton 역시 마흔을 넘지 않았다. 나중에 알게 되었지만 그때 그는 자신이 제일 좋아하는 티셔츠와 LA 레이커스 농구 팀 트렁크 차림이었다. 다음으로 국회의사당 상원 회의실에서 나는 여전히 40대에 불과한 (총리가 되기 전인) 데이비드 캐머런과 조지 오스본 George Osborne을 중심으로 형성된 토리당 하원 소모임의 일원인 올리버 렛윈 Oliver Letwin을 만났다. 여전히 가발을 쓴 사람은 보지 못했고, 내 생각에 거기서 정장 차림을 한 사람은 렛윈 장관뿐이었다.

거기서 나는 즉흥적이고 짤막하게 이야기를 했고, 사람들은 『넛지』에서 제시한 공공 정책과 관련된 접근 방식이 당시 캐머런과 오스본이 추진하던 리브랜딩rebranding 사업의 일환으로 보수당이 충분히 받아들일 만한 방안이라고 생각하는 듯했다. 그들의 공식적인 목표는 보수당을 좀 더 발전적이고 환경 친화적인 당으로 개편하는 것이었다. 회의를 마치고 나는 계속 실바와 이야기를 나누었고, 그가 2008년 미국 민주당 대통령 경선에서 오바마를 지지하기 위해 아이오와로 갔다는 사실을 알게 되었다. 보수당에 대한 내 이미지는 다시 한번 크게 바뀌었다.

실바는 『넛지』를 어렵사리 10권이나 구했다. 다음 물량이 들어올 때까지 영국 시장에서는 찾아보기 힘든 그 책들을 자신의 책상 위에 잔뜩 쌓아놓음으로써 지나가는 사람들이 모두 한 번씩 쳐다보도록 넛지를 하고 있었다. 그러던 어느 날, 캐머런이 그 책 무더기를 보고는 얼마 전 누군가 강의를 하러 왔다던데 그 사람이 쓴 책이 맞는지 물었다고 했다. 실바는 캐머런에게 읽어볼 것을 권유했다. 틀림없이 캐머런은 그 책을 마음에 들어 했을 것이다. 나중에 토리당 하원 의원을 위한 여름휴가 권장 도서 목록에 내 책을 포함시켰으니 말이다. 물론 나는 그 목록의 초안을 실바가 작성했을 것이라는 강한 의혹을 품고 있기는 하다. 실바가 거쳐간 다양한 직업 중에는 아마 '지명 독자designated reader'도 있을 것이다.

내가 다음에 런던을 방문한 것은 2009년 봄이었다. 그때 나는 『넛지』의 새로운 영국 출판업자와 함께 출판 행사에 참석하고 있었다. 지하철역 광고판에 커다란 글씨체로 적힌 '오늘 넛지를 경험하셨나요?'라는 문구는 실로 충격적이었다. 한 행사장에서 나는 거스 오도넬Gus O'Donnell이라는 사람의 옆자리에 앉을 것이라는 언질을 받았다. 나는 다시 한번 무식을 드러내며 그 사람이 누군지 물었고, 그가 영국의 최고 관료에 해당하는 내각 사무 처장cabinet secretary이라는 답변을 들었다. 나중에 나는 사람들이 오도넬을 그의 이름의 약자이자 막강한 권력에 대한 경외감으로 종종 'GOD'라고 부른다는 사실을 알게 되었다. 그는 기본적으로 영국을 이끄는 인물이었다. 게다가 놀랍게도 행동경제학의 열렬한 팬이기도 했다. 이제 오도넬경으로 불리는 그는 진정으로 화려한 배경의 소유자다. 옥스퍼드에서 경제학으로 박사 학위를 받은 뒤 잠시 학생들을 가르치다가, 내각에 들어온 후에는 가장 인상적인 총리 대변인을 비롯한 다양한 업무를 수행했다. 사실 나는 그때까지 총리는 물론이거니와 그 누구의 대변인 자격으로라도 단 하루 이상을 버틴 경제학자를 보지 못했다. 다양한 분야를 거쳐 재능을 발휘한 이후에 그는 결국 영국의 최고 관료의 지위에 올랐다.

미국에는 영국처럼 내각 사무처장이라는 지위가 없다. 오도넬과 그의 후계자 제러미 헤이우드Jeremy Heywood까지 알고 나서 나는 미국에도 그런 지위를 만들면 좋지 않을까 생각하게 되었다. 2010년 5월 총선에서 어느 당도 과반수 의석을 차지하지 못했을 때, 영국 정부는 언제나 그러했던 것처럼 그들만의 비즈니스에 착수했다. 영국의 정치인들은 어떻게 연합 정부를 꾸릴지 모색했고, 그 중심에는 바로 오도넬이 자리 잡고 있었다.

결국 보수당은 자유민주당의 손을 잡았고, 데이비드 캐머런과 자유민주당 대표 닉 클레그Nick Clegg가 각각 총리와 부총리로 선출되었다. 클레그가 자신의 최고 정책 자문으로 발탁한 사람은 누구였을까? 바로 리처드 리브스였다. 다른 한편에서 실바와 힐턴 두 사람은 총리 수석 정책 자문으로 임명되었다. '수석senior'이라는 명칭을 아직 서른 살이 안 된 젊은이들에게 쓰기는 좀 그렇기는 하지만 그들은 원대한 계획을 품고 있었고, 거기에는 오도넬이 중요한 기여를 할 행동과학의 역할이 포함되어 있었다.

결론적으로 관광객 신분으로 런던에 머물렀던 며칠 동안 나는 우리가 『넛지』에서 주창한 아이디어를 현실적으로 진지하게 고려하던 인사를 알게 되었고, 실질적인 효과를 보여줄 것인지 직접 확인해볼 소중한 기회를 갖게 되었다.

—

캐머런과 클레그가 연합 전선에 합의하자마자 실바에게서 연락이 왔다. 이들의 새로운 정부는 행동경제학, 좀 더 보편적으로 행동과학 분야의 활용을 진지하게 고려했고, 이를 통해 정부를 더욱 효과적이고 효율적인 조직으로 만들어나가고자 했다. 실바는 내게 그들에게 도움을 줄 수 있는지 물었다. 당연하게도 나는 그러겠노라 답했다. 선스타인과 나는 영향력 있는 몇몇 인사가 이 책을 읽고 유용한 정책적 아이디어를 얻을 것이라는 희미한 희망을 품고 『넛지』를 썼다. 이후 선스타인은 나중에 미국 대통령이 된, 그의 오랜 시카고대학교 로스쿨 동료이자 친구를 위해 일을 하러 떠났다.

이제는 마찬가지로 영국이 관심을 기울이고 있었다. 데이비드 핼펀David Halpern이라는 인물이 아직 정식 명칭이 정해지지 않은 그 조직을 이끌게 되었다. 데이비드는 케임브리지대학교에서 학생들을 가르치던 최고의 사회과학자일 뿐 아니라 토니 블레어 전략 팀에서 수석 애널리스트로 일하기도 했다. 게다가 영국 정부가 행동주의 접근 방식을 활용하는 방법을 주제로 블레어 시절의 한 편을 포함해 여러 편의 보고서를 공동 집필한 경력도 있었다. 이 말은 두 가지를 의미한다. 우선 정부가 일을 처리하는 방식과 관련해 방대한 지식과 경험을 갖추었다는 뜻이다. 다음으로 공평한 정보 원천으로서 조직을 구축하는 과정에서 대단히 중요한, 일종의 비당파적

신임을 얻고 있다는 뜻이다. 또 핼펀은 매력적이고 겸손한 사람이다. 여러분이 핼펀과 쉽게 어울리지 못한다면 그건 여러분에게 문제가 있다는 뜻이다.

이번 방문 기간에는 그 팀과 함께 파리로 짧은 여행을 떠났다. 그곳에서 심리학자 올리버 울리어$^{Olivier \ Oullier}$는 사르코지 정부가 행동과학 분야에 관심을 기울이도록 자극하기 위해 노력했다. 기차로 이동하던 중, 나는 새로운 팀의 이름을 어떻게 지어야 할지를 놓고 힐턴과 열띤 토론을 벌였다. 스티브는 '행동 변화$^{behavior \ change}$'라는 단어를 넣자고 주장했지만, 내가 보기에는 적절한 의미를 담고 있는 것 같지 않았다. 나는 핼펀과 마찬가지로 '행동 연구 팀^{Behavioural} $^{Insights \ Team, \ BIT}$'이란 이름을 주장했고, 결국 그 이름으로 결정되었다.

이에 대한 논의는 우리가 파리를 돌아다니는 동안 끊임없이 이어졌다. 한번은 실바가 힐턴을 따로 불러 이제 그만 포기하라고 설득했다. 그는 예지력이 돋보이게도 "이름을 뭐라고 짓든 간에 사람들을 그냥 '넛지 팀'이라고 부를 겁니다"라고 이야기했다.

—

내가 다음번에 런던을 찾았을 때는 초기 조직이 이미 발족한 상태였고, 총리 관저와 국회의사당에서 멀지 않은 애드미럴티 아치$^{Admiralty \ Arch}$의 어두침침한 구석에 임시 사무실을 두고 있었다. 당시는 겨울이었고 런던은 거대한 눈보라를 맞은 후였다. 눈은 거의 1인치 가까이나 쌓여 있었다. 그리고 외풍이 무척 심했던 첫 번째 사무실의 실내 온도는 바깥 기온과 큰 차이가 없었다.

BIT의 사명은 대단히 광범위한 것으로 적어도 정책과 관련해 두 가지 중요한 성과를 이루는 것이었다. 즉 정부 기관 전반에 걸쳐 행동적 접근 방식에 대한 이해를 넓히고, BIT에 들어간 비용의 10배 정도 수익을 거두는 것이었다. 그리고 BIT의 근본적인 방향은 행동과학 분야의 성과를 바탕으로 정부의 업무 효율성을 높이는 것이었다. 그러나 이 과제를 달성하기 위한 지침서는 어디에도 없었기 때문에 우리는 부지런히 탐구해야 했다.

이번과 이후의 방문에서 나는 데이비드를 비롯한 BIT 직원들과 함께 장관과 차관, 고위 공무원 몇몇을 만났다. 일반적으로 우리는 해당 부서가 직면한 문제가 무엇인지 알아보는 질문을 통해 회의를 시작했다. 다음으로 어떤 도움을 줄 수 있을 것인지에 대해 브레인스토밍하는 시간을 가졌다. 우리의 프로젝트가 성공하기 위해 중요한 것은, 행동과학의 위대함에 대해 강의하는 것이 아니라 그들 스스로 주제를 선택하도록 만드는 일이었다.

내가 참석했던 첫 회의는 아주 순조롭게 진행되었다. 나는 행동주의 성과를 바탕으로 공공 정책을 개선하는 작업이 어렵지 않을 것이라는 강한 확신을 얻을 수 있었다. 영국의 국세청에 해당하는 HMRC^{Her Majesty's Revenue and Customs}의 닉 다운^{Nick Down} 역시 BIT에 대한 이야기를 들었고, 그가 우리에게 연락을 취해왔다. 그의 업무는 세금 연체자에게 돈을 징수하는 일이었다. 대부분의 영국 납세자의 경우 세금을 연체할 위험은 거의 없다. 기업은 '소득만큼 부담한다'를 전제로 직원 월급에서 원천징수를 한다. 소득을 월급이나 연봉의 형태로 받는 근로자는 따로 소득 신고를 하거나 세금을 납부할 필요가 없다.

그러나 자영업자나 근로소득 외에 다른 소득을 올리는 사람들은 소득을 신고하고, 상당한 세금을 납부해야 한다. 소득 신고를 해야 하는 납세자의 경우 1월 31일과 7월 31일까지 세금을 납부해야 한다. 1년에 두 번의 납부 기간을 제대로 지키지 않으면 국세청은 해당 납세자에게 독촉 공지를 보내고, 이후 독촉 공지는 공문과 전화로 이어지다가 최종적으로 법적인 조치에 들어가게 된다. 채권자가 흔히 그러하듯이 HMRC 역시 채권 추심업체나 법적 조치를 활용하는 것은 최후의 수단으로 미뤄두었다. 우선 비용이 많이 들고, 납세자이면서 유권자이기도 한 시민들의 반발을 자극할 수 있기 때문이다. 최초의 공지가 효과적인 성과를 보인다면 HMRC는 아마도 많은 비용을 절약할 수 있을 것이다. 이는 또한 다운의 목표이기도 했다.

그는 착실하게 준비하고 있었다. 이제는 고전으로 자리 잡은 『설득의 심리학Influence』257)의 저자 로버트 치알디니Robert Cialdini의 저작을 이미 섭렵하고 있었다. 많은 사람은 현존하는 최고의 심리학자로 대니얼 카너먼을 꼽으며 나 역시 동의하는 바다. 하지만 현존하는 최고의 실용적 심리학자를 꼽으라면 치알디니를 언급하는 것이 공정할 듯싶다. 다운은 치알디니의 저서를 읽는 단계에서 멈추지 않았다. 국민이 세금을 납부 기간 내에 내도록 유도하기 위한 방안을 마련하기 위해 치알디니와 협력하는 컨설팅업체258)에서 조언을 구하고 있다. 다운의 팀은 이미 치알디니가 그의 고전에서 제시한 일반적인 제안, 즉 사람들이 규범이나 법률을 잘 따르도록 만들고자 한다면 그들에게 대부분의 사람이 이를 준수하고 있다는 사실(그것이 진실일 경우)을 널리 알려야 한다는 전략을 바탕으로 예비 실

험을 실시했다.[100]

우리는 『넛지』를 통해 이런 아이디어를 성공적으로 활용했던 미네소타주의 사례를 소개했다. 여기에서 주 정부는 세금을 연체하는 주민들에게 납부해야 하는 금액을 알려주는 일부터 위협적인 법적 절차에 이르기까지, 납부를 독촉하는 다양한 공문을 발송했다. 하지만 그중 가장 효과적인 메시지는 미네소타 납세자 중 90퍼센트 이상이 납기 기간에 세금을 납부했다는 사실을 알려주는 내용이었다. 이런 사실은 영국에서도 똑같이 나타났고 예비 실험에서 이와 비슷한 메시지를 담은 공문을 활용했다.

물론 그 결과는 상당히 고무적이었지만 사실 그 예비 실험은 과학적인 차원에서 엄격하게 이루어지지는 못했다. 우선 통제 집단이 없었고 한 번에 여러 변수를 동시에 바꾸었다. 다운은 추가로 실험하고 싶어 했으나 그러기가 어려웠다. 적절한 실험을 수행하기 위한 경험이나 인력이 부족했고, 외부 컨설턴트들에게 의뢰하기 위한 예산도 충분치 않았다.

BIT의 초기 단계에서 다운을 만난 것은 큰 행운이었다. 다운은 이미 행동과학에서 업무적으로 많은 도움을 얻을 수 있다는 아이디어에 열광하고 있었고, 끊임없이 실험에 도전하고자 했다. 게다가 그 실험들은 아주 적은 비용으로도 가능한 것들이었다. 여기에서 우리가 해야 할 일은 납세자들에게 발송하는 공문의 문구를 수정하는 것이었다. 우편 요금도 전혀 걱정할 필요가 없었다. 그리고 무엇

---

100 이런 전략은 15장에서 논의한 '조건적 협력자conditional cooperator'에 해당하는 사람에게도 효과가 있을 것으로 보인다.

보다 단지 문구를 수정하는 작업만으로도 수백만 파운드의 예산을 절약할 수 있을 거란 기대가 있었다. BIT는 2년 동안 활동하고, 그 후에 평가받을 예정이었다. 이번 실험에서 좋은 성과를 거둘 수 있다면 행동과학을 정부 정책에 적용하는 시도가 모두 실패할 게 뻔한 쓸모없는 노력이라 주장하는 회의주의자들의 반박을 한 번에 잠재울 수 있을 것이었다.

우리의 초기 회의는 좀 더 발전된 형태의 세 차례 실험 프로젝트로 이어졌다. 그중 가장 최근에 이루어진 실험[259]은 BIT의 마이클 홀스워스^{Michael Hallsworth}를 비롯한 학자들의 팀이 맡았다. 이 실험에서 표본은 351파운드에서 50만 파운드에 이르기까지 다양한 금액의 세금을 연체하고 있는 12만 명에 달하는 납세자로 이루어져 있었다(이보다 더 많은 금액을 연체하고 있는 고액 체납자는 다른 방식으로 처리되었다). 이들은 체납자에게 납부할 금액을 알려주는 독촉장을 발송했다. 통제 집단을 제외하고 대부분의 납세자가 납기 안에 세금을 내고 있다는 치알디니의 기본 전략을 살짝 변형한 한 줄의 문장을 넛지로서 공문에 함께 실었다. 몇 가지 형태를 살펴보자.

영국에서 대다수 사람은 세금을 납기 안에 납부하고 있습니다.

여러분이 사는 지역의 대다수 시민은 세금을 납기 안에 납부하고 있습니다.

여러분은 지금 세금을 체납하는 소수의 집단에 포함되어 있습니다.

아마도 독자들은 여기에서 '납세자의 90퍼센트'라는 표현 대신

'대다수'라는 표현을 썼다는 점에 의아해할지도 모른다. 그 이유는 공문 중 일부는 특정 지역에 맞춘 것이며 BIT는 90퍼센트라는 수치가 모든 지역에 해당하는 것인지 확인할 수 없었기 때문이다. 이는 대단히 중요한 보편적 규범이다. 윤리적인 넛지는 언제나 투명하고 진실해야 한다. BIT는 이를 양심에 따라 지키고 있다.[101]

모든 문구가 도움이 되었지만 가장 효과적인 메시지는 두 가지 정보, 즉 대부분의 사람이 기한 안에 납부를 했고, 당신은 그 집단에 속하지 않는다는 내용을 조합한 것이었다. 이런 문구를 담은 공문을 발송하자 그로부터 23일[102] 안에 납부한 체납자 수가 5퍼센트포인트 이상 증가한 것으로 드러났다.

공문에 이런 문장 하나를 넣는 데는 추가 비용이 전혀 들지 않는다는 점에서 이는 대단히 비용 효율적인 전략이라 할 수 있다. 대부분 결국은 세금을 납부하기 때문에 실제로 얼마나 많은 비용을 절약했는지 정확하게 계산하기는 힘들다. 그래도 그 실험은 첫 23일에 걸쳐 900만 파운드의 세수가 정부로 유입되는 속도를 높였다.

---

101 물론 '투명한'이라는 표현에는 애매모호한 측면이 있다. 샐러드 바가 카페테리아에서 눈에 잘 띄는 곳에 위치할 때(자랑스럽게도 시카고대 부스 비즈니스 스쿨의 카페테리아가 그렇다), 샐러드 바를 그곳에 설치한 이유가 사람들이 버거 대신 샐러드를 더 많이 선택하도록 넛지하기 위한 것임을 밝히는 안내판을 굳이 설치할 필요는 없을 것이다. 공문의 문구에 대해서도 똑같은 말을 할 수 있다. 핵심적인 메시지에 대해 세금 납부를 유도하기 위해 이를 삽입했다고 굳이 밝힐 필요는 없다. 그것은 결국 전체 공문이 의도하는 바다. 내가 생각하는 투명함이란 아무것도 숨기지 않는다는 말이다. 그리고 모든 실험 결과를 대중에게 그대로 공개해야 한다는 뜻이다(캐스 선스타인은 최근 2014년 논문 「넛지의 윤리학The Ethics of Nudging」에서 이 문제를 충분한 지면을 통해 살펴보고 있다).

102 23일에 어떤 비밀이 숨어 있을까? 23일 안에 납부가 이루어지지 않을 때 행정 시스템상에서 또 다른 공문이 발송되도록 되어 있다. 그것은 HMRC의 컴퓨터 시스템이 그 기간을 단위로 납부 여부를 확인하도록 설정되어 있기 때문이다. 정부 기관과 함께 실험을 실행하기 위해서는 기존 업무 처리 방식에 따른 다양한 제약을 감안해야 한다.

사실 이 실험에서 얻은 교훈만으로도 영국 정부가 수년간 BIT에 지불한 비용 전체를 상쇄하고 남는다고 말할 수 있다.

—

다운과 하는 회의는 여느 회의와는 좀 달랐다. 그는 장관이자 정부 기관의 수장으로서 행동과학의 가치와 실험의 중요성에 더 많은 관심을 기울여야 한다고 강조했다. 회의를 진행하는 동안 나는 특히 두 가지 사항에 대해 반복적으로 언급했고, 그러다 보니 사람들은 이를 '팀 주문team mantra'이라 불렀다.

1. "사람들이 무엇을 하도록 유도하려면 이를 쉽게 만들어야 한다."
이 말은 내가 카너먼에게서 배운 교훈으로 이는 또한 20세기 전반의 뛰어난 심리학자 커트 르윈Kurt Lewin의 연구에 기반을 두고 있다. 르윈은 사람들이 행동을 바꾸도록 만드는 첫 번째 단계를 '해빙unfreezing'이라 정의했다. 이런 해빙을 위한 방법은[260] 아무리 사소한 것이라도 변화를 가로막는 장애물을 제거하는 것이다.

2. "증거에 기반을 둔 정책을 증거 없이 실시할 수는 없다."
BIT는 주로 정부의 운영 방식에서 변화를 설계하기 위해 행동주의 연구 성과에 대한 활용을 강조하는 것으로 사람들에게 널리 알려져 있다. 하지만 이와 마찬가지로 중요한 혁신적인 측면은 모든 방안은 먼저 검증이 이루어져야 하고, 가능하다면 의료 분야에서 종종 사용되는 무작위 대조 실험Randomized Control Trial, RCT이라는 가장 근본적인 방법을 활용해야 한다고 주장한다는 것이다.

RCT의 경우 어떤 치료도 받지 않는(세금 사례에서 기존 문구에 해당하는) 통제 집단을 포함해 환자를 대상으로 서로 다른 치료법(공문의 서로 다른 문구에 해당하는)을 무작위로 받도록 한다. 이 같은 설계가 가장 이상적인 방식이기는 하지만 항상 가능한 것은 아니다.[103] 연구원들은 다양한 형태의 실험에 도전하기 위해 때로 적당히 타협해야한다. 다음 사례는 정부나 민간 분야의 거대 조직 내에서 실험을 추진하는 데 따른 현실적인 어려움과 더불어, 두 가지 팀 주문의 중요성을 잘 보여준다.

한번은 BIT 사람들과 함께 에너지 및 기후변화부Department of Energy and Climate Change 대표들과 회의를 한 적이 있었다. 그 회의의 안건은 '어떻게 더 많은 사람이 다락방attic(영국에서는 'loft'라고 부르는) 절연 시공을 받도록 유도할 수 있을 것인가'였다. 그런 점에서 사람들이 겨울나기를 준비하던 주간에 그 회의가 열린 것은 시기적으로 적절했다. 이콘의 세상에서 모든 사람은 다락방에 충분한 절연 시공을 마쳤다. 그들은 절연 시공에 들어간 비용을 그에 따른 에너지 절약으로 1년도 안 되는 기간에 모두 회수한다.

---

103 예를 들어 내가 알고 있는 한, 점진적 저축 증대 프로그램에 대해 무작위 대조 실험을 한 적은 한 번도 없었다. 그 이유는 기업들로 하여금 특정 직원을 무작위로 선택해 그 프로그램을 제안하고, 그 밖에 다른 직원들에게는 제안하지 않도록 통제할 수 없었기 때문이다. 그래도 가장 유사한 형태로 검증할 수 있던 것은 한 기업 내 두 공장에서 서로 다른 조건으로 실험을 하고, 그 밖에 26개 공장은 모두 통제 집단으로 활용한 경우였다. 이런 검증은 완벽한 것은 아니었지만, 교육 시간의 가치를 평가하는 등의 성과를 이끌어낼 수는 있었다. 그러나 직원들 스스로 교육 시간을 선택했기 때문에 그 해석은 신중해야 했다. 정부나 기업과 함께 실험을 진행하는 과정에서 절대적인 기준만 고집할 수는 없다.

하지만 영국 가구 중 3분의 1은 충분한 절연 시공을 하지 않은 상태로 지냈고, 이에 에너지 및 기후변화부 사람들은 그들이 더 이상 절연 시공을 미루지 않도록 자극하는 프로그램을 시작했다. 그 프로그램은 주택이나 토지 소유주를 대상으로 정부 보조금을 지급하는 방식으로 절연 시공을 강화하고 에너지 효율 제품을 구입하도록 제안하는 것이었다. 하지만 그 제안을 받아들인 가구는 그리 많지 않았다. 이에 BIT는 새로운 해결 방안을 마련해보겠노라고 약속했다.

BIT는 팀 주문 중 하나인 '쉽게 만들기'를 구현한 방안을 제시했다. 면담 과정에서 주택 소유자에게 돈을 절약할 수 있는데도 왜 절연 시공을 추가로 하지 않는지 물었다. 그러자 많은 사람이 다락방에 잡동사니가 가득해 공사하기가 여의치 않다고 대답했다. 그래서 BIT는 절연 시공을 하는 민간 업체에 다락방 청소 서비스와 절연 자재를 업그레이드하는 작업을 패키지 상품으로 개발할 것을 제안했다. 주택 소유자가 이 패키지를 선택하는 경우 2명의 직원이 다락방 물건을 하나씩 들어내면서 어떤 것을 기부할지, 버릴지, 그대로 갖고 있을지 분류하는 데 도움을 준다. 그리고 동시에 또 다른 직원들이 분주하게 절연 시공을 하는 방식이다. 이런 패키지 상품은 시공업체의 원가(190파운드), 그리고 소매가(271파운드)의 두 가지 형태로 제안되었다. 그리고 이 가격들은 절연 자재 비용인 179파운드가 모두 포함된 것이었다.

이 아이디어를 검증하기 위해 우리는 한 가지 실험을 했고, 그 결과는 아마도 성공할 수 있을 것이라는 가능성을 보여주었다. 여기에서 나는 '아마도'라는 말을 덧붙였는데, 그 실험의 데이터가 충분히 크지 않아 세심한 주의가 필요하기 때문이다. 우리는 나뉘어 있으면서도 서로 비슷한 지역의 가구들을 대상으로 비용 절약에 대한 제안을 담은 전단을 우편으로 발송했다. 그 가구들을 선택한 이유는 이 제안과 잘 어울리는 주택을 소유하고 있을 것으로 생각되었기 때문이다. 도매가 청소 서비스, 소매가 청소 서비스, 혹은 일반적인 친환경 서비스(마지막은 통제 집단에 해당한다) 중 특정 지역에 위치한 가구는 모두 동일한 제안을 받았다.[104] 우리는 2만 4,000통에 달하는 전단을 세 지역 가구에 모두 발송했다.

아쉽게도 우리가 이 실험에서 분명하게 발견한 것은 사람들 대부분 다락방 절연 시공에 별 관심이 없었다는 것이다. 우편물을 열어보지 않았기 때문이든, 서비스가 그다지 좋아 보이지 않았기 때문이든, 혹은 지붕에서 내려오는 한기를 좋아했기 때문이든 간에, 아주 소수인 28개 가구만 절연 시공을 신청했다.

하지만 그런 데이터 속에서도 우리는 다락방 청소 서비스가 효과적인 아이디어라는 암시를 받을 수 있었다. 다락방의 크기가 거의 비슷했음에도 절연 시공 서비스만 신청한 경우는 3가구에 불과했고, 16가구는 도매가 청소 서비스가 포함된 패키지를, 그리고 9가구는 더 비싼 소매가 패키지를 선택했다. 그렇다면 다락방 절연 시공 제안에 동의했던 가구 대부분은 그 작업을 위한 준비 과정에서 도움을 받을 수 있을 때 신청한 것이다. 그렇지만 그 수는 너무 적었고, 따라서 그 영향이 실질적인 것이라고 확인하기 위해서는

---

104 대상 지역이 세 곳에 불과했기 때문에 완벽하게 무작위로 할당되었다고 말할 수는 없다. 지역별로 나타나는 미묘한 차이가 그 결과에 영향을 미쳤을 것이라고 충분히 지적할 수 있다.

실험을 반복적으로 수행해야 했다. 나는 이 사례를 과학적 발견과 흥미로운 일화 사이의 무언가[261]로 생각하고 있다.

많은 BIT 사람들은 반복 실험을 원했지만, 전반적으로 낮은 신청률은 방해 요인으로 작용했다. 그렇다면 나는 왜 굳이 이 사례를 BIT의 포트폴리오로 소개할까? 여기에는 두 가지 이유가 있다. 첫째, 장애물을 제거해야 한다는 르윈의 원칙을 이보다 더 잘 설명하는 사례를 보지 못했다. 이 사례에서는 말 그대로 제거 작업이 이루어졌다. 이와 같은 프로그램이 향후 거대한 규모로 실행될 수 있을지는 잘 모르겠지만, 그것과 상관없이 이 사례를 기억하는 많은 사람은 여러 다른 상황에서 강력한 넛지 아이디어를 떠올릴 수 있을 것이다.

둘째, 이 사례는 실제 현장에서 무작위 대조 실험을 실시하기가 대단히 까다롭다는 사실을 증명한다. 그런 접근 방식에는 많은 비용이 들어가고, 실수가 벌어질 수 있다. 인간이 수행하는 실험에서 지나치게 자주 벌어지는 일이기는 하지만, 연구실 실험이 엉망진창으로 끝날 때, 이로 인한 손실은 피실험자에게 지급하는 상대적으로 적은 규모의 비용에 불과하다. 일반적으로 실험자는 얼마든지 다시 도전할 수 있다. 게다가 현명한 실험자는 먼저 적은 비용으로 예비 실험을 함으로써 설계에서 드러나는 문제점을 미리 발견해 낸다. 그러나 대규모로 이루어지는 현장 실험에서 이 모든 것이 가능한 것은 아니다. 더 심각한 문제는 실험자가 실험 현장에 계속해서 머무를 수 없다는 것이다. 물론 RCT에 능한 과학자는 실수와 혼란의 위험성을 어느 정도 줄일 수 있겠지만, 절대 그 위험을 완전히 제거하지는 못할 것이다.

이런 문제점들은 접어두고, 우리는 계속 실험하고 아이디어를 검증해야 한다. 어떤 아이디어가 성공을 거둘 것인지 확인할 수 있는 다른 방법이 이것 말고는 없기 때문이다. 실제로 BIT의 가장 소중한 유산은 정부 기관이 특정 정책을 실시하기에 앞서 그 아이디어를 먼저 실험해보도록 넛지를 한다는 것이다. 2013년 영국 정부는 '네트워크를 움직이는 힘What Works Network, WWN'을 설립하고, 이를 통해 건강에서 범죄, 교육에 이르기까지 다양한 분야에서 정부 기관의 효율성을 개선하기 위한 아이디어 실험을 활성화하는 노력을 하고 있다. 정부 기관을 비롯한 모든 대형 조직은 새로운 아이디어를 실험할 수 있는 이 같은 팀을 마련해야 한다.

동시에 그런 실험 결과에 대한 해석에서 현실적일 필요가 있다. 모든 아이디어가 성공할 수는 없다. 이런 진리는 과학자들이 입증하고 있다. 많은 개선 효과가 최종적으로 1퍼센트나 2퍼센트의 변화처럼 얼핏 보기에 대단히 미미한 것으로 느껴질 수 있다는 사실을 이해하는 것도 중요하다. 그것이 결코 조롱의 대상이 되어서는 안 되며, 특히 그 실행에 비용이 거의 들지 않았다면 더욱 그러하다. 실제로 게임 프로그램 참가자의 사례에서 볼 수 있는 '빅 피넛' 오류와 같은 함정에 빠질 위험이 있다. 어떤 프로그램을 실시해 특정 기준이 2퍼센트 성장했다면, 그 수치 자체로는 대단한 것처럼 보이지 않지만, 그 기준의 기존 규모가 수십억 달러라면 그 정도의 변화만으로도 엄청난 결과를 이끌어낼 수 있다.

미국의 한 상원 의원은 이런 유명한 말을 남겼다.

"여기에서 10억 달러, 저기서 10억 달러 하다 보면, 조만간 정말로 큰돈을 말하고 있을 겁니다."[262]

자동 가입이나 점진적 저축 증대 프로그램이 보여준 성공이, 자칫 사소한 수정으로 엄청난 변화를 이끌어내는 일이 그다지 어렵지 않다는 잘못된 인식을 심어줄 수 있다는 점에서 큰 효과를 바라는 기대치를 낮추려는 노력이 중요하다. 이는 결코 쉽지 않은 일이다. 퇴직연금 프로그램의 경우 구체적인 목표를 달성하기 위한 가능성을 크게 높이기 위해 세 가지 요소를 조합했다.

첫째, 그 프로그램 설계자는 행동 변화를 통해 이익을 얻을 수 있다고 사람들을 설득할 타당한 근거를 갖추고 있었다. 그래서 은퇴를 대비해 저축을 거의 혹은 전혀 하지 않는 사람들에게 쉽게 다가갈 수 있었다.

둘째, 목표 대상에 해당하는 사람들이 변화를 원해야 한다. 이 경우 조사 결과는 대다수 직원이 저축을 늘려야 한다고 생각하고 있다는 사실을 보여주었다.

셋째, 특별한 수고를 들이지 않고도 변화를 만들어내는 일이 가능하다(자동 가입의 경우 아무런 노력도 필요 없다). 나는 이런 정책을 '원-클릭' 프로그램이라 부른다. 점진적 저축 증대 프로그램에 가입하는 사람은 '다른 어떤 것도 할 필요 없이' 단지 몇 가지 문항에 체크하는 것만으로 장기적으로 자신의 저축률을 높여나갈 수 있다.

유감스럽게도 많은 문제의 경우 첫 번째 두 조건이 충족되었다 하더라도 원-클릭 해결책이 없을 수도 있다. 예를 들어 정상 체중보다 50킬로그램이나 더 많이 나가는 사람은 아마도 체중 감량을 통해 많은 도움을 얻을 수 있을 것이고, 비슷한 상황에 처한 사람 대부분 그런 생각에 동의할 것이다. 하지만 수술을 제외하고서 쉬운 해결책은 없다. 나 자신, 혹은 다른 누군가를 위해 점진적 섭취 감소$^{\text{eat less tomorrow}}$ 같은 프로그램을 개발할 수는 없을 것이다. 게다가 우리는 대부분의 다이어트가 장기적으로 성공을 거두기 힘들다는 사실을 잘 알고 있다. 다이어트에 원-클릭 해법이란 없다. 이처럼 모든 문제를 원-클릭 해결책으로 접근할 수는 없다 하더라도 그런 접근 방식이 가능한 경우가 있으며, 행동주의적 정책 변화의 실행에 관심이 높은 사람들이 그런 아이디어를 적극적으로 모색하도록 조언할 수 있을 것이다. 공공 정책의 영역에서 그런 아이디어들은 쉽게 따먹을 수 있을 만큼 낮게 달린 열매다.

한 가지 구체적인 사례를 살펴보자. 10대 임신을 줄이는 것을 목표로 삼을 때, 가장 효과적인 전략은 피임 링과 같이 장기적으로 제거 가능한 자궁 내 피임 기구를 활용하는 것이다. 성적으로 활발한 여성들의 집단을 표본으로 한 실험에서 이런 방식의 실패율이 1퍼센트도 되지 않는다는 사실이 드러났고, 이는 다른 방식의 피임 기구보다 훨씬 더 낮은 수치에 해당한다. 일단 그런 피임 기구를 몸에 이식한 경우 추가 조치가 필요 없다. 성공률이 높은 행동적 방안을 모색하는 사람들은 한 번의 행동만으로도 목표를 달성할 수 있는 다양한 환경을 고려해야 한다. 그리고 그런 일회성 해결책이 존재하지 않는다면 개발해야 한다!

쉽게 잊어버릴 만한 무언가를 사람들에게 상기시키는 전략이 성공적인 해결책으로 드러날 때가 있다. 이런 유형에 해당하는 많은 사례는 모바일 문자 서비스의 등장으로 가능해졌다. 우리는 이런 사례를 통해 넛지가 반드시 창조적이고, 정교하고, 혹은 어떤 방식으로든 드러나지 않아야 하는 것은 아니라는 사실을 이해할 수 있다. 문자 서비스를 통해 단순하고 직접적인 형태로 사람들에게 어떤 내용을 상기시킴으로써 대단히 강력한 영향을 미칠 수 있다.

우리는 의료 분야에서 적절한 사례를 발견할 수 있다. 가나에서 실시된 한 연구에서, 비영리단체인 빈곤퇴치혁신기구Innovations for Poverty Action는 무작위 대조 실험을 통해 말라리아 약 복용을 알리는 문자메시지가 사람들이 그 복용법을 지키도록 하는 데 실질적인 도움을 주었는지 검증해보았다. 그 결과 이들은 그런 방법이 효과가 있으며, 그중에서도 짧은 메시지의 효과가 가장 뚜렷함을 확인할 수 있었다. 중요한 것은 추가적인 정보 제공이 아니라 상기 그 자체였던 것이다.[263]

마찬가지로 교육 분야에서 이루어진 한 연구는, 문자를 통한 단순한 상기 방식의 유효성과 확장성을 명백하게 보여준다. 그 연구는 아이들에게 읽고 쓰는 것을 가르치는 방법을 포함해, 미취학 자녀를 둔 부모들에게 유용한 양육 기술을 소개하는 문자를 정기적으로 발송하는 프로그램인 'READY4K'[264]의 효과를 측정해보았다. 그 결과 가정과 학교에서 아이들이 글을 읽고 쓰는 활동에 관여하는 부모의 비중이 실제로 증가했고, 이는 다시 자녀의 학습 이득learning gain을 높여준 것으로 드러났다. 이와 같은 단순한 형태의 프로그램은 넛지가 조용하고 투명한 방식으로 이루어지면서도 강력한 효과를 발휘할 수 있다는 사실을 보여주는 훌륭한 사례다.[105]

BIT는 원래 예정되었던 2년 뒤의 평가를 무사히 넘겼고, 2012년에 국무조정실의 주도로 새롭게 개편되었다. 그리고 조직이 계속해서 빠른 속도로 성장하는 바람에 사무실도 함께 옮겨야 했다. 다행스럽게도 바람이 심한 원래의 건물에서 그리 오래지 않아 벗어날 수 있었지만, 재무부가 쓰던 건물에 마련한 두 번째 사무실은 급성장하는 조직의 요구를 충족시키기에는 지나치게 좁았다.

2014년에는 결국 BIT를 부분적으로 민영화하는 결정이 이루어졌다. 현재 BIT는 국무조정실, 그 직원들, 그리고 지금의 사무실을 제공하고 있는 비영리 협력 단체인 NESTA가 동등하게 지분을 나누어 갖고 있다. 또 국무조정실과 5년짜리 계약을 맺었기 때문에 2015년 5월 총선의 결과와 상관없이 사업을 추진할 수 있다. 현재 조직의 인원은 50명에 달하며 영국 전역에 걸쳐 다양한 공공 기관을 지원하고 있다. 그리고 과테말라의 납세 준수에 관한 흥미진진한 연구를 포함해 점차 다른 나라 정부들에 조언해주는 역할까지 맡고 있다.

—

내가 영국에서 BIT 사업에 참여하는 동안, 캐스 선스타인은 OIRA^Office of Information and Regulatory Affairs의 사무관으로 워싱턴에서 바쁜 나날을 보내고 있었다. 공식적으로 백악관 관리예산처^Office of Management and Budget 소속인 OIRA는 새로운 정부 규제가 피해보다 도움을 더 많이 주고 있는지 확인함으로써 그 경제적인 영향을 평가하겠다는 사명 아래 1980년에 설립되었다. 비록 무작위 대조 실험을 수행하기 위한 권한이나 예산을 확보하지는 못했지만, 어떤

---

105 이 같은 프로그램은 넛지가 본질적으로 투명한 접근 방식이라는 사실을 보여주는 또 다른 사례다. 굳이 이런 문자를 추가할 필요는 없을 것이다. "그런데 이 문자메시지를 보내는 이유는 여러분에게 약을 먹으라고 상기시키기 위한 것입니다."

측면에서 선스타인은 오바마의 첫 번째 임기 동안 혼자서 BIT 역할을 수행했던 것이다.

정부에서 4년간 일하고 난 후, 선스타인은 오바마가 대통령으로 당선되기 전 몸담고 있던 하버드대학교 로스쿨로 돌아갔다. 하지만 그가 떠나고 나서도 미국 정부의 넛지 사업은 계속 이어졌다. 바이올린 천재였다가 인지신경과학자가 된, 그리고 나서 넛지 옹호자로 변신한 마야 샹카Maya Shankar는 2014년 초 백악관에 작은 팀을 신설했다. 샹카는 에너자이저 광고에 나오는 토끼가 무기력해 보일 정도로 열정적으로 일을 추진하는 인물이다. 예전에 미국 과학진흥회 American Association for the Advancement of Science Fellowship에서 백악관의 과학기술 정책사무국 자문으로 활동하기도 했다. 거기서 샹카는 미국의 BIT 조직을 구축하는 것을 자신의 목표로 삼았다. 마치 기적과도 같이 그녀는 정부의 어떤 권한 위임이나 예산 지원도 없이 1년도 되기 전에 그 일을 이루어냈다.

공식 명칭이 백악관 사회 및 행동과학 팀White House Social and Behavioral Sciences Team, SBST인 그 조직은 처음에 6명의 행동과학자로 단출하게 시작했다. 거기에는 샹카, 대학에서 초빙한 2명의 동료, RCT 실행을 전문으로 하는 비영리단체 연구소인 J-PAL Jameel Poverty Action Lab의 북미 지부와 행동경제학에 경쟁력을 갖춘 아이디어42 출신의 3명이 포함되어 있었다.

SBST는 설립 첫해에 퇴역 군인들의 연금 인상에서 학자금 대출 상환율 개선에 이르기까지 다양한 정책적 목표를 바탕으로, 행동주의에 기반을 둔 무작위 대조 실험 12가지 계획을 연방 프로그램의 차원에서 수립했다. SBST 역시 계속 성장했다. 미 연방 정부는 최근 SBST가 거둔 초기 성공에 많은 관심을 보이면서 인력 보충을 위한 예산을 지원했다. 연방 정부와 외부 협력 단체의 지속적인 지원 덕분에 SBST의 규모는 이 책이 출판된 시점을 기준으로 2배로 성장했다.

다른 국가들 역시 그 흐름에 동참하는 분위기다. 경제사회연구위원회Economic and Social Research Council에서 실시하고 2014년에 발표한 연구 결과에 따르면, 전 세계 136개국 정부가 다양한 공공 정책 분야에 행동과학을 적용하며, 51개국은 '새로운 행동과학에서 영향을 받은 중앙 집권적 정책 프로그램을 개발하고 있다.'[265] 소문이 퍼져 나가고 있는 것이 분명하다.

이 연구 보고서에서 저자들이 사용하는 기술을 설명하기 위해 '행동과학'이라는 용어를 선택했다는 사실에 주목할 필요가 있다. BIT의 사업은 주로 행동경제학에 기반한다는 오해를 받아왔지만, 사실 지금까지도 경제학과 관련된 경우는 거의 없었다. BIT의 도구와 통찰력은 주로 심리학과 다른 사회과학 분야에서 비롯된 것이다. BIT를 뒷받침하는 핵심 내용은 다양한 사회과학의 연구 성과를 활용함으로써 경제학자들이 제시하는 일반적인 조언을 확장하는 것이다. 정책과 관련된 연구를 경제학의 일부로만 치부하는 것은 다양한 사회과학 분야의 가치를 폄하하는 것이다.

—

사람들이 내게 『넛지』를 들고 와서 사인을 요청하면, 나는 항상 '선을 위한 넛지nudge for good'라는 문구를 함께 적어준다. 넛지는 단순한 도구이며, 이런 도구들은 선스타인과 내가 넛지라는 이름을 붙이기 전에도 존재했다. 사람들은 넛지 덕분에 퇴직연금에 가입하고 더 많이 운동한다. 또 납기 안에 세금을 내기도 하지만, 동시에 넛지 때문에 서브프라임 모기지로 집을 사거나 돈을 흥청망청 쓰기도 한다.

사악한 의도가 있는 기업이나 정부도 행동과학의 발견을 활용하고, 이를 통해 넛지의 대상이 된 사람들을 희생시킴으로써 그들의 목적을 달성할 수 있다. 사기꾼들이 우리의 책을 읽고 그들의 사업을 발전시킬 방법을 발견하도록 해서는 안 될 것이다. 행동과학자들은 세상을 더 좋은 곳으로 바꾸어줄 다양한 아이디어를 갖고 있다. 우리는 과학에 기반을 둔 넛지를 신중하게 선택하고, 그런 방법을 엄격하게 검증함으로써 그들의 지혜를 활용해야 할 것이다.

나는 내 고향 시카고에서 아이디어42의 도움으로 그들만의 BIT 조직을 새롭게 출범시켰다는 사실에 뿌듯함을 느낀다. 여러분의 정부도 이런 일을 할 수 있도록 격려해야 한다. 그렇지 않으면 심각하게 잘못된 행동은 사라지지 않을 것이다.

행동경제학의 다음 행보는

내 연구실 칠판에 '목록'을 처음으로 쓰기 시작한 이후 40년이 넘는 세월이 흘렀다. 그동안 많은 변화가 있었다. 행동경제학은 더 이상 부수적인 학문이 아니며, 적어도 50세 이하의 경제학자 중 대부분은 사람들이 인간(이콘이 아닌)으로서의 행동을 보여주는 경제학에 관련된 논문을 쓰는 일을 더 이상 잘못된 것으로 간주하지 않는다. 평생을 경제학의 배신자로 살아오고 난 후에야 나는 행동경제학이 주류로 진입하고 있다는 생각을 서서히 받아들이고 있다. 휴, 행동경제학의 발전 속도는 너무도 빨라서 이 책이 출판될 2015년 경이면 탄핵을 당하지 않는 한 나는 미국경제학회 회장으로서 1년의 임기 중반을 보내고 있을 것이며, 아마도 로버트 실러가 내 뒤를 이어받을 것이다. 정신병자들이 정신병원을 운영하는 셈이다!

하지만 풍요로운 경제학, 특히 인간을 그 중심에 둔 경제학이 걸어갈 길은 아직도 멀다. 결론 부분에서는 앞으로 다가올 것들에 대한 나의 기대에 대해, 특히 '희망'에 대해 이야기를 나눠볼까 한다. 하지만 앞으로 경제학이 어떻게 달라질지 섣부른 전망을 내놓는 어리석은 짓은 하지 않을 것이다. 유일하게 타당한 예측은 앞으로 벌어질 일들이 틀림없이 우리를 깜짝 놀라게 할 것이라는 생각이다.

이런 점에서 어떤 예측을 내놓기보다, 여기에서는 다만 앞으로 다가올 미래에 행동경제학 분야에서 일어날 진보와 관련해 짧은 소망 목록을 제시하고 싶다. 그 목록의 대부분은 경제학을 연구하는 사람들, 즉 내 동료 경제학자들을 위한 것이기는 하지만 일부는 기업 경영자나 정부 관료, 풋볼 팀 구단주, 혹은 주택 소유자 등 경제학자들이 이룬 연구 성과에서 도움을 얻을 수 있는 모든 사람을 위한 것이다.

—

경제학이 앞으로 어떻게 달라질 것인지 전망하기에 앞서, 과거를 돌아보면서 꼼꼼히 되짚어보려는 노력이 필요하다. 놀랍게도, 경제학에 대한 행동주의적 접근 방식은 금융 분야에 가장 강력한 영향을 미쳤다. 1980년대만 하더라도 아무도 그럴 거라고 예상하지 못했다. 사실 그건 상상조차 하기 힘든 일이었다. 경제학자들은 금융 시장이야말로 모든 시장 가운데 가장 효율적인 시장이며, 차익 거래가 가장 원활하게 이루어지기 때문에 잘못된 행동이 가장 적게 나타날 것으로 보이는 분야라고 굳게 믿었다.

물론 지나서 하는 말이기는 하지만, 행동금융경제학은 두 가지 이유로 큰 성공을 거두었다. 첫째, 일물일가의 법칙과 같은 매우 구체적인 이론들이 나와 있었다. 둘째, 1926년까지 거슬러 올라가는 수천 개에 달하는 주식에 대한 일일 거래 데이터를 포함해 이런 구체적인 이론을 검증하기 위해 활용할 수 있는 무한한 데이터의 보고가 존재했다. 예를 들어 경제학 분야에서 팜과 스리콤의 이야기만큼 경제학 이론에 대해 명백한 반박을 제기할 수 있는 훌륭한 사례는 없을 것이다.[106]

그렇다고 해서 모든 금융경제학자가 효율적 시장 가설에 대한 과거의 충성심을 저버린 것은 아니다. 하지만 오늘날 경제학자들은 행동주의 접근 방식을 진지하게 받아들이고 있으며, 다양한 사안을 중심으로 벌어지고 있는 합리적 진영과 행동적 진영의 논쟁은 20년이 넘는 세월 동안 금융경제학 분야의 논문을 장악하고 있다. 그런 논쟁을 객관적이고 (대부분) 생산적으로 만들어주는 핵심 요인은 데이터에 대한 집중이다. 유진 파마는 서로 모순된 입장에 대한 질문을 받았을 때 종종 이렇게 대답하곤 했다.

"우리는 사실에 동의한다. 다만 해석에는 동의할 수 없다."

여기에서 '사실'이란 자본 자산 가격 결정 모형이 주식가격의 움직임을 적절하게 설명하고 있다고 인정받지 못했다는 것이다. 과거에 유일하게 중요한 요인으로 여겨졌던 베타는 그리 많은 것을 설명해주지 못한다. 그리고 예전에는 별로 중요하지 않은 요인으로

---

106 시장이 제대로 기능하지 못할 때, 큰돈을 벌 최고의 기회를 금융 시장에서 발견할 수 있을 것이라는 기대 역시 중요한 역할을 했다. 그래서 지성적 원천을 구성하는 많은 사람이 수익률을 최고로 높이는 투자 전략을 연구하는 방향으로 나아갔다.

취급받았던 많은 것들이, 비록 그 정확한 이유는 밝혀지지 않았지만 이제는 대단히 중요한 존재로 주목받고 있다. 이제 경제학 분야는 내가 '증거 기반 경제학evidence-based economics'이라고 부르는 개념을 향해 수렴하는 것으로 보인다.

그 밖에 어떤 다른 형태의 경제학이 존재할 수 있는지에 대한 의문은 지극히 자연스러운 것이다. 하지만 경제학 이론의 대부분은 경험적인 관찰로부터 비롯되지는 않았다. 그 대신 우리가 일상생활 속에서 관찰할 수 있는 현상과 얼마나 관련이 있는지와는 상관없는, '합리적 선택'이라는 전제로부터 비롯되었다. 그러나 이콘의 행동에 대한 이론은 절대 경험적인 기반을 확보하지 못한다. 그 이유는 이콘은 실제로 존재하지 않기 때문이다.

효율적 시장 가설과 조화를 이루는 것이 매우 힘들거나 불가능하다는 사실, 그리고 경제학 내부에서 행동경제학자들의 높아진 목소리가 하나로 합쳐지면서 금융은 보이지 않는 속임수에 대한 주장이 가장 건설적인 감사를 받는 분야로 거듭났다. 기업의 한 부분이 그 전체보다 더 비싼 가격에 거래되는 세상에서 아무리 많은 속임수도 충분치 않을 것이다.

금융경제학자들은 속임수의 한계라고도 부를 수 있는 '차익 거래의 한계'를 진지하게 받아들여야 한다. 이제 우리는 가격이 어떻게, 그리고 언제 내재 가치로부터 크게 벗어날 것인지, 그리고 무엇이 스마트 머니가 가격을 회복시키지 못하도록 방해하고 있는지 이해한다(어떤 경우에 스마트 머니가 되기를 갈망하는 투자자들은 합리적인 차원에서 회복에 투자하려고 들기보다, 오히려 거품에 편승해 베팅한 뒤 남보다 빨리 빠져나오는 방식으로 큰돈을 벌 수 있기를 기대한다).

금융 분야는 또한 증거 기반의 경제학이 어떻게 이론적 발전을 이루었는지 잘 보여준다. 토머스 쿤이 언급했듯이 발견은 예외로부터 시작한다. 증거 기반 금융경제학의 뼈대에 살을 붙이는 작업은 아직 끝나지 않았지만, 그래도 상당한 진척을 보이고 있다. 경제학의 다양한 분야에서도 이와 비슷한 진보가 나타날 시간이 왔다.

내가 현실적인 행동적 접근 방식을 채택하는 모습을 정말로 확인하고 싶은 경제학 분야를 꼽는다면, 지금까지 행동적 접근 방식이 가장 적은 영향을 미쳤던 분야, 즉 거시경제학이다. 화폐 정책이나 재정 정책 같은 빅 픽처big picture 사안은 국가의 복지에 대단히 중요하며, 이런 정책들을 현명하게 선택하는 과정에서 인간에 대한 이해는 필수다.

존 메이너드 케인스는 행동적 거시경제학을 실천했지만, 그 전통은 이미 오래전에 시들고 말았다. 행동주의 케인스 전통의 명맥을 유지하고 있는 2명의 걸출한 학자인 조지 애컬로프와 로버트 실러가 미국 경제연구소에서 행동거시경제학 연례 회의를 조직하기 위해 수년간 노력하는 동안, 그들은 하나의 프로그램을 채우기에 충분할 정도로 훌륭한 거시경제학 논문을 찾는 데 애를 먹었다(반면 실러와 내가 함께한, 1년에 두 번 열리는 행동 금융 회의의 경우 매번 수십 건의 의미 있는 제안을 받았다. 거기서 여섯 가지를 추리기가 힘들 정도였다). 결국 애컬로프와 실러는 그 시도를 중단하고 말았다.[266]

거시경제학 분야에서 행동경제학자들이 성공을 거두지 못했던 한 가지 이유는, 아마도 행동금융경제학의 성공을 뒷받침했던 두 가지 핵심적 측면이 부족했기 때문일 것이다. 그것은 그 이론이 쉽게 반박할 수 있는 예측을 내놓지 않았고, 데이터의 규모가 상대적으로 적었기 때문이다. 결론적으로 금융 분야에 존재하는 '명백한' 실증적 증거를 발견하기 힘들었기 때문이다.

여기서 더욱 중요한 사실이 있다. 이 말은 2007~2008년 모두가 경험한 금융 위기에 대해, 어떻게 대처해야 할지를 놓고 가장 기본적인 조언을 제시하는 과정에서도 경제학자들이 합의를 이루지 못했다는 의미이기도 하다. 좌파 진영 학자들은 미국 정부가 높은 실업률과 낮은(혹은 마이너스) 이자율의 조합을 활용함으로써 사회 제반 시설에 대한 투자에 착수해야 한다는 케인스주의 입장을 취한다. 반면 우파 학자들은 그런 투자들이 제대로 기능하지 못할 것임을 우려하면서, 국가 부채를 늘리는 것은 자칫 예산 적자나 인플레이션 문제를 일으킬 수 있다고 지적한다. 이들은 감세를 통해 경제 성장을 자극할 수 있다고 주장한 반면, 케인스주의자들은 공공 분야의 지출을 통해 성장을 촉진할 수 있다고 믿었다.

이처럼 양측은 회복세 둔화에 대해 상대를 서로 비난하고 있다. 지나친, 혹은 부족한 긴축 재정 때문이라고 맞선다. 하지만 무작위 대조 실험을 실행하겠다고 각국 정부가 경기 침체에 맞서기 위한 다양한 정책을 선택하도록 만들 수는 없는 노릇이므로 이를 둘러싼 논의는 절대 끝나지 않을 것이다.[107]

무엇이 핵심적인 '합리적' 거시경제학 모형을 이루는지에 대한 합의가 이루어져 있지 않다고 해서, 행동경제학 원칙들을 빅 픽처 정책 사안에 적절하게 적용할 수 없는 것은 아니다. 반박하거나, 기

---

107 다만 베를린장벽 붕괴와 같은 '자연스러운' 실험을 활용할 수는 있을 것이다. 이 사례로부터 우리는 시장경제와 계획경제를 비교해볼 수 있을 것이다.

반으로 삼을 수 있는 분명한 귀무가설[sup]null hypothesis[/sup]이 존재하지 않는다 하더라도, 행동주의 관점은 거시경제학적 사안에 미묘한 차이점을 더할 수 있다. 부지런히 증거를 수집하기 위해서는 명백한 증거만 고집해서는 안 될 것이다.

행동 분석이 요구되는 한 가지 주요한 거시경제학 정책은 경기 부양을 위해 세금을 감축하는 방안이다. 감세의 동기가 제품에 대한 수요를 증가시키는 케인스주의적인 것이든, 아니면 '일자리를 제공하는 주체'가 더 많은 일자리를 만들어내도록 하는 공급적 측면이든 간에 행동 분석은 도움이 될 것이다. 감세를 추진하는 과정에서 중요한 행동적 세부 사항이 있는데, 이는 합리적 진영에서 SIF로 치부할 만한 것들이다. 케인스주의 접근 방식으로 감세에 동기를 부여하고자 할 때, 정책 결정자들은 이를 통해 소비 행동을 가능한 한 많이 자극하기를 바랄 것이다.

그리고 여기에서 정책 결정자들이 고려해야 할 별로 중요하지 않은 세부 사항이 있다. 바로 감세를 일회적으로 실시할 것인지 아니면 해당 연도에 걸쳐 분산시킬 것인지에 관한 것이다. 소비자 행동에 대한 증거 기반 모형 없이 이 질문에 대답하기는 힘들다(목표가 소비 촉진일 때 나의 조언은 분산시키는 쪽이다.[108] 일회성 총액은 저축을 하거나 부채를 상환하는 용도로 쓰일 가능성이 크다).

우리는 똑같은 질문을 공급적 측면의 감세에도 던질 수 있다. 가령 세금 회피를 위해 자금을 해외 지사에 숨겨놓는 대신, 미국 내로

---

108 감세에 붙인 이름표조차 관련이 있을 것이다. Epley et al. (2006)은 '리베이트[sup]rebate[/sup]'보다는 '보너스'라 불리는 감세의 결과 사람들은 더 많이 소비하는 경향을 드러낸다는 사실을 보여준다.

들여오는 기업을 대상으로 면세 기간을 적용하는 방안을 생각해보자. 이런 정책을 설계하고 평가하기 위해서는 그 기업들이 본국으로 들여온 자금을 갖고 무슨 일을 할 것인지 예측할 수 있는 증거 기반의 모형이 필요하다. 그 기업들은 그 돈으로 투자를 할 것인가, 주주들에게 돌려줄 것인가? 아니면 금융 위기 이후 많은 미국 기업들이 해온 것처럼 쌓아놓기만 할 것인가? 또 국내에서 관리하는 자금의 비중이 훨씬 더 큰 경우 그들이 해외에서 들여온 돈으로 무슨 일을 할지 예측하기는 더욱 힘들어진다. 기업들의 실제 행동 방식을 이해할 때까지, 다시 말해 인간이 운영하는 기업들의 행동 방식을 이해할 때까지 주요 공공 정책 방안의 영향력을 제대로 평가하기는 힘들 것이다. 이에 대해서는 나중에 더 많은 이야기를 나누어보도록 하자.

보다 철저한 행동 분석을 요구하는 또 하나의 빅 픽처 사안은 창업(특히 성공 가능성이 높은 비즈니스의 창업)을 독려하는 최고의 방법에 관한 것이다. 우파 경제학자들은 성장 가동의 핵심 요인으로 고소득 수입자들에 대한 한계 세율을 낮추는 방안을 강조하는 경향이 있다. 반면 좌파 경제학자들은 그들이 장려하고자 하는 산업(친환경 에너지 분야 등)을 위해, 혹은 창업과 성공을 지원하는 것을 목표로 삼고 있는 정부 기관인 중소기업청Small Business Administration이 제공하는 대출 확대를 위해 집중적인 보조금 지원을 촉구하고 있다. 이때 양쪽 경제학자 모두, 그리고 당파를 떠나 모든 정치인은 중소기업에 대한 정부 규제를 비롯해 준수 과정에서 상당한 비용이 소요되는 다양한 규제를 철폐하려는 모습을 보이고 있다. 이런 정책들 모두 고려해볼 만한 가치는 있지만, 적어도 절반의 경우에서 일어나듯 창업이 실패로 돌아가는 상황에서 기업가들이 떠안아야 할 '치명적인' 위험을 덜어주는 방안에 대해서 경제학자들은 지나치게 말을 아끼고 있다.[109]

이제 우리는 인간에게는 손실이 이익보다 더 커 보인다는 사실을 잘 알고 있다. 그렇기 때문에 이런 문제를 심각하게 고려해야 한다. 이와 관련해 즉석 TV 인터뷰에서 나온 제안을 소개한다(부디 문법 문제는 눈감아주시길).

이 나라에서 우리가 해야 할 일은 실패에 대한 완충장치를 더욱 견고하게 만드는 것입니다. (우파 인사들은) 일자리를 만들어내는 사람들에게 더 많은 감세를 적용해야 하고, 그들이 감수하는 위험에 대해 더 큰 보상을 마련해야 한다고 주장하기 때문에…… 하지만 건강보험을 보장받던 일자리를 버리고 기업가가 되는 위험은 어쩌란 말입니까? …… 이 나라에서 성공을 위해 감수해야 할 위험에 대한 보상을 확대할 것이 아니라, 위험의 충격을 완화해야 한다는 이야기를 왜 해서는 안 되는 겁니까?

이 제안은 경제학자가 한 것이 아니다. 행동경제학자는 더더욱 아니다. 〈더 데일리 쇼The Daily Show〉의 진행자인 코미디언 존 스튜어트Jon Stewart가 한동안 오바마 행정부의 경제자문위원회 의장으로 활

---

109 물론 모든 사람이 기업가가 되도록 부추겨서는 안 될 것이다. 많은 사람이 성공 가능성에 대해 비현실적인 기대를 갖고 사업을 시작한다. 대다수는 자신의 성공 가능성이 평균 이상일 거라 믿고 있으며, 3분의 1 정도는 반드시 성공할 것이라 확신한다(Cooper, Woo, and Dunkelberg, 1988). 그렇다면 중소기업청은 사람들의 이런 자만심을 억제한다는 차원에서 신생 기업 사장을 대상으로 기본적인 통계 교육을 제공할 수 있을 것이다.

동했던 나의 시카고대 동료 오스탄 굴스비Austan Goolsbee와 나눈 인터뷰에서 한 이야기다.[267]

경제학자들은 특히 미국 중소기업가 97퍼센트의 연간 수입이 25만 달러가 되지 않는 상황에서 실패의 비용을 완화하는 전략이, 연간 25만 달러 이상을 벌어들이는 부자들의 세율을 인하하는 것보다 창업을 독려하는 차원에서 좀 더 효과적이라는 사실을 지적하는 역할을 코미디 뉴스쇼 진행자에게 떠맡겨서는 안 될 것이다.

—

거시경제학을 내 희망 목록의 맨 위에 놓아두고 있기는 하지만, 사실 모든 경제학 분야는 인간의 존재에 더욱 집중함으로써 많은 혜택을 얻을 수 있다. 금융 분야와 더불어 향후 개발경제학 development economics 역시 행동경제학자들이 많은 영향을 미칠 수 있는 분야로 떠오를 것이다. 그 이유 중 하나는, 무작위 대조 실험을 바탕으로 가난한 국가들에서 다양한 아이디어를 실험[268]한 경제학자들이 대거 유입되면서 활기를 띠고 있기 때문이다. 가난한 아프리카 나라들이 하루아침에 스위스로 바뀌는 일은 없을 테지만, 그래도 우리는 한 번에 한 가지 실험을 통해 상황을 개선하는 방법을 배워갈 것이다.

우리에게 필요한 것은 증거 기반의 경제학이며, 이는 이론적인 것일 수도 있고 실증적인 것일 수도 있다. 물론 전망 이론 역시 행동경제학에서 상당한 영향력을 확보하고 있는 증거 기반 이론이다. 카너먼과 트버스키는 사람들의 실제 행동에 관련된 데이터를 수집함으로써(즉 사람들의 경험에서) 연구를 시작했고, 다음으로 최대한 경제적인 방식으로 그런 행동을 가능한 한 많이 포착하고자 했다. 이런 행보는 선택에 대한 규범 이론으로서 합리성 공리rationality axiom에서 비롯된 기대 효용 이론과 반대 방향으로 나아가는 것이었다.

오늘날 전망 이론은 게임 프로그램 참가자들로부터 프로 골퍼 및 주식 시장 투자자들의 행동에 이르기까지, 광범위한 영역에서 수집한 방대한 데이터를 바탕으로 반복적이고 엄격한 방식으로 검증을 거치고 있다.[269] 니컬러스 바버리스, 데이비드 레입슨, 매슈 라빈(굳이 3명만 꼽자면) 등 행동경제학의 차세대 주자 역시 사실에서 출발해서 이론으로 넘어가고 있다.

새로운 이론을 만들어내기 위해서는 새로운 사실이 필요하다. 이와 관련해 다행스러운 소식 한 가지는 오늘날 수많은 창조적인 증거가 최고의 경제학 학술지를 통해 발표되고 있다는 점이다. 개발 경제학 분야를 필두로 무작위 대조 실험의 높아지는 인기는 이런 흐름을 잘 드러내며, 주로 화폐 정책이라는 단 하나의 도구만 들어 있던 경제학자들의 도구 상자가 실험 활동을 통해 어떻게 풍요로워질 수 있는지 보여주고 있다. 이 책 전반에 걸쳐 살펴보고 있듯 모든 돈을 평등하게 바라보고, 이를 인간을 움직이는 주요한 동기로 바라보는 접근 방식으로는 우리의 현실을 그리 잘 설명해낼 수 없다.

경제학자들의 현장 실험들이 강력한 영향력을 미치고 있는 영역에서 교육 분야를 빼놓을 수 없다. 경제학자들은 아이들의 학습 능력을 극대화하는 이론은 아직 제시하지 못하고 있다(모든 일반 학교에서 최고의 방법이라고 인정하고 활용하는 명백하게 잘못된 이론은 제외하고). 지나치게 단순한 아이디어는 부모와 교사, 아이들에게 경제적 동기를 제공함으로써 성적을 끌어올릴 수 있다는 주장이다. 안타깝게도 그 효과를 입증할 증거는 거의 나와 있지 않지만 그 미묘한 차이에 주목할 필요가 있다.

예를 들어 로널드 프라이어Roland Fryer는 흥미로운 사례[270]를 통해 '결과물'보다 '투입(숙제 등)'을 기준으로 학생들에게 보상을 제공하는 방식이 더 효과적임을 보여주었다. 학업 성적에서 많은 어려움을 겪는 학생들은 문제를 해결할 실마리조차 발견하기 힘들다는 차원에서 본다면, 이런 연구 결과는 직관적인 차원에서 상당히 매력적이다. 교육자들이 효과가 있을 거라 생각하는 행동에 대해 학생들에게 보상하는 것이 타당한 방안일 것이다.

또 다른 흥미로운 결과는 행동경제학의 각본에서 직접 비롯된 것이다. 프라이어는 존 리스트John List, 스티븐 레빗Steven Levitt, 샐리 새도프Sally Sadoff와 함께 교사들에게 상여금을 지급하는 방식을 갖고 뚜렷한 차이를 만들어낼 수 있음을 확인했다.[271] 새 학년이 시작될 무렵에 교사들에게 특정 목표를 달성하지 못했을 경우 환수하겠다는 단서와 더불어 미리 상여금을 지급했을 때, 실제로 학생들의 성적은 똑같은 목표를 기준으로 연말에 상여금을 지급하겠다고 제안한 경우에 비해 더 크게 향상된 것으로 나타났다.[110]

마찬가지로 경제적 동기라는 전통적 도구 상자로부터 확인할 수 있는 세 번째 긍정적 결과는 최근에 영국에서 실시된, 그리고 점점

---

110 이 사례에서 주의할 점은 상여금 환수가 교사들 사이에서는 상당히 낯선 방법이며, 대부분의 직장에서도 이런 형태의 '부정적인' 상여금 지급은 이루어지지 않고 있다는 점이다. 돈을 도로 빼앗아간다는 것은 '부당한' 처사로 여겨질 수 있다.

더 인기를 더해가고 있으며 비용도 많이 들지 않는 '문자메시지를 통한 상기'를 활용하는 무작위 대조 실험[272]에서 비롯된 것이다. 여기에서 실험자들은 한 학교의 학부모 절반을 대상으로 학생들이 수학 시험을 치르기 5일 전, 3일 전, 하루 전에 시험에 관한 일정을 문자메시지로 발송했다.

그들은 이런 접근 방식을 '사전 공지preinforming'라고 불렀다. 반면 나머지 절반에 해당하는 학부모에게는 아무런 메시지를 보내지 않았다. 이런 사전 공지 프로그램은 학교 수업을 추가적으로 한 달 실시한 경우와 맞먹을 정도로 학생들의 수학 성적을 높여주었다. 특히 하위 25퍼센트에 해당하는 학생들이 이를 통해 가장 큰 도움을 받았다. 이들의 경우 그 효과는 통제 그룹과 비교해 두 달간의 학교 수업을 추가로 실시한 정도에 해당했다.

그 이후 학부모들과 학생들 모두 그런 서비스를 계속해서 받고 싶다는 의사를 밝혔고, 이는 곧 그들이 넛지의 가치를 인식하고 있음을 입증하는 것이었다. 이 사례는 또한 넛지가 효과를 드러내기 위해서는 은밀한 방식으로 이루어져야 한다는 주장이 거짓이라는 사실을 보여주었다.

가난한 나라의 오지 마을처럼 공립학교는 아주 매력적인 실험 환경이다. 우리가 아이들을 가르치고 동기를 부여하기 위한 중요한 방법을 배워나가고 있다는 사실은, 교육 분야 외부 학자 및 개발경제학자 역시 데이터 수집에 집중하도록 힘을 불어넣고 있다. 현장 실험이야말로 우리가 증거 기반의 경제학에 증거를 제공하는 가장 강력한 도구일 것이다.[273]

경제학자가 아닌 사람들에 대한 나의 희망 목록 역시 이와 비슷한 모양새를 취하고 있다. 학교는 가장 오래된 사회적 제도 중 하나임에도 아직 우리는 아이들을 가르치는 효과적인 방법을 이해하지 못하고 있다. 그렇기 때문에 실험을 통해 개선 가능성을 확인해야 하며, 이런 노력은 이제 시작 단계에 있다. 이런 사실은 오늘날의 기업과 같이 학교보다 더 나중에 등장한 사회적 제도에 대해 무슨 이야기를 들려주고 있을까? 그런 제도들을 운영하기 위한 최고의 방법을 지금 우리가 알고 있다고 자신할 만한 근거는 무엇일까? 이제 우리 모두가(경제학자부터 공무원, 교사, 경영자에 이르기까지) 인간의 세상에서 살아가고 있다는 사실을 인식하고, 뛰어난 과학자들이 사용하고 있는 동일한 데이터 기반 접근 방식을 그들의 일과 삶 속으로 끌어들여야 할 순간이 왔다.

행동경제학을 구축하는 과정에 참여하는 동안, 나는 적절한 주의와 더불어 다양한 환경에 적용할 수 있는 근본적인 교훈을 얻을수 있었다. 그중 세 가지만 여러분께 소개하고자 한다. 첫째, '관찰하기'다. 행동경제학은 단순한 관찰로부터 출발했다. 땅콩이 담긴 그릇이 눈앞에 있을 때 사람들은 종종 지나치게 많이 먹는다. 사람들은 심리 계좌를 갖고 있다. 즉 모든 돈을 똑같이 대우하지 않는다. 그리고 사람들은 실수를 저지른다. 그것도 아주 자주. 이 말을 이렇게 표현할 수도 있겠다.

"저기 인간들이 있다. 주위를 둘러보라."

과거의 지혜가 잘못된 것으로 드러났을 때, 이를 뒤집기 위한 첫 번째 단계는 여러분 주변의 세상을 둘러보는 것이다. 여러분이 바라는 세상이 아니라 있는 그대로의 세상을 둘러보자.

둘째, '데이터를 수집하자'. 이야기는 사람들의 머릿속에 오랫동안 남는다. 그래서 나는 이 책에서 많은 이야기를 소개했다. 하지만 개별적인 이야기는 일화에 불과하다. 다른 사람들을 설득하기에 앞서 스스로 확신을 얻기 위해서는 접근 방식을 바꾸어야 한다. 즉 데이터를 확보해야 한다. 그것도 아주 많이. 마크 트웨인은 이런 말을 남겼다.

"문제에 맞닥뜨리게 되는 것은 뭔가를 모르고 있어서가 아니다. 너무나 확실하게 알고 있기 때문이다."

잘못된 예측의 전과를 살펴보는 수고를 하지 않기 때문에 사람들은 쉽게 자만한다. 그리고 치명적인 확증 편향의 희생자가 되어 상황을 더욱 악화시킨다. 즉 스스로 만들어놓은 가설에 부합하는 증거만 받아들인다. 이런 위험에서 스스로를 지킬 수 있는 유일한 방법은 체계적인 방식으로 데이터를 수집하는 것이다. 특히 스스로 틀렸음을 증명해주는 데이터들에 주목해야 한다. 나의 시카고대 동료 린다 긴젤Linda Ginzel은 학생들에게 항상 이렇게 말한다.

"적어두지 않았다면 그건 존재하지 않는 것이다."[274]

이와 더불어 다양한 조직 중 대부분은 '학습하는 방법을 학습'해야 할 당면 과제를 안고 있다. 이런 학습 방법에 집중함으로써 지속적으로 정보를 쌓아가야 한다. 이 말은 새로운 것을 시도하고 그 결과에 주목해야 한다는 의미다. 좀 더 나은 방법은 실제로 실험을 추진하는 것이다. 여러분이 속한 조직에 이런 실험을 이끌 사람이 없다면 행동과학자에게 의뢰해보라. 변호사나 컨설턴트의 서비스를 받는 것보다 훨씬 더 저렴할 것이다.

셋째, '목소리 높이기'. 조직 내 누군가가 상사의 잘못을 지적할수 있다면 조직적 차원에서 드러나는 많은 실수를 사전에 방지할수 있다. 이와 관련된 생생한 사례는 위험이 높은 항공 분야에서 확인할 수 있다. 인간의 실수를 줄여주는 최고의 전문가인 아툴 가완디Atul Gawande는 『체크! 체크리스트The Checklist Manifesto』275)에서 그 사례를 잘 정리해놓았다.

1977년 공항 활주로에서 일어난 충돌 사건으로 500여 명이 목숨을 잃은 일이 벌어졌는데, 이는 지나치게 소심했던 KLM 항공기의 부기장이 자신의 상사인 기장의 권한에 의문을 제기하지 못했기때문이었다. 이 항공기 기장은 관제탑에서 동일한 활주로 위에 있는 다른 항공기에 보낸 지시를 자신의 것으로 착각했고, 이륙을 위해 계속해서 항공기의 속도를 높이고 있었다. 부기장은 그에게 경고했지만 기장은 이를 무시했다. 결국 두 항공기가 충돌할 때까지부기장은 침묵을 지키고 있었다.

가완디는 조직적 실패를 일으키는 원인에 대해 이렇게 적절한진단을 내리고 있다.

"(그 비행기는) 이런 순간을 위해 아무런 대비가 되어 있지 않았다. 그들은 스스로를 하나의 팀으로 만들지 못했다. 그래서 부기장은기장을 멈추게 하고 대혼란을 방지할 의무는 물론, 권한도 자신의몫이 아니라고 믿었다. 그렇게 기장이 비행기를 들이받고 모두를죽음으로 몰아가도록 내버려둔 것이다."

또 다른 사례는 에베레스트 등반 사고에서 확인할 수 있다. 존크라카우어Jon Krakauer는 『희박한 공기 속으로Into Thin Air』276)에서 당시 이야기를 생생하게 들려준다. 몇 주간에 걸쳐 고도에 적응을 하고 서서히 베이스캠프로 오르는 동안, 상업 등반대의 두 등반대장인 롭 홀^{Rob Hall}과 스콧 피셔^{Scott Fisher}는 대원들에게 오후 1시까지 정상에 도달하지 못할 경우 반드시 복귀해야 한다고 단단히 일러두었다. 하지만 그 노련한 가이드들도 스스로 세워둔 규칙을 어기는 바람에 모두 목숨을 잃고 말았다. 안타깝게도 대원 중 그들이 그토록 당부했던 규칙을 어기고 있다는 사실을 입 밖으로 꺼낸 사람은 아무도 없었다. 이 사례들이 보여주듯 자신의 상사와 이야기를 나누고 있을 때조차 우리는 때로 급박한 재난에 대해 경고해야 할 의무가 있다.

행동경제학을 구축하는 과정에서도 가설적인 모형의 비현실성에 대해 경제학의 대가들에게 경고하는 노력이 필요하다. 그렇다고 해서 내가 지금까지 보여온 위태로운 행보를 다른 누군가에게 권하고 싶지는 않다. 나는 특별한 환경에 놓여 있었다. 참으로 운이 좋아서 적절한 시기에 카너먼과 트버스키를 만날 수 있었다. 그러나 내 논문 지도교수가 퉁명스럽게 표현했듯 경제학자로서의 나의 미래는 그리 밝지만은 않았다.

"그에게 많은 걸 기대하지는 않았죠."

그가 나에 대해 했던 이 언급이 모든 것을 말해준다. 다만 그 기회비용이 그리 크지 않을 때, 특히 여러분이 추구하는 것이 내가 선택했던 것만큼 신나는 일일 때, 위험을 무릅쓰고 자신의 목소리를 높임으로써 보상을 얻을 수 있을 것이다.

하지만 목소리를 높이는 등의 다양한 시도가 해고의 가능성을 높이는 상황이라면 그런 위험을 떠안으라고 마냥 용기를 불어넣을 수는 없다. 훌륭한 리더라면 그 결과에 상관없이 증거 기반의 의사 결정을 통해 항상 보상받을 수 있다는 확신을 직원들이 느낄 수 있는 업무 환경을 조성해야 할 것이다. 이상적인 업무 환경은 모든 구성원이 적극적으로 관찰하고 데이터를 수집하고 목소리를 높일 수 있도록 격려한다. 그런 업무 환경을 구축하는 리더들이 무릅써야 할 위험은 오직 한 가지다. 그것은 자신의 에고ego에 대한 약간의 상처다. 그러나 이는 새로운 아이디어의 유입을 원활하게 하고 재난의 위험을 낮추기 위해 치러야 할 소소한 대가에 불과하다.

—

이 책에서 나는 때로 경제학자들에 대해 비판적인 입장을 취하기는 했으나 전반적인 차원에서 경제학의 미래에 낙관적인 입장을 갖고 있다. 특히 고무적이라고 생각하는 한 가지 조짐은 스스로를 '행동주의자'라 정의하지 않는 경제학자들이 최근 발표된 최고의 행동경제학 논문의 일부를 썼다는 사실이다. 이들은 치밀하게 실증적인 연구를 추진하고 있으며, 그 결과에 상관없이 스스로의 길을 걸어가고 있다.

나는 앞서 이런 경제학자가 쓴 두 편의 논문을 소개했다. 그것은 휘발유의 심리 계좌를 다루었던 저스틴 해스팅스와 제시 셔피로의 논문, 그리고 덴마크의 퇴직연금 데이터를 분석했던 라즈 체티와 그의 연구 팀 논문이다. 체티 연구 팀이 감세라는 경제적 동기가 사람들의 실질적인 저축 활동에 아무런 영향을 미치지 않았다는 사실을 발견했다는 점을 다시 한번 떠올려보자. 그 대신 이 연구에서 드러난 효과의 99퍼센트는 디폴트 저축률과 같은 선택 설계로 이루어진 것이었다.[277] 즉 SIF의 기여였다. 이 논문은 체티와 그의 연구팀이 행동적 성과를 통해 공공 정책을 바라보는 사람들의 시각을 변화시킬 수 있다는 것을 증명한 사례였다.[278]

모든 경제학자가 똑같이 마음을 열고, 합리적 모형이 중요하다고 인정하지 않는 변수를 그들의 연구에 통합하고자 할 때 행동경제학은 사라질 것이다. 모든 경제학 분야가 충분할 정도로 행동주의적인 학문이 될 것이기 때문이다. 그리고 이론만 살아가는 가상 세계에 집착해온 사람들은 보이지 않는 손이 아니라 백기를 흔들 것이다.

미주

1) Pareto([1906] 2013), ch.2, p. 21.

2) Choices,Values, and Frames: Kahneman and Tversky(2000).

3) article about my work for the New York Times Magazine: Lowenstein(2000).

4) When Genius Failed: Lowenstein(2001).

5) Smith([1776] 1981, [1759] 1981).

6) 이와 같은 의사 결정을 내리는 인간으로서 농부들에 대한 자료는 다음을 참조. Duflo, Kremer, and Robinson(2011), Suri(2011), 그리고 Cole and Fernando(2012). 다른 한편으로 이야기를 나누어보았을 때 농부들은 정보에 민감한 모습을 보였고, 비료를 뿌리는 것이 토양에 얼마나 도움이 될 것인지 잘 이해하고 있었다. 또 이론에게는 아무런 영향을 미치지 못할, 단순한 행동적 넛지에 대한 반응으로서 비료를 더 많이 구매하고 사용하는 모습을 보였다.

7) Schelling(1958).

8) "The Value of Saving a Life": Thaler and Rosen(1976).

9) 슈퍼볼 XXXV에서 앨런 크루거Alan Krueger(2001)는 400달러, 혹은 그 이하(티켓의 액면 가격)로 티켓을 살 수 있던 팬들을 대상으로 대략 3,000달러에 달하는 시장 가격으로 티켓을 사거나 팔 의향이 있는지 물었다. 압도적인 대다수(86퍼센트)가 구매하지 않을 것이며(티켓을 구할 수 있다는 보장이 없다 하더라도), 그 가격에 팔지도 않을 것이라고 답했다.

10) Fischhoff(1975).

11) "Judgment Under Uncertainty: Heuristics and Biases": Tversky and Kahneman (1974).

12) DeSilver(2013), reporting on 2010 data from the Centers for Disease Control and Prevention.

13) "Prospect Theory": Kahneman and Tversky(1979).

14) 다음을 참조. Becker(1962, 1964).

15) 영어 번역본 Bernoulli([1738] 1954)를 참조.

16) The Theory of Games and Economic Behavior: von Neumann and Morgenstern(1947).

17) Baumol(1962).

18) "Consumer Choice: A Theory of Economists' Behavior": Thaler(1980)로 출판.

19) Thinking, Fast and Slow: Kahneman(2011).

20) Johnson(2010).

21) Smith(1976) 참조.

22) Mongin(1997) 참조. 그리고 한계 분석을 주제로 한 논의에 대한 검토는 Frischmann and Hogendorn(2015) 참조.

23) Lester(1946).

24) Machlup(1946).

25) Friedman(1953), p. 21.

26) Lichtenstein and Slovic(1973).

27) Grether and Plott(1979).

28) 실제로 시장은 소비자 편향으로 비롯된 행복 손실을 더욱 악화시킬 수 있다. 특정 상황에서 기업의 수익은 소비자의 순진함과 비례해 증가한다는 점에서 그들은 소비자 편향을 제거할 이유를 굳이 찾으려 들지 않을 것이다. 신용카드 연체 수수료 (Heidhues and Kszegi, 2010), 헬스클럽 회원권(DellaVigna and Malmendier, 2006), 프린터 카트리지와 숨겨진 호텔 수수료(Gabaix and Laibson, 2006) 사례도 참조.

29) 보이지 않는 손의 개념에 관한 신중한 접근 방식은 다음을 참조. Ullmann-Margalit (1997).

30) 이익을 극대화하는 기업들이 어떻게 인간 소비자와 상호작용을 하는지에 대한 연구는 행동 산업 조직 분야의 주제다. 교과서적 접근은 Spiegler(2011)를 참조. 13장에서 논의하는 사례들 역시 관련이 있다.

31) 이런 형태의 주장에 대한 철저한 분석은 다음을 참조. Russell and Thaler(1985), Haltiwanger and Waldman(1985), Akerlof and Yellen(1985).

32) "An Economic Theory of Self-Control": Thaler and Shefrin(1981).

33) 나의 논문인 Thaler(1980), 그리고 두 사람의 논문 Kahneman and Tversky(1984) 에서 'men-talaccounting'이라고 사용하고 있다.

34) Barbaro(2007).

35) Tuttle(2012).

36) Chernev(2012).

37) Clifford and Rampell(2013).

38) https://savingscatcher.walmart.com.

39) "Knee-Deep in the Big Muddy": Staw(1976).

40) DellaVigna and Malmendier(2006).

41) Gourville and Soman(1998).

42) Arkes and Blumer(1985).

43) Shafir and Thaler(2006). 이 연구에 대한 논의는 Thaler(1999a)를 참조.

44) 'kill their darlings'. 이 멋진 표현은 Wickman(2013)에서 갖고 온 것이다.

45) Heath and Soll(1996).

46) Hastings and Shapiro(2013).

47) House of Debt: Mian and Sufi(2014).

48) Kahneman and Tversky(1979)에서 인용하고 있는 연구는 McGlothin(1956)이다.

49) Thaler and Johnson(1990).

50) Chevalier and Ellison(1997).

51) "invisible hand": Smith([1776] 1981, p. 456): vol. 1, book 4, ch. 2, par. 9.

52) 이 문제에 대한 논의는 다음을 참조. Ashraf, Camerer, and Loewenstein(2005). 여기에서 내 이야기는 그들의 연구와 이 주제에 대해 오랫동안 관심을 기울여왔으며 아주 두꺼운 책들도 읽어볼 정도로 부지런한 George Loewenstein(1992)의 연구에 기반을 두고 있다.

53) Smith([1759] 1981, p. 190): part 4, ch. 2, par. 8; cited in Ashraf, Camerer, 그리고 Loewenstein(2005).

54) "그 변화의 속도는 다시 한번 우리가 그 순간에서 멀어질수록 느려지고, 가까이 다가갈수록 빨라져야 한다. 1년 뒤 벌어질 사건은 하루가 더 지나더라도 우리에게 미칠 영향은 비슷하지만, 3일 뒤 벌어질 중요한 사건은 그 사이에 있는 각각의 날들에 대해 그 마지막보다 더욱 강력하게 우리에게 영향을 미칠 것이다."(Jevons[1871], 1957, ch. 2).

55) Loewenstein(1992)에서 인용한 Pigou(1932). 이를 통해 시간 선호에 관한 뛰어난 역사적 개요를 확인할 수 있다.

56) Fisher(1930, p. 82): par. 9.

57) 위의 책, p. 83: par. 9.

58) 자세하게 설명하자면 정확한 할인율은 11.11…퍼센트다. 1년 뒤 소비가 지금보다 10퍼센트 덜 가치 있다면 그 할인율은 일반적으로 1/(1+)=.9를 만족시키는 가치로 정의되며 이는 곧. 11…이다. 즉 1년 뒤 소비의 가치가 오늘 가치의 90퍼센트라는 말은, 오늘 소비의 가치가 내년의 111.11…퍼센트라는 뜻이다. 할인율이 0에 가까울 때, 그 두 수치들(여기에서 10퍼센트와 11.11…퍼센트)의 차이는 작다.

59) present-biased: Loewenstein and Prelec(1992). 여기서 소개하는 일반적인 쌍곡선 할인 함수는 왜곡된 망원경을 전제로 삼고 있다. 다시 말해 두 미래 시점의 간격은 오늘 시작하는 동등한 크기의 간격만큼 긴 구간처럼 보인다는 말이다.

60) 경제학이 심리학에서 멀어지게 된 과정에서 파레토가 차지하는 중요성에 대해서는 다음을 참조. Bruni and Sugden(2007).

61) Keynes(1936).

62) Friedman(1957).

63) Friedman(1963). 이 사례에 대한 분석을 명확하게 제시하고 있다.

64) Modigliani and Brumberg(1954).

65) Barro(1974).

66) Thaler and Shefrin(1988).

67) Choi, Laibson, Madrian, and Metrick(2009).

68) Strotz(1955~1956).

69) Mischel(1968), p. 146, and Mischel(1969), p. 1014. 장기적인 연구에 대한 업데이트는 Mischel et al.(2011) 참조. 일반 독자를 대상으로 최근에 나온 책으로는 Mischel's(2014)가 있다.

70) Ainslie(1975)에서는 이후 Loewenstein and Prelec(1992)에서 기반을 삼았던 쌍곡

선 할인 함수를 도출하고 있다.

71) McIntosh(1969), p. 122.

72) 이중 시스템 사고방식은 카너먼이 개발한 것이 아니다. 많은 다른 심리학자들이 그런 모형에 관한 논문을 썼다. 예를 들어 Sloman(1996), Stanovich and West(2000) 참조.

73) Thaler and Shefrin(1981).

74) Jensen and Meckling(1976).

75) 이와 관련된 심리학 및 신경과학을 개략적으로 살펴보기 위해서는 Banich(2009)를 참조.

76) Laibson(1997).

77) O'Donoghue and Rabin(1999).

78) 시간 선호를 주제로 한 영향력 있는 연구 논문: Frederick, Loewenstein, and O'Donoghue(2002).

79) Loewenstein(2005).

80) Prelec and Loewenstein(1998).

81) 재고 과잉을 유발했던 또 다른 요인으로, 닉슨 대통령이 1971~1972년에 실행했던 가격 통제 정책을 들 수 있다. 이듬해에 그 정책이 폐지되었을 때, 기업들은 소비자가 기존에 알고 있던 것보다 더 가파르게 가격을 인상함으로써, 지난 정책에 따른 손실을 만회하고자 했다. 이는 소비자 입장에서 대단히 부정적인 거래 효용을 의미하는 것이었고, 그러다 보니 소비자가 구매를 꺼리면서 재고 수위는 높아졌다.

82) 좀 더 정확하게 설명하자면 최초의 리베이트 프로그램은 1914년 포드가 먼저 실시했지만, 종적을 감추고 나서 재고 과잉에 대한 대응 방안으로 1970년대에 크라이슬러가 '자동차 재고 정리 행사Car Clearance Carnival'를 시작하기 전까지는 찾아볼 수 없었다(Jewett, 1996).

83) GM은 크라이슬러와 포드에 이어 어쩔 수 없이 대출 프로그램을 실시했다. "GM은 인센티브를 놓고 산업 전반에서 경쟁이 벌어질 것이라는 우려에 포드와 크라이슬러의 정책을 어떻게든 따르지 않으려고 했다. 과거에 그런 프로그램이 종료될 때까지 자동차를 구입하지 않았던 많은 소비자는 다음번 행사가 시작될 때까지 기다리고만 있었다"(Nag, 1985).

84) Buss(1986).

85) 오늘날 실제 철학자들이 이를 연구하고 있다. Knobe and Nichols(2013) 참조. 혹은 보다 간략한 소개를 원한다면 Knobe et al.(2012)을 참조.

86) Roth(2007).

87) Daly, Hobijn, and Lucking(2012); Kaur(2014).

88) Lohrn(1992).

89) Miller(1995).

90) McKay, Deogun, and Lublin(1999).

91) Halliday(2012).

92) "Apple accused of exploiting Whitney Houston's death after cost of albums

soar on iTunes", Daily Mail, February 14, 2012.

93) Nielsen SoundScan(2012).

94) Brown(2014).

95) Kokonas(2014).

96) Güth, Schmittberger, and Schwarze(1982). 나는 이 주제, 그리고 최후통첩 게임을 연구한 논문을 갖고 기사를 썼다(Thaler, 1988b).

97) Kahneman, Knetch, and Thaler(1986).

98) 페루 지역 아마존에서 살고 있는 마치구엔가 부족 사람들은 어떤 금액의 제안도 거의 거절하지 않았으며, 그들이 제시하는 금액은 낮은 수준이었다(Henrich, 2000). Henrich et al.(2002)도 참조하길 바란다. 널리 알려진 사례는 Watters(2013).

99) Hoffman, McCabe, and Smith(1996).

100) Cameron(1999); Andersen et al.(2011). 인도 북동부에서 다른 실험 설계를 바탕으로 더 낮은 거부 비율을 확인하기는 했지만, Slonim and Roth(1998)는 슬로바키아에서 얻은 비슷한 결과를 보고하고 있다.

101) "The purely economic man": Sen(1977), p. 336.

102) "Economists Free Ride: Does Anyone Else?": Marwell and Ames(1981). 또 다음을 참조. Frank, Gilovich, and Regan(1993). 여기에서 이들은 경제학 교육이 학생들을 이기적으로 행동하도록 만든다고 주장하고 있다.

103) Andreoni(1988).

104) conditional cooperators: Fehr and Gächter(2000, 2002); Fischbacher, Gächter, and Fehr(2001); Fehr and Fischbacher(2003); Kocher et al.(2008).

105) Dawes and Thaler(1988).

106) Laboratory Experimentation in Economics: Roth(1987).

107) Knetsch and Sinden(1984).

108) Kahneman, Knetsch, and Thaler(1991).

109) "status quo bias": Samuelson and Zeckhauser(1988).

110) 그 콘퍼런스의 일정은 처음으로 Journal of Business(Hogarth and Reder, 1986)에, 그리고 다음으로 Rational Choice(Hogarth and Reder, 1987)에 게재되었다.

111) Arrow(1986), p. S385.

112) 그는 이 이론조차 최대화의 개념을 포함하고 있다고 지적했다. 실제로 그 이후 경제학자들은 '합리적'이라고 인정되는 습관 기반의 이론을 개발하기 시작했다. Becker and Murphy(1988), 그리고 Becker(1992) 참조.

113) Arrow(1986), p. S391.

114) 위의 책, p. S397. 또 Simon(1957), chs. 14~15, 그리고 Conlisk(1996) 참조.

115) Stigler(1977), p. 441.

116) 위의 책, p. 442.

117) Thaler(1986), p. S283.

118) Modigliani and Miller(1958). 또 Miller(1988) 참조.

119) Shefrin and Statman(1984).

120) Baker and Wurgler(2004)는 기업이 배당금에 대한 투자자들의 선호에 신경을 쓰고 있다는 증거를 제시하면서, 배당금을 지급하는 기업에 시장이 프리미엄을 부여하는 경우를 소개하고 있다.

121) Lintner(1956).

122) Miller(1986), p. S467.

123) 위의 책, p. S466.

124) 위의 책, p. S467.

125) Shiller(1986), p. S501.

126) The Structure of Scientific Revolutions: Kuhn(1962).

127) Thaler(1987a, 1987b).

128) Rozeff and Kinney(1976).

129) Thaler(1992).

130) 그 촉매제는 아마도 von Neumann and Morgenstern(1947)이었을 것이다. 그 초판은 1944년에 발행되었다.

131) Camerer(2003).

132) Schachter et al.(1985a, 1985b), Hood et al.(1985).

133) 한 가지 예외는 Sendhil Mullainathan and Eldar Shafir(2013)의 책 Scarcity로, 이는 경제학자와 심리학자 간의 드문 협력 사례 중 하나다.

134) Fehr, Kirchsteiger, and Riedl(1993).

135) Akerlof(1982).

136) Rabin(1993).

137) Kahneman and Lovallo(1993).

138) Kahneman(2011), ch. 22.

139) Mullainathan(2013); Baicker, Mullainathan, and Schwartzstein(2013).

140) Mehra and Prescott(1985).

141) Rajnish Mehra가 내게 그렇게 말했다.

142) Mehra(2007).

143) Samuelson(1979), p. 306.

144) "Risk and Uncertainty: A Fallacy of Large Numbers": Samuelson(1963).

145) Benartzi and Thaler(1995).

146) Barberis, Huang and Santos(2001)는 역동적인 모형을 통해 이런 직관을 구체적으로 드러내고 있다.

147) Benartzi and Thaler(1999).

148) Quarterly Journal of Economics dedicated to Amos's memory: Thaler et al.(1997).

149) Shaton(2014).

150) Benartzi and Thaler(1995).

151) Camerer et al.(1997).

152) Farber(2005, 2008, 2014)와 Andersen et al.(2014)에서는 상반되는 사례를 갖고 그 결과에 대해 논의하고 있다. 반면 Fehr and Goette(2007), Crawford and Meng(2011), Dupas and Robinson(2014)은 그 결과를 지지하고 있으며, Agarwal et al.(2014)은 지금까지 최고의 데이터(싱가포르 택시 기사들에 관한)를 보여주고 있다.

153) Jensen(1978), p. 95.

154) Jensen(1969)으로 출판.

155) Keynes(1936), ch. 12.

156) 위의 책, ch. 12, p. 153.

157) 위의 책, p. 154.

158) 위의 책, p. 158.

159) 위의 책.

160) A Beautiful Mind: Nasar(1998).

161) Camerer(1997).

162) Nagel(1995).

163) 연구원들은 내시 균형에 대한 다양한 대안을 모색했다. 예를 들어 다음을 참조. Geanakoplos, Pearce, and Stachetti(1989); McKelvey and Palfrey(1995), Camerer, Ho, and Chong(2004); Eyster and Rabin(2005); Hoffmann et al.(2012), and Tirole(2014).

164) Keynes(1923), ch. 2, p. 80.

165) 이 아이디어는 Milgrom and Stokey(1982)에서 제기되었다.

166) New York Stock Exchange(2014)의 데이터.

167) Kahneman and Tversky(1973).

168) Security Analysis... The Intelligent Investor: Graham and Dodd([1934] 2008), Graham([1949] 1973).

169) Graham([1949] 1973), ch. 7, p. 164.

170) Graham and Dodd([1934] 2008), p. 270.

171) Basu(1977), p. 680.

172) Banz(1981), p. 17.

173) The New Contrarian Investment Strategy: Dreman(1982).

174) De Bondt and Thaler(1985).

175) Fama(1970).

176) Sharpe(1964) and Lintner(1965a, 1965b). 교과서적인 설명은 Cochrane(2005) 참조. 이런 방법들이 주식의 위험에 대한 기준으로서 가격의 분산을 사용하지 않는 이유는, 광범위한 주식 포트폴리오 안에서 이런 변동들은 평균적으로 상쇄되기 때문이다. 그 대신, 이 아이디어는 주식가격이 시장 움직임(가령 S&P 500과 같은 지수)에 얼마나 민감하게 반응하는지를 기반으로 위험을 측정함으로써, 이 주식을 보유하

는 것이 여러분의 포트폴리오를 얼마나 더 위험하게(혹은 덜 위험하게) 만들지에 대한 기준을 제시하려는 것이다.

177) Banz(1981).
178) "The CAPM Is Wanted, Dead or Alive": Fama and French(1996).
179) Fama and French(1993).
180) "Contrarian Investment, Extrapolation, and Risk": Lakonishok, Shleifer, and Vishny(1994).
181) Fama(2014)로 출판되었던 파마의 노벨상 수상 기념 강의를 참조. 관련된 모형으로 Asness, Frazzini, and Pedersen(2014)이 있다.
182) Shiller(1981).
183) Kleidon(1986).
184) Cutler, Poterba, and Summers(1989).
185) Shiller(1984).
186) Akerlof and Shiller(2009).
187) Shiller(2000).
188) 실러의 웹사이트상에서 이들 워크숍의 모든 프로그램 목록을 확인할 수 있다. http://www.econ.yale.edu/~shiller/behfin
189) Quoted in Fox(2009), p. 199.
190) De Long et al.(1990).
191) Graham([1949] 1973), p. 242.
192) Lee, Shleifer, and Thaler(1991).
193) Thompson(1978).
194) A Random Walk Down Wall Street: Malkiel(1973).
195) Chen, Kan, and Miller(1993), p. 795.
196) 그 다섯 논문은 다음과 같다. Lee, Shleifer, and Thaler(1991); Chen, Kan, and Miller(1993a); Chopra et al.(1993a); Chen, Kan, and Miller(1993b), 그리고 Chopra et al.(1993b).
197) Lowenstein(2000).
198) Shleifer and Vishny(1997).
199) Lamont and Thaler(2003).
200) Black(1986), p. 553.
201) Mian and Sufi(2014) 참조.
202) Jolls, Sunstein, and Thaler(1998).
203) Solow(2009).
204) "The Problem of Social Cost": Coase(1960).
205) 위의 책, p. 15.
206) Lott(1998).
207) Farnsworth(1999).

208) Oxford Handbook of Behavioral Economics and the Law: Zamir and Teichman(2014).

209) Korobkin(2011).

210) Hsee et al.(2009).

211) Stewart(1997).

212) Massey and Thaler(2013).

213) The winner's curse: 대략적인 검토를 위해서 이 주제에 관한 나의 Anomalies 칼럼을 참조(Thaler, 1988a).

214) The false consensus effect: Ross, Greene, and House(1977).

215) Camerer and Weber(1999).

216) Romer(2006).

217) 브라이언 버크 연구의 한 가지 사례는 다음에서 확인.
http://www.advancedfootballanalytics.com/

218) "New York Times 4th Down Bot": 봇의 추천은 다음에서 확인 가능하다.
http://nyt4thdownbot.com/ 감독들과 뉴욕 타임스 봇의 성적 비교는 Burk and Quealy(2014)를 참조.

219) The Signal and the Noise: Silver(2012).

220) Peter and Hull(1969).

221) Post et al.(2008).

222) Thaler and Johnson(1990).

223) Baltussen, van den Assem, and van Dolder(2015).

224) 이는 투자자들이 다른 사람들 앞에서보다 온라인상에서 더 큰 위험에 도전하려고 하는 현상과 일맥상통한다. Barber and Odean(2002)은 투자자들이 전화 방식에서 온라인 거래 방식으로 전환한 이후에 더욱 투기적인 성향을 드러낸다는 사실을 보여주고 있다.

225) Rabin(1993); Tesler(1995); Levitt and List(2007).

226) 35년간 발표된 논문을 대상으로 한 메타 연구는 Sally(1995)를 참조. Holfstadter (1983) and Rapoport(1988)가 대표적인 사례다.

227) Van den Assem, van Dolder, and Thaler(2012).

228) WNYC(2014).

229) 예를 들어 다음을 참조. Ellison and Fudenberg(1993); Ellison(1997); Fudenberg and Levine(2006), and Bénabou and Tirole(2003).

230) (1957); Modigliani and Brumberg(1954).

231) Bernheim(2002).

232) Poterba, Venti, and Wise(1996)는 IRA가 저축을 증가시켰다고 주장했다. 그들은 그런 플랜을 시작했던 사람들이 매년 계속해서 납입을 했고, 잔액은 꾸준히 증가했으며, 다른 형태의 저축에서 명백한 상쇄가 나타나지 않았다는 점을 지적했다. Engen, Gale, and Scholz(1996)는 또 다른 질문에 초점을 맞추었다. 최대 납입금의

증가가 저축 증가로 이어질 것인가? 그들은 그렇지 않다고 결론 짓고 있다. 나는 둘 다 옳다고 생각한다. IRA는 퇴직연금에 가입하지 않았던 일부 사람들이 매년 따로 저축하도록 유도했기 때문에 저축을 증가시킨 것이다. 하지만 최대 납입금의 상승은 이미 그보다 더 많이 저축하고 있던 부자들에게만 영향을 미쳤고, 단지 돈을 과세 대상에서 비과세 계좌로 옮기는 기능만 했다. 이 장의 마지막 부분에서 살펴보고 있는 논문 Chetty et al.(2014)에 대한 나의 해석은 이런 입장을 지지하고 있다.

233) "Psychology and Savings Policies": Thaler(1994).

234) Landsberger(1966); Epley, Mak, and Idson(2006); Shapiro and Slemrod(2003).

235) Engstrm, Nordblom, Ohlsson, and Persson(2015).

236) Choi et al.(2003); Choi, Laibson, and Madrian(2004).

237) "The Power of Suggestion": Madrian and Shea(2001).

238) Internal Revenue Service(1998).

239) Hess and Xu(2011).

240) Science: Benartzi and Thaler(2013).

241) U. K. Department for Work and Pensions(2014).

242) Summers(2013)는 호주 퇴직연금 플랜에 대해 간략하고 친절한 설명을 제시하고 있다. John and Levine(2009)은 다른 여러 형태와 함께 뉴질랜드 모형을 설명하고 있다.

243) Chetty et al.(2014).

244) Benartzi and Thaler(2004).

245) Camerer et al.(2003).

246) 위의 책, p. 1212.

247) "cautious paternalism", "optimal paternalism": O'Donoghue and Rabin(1999, 2003).

248) Thaler and Sunstein(2003).

249) "Libertarian Paternalism is Not an Oxymoron": Sunstein and Thaler(2003).

250) Thaler and Sunstein(2008).

251) The Design of Everyday Things: Norman(1988).

252) Tierney(2005).

253) Johnson and Goldstein(2004).

254) Donate Life America(2014).

255) Institute of Medicine이 발표한 장기 기증에 관한 보고서에서 처음으로 'mandated choice'라는 표현을 사용했다(Childress et al., 2006).

256) Thaler(2009).

257) the classic book Influence: Cialdini(2006).

258) 치알디니의 컨설팅업체는 Influence at Work다.

259) Hallsworth et al.(2014).

260) Lewin(1947) 참조.

261) Behavioural Insights Team(2013), p. 3.

262) 궁금해하는 분들을 위해 말하자면 그는 일리노이주 상원 의원 에버릿 더크센 (Everett Dirksen)이다.

263) Raifman et al.(2014).

264) York and Loeb(2014).

265) Whitehead et al.(2014).

266) 대답해야 할 질문에 대한 한 가지 관점은 Akerlof(2007) 참조.

267) Stewart(2012).

268) 그런 많은 실험들에서 배울 수 있는 것을 설명해주는 최근에 나온 두 권의 책으로 Banerjee and Duflo(2011), 그리고 Karlan and Appel(2011)이 있다. Mullainathan and Shafir(2013), Haushofer and Fehr(2014)는 가난한 상황이 행동적, 심리적 차원에서 더 나쁜 의사 결정으로 이어질 수 있으며, 이는 다시 가난에서 벗어나려는 노력을 더 힘겹게 만든다고 주장하고 있다. World Bank(2015)도 참조.

269) 게임 프로그램에 관해서는 Post et al.(2008) and van den Assem, van Dolder, and Thaler(2012)를, 골프에 관해서는 Pope and Schweitzer(2011)를, 행동 금융에 대한 검토는 Barberis and Thaler(2003) and Kliger, van den Assem, and Zwinkels(2014)를, 그리고 보다 보편적인 차원에서 행동경제학의 경험적 적용에 관한 연구는 Camerer(2000) and Della Vigna(2009)를 참조.

270) Fryer(2010).

271) Fryer et al.(2013).

272) Kraft and Rogers(2014).

273) Gneezy and List(2013).

274) Ginzel(2014).

275) The Checklist Manifesto: Gawande(2010), pp. 176~177.

276) Into Thin Air: Krakauer(1997).

277) 또 다른 사례로는 근로자들에게 불리한 노동쟁의 이후 노동의 질이 하락했다는 사실을 보여준(때로는 앨런 크루거와 협력했던) Alexandre Mas를 꼽을 수 있다. 쟁의 이후의 건설 장비의 가치에 대해서는 Mas(2004)를, 파업 후 타이어 결함에 관해서는 Mas and Krueger(2004)를, 중재 이후의 경찰 업무에 대해서는 Mas(2006)를 참조. 행동경제학을 기반으로 연구를 추진하고 있는 주류 경제학자 중 또 다른 한 사람으로는 부동산 투기 분야의 Edward Glaeser(2013)가 있다.

278) 내가 2015년 1월에 조직했던 미국경제학회에서 Chetty(2015)의 기조연설 참조. 이 경우 AEA의 웹사이트(https://www.aeaweb.org/webcasts/2015/Ely.php)를 통해 직접 확인할 수 있다.

참고 문헌

Agarwal, Sumit, Mi Diao, Jessica Pan, and Tien Foo Sing. 2014.
"Labor Supply Decisions of Singaporean Cab Drivers."
Available at: http://ssrn.com/abstract=2338476.

Akerlof, George A. 1982. "Labor Contracts as Partial Gift Exchange."
Quarterly *Journal of Economics*, no.4: 543~69.
—. 2007. "The Missing Motivation in Macroeconomics." *American Economic Review* 97, no.1: 3-36.
—, and Robert J. Shiller. 2009. *Animal Spirits: How Human Psychology Drives the Economy, and Why It Matters for Global Capitalism* Princeton: Princeton University Press.
—, and Janet L. Yellen. 1985. "A Near-Rational Model of the Business Cycle, With Wage and Price Inertia." *Quarterly Journal of Economics 100*, supplement: 823~38.

Andersen, Steffen, Alec Brandon, Uri Gneezy, and John A. List. 2014.
"Toward an Understanding of Reference-Dependent Labor Supply: Theory and Evidence from a Field Experiment." Working Paper 20695, National Bureau of Economic Research.

Andersen, Steffen, Seda Erta?, Uri Gneezy, Moshe Hoffman, and John A. List. 2011.
"Stakes Matter in Ultimatum Games." *American Economic Review* 101, no.7: 3427~39.

Andreoni, James. 1988. "Why Free Ride?: Strategies and Learning in Public Goods Experiments." *Journal of Public Economics* 37, no.3: 291~304.

Arkes, Hal R., and Catherine Blumer. 1985. "The Psychology of Sunk Cost."
Organizational Behavior and Human Decision Process 35, no.1: 124~40.

Arrow, Kenneth J. 1986. "Rationality of Self and Others in an Economic System."
Journal of Business 59, no.4, part 2: S385~99.

Ashraf, Nava, Colin F. Camerer, and George Loewenstein. 2005.
"Adam Smith, Behavioral Economist." *Journal of Economic Perspectives* 19 no.3:

131~45.

Asness, Clifford S., Andrea Frazzini, and Lasse Heje Pedersen. 2014. "Quality Minus Junk." Available at: http://ssrn.com/abstract=2312432.

Baicker, Katherine, Sendhil Mullainathan, and Joshua Schwartzstein. 2013. "Behavioral Hazard in Health Insurance." Working paper.

Baker, Malcolm, and Jeffrey Wurgler. 2004. "A Catering Theory of Dividends." *Journal of Finance* 59, no.3: 1125~65.

Baltussen, Guido, Martijn J. van den Assem, and Dennie van Dolder. 2015("forthcoming". "Risky Choice in the Limelight.") *Review of Economics and Statistics*. Available at: http://ssrn.com/abstract=2526341.

Banerjee, Abhijit Vinayak, and Esther Duflo. 2011. *Poor Economics: A Radical Rethinking of the Way to Fight Global Poverty*. New York: PublicAffairs.

Banich, Marie T. 2009. "Executive Function: The Search for an Integrated Account." *Current Directions in Psychological Science* 18, no.2: 89~94.

Banz, Rolf W. 1981. "The Relationship between Return and Market Value of Common Stocks." *Journal of Financial Economics* 9, no.1: 3~18.

Barbaro, Michael. 2007. "Given Fewer Coupons, Shoppers Snub Macy's." *New York Times*, September 29. Available at: http://www.nytimes.com/2007/09/29/business/29coupons.html.

Barber, Brad M., and Terrance Odean. 2002. "Online Investors: Do the Slow Die First?" *Review of Financial Studies* 15, no.2: 455~88.

Barberis, Nicholas C., and Richard H. Thaler. 2003. "A Survey of Behavioral Finance." In Nicholas Barberis, Richard H. Thaler, George M. Constantinides, M. Harris, and René Stulz, eds., *Handbook of the Economics of Finance*, vol.1B, 1053~128. Amsterdam: Elsevier.

Barberis, Nicholas, Ming Huang, and Tano Santos. 2001. "Prospect Theory and

Asset Prices." *Quarterly Journal of Economics* 116, no.1: 1~53.

Barner, Martin, Francesco Feri, and Charles R. Plott. 2005. "On the Microstructure of Price Determination and Information Aggregation with Sequential and Asymmetric Information Arrival in an Experimental Asset Market." *Annals of Finance* 1, no.1: 73~107.

Barro, Robert J. 1974. "Are Government Bonds Net Wealth?" *Journal of Political Economy* 82, no.6: 1095~117.

Basu, Sanjoy. 1977. "Investment Performance of Common Stocks in Relation to Their Price-Earnings Ratios: A Test of the Effcient Market Hypothesis." *Journal of Finance* 32, no.3: 663~82.

Baumol, William J. 1962. "On the Theory of Expansion of the Firm." *American Economic Review* 52, no.5: 1078~87.

Becker, Gary S. 1962. "Investment in Human Capital: A Theoretical Analysis." *Journal of Political Economy* 70, no.5: 9~49.
—. 1964. *Human Capital A Theoretical Analysis with Special Reference to Education.* New York and London: National Bureau for Economic Research and Columbia University Press.
—. 1992. "Habits, Addictions, and Traditions." *Kyklos* 45, no.3: 327~45.
—, and Kevin M. Murphy. 1988. "A Theory of Rational Addiction." *Journal of Political Economy* 96, no.4: 675~700.

Behavioural Insights Team. 2013. "Removing the Hassle Factor Associated with Loft Insulation: Results of a Behavioural Trial." UK Department of Energy & Climate Change, September. Available at: https://www.gov.uk/government/publications/loft-clearance-results-of-a-behaviouraltrial

Bénabou, Roland, and Jean Tirole. 2003. "Intrinsic and Extrinsic Motivation." *Review of Economic Studies* 70, no.3: 489~520.

Benartzi, Shlomo, and Richard H. Thaler. 1995. "Myopic Loss Aversion and the Equity Premium Puzzle." *Quarterly Journal of Economics* 110, no.1: 73~92.
—. 1999. "Risk Aversion or Myopia? Choices in Repeated Gambles and Retirement

Investments." *Management Science* 45, no.3: 364~81.

—. 2013. "Behavioral Economics and the Retirement Savings Crisis." Science 339, no.6124: 1152~3.

Bernheim, B. Douglas. 2002. "Taxation and Saving." In Martin Feldstein and Alan J. Auerbach, eds., *Handbook of Public Economics* vol.3, 1173~249. Amsterdam: Elsevier.

Bernoulli, Daniel. (1738)1954 "Exposition of a New Theory on the Measurement of Risk." Translated from Latin by Louise Sommer. *Econometrica* 22, no.1: 23~36.

Brown, Gary S. 2014. "Letter from State of New York Office of the Attorney General to Josh Mohrer, General Manager, Uber NYC." July 8. Available at: http://ag.ny.gov/pdfs/Uber_Letter_Agreement.pdf.

Burke, Brian, and Kevin Quealy. 2013. "How Coaches and the NYT 4th Down Bot Compare." *New York Times*, November 28. Available at: http://www.nytimes.com/newsgraphics/2013/11/28/fourth-downs/post.html.

Buss, Dale. 1986. "Rebate or Loan: Car Buyers Need to Do the Math." *Wall Street Journal*, October 1.

Camerer, Colin F. 1989. "Bubbles and Fads in Asset Prices." *Journal of Economic Surveys* 3, no.1: 3~41.

—. 1997. "Progress in Behavioral Game Theory." *Journal of Economic Perspectives* 11, no.4: 167~88.

—. 2000. "Prospect Theory in the Wild: Evidence from the Field." In Daniel Kahneman and Amos Tversky, eds., *Choices, Values, and Frames*. Cambridge, UK: Cambridge University Press.

—. 2003. *Behavioral Game Theory: Experiments in Strategic Interaction*. Princeton: Princeton University Press.

—, Teck-Hua Ho, and Juin-Kuan Chong. 2004. "A Cognitive Hierarchy Model of Games." *Quarterly Journal of Economics* 119, no.3: 861~98.

—, Samuel Issacharoff, George Loewenstein, Ted O'Donoghue, and Matthew Rabin. 2003. "Regulation for Conservatives: Behavioral Economics and the Case for 'Asymmetric Paternalism.'" *University of Pennsylvania Law Review* 151, no.3: 1211~54.

—, and Roberto A. Weber. 1999. "The Econometrics and Behavioral Economics of

Escalation of Commitment: A Re-examination of Staw and Hoang's NBA Data."
Journal of Economic Behavior and Organization 39, no.1: 59~82.

Cameron, Lisa Ann. 1999. "Raising the Stakes in the Ultimatum Game:
Experimental Evidence from Indonesia." *Economic Inquiry* 37, no.1: 47~59.

Carlson, Nicolas. 2014. "What Happened When Marissa Mayer Tried to Be Steve
Jobs." *New York Times Magazine*, December 17. Available at: http://www.nytimes.
com/2014/12/21/magazine/what-happened-when-marissa-mayertriedto-be-steve-
jobs.html.

Case, Karl E., and Robert J. Shiller. 2003. "Is There a Bubble in the Housing
Market?" *Brookings Papers on Economic Activity,* no.2: 299~362.

Case, Karl E., Robert J. Shiller, and Anne Thompson. 2012. "What Have They been
Thinking? Home Buyer Behavior in Hot and Cold Markets." Working Paper 18400,
National Bureau of Economic Research.

Chang, Tom Y., Samuel M. Hartzmark, David H. Solomon, and Eugene F. Soltes.
2014. "Being Surprised by the Unsurprising: Earnings Seasonality and Stock
Returns." Working paper.

Chen, Nai-Fu, Raymond Kan, and Merton H. Miller. 1993a. "Are the Discounts on
Closed-End Funds a Sentiment Index?" *Journal of Finance* 48, no.2: 795~800.
—. 1993b. "Yes, Discounts on Closed-End Funds Are a Sentiment Index: A
Rejoinder." *Journal of Finance* 48, no.2: 809~10.

Chernev, Alexander. 2012. "Why Everyday Low Pricing Might Not Fit J.C. Penney."
Bloomberg Businessweek, May 17. Available at: http://www.businessweek.com/
articles/2012-5-17/why-everyday-low-pricing-might-not-be-right-for-j-dot-c-
dotpenney.

Chetty, Raj. 2015(forthcoming). "Behavioral Economics and Public Policy: A
Pragmatic Perspective." *American Economic Review* 105, no.5. Video of lecture
available at: https://www.aeaweb.org/webcasts/2015/Ely.php.
—, John N. Friedman, Søren Leth-Petersen, Torben Heien Nielsen, and Tore
Olsen. 2014. "Active vs. Passive Decisions and Crowd-Out in Retirement Savings
Accounts: Evidence from Denmark." *Quarterly Journal of Economics* 129, no.3:

1141~219.

Chevalier, Judith, and Glenn Ellison. 1997. "Risk Taking by Mutual Funds as a Response to Incentives." *Journal of Political Economy*, no.6: 1167~200.

Childress, James F., Catharyn T. Liverman, et al. 2006. Organ Donation: *Opportunities for Action*, Washington, DC: National Academies Press.

Choi, James J., David Laibson, and Brigitte C. Madrian. 2004. "Plan Design and 401(k) Savings Outcomes." *National Tax Journal* 57, no.2: 275~98.
—, and Andrew Metrick. 2003. "Optimal Defaults." *American Economic Review* 93, no.2: 180~5.
—. 2009. "Reinforcement Learning and Savings Behavior." *Journal of Finanance* 64, no.6: 2515~34.

Chopra, Navin, Charles Lee, Andrei Shleifer, and Richard H. Thaler. 1993a. "Yes, Discounts on Closed-End Funds Are a Sentiment Index." *Journal of Finance* 48, no.2: 801~8.
—. 1993b. "Summing Up." *Journal of Finance* 48, no.2: 811~2.

Choudhry, Niteesh K., Jerry Avorn, Robert J. Glynn, Elliott M. Antman, Sebastian Schneeweiss, Michele Toscano, Lonny Reisman, Joaquim Fernandes, Claire Spettell, Joy L. Lee, Raisa Levin, Troyen Brennan, and William H. Shrank. 2011. "Full Coverage for Preventive Medications aft Myocardial Infarction." *New England Journal of Medicine* 365, no.22: 2088~97.

Cialdini, Robert B. 2006. *Influence: The Psychology of Persuasion*. Revised edition. New York: Harper Business.

Clifford, Stephanie, and Catherine Rampell. 2013. "Sometimes, We Want Prices to Fool Us." *New York Times*, April 13. Available at:
http://www.nytimes.com/2013/04/14/business/for-penney-a-tough-lesson-in-shopper-psychology.html.

Coase, Ronald H. 1960. "The Problem of Social Costs." *Journal of Law and Economics* 3: 1~44.

Cochrane, John H. 2005. *Asset Pricing*. Princeton: Princeton University Press.

Cole, Shawn, and A. Nilesh Fernando. 2012. "The Value of Advice: Evidence from Mobile Phone-Based Agricultural Extension."
Finance Working Paper 13-047, Harvard Business School.

Conlisk, John. 1996. "Why Bounded Rationality?" *Journal of Economic Literature* 34, no.2: 669~700.

Cooper, Arnold C., Carolyn Y. Woo, and William C. Dunkelberg. 1988. "Entrepreneurs' Perceived Chances for Success." *Journal of Business Venturing* 3, no.2: 97~108.

Crawford, Vincent P., and Juanjuan Meng. 2011. "New York City Cab Drivers' Labor Supply Revisited: Reference-Dependent Preferences with Rational Expectations Targets for Hours and Income." *American Economic Review* 101, no.5: 1912~32.

Cutler, David M., James M. Poterba, and Lawrence H. Summers. 1989. "What Moves Stock Prices?" *Journal of Portfolio Management* 15, no.3: 4~12.

Daly, Mary, Bart Hobijn, and Brian Lucking. 2012. "Why Has Wage Growth Stayed Strong?" *Federal Reserve Board of San Francisco: Economic Letter* 10: 15

Dawes, Robyn M., and Richard H. Thaler. 1988. "Anomalies: Cooperation." *Journal of Economic Perspectives* 2, no.3: 187~97.

De Bondt, Werner F. M., and Richard H. Thaler. 1985. "Does the Stock Market Overreact?" *Journal of Finance* 40, no.3: 793~805.

De Long, J. Bradford, Andrei Shleifer, Lawrence H. Summers, and Robert J. Waldmann. 1990. "Noise Trader Risk in Financial Markets." *Journal of Political Economy* 98, no.4: 703~38.

DellaVigna, Stefano. 2009. "Psychology and Economics: Evidence from the Field." *Journal of Economic Literature* 47, no.2: 315~72.
—, John A. List, and Ulrike Malmendier. 2012. "Testing for Altruism and Social Pressure in Charitable Giving." *Quarterly Journal of Economics* 127, no.1: 1~56.

DellaVigna, Stefano, and Ulrike Malmendier. 2006. "Paying Not to Go to the Gym." *American Economic Review* 96, no.3: 694~719.

DeSilver, Drew. 2013. "Suicides Account for Most Gun Deaths." Fact Tank, Pew Research Center, May 24. Available at: http://www.pewresearch.org/fact-tank/2013/05/24/suicides-account-for-most-gun-deaths.

Donate Life America. 2014. "National Donor Designation Report Card." Available at: http://donatelife.net/wp-content/uploads/2014/06/Report-Card-2014-44222-Final.pdf.

Donohue III, John J., Abhay Aneja, and Alexandria Zhang. 2014. "The Impact of Right to Carry Laws and the NRC Report: The Latest Lessons for the Empirical Evaluation of Law and Policy." Working Paper 430, Stanford Law and Economics Olin.

Dreman, David N. 1982. *The New Contrarian Investment Strategy*. New York: Random House.

Duflo, Esther, Michael Kremer, and Jonathan Robinson. 2011. "Nudging Farmers to Use Fertilizer: Theory and Experimental Evidence from Kenya." *American Economic Review* 101, no.6: 2350~90.

Dupas, Pascaline, and Jonathan Robinson. 2014. "The Daily Grind: Cash Needs, Labor Supply and Self-Control." Working Paper 511, Stanford Center for International Development.

Ellickson, Paul B., Sanjog Misra, and Harikesh S. Nair. 2012. "Repositioning Dynamics and Pricing Strategy." *Journal of Marketing Research* 49, no.6: 750~72.

Ellison, Glenn. 1997. "Learning from Personal Experience: One Rational Guy and the Justification of Myopia." *Games and Economic Behavior* 19, no.2: 180~210.
—, and Drew Fudenberg. 1993. "Rules of Thumb for Social Learning."
Journal of Political Economy 101, no.4: 612~43.

Engen, Eric M., William G. Gale, and John Karl Scholz. 1996. "The Illusory Effects of Saving Incentives on Saving." *Journal of Economic Perspectives* 10, no.4: 113~38.

Engström, Per, Katarina Nordblom, Henry Ohlsson, and Annika Persson. 2015. "Tax Compliance and Loss Aversion." *American Economic Journal: Economic Policy.*

Epley, Nicholas, Dennis Mak, and Lorraine Chen Idson. 2006. "Bonus or Rebate?: The Impact of Income Framing on Spending and Saving." *Journal of Behavioral Decision Making* 19, no.3: 213~27.

Eyster, Erik, and Matthew Rabin. 2005. "Cursed Equilibrium." *Econometrica* 73, no.5: 1623~72.

Fama, Eugene F. 1970. "Efficient Capital Markets: A Review of Theory and Empirical Work." *Journal of Finance* 25 no.2: 383~417.
—. 2014. "Two Pillars of Asset Pricing." American Economic Review 104, no.6: 1467~85.
—, and Kenneth R. French. 1993. "Common Risk Factors in the Returns on Stocks and Bonds." *Journal of Financial Economics* 33, no.1: 3~56.
—. 1996. "The CAPM Is Wanted, Dead or Alive." *Journal of Finanace* 51, no.5: 1947~58.
—. 2014. "A Five-Factor Asset Pricing Model." Working paper, FamaMiller Center for Research in Finance. Available at: http://ssrn.com/abstract=2287202.

Farber, Henry S. 2005. "Is Tomorrow Another Day? The Labor Supply of New York City Cabdrivers." *Journal of Political Economy* 113, no.1: 46.
—. 2008. "Reference-Dependent Preferences and Labor Supply: The Case of New York City Taxi Drivers." *American Economic Review* 98, no.3: 1069~82.
—. 2014. " Why You Can' t Find a Taxi in the Rain and Other Labor Supply Lessons from Cab Drivers." Working Paper 20604, National Bureau of Economic Research.

Farnsworth, Ward. 1999. "Do Parties to Nuisance Cases Bargain after Judgment? A Glimpse Inside the Cathedral." *University of Chicago Law Review* 66, no.2: 373~436.

Fehr, Ernst, and Urs Fischbacher. 2003. "The Nature of Human Altruism." Nature 425, no.6960: 785~91.

Fehr, Ernst, and Simon G?chter. 2000. "Cooperation and Punishment in Public

Goods Experiments." *American Economic Review* 66, no.2: 980~94.

—. 2002. "Altruistic Punishment in Humans." *Nature* 415, no.6868: 137~40.

Fehr, Ernst, and Lorenz Goette. 2007. "Do Workers Work More If Wages re High? Evidence from a Randomized Field Experiment." *American Economic Review* 97, no.1: 298~317.

Fehr, Ernst, George Kirchsteiger, and Arno Riedl. 1993. "Does Fairness Prevent Market Clearing? An Experimental Investigation." *Quarterly Journal of Economics* 108, no.2: 437~59.

Fehr, Ernst, and Klaus M. Schmidt. 1999. "A Theory of Fairness, Competition, and Cooperation." *Quarterly Journal of Economics* 114, no.3: 817~68.

Fischbacher, Urs, Simon Gächter, and Ernst Fehr. 2001. "Are People Conditionally Cooperative? Evidence from a Public Goods Experiment." *Economics Letters* 71, no.3: 397~404.

Fischhoff, Baruch. 1975. "Hindsight ≠ Foresight: The Effect of Outcome Knowledge on Judgment Under Uncertainty." *Journal of Experimental Psychology: Human Perception and Performance* 1, no.3: 288.

Fisher, Irving. 1930. *The Theory of Interest: As Determined by Impatience to Spend Income and Opportunity to Invest It*. New York: MacMillan.

Fox, Justin. 2009. *The Myth of the Rational Market: A History of Risk, Reward, and Delusion on Wall Street*. New York: HarperCollins.

Frank, Robert H., Thomas Gilovich, and Dennis T. Regan. 1993. "Does Studying Economics Inhibit Cooperation?" *Journal of Economic Perspectives* 7, no.2: 159~71.

Frederick, Shane, George Loewenstein, and Ted O'Donoghue. 2002. "Time Discounting and Time Preference: A Critical Review." *Journal of Economic Literature* 40, no.2: 351~401.

Friedman, Milton. 1953. "The Methodology of Positive Economics." In *Essays in Positive Economics*(ch. 1), 3~43. Chicago: University of Chicago Press.

—. 1957. "The Permanent Income Hypothesis." In *A Theory of the Consumption Function*(ch. 2), 20~37. Princeton: Princeton University Press.
—. 1963. "Windfalls, the 'Horizon,' and Related Concepts in the Permanent-Income Hypothesis." In *Measurement in Economics: Studies in Mathematical Economics and Econometrics in Memory of Yehuda Grunfeld*(ch. 1), 3~28. Stanford, CA: Stanford University Press.

Frischmann, Brett M., and Christiaan Hogendorn. 2015. "Retrospectives: The Marginal Cost Controversy." *Journal of Economic Perspectives* 29, no.1: 193~206.

Fryer, Jr., Roland G. 2010. "Financial Incentives and Student Achievement: Evidence from Randomized Trials." Working Paper 15898, National Bureau of Economic Research.
—, Steven D. Levitt, John List, and Sally Sadoff. 2012. "Enhancing the Efficacy of Teacher Incentives through Loss Aversion: A Field Experiment." Working Paper 18237, National Bureau of Economic Research.

Fudenberg, Drew, and David K. Levine. 2006. "A Dual-Self Model of Impulse Control." *American Economic Review* 96, no.5: 1449~76.

Gabaix, Xavier, and David Laibson. 2006. "Shrouded Attributes, Consumer Myopia, and Information Suppression in Competitive Markets." *Quarterly Journal of Economics* 121, no.2: 505~40.

Gawande, Atul. 2010. *The Checklist Manifesto: How to Get Things Right*. New York: Metropolitan Books.

Geanakoplos, John, David Pearce, and Ennio Stacchetti. 1989. "Psychological Games and Sequential Rationality." *Games and Economic Behavior* 1, no.1: 60~79.

Ginzel, Linda E. 2015. "The Green PenLinda Ginzel: In the Classroom." Chicago Booth Magazine, Winter.

Glaeser, Edward L. 2013. "A Nation of Gamblers: Real Estate Speculation and American History." Working Paper 18825, National Bureau of Economic Research.

Gneezy, Uri, and John A. List. 2013. *The Why Axis: Hidden Motives and the Undiscovered Economics of Everyday Life*. York: Random House.

Gourville, John T., and Dilip Soman. 1997. "Payment Depreciation: The Behavioral Effects of Temporally Separating Payments from Consumption." *Journal of Consumer Research* 25, no.2: 160~74.

Graham, Benjamin. (1949)1973. *The Intelligent Investor: A Book of Practical Counsel*. Fourth revised edition. New York: Harper and Row.
—, and David L. Dodd. (1934)2008. *Security Analysis*. Sixth edition. New York: McGraw Hill.

Grether, David M., and Charles R. Plott. 1979. "Economic Theory of Choice and the Preference Reversal Phenomenon." *American Economic Review* 69, no.4: 623~38.

Grynbaum, Michael M. 2011. "Where Do All the Cabs Go in the Late Afternoon?" *New York Times*, January 11. Available at: http://www.nytimes.com/2011/01/12/nyregion/12taxi.html.

Güth, Werner, Rolf Schmittberger, and Bernd Schwarze. 1982. "An Experimental Analysis of Ultimatum Bargaining." *Journal of Economic* Behavior and Organization 3, no.4: 367~88.

Halliday, Josh. 2012. "Whitney Houston Album Price Hike Sparks Controversy."

Guardian, February 13. Available at:
http://www.theguardian.com/music/2012/feb/13/whitney-houston-album-price.

Hallsworth, Michael, John A. List, Robert D. Metcalfe, and Ivo Vlaev. 2014. "The Behavioralist as Tax Collector: Using Natural Field Experiments to Enhance Tax Compliance." Working Paper 20007, National Bureau of Economic Research.

Haltiwanger, John, and Michael Waldman. 1985. "Rational Expectations and the Limits of Rationality: An Analysis of Heterogeneity." *American Economic Review* 75, no.3: 326~40.

Hastings, Justine S., and Jesse M. Shapiro. 2013. "Fungibility and Consumer Choice: Evidence from Commodity Price Shocks." *Quarterly Journal of Economics* 128, no.4: 1449~98.

Haushofer, Johannes, and Ernst Fehr. 2014. "On the Psychology of Poverty." *Science* 344, no.6186(May 23): 862~7.

Heath, Chip, and Jack B. Soll. 1996. "Mental Budgeting and Consumer Decisions." Journal of Consumer Research 23, no.1: 40~52.

Heidhues, Paul, and Botond Kszegi. 2010. "Exploiting Naïveté about Self-Control in the Credit Market." American Economic Review 100, no.5: 2279~303.

Henrich, Joseph. 2000. "Does Culture Matter in Economic Behavior? Ultimatum Game Bargaining among the Machiguenga of the Peruvian Amazon." *American Economic Review* 90, no.4: 973~9.
—, Wulf Albers, Robert Boyd, Gerd Gigerenzer, Kevin A McCabe, Axel Ockenfels, and H. Peyton Young. 2002. "What Is the Role of Culture in Bounded Rationality?" In Gerd Gigerenzer and Reinhard Selten, eds., *Bounded Rationality: The Adaptive Toolbox*(ch.19), 343~59. Cambridge, MA: MIT Press.

Hess, Pamela, and Yan Xu. 2011. "2011 Trends & Experience in Defined Contribution Plans." Aon Hewitt. Available at:
http://www.aon.com/attachments/thoughtleadership/2011_Trends_Experience_Executive_Summary_v5.pdf.

Hoffman, Moshe, Sigrid Suetens, Martin A. Nowak, and Uri Gneezy. 2012. "An Experimental Test of Nash Equilibrium versus Evolutionary Stability." In Proc. *Fourth World Congress of the Game Theory Society*(Istanbul, Turkey), session 145, paper 1.

Hofstadter, Douglas R. 1983. "Computer Tournaments of the Prisoners-Dilemma Suggest How Cooperation Evolves." *Scientific American* 248, no.5: 16.

Hogarth, Robin M., and Melvin W. Reder, eds. 1986. "The Behavioral Foundations of Economic Theory: Proceedings of a Conference October 13~15, 1985." *Journal of Business* 59, no.4, part 2(October): S181~505.
—, eds. 1987. *Rational Choice: The Contrast Between Economics and Psychology*. Chicago: University of Chicago Press.

Hood, Donald C., Paul Andreassen, and Stanley Schachter. 1985. "II. Random and Non-Random Walks on the New York Stock Exchange." *Journal of Economic*

Behavior and Organization 6, no.4: 331~8.

Hsee, Christopher K., Yang Yang, Yangjie Gu, and Jie Chen. 2009. "Specification Seeking: How Product Specifications Influence Consumer Preference." *Journal of Consumer Research* 35, no.6: 952~66.

Internal Revenue Service. 1998. "Revenue Ruling 98~30." *Internal Revenue Bulletin* 25(June 22): 8~9. Available at: http://www.irs.gov/pub/irs-irbs/irb98-25. pdf.

Jackson, Eric. 2014. "The Case For Apple, Facebook, Microsoft or Google Buying Yahoo Now." *Forbes.com*, July 21. Available at:
http://www.forbes.com/sites/ericjackson/2014/07/21/the-case-for-apple-facebook-microsoft-or-google-buying-yahoo-now.

Jensen, Michael C. 1969. "Risk, The Pricing of Capital Assets, and the Evaluation of Investment Portfolios." *Journal of Busine42*, no.2: 167~247.
—. 1978. "Some Anomalous Evidence Regarding Market Efficiency." *Journal of Financial Economics* 6, no.2: 95~101.

Jevons, William Stanley. (1871)1957. *The Theory of Political Economy*. Fifth edition. New York: Augustus M. Kelley.

Jewett, Dale. 1996. "1975 Cars Brought Sticker Shock, Then Rebates." *Automotive News*, June 26. Available at:
http://www.autonews.com/article/19960626/ANA/606260830/ 1975-car-prices-broughtsticker-shock-then-rebates.

John, David C., and Ruth Levine. 2009. "National Retirement Savings Systems in Australia, Chile, New Zealand and the United Kingdom: Lessons for the United States." The Retirement Security Project, Brookings Institution. Available at: http://www.brookings.edu/research/papers/2010/01/07-retire ment-savings-john.

Johnson, Eric J., and Daniel G. Goldstein. 2004. "Defaults and Donation Decisions." *Transplantation* 78, no.12: 1713~6

Johnson, Steven. 2010. *Where Good Ideas Come From: The Natural History of Innovation*. New York: Riverhead.

Jolls, Christine, Cass R. Sunstein, and Richard Thaler. 1998. "A Behavioral Approach to Law and Economics." *Stanford Law Review* 50, no.5: 1471~550.

Kahneman, Daniel. 2011. *Thinking, Fast and Slow*. New York: Macmillan.
—, Jack L. Knetsch, and Richard H. Thaler. 1986. "Fairness and the Assumptions of Economics." *Journal of Business* 59, no.4, part 2: S285~300.
—. 1991. "Anomalies: The Endowment Effect, Loss Aversion, and Status Quo Bias." *Journal of Economic Perspectives* 5, no.1: 193~206.

Kahneman, Daniel, and Dan Lovallo. 1993. "Timid Choices and Bold Forecasts: A Cognitive Perspective on Risk Taking." *Management Science* 39, no.1: 17~31.

Kahneman, Daniel, and Amos Tversky. 1973. "On The Psychology of Prediction." *Psychological Review* 80, no.4: 237.
—. 1979. "Prospect Theory: An Analysis of Decision under Risk." *Econometrica* 47, no.2: 263~91.
—. 2000. *Choices, Values, and Frames*. Cambridge, UK: Cambridge University Press.

Karlan, Dean, and Jacob Appel. 2011. *More Than Good Intentions: Improving the Ways the World's Poor Borrow, Save, Farm, Learn, and Stay Healthy*. New York: Penguin.

Kaur, Supreet. 2014. "Nominal Wage Rigidity In Village Labor Markets." Working Paper 20770, National Bureau of Economic Research.

Keynes, John Maynard. 1923. A Tract on Monetary Reform. London: Macmillan.
—. 1936. *The General Theory of Employment, Interest and Money*. London: Macmillan.

Kleidon, Allan W. 1986. "Anomalies in Financial Economics: Blueprint for Change?" *Journal of Business* 59, no.4, part 2: S469~99.

Kliger, Doron, Martijn J. van den Assem, and Remco C. J. Zwinkels. 2014. "Empirical Behavioral Finance." *Journal of Economic Behavior and Organization* 107, part B: 421~7.

Knetsch, Jack L., and John A. Sinden. 1984. "Willingness to Pay and Compensation

Demanded: Experimental Evidence of an Unexpected Disparity in Measures of Value." *Quarterly Journal of Economics* 99, no.3: 507~21.

Knobe, Joshua, Wesley Buckwalter, Shaun Nichols, Philip Robbins, Hagop Sarkissian, and Tamler Sommers. 2012. "Experimental Philosophy." *Annual Review of Psychology* 63: 81~99.

Knobe, Joshua, and Shaun Nichols. 2013. *Experimental Philosophy*. Oxford and New York: Oxford University Press.

Kocher, Martin G., Todd Cherry, Stephan Kroll, Robert J. Netzer, and Matthias Sutter. 2008. "Conditional Cooperation on Three Continents." *Economics Letters* 101, no.3: 175~8.

Kokonas, Nick. 2014. "Tickets for Restaurants." Alinea restaurant blog, June 4. Available at: http://website.alinearestaurant.com/site/2014/06/tickets-for-restaurants.

Korobkin, Russell. 2011. "What Comes after Victory for Behavioral Law and Economics." *University of Illinois Law Review* 2011, no.5: 1653~74.

Kraft, Matthew, and Todd Rogers. 2014. "The Underutilized Potential of Teacher-to-Parent Communication: Evidence from a Field Experiment." Working Paper RWP14-049, Harvard Kennedy School of Government.

Krakauer, Jon. 1997. *Into Thin Air: A Personal Account of the Mount Everest Disaster*. New York: Random House.

Krueger, Alan B. 2001. "Supply and Demand: An Economist Goes to the Super Bowl." *Milken Institute Review*, Second Quarter: 22~9.
—, and Alexandre Mas. 2004. "Strikes, Scabs, and Tread Separations: Labor Strife and the Production of Defective Bridgestone/Firestone Tires." *Journal of Political Economy* 112, no.2: 253~89.

Kuhn, Thomas S. 1962. *The Structure of Scientific Revolutions*. Chicago: University of Chicago Press.

Laibson, David. 1997. "Golden Eggs and Hyperbolic Discounting." *Quarterly*

Journal of Economics 112, no.2: 443~78.

Lakonishok, Josef, Andrei Shleifer, and Robert W. Vishny. 1994. "Contrarian Investment, Extrapolation, and Risk." *Journal of Finances* 49, no.5: 1541~78.

Lamont, Owen A., and Richard H. Thaler. 2003. "Can the Market Add and Subtract? Mispricing in Tech Stock Carve-Outs." *Journal of Political Economy* 111, no.2: 227~8.

Landsberger, Michael. 1966. "Windfall Income and Consumption: Comment." *American Economic Review* 56, no.3: 534~40.

Lee, Charles, Andrei Shleifer, and Richard H. Thaler. 1991. "Investor Sentiment and the Closed-End Fund Puzzle." *Journal of Finance* 46, no.1: 75~109.

Lester, Richard A. 1946. "Shortcomings of Marginal Analysis for Wage-Employment Problems." *American Economic Review* 36, no.1: 63~82.

Levitt, Steven, and John List. 2007. "What Do Laboratory Experiments Measuring Social Preferences Reveal About the Real World?" *Journal of Economic Perspectives* 21, no.2: 153~74.

Lewin, Kurt. 1947. "Frontiers in Group Dynamics: II. Channels of Group Life; Social Planning and Action Research." *Human Relations* 1, no.2: 143~53.

Lichtenstein, Sarah, and Paul Slovic. 1973. "Response-Induced Reversals of Preference in Gambling: An Extended Replication in Las Vegas." *Journal of Experimental Psychology* 101, no.1: 16.

Lintner, John. 1956. "Distribution of Incomes of Corporations Among Dividends, Retained Earnings, and Taxes." *American Economic Review* 46, no.2: 97~113.
—. 1965a. "The Valuation of Risk Assets and the Selection of Risky Investments in Stock Portfolios and Capital Budgets." *Review of Economics and Statistics* 47, no.1: 13~37.
—. 1965b. "Security Prices, Risk, and Maximal Gains from Diversification." *Journal of Finance* 20, no.4: 587~615.

List, John A. 2011. "The Market for Charitable Giving." *Journal of Economic*

Perspectives 25, no.2: 157~80.

Loewenstein, George. 1992. "The Fall and Rise of Psychological Explanations in the Economics of Intertemporal Choice." In George Loewenstein and Jon Elster, eds., *Choice Over Time,*. 3~34. New York: Russell Sage Foundation.
—, and Drazen Prelec. 1992. "Anomalies in Intertemporal Choice: Evidenceand an Interpretation." *Quarterly Journal of Economics* 107, no.2: 573~597.

Lohr, Steve. 1992. "Lessons From a Hurricane: It Pays Not to Gouge." *New York Times*, September 22. Available at:
http://www.nytimes.com/1992/09/22/business/lessons-from-a-hurricane-it-pays-not-togouge.html.

Lott, John R. 1998. *More Guns, Less Crime: Understanding Crime and Gun Control Laws*. Chicago: University of Chicago Press.

Lowenstein, Roger. 2000. *When Genius Failed: The Rise and Fall of Long-Term Capital Management*. New York: Random House.
—. 2001. "Exuberance Is Rational." *New York Times Magazine*, February 11.
Available at: http://partners.nytimes.com/library/magazine/home/20010211 magecon.html.

Machlup, Fritz. 1946. "Marginal Analysis and Empirical Research." *American Economic Review* 36, no.4: 519~54.

MacIntosh, Donald. 1969. *The Foundations of Human Society*. Chicago: University of Chicago Press.

Madrian, Brigitte C., and Dennis F. Shea. 2001. "The Power of Suggestion: Inertia in 401(k) Participation and Savings Behavior." *Quarterly Journal of Economics* 116, no.4: 1149~87.

Malkiel, Burton Gordon. 1973. *A Random Walk Down Wall Street*. New York: Norton.

Marwell, Gerald, and Ruth E. Ames. 1981. "Economists Free Ride, Does Anyone Else? Experiments on the Provision of Public Goods." *Journal of Public Economics* 15, no.3: 295~310.

Mas, Alexandre. 2006. "Pay, Reference Points, and Police Performance." *Quarterly Journal of Economics* 121, no.23: 783~821.

—. 2008. "Labour Unrest and the Quality of Production: Evidence from the Construction Equipment Resale Market." *Review of Economic Studies* 75, no.1: 229~58.

Massey, Cade, and Richard H. Thaler. 2013. "The Loser's Curse: Decision Making and Market Efficiency in the National Football League Draft." *Management Science* 59, no.7: 1479~95.

McGlothlin, William H. 1956. "Stability of Choices among Uncertain Alternatives." *American Journal of Psychology* 69, no.4: 604~15.

McKay, Betsy, Nikhil Deogun, and Joann Lublin. 1999. "Clumsy Handling of Many Problems Cost Ivester Coca-Cola Board's Favor." *Wall Street Journal* December 17. Available at: http://online.wsj.com/article/SB945394494360188276..html.

McKelvey, Richard D., and Thomas R. Palfrey. 1995. "Quantal Response Equilibria for Normal Form Games." *Games and Economic Behavior* 10, no.1: 6~38.

Mehra, Rajnish. 2007. "The Equity Premium Puzzle: A Review." *Foundations and Trends in Finance* 2, no.1: 1~81.

—, and Edward C. Prescott. 1985. "The Equity Premium: A Puzzle." *Journal of Monetary Economics* 15, no.2: 145~61.

Mian, Atif, and Amir Sufi. 2014. *House of Debt: How They(and You) Caused the Great Recession, and How We Can Prevent It from Happening Again*. Chicago: University of Chicago Press.

Miller, Mark. 1995. "First Chicago Loses Touch with Humans." *Chicago Sun-Times*, May 2, 25. Accessed via ProQuest, http://search.proquest.com/docview/258111761.

Miller, Merton H. 1986. "Behavioral Rationality in Finance: The Case of Dividends." *Journal of Business* 59, no.4, part 2: S451~68.

—. 1988. "The Modigliani-Miller Propositions after Thirty Years." *Journal of Economic Perspectives* 2, no.4: 99~120.

Mischel, Walter. 1968. *Personality and Assessment*. Hoboken, NJ: John Wiley.

—. 1969. "Continuity and Change in Personality." *American Psychologist* 24, no.11: 1012.

—. 2014. *The Marshmallow Test: Mastering Self-Control*. New York: Little, Brown.

—, Ozlem Ayduk, Marc G. Berman, B. J. Casey, Ian H. Gotlib, John Jonides, Ethan Kross, Theresa Teslovich, Nicole L Wilson, Vivian Zayas, et al. 2010. "'Willpower' over the Life Span: Decomposing Self-Regulation." *Social Cognitive and Affective Neuroscience* 6, no.2: 252~6.

Mitchell, Gregory. 2005. "Libertarian Paternalism Is an Oxymoron." *Northwestern University Law Review* 99, no.3: 1245~77.

Modigliani, Franco, and Richard Brumberg. 1954. "Utility Analysis and the Consumption Function: An Interpretation of Cross-Section Data." In Kenneth K. Kurihara, ed., Post-Keynesian Economics, 383~436. New Brunswick, NJ: Rutgers University Press.

Modigliani, Franco, and Merton Miller. 1958. "The Cost of Capital, Corporation Finance and the Theory of Investment." *American Economic Review* 48, no.3: 261~97.

Mongin, Philippe. 1997. "The Marginalist Controversy." In John Bryan Davis, D. Wade Hands, and Uskali Mäki, eds., *Handbook of Economic Methodology*, 558~62. London: Edward Elgar.

Mullainathan, Sendhil. 2013. "When a Co-Pay Gets in the Way of Health." *New York Times*, August 10. Available at: http://www.nytimes.com/2013/08/11/business/when-a-co-pay-gets-in-the-way-of-health.html.

—, and Eldar Shafir. 2013. *Scarcity: Why Having Too Little Means So Much*. London: Macmillan.

Nag, Amal. 1996. "GM Is Offering Low-Cost Loans on Some Cars." *Wall Street Journal*, March 21.

Nagel, Rosemarie Chariklia. 1995. "Unraveling in Guessing Games: An Experimental Study." *American Economic Review* 85, no.5: 1313~26.

Nasar, Sylvia. 1998. *A Beautiful Mind*. New York: Simon and Schuster.

New York Stock Exchange. 2014. "NYSE Group Volume in All Stocks Traded." NYSE Facts and Figu.r Aevsailable at:
http://www.nyxdata.com/nysedata/asp/factbook/viewer_edition.asp?mode=table&key=3133&category=3.

Norman, Donald A. 1998. *The Design of Everyday Things*. New York: Basic Books.

O'Donoghue, Ted, and Matthew Rabin. 1999. "Procrastination in Preparing for Retirement." In Henry Aaron, ed., *Behavioral Dimensions of Retirement Economics*, 125~56. Washington, DC: Brooking Institution, and New York: Russell Sage Foundation.
—. 2003. "Studying Optimal Paternalism, Illustrated by a Model of Sin Taxes." *American Economic Review* 93, no. 2: 186~91.

Pareto, Vilfredo. (1906)2013. *Manual of Political Economy: A Variorum Translation and Critical Edition*. Reprint edited by Aldo Montesano et al. Oxford: Oxford University Press.

Peter, Laurence J., and Raymond Hull. 1969. *The Peter Principle: Why Things Always Go Wrong*. New York: William Morrow.

Pope, Devin G., and Maurice E. Schweitzer. 2011. "Is Tiger Woods Loss Averse? Persistent Bias in the Face of Experience, Competition, and High Stakes." *American Economic Review* 101, no.1: 129~57.

Post, Thierry, Martijn J. van den Assem, Guido Baltussen, and Richard H. Thaler. 2008. "Deal or No Deal? Decision Making under Risk in a Large-Payoff Game Show." *American Economic Review* 98, no.1: 38~71.

Poterba, James M., Steven F. Venti, and David A. Wise. 1996. "How Retirement Saving Programs Increase Saving." *Journal of Economic Perspectives* 10, no.4: 91~112.

Prelec, Drazen, and George Loewenstein. 1998. "The Red and the Black: Mental Accounting of Savings and Debt." *Marketing Science* 17, no.1: 4~28.

Rabin, Matthew. 1993. "Incorporating Fairness into Game Theory and Economics." *American Economic Review* 83, no.5: 1281~302.

Raifman, Julia R. G., Heather E. Lanthorn, Slawa Rokicki, and Günther Fink. 2014. "The Impact of Text Message Reminders on Adherence to Antimalarial Treatment in Northern Ghana: A Randomized Trial." *PLOS ONE* 9, no.10: e109032.

Rapoport, Anatol. 1988. "Experiments with N-Person Social Traps I: Prisoner's Dilemma, Weak Prisoner's Dilemma, Volunteer's Dilemma, and Largest Number." *Journal of Conflict Resolution* 32, no.3: 457~72.

Romer, David. 2006. "Do Firms Maximize? Evidence from Professional Football." *Journal of Political Economy* 114. no.2: 340~65.

Ross, Lee, David Greene, and Pamela House. 1977. "The 'False Consensus E0ect' : An Egocentric Bias in Social Perception and Attribution Processes." *Journal of Experimental Social Psychology* 13, no.3: 279~301.

Roth, Alvin E. 2007. "Repugnance as a Constraint on Markets." *Journal of Economic Perspectives* 21, no.3: 37~58.
—, ed. 1987. *Laboratory Experimentation in Economics: Six Points of View.* Cambridge, UK: Cambridge University Press.

Rozeff, Michael S., and William Kinney. 1976. "Capital Market Seasonality: The Case of Stock Returns." *Journal of Financial Economics* 3, no 4: 379~402.

Russell, Thomas, and Richard H. Thaler. 1985. "The Relevance of Quasi Rationality in Competitive Markets." *American Economic Review* 75, no.5: 1071~82.

Sally, David. 1995. "Conversation and Cooperation in Social Dilemmas: A Meta-Analysis of Experiments from 1958 to 1992." *Rationality and Society* 7, no.1: 58~92.

Samuelson, Paul A. 1954. "The Pure Theory of Public Expenditure." *Review of Economics and Statistics* 36, no.4: 387~9.
—. 1963. "Risk and Uncertainty: A Fallacy of Large Numbers." Scientia 98, no. 612: 108.
—. 1979. "Why We Should Not Make Mean Log of Wealth Big Though Years to

Act Are Long." *Journal of Banking and Finance* 3, no.4: 305~7.

Samuelson, William, and Richard J. Zeckhauser. 1988. "Status Quo Bias in Decision Making." *Journal of Risk and Uncertainty* 1, no.1: 7~59.

Schachter, Stanley, William Gerin, Donald C. Hood, and Paul Anderassen. 1985a. "I. Was the South Sea Bubble a Random Walk?" *Journal of Economic Behavior and Organization* 6, no.4: 323~9.

Schachter, Stanley, Donald C. Hood, William Gerin, Paul Andreassen, and Michael Rennert. 1985b. "III. Some Causes and Consequences of Dependence and Independence in the Stock Market." *Journal of Economic Behavior and Organization* 6, no.4: 339~57.

Schelling, Thomas C. 1968. "The Life You Save May Be Your Own." In Samuel B. Chase Jr., ed., *Problems in Public Expenditure Analysis*, vol.127, 127~176.. Washington, DC: Brookings Institution.
—. 1984. "Self-Command in Practice, in Policy, and in a Theory of Rational Choice." *American Economic Review: Papers and Proceedings* 74, no.2: 1~11.

Sen, Amartya K. 1977. "Rational Fools: A Critique of the Behavioral Foundations of Economic Theory." *Philosophy and Public Affairs* 6, no.4: 317~44.

Shafir, Eldar, and Richard H. Thaler. 2006. "Invest Now, Drink Later, Spend Never: On the Mental Accounting of Delayed Consumption." *Journal of Economic Psychology* 27, no.5: 694~712.

Shapiro, Matthew D., and Joel Slemrod. 2003. "Did the 2001 Tax Rebate Stimulate Spending? Evidence from Taxpayer Surveys." In James Poterba, ed., *Tax Policy and the Economy*(ch.3), vol.17, 83~109. Cambridge, MA: National Bureau of Economic Research and MIT Press.

Sharpe, William F. 1964. "Capital Asset Prices: A Theory of Market Equilibrium Under Conditions of Risk." *Journal of Finance* 19, no.3: 425~42.

Shaton, Maya. 2014. "The Display of Information and Household Investment Behavior." Working paper, University of Chicago Booth School of Business.

Shefrin, Hersh M., and Meir Statman. 1984. "Explaining Investor Preference for Cash Dividends." *Journal of Financial Economics* 13, no.2: 253~82.

Shefrin, Hersh M., and Richard H. Thaler. 1988. "The Behavioral Life-Cycle Hypothesis." *Economic Inquiry* 26, no.4: 609~43.

Shiller, Robert J. 1981. "Do Stock Prices Move Too Much to Be Justified by Subsequent Changes in Dividends?" *American Economic Review* 71, no.3: 421~36.
—. 1984. "Stock Prices and Social Dynamics." *Brookings Papers on Economic Activity* 2: 457~510.
—. 1986. "Comments on Miller and on Kleidon." *Journal of Business* 59, no.4, part 2: S501~5.
—. 2000. *Irrational Exuberance*. Princeton: Princeton University Press.

Shleifer, Andrei, and Robert W. Vishny. 1997. "The Limits of Arbitrage." *Journal of Finance* 52, no.1: 35~55.

Silver, Nate. 2012. *The Signal and the Noise: Why So Many Predictions Fail But Some Don't*. New York: Penguin.

Simon, Herbert A. 1957. *Models of Man, Social and Rational: Mathematical Essays on Rational Human Behavior in a Social Setting*. Oxford: Wiley.

Sloman, Steven A. 1996. "The Empirical Case for Two Systems of Reasoning." *Psychological Bulletin* 119, no.1: 3.

Slonim, Robert L., and Alvin E. Roth. 1998. "Learning in High Stakes Ultimatum Games: An Experiment in the Slovak Republic." *Econometrica* 66, no.3: 569~96.

Smith, Adam. (1759)1981. The Theory of Moral Sentiments Reprint edited by D. D. Raphael and A. L. Macfie. Indianapolis: LibertyClassics.
—. (1776)1981. *An Inquiry into the Nature and Causes of the Wealth of Nations*. Reprint edited by R. H. Campbell and A. S. Skinner. Indianapolis: LibertyClassics.

Smith, Vernon L. 1976. "Experimental Economics: Induced Value Theory." *American Economic Review* 66, no.2: 274~9.
—, Gerry L. Suchanek, and Arlington W. Williams. 1988. "Bubbles, Crashes, and Endogenous Expectations in Experimental Spot Asset Markets." *Econometrica* 56,

no.5: 1119~51.

Solow, Robert M. 2009. "How to Understand the Disaster." *New York Review of Books*, May 14. Available at:
http://www.nybooks.com/articles/archives/2009/may/14/how-tounderstand-the-disaster.

Spiegler, Ran. 2011. *Bounded Rationality and Industrial Organization.* Oxford and New York: Oxford University Press.

Stanovich, Keith E., and Richard F. West. 2000. "Individual Differences in Reasoning: Implications for the Rationality Debate." *Behavioral and Brain Sciences* 23, no.5: 701~17.

Staw, Barry M. 1976. "Knee-Deep in the Big Muddy: A Study of Escalating Commitment to a Chosen Course of Action." *Organizational Behavior and Human Performance* 16, no.1: 27~44.

Stewart, Jon. 2012. "Interview with Goolsbee, Austan." *Daily Show*, Comedy Central, September 6.

Stewart, Sharla A. 2005. "Can Behavioral Economics Save Us from Ourselves?" *University of Chicago Magazine* 97, no.3. Available at:
http://magazine.uchicago.edu/0502/features/economics.shtml.

Stigler, George J. 1977. "The Conference Handbook." *Journal of Political Economy* 85, no.2: 441~3.

Strotz, Robert Henry. 1955~56. "Myopia and Inconsistency in Dynamic Utility Maximization." *Review of Economic Studies* 23, no.3: 165~80.

Sullivan, Gail. 2014. "Uber Backtracks after Jacking Up Prices during Sydney Hostage Crisis." *Washington Post*, December 15. Available at:
http://www.washingtonpost.com/news/morning-mix/wp/2014/12/15/uber-backtracks-afterjacking-up-prices-during-syndey-hostage-crisis.

Summers, Nick. 2013. "In Australia, Retirement Saving Done Right." *Bloomberg BusinessWeek*, May 30. Available at:

http://www.businessweek.com/articles/2013-05-30/in-australia-retirement-saving-done-right.

Sunstein, Cass R. 2014. "The Ethics of Nudging." Available at: http://ssrn.com/abstract=2526341.
—, and Richard H. Thaler. 2003. "Libertarian Paternalism Is Not an Oxymoron." *University of Chicago Law Review* 70, no.4: 1159~202.

Telser, L. G. 1995. "The Ultimatum Game and the Law of Demand." *Economic Journal* 105, no.433: 1519~23.

Thaler, Richard H. 1980. "Toward a Positive Theory of Consumer Choice." *Journal of Economic Behavior and Organization* 1, no.1: 39~60.
—. 1986. "The Psychology and Economics Conference Handbook: Comments on Simon, on Einhorn and Hogarth, and on Tversky and Kahneman." *Journal of Business* 59, no. 4, part 2: S279~84.
—. 1987a. "Anomalies: The January Effect." *Journal of Economic Perspectives* 1, no.1: 197~201.
—. 1987b. "Anomalies: Seasonal Movements in Security Prices II: Weekend, Holiday, Turn of the Month, and Intraday Effects." *Journal of Economic Perspectives* 1, no.2: 169~77.
—. 1988a. "Anomalies: The Winner' s Curse." *Journal of Economic Perspectives* 2, no.1: 191~202.
—. 1988b. "Anomalies: The Ultimatum Game." *Journal of Economic Perspectives* 2, no.4: 195~206.
—. 1992. *The Winner's Curse: Paradoxes and Anomalies of Economic Life York*: Free Press.
—. 1994. "Psychology and Savings Policies." *American Economic Review* 84, no. 2: 186~92.
—. 1999a. "Mental Accounting Matters." *Journal of Behavioral Decision Making* 12: 183~206.
—. 1999b. "The End of Behavioral Finance." *Financial Analysts Journal* 55, no. 6: 12~17.
—. 2009. "Opting in vs. Opting Out." *New York Times*, September 26. Available at: http://www.nytimes.com/2009/09/27/business/economy/27view.html.
—, and Shlomo Benartzi. 2004. "Save More Tomorrow™: Using Behavioral Economics to Increase Employee Saving." *Journal of Political Economy* 112, no.S1: S164~87.

—, and Eric J. Johnson. 1990. "Gambling with the House Money and Trying to Break Even: The Effects of Prior Outcomes on Risky Choice." *Management Science* 36, no.6: 643~60.

—, and Sherwin Rosen. 1976. "The Value of Saving a Life: Evidence from the Labor Market." In Nestor E. Terleckyj, ed., *Household Production and Consumption*, 265~302. New York: National Bureau for Economic Research.

—, and Hersh M. Shefrin. 1981. "An Economic Theory of Self-Control." *Journal of Political Economy* 89, no. 2: 392~406.

—, and Cass R. Sunstein. 2003. "Libertarian Paternalism." *American Economic Review: Papers and Proceedings* 93, no.2: 175~9.

—. 2008. *Nudge: Improving Decisions about Health, Wealth, and Happiness*. New Haven, CT: Yale University Press.

—, Amos Tversky, Daniel Kahneman, and Alan Schwartz. 1997. "The Effect of Myopia and Loss Aversion on Risk Taking: An Experimental Test." *Quarterly Journal of Economics* 112, no.2: 647~-61.

—, and William T. Ziemba. 1988. "Anomalies: Parimutuel Betting Markets: Racetracks and Lotteries." *Journal of Economic Perspectives* 2, no.2: 161~74.

Thompson, Rex. 1978. "The Information Content of Discounts and Premiums on Closed-End Fund Shares." *Journal of Financial Economics* 6, no.2~3: 151~86.

Tierney, John. 2005. "Magic Marker Strategy." *New York Times*, September 6. Available at: http://www.nytimes.com/2005/09/06/opinion/06tierney.html.

Tirole, Jean. 2014. "Cognitive Games and Cognitive Traps." Working Paper, Toulouse School of Economics.

Tuttle, Brad. 2012. "In Major Shakeup, J.C. Penney Promises No More 'Fake Prices.'" *Time*, January 26. Available at: http://business.time.com/2012/01/26/in-major-shakeupj-c-penney-promises-no-more-fake-prices.

Tversky, Amos, and Daniel Kahneman. 1974. "Judgment under Uncertainty: Heuristics and Biases." *Science* 185, no.4157: 1124~31.

UK Department for Works and Pensions. 2014. "Automatic Enrolment Opt Out Rates: Findings from Qualitative Research with Employers Staging in 2014." Ad Hoc Research Report 9, DWP. Available at:

https://www.gov.uk/government/uploads/system/uploads/attachment_data/file/369572/research-report-9-opt-out.pdf.

van den Assem, Martijn J., Dennie van Dolder, and Richard H. Thaler. 2012. "Split or Steal? Cooperative Behavior When the Stakes Are Large." *Management Science* 58, no.1: 2~20.

von Neumann, John, and Oskar Morgenstern. 1947. *Theory of Games and Economic Behavior*. Second edition. Princeton: Princeton University Press.

Wald, David S., Jonathan P. Bestwick, Lewis Raiman, Rebecca Brendell, and Nicholas J. Wald. 2014. "Randomised Trial of Text Messaging on Adherence to Cardiovascular Preventive Treatment (INTERACT Trial)." *PLOS ONE* 9, no.12: e114268.

Wason, Peter C. 1968. "Reasoning About a Rule." *Quarterly Journal of Experimental Psychology* 20, no.3: 273~81.

Watters, Ethan. 2013. "We Aren't the World." *Pacific Standard*, February 5. Available at:
http://www.psmag.com/magazines/magazine-feature-story-magazines/joe-henrich-weird-ultimatum-game-shaking-up-psychology-economics-53135.

Whitehead, Mark, Rhys Jones, Rachel Howell, Rachel Lilley, and Jessica Pykett. 2014. "Nudging All Over the World: Assessing the Global Impact of the Behavioral Sciences on Public Policy." *Economic and Social Research Council*, September. Available at:
https://changingbehaviours.files.wordpress.com/2014/09/nudgedesignfinal.pdf.

Wickman, Forrest. 2013. "Who Really Said You Should 'Kill Your Darlings'?" *Slate*, October 18. Available at:
http://www.salte.com/blogs/browbeat/2013/10/18_kill_your_darlings_writing_advice_what_writer_really_said_to_murder_your.html.

WNYC.2014. "The Golden Rule." *Radiolab* 12, no.6(February 25). Available at:
http://www.radiolab.org/story/golden-rule/.

World Bank 2015. *World Developement Report 2015: Mind, Society, and Behavior*.

Washington, DC; World Bank.

York, Benjamin N., and Susanna Loeb. 2014. "One Step at a Time: The Effects of and Early Literacy Text Messaging Program for Parents of Preschoolers." Working Paper 20569, National Bureau of Economic Research.

Zamir, Eyral, and Doron Teichman, 2014. *The Oxford Handbook of Behavioral Economics and the Law*. Oxford and New York: Oxford University Press.

Zielinski, Sarah. 2014. "A Parrot Passes the Marshmallow Test." *Slate*, September 9. Available at:
http://www.salte.com/blogs/wild_things/2019/09/09/marshmallow_test-of_self_control_an_affrican_grey_parrot_performs_as_well/html.

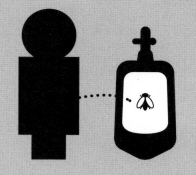

행동경제학

초판 1쇄 발행 2021년 3월 11일
초판 14쇄 발행 2024년 7월 1일

지은이 리처드 탈러 **옮긴이** 박세연

발행인 이봉주 **단행본사업본부장** 신동해 **편집장** 김예원
책임편집 김보람 **표지 디자인** 강경신 **본문 디자인** 최보나
조판 데시그 교정교열 이정현
마케팅 최혜진 백미숙 **홍보** 반여진 허지호 정지연 송임선
국제업무 김은정 김지민 **제작** 정석훈

브랜드 웅진지식하우스
주소 경기도 파주시 회동길 20
문의전화 031-956-7352 (편집) 031-956-7129 (마케팅)
홈페이지 www.wjbooks.co.kr
인스타그램 www.instagram.com/woongjin_readers
페이스북 https://www.facebook.com/woongjinreaders
블로그 blog.naver.com/wj_booking

발행처 ㈜웅진씽크빅
출판신고 1980년 3월 29일 제406-2007-000046호

한국어판 출판권 © ㈜웅진씽크빅, 2021
ISBN 978-89-01-24868-4 (03320)